소플의
처음 만난
AWS

소플의 처음 만난 AWS

기초부터 차근차근 따라 하며 익히는 AWS 서비스 가이드

초판 1쇄 발행 2024년 11월 12일

지은이 이인제 / **펴낸이** 전태호
펴낸곳 한빛미디어(주) / **주소** 서울시 서대문구 연희로2길 62 한빛미디어(주) IT출판2부
전화 02-325-5544 / **팩스** 02-336-7124
등록 1999년 6월 24일 제25100-2017-000058호 / **ISBN** 979-11-6921-304-2 93000

총괄 송경석 / **책임편집** 홍성신 / **기획** 김대현 / **교정** 윤지현
디자인 표지 윤혜원 내지 최연희 / **전산편집** 다인 / **일러스트** 이진숙
영업 김형진, 장경환, 조유미 / **마케팅** 박상용, 한종진, 이행은, 김선아, 고광일, 성화정, 김한솔 / **제작** 박성우, 김정우

이 책에 대한 의견이나 오탈자 및 잘못된 내용은 출판사 홈페이지나 아래 이메일로 알려주십시오.
파본은 구매처에서 교환하실 수 있습니다. 책값은 뒤표지에 표시되어 있습니다.
한빛미디어 홈페이지 www.hanbit.co.kr / 이메일 ask@hanbit.co.kr

지금 하지 않으면 할 수 없는 일이 있습니다.
책으로 펴내고 싶은 아이디어나 원고를 메일(writer@hanbit.co.kr)로 보내주세요.
한빛미디어(주)는 여러분의 소중한 경험과 지식을 기다리고 있습니다.

소플의

{ 처음 만난 AWS }

이인제 지음

★ ★ ★ ★ ★ ★
소문난 명강의 시리즈 소개

〈소문난 명강의〉 시리즈는 검증된 인기 강의를 체계적으로 정리한 책입니다. 기초부터 탄탄하게 배울 수 있도록 입문자 눈높이에 맞춰 설명하고, 실전 능력을 키울 수 있는 실용적인 예제를 제공합니다.

한빛미디어
Hanbit Media, Inc.

AWS를 처음 접하는 입문자에게 정말 필요한 책입니다. 각 장마다 개념 설명과 실습 예제가 체계적으로 구성되어 있어 AWS의 기본 개념을 자연스럽게 터득할 수 있게 도와줍니다. 특히 단순히 AWS 주요 서비스의 사용법을 나열하는 것에 그치지 않고 왜 이 서비스가 필요하고 어떤 문제를 해결해주는지를 명쾌하게 알려주기 때문에 AWS의 전체 구조를 이해하고 나만의 클라우드 솔루션을 설계할 수 있는 기초를 쌓을 수 있을 것입니다. 클라우드를 처음 접하는 누구에게나 더할 나위 없는 최고의 안내서입니다.

정보람 – 한국마이크로소프트 테크니컬 스페셜리스트

단순히 클라우드를 공부하는 데 그치지 않고 실무에서 바로 사용할 수 있는 실전 스킬이 가득한 책입니다. AWS의 다양한 서비스를 경험해본 저자의 노하우도 아낌없이 알려주고 있으며 각 서비스가 어디에 어떻게 쓰이는지를 정확히 짚어주고 있습니다. 특히 Auto Scaling이나 IAM 같은 조금 난해한 주제도 비유와 예시를 통해 쉽게 설명해줍니다. 마지막에 준비된 미니 프로젝트는 AWS의 각 서비스를 연동하고 프로젝트를 완성하면서 클라우드를 완전히 체득할 수 있게 해줍니다. 따라서 AWS를 새롭게 배우고 싶은 개발자뿐 아니라, 기존에 AWS를 사용해본 개발자에게도 꼭 이 책을 권하고 싶습니다.

장우혁 – Databricks 솔루션즈 아키텍트

이 책을 읽다 보면 'AWS가 이렇게 쉬웠나?' 싶을 정도로, 복잡한 개념을 쉽게 풀어내는 저자의 탁월한 설명에 놀라게 됩니다. 또한 입문자라도 AWS 주요 서비스의 구성 요소가 어떤 역할을 하는지 한눈에 파악할 수 있게 다양한 그림과 직관적인 예제가 가득 실려 있습니다. 이 책 덕분에 AWS 환경에서 클라우드 인프라를 설계할 때 자신감을 가질 수 있게 되었습니다. 클라우드 컴퓨팅의 기초부터 AWS의 깊이 있는 활용까지 차근차근 배우고자 하는 모든 이에게 이 책을 강력히 추천합니다.

박상원 – 딥네츄럴 대표

많은 클라우드 입문 서적이 AWS 서비스의 기본 개념만 설명하고 넘어가는 경우가 많습니다. 하지만 이 책은 단순한 서비스의 기능 소개를 넘어, 각 서비스 간의 상호작용과 조합을 통해 최적의 아키텍처를 구성하는 방법을 세세히 안내합니다. 예를 들어, EC2와 S3, RDS를 각각 사용하는 것이 아니라 어떻게 결합하여 더 안정적이고 확장할 수 있는 아키텍처를 구축할 수 있는지를 설명하고 있습니다. 이 책은 AWS를 이미 어느 정도 알고 있는 중급자에게도 깊이 있는 지식을 제공하며, 실무에서 더 효율적으로 클라우드 환경을 관리할 수 있는 방법을 가르쳐 줄 것입니다.

이상재 – 삼성전자 DX부문 스태프 엔지니어

이 책의 가장 큰 특징으로 단계별로 구성된 커리큘럼과 입문자에게 친화적인 설명을 꼽을 수 있습니다. 처음 AWS를 접한다면 낯설고 난해하게 느껴질 수 있습니다. 하지만 이 책으로 AWS의 기초부터 실습까지 차근차근 따라가다 보면 어느새 AWS의 주요 서비스를 이해하고 활용할 수 있게 될 것입니다. 그리고 각 장의 끝부분마다 요점 정리가 되어 있어 앞에서 배운 내용을 다시 되짚어 볼 수 있습니다. 또한, AWS 프리티어를 활용한 예제 덕분에 경제적 부담 없이 학습을 시작할 수 있는 것도 큰 장점입니다. 내용의 짜임새가 탄탄해서 AWS에 대한 이해도를 높이기 위한 최고의 참고서라고 감히 말할 수 있을 것 같습니다.

김희동 – 임펄스랩 대표

AWS의 유연한 확장성과 비용 효율성은 언제나 매력적입니다. 이 책은 이러한 AWS의 장점을 초심자가 이해하기 쉽게 설명하고 있으며 실제 비즈니스에서 어떻게 적용할 수 있을지에 대한 현실적인 예시와 팁을 제시하고 있습니다. 또한 복잡한 개념도 쉽게 풀어내는 저자의 설명 덕분에 AWS의 전체적인 생태계를 이해하는 데 큰 도움이 되었습니다. 특히 초기 비용을 절감하면서도 빠르게 글로벌 서비스로 확장할 수 있는 방법을 이 책에서 배울 수 있었습니다. 마지막 장은 AWS의 여러 서비스를 연계하여 실제 웹 애플리케이션을 구축하는 방법을 다루고 있는데 단순 이론만이 아닌 실제 서비스 설계와 구축에 대해 경험할 수 있습니다. AWS 도입을 고민 중이라면 복잡한 개념도 쉽게 풀어내는 저자의 설명 덕분에 확신을 가지게 될 것입니다.

김승호 – 휴이노 백엔드 리드

Q AWS를 왜 배워야 하나요?

A AWS를 배워야 하는 이유는 클라우드 컴퓨팅이 이미 대중화됨에 따라 그 중요성이 점점 커지고 있기 때문입니다. 현재 대부분의 기업은 클라우드 기반으로 서비스를 운영하며, 그중에서도 AWS는 가장 널리 사용되는 플랫폼입니다. AWS는 기업과 개발자에게 안정적이고 확장할 수 있는 인프라를 제공하여, 물리적인 서버나 데이터 센터를 운영할 필요 없이 필요한 만큼의 리소스를 유연하게 사용할 수 있게 해줍니다.

특히 AWS는 필요한 만큼만 리소스를 사용할 수 있는 구조로 비용을 절감하는 데 매우 효과적입니다. 또한, AWS의 뛰어난 확장성 덕분에 갑작스럽게 트래픽이 증가해도 자동으로 용량을 확장하여 안정적인 서비스를 유지할 수 있습니다. 글로벌 표준을 따르는 AWS의 보안 아키텍처는 안전한 데이터 처리 환경도 보장합니다. 이로 인해 개발자와 엔지니어는 AWS를 활용하여 실제 프로젝트에 보안 기능을 적용하거나 서비스 아키텍처를 효율적으로 개선할 수 있습니다.

Q 어떤 독자를 대상으로 이 책을 썼나요?

A 이 책은 클라우드 컴퓨팅에 관심이 있거나 AWS를 처음 접하는 독자를 대상으로 만들어졌습니다. 클라우드 컴퓨팅의 기본 개념부터 설명하기 때문에 관련 지식이 전혀 없는 독자도 쉽게 따라갈 수 있을 것입니다. 또한 AWS는 매우 다양한 서비스와 옵션이 존재하기 때문에 어디서부터 시작해야 할지 막막한 경우도 있을 것입니다. 이 책은 AWS의 핵심 서비스 위주로 이 기능이 왜 필요한지를 쉽게 설명하고 있어 많은 도움이 될 것입니다. 마지막 장은 미니 프로젝트로 구성되어 있는데 클라우드 기반의 실제 서비스를 직접 개발해보고 싶은 독자에게 유용한 실습 예제일 것입니다.

Q 이 책을 읽기 전에 미리 알아야 할 지식이 있나요?

A 이 책을 읽기 위해 별도의 사전 지식은 필요하지 않습니다. 클라우드 컴퓨팅과 AWS에 대해 전혀 모르는 독자도 쉽게 따라올 수 있도록 구성되어 있습니다. 물론 운영체제, 네트워크, 서버 등 기본 IT 용어에 익숙하다면 학습 속도가 더 빨라질 수 있습니다. 이러한 개념을 이해하고 있으면 AWS 서비스의 작동 방식을 보다 명확하게 파악할 수 있기 때문입니다. 또한 만약 프로그래밍 경험이 있다면 AWS와의 연동이나 자동화 작업을 하는 데 수월할 것입니다.

Q 이 책의 특징은 무엇인가요?

A 무엇보다 누구나 쉽게 이해할 수 있도록 입문자의 눈높이에 맞추고자 했습니다. 특히, AWS 서비스의 기초 개념과 역할을 쉽게 이해할 수 있도록 다양한 시각 자료와 비유를 활용해 설명합니다. 각 장은 먼저 개념을 학습한 후, 그 내용을 실제 AWS 환경에서 직접 실습해볼 수 있도록 구성되어 있습니다. 마지막 장에서는 앞서 배운 내용을 바탕으로, 클라우드 기반 서비스를 처음부터 끝까지 직접 구축해보는 경험을 제공합니다.

Q 독자에게 하고 싶은 말이 있다면?

A 많은 AWS 책이나 강의를 보면 어려운 기술 용어를 사용해서 복잡하게 설명하거나, 부가적인 내용까지 한꺼번에 다루는 경우가 많습니다. 그래서 처음 AWS를 배우려는 분이 진입장벽이 높다고 느끼고 종종 포기하는 경우를 많이 봐왔습니다. 저는 이런 점을 개선하고자, 핵심 내용을 최대한 쉽게 전달하는 데 집중했습니다. 중간중간 새로운 용어나 기술이 등장하면 최대한 이 내용을 설명하고 넘어가고자 했습니다. 이 책이 부담 없이 AWS를 입문하는 데 도움을 주는 길잡이가 되길 바라며 즐겁게 학습하길 바랍니다.

제가 대학생 시절 소프트웨어 공학 수업을 들을 때였습니다. 어느 날 교수님께서 "앞으로는 컴퓨터(서버)를 구매하지 않고 빌려서 쓰는 시대가 올거다"라고 약간 흥분한 상태로 말씀하셨습니다. 그 당시 AWS라는 클라우드 컴퓨팅 서비스가 처음 대중에게 공개된 것을 보고 그런 언급을 하셨던 것입니다. 그때 저는 학부생이기도 했고 서버나 인프라에 대한 관심이 별로 없었기 때문에, 교수님의 말씀을 그리 귀담아듣지 않았었습니다. 하지만 시간이 지나 AWS와 클라우드 컴퓨팅이 점차 대중화되기 시작하면서 예전에 교수님께서 하셨던 말씀이 문득 떠올랐습니다. 교수님께서는 이미 다가올 미래가 뚜렷하게 보였던 것일지도 모르겠습니다.

제가 AWS를 본격적으로 사용하기 시작한 건 선배와 함께 처음으로 스타트업을 창업했을 때입니다. WebRTC 기반의 화상 대화 시스템을 개발하면서 중개 서버, 웹서버, 데이터베이스 등을 모두 AWS를 사용하여 구축했습니다. 짧은 시간 동안 적은 비용으로 확장성이 높은 유연한 시스템을 구축할 수 있던 것은 다 AWS 덕분이라고 생각합니다. 이제 클라우드 활용은 당연한 시대가 되었고, 소규모 기업은 물론 대규모 기업도 기존의 온프레미스 환경에서 클라우드로 이전하는 사례가 늘고 있습니다. 이러한 흐름 속에 개발자와 엔지니어에게는 클라우드, 특히 AWS에 대한 이해가 필요하게 되었습니다.

2018년에 처음 AWS 강의 제안을 받고 짧은 시간 동안 열심히 강의 자료를 만들었던 기억이 납니다. 그 자료로 여러 차례 강의를 진행하면서 수강생들의 피드백을 받아 부족한 점을 보완해나갔습니다. 제 강의를 들은 수강생에게 "AWS가 어렵게만 느껴졌는데, 쉽고 재미있게 입문할 수 있어서 좋았다"는 말을 들었을 때 정말 뿌듯했습니다. 그렇게 다듬어진 자료로 〈처음 만난 AWS〉라는 동영상 강의를 제작하게 되었고, 이제 이렇게 책으로도 출판되었습니다.

저의 두 번째 책인 『소플의 처음 만난 AWS』를 집필하면서 다시 한번 소프트웨어 교육에 대한 제 꿈을 되새기게 되었습니다. 제가 알고 있는 지식을 다른 사람들에게 최대한 쉽게 알려주고 그들이 성장하는 모습을 보는 것은 정말 보람찬 일입니다. 이 책을 읽는 여러분도 역시 자신만의 꿈을 가지고 있을 것이라 생각합니다. 꿈을 이루기 위한 여정이 쉽지 않을 수도 있겠지만, 묵묵히 꾸준히 그 길을 걷다 보면 어느새 그 꿈에 가까워진 자신을 발견할 수 있을 것이라 확신합니다. 어려운 길일지라도 포기하지 않고 계속 전진하길 바랍니다.

이 자리를 빌려 항상 저를 응원해주신 가족분들에게 감사의 마음을 전합니다. 또한, 이 책이 출판되기까지 세심하게 신경 써주신 한빛미디어 김대현 편집자에게도 진심으로 감사드립니다. 마지막으로 그동안 저와 함께 개발에 대한 폭넓은 대화를 나눠온 제 주위의 훌륭한 개발자분들에게도 감사 인사드립니다. 제 마음속에 늘 새겨두고 있는 스티브 잡스의 명언으로 마무리 짓겠습니다.

"Stay hungry, stay foolish."

여러분도 항상 꿈을 갈망하고, 꿈에 굶주린 사람이 되길 바랍니다.

이인제(소플)

저자 소개

이인제

어릴 적부터 컴퓨터와 프로그래밍에 관심이 많아 멋진 개발자가 되는 게 꿈이었습니다. 숭실대학교 컴퓨터학부를 조기 졸업하고 카이스트에서 전산학 석사 학위를 취득한 뒤, 다양한 회사와 스타트업에서 경험을 쌓고 프리랜서 개발자로도 활동했습니다. 분야를 가리지 않고 항상 즐겁게 개발하려고 노력하고 있으며, 소프트웨어 교육 활동에 적극적으로 참여하고 있습니다. 이런 활동의 연장선으로 다양한 온라인 강의를 하고 있으며, 패스트캠퍼스에서 만든 부트캠프인 Kernel360의 프론트엔드 디렉터로도 활동하고 있습니다. 현재는 1인 스타트업을 창업하여 제품 개발과 회사를 운영하는 데 힘쓰고 있습니다.

✉ **이메일**
inje@soaple.io

🖥 **홈페이지**
https://www.soaple.io

깃허브
https://github.com/soaple

▶ **유튜브**
https://www.youtube.com/c/소플TV

🌐 **슬라이드 모음**
https://www.markslides.ai/@soaple

이 책은 클라우드 컴퓨팅의 기본 개념과 AWS의 핵심 서비스를 쉽게 이해하고, 실습을 통해 실무 환경에서 AWS를 적용할 수 있도록 도와주는 입문서입니다. AWS는 현대 IT 인프라의 핵심으로 자리 잡고 있으며, 이 책은 AWS의 다양한 서비스와 이를 효과적으로 사용하는 방법을 상세히 설명합니다. 각 장은 AWS 서비스의 역할과 필요성을 설명하는 개념 학습 파트와 직접 따라 해보며 앞에서 배운 내용을 확인할 수 있는 실습 파트로 구성되어 있습니다. 이를 통해 클라우드 기반 애플리케이션을 구축하고 운영하는 데 필요한 지식과 실습 경험을 쌓을 수 있습니다.

대상 독자

이 책은 AWS를 처음 접하는 입문자를 대상으로 합니다. 클라우드 컴퓨팅과 서버 관리 경험이 없어도 쉽게 따라 할 수 있도록 기초부터 설명하고 있으며, HTML, 자바스크립트와 같은 기본적인 웹 개발 지식을 보유한 독자라면 더욱 수월하게 학습할 수 있습니다.

- AWS를 처음 접하는 입문자
- 클라우드 기반 서비스를 구축해보고 싶은 웹 개발자
- AWS의 기본적인 서비스와 개념을 익히고 싶은 IT 업계 종사자

이 책에서 다루는 내용

이 책은 크게 다음과 같이 네 부분으로 나눠지며, 각 장은 AWS의 다양한 서비스를 단계별로 학습할 수 있도록 구성되어 있습니다.

클라우드 컴퓨팅과 AWS 기초(0~2장)

클라우드 컴퓨팅의 기본 개념과 AWS의 핵심 개념을 소개합니다. 이를 통해 AWS를 처음 접하는 독자들도 쉽게 따라올 수 있도록 기초적인 배경지식을 제공합니다. AWS의 탄생 배경, 주요 서비스의 역할, 클라우드 컴퓨팅의 장점 등을 다루며, 클라우드를 사용해야 하는 이유를 명확히 설명합니다.

AWS 핵심 서비스 이해 및 실습(3장~8장)

AWS의 주요 서비스를 다룹니다. EC2, S3, RDS와 같은 핵심 서비스부터 Auto Scaling, ELB, IAM 같은 인프라 및 보안 관리 서비스까지 폭넓게 설명합니다. 각 장은 개념 학습 파트와 실습 파트로 구성되어 있어 독자가 주요 서비스의 개념과 필요성을 이해한 뒤 실제 AWS 환경에서 직접 실습하며 해당 서비스의 작동 원리와 사용법을 익힐 수 있도록 돕습니다.

심화 서비스와 운영 관리(9장~15장)

AWS의 심화 서비스를 다룹니다. CloudFront를 활용한 콘텐츠 전송 네트워크(CDN) 설정, Route 53을 통한 도메인 관리, DynamoDB와 같은 비관계형 데이터베이스 활용, Lambda를 사용한 서버리스 컴퓨팅 등이 포함됩니다. 이 장들은 고급 개념을 설명하며, AWS의 다양한 서비스가 어떻게 연동되고 운영되는지를 실전적으로 다룹니다.

프로젝트 실습(16장)

AWS를 활용하여 실제 웹 애플리케이션을 구축하는 프로젝트를 진행합니다. 앞서 배운 모든 내용을 바탕으로 사진 공유 웹사이트를 만들면서 AWS의 다양한 서비스를 어떻게 통합적으로 사용할 수 있는지를 직접 경험해봅니다. 이를 통해 실무에 바로 적용할 수 있는 클라우드 애플리케이션 구축 능력을 키울 수 있습니다.

이 책의 연계 강의

이 책은 저자의 동영상 강의인 〈소플의 처음 만난 AWS〉와 연계하여 학습할 수 있도록 구성되어 있습니다.

🔗 **인프런** https://www.inflearn.com/course/처음만난-aws

미니 프로젝트 소스코드 및 강의 자료

미니 프로젝트의 소스코드는 다음 깃허브 주소에서 다운로드받을 수 있습니다.

🔗 https://github.com/soaple/first-met-aws-image-gallery

강의 자료는 다음 주소에서 확인할 수 있습니다. 실습 스크린샷은 책의 크기와 편집상의 제한으로 인해 특정 크기로 삽입되어 있습니다. 고해상도 이미지는 강의 자료에서 확인할 수 있습니다.

🔗 https://www.markslides.ai/@soaple

정오표와 피드백

편집 과정에서 오탈자를 확인하는 절차를 거쳤음에도 미처 발견하지 못한 오탈자나 내용에 대한 오류 문의는 출판사 도서 정보 페이지에 등록하거나 저자 메일로 보내주세요. 독자의 소중한 피드백은 다음 쇄에 반영하겠습니다. 책과 관련한 궁금한 점은 저자의 홈페이지나 이메일로 문의해주시길 바랍니다.

이 책의 구성

Preview

앞에서 AWS 서비스 3대장에 대해서 배
EC2, RDS, S3입니다.

이번 장에서는 이 중에서 RDS에 대해서
왜 RDS를 사용하는지 그 이유를 살펴봅니
마지막으로 실습을 통해서 실제로 RDS 인
하겠습니다.

데이터베이스는 일부만 지원합니다.

> **NOTE**
>
> **ACID 속성이란?**
>
> - **원자성(Atomicity)**: 트랜잭션이 완전히 실행되지
>   되지 않음'을 의미
> - **일관성(Consistency)**: 트랜잭션이 커밋되면 데
> - **격리성(Isolation)**: 동시에 일어나는 트랜잭션들
> - **내구성(Durability)**: 예기치 못한 시스템 장애 또

성능은 관계형 데이터베이스는 디스크 하위 시

로드맵

각 장에서 배울 주제 및 주요
개념을 큰 맥락에서 볼 수 있
도록 그림으로 제시합니다.

1

PREVIEW

각 장에서 배우게 될 내용을
간략하게 정리합니다.

2

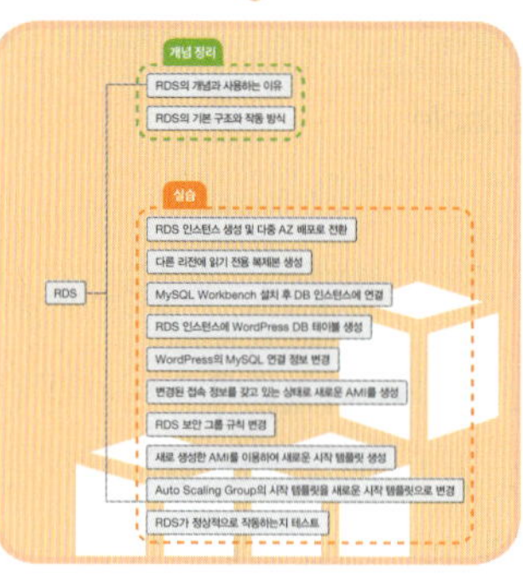

3

NOTE

본문과 관련된 도움말이나
참고로 알아두면 좋은 내용
을 담았습니다.

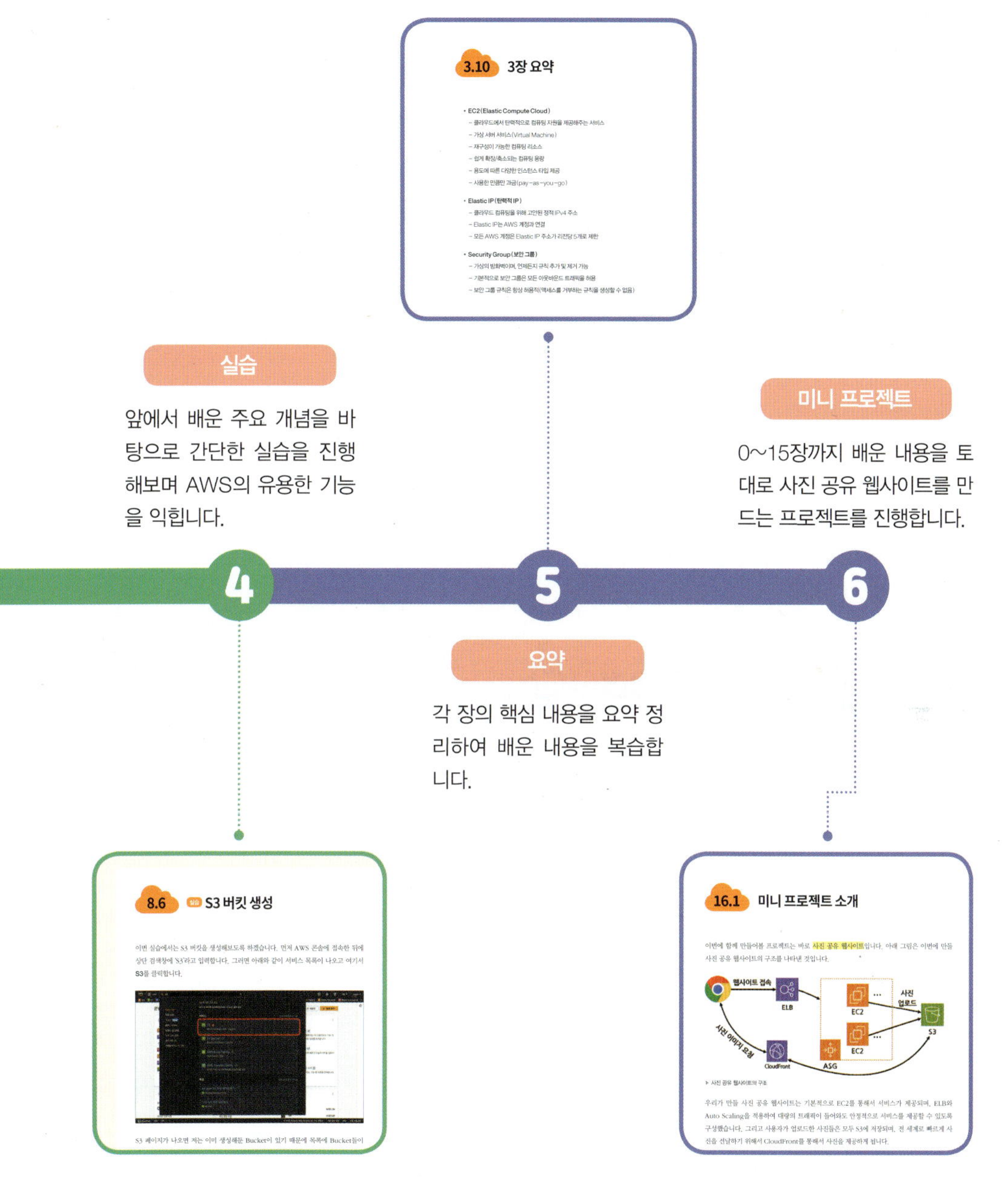

3.10 3장 요약

실습
앞에서 배운 주요 개념을 바탕으로 간단한 실습을 진행해보며 AWS의 유용한 기능을 익힙니다.

미니 프로젝트
0~15장까지 배운 내용을 토대로 사진 공유 웹사이트를 만드는 프로젝트를 진행합니다.

요약
각 장의 핵심 내용을 요약 정리하여 배운 내용을 복습합니다.

8.6 S3 버킷 생성

16.1 미니 프로젝트 소개

목차

CHAPTER 00 **준비하기**

CHAPTER 01 **안녕, 클라우드!**

CHAPTER 04 Elastic Block Store(EBS)

CHAPTER 05 Elastic Load Balancing(ELB)

CHAPTER 08 Simple Storage Service(S3)

CHAPTER 09 CloudFront

CHAPTER 10 Route 53

목차

CHAPTER 14　Lambda

CHAPTER 15　AWS SDK, CLI

Chapter 0

준비하기

0.1 책 소개

이번 장에서는 책의 구성과 각 장에서 다루는 내용 등 책에 대한 소개를 하겠습니다.

0.1 책 소개

1 책에 대한 정보

- 책의 목적
  - 클라우드 컴퓨팅 기초와 AWS 핵심 서비스를 이해하고 사용할 수 있음

- 대상 독자
  - 클라우드 컴퓨팅에 관심 있는 분
  - AWS를 처음 접하는 분
  - 클라우드 기반 서비스를 개발해보고 싶은 분

이 책은 클라우드 컴퓨팅 기초와 AWS 핵심 서비스에 대해 이해하고 이를 사용할 수 있는 것을 목적으로 합니다.

대상 독자로는 클라우드 컴퓨팅에 관심 있는 분, AWS를 처음 접하는 분, 그리고 클라우드 기반 서비스를 개발해보고 싶은 분입니다.

2 목차

책의 전체 목차는 다음과 같습니다.

- 1장 안녕, 클라우드!
- 2장 안녕, AWS!
- 3장 Elastic Compute Cloud (EC2)
- 4장 Elastic Block Store (EBS)
- 5장 Elastic Load Balancing (ELB)
- 6장 Auto Scaling
- 7장 Relational Database Service (RDS)
- 8장 Simple Storage Service (S3)
- 9장 CloudFront

- 10장 Route 53

- 11장 Identity and Access Management (IAM)

- 12장 CloudWatch

- 13장 DynamoDB

- 14장 Lambda

- 15장 AWS SDK, CLI

- 16장 미니 프로젝트

먼저 클라우드 기초와 AWS 소개를 한 뒤에 AWS의 핵심 서비스들을 하나씩 배우게 됩니다.

각 장에서는 먼저 이론을 배우고 난 다음 실습을 통해 직접 각 서비스를 익히는 구조로 되어 있습니다. 참고로 AWS에서 가장 많이 사용하는 핵심적인 서비스 위주로 내용을 구성했습니다.

마지막 16장에서는 미니 프로젝트를 통해 직접 AWS 기반 웹 애플리케이션을 만들어봅니다.

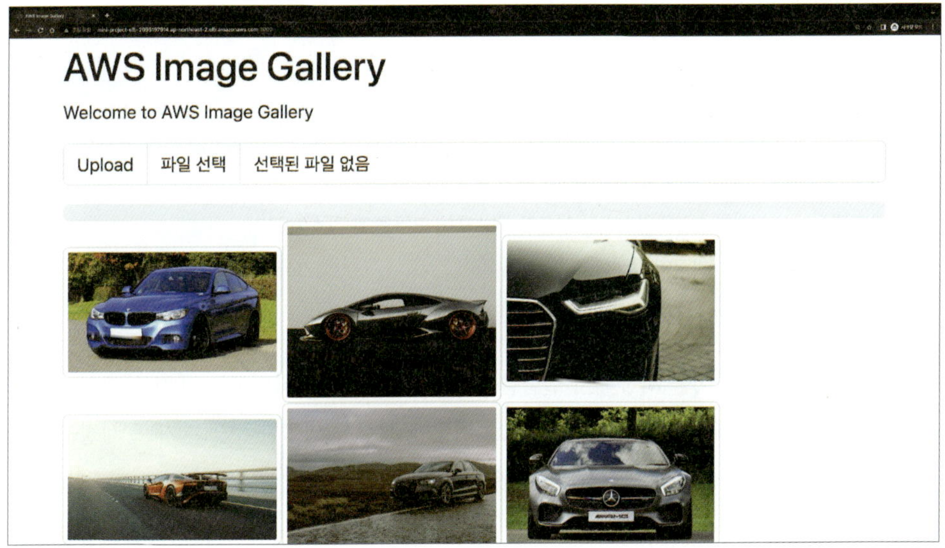

▶ 사진 공유 웹사이트

🟧3 자주 묻는 질문

Q. 클라우드를 잘 몰라도 볼 수 있는 책인가요?

클라우드 기초에 대한 내용이 포함되어 있기 때문에 곧바로 책을 보셔도 됩니다.

Q. AWS가 아닌 Azure나 GCP를 사용할 예정인데 책이 도움이 될까요?

AWS가 아닌 다른 클라우드 서비스를 사용하더라도 기본 개념은 동일하기 때문에 책이 도움이 될 겁니다. 그리고 클라우드를 계속 사용한다면 언젠가는 AWS를 사용하게 될 순간이 올 것이라서 미리 학습해두면 좋습니다.

Q. AWS를 배우면 뭐가 좋은가요?

클라우드 기반으로 서비스를 개발함으로써 개발 기간을 단축시킬 수 있습니다. 또한 수분 내로 글로벌로 서비스를 확장할 수 있으며, 비용 효율적으로 서비스를 운영할 수 있습니다.

🟧4 실습 시 유의 사항

마지막으로 실습 시 유의 사항을 살펴보겠습니다.

- AWS 프리티어는 계정을 생성한 시점부터 12개월 동안만 제공
- 실습 과정에서 생성한 AWS 리소스는 실습이 끝난 후에 모두 종료 및 삭제하기
- 실습 과정에서 약간의 과금이 발생할 수 있음
- 보안 자격 증명이나 키 파일이 외부에 유출되지 않도록 관리하기

책에서는 AWS 프리티어를 사용해서 실습을 진행하게 되는데 프리티어는 계정을 생성한 시점부터 12개월 동안만 제공됩니다. 만약 12개월 이전에 계정을 생성한 분들은 새로 계정을 만들거나 약간의 과금을 감안하고 실습을 진행해야 합니다.

실습 과정에서 생성한 AWS 리소스는 실습이 끝난 후에 모두 종료 및 삭제하기 바랍니다. 그렇지 않으면 리소스 사용에 대한 과금이 있을 수 있습니다.

또한 최대한 과금되는 부분은 피해서 실습을 진행하지만 실습 과정에서 약간의 과금이 발생할 수 있다는 점도 기억하고 학습하기 바랍니다.

마지막으로 보안 자격 증명이나 키 파일이 외부에 유출되지 않도록 잘 관리해야 합니다.

위 유의사항을 잘 숙지하고 본격적인 AWS 학습으로 넘어가기 바랍니다.

안녕, 클라우드!

Preview

이번 장에서는 클라우드 컴퓨팅에 대해서 알아보도록 하겠습니다. 클라우드 컴퓨팅 개념부터 살펴보고, 이후 클라우드 컴퓨팅이라는 것이 어떻게 탄생하게 되었는지 알아보겠습니다. 그리고 피자를 먹는 네 가지 방법을 예로 들어서 클라우드 컴퓨팅의 다양한 종류에 대해 알아보고, 마지막으로 클라우드 컴퓨팅을 써야 하는 이유와 장점에 대해서 이야기하겠습니다.

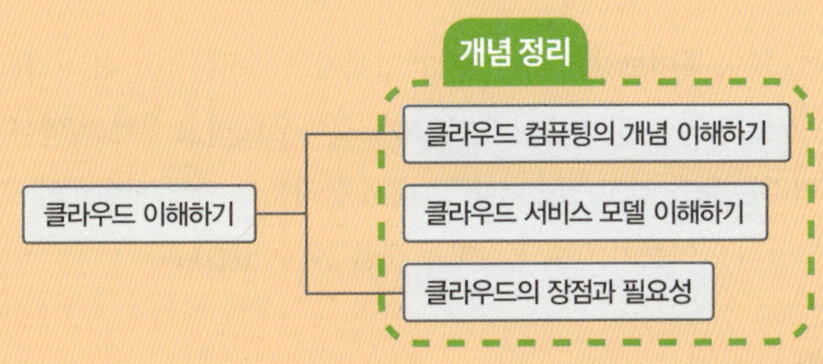

 1.1 클라우드

불과 10년 전만 하더라도 클라우드라는 단어가 그리 흔하게 사용되는 용어는 아니었습니다. 하지만 요즘은 뉴스나 기사에서 클라우드라는 단어가 많이 나오기 때문에, 이 책을 읽는 독자 분들도 클라우드라는 단어가 그리 생소하게 느껴지지는 않을 것입니다.

클라우드라는 단어를 많이 들어보았을 겁니다. IT 업계에 종사하는 분들이 아니라면 특정 맥주 브랜드를 떠올리는 분들도 많을 것 같습니다. 우리가 '클라우드'라고 부르는 영어 단어 'Cloud' 는 우리말로 '구름'이라는 뜻을 갖고 있습니다. 그래서 클라우드 관련 서비스의 로고를 보면 아래 그림처럼 구름 모양의 아이콘이 자주 등장하는 것을 볼 수 있습니다.

▶ 클라우드 컴퓨팅

여기서 클라우드Cloud라는 단어는 사실 클라우드 컴퓨팅Cloud Computing을 짧게 줄여서 부르는 말입니다. 그리고 클라우드 컴퓨팅은 클라우드라는 단어의 뜻인 구름처럼 하늘을 둥둥 떠다니며 전 세계 어디서든지 컴퓨팅 자원을 사용할 수 있다는 의미라고 보면 됩니다.

이러한 클라우드 컴퓨팅은 다양한 정의를 갖고 있습니다. 먼저 Data 저장과 접근을 인터넷으로 언제 어디서든 접근 가능한 기술이라는 의미가 있습니다. 그리고 또 다른 정의로 바로 사용 가능하고 사용한 만큼만 과금되는 전산 기반 시설이라고도 정의할 수 있습니다. 참고로 여기서 시설은 우리가 흔히 인프라스트럭처infrastructure라고 부르는 것입니다. 줄여서 인프라infra라고 합니다. 그리고 마지막으로 클라우드의 또 다른 정의는 전산 하드웨어 장비들의 가상화 기술입니다. 여기서 우리는 가상화virtualization라는 부분에 주목할 필요가 있습니다. 가상화라는 기술이 클라우드 컴퓨팅의 등장에 큰 역할을 했기 때문입니다. 이 부분은 뒤에서 다시 설명하겠습니다.

결론적으로 클라우드라고 하면 전산 자원들을 공유하는 기술과 도구의 집합이라고 할 수 있습니다. 여기서 전산 자원이란 서버server, 스토리지storage, 네트워크network 같은 물리 하드웨어hardware 장비뿐만 아니라 플랫폼platform과 애플리케이션application이라는 소프트웨어software까지 포함하는 개념입니다.

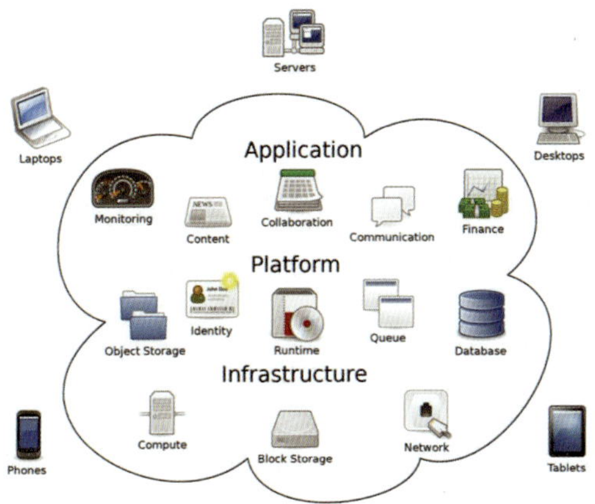

▶ 위키피디아에서 정의한 클라우드 컴퓨팅

그래서 위키피디아에서는 클라우드 컴퓨팅을 위와 같은 그림으로 나타내고 있습니다. 이처럼 서버, 스토리지 같은 물리 하드웨어 장비와 애플리케이션 같은 소프트웨어까지 포함하는 전산 자원을 인터넷을 통해 공유해서 사용할 수 있게 해주는 것이 바로 클라우드 컴퓨팅입니다.

1.2 클라우드 컴퓨팅의 탄생

클라우드 컴퓨팅은 어떻게 탄생하게 되었을까요? 지금부터는 클라우드 컴퓨팅의 탄생 배경을 알아보겠습니다. 클라우드 컴퓨팅이 탄생한 배경에는 바로 컴퓨터의 발전이 있습니다.

▶ 컴퓨터의 발전 1

지금은 컴퓨터의 사양이 굉장히 좋아졌기 때문에 쿼드코어나 옥타코어가 기본이지만 예전에는 코어가 하나짜리인 싱글코어가 대부분이었습니다. 여기서 코어라고 하면 우리가 흔히 CPU라고 부르는 것입니다. 사람으로 치면 두뇌에 해당하고 코어가 많을수록 연산 능력이 뛰어나다고 할 수 있습니다.

▶ 컴퓨터의 발전 2

어찌됐든 예전에는 코어가 하나짜리인 컴퓨터가 대부분이었지만 시간이 흐르면서 컴퓨터가 발전하게 되었고 위 그림처럼 코어가 2개인 듀얼코어가 나오게 됩니다.

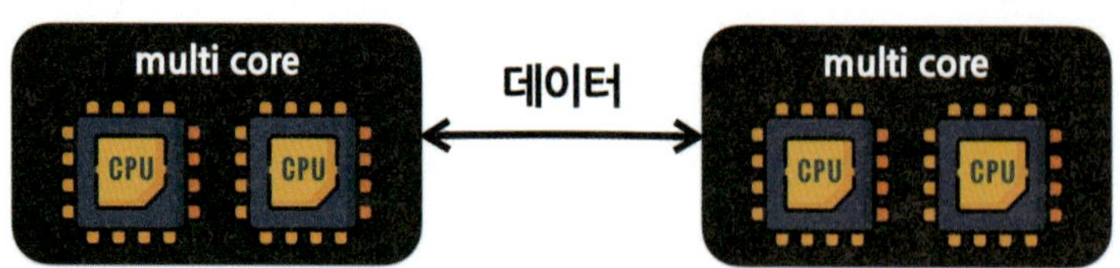

▶ 컴퓨터의 발전 3

그리고 인터넷의 등장과 함께 이렇게 컴퓨터들끼리 데이터를 주고받을 수 있게 되었습니다. 처음에는 인터넷 속도가 조금 느렸지만 그래도 데이터를 주고받을 수는 있었습니다.

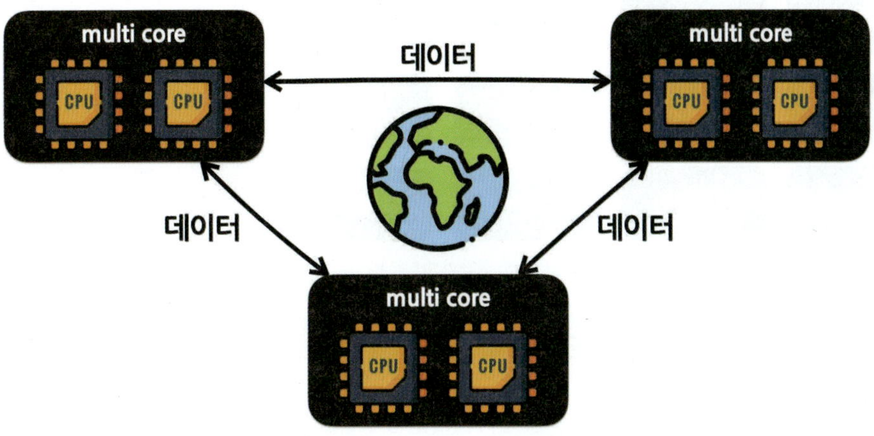

▶ 컴퓨터의 발전 4

그리고 인터넷 역시 발전하면서 속도가 빨라지고 이러한 데이터 공유 속도에 점점 가속도가 붙게 됩니다. 그리고 또한 규모도 커져서 전 세계에 있는 컴퓨터들이 데이터를 주고받을 수 있게 되었습니다. 클라우드는 인터넷을 빼놓고는 존재할 수 없는 개념이기 때문에 인터넷의 발전이 클라우드 컴퓨팅에 있어 굉장히 중요한 의미라고 할 수 있습니다.

▶ 컴퓨터의 발전 5

그런데 이러한 멀티코어를 가진 컴퓨터들이 기하급수적으로 늘어나게 되면서 남는 컴퓨팅 자원이 많이 발생하게 됩니다.

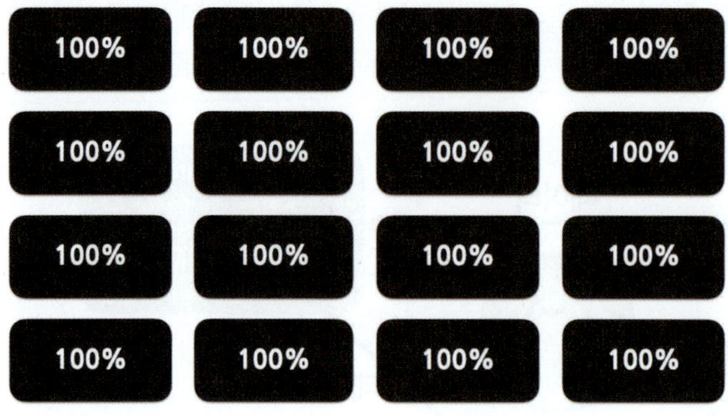

▶ 컴퓨터의 발전 6

이상적인 경우라면 위 그림처럼 모든 프로세서가 항상 100% 일을 하도록 만드는 것이 좋습니다.

컴퓨터공학에는 Operating System이라고 부르는 운영체제 과목이 있습니다. 운영체제를 배운 분들은 알겠지만 운영체제에는 스케줄링 알고리즘이라는 개념이 등장하는데 이 스케줄링 알고리즘의 목적은 CPU가 최대한 쉬지 않고 계속해서 일을 하도록 만드는 것입니다.

▶ 컴퓨터의 발전 7

하지만 CPU의 연산 능력에 비해서 사람이 컴퓨터에 일을 주는 속도가 느리기 때문에 현실적인 CPU 점유율은 위 그림과 같은 형태가 될 것입니다. 일을 열심히 하는 컴퓨터도 있고 아예 놀고 있는 컴퓨터도 있는 상황입니다.

이렇게 남는 컴퓨팅 자원을 그냥 두는 것은 자원 낭비입니다. 비싼 돈을 주고 산 컴퓨터인데 아무엇도 안 하고 있으면 아깝다는 생각이 듭니다. 그래서 사람들이 이러한 생각을 하게 됩니다.

'지금 당장 사용하지 않는 컴퓨팅 자원을 빌려주고 돈을 받을 수 있을까?'

만약 그럴 수 있다면 굉장한 이득입니다. 내가 나중에 쓰긴 할 것이지만, 잠시 사용하지 않는 동안에만 빌려주고 돈을 받는 수익 모델을 생각하게 된 것이죠.

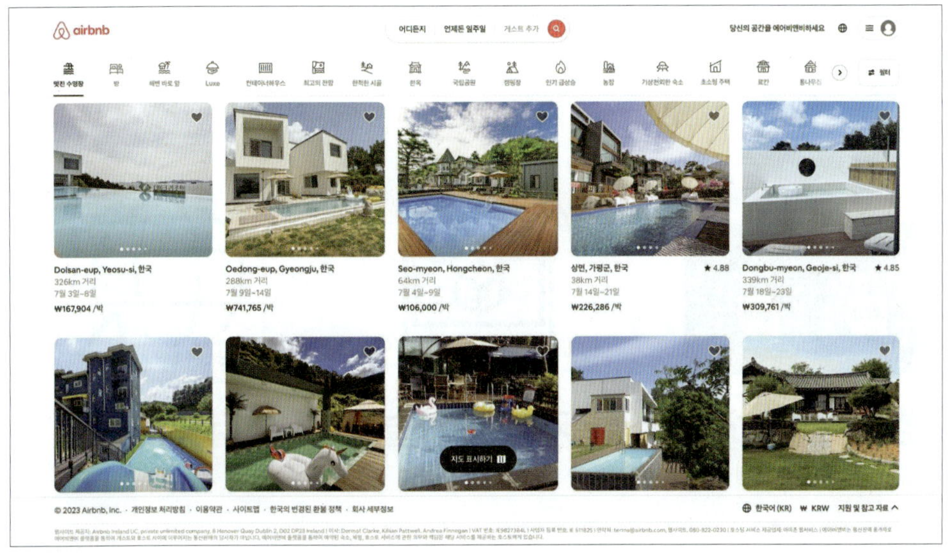

▶ 에어비앤비

내가 가진 것 중에 지금은 사용하지 않는 것을 빌려주고 돈을 받는 비즈니스 모델을 가진 대표적인 것이 바로 에어비앤비Airbnb입니다. 에어비앤비는 내가 가진 집이나 방을 빌려주고 숙박비를 받는 모델입니다. 내가 쓰고 싶을 때는 내가 쓰고, 아무도 쓰지 않을 때는 다른 사람에게 빌려줌으로써 돈을 벌 수 있습니다.

그런데 에어비앤비는 집이나 방을 빌려주면 되지만, 컴퓨터는 빌려줄 방법이 마땅치 않습니다. 컴퓨터를 잠깐 빌려주겠다고 고객에게 직접 갖다 줄 수도 없고, 반대로 고객을 집으로 오게 해서 컴퓨터를 사용하게 할 수도 없기 때문입니다.

그런 시점에 Virtualization이라고 부르는 가상화 기술이 부상하게 됩니다. 가상화는 쉽게 말해서 서버, 스토리지, 네트워크 같은 하드웨어를 소프트웨어 형태로 추상화시킨 것이라고 보면 됩니다. 그리고 이 가상화 기술을 사용해서 하드웨어로 이뤄진 컴퓨팅 자원을 소프트웨어로 구현한 것을 가상 머신이라고 합니다. 영어로는 Virtual Machine이라고 하고 줄여서 VM이라고 부릅니다. 가상화 기술 덕분에 macOS에서 윈도우를 실행하고, 윈도우에서 리눅스를 실행할 수 있게 되었죠. 그리고 이러한 VM을 인터넷을 통해서 원격으로도 제공할 수 있게 되었습니다.

그래서 사람들은 컴퓨터 하드웨어를 직접 빌려주는 것은 굉장히 비효율적이기 때문에 아래와 같은 생각을 하게 됩니다.

'가상화 기술을 이용해서 하드웨어를 소프트웨어로 만든 Virtual Machine을 인터넷을 통해서 빌려주자!'

컴퓨터의 발전

가상화 기술

인터넷의 발전

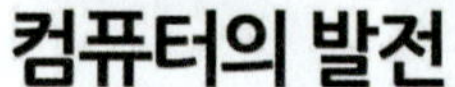

▶ 클라우드 컴퓨팅의 탄생

이렇게 해서 컴퓨터의 발전, 가상화 기술의 등장, 그리고 인터넷의 발전에 힘입어 클라우드 컴퓨팅이라는 것이 탄생하게 되었습니다.

 ## 1.3 어디까지 빌려줘야 할까?

그럼 인터넷을 통해서 컴퓨팅 자원을 빌려줄 수 있게 되었는데, 어디까지 빌려줘야 할까요? 지금부터는 피자를 먹는 네 가지 방법을 예로 들어서 설명해보겠습니다.

전통적인 온프레미스 (On Prem)	인프라스트럭처 서비스 (Iaas)	플랫폼 서비스 (PaaS)	소프트웨어 서비스 (SaaS)
식탁	식탁	식탁	식탁
음료수	음료수	음료수	음료수
전기/가스	전기/가스	전기/가스	전기/가스
오븐	오븐	오븐	오븐
불	불	불	불
피자 도우	피자 도우	피자 도우	피자 도우
토마토 소스	토마토 소스	토마토 소스	토마토 소스
토핑	토핑	토핑	토핑
치즈	치즈	치즈	치즈
홈 피자	냉동 피자	배달 피자	매장 피자

■ 직접 관리하는 항목　■ 업체가 관리하는 항목

▶ 피자를 먹는 방법과 클라우드 서비스 모델 1

위 그림은 피자를 먹는 방법을 네 가지로 나누고 각 방식을 그림으로 나타낸 것입니다.

가장 왼쪽에는 집에서 피자를 직접 만들어 먹는 홈 피자 방식이 있고, 다음 오른쪽에는 냉동피자를 사서 집에서 구워 먹는 냉동 피자 방식, 그리고 다 구워진 피자를 배달시켜 먹는 배달 피자 방식, 마지막으로 매장에 가서 먹는 매장 피자 방식이 있습니다.

이제 이 방식의 특징에 대해서 하나씩 살펴보도록 하겠습니다.

먼저 홈 피자는 식탁부터 오븐, 피자 재료까지 모두 피자를 먹는 사람 본인이 준비하고 관리해야 합니다. 이 경우에는 재료부터 장비까지 사려면 돈도 많이 들고 시간도 많이 듭니다.

냉동 피자의 경우 피자 재료는 살 필요가 없습니다. 냉동된 피자를 사다가 오븐에 데워서 먹으면 됩니다. 그렇기 때문에 피자를 데울 수 있는 오븐과 피자를 먹을 식탁, 그리고 피자를 구입할 돈만 있으면 됩니다.

다음은 배달 피자인데 배달 피자는 이미 피자가 구워져서 오기 때문에 그냥 돈을 내고 받아서 식탁에서 먹으면 됩니다.

마지막으로 매장 피자는 그냥 돈만 내고 먹으면 됩니다. 모든 것이 제공되는 것이죠.

- **홈피자**: 클라우드 사용 안 함
- **냉동 피자**: 인프라스트럭처만 대여
- **배달 피자**: 플랫폼까지 대여
- **매장 피자**: 소프트웨어 통째로 대여

전통적인 온프레미스 (On Prem)	인프라스트럭처 서비스 (IaaS)	플랫폼 서비스 (PaaS)	소프트웨어 서비스 (SaaS)
식탁	식탁	식탁	식탁
음료수	음료수	음료수	음료수
전기/가스	전기/가스	전기/가스	전기/가스
오븐	오븐	오븐	오븐
불	불	불	불
피자 도우	피자 도우	피자 도우	피자 도우
토마토 소스	토마토 소스	토마토 소스	토마토 소스
토핑	토핑	토핑	토핑
치즈	치즈	치즈	치즈
홈 피자	냉동 피자	배달 피자	매장 피자

직접 관리하는 항목 / 업체가 관리하는 항목

▶ 피자를 먹는 방법과 클라우드 서비스 모델 2

이제 피자가 아닌 클라우드에 적용해서 설명하겠습니다. 먼저 홈 피자는 집에서 컴퓨터를 직접 사서 설치하고 사용하는 경우입니다. 이 경우에는 클라우드를 사용하지 않고 그냥 자신의 집에 있는 컴퓨터를 쓰면 됩니다. 냉동 피자는 인프라스트럭처infrastructure만 대여하는 경우인데 돈을 내고 인프라스트럭처를 대여해서 사용합니다. 배달 피자는 플랫폼까지 대여하는 경우입니다. 마지막으로 매장 피자는 소프트웨어까지 모든 것을 다 빌리는 경우입니다.

클라우드를 피자에 관련된 그림으로 설명하다 보니 이해가 잘 안 될 수 있습니다. 이번엔 그림으로 이해해보겠습니다. 클라우드 컴퓨팅과 관련된 그림을 보면서 다시 한번 살펴보겠습니다.

온프레미스	인프라스트럭처	플랫폼	소프트웨어
애플리케이션	애플리케이션	애플리케이션	애플리케이션
데이터	데이터	데이터	데이터
런타임	런타임	런타임	런타임
미들웨어	미들웨어	미들웨어	미들웨어
OS	OS	OS	OS
가상화	가상화	가상화	가상화
서버	서버	서버	서버
스토리지	스토리지	스토리지	스토리지
네트워크	네트워크	네트워크	네트워크

▶ 피자를 먹는 방법과 클라우드 서비스 모델 3

홈 피자 같은 경우에는 서버, 네트워크, OS, 소프트웨어까지 모두 다 직접 관리해야 합니다.

그리고 냉동 피자의 경우 인프라스트럭처만 돈을 주고 빌리는 형태인데, 여기에서 인프라스트럭처는 서버, 스토리지, 네트워크 등의 장비입니다. 이 경우 운영체제와 미들웨어 등의 설치를 직접해야 합니다. 마치 냉동 피자를 데우는 것과 같은 일입니다.

다음으로 배달 피자는 플랫폼까지 빌리는 것인데, 이 경우에는 운영체제가 설치된 상태로 빌리는 것이기 때문에 바로 소프트웨어를 설치해서 사용하면 됩니다.

마지믹 매징 피자는 그냥 바로 사용하기만 하면 됩니다.

그렇다면 우리가 이번에 배우려고 하는 AWS는 이 네 가지 방법 중에서 몇 번째에 해당할까요? AWS는 이 중 세 가지(인프라스트럭처, 플랫폼, 소프트웨어)를 포함합니다.

인프라스트럭처만 빌릴 수도 있고, 플랫폼을 통째로 빌릴 수도 있으며, 소프트웨어까지 완제품으로 빌릴 수도 있습니다. 이렇게 어디까지 빌려주는지에 따라서 IaaS, PaaS, SaaS 등 다양한 이름으로 불립니다. 그리고 AWS는 이런 다양한 형태로 모두 사용할 수 있습니다.

# 1.4 클라우드 컴퓨팅을 써야 하는 이유

지금부터는 고객의 입장에서 왜 클라우드를 사용해야 하는지 그 이유에 대해서 알아보겠습니다.

▶ 개인의 온프레미스 환경

앞서 살펴봤던 피자를 먹는 네 가지 방법 중 집에서 직접 피자를 만들어 먹는 홈 피자의 경우처럼 개인이 집에서 직접 서버를 운영하려면 발전기 설치, 높은 초기 구축 비용, 용량의 한계, 많은 노력이 필요합니다.

▶ 개인의 클라우드 컴퓨팅 환경

하지만 클라우드 컴퓨팅을 사용하게 되면 필요할 때 언제든지 곧바로 사용할 수 있으며 사용한 만큼만 지불하면 되기 때문에 초기 구축 비용이 들지 않습니다. 그리고 상황에 따라서 용량을 유연하게 조절할 수 있어서 용량의 한계도 극복할 수 있습니다. 또한 마우스 클릭 몇 번만으로 클라우드를 사용할 수 있어서 굉장히 적은 노력이 듭니다.

이렇게 많은 장점이 있기 때문에 클라우드를 사용하지 않을 이유가 없는 것이죠. 굳이 힘들게 돈을 많이 쓰면서 직접 서버를 운영할 이유가 없습니다.

그렇다면 개인이 아닌 기업의 경우에는 어떻게 될까요?

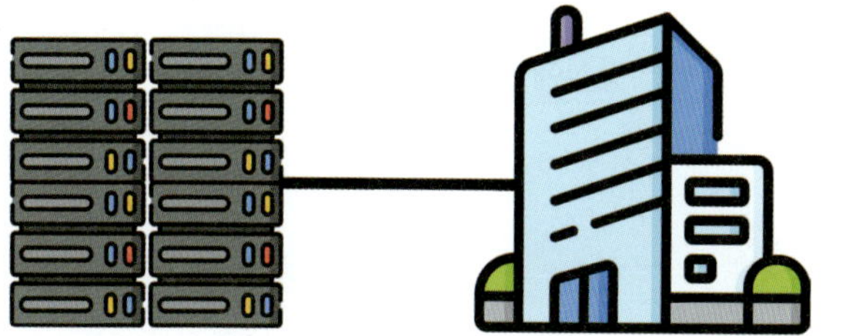

▶ 기업의 온프레미스 환경

마찬가지로 기업에서 직접 IDC^{Internet Data Center}를 운영하는 경우에는 데이터 센터 구축에 필요한 하드웨어를 직접 구매해야 합니다. 또한 서버를 설치할 공간이 필요하기 때문에 공간을 임대하기 위한 임대료가 추가로 들겠죠. 그렇기 때문에 높은 초기 투자 비용이 듭니다. 또한 한정된 용량을 갖고 있어서 증설을 하기 위해서는 추가로 서버를 구매해야 합니다. 결국에는 많은 공수와 시간을 필요로 합니다.

그런데 기업에서 만약에 클라우드 컴퓨팅을 사용하게 된다면 어떻게 될까요?

▶ 기업의 클라우드 컴퓨팅 환경

이 경우에는 앞에서 본 것과 마찬가지로 필요할 때 언제든지 곧바로 사용할 수 있으며, 사용한 만큼만 지불하면 되기 때문에 초기 구축 비용이 들지 않습니다. 그리고 상황에 따라서 용량을 유연하게 조절할 수 있어서 용량의 한계도 극복할 수 있습니다. 그리고 마우스 클릭 몇 번만으로 클라우드를 사용할 수 있어서 굉장히 적은 노력이 듭니다. 이렇게 많은 장점으로 기업에서도 클라우드를 사용하지 않을 이유가 없습니다.

클라우드 컴퓨팅에 대해 정리하면 다음과 같습니다.

> 클라우드 컴퓨팅이란 초기 투자나 장기 계약 없이 인터넷을 통해 IT 리소스와 애플리케이션을 원할 때 언제든지 사용하고, 사용한 만큼만 요금을 지불하는 서비스

그리고 직접 서버를 운영하는 온프레미스On-Premises 방식에 비해 다양한 장점이 있기 때문에 클라우드 컴퓨팅을 사용하는 것이 좋다고 할 수 있습니다.

 # 1.5 클라우드 컴퓨팅의 장점

앞에서 살펴본 것처럼 클라우드 컴퓨팅을 사용하게 되면 굉장한 이점들이 있습니다. 지금부터는 클라우드 컴퓨팅의 장점에 대해서 하나씩 살펴보겠습니다.

▶ 클라우드 컴퓨팅의 장점 1 – 초기 선투자 비용 없음

먼저 첫 번째 장점은 초기 선투자 비용이 없다는 점입니다.

온프레미스의 경우 서버를 먼저 구매해야 하고, 서버를 놓을 장소를 임대해야 하기 때문에 초기 투자 비용이 굉장히 높습니다. 하지만 클라우드에서는 장소를 임대할 필요도 없고, 미리 서버를 구매할 필요도 없기 때문에 초기 투자 비용이 없습니다.

▶ 클라우드 컴퓨팅의 장점 2 – 운영 비용 절감

다음 두 번째 장점은 운영 비용이 절감된다는 점입니다.

클라우드는 사용한 만큼만 요금을 지불하기 때문에 운영 비용이 굉장히 낮습니다. 그리고 계속 해서 요금이 내려가고 있기 때문에 운영 비용은 앞으로도 점점 줄어들 것으로 예상합니다.

만약 자체적으로 서버를 운영한다면 운영 비용에는 간과하기 쉬운 여러 비용들이 숨어 있습니다. 서버에서 사용하는 전력 비용, 서버실 온도와 습도를 유지하기 위한 항온항습 비용, 서버실을 구축한 공간의 임대료와 운영/관리 인력의 인건비가 있습니다. 또한 소프트웨어 라이선스 비용도 있으며, 향후 서버 증설 시에는 증설 비용도 추가로 듭니다. 이러한 숨은 비용이 많기 때문에 온프레미스 방식은 생각보다 꽤 많은 비용이 들게 됩니다. 하지만 클라우드를 사용하면 이러한 모든 비용에 대해 고민하지 않아도 됩니다.

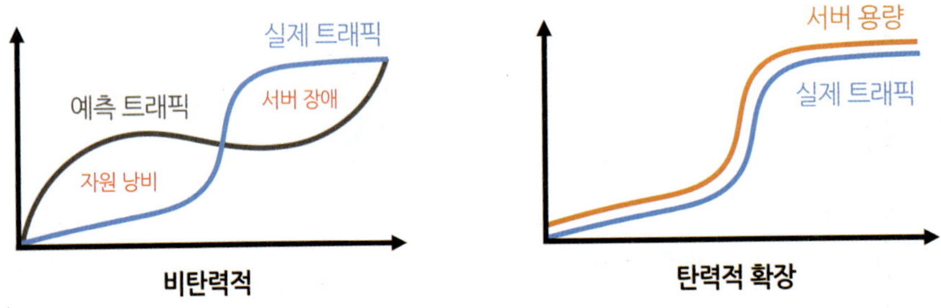

▶ 클라우드 컴퓨팅의 장점 3 – 탄력적인 운영 및 확장

클라우드 컴퓨팅의 세 번째 장점은 탄력적인 운영 및 확장이 가능하다는 점입니다.

자체 데이터 센터 같은 비탄력적인 환경에서는 위 그림 왼쪽처럼 실제 트래픽과 서버의 용량이 다른 경우가 많습니다. 만약 실제 트래픽보다 서버의 용량이 높다면 낭비되는 자원이 많이 생기고, 실제 트래픽보다 서버의 용량이 낮다면 제대로 서비스가 운영이 되지 않아서 서버에 장애가 발생하게 됩니다.

하지만 클라우드에서는 그림 오른쪽처럼 상황에 따라서 탄력적인 운영 및 확장이 가능하므로, 필요한 용량에 대한 예측이 불필요하고 수요에 따라서 유연하게 확장할 수 있습니다. 실제 트래픽과 거의 유사하게 서버의 용량을 늘렸다 줄였다 할 수 있는 것입니다. 그리고 AWS에서는 프로그램 코드로 필요한 자원을 자동 증설 및 감소할 수 있어 비용 효율적일 뿐만 아니라 최적의 성능 및 안정성을 제공할 수 있습니다.

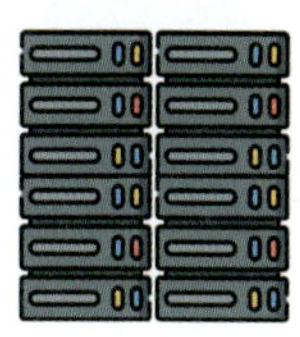

VS

- 수주일 내 인프라 준비
- 실패 비용이 높음
- 혁신 속도가 느려짐

- 수 분 내 인프라 준비
- 실패 비용이 낮음
- 다양한 혁신 가능

▶ 클라우드 컴퓨팅의 장점 4 – 속도 및 민첩성

네 번째 장점은 속도 및 민첩성입니다.

온프레미스 환경에서는 인프라를 준비하는 데 최소 몇 주의 시간이 걸리며, 초기 투자 비용이 높아 실패했을 때 손해율이 높습니다. 그렇게 때문에 혁신의 속도 또한 느려질 수밖에 없습니다.

반대로 클라우드 환경에서는 몇 분 내로 인프라를 준비할 수 있으며, 초기 투자 비용이 없어 실패의 비용이 낮습니다. 실패 비용이 낮기 때문에 다양한 혁신을 시도할 수 있는 여유가 있습니다.

▶ 클라우드를 도입하여 빠르게 성공한 기업

그리고 이러한 속도와 민첩성을 살 활용한 클라우드 기반 기업들이 전 세계적으로 성공하는 경우가 많이 발생하게 됩니다. 에어비앤비, 옐프Yelp, 슈퍼셀Supercell 등이 그 대표적인 예라고 할 수 있습니다.

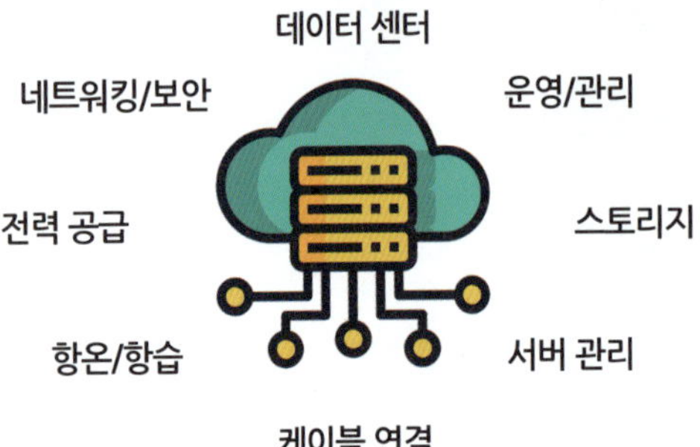

▶ 클라우드 컴퓨팅의 장점 5 – 비즈니스에만 집중 가능

다섯 번째 장점은 비즈니스에만 집중 가능하다는 점입니다.

기업의 입장에서는 클라우드를 사용함으로써 서버 구축 및 운영에 드는 시간을 줄일 수 있어 기업 자체 비즈니스에만 집중할 수 있게 됩니다. 새로운 하드웨어를 구매하고 설치하는 작업이나 새로운 소프트웨어를 구매해서 설치하는 등의 작업을 하지 않아도 되고, 그 시간에 자체 비즈니스에 온전히 집중함으로써 더욱 더 성공 확률을 높일 수 있는 것입니다.

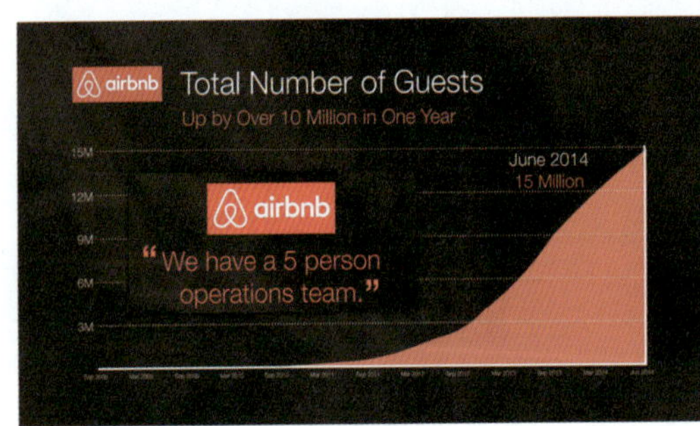

사용자: 1500만명
EC2 인스턴스: 1300대
운영팀: 5명

▶ 에어비앤비의 클라우드 활용 사례[1]

에어비앤비의 사례를 살펴보면, 2014년 에어비앤비 사용자가 대략 1500만 명이었는데 당시 EC2 인스턴스, 즉 가상 서버 1300대를 사용하였고 운영팀은 단 5명이었다고 합니다.

이 정도 규모의 서버를 운영하는 데 5명의 인력으로 운영할 수 있었던 것은 클라우드 기반으로 서비스를 구축했기 때문입니다. 이처럼 클라우드를 사용하면 기업에서는 서버 운영에 인력을 많이 쓰지 않고 온전히 자체 비즈니스에 집중할 수 있습니다.

---

1 https://www.slideshare.net/AmazonWebServices/what-is-cloud-computing-at-websummit

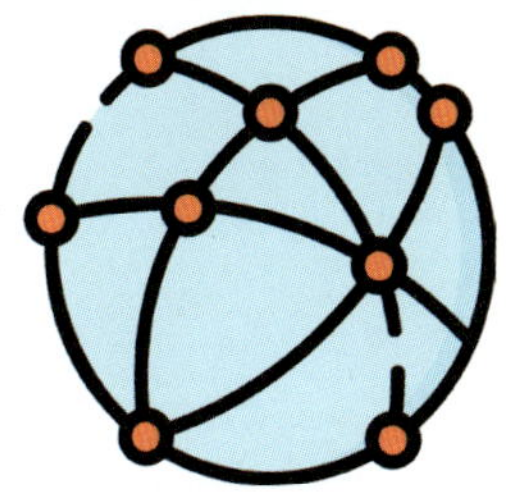

전 세계 어디라도 수 분 내 확장하여 서비스 구축 가능

▶ 클라우드 컴퓨팅의 장점 6 – 글로벌 확장

마지막 여섯 번째 장점은 글로벌 확장입니다.

클라우드를 사용하게 되면 글로벌로 서비스를 확장하는 것도 굉장히 빠르게 할 수 있습니다. 전 세계 어디라도 수 분 내 확장하여 서비스를 구축할 수 있습니다.

1.6 1장 요약

- 클라우드
  - 클라우드 컴퓨팅(Cloud Computing)의 줄임말
  - 전산 자원을 공유하는 기술과 도구의 집합

- 클라우드 컴퓨팅의 탄생
  - 컴퓨터의 발전으로 인해 남는 자원이 발생
  - 인터넷의 발전으로 데이터 공유 속도 빨라짐
  - 가상화(Virtualization) 기술로 만든 가상 머신(Virtual Machine)을 인터넷을 통해 대여

- 어디까지 빌려줘야 할까?
  - 피자를 먹는 네 가지 방법
    - 홈 피자: 클라우드 사용 안 함(On-Premises)
    - 냉동 피자: 인프라스트럭처만 대여(Infrastructure as a Service, IaaS)
    - 배달 피자: 플랫폼까지 대여(Platform as a Service, PaaS)
    - 음식점 피자: 소프트웨어까지 통째로 대여(Sofrware as a Service, SaaS)
  - AWS는 인프라스트럭처, 플랫폼, 소프트웨어를 모두 포함

- 클라우드 컴퓨팅을 써야 하는 이유
  - 각종 하드웨어 설치 비용 ➡ 필요할 때 언제나
  - 초기 구축 비용 ➡ 사용한 만큼만 지불
  - 제한된 용량 ➡ 유연한 용량
  - 많은 노력 ➡ 적은 노력

- 클라우드 컴퓨팅의 장점
  - 초기 투자 비용이 없고, 운영 비용이 적으며, 탄력적인 운영 및 확장 가능
  - 인프라를 빠르게 구축할 수 있으므로 자체 비즈니스에만 집중 가능
  - 글로벌 확장도 손쉽게 가능

2

안녕, AWS!

Preview

이번 장에서는 AWS를 간단히 소개해보도록 하겠습니다. 먼저 AWS 탄생 배경에 대해서 살펴보고, 왜 AWS를 써야 하는지 AWS의 다양한 강점을 살펴보겠습니다. 그리고 AWS의 대표적인 서비스와 그 서비스를 어떻게 사용해야 하는지를 살펴보고, 마지막으로 실제 기업 적용 사례를 알아보도록 하겠습니다.

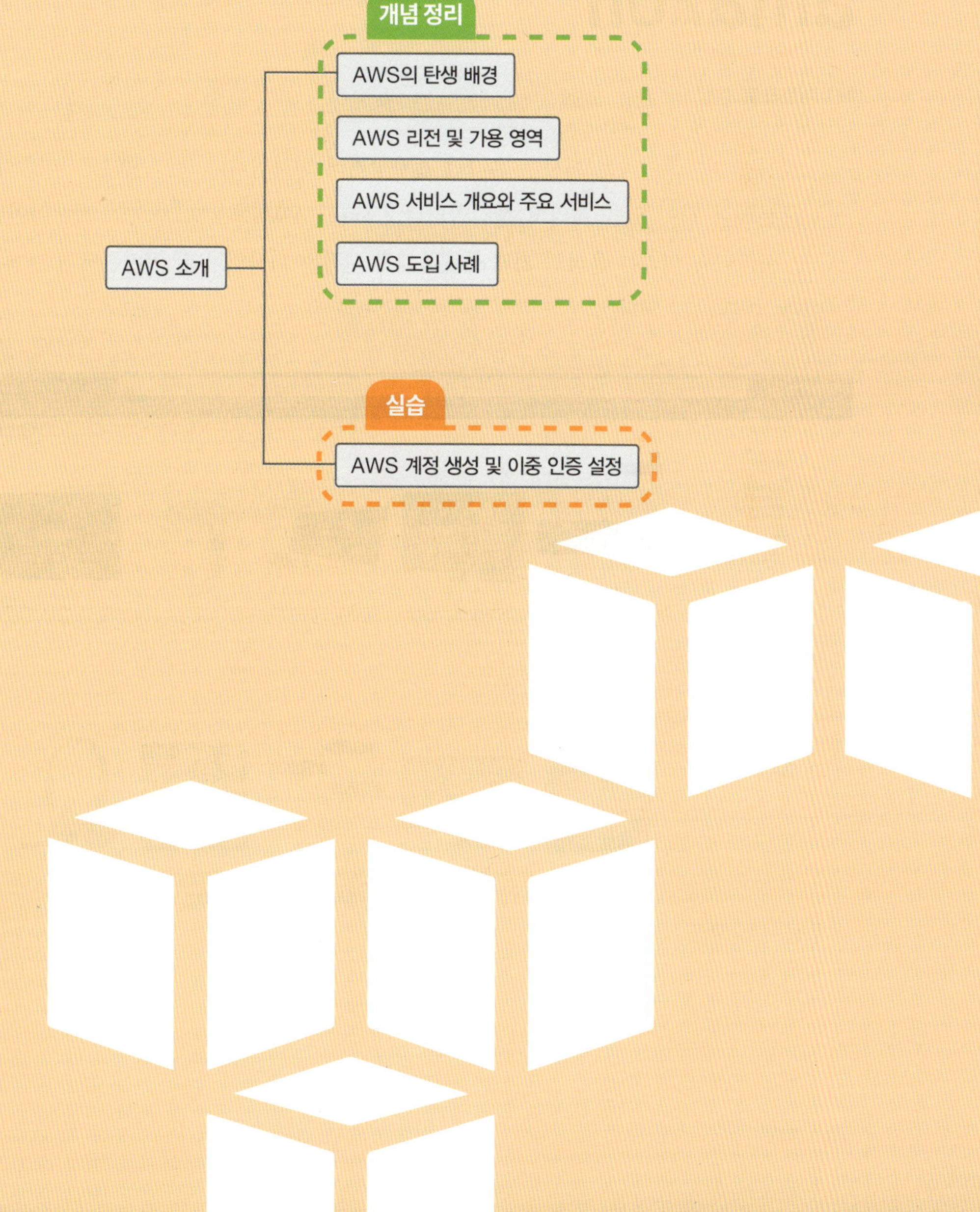

2.1 AWS의 탄생

먼저 AWS의 탄생 배경부터 이야기하겠습니다. AWS 탄생 배경으로는 여러 가지 이야기가 있습니다. 그중에서도 가장 널리 알려진 이야기를 한번 보겠습니다.

amazon

▶ 아마존의 로고

아는 것처럼 아마존이라는 회사는 온라인 전자상거래 회사입니다. 한 번쯤은 아마존에서 물건을 주문해본 적이 있을 거라고 생각합니다. 그리고 AWS$^{Amazon\ Web\ Services}$는 아마존닷컴(Amazon.com)이라는 온라인 거래 플랫폼에서 시작된 회사입니다. 아마존닷컴의 웹사이트는 아래 그림과 같습니다.

▶ 아마존의 웹사이트

AWS 탄생 배경은 바로 이 아마존닷컴의 내부 운영에서 비롯되었습니다. 2000년대 초반 아마존닷컴은 전자상거래 웹사이트로 급속하게 성장했습니다. 이 성장에 따라 아마존은 막대한 규모의 인프라와 서버를 필요로 하게 되었죠. 하지만 전통적인 물리적 서버 인프라는 유연성과 확장성에 제약이 있어 아마존의 성장에 제약 요소가 되었습니다.

이에 대응하기 위해 아마존은 내부적으로 자체 클라우드 컴퓨팅 인프라를 구축하기 시작했습니다. 이 내부 클라우드 인프라는 아마존의 비즈니스 요구에 맞게 유연하게 확장되고, 비용 효율적으로 운영되는 시스템이었습니다. 그리고 2004년 아마존은 자체 개발한 클라우드 서비스를 제3자에게도 제공하기 시작했습니다. 이것이 AWS의 시작입니다.

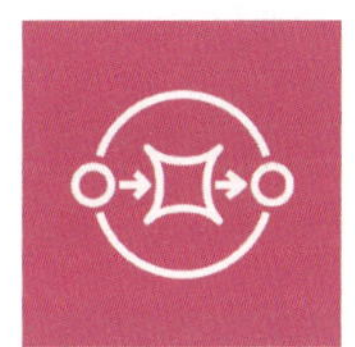

▶ SQS

AWS에서 가장 처음으로 출시한 서비스는 SQS라고 불리는 Simple Queue Service입니다. SQS는 분산형 메시지 큐 서비스로 소프트웨어 구성 요소 간 어떤 볼륨의 메시지든 전송, 저장, 수신할 수 있게 해주는 서비스입니다.

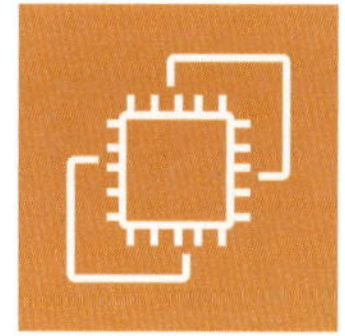

▶ S3와 EC2

그리고 2006년 객체 기반 스토리지 서비스인 S3와 가상머신을 제공하는 EC2라는 서비스를 출시하면서부터 본격적으로 AWS가 대중에게 널리 알려지기 시작했습니다. 그리고 시간이 지나 AWS는 기업이나 개발자들이 인터넷을 통해 인프라와 서비스를 사용할 수 있도록 하는 클라우드 컴퓨팅 플랫폼으로 발전했습니다.

AWS는 초기에는 주로 가상서버, 스토리지 등의 인프라 서비스를 제공했지만 지속적으로 다양한 서비스와 솔루션을 추가하여 현재는 컴퓨팅, 데이터베이스, 인공지능, 분석, 보안, IoT 등 다양한 분야에서 폭넓은 서비스 포트폴리오를 제공하고 있습니다.

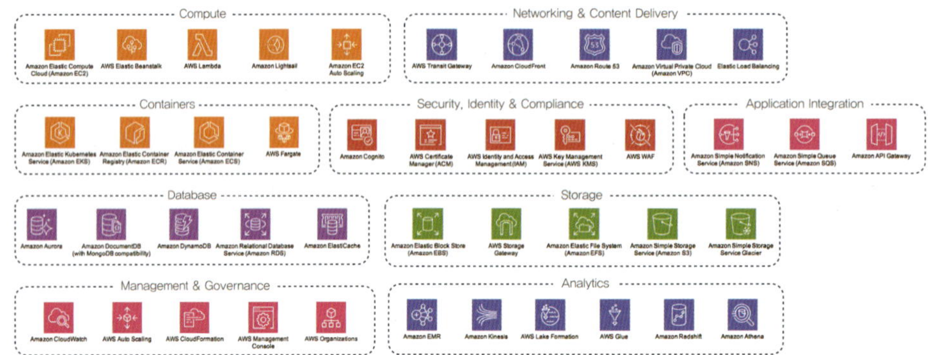

▶ 다양한 AWS 서비스

위 그림은 AWS 서비스 중 극히 일부만을 나타낸 것입니다. AWS에서는 이외에도 수많은 분야에서 다양한 서비스들을 제공하고 있습니다.

2.2 왜 AWS인가

그렇다면 다른 클라우드 서비스를 두고 왜 AWS를 사용해야 할까요? 지금부터는 AWS를 사용해야 하는 이유에 대해서 살펴보겠습니다.

- 12년 연속 클라우드 인프라 및 플랫폼 서비스(CIPS) Magic Quadrant의 리더로 선정

- CIPS Magic Quadrant의 리더 중 가장 오랜 기간 운영(가트너 자료)

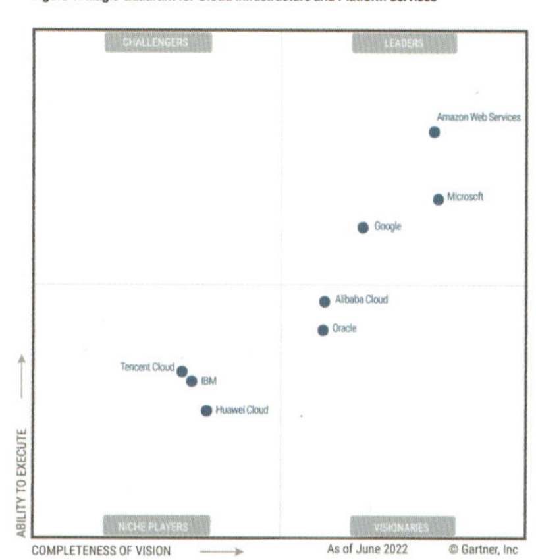

▶ 15년 이상 축적된 경험

먼저 AWS는 클라우스 서비스 선두 주자로 15년 이상의 축적된 경험을 갖고 있습니다. 그만큼 성숙한 클라우드 서비스 업체라고 할 수 있으며, 대규모 사용자 및 리소스를 관리하는 데 있어 가상 싶은 역량을 제공합니다.

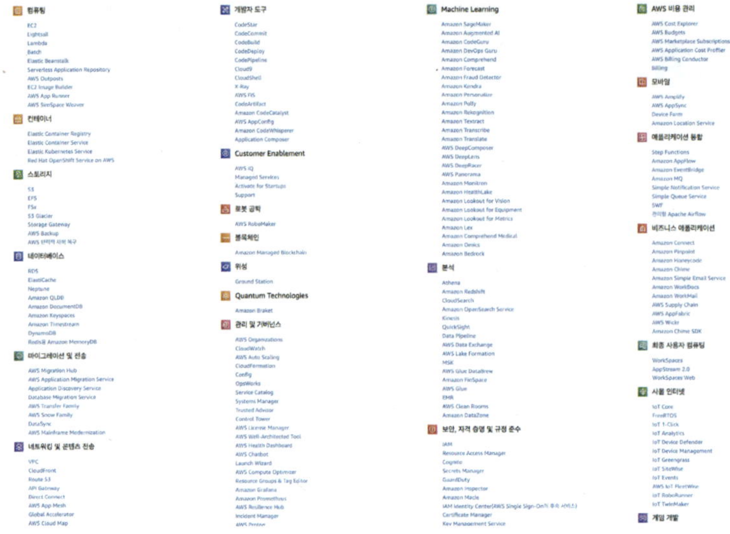

▶ 폭넓고 깊이 있는 서비스 포트폴리오

그리고 서비스 기간이 오래된 만큼 다양한 분야에서 폭넓고 깊이 있는 서비스 포트폴리오를 제공합니다. 위 그림은 AWS 서비스 중에서 일부만을 캡처한 것인데 굉장히 다양한 서비스를 제공하는 것을 볼 수 있습니다.

그리고 새로운 서비스와 기능을 출시하는 속도 또한 굉장히 빠릅니다. AWS는 아마존의 철학에 따라 항상 고객 중심으로 생각하는데, 새로운 서비스를 출시할 때도 고객이 실제로 필요로 하거나 요청하는 서비스와 기능을 출시한다고 합니다. 여기서 잠시 가장 대표적인 고객 지향 서비스 출시 사례를 살펴보도록 하겠습니다.

기존에 직접 서버를 운영하던 고객이 클라우드로 이전하기 위해서 페타 바이트급 데이터를 클라우드로 이전해야 하는 상황이었습니다. 참고로 페타바이트는 1024TB(테라바이트)이고 1TB는 1024GB(기가바이트)입니다. 우리가 집에서 사용하는 컴퓨터 용량이 보통 1~2TB인 점을 감안하면 그 데이터 양이 어마어마하다고 할 수 있습니다. 그리고 이러한 대용량 데이터는 인터넷으로 전송하면 굉장히 시간이 오래 걸립니다. 요즘 인터넷이 아무리 빨라졌다고 해도 전송 속도에는 한계가 있기 때문입니다.

그래서 AWS에서는 이러한 고객을 위해서 안전한 저장장치를 고객의 집으로 보내고 고객이 데이터를 직접 저장장치에 담아서 다시 AWS로 보내는 방법을 생각하게 됩니다. 택배 배송 기간을 포함한다고 해도 인터넷을 통해서 데이터를 옮기는 것보다 훨씬 빠르기 때문이죠.

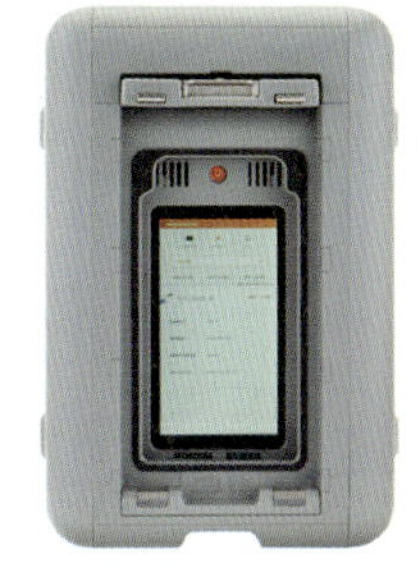

▶고객 지향 서비스 출시 사례 – Snowball

이러한 서비스가 바로 AWS의 Snowball이라는 서비스입니다. 위 그림에 보이는 것처럼 큰 회색 박스를 고객의 집으로 보내고, 고객이 Snowball에 데이터를 직접 옮겨서 다시 AWS로 보내면 데이터를 이전해주는 것이죠. 인터넷을 통해서 전송하게 되면 수년이 걸릴 수도 있는 대용량 데이터를 빠르게 클라우드로 마이그레이션 할 수 있게 해주는 것인데, 이러한 사례를 통해 AWS의 고객 지향 관점을 엿볼 수 있습니다.

- 리전: 31개
- 가용 영역: 99개
- 엣지 로케이션: 400개 이상

▶ AWS 글로벌 인프라

그리고 AWS는 전 세계에 최대 규모의 인프라를 갖고 있습니다. 현재 시점에서는 31개 리전과 99개 가용 영역, 그리고 400개 이상의 엣지 로케이션을 갖추고 있습니다. 여기서 등장하는 리전, 가용 영역, 엣지 로케이션에 대한 개념은 굉장히 중요하기 때문에 짚고 넘어가도록 하겠습니다.

- 리전: AWS 서비스가 운영되는 지역

- 가용 영역: 리전 내에 위치한 복수 개의
  데이터 센터

- 엣지 로케이션: CloudFront 같은 엣지 서비스의
  캐시 서버가 운영되는 데이터 센터

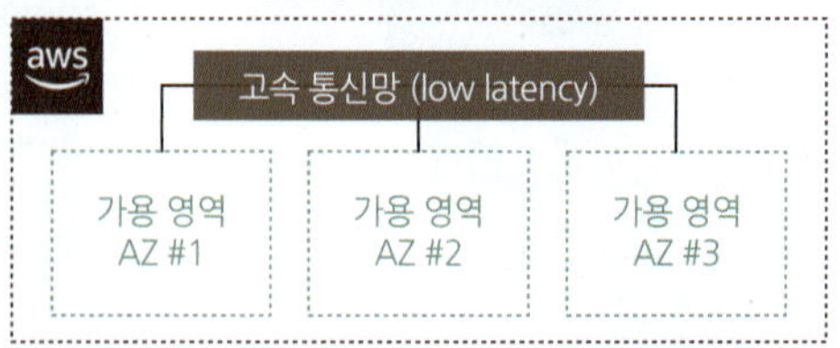

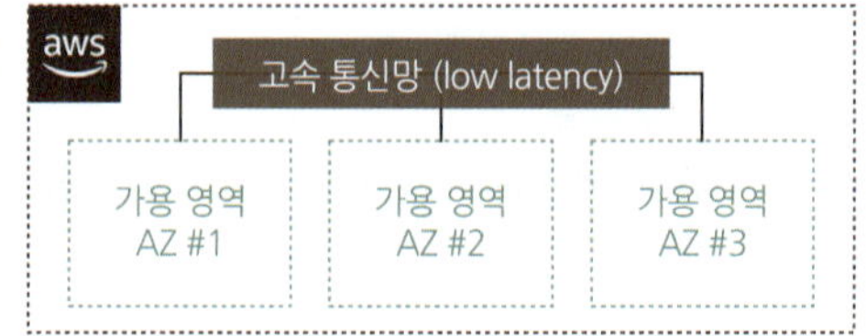

▶ AWS 인프라 구성 요소

먼저 리전은 AWS 서비스가 운영되는 지역으로 복수 개의 데이터 센터의 집합을 의미합니다. 쉽게 말해서 지역을 의미한다고 보면 되는데 이를테면 미국 버지니아 리전, 서울 리전 등이 있습니다.

그리고 가용 영역(AZ)은 리전 내에 위치한 복수 개의 데이터 센터로 물리적으로 분리되어 있어 고가용성/이중화 구성의 기본 요소가 됩니다. 위의 그림 오른쪽처럼 하나의 리전 내에는 복수 개의 가용 영역이 존재하게 됩니다. 가용 영역은 영어로는 Availability Zone이라고 하고 보통 줄여서 AZ라고 표기합니다.

마지막으로 엣지 로케이션은 CloudFront 같은 엣지 서비스의 캐시 서버가 운영되는 데이터 센터를 의미합니다. 쉽게 말해 데이터를 전 세계에 빠르게 전송하기 위해 전 세계 곳곳에 촘촘하게 배치된 캐시 서버라고 보면 됩니다.

여기서 등장하는 리전, 가용 영역, 엣지 로케이션의 개념은 AWS에서 가장 기본이며 중요한 개념이므로 꼭 기억하기 바랍니다.

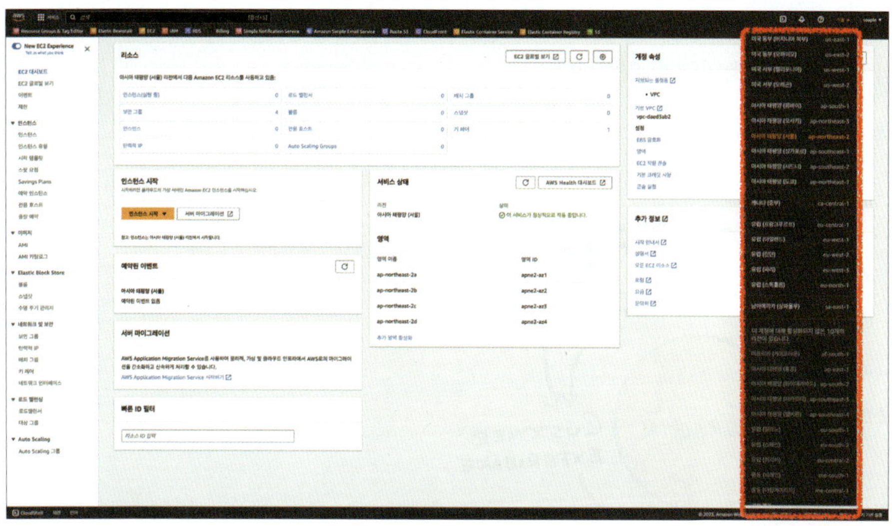

▶ 수많은 리전 목록

그리고 AWS 콘솔에 접속하면 그림처럼 수많은 리전이 존재하는 것을 볼 수 있습니다.

참고로 AWS에서는 수많은 리전과 서비스들의 상태를 볼 수 있는 Service Health Dashboard 를 제공합니다. AWS에 장애가 일어나는 경우는 굉장히 드물지만 간혹 장애가 발생할 수도 있습니다. 그래서 AWS를 사용하다가 문제가 생겼을 때 이 대시보드를 통해서 AWS의 문제인지 아니면 내가 서비스를 잘못 설정한 것인지 확인할 수 있습니다.

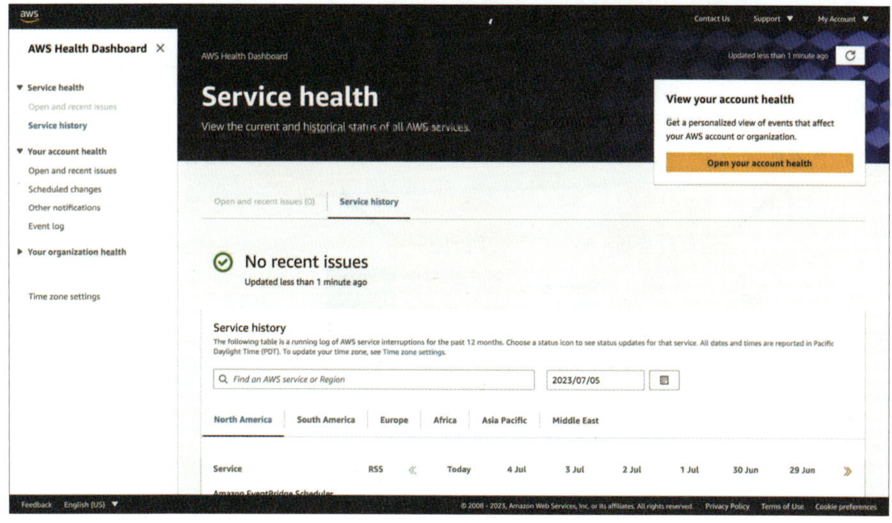

▶ Service Health Dashboard

Service Health Dashboard에 접속하면 위와 같은 화면이 나오고, 여기에서 리전별 각 서비스들의 장애 여부를 확인할 수 있습니다.

AWS를 사용해야 하는 또 다른 이유로는 Amazon의 가격 철학을 들 수 있습니다.

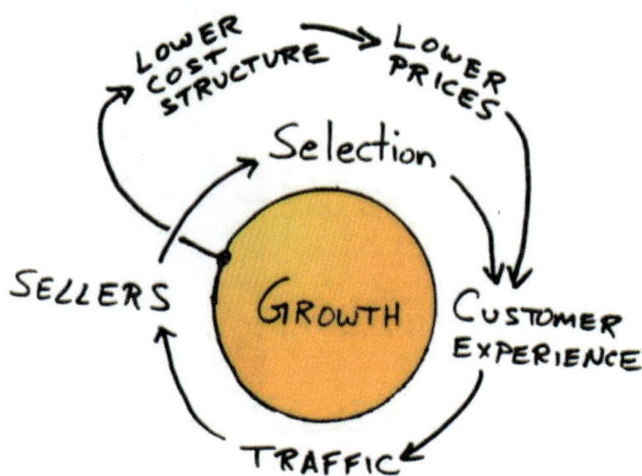

▶ Amazon Flywheel

위 그림은 많은 분들이 보셨을 수도 있는 유명한 그림인데, 바로 Amazon Flywheel입니다. 아마존의 핵심 철학을 담고 있는 그림이라고 할 수 있습니다.

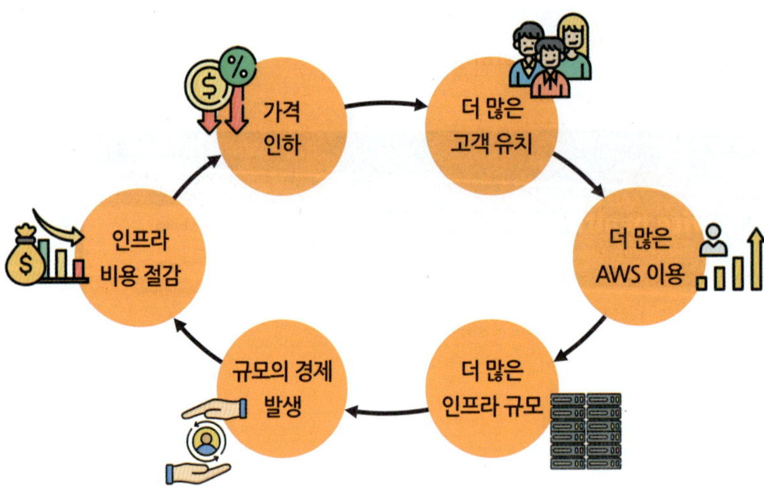

▶ AWS의 가격 철학

AWS에서는 Flywheel이 이런 형태로 적용됩니다. 먼저 더 많은 고객이 유치되면서 더 많이 AWS를 이용하게 되면, 더 많은 인프라 규모가 필요하게 되고 여기서 규모의 경제가 발생하게 됩니다. 이로 인해 인프라 비용이 절감되고 이는 가격 인하로 이어집니다. 그리고 가격이 인하 되면 더 많은 고객이 들어오면서 이 흐름이 계속해서 반복됩니다. 결과적으로 시간이 지날수록 AWS의 가격은 점점 내려가게 되며, 실제로도 가격 인하를 단행한 횟수가 굉장히 많습니다.

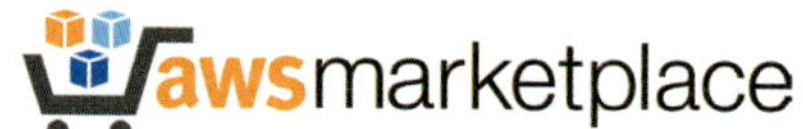

▶ AWS의 파트너 생태계

AWS를 사용해야 하는 마지막 이유로는 가장 넓고 많은 파트너 생태계를 들 수 있습니다. AWS는 수많은 글로벌 파트너와 마켓플레이스 제품들을 제공합니다. 그리고 국내에도 수많은 파트너가 존재하며, AWS에 대한 지식이나 경험이 없더라도 파트너사의 지원 아래 AWS를 도 입할 수 있습니다.

2.3 AWS 소개

지금부터는 AWS에 대해서 소개하겠습니다.

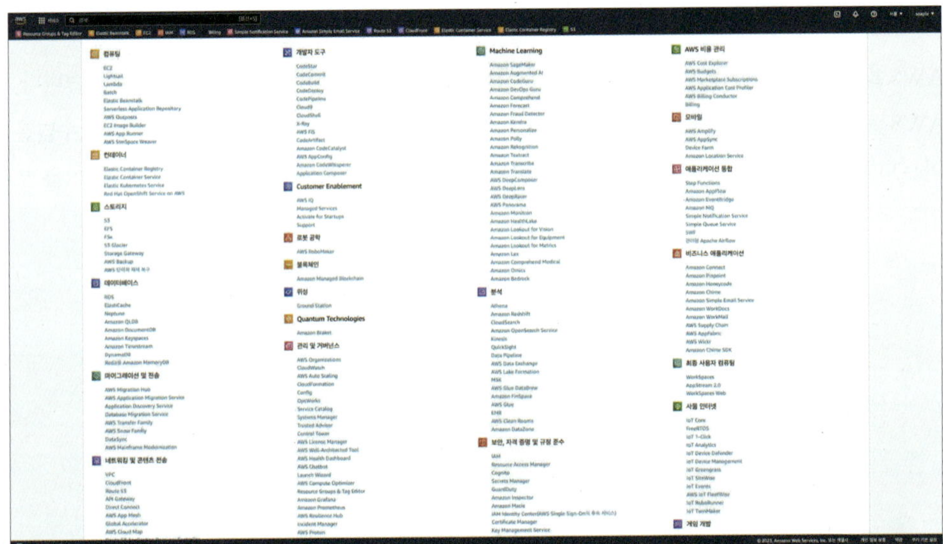

▶ AWS의 수많은 서비스

먼저 AWS 콘솔에 로그인하면 그림에 보이는 것처럼 수많은 서비스를 보고 어디서부터 시작해야 할지 막막할 수 있습니다. 하지만 당황하지 말고 각각의 서비스를 하나의 레고 블록이라고 생각하고 내가 원하는 모형으로 조립해 나간다고 생각하면 됩니다.

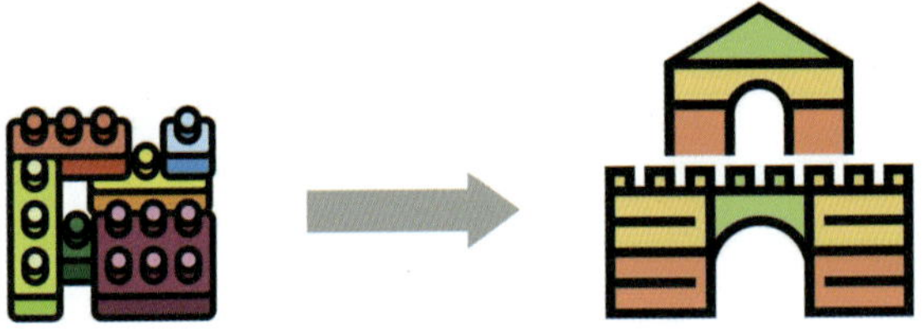

▶ AWS의 서비스는 블록처럼 다양하게 조합이 가능

위 그림처럼 블록을 조립해서 내가 원하는 모형을 만들어 나가는 과정과 비슷하다고 보면 됩니다. 이러한 AWS의 서비스들은 각각 독립적으로 사용할 때도 굉장히 유용하지만 함께 사용했을 때는 더 강력한 힘을 발휘하게 됩니다.

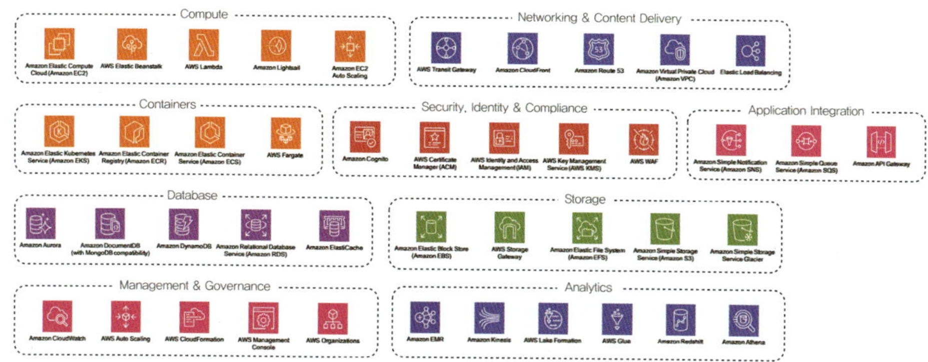

▶ 카테고리별 AWS 서비스

AWS에서는 이렇게 카테고리별로 수많은 서비스들을 제공합니다. 여기서 내가 원하는 서비스를 골라서 사용하면 됩니다. 지금부터는 이 수많은 서비스들 중에서 대표적인 서비스 세 가지 EC2, RDS, S3에 대해 간단히 살펴보겠습니다.

- 가상 서버 서비스(Virtual Machine)
- 재구성이 가능한 컴퓨팅 리소스
- 쉽게 확장/축소되는 컴퓨팅 용량
- 용도에 따른 다양한 인스턴스 타입 제공
- 사용한 만큼만 과금(pay-as-you-go)

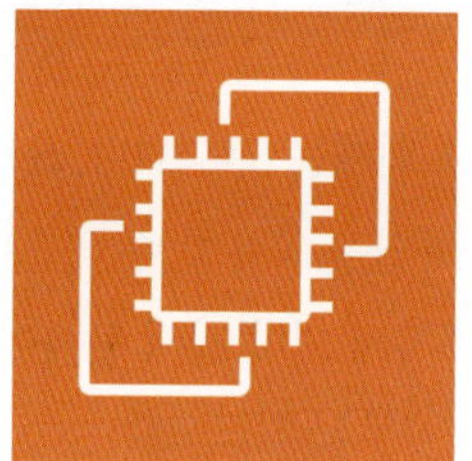

▶ EC2

AWS의 첫 번째 대표적인 서비스는 EC2입니다. EC2는 Virtual Machine을 제공하는 가상 서버 서비스이며 재구성이 가능한 컴퓨팅 리소스를 제공합니다. 그리고 컴퓨팅 용량을 쉽게 확장하거나 축소할 수 있으며 용도에 따른 다양한 인스턴스 타입을 제공합니다. 그리고 사용 요금은 사용한 만큼만 과금됩니다.

- 완전 관리형 관계형 DB 서비스
- 다양한 DB엔진 제공
- DB 이중화 (Multi-AZ)
- 읽기 전용 복제본 (Read Replica)
- 인스턴스 확장

▶ RDS

AWS의 두 번째 대표 서비스는 RDS입니다. RDS는 완전 관리형 관계형 DB 서비스로 ORA CLE, MySQL, PostgreSQL, MariaDB, Aurora 등 다양한 DB엔진을 제공합니다. 그리고 직접 구현하려면 복잡한 DB 이중화 작업과 읽기 전용 복제본 생성도 클릭 몇 번만으로 쉽게 할 수 있습니다. 또한 인스턴스 확장도 굉장히 편리하게 할 수 있도록 제공합니다.

- 객체 기반의 무제한 파일 저장 스토리지
- URL을 통해 손쉽게 파일 공유 가능
- 99.999999999%의 내구성
- 사용한 만큼만 지불 (GB당 과금)
- 정적 웹사이트 호스팅 가능

▶ S3

AWS 대표적인 서비스의 세 번째는 S3입니다. S3는 객체 기반의 무제한 파일 저장 스토리지입니다. URL을 통해 손쉽게 파일을 공유할 수 있으며 99.999%의 내구성을 자랑합니다. 사용 요금 역시 사용한 만큼만 지불하게 되며 정적 웹사이트 호스팅 기능도 제공합니다.

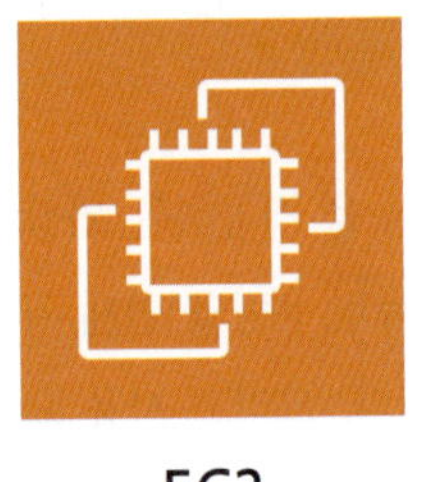

▶ AWS 서비스 3대장

지금까지 살펴본 EC2, RDS, S3 이 세 가지 서비스가 바로 AWS 서비스 3대장이라고 할 수 있습니다. AWS를 사용해봤다고 하려면 적어도 이 세 가지 서비스에 대해서는 잘 알고 있어야 합니다. 그리고 이 책에서도 이 세 가지 서비스를 중점적으로 다룰 예정입니다.

그렇다면 AWS 사용 예시를 살펴보겠습니다. 이 과정은 앞에서 말한 것처럼 레고 블록을 조립하는 과정이라고 보면 됩니다.

서버 한 대 추가!

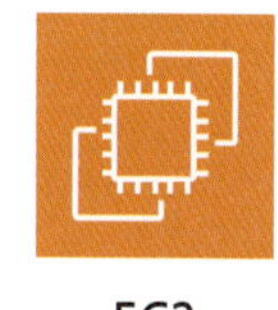

EC2

▶ AWS 사용 예시 1

먼저 서버를 사용하기 위해서 EC2를 한 대 추가합니다.

EC2 하나에 모두 설치!

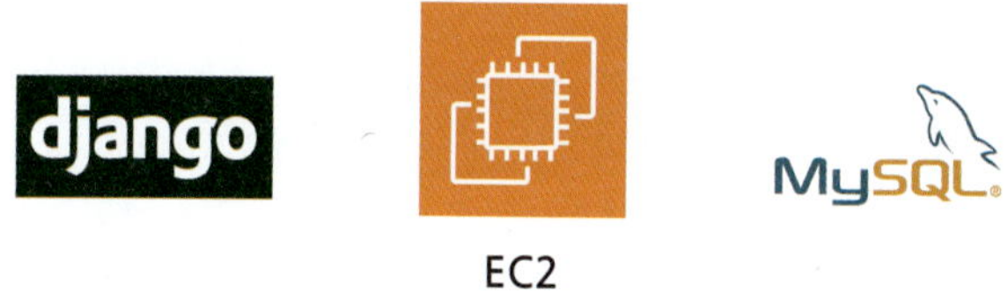

▶ AWS 사용 예시 2

그리고 EC2를 서버로 사용하기 위해 Django 프레임워크와 MySQL 서버를 설치합니다. 그런데 이렇게 DB를 직접 설치해서 사용하다 보면 관리하기 힘든 부분이 생기게 됩니다.

RDS라는 full-managed DB를 써볼까?

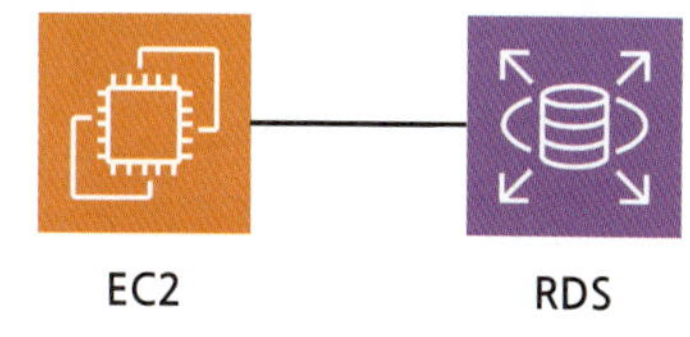

▶ AWS 사용 예시 3

그래서 RDS라는 완전 관리형 관계형 DB 서비스를 사용해서 이렇게 DB를 별도로 분리합니다.

EC2 디스크 공간이 부족하네. 스토리지 추가, 또 추가...

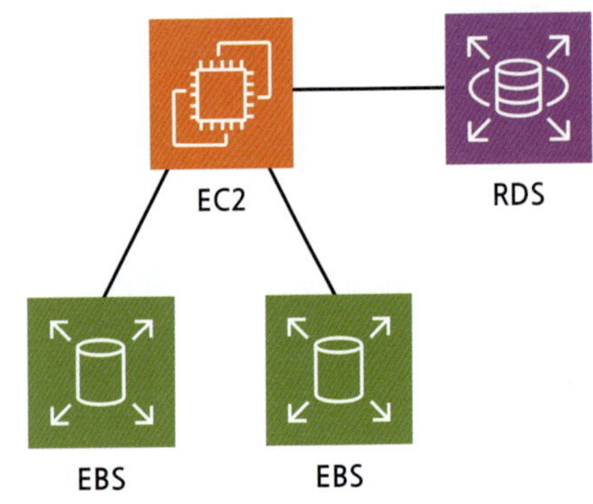

▶ AWS 사용 예시 4

이후 서버를 계속 운영하다 보면 저장 공간이 부족해질 수 있습니다. 그래서 EBS라는 블록 스토리지를 계속해서 추가해서 사용합니다. 하지만 용량이 필요할 때마다 계속해서 EBS를 추가하는 것은 번거로울 수 있습니다.

S3라는 무제한 용량의 스토리지를 쓰면 되겠군!

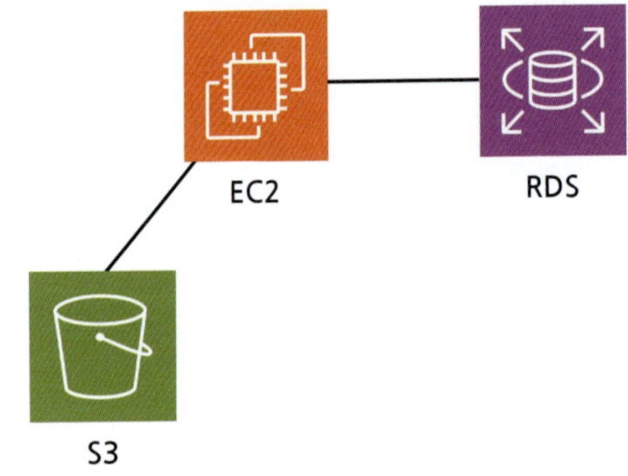

▶ AWS 사용 예시 5

그래서 S3라는 무제한 용량의 객체 기반 스토리지를 사용하도록 바꿉니다.

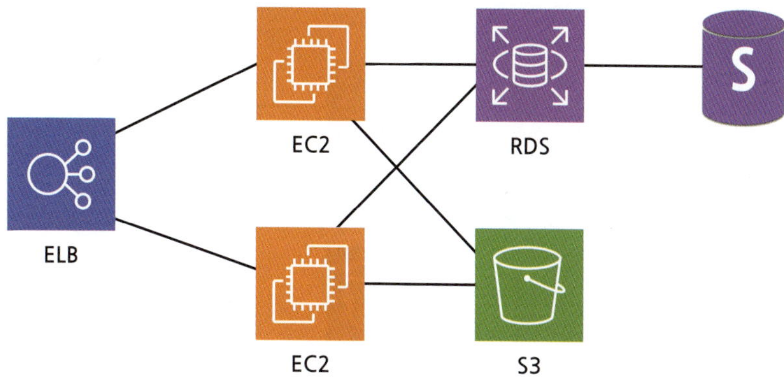

▶ AWS 사용 예시 6

그리고 EC2 인스턴스 하나로 서버를 운영하다 보면 장애가 생겼을 때 서비스가 중단될 수 있기 때문에, 이렇게 ELB라는 로드밸런서를 붙여서 이중화 작업을 합니다. 그리고 데이터베이스 또한 장애가 생길 것을 대비해서 DB 이중화 작업을 해주었습니다.

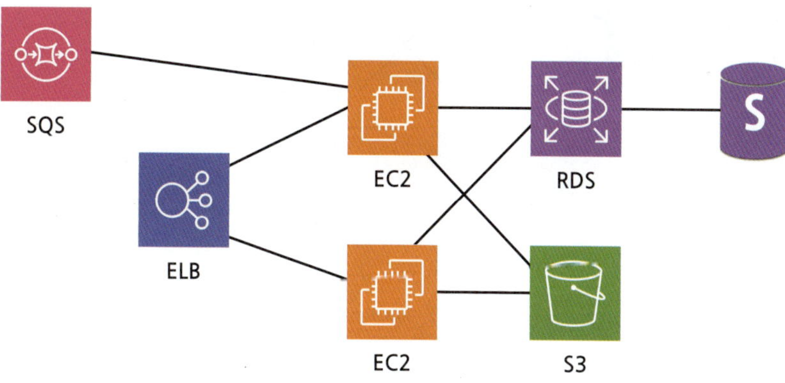

▶ AWS 사용 예시 7

그리고 비동기 작업을 처리하기 위해서 SQS라는 분산형 메시지 큐 서비스를 추가합니다.

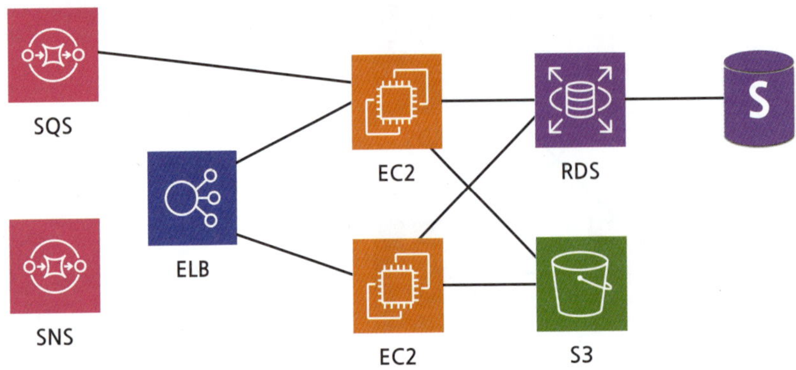

▶ AWS 사용 예시 8

이후 모바일 앱 푸시 알림을 위해서 SNS라는 알림 서비스도 연동합니다.

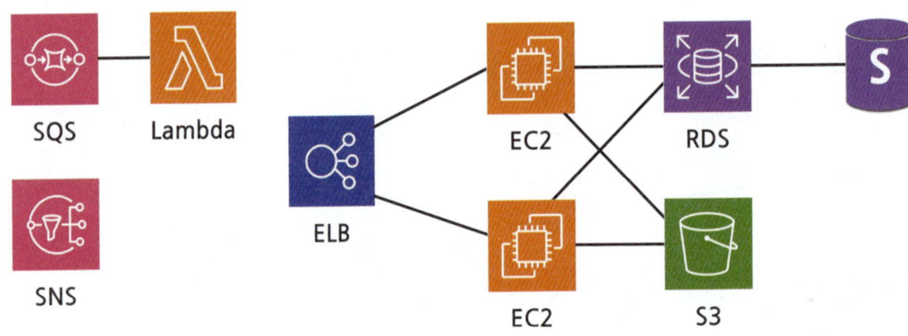

▶ AWS 사용 예시 9

그리고 비동기 작업이 계속 있는 것이 아니라 가끔 있기 때문에 Lambda라는 서버리스 함수 서비스를 사용하도록 분리합니다.

지금까지 살펴본 것처럼 AWS에서는 각 서비스들을 이렇게 하나씩 연동해가는 과정을 통해서 나만의 인프라를 구축할 수 있습니다.

아래 그림은 AWS 아키텍처 예시를 나타낸 것입니다.

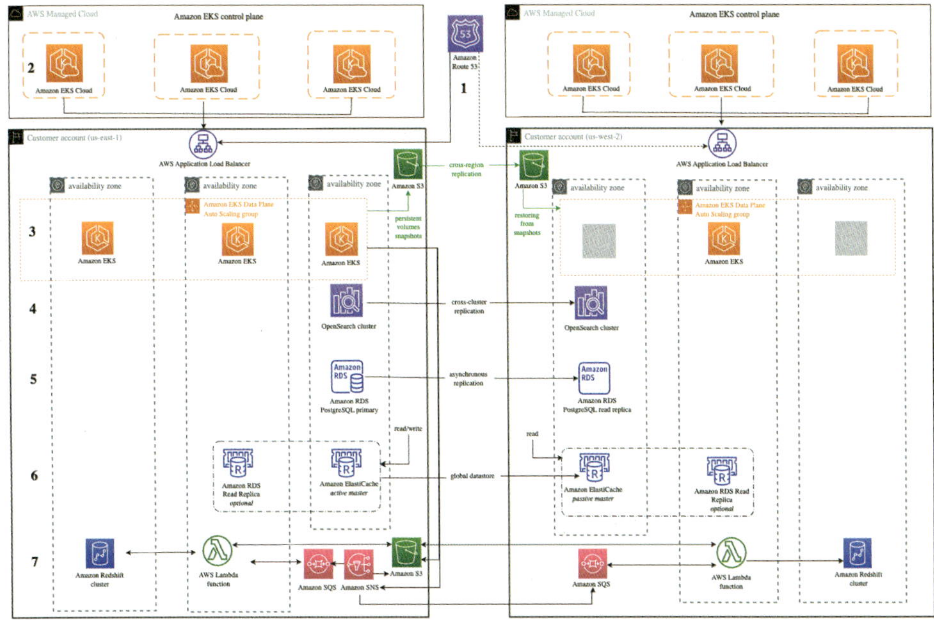

▶ AWS 아키텍처 예시

서비스들을 조립하는 과정을 거쳐 완성된 아키텍처는 이 그림처럼 나타낼 수 있으며, 운영 중인 서비스에도 최소한의 영향을 주면서 계속해서 아키텍처를 고도화해나갈 수 있습니다.

▶ AWS의 국내 고객 현황[1]

마지막으로 AWS는 수많은 고객사를 보유하고 있습니다. 그림에서처럼 국내에도 대기업부터 스타트업까지 수많은 고객사가 있는 것을 볼 수 있습니다.

---

[1] https://aws.amazon.com/ko/blogs/korea/how-aws-helps-our-customers-to-go-global-report-from-korea/

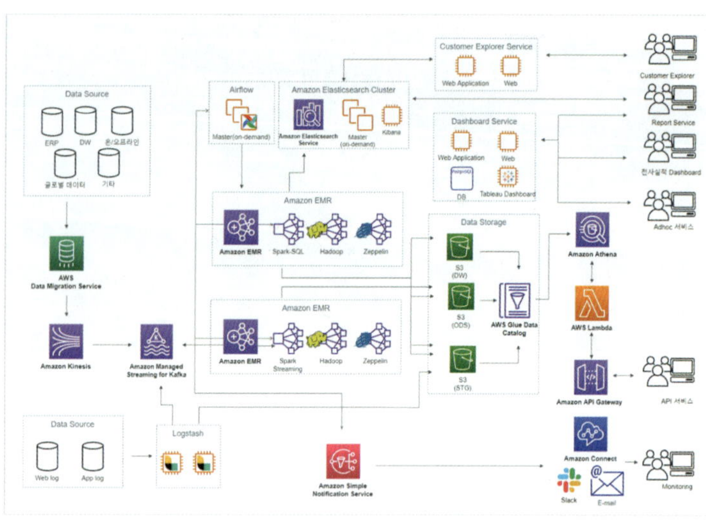 2.4 AWS 사용 사례

지금부터는 AWS를 사용하는 사례들을 살펴보도록 하겠습니다.

먼저 첫 번째 회사는 아모레퍼시픽입니다. 아모레퍼시픽에서는 전사 디지털 트랜스포메이션 수행을 위한 빠르고 효율적인 데이터플랫폼을 필요로 했습니다. 하지만 기존에는 새로운 솔루션을 적용하거나 확장하기 위한 많은 시간과 비용, 리소스가 소요되었으며 운영 데이터와 로그 데이터를 통합 분석하고자 하는 니즈는 계속적으로 증가했습니다. 또한 IDC 환경에서 하둡으로 매일 데이터를 복제하고 운영하는 데 많은 운영 리소스가 들어갔습니다.

그래서 이러한 문제를 해결하기 위해 AWS를 선택했는데, 그 이유로는 높은 신뢰성과 확장성을 가진 광범위한 서비스를 보유하고 있다는 점과 계속해서 빠른 속도로 혁신한다는 점, 그리고 서비스 스케일 업/아웃이 매우 쉬우며, 빠른 테스트와 실행이 가능하다는 점 때문이라고 합니다.

AMOREPACIFIC

▶ AWS 적용 사례 1 – 아모레퍼시픽

아모레퍼시픽에서 AWS를 사용해서 개발한 데이터 플랫폼 아키텍처는 위와 같습니다. Kinesis, EMR, SNS, S3, Lambda 등 AWS의 여러 가지 서비스들을 사용해서 구성한 것을 볼 수 있습니다.

다음 기업 적용 사례는 라인게임즈입니다. 라인게임즈는 기존 서비스의 확장과 유연한 트래픽 대응의 어려움을 겪고 있었습니다. 그리고 해외 게임을 위한 해외 서비스 운영과 보안 관리 등의 한계가 있었고, 트래픽 증감에 따른 탄력적인 인프라 구성, 보안, 비용 관리 등의 문제가 있었습니다.

그래서 이러한 문제를 해결하기 위해 AWS를 선택했는데, 그 이유로는 유연한 서비스의 확장과 빠른 트래픽 대응이 가능하다는 점과 해외 서비스 운영의 효율성을 극대화할 수 있다는 점, 그리고 인프라 구성, 보안, 비용 관리를 쉽게 할 수 있다는 점 때문이라고 합니다.

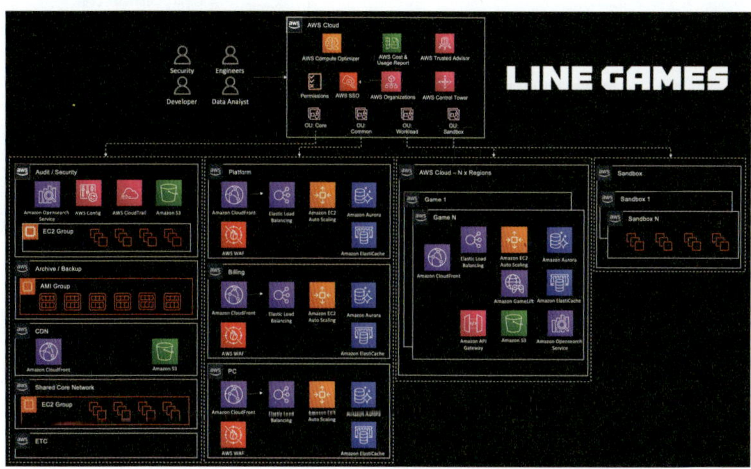

▶ AWS 적용 사례 2 – 라인게임즈

라인게임즈에서 AWS를 사용해서 개발한 아키텍처는 위와 같습니다. 각 파트에서 필요한 서비스들을 사용해서 아키텍처를 구성한 모습을 볼 수 있습니다.

지금까지 살펴본 기업 적용 사례 이외에도 다양한 분야에서 AWS를 사용하고 있습니다.

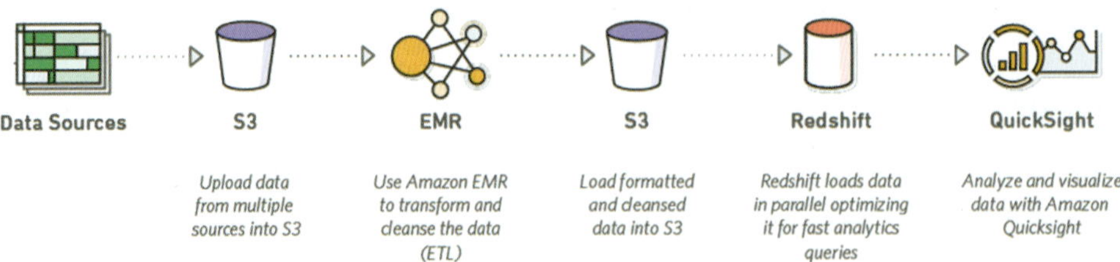

▶ AWS 적용 사례 3 – Data Warehousing

위 그림처럼 Data Warehousing에서도 AWS를 사용해서 데이터를 저장하고 분석할 수 있습니다.

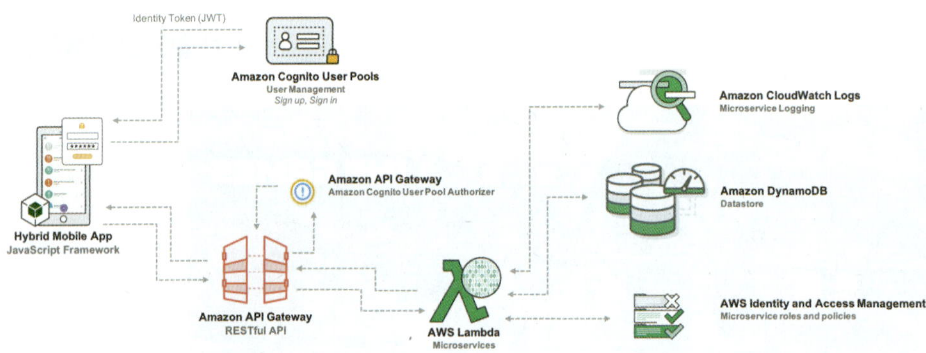

▶ AWS 적용 사례 4 – 모바일 앱 백엔드

모바일 앱의 백엔드용으로 AWS를 사용할 수도 있습니다. 위 그림처럼 Cognito를 사용해서 회원 인증을 처리하고, API Gateway와 Lambda를 사용해서 API 서버를 만들 수 있습니다.

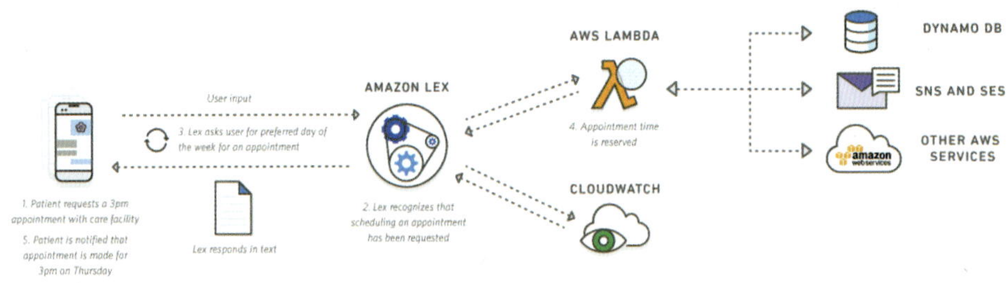

▶ AWS 적용 사례 5 – AI, 챗봇

또한 위 그림처럼 AI, 챗봇 등을 위해서도 AWS를 사용할 수 있습니다. 이처럼 AWS는 사용하는 사람이나 분야에 따라서 다양한 형태로 적용할 수 있습니다.

그리고 아래 그림은 AWS 청구서입니다. AWS를 사용하는 사람이라면 매월 받게 되는 요금 청구서입니다.

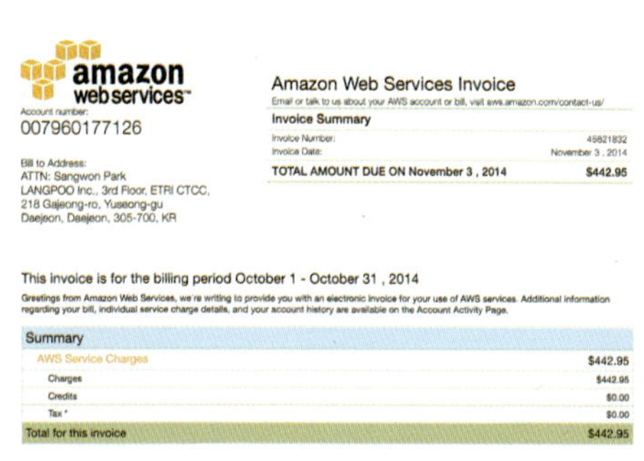
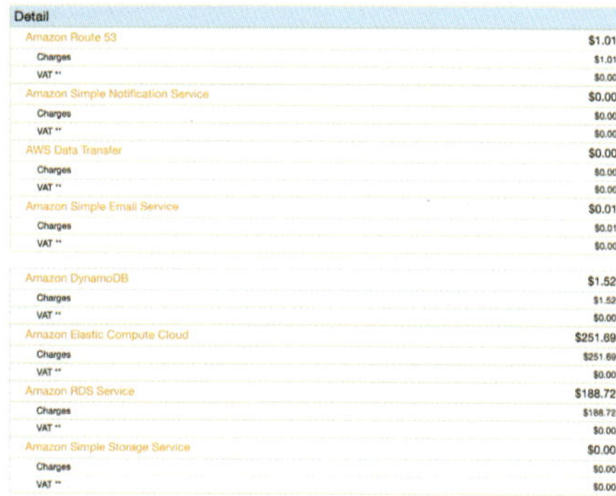

▶ AWS 청구서

이 청구서에는 한 달 동안 AWS의 각 서비스별로 얼마큼 과금이 되었는지가 나타나 있습니다. 이를 통해 어떤 서비스에서 요금이 많이 과금되는지를 확인하고, 비용 최적화 작업을 진행해볼 수도 있습니다.

2.5 실습 AWS 계정 생성

이번 실습에서는 AWS 계정을 생성해보겠습니다. 이미 AWS 계정이 있는 분들은 이 단계를 건너뛰어도 무방합니다.

하지만 AWS 계정은 가입한 이후 12개월 동안만 프리 티어가 제공되기 때문에 가입한 지 1년이 넘은 계정으로 실습을 진행하면 어느 정도 요금이 나올 수 있다는 것을 기억하기 바랍니다.

먼저 구글 크롬을 설치합니다. 다른 브라우저를 사용해도 상관없지만 이번 강의에서는 크롬을 통해서 AWS 콘솔을 사용할 예정입니다.

크롬을 설치한 이후에 AWS에 접속합니다. 아래 주소가 AWS의 공식 주소입니다.

- https://aws.amazon.com

주소에 접속하면 다음과 같은 화면을 볼 수 있습니다. 여기서 오른쪽 상단 주황색으로 되어 있는 **AWS 계정 생성** 버튼을 누릅니다.

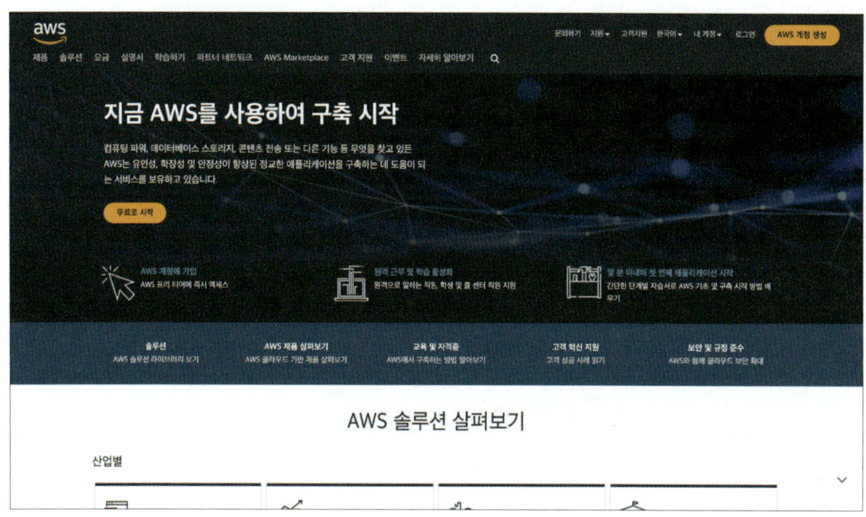

계정 생성 버튼을 누르면 계정 생성 화면이 나오게 됩니다.

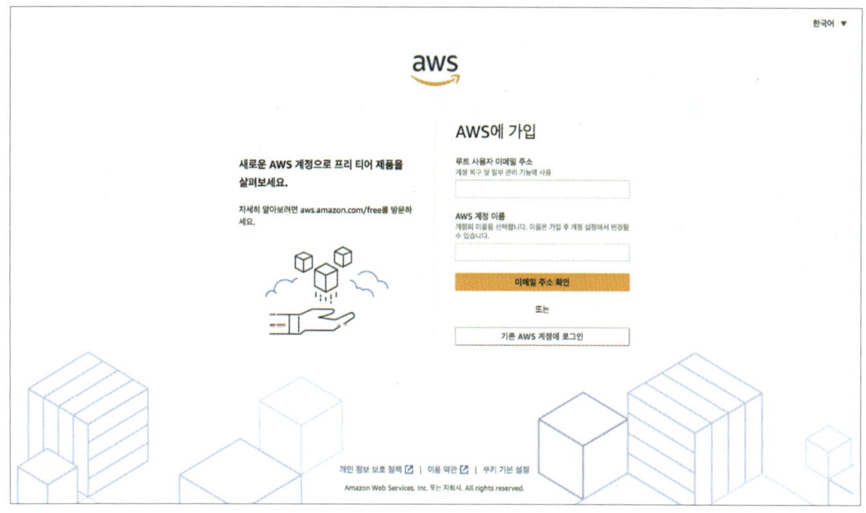

여기서 계정이 없는 분들은 이메일 주소와 이름을 입력해서 이후 가입 단계를 진행하면
되고, 이미 계정이 있는 분들은 아래에 있는 **기존 AWS 계정에 로그인** 버튼을 눌러서 로

그인합니다.

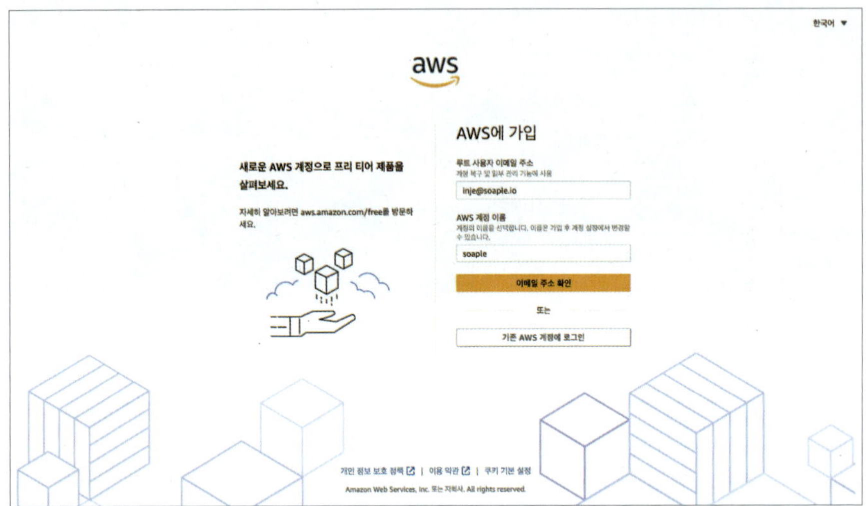

> **NOTE**
>
> **AWS 계정을 생성하려면 신용카드가 꼭 필요한가요?**
>
> AWS는 내가 사용한 만큼 매달 요금이 청구되는 서비스입니다. 그렇기 때문에 계정을 생성할 때 신용카드 정보를 필수적으로 입력하도록 요구합니다. 이 점을 참고해서 신용카드가 있는 상태로 AWS 계정을 생성하기 바랍니다.

2.6 실습 MFA 설정(Multi-Factor Authentication)

AWS 계정을 생성한 이후에 설정해야 할 중요한 한 가지가 있는데 바로 MFA 설정입니다. MFA는 Multi-Factor Authentication의 약자로 우리말로 하면 이중 인증이라고 할 수 있습니다. 로그인할 때 비밀번호가 아닌 다른 장치를 이용해서 한 번 더 확인을 하는 절차를 추가하는 것입니다.

총합	$6,549.60 USD
AWS 서비스 요금	**$6,549.58**
세부 정보	＋ 모두 확장
AWS 서비스 요금	**$6,549.58**
▸ Data Transfer	$0.12
▾ Elastic Compute Cloud	$5,954.07
▸ **Asia Pacific (Mumbai) Region**	**$421.73**
▸ **Asia Pacific (Seoul) Region**	**$435.79**
▸ **Asia Pacific (Singapore) Region**	**$443.52**
▸ **Asia Pacific (Sydney) Region**	**$500.40**
▸ **Asia Pacific (Tokyo) Region**	**$483.84**
▸ **Canada (Central) Region**	**$420.28**
▸ **EU (Frankfurt) Region**	**$436.08**
▸ **EU (Ireland) Region**	**$434.92**
▸ **EU (London) Region**	**$456.48**
▸ **South America (Sao Paulo) Region**	**$296.40**
▸ **US East (Northern Virginia) Region**	**$382.10**
▸ **US East (Ohio) Region**	**$382.10**
▸ **US West (Northern California) Region**	**$478.32**
▸ **US West (Oregon) Region**	**$382.10**
▸ Simple Storage Service	$0.00
세금	
▸ 납부할 CT	$0.00
▸ 납부할 GST	$0.00
▸ 납부할 미국 매출세	$0.00
▸ 납부할 VAT	$595.40

MFA를 무조건 설정해야 하는 이유는 바로 해킹을 방지하기 위함입니다. 위 청구서는 아주 오래 전 실제로 제 계정이 해킹되어 과금된 내역입니다. AWS 계정에는 신용카드 정보가 연동되어 있기 때문에 사용한 만큼 해당 신용카드로 과금이 됩니다.

그런데 만약 계정을 해킹당하면 해커들이 내 계정으로 AWS 자원을 맘껏 사용할 수 있고, 그 비용은 고스란히 계정 주인에게 부과되는 것이죠. 그래서 AWS 루트 계정은 보안이 굉장히 중요하기 때문에 MFA를 반드시 설정해야 합니다.

저는 당시 AWS 측에 잘 소명하여 실제로 돈을 내지는 않았지만 AWS에서 안 받아줄 수도 있기 때문에 계정을 해킹당하기 전에 철저히 관리하는 것이 중요합니다.

MFA를 위해서 가장 많이 사용하는 것으로는 Google Authenticator 앱이 있습니다.

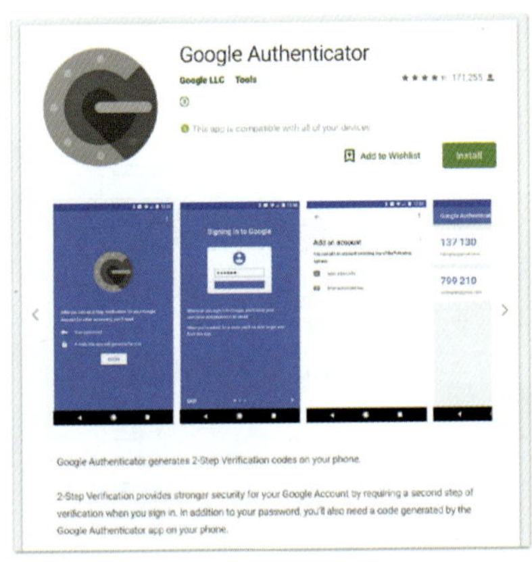
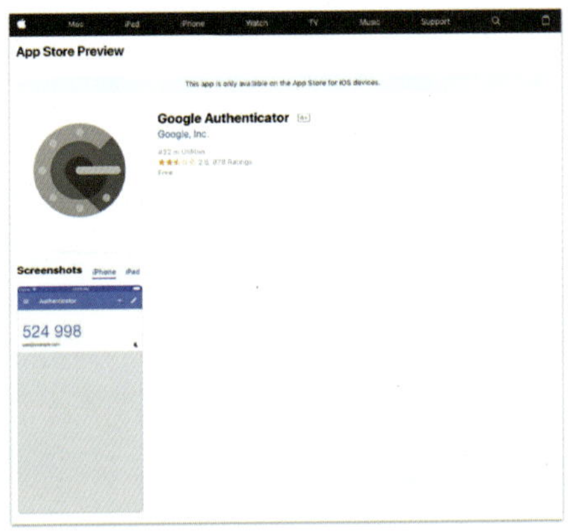

Google Authenticator 앱은 애플 앱스토어와 구글 플레이 스토어에서 다운로드할 수 있습니다. 이 앱은 우리가 은행 거래를 할 때 사용하는 OTP, 즉 One Time Password를 생성해주는 앱이라고 보면 됩니다. 먼저 자신의 스마트폰에 앱을 다운로드합니다.

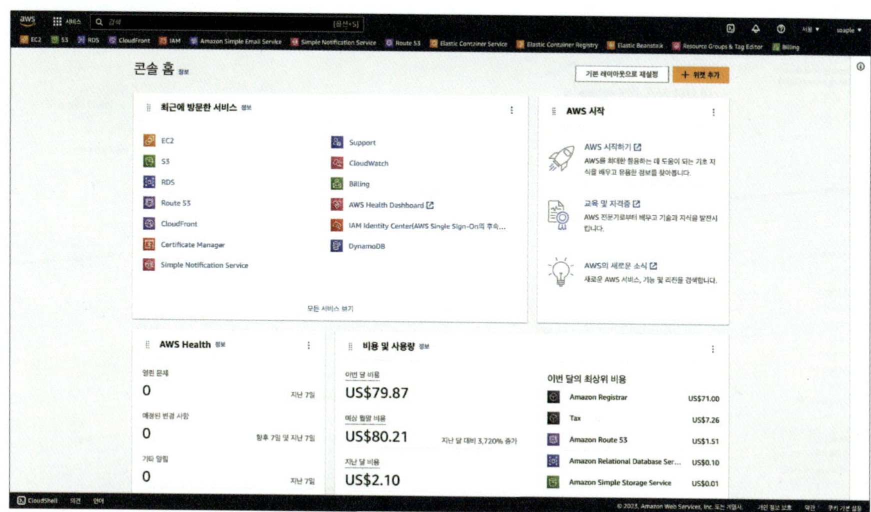

그리고 AWS 콘솔에 로그인하고 오른쪽 상단에 계정 이름이 적혀 있는 메뉴를 클릭합니다.

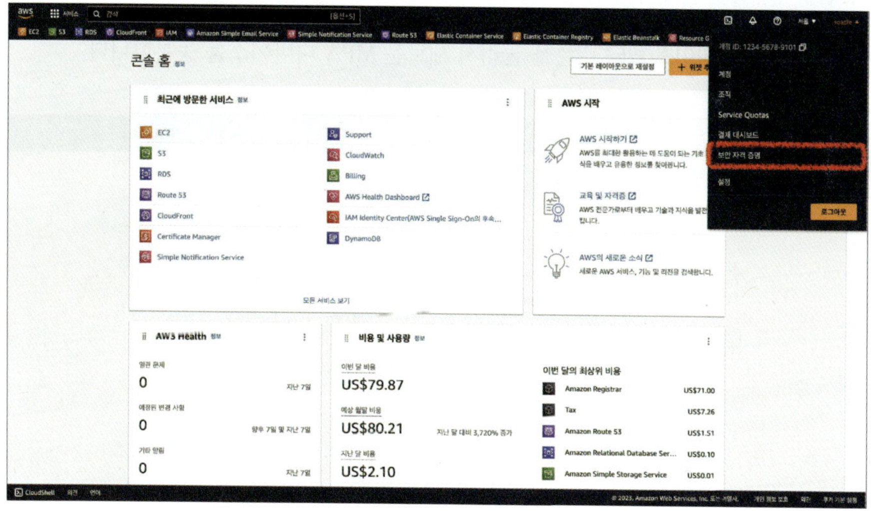

그러면 하위 메뉴가 나오는데 여기서 **보안 자격 증명** 메뉴를 클릭합니다.

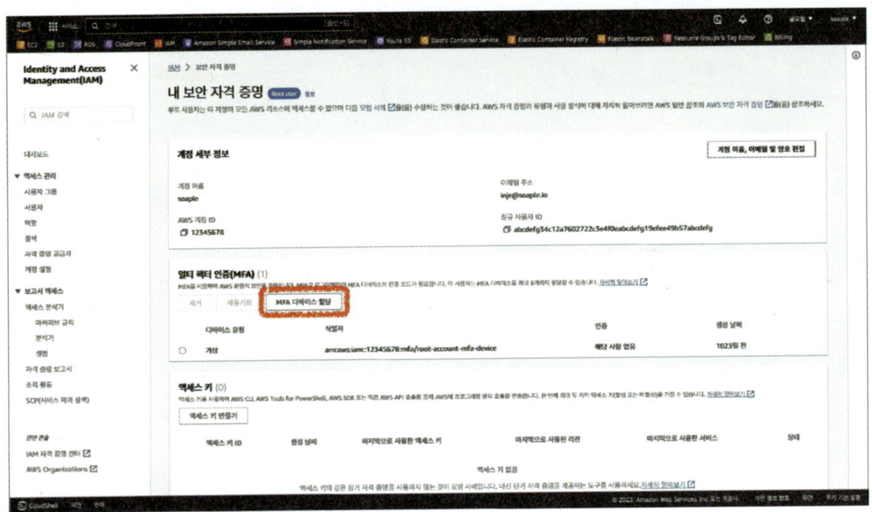

이렇게 **내 보안 자격 증명** 페이지가 나오면 여기서 중간에 **멀티 팩터 인증**이라고 써 있는 부분이 보입니다. 저는 이미 MFA를 설정했기 때문에 디바이스가 존재하지만 여러분은 목록에 아무것도 존재하지 않을 것입니다.

여기서 **MFA 디바이스 할당** 버튼을 눌러서 새로운 MFA 디바이스를 등록합니다.

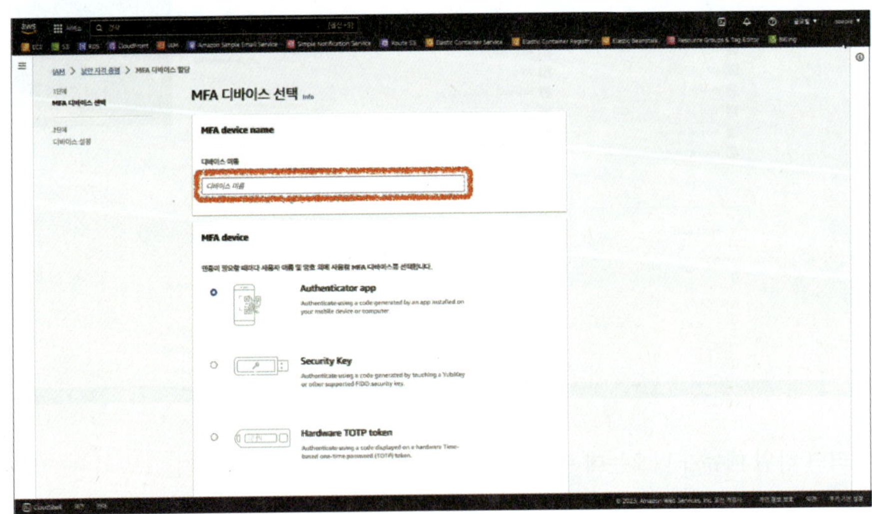

MFA 디바이스를 등록하는 화면에서 먼저 **디바이스 이름**을 입력합니다. 디바이스 이름
은 내가 식별할 수 있는 이름을 입력하면 됩니다.

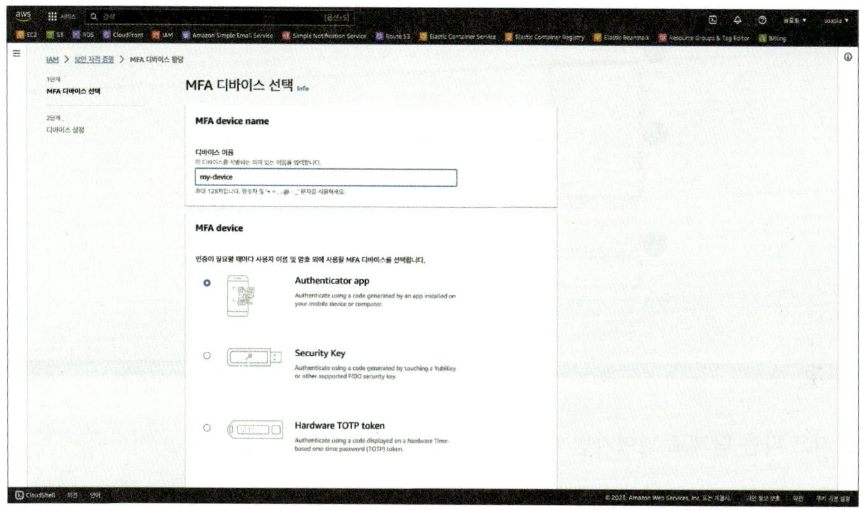

디바이스의 이름을 입력하고, 그 밑에 디바이스 종류를 선택하는 옵션이 있는데 우리는
Authenticator app을 선택하면 됩니다.

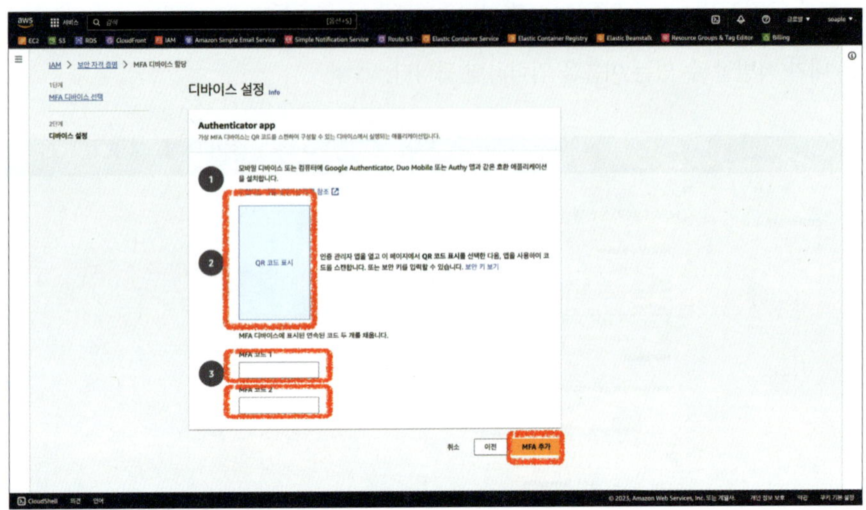

그리고 다음 단계로 넘어가면 디바이스를 설정하는 화면이 나옵니다.

여기서 먼저 **QR 코드 표시**를 누릅니다. 그러면 QR 코드가 나오는데 이 코드를 아까 다운로드한 Google Authenticator 앱에서 스캔해서 추가합니다.

추가한 이후에는 앱에서 일정 시간 동안만 유효한 6자리 코드가 반복적으로 나오게 됩니다. 이때 나오는 코드 중에서 첫 번째 6자리 코드를 **MFA 코드 1**에 먼저 입력합니다. 그리고 시간이 지나서 새롭게 생성된 6자리 코드를 **MFA 코드 2**에 입력합니다.

여기서 많은 이들이 실수하는 것 중 하나가 바로 6자리 코드를 각각 3자리씩 나눠서 입력하는 것입니다. 3자리씩 입력하는 것이 아니라 시간에 따라 바뀌는 연속된 코드 6자리 전체를 각각 두 군데에 입력해야 합니다. 이 점을 유의하면서 MFA 디바이스를 설정하기 바랍니다.

모두 입력했다면 마지막으로 오른쪽 하단의 **MFA 추가** 버튼을 클릭합니다. 그러면 정상적으로 MFA 디바이스가 등록된 것을 볼 수 있습니다.

2.7 2장 요약

- **AWS의 탄생**
  - amazon.com에서 막대한 규모의 인프라와 서버 필요
  - 자체 클라우드 컴퓨팅 인프라를 구축하기 시작
  - 2004년 제3자에게 서비스를 제공하기 시작

- **왜 AWS인가?**
  - 15년 이상 축적된 경험과 폭넓고 깊이 있는 서비스 포트폴리오
  - 빠르고 지속적인 혁신 속도와 고객 지향 서비스
  - 글로벌 인프라
  - 규모의 경제로 인한 고객 중심의 가격 철학
  - 가장 넓고 많은 파트너 생태계

- **AWS 소개**
  - 수많은 서비스 중에서 필요한 만큼 원하는 서비스를 사용
  - 레고 블록처럼 여러 개의 AWS 서비스들을 조합해서 나만의 인프라를 구축
  - AWS 서비스의 3대장: EC2, RDS, S3

- **AWS 사용 사례**
  - Data Warehousing
  - Mobile App Backend
  - AI, Chatbot

Chapter 3

Elastic Compute Cloud (EC2)

이번 장에서는 AWS의 가장 대표적인 서비스인 EC2에 대해서 배우겠습니다. 먼저 EC2 서비스 소개와 인스턴스 타입 및 구분 방법, 과금 옵션 등의 다양한 특징에 대해서 알아보겠습니다. 그리고 이후에 Elastic IP와 Security Group에 대해서 살펴봅니다.

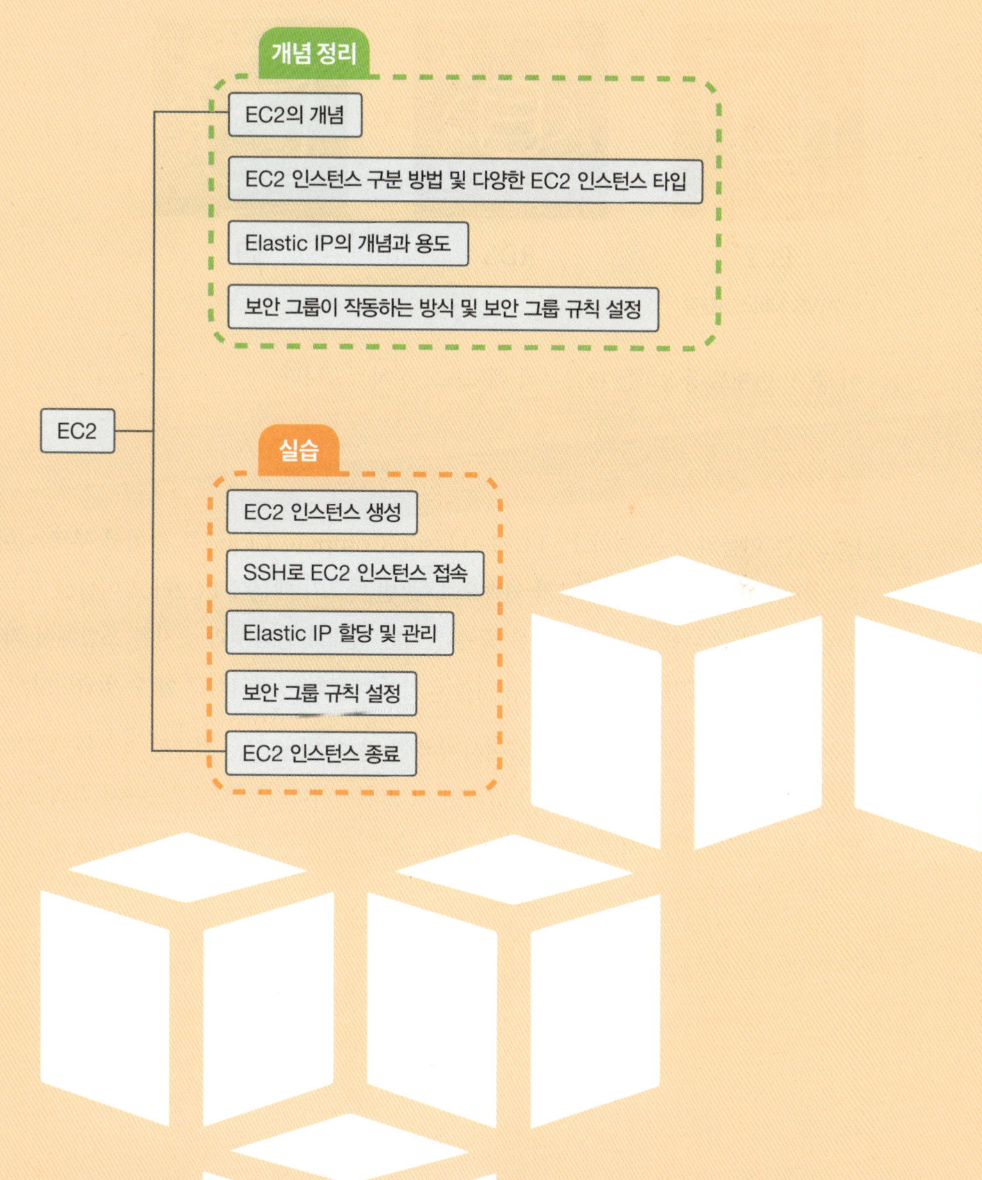

3.1 EC2

앞에서 본 것처럼 AWS에는 3대장이라고 불리는 대표적인 서비스 세 가지가 있습니다. 바로 아래 그림에 나와 있는 EC2, RDS, S3입니다.

▶ AWS 서비스 3대장

이 중 첫 번째로 등장하는 EC2부터 배워보도록 하겠습니다.

1 EC2 소개

EC2라는 이름의 뜻은 뭘까요? EC2는 Elastic Compute Cloud를 줄여서 부르는 이름입니다. 알파벳 E가 한 번 나오고 C가 연속으로 두 번 나오기 때문에 EC2라고 이름을 지었습니다. AWS 초창기에 나왔던 서비스 이름 중에는 이런 형태로 알파벳과 숫자를 조합해서 지은 것이 꽤 있습니다. 뒤에서 배우게 될 S3의 이름도 이에 해당하는 것이라고 할 수 있습니다.

Elastic Compute Cloud라는 이름에서 우리가 알 수 있는 것은 컴퓨팅 자원을 클라우드로 제공하는 서비스라는 것입니다. 다시 말하면 EC2라는 서비스는 클라우드에서 탄력적으로 컴퓨팅 자원을 제공해주는 서비스라고 할 수 있습니다.

- 가상 서버 서비스(Virtual Machine)
- **재구성**이 가능한 컴퓨팅 리소스
- 쉽게 **확장/축소**되는 컴퓨팅 용량
- 용도에 따른 **다양한 인스턴스 타입** 제공
- 사용한 만큼만 과금(pay-as-you-go)

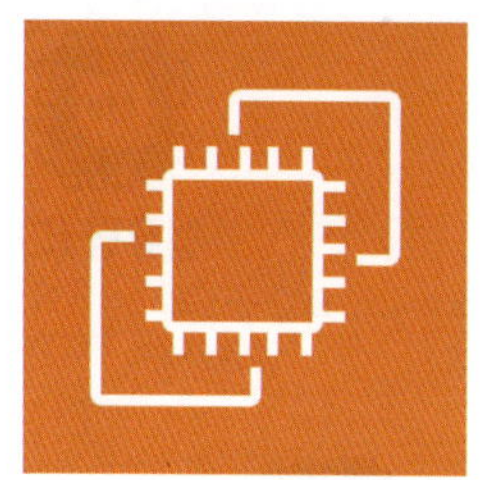

▶ EC2

앞에서 클라우드 컴퓨팅의 탄생 배경에 대해 배울 때 나온 것처럼 EC2는 Virtual Machine을 인터넷을 통해 제공해주는 서비스입니다. 그래서 EC2를 가상 서버 서비스라고 부릅니다.

EC2는 컴퓨팅 리소스를 재구성이 가능하다는 특징을 갖고 있는데, 이 말은 인스턴스를 생성한 이후에도 성능을 올리거나 내릴 수 있다는 뜻입니다. 그래서 쉽게 컴퓨팅 용량을 확장하거나 축소할 수 있습니다.

그리고 EC2는 용도에 따른 다양한 인스턴스 타입을 제공합니다. 참고로 여기서 인스턴스라는 단어는 EC2의 수량을 뜻하는 단위라고 보면 됩니다. 우리가 서버 숫자를 셀 때 한 대, 두 대라고 하는 것처럼 EC2는 인스턴스 한 개, 인스턴스 두 개 이런 식으로 표현합니다. 그리고 여기서 하나의 인스턴스는 가상머신 하나를 의미한다고 보면 됩니다.

EC2의 마지막 특징은 사용한 만큼만 과금된다는 점입니다. 이 점은 다른 클라우드 서비스들도 마찬가지이며, 앞에서 클라우드의 장점에 대해 배울 때 나왔던 초기 비용이 없다는 점에 해당하는 부분이라고 보면 됩니다.

2 EC2 인스턴스 타입

EC2는 다양한 인스턴스 타입을 지원한다고 했습니다. 인스턴스 타입은 인스턴스 패밀리라고도 부르는데 지금부터는 EC2의 다양한 인스턴스 타입에 대해 알아보겠습니다. 다음 그림은 다양한 EC2 인스턴스 패밀리를 나타낸 것입니다.

범용 (M)

컴퓨팅, 메모리, 네트워크
리소스의 균형적 사용

컴퓨팅 (C)

EC2에서 최고 성능의 프로세서,
성능 대비 저렴한 가격

메모리 (R)

메모리 용량이 많이 필요한
애플리케이션용

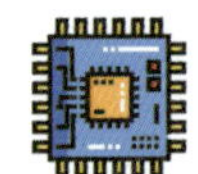

성능 순간 확장 (T)

성능 순간 확장 가능
인스턴스

GPU (G, P)

그래픽 및 일반 목적의
GPU 컴퓨팅 애플리케이션

높은 I/O (I)

SSD 기반의 초고속
인스턴스 스토리지

고밀도 스토리지 (D)

높은 디스크 처리량,
단위당 최소의 가격

▶ EC2 인스턴스 패밀리

먼저 컴퓨팅, 메모리, 네트워크 리소스를 균형적으로 사용할 수 있는 범용 인스턴스 타입인 M 패밀리가 있습니다.

그리고 최고 성능의 프로세서를 제공하는 C패밀리와 메모리 용량이 많이 필요한 애플리케이션을 위한 R패밀리가 있습니다.

다음으로는 성능을 순간적으로 확장할 수 있는 T패밀리가 있는데, 이 T패밀리가 바로 프리 티어에서 제공되는 타입입니다. 그래서 AWS 계정을 생성한 시점으로부터 12개월 동안은 프리 티어로 t2.micro 또는 t3.micro를 무료로 사용할 수 있습니다.

그리고 GPU 자원이 많이 필요한 애플리케이션을 위한 G패밀리와 P패밀리가 있으며, 높은 I/O를 제공하는 I패밀리, 높은 디스크 처리량을 위한 D패밀리가 있습니다.

이처럼 EC2에서는 용도에 맞게 다양한 인스턴스 타입을 제공하는데, 모든 인스턴스 타입을 다 외울 필요는 없고 필요할 때마다 자신이 원하는 용도에 맞는 타입을 찾아서 사용하면 됩니다.

3 EC2 인스턴스 구분

그렇다면 EC2 인스턴스는 어떻게 구분해야 할까요? EC2에서는 인스턴스의 이름을 아래와 같이 표기합니다.

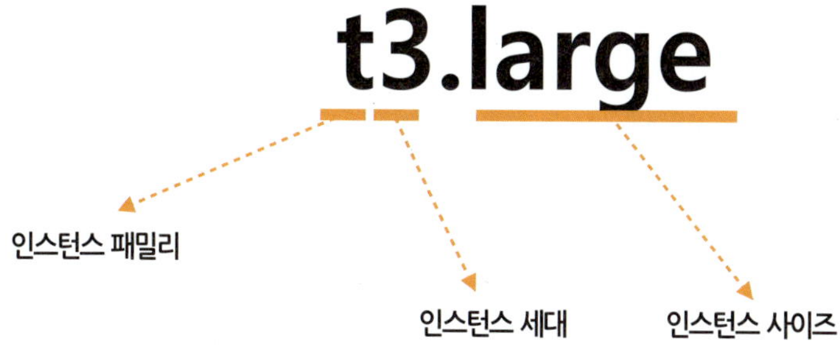

▶ EC2 인스턴스 이름 표기법

여기서 처음으로 나오는 알파벳은 바로 앞에서 배운 인스턴스 패밀리를 의미합니다. 각자 사용할 용도에 따라 인스턴스 패밀리를 선택하면 됩니다.

그리고 인스턴스 패밀리 다음으로 나오는 숫자는 인스턴스의 세대를 의미합니다. 그래서 이 경우에는 T패밀리의 3세대라는 뜻이 됩니다. 인스턴스 세대는 숫자가 높을수록 최신 세대를 의미하고, 최신일수록 비용 대비 성능이 우수하다는 특징이 있습니다.

마지막으로 나오는 크기를 나타내는 영어 단어는 인스턴스의 사이즈를 의미합니다. 사이즈의 단위는 micro, small, medium, large 등으로 나타내는데, 이 사이즈가 한 단계 커질 때마다 용량 및 가격이 두 배씩 증가하게 됩니다. 그래서 사이즈를 한 단계씩 올릴 때마다 비용이 두 배로 증가한다는 점을 꼭 기억하고, 요금이 많이 나오지 않도록 적절한 용량을 선택해서 사용하는 것이 중요합니다.

그리고 EC2 인스턴스는 생성 이후에도 인스턴스 타입, 세대, 사이즈 등의 사양을 변경할 수 있습니다.

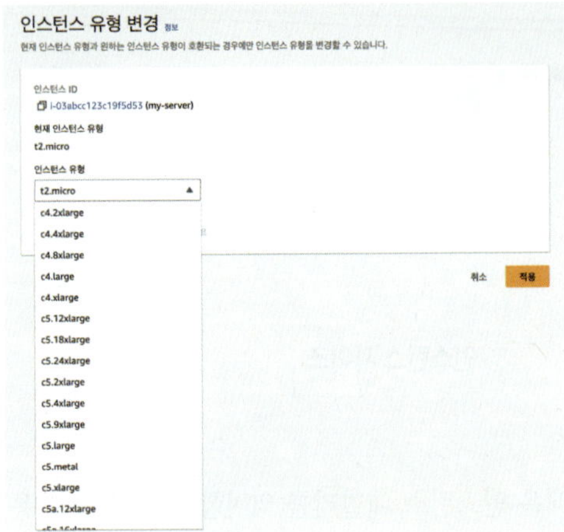

▶ EC2 인스턴스 유형 변경

만약 이미 생성된 EC2 인스턴스의 사양을 변경하고 싶다면, 먼저 인스턴스를 중지한 이후에 위 그림과 같이 인스턴스 유형 변경 메뉴를 통해 사양을 변경할 수 있습니다. 그리고 인스턴스의 유형을 변경하게 되면 그 이후부터는 변경된 유형에 해당하는 요금으로 과금이 됩니다.

4 EC2 과금 옵션

클라우드 서비스를 사용할 때 가장 중요한 부분 중 하나는 바로 요금입니다. 클라우드는 초기 비용이 없다는 장점이 있지만, 사용한 만큼 요금을 내기 때문에 과금 옵션을 잘 선택해서 사용하는 것이 중요합니다. 그리고 EC2에는 다양한 과금 옵션이 있는데 지금부터 하나씩 살펴보겠습니다.

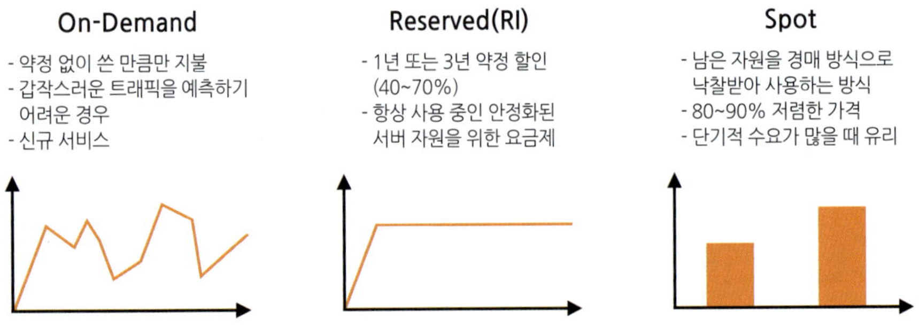

▶ EC2 과금 옵션 및 비용 최적화

먼저 첫 번째 과금 옵션은 On-Demand입니다. On-Demand 과금 옵션은 가장 기본적인 요금제로 약정 없이 쓴 만큼만 지불하는 요금제입니다. 신규 서비스의 경우에는 초기에 트래픽이 어느 정도 나올지 예측하기 어렵기 때문에 이 On-Demand 요금제를 사용하는 경우가 많습니다.

그리고 두 번째 과금 옵션은 Reserved Instance(RI)입니다. 이 요금 옵션은 Reserved Instance의 앞 글자를 따서 보통 RI라고 부르는데, 단어의 뜻 그대로 인스턴스를 예약해서 사용하는 것입니다. 쉽게 말하면 약정 할인이라고 보면 되는데, 우리가 가정에서 인터넷을 사용할 때도 1년 혹은 3년 약정을 하면 요금을 할인해주는 것과 같다고 생각하면 됩니다. RI를 사용하면 1년 혹은 3년 약정을 하고 40~70%까지 할인을 받을 수 있습니다. 할인 폭이 굉장히 크기 때문에 적어도 인스턴스를 1년 이상 유지할 계획이라면 무조건 RI를 사용하는 것이 비용 측면에서 좋습니다.

마지막 세 번째 과금 옵션은 Spot Instance입니다. Spot Instance는 AWS에서 남는 자원을 경매 방식으로 입찰받아서 아주 싼 값에 사용할 수 있게 해주는 요금제입니다. 할인율이 거의 80~90%로 굉장히 높지만 경매 방식을 사용하기 때문에 낙찰받지 못하면 사용할 수 없습니다. 그래서 인스턴스가 꼭 필요한 경우에는 On-Demand나 Reserved Instance 요금제를 사용해야 하고, 가끔씩 있는 작업을 위해서는 Spot Instance를 사용하는 것이 좋습니다.

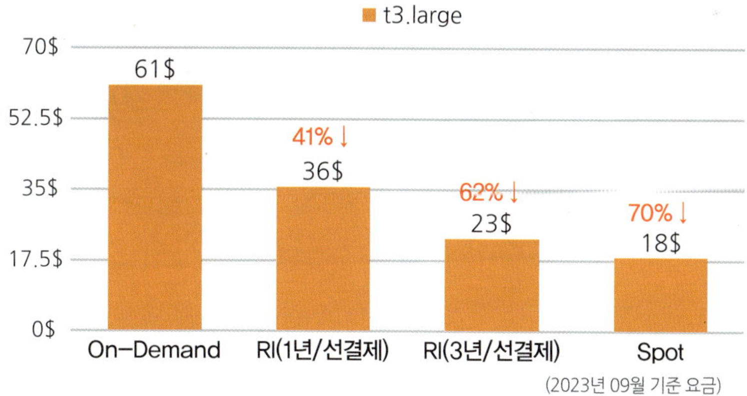

▶ EC2 과금 옵션에 따른 비용 비교

위 비용 비교는 만약 t3.large 인스턴스를 사용한다고 할 때 EC2의 과금 옵션에 따라 비용이 어떻게 달라지는지를 나타낸 것입니다.

먼저 On-Demand의 경우 한 달에 약 60.74$. 한화로 8만 원 정도 나오게 됩니다. 결코 저렴한 금액은 아닙니다.

하지만 RI라고 부르는 Reserved Instance를 사용하게 되면, 1년 약정하고 1년치 금액을 모두 한 번에 선결제 할 경우에는 약 41% 저렴하고, 3년 약정하고 3년치 금액을 모두 한 번에 선결제 할 경우에는 약 62% 저렴합니다. 이처럼 Reserved Instance를 사용하면 굉장히 많이 할인받을 수 있습니다. 그래서 최소 1년 이상 인스턴스를 계속 사용해야 할 경우에는 무조건 Reserved Instance를 사용하는 것이 좋습니다.

그리고 마지막 Spot Instance 요금제를 사용할 경우에는 평균적으로 약 70% 저렴하게 이용할 수 있습니다. 하지만 Spot Instance는 경매 방식으로 낙찰받아서 사용하는 방식이기 때문에 무조건 낙찰받을 수 없다는 점과 매번 가격이 달라질 수 있다는 단점이 있습니다.

지금까지 살펴본 것처럼 EC2에서는 상황과 용도에 따라 다양한 과금 옵션을 제공합니다. 그래서 각 상황에 맞게 과금 옵션을 잘 선택해서 사용한다면 훨씬 더 저렴한 금액으로 EC2를 사용할 수 있습니다.

3.2 Elastic IP

지금부터는 EC2와 함께 사용할 수 있는 Elastic IP에 대해서 배워보도록 하겠습니다.

1 Elastic의 의미

Elastic IP는 무엇일까요? Elastic IP를 이해하기 위해서는 먼저 그 이름 앞에 있는 Elastic이라는 단어에 대해서 알아볼 필요가 있습니다.

Elastic은 우리말로 탄력적이라는 뜻을 갖고 있습니다. 평소 우리가 탄력적이라는 말을 사용하는 경우를 떠올려보면 고무줄이 탄력 있다고 할 때가 있습니다. 이 말은 고무줄이 늘었다 줄었다 하며 모양이 바뀐다는 의미입니다.

그러면 탄력성은 무엇일까요? 고무줄 예시에서 탄력성은 모양이 바뀌는 성질을 의미합니다. 고무줄이 늘어났다 줄어들었다 하는 것처럼 말이죠.

하지만 AWS는 탄력적이라는 말의 의미가 조금 다릅니다. AWS에서 탄력적이라는 말은 여기저기 붙였다 뗐다 할 수 있는 성질을 의미합니다. 여기서 붙인다는 것은 다른 AWS 서비스와 연동시킨다는 의미이고, 떼는 것은 다른 AWS 서비스와 연동을 해제한다는 의미가 됩니다.

Elastic이라는 단어에 대해서 조금 길게 설명한 이유는 AWS 서비스 이름에 이 Elastic이라는 단어가 들어가는 경우가 많기 때문입니다. 그리고 지금 우리가 배우고 있는 Elastic IP도 그중 하나입니다. 그래서 앞으로 AWS 서비스명에 Elastic이라는 단어가 들어가면 '다른 서비스와 유연하게 연동 해서 사용할 수 있겠구나'라고 이해하면 됩니다.

2 Elastic IP란?

Elastic IP는 Elastic IP address를 줄여서 쓴 말입니다. 우리가 흔히 IP 주소를 줄여서 IP라고 부르는 것처럼, Elastic IP도 뒤에 address를 생략하고 Elastic IP라고 부르는 것입니다.

Elastic IP는 클라우드 컴퓨팅을 위해 고안된 정적 IPv4 주소입니다. 그래서 말 그대로 클라우드 컴퓨팅을 위해 만들어진 특별한 형태의 IP 주소라고 보면 됩니다.

```
// IP 주소 예시
142.250.76.142
```

여기서 IPv4라는 단어가 등장하는데 IPv4는 Internet Protocol version 4를 줄여서 쓴 것이며, 위와 같이 4자리로 구분된 우리가 평소에 흔히 사용하는 IP 주소를 의미합니다. 그리고 Elastic IP도 일종의 IP 주소이기 때문에 이렇게 IPv4와 같은 형태라고 보면 됩니다.

그럼 Elastic IP를 그림으로 한 번 살펴볼까요?

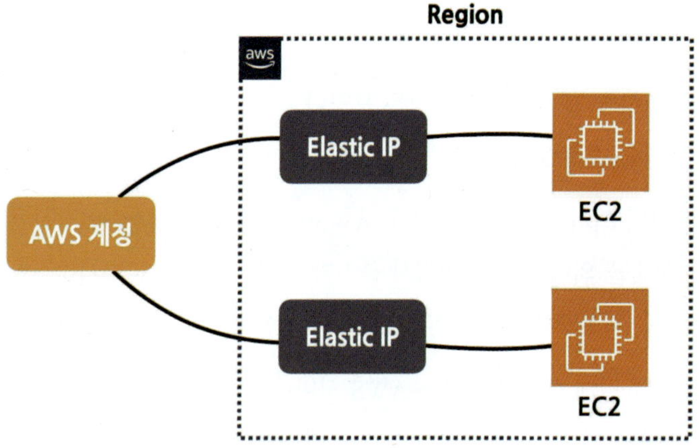

▶ Elastic IP

위 그림에서는 먼저 점선으로 된 리전이 등장합니다. 앞에서 배운 것처럼 리전은 AWS 서비스가 운영되는 지역을 의미합니다. 그리고 리전 안에는 복수 개의 가용 영역이 존재한다고 배웠습니다. 가용 영역은 하나의 리전 내에 물리적으로 분리된 데이터 센터를 의미했습니다.

이러한 각 리전에서 AWS 계정과 연동된 Elastic IP를 할당받을 수 있습니다. 그리고 할당받은 Elastic IP를 EC2 인스턴스에 연결하면 해당 IP 주소로 EC2 인스턴스에 접속할 수 있습니다.

이러한 Elastic IP는 AWS 계정과 연결됩니다. 그리고 IP 주소는 숫자로 구성되어 있고 그 개수가 정해져 있는 자원이기 때문에 각 계정 별로 할당받을 수 있는 Elastic IP의 개수가 리전당

5개로 제한되어 있습니다. 한정된 자원을 맘껏 사용하도록 해준다면 한 사람이 독점하는 문제
가 생길 수 있겠죠. 그래서 계정별로 할당받을 수 있는 개수를 제한해둔 것이라고 보면 됩니다.

3 Elastic IP의 용도

그렇다면 Elastic IP는 어떤 경우에 사용하면 좋을까요? 지금부터는 Elastic IP를 사용하면 유
용한 경우에 대해 알아보겠습니다.

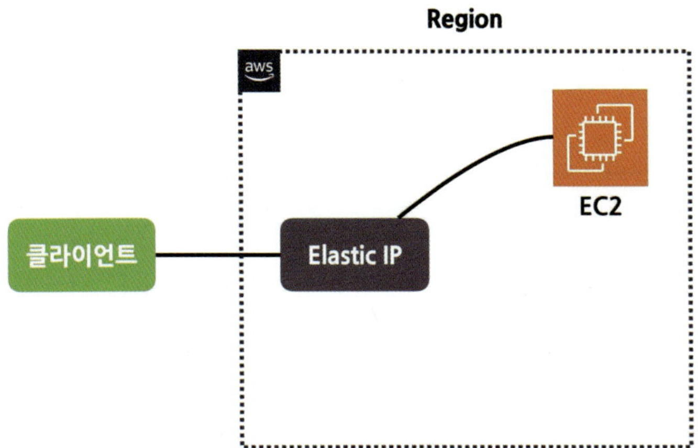

▶ Elastic IP 사용 예시 1

먼저 위 그림에서는 Elastic IP를 할당받아서 EC2 인스턴스에 연결했습니다. 그리고 클라이언
트는 이 Elastic IP를 통해서 EC2 인스턴스에 접속하게 됩니다.

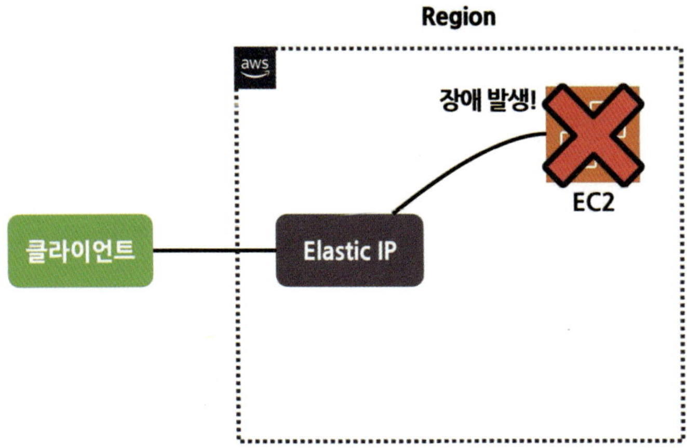

▶ Elastic IP 사용 예시 2

그런데 만약 해당 EC2 인스턴스에 장애가 발생하게 되면 서버가 정상적으로 작동하지 않겠죠.

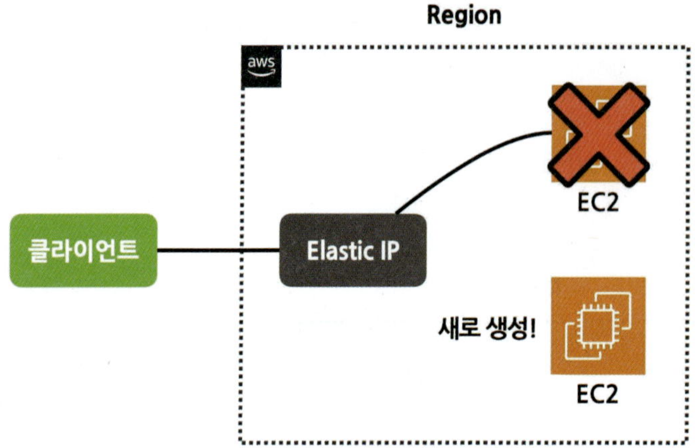

▶ Elastic IP 사용 예시 3

이러한 경우 장애를 극복하기 위해서 먼저 새로운 EC2 인스턴스를 하나 생성합니다.

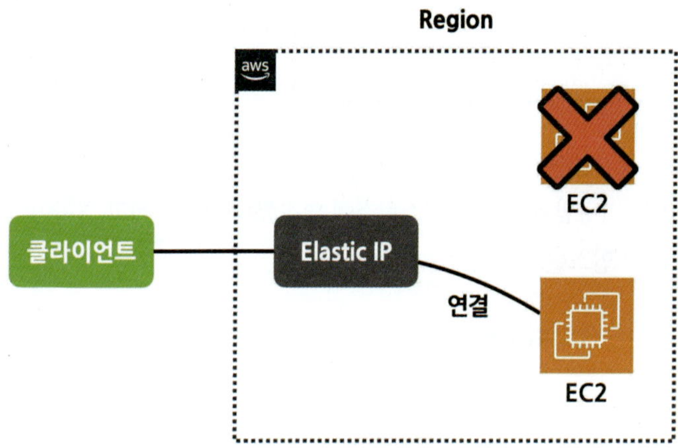

▶ Elastic IP 사용 예시 4

그리고 이렇게 Elastic IP를 새로운 EC2 인스턴스에 연결함으로써 서버가 정상적으로 작동할 수 있도록 만들 수 있습니다.

이렇게 Elastic IP를 사용하면 클라이언트에서 접속하는 IP 주소의 변경 없이 서버의 장애를 극복할 수 있습니다. 만약 Elastic IP가 없었다면 새로운 EC2 인스턴스의 IP를 클라이언트에 반영해야 합니다.

Elastic IP를 사용할 때 유의할 점

Elastic IP는 **인스턴스에 연결해두면 무료**로 사용할 수 있지만, 그렇지 않고 할당만 받고 **아무 인스턴스에도 연결해두지 않으면 시간당 0.005달러가 과금**됩니다. Elastic IP는 무한한 자원이 아니기 때문에 각 AWS 계정에 대해 리전당 5개로 개수가 제한되어 있습니다. 그리고 할당만 받고 사용하지 않는 Elastic IP들이 생기지 않도록 이렇게 과금을 하는 것이라고 이해하면 됩니다.

3.3 Security Group

지금부터는 Security Group에 대해서 배워보도록 하겠습니다.

Security Group은 우리말로 보안 그룹이라고 부릅니다. 이름이 가진 의미 그대로 보안을 위해 사용되는 개념이라고 보면 됩니다.

이 보안 그룹은 하나 이상의 인스턴스에 대한 트래픽을 제어하는 가상의 방화벽 역할을 합니다. 여기서 방화벽이라는 것에 대해서 한번 짚고 넘어가도록 하겠습니다.

▶ 방화벽

방화벽은 영어로 Firewall이라고 하며 컴퓨터의 보안을 위해 외부에서 내부 또는 내부에서 외부의 정보통신망에 접근하는 것을 허용하거나 차단하기 위한 시스템입니다. 그리고 AWS에서 이러한 방화벽의 역할을 하는 것이 바로 Security Group(보안 그룹)입니다.

Security Group이 작동하는 방식을 그림으로 나타내면 다음과 같습니다.

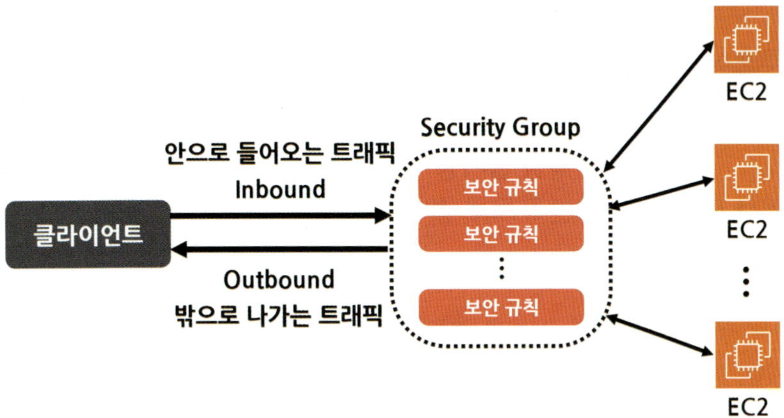

▶ 보안 그룹 작동 방식

먼저 서버의 입장에서 안으로 들어오는 트래픽을 Inbound 트래픽이라고 하며, 서버의 밖으로 나가는 트래픽을 Outbound 트래픽이라고 합니다. 참고로 트래픽을 구분할 때는 서버의 입장에서 생각하는 습관을 들이면 좋습니다.

그리고 Security Group은 서버와 클라이언트 사이에서 Inbound와 Outbound 트래픽을 허용하거나 차단하게 됩니다. 예를 들어 인바운드 규칙에 등록되어 있으면 들어오는 트래픽을 허용하고, 그렇지 않으면 막히게 됩니다. 반대로 아웃바운드 규칙에 등록되어 있으면 나가는 트래픽을 허용하고, 그렇지 않으면 막히게 되는 것입니다.

그리고 위 그림에서 볼 수 있는 것처럼 하나의 Security Group에는 보안 규칙이 여러 개 등록될 수 있습니다. 이러한 규칙들 중 하나라도 만족할 경우에는 트래픽이 허용된다고 보면 됩니다. 또한 여러 개의 EC2 인스턴스가 하나의 Security Group과 연동될 수도 있습니다.

보안 그룹에서 중요한 점은 기본적으로 보안 그룹은 모든 아웃바운드 트래픽을 허용한다는 점입니다. 이 말은 서버의 입장에서 밖으로 나가는 트래픽은 기본적으로 모두 허용한다는 뜻입니다. 쉽게 말해서, 들어올 때는 검사를 하지만 나갈 때는 신경 쓰지 않겠다는 것이죠.

그리고 또 한 가지 보안 그룹에서 중요한 점은 보안 그룹 규칙은 항상 허용적이라는 점입니다. 그래서 액세스를 거부하는 규칙을 생성할 수 없습니다.

✅ 작성 가능
"특정 IP 주소에서 서버의 3000번 포트로 접속하는 것을 허용"

❌ 작성 불가능
"특정 IP 주소에서 서버의 3000번 포트로 접속하는 것을 허용하지 않음"

▶ 보안 그룹 규칙

예를 들면 "특정 IP 주소에서 서버의 3000번 포트로 접속하는 것을 허용하겠다"라고 규칙을 작성할 수는 있지만, "특정 IP 주소에서 서버의 3000번 포트로 접속하는 것을 허용하지 않겠다"처럼 액세스를 거부하는 형태로 규칙을 작성할 수 없다는 말입니다.

다음 화면은 AWS에서 보안 그룹을 관리하기 위한 화면입니다.

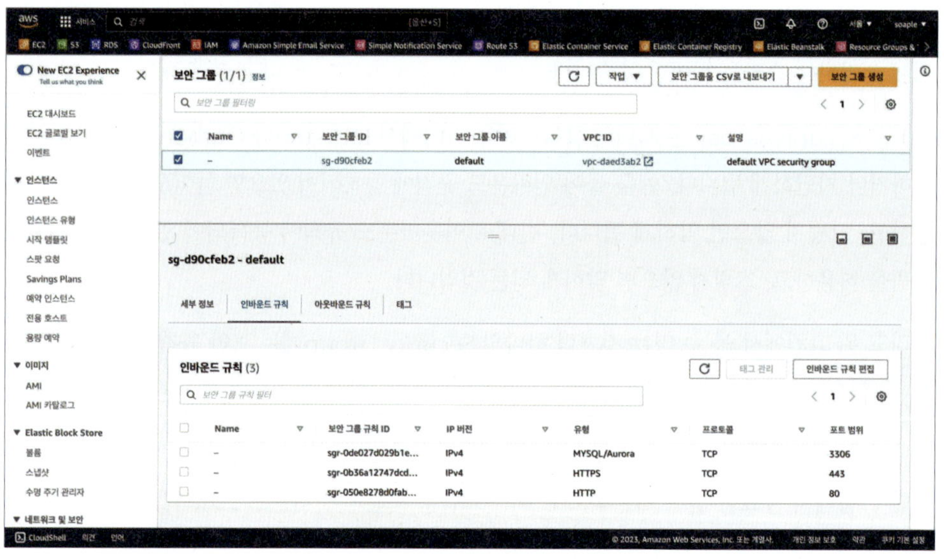

▶ AWS 콘솔 보안 그룹

여기에 보면 인바운드 규칙과 아웃바운드 규칙이 각각 탭으로 분리되어 있는 것을 볼 수 있으며, 여기에 각자 자신이 허용할 규칙들을 작성하면 됩니다.

보안 그룹에는 언제든지 규칙을 추가하고 제거할 수 있습니다. 그리고 이렇게 변경된 규칙은 보안 그룹과 연결된 자원(인스턴스)에 자동으로 적용된다고 보면 됩니다.

또한 여러 보안 그룹을 하나의 인스턴스에 연결할 수도 있습니다.

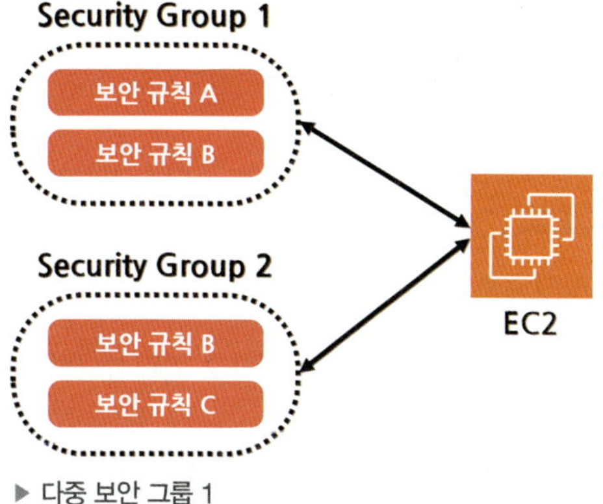

▶ 다중 보안 그룹 1

그래서 위 그림과 같이 할 경우 각 보안 그룹의 규칙이 유효하게 결합된 단일 규칙 세트가 생성됩니다.

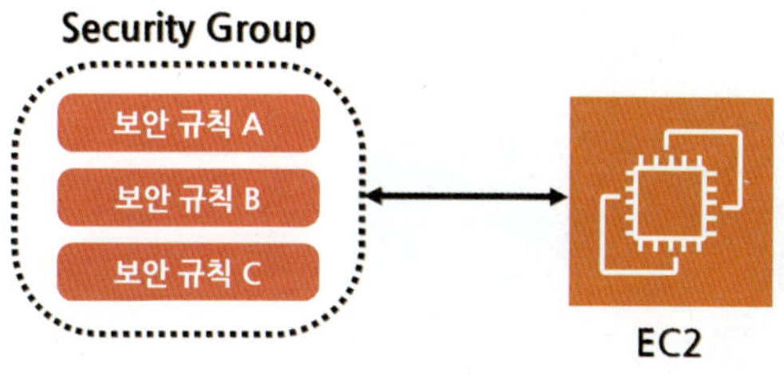

▶ 다중 보안 그룹 2

결과적으로 위 그림과 같이 보안 규칙 A, 보안 규칙 B, 보안 규칙 C가 EC2 인스턴스에 적용된다고 보면 됩니다. 그리고 이 규칙 세트를 사용하여 액세스를 허용할시 여부를 결정합니다. 쉽게 말해서 인스턴스에 연결된 모든 보안 그룹의 합집합이 적용된다고 이해하면 됩니다.

3.4 실습 EC2 인스턴스 생성

이번 실습에서는 EC2 인스턴스를 실제로 생성해보도록 하겠습니다.

먼저 AWS 콘솔에 로그인 한 뒤에 상단 툴바에 있는 입력창에 'EC2'라고 입력합니다.

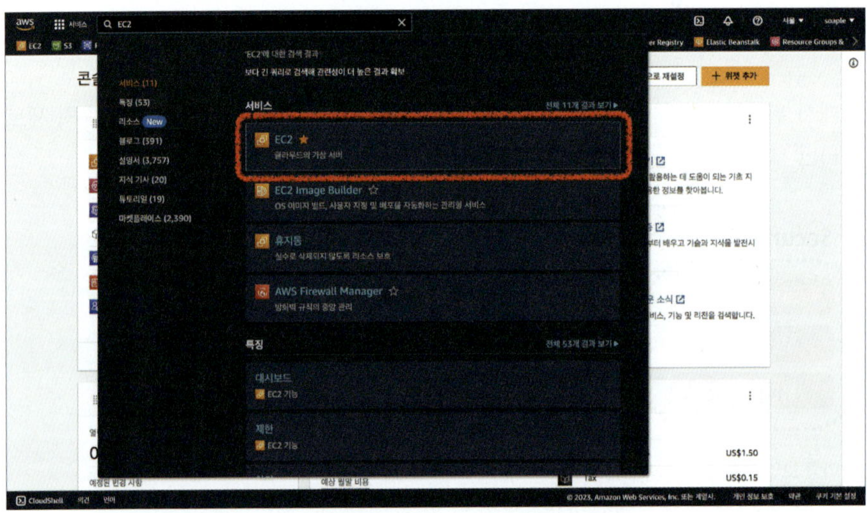

그러면 위 화면처럼 검색 결과가 나오고 빨간색으로 표시한 영역에 EC2가 나오는 것을 볼 수 있습니다. 이 버튼을 눌러서 EC2 메인 페이지로 이동합니다.

그럼 다음과 같은 화면이 나오는데 이게 바로 EC2 메인 대시보드 페이지라고 보면 됩니다. 여기서 EC2와 관련된 다양한 정보들을 한눈에 볼 수 있습니다.

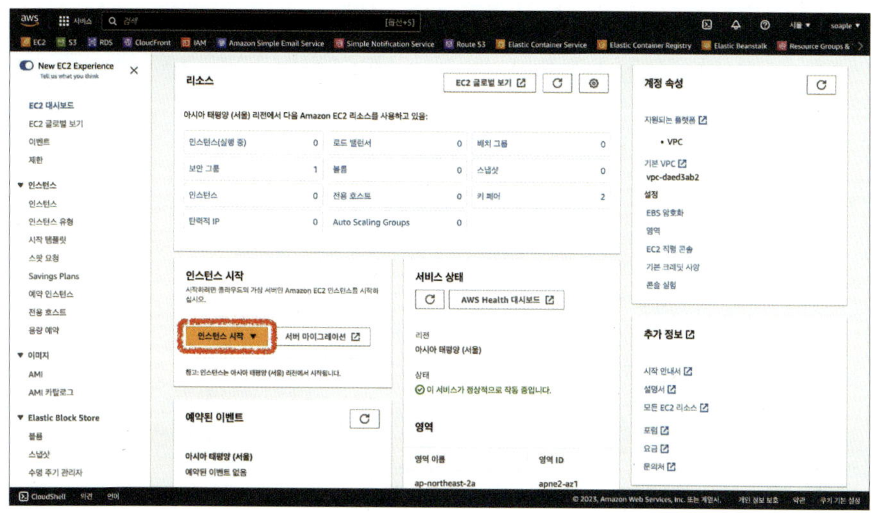

우리는 여기서 주황색의 **인스턴스 시작** 버튼을 눌러서 새로운 EC2 인스턴스를 하나 생성하도록 하겠습니다.

EC2 인스턴스를 생성하기 위해서는 선택해야 할 몇 가지 설정이 있습니다. EC2는 AWS의 가장 대표적이고 많이 사용하는 서비스이기 때문에 우리는 앞으로 다음 화면과 굉장히 친숙해질 필요가 있습니다. 그럼 어떤 정보를 설정해야 하는지 하나씩 살펴보겠습니다.

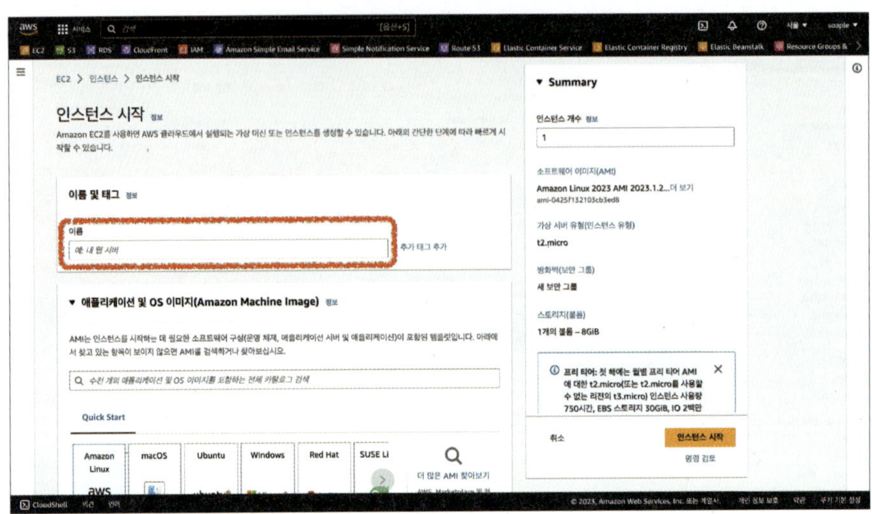

가장 먼저 빨간색으로 표시한 영역에 인스턴스의 이름을 입력해야 합니다. 쉽게 말해서 서버의 별명이라고 생각하면 됩니다.

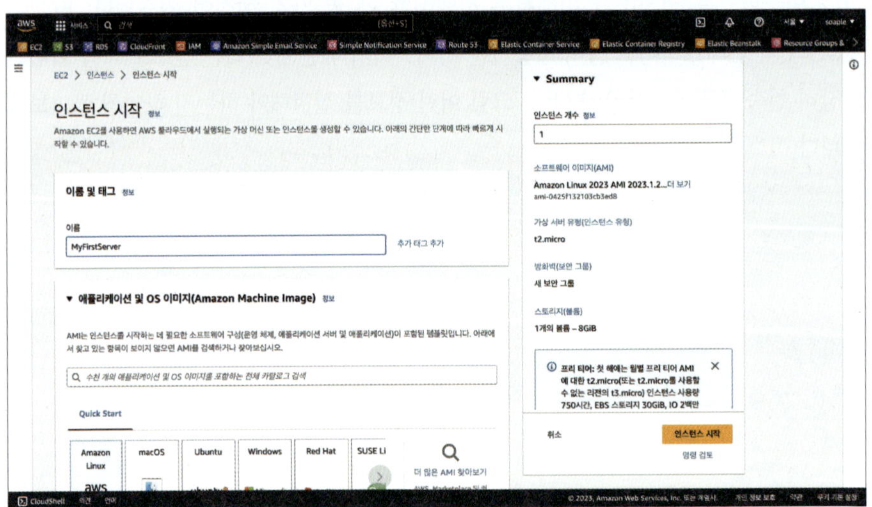

저는 이렇게 'MyFirstServer'라고 입력했습니다. 그리고 오른쪽에 **추가** 버튼을 누르면

다음과 같이 이름이 태그 형태로 추가됩니다. 그리고 나중에는 이 태그별로 요금을 확인할 수도 있습니다.

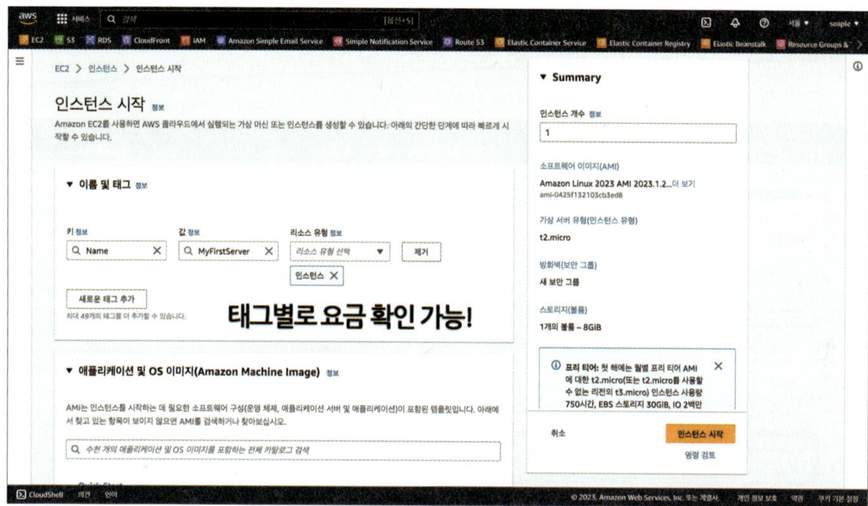

다음으로는 애플리케이션 및 OS 이미지를 선택해야 합니다. 쉽게 말해서 서버에 설치할 운영체제나 애플리케이션을 선택하는 것이라고 보면 됩니다.

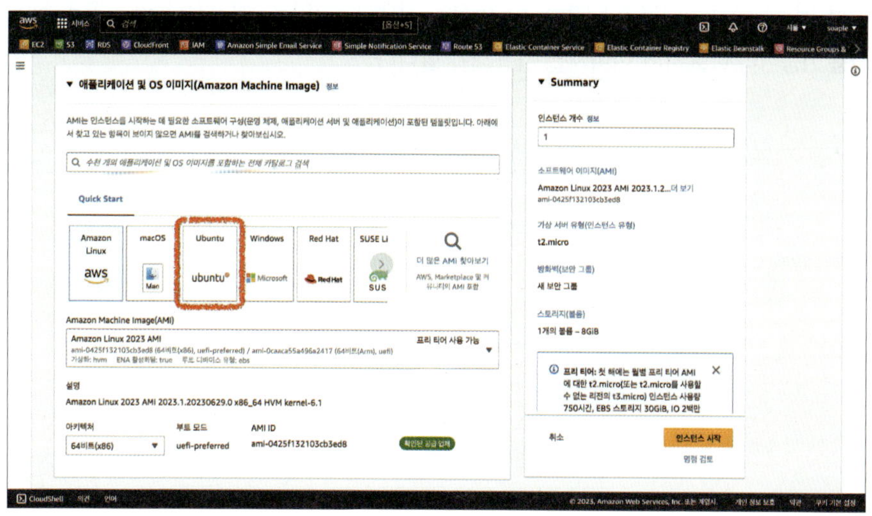

우리는 여기서 일반적으로 가장 많이 사용하는 Ubuntu Linux를 선택하도록 하겠습니다.

Ubuntu를 선택하면 이렇게 아래에 **Amazon Machine Image**를 선택하는 부분의 내용이 바뀝니다. 여기서 Ubuntu의 버전을 선택할 수 있습니다.

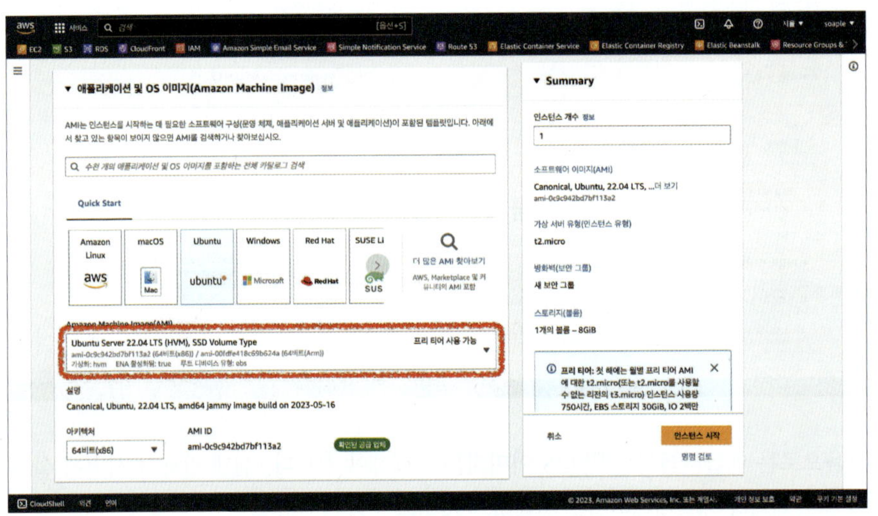

해당 메뉴를 누르면 다양한 Ubuntu 버전을 선택할 수 있고, 여기서 우리는 **프리 티어 사용 가능**이라고 표시된 이미지를 사용해야 합니다.

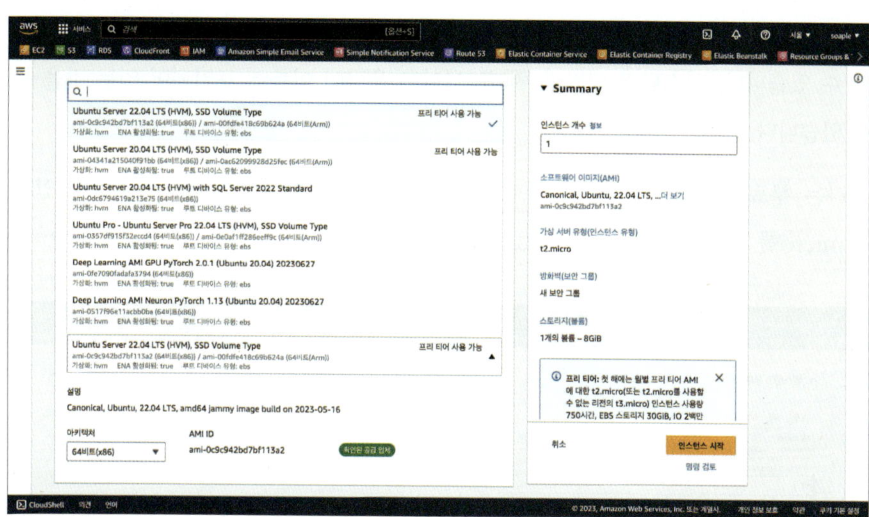

그래서 기본적으로 선택되어 있는 Ubuntu Server 22.04 LTS, SSD Volume Type
을 그대로 사용하도록 하겠습니다.

다음으로는 **인스턴스 유형**을 선택해야 합니다. 앞에서 배운 것처럼 EC2에는 다양한 인
스턴스 패밀리가 존재하며, 각 패밀리별로 세대가 나뉘져 있습니다.

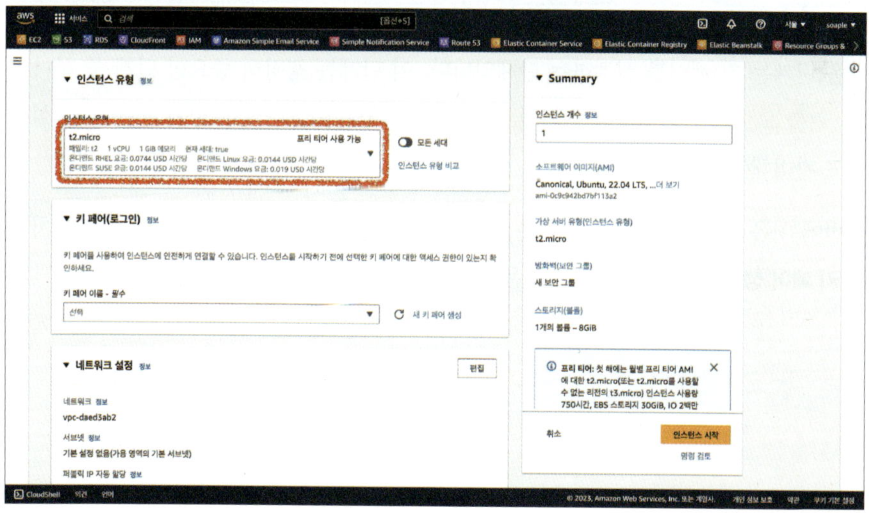

화면에서 빨간색으로 표시된 메뉴를 누르면, 아래와 같이 다양한 인스턴스 유형을 선택할 수 있습니다. 인스턴스 패밀리, 세대, 그리고 용량이 이름에 표기되어 있는 것을 볼 수 있습니다.

우리는 무료로 실습을 진행할 것이기 때문에 **프리 티어 사용 가능**이라고 써 있는 t2.micro를 그대로 사용하도록 하겠습니다.

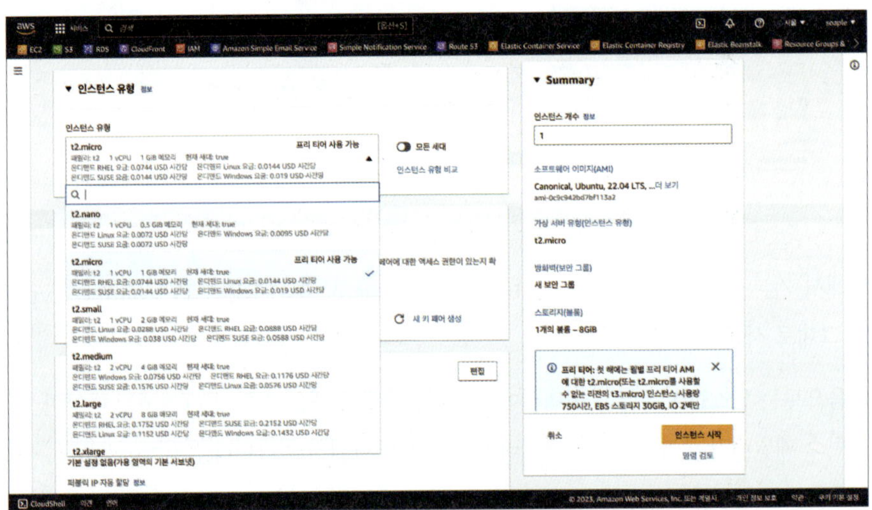

다음 단계는 키 페어를 설정하는 단계입니다. 이 단계는 굉장히 중요한 단계 중 하나인데, 키를 모르거나 잃어버리게 되면 인스턴스에 다시는 접속할 수 없기 때문에 잘 설정하고 관리해야 합니다.

이번에 처음 AWS에 가입한 분들은 따로 키 페어를 생성한 적이 없기 때문에 다음처럼 **새 키 페어 생성** 버튼을 눌러서 새로운 키를 하나 생성해야 합니다.

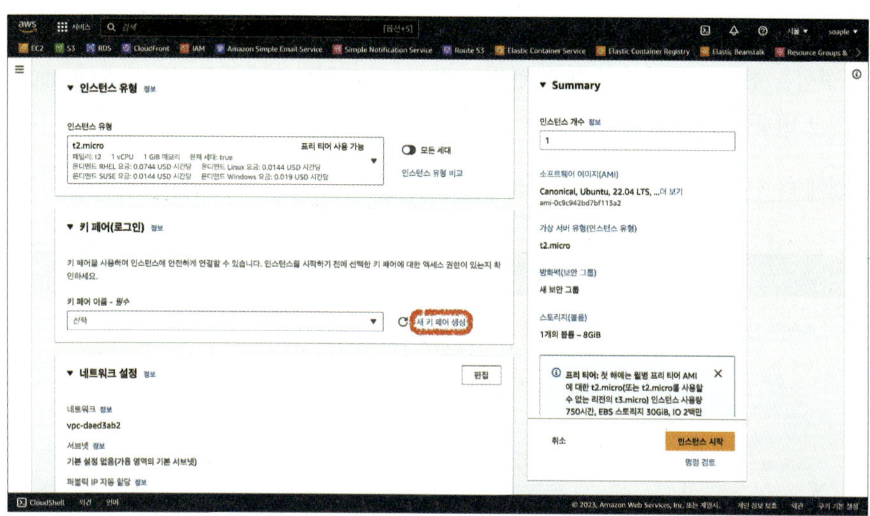

키 페어 생성 버튼을 누르면 다음과 같은 확인 문구가 나옵니다. 여기서 키 페어의 이름과 유형, 그리고 키 파일 형식을 실습 화면과 같이 선택합니다.

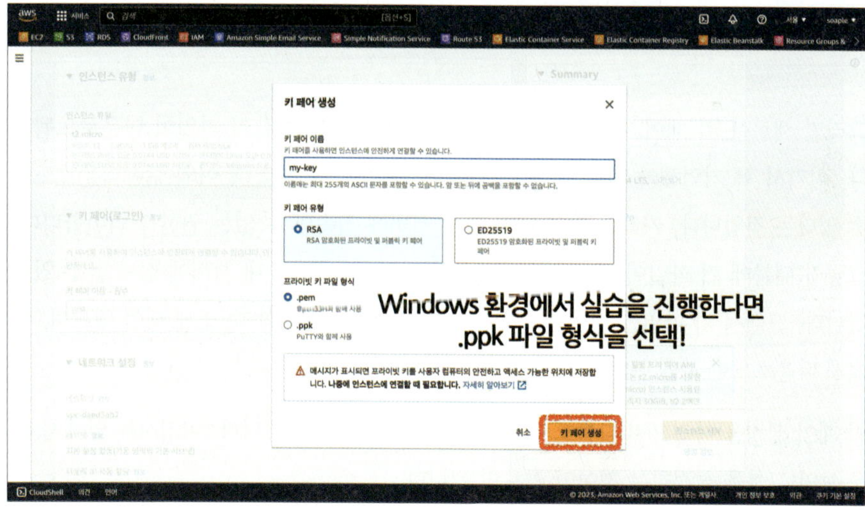

만약 macOS가 아닌 윈도우 환경에서 실습을 진행한다면 .pem 파일이 아닌 .ppk 파일 형식을 선택하는 것이 좋습니다. 참고로 .pem 파일로 다운로드해도 나중에 .ppk 파일로 변경할 수 있습니다.

이렇게 다 선택했으면 **새 키 페어 생성** 버튼을 누릅니다.

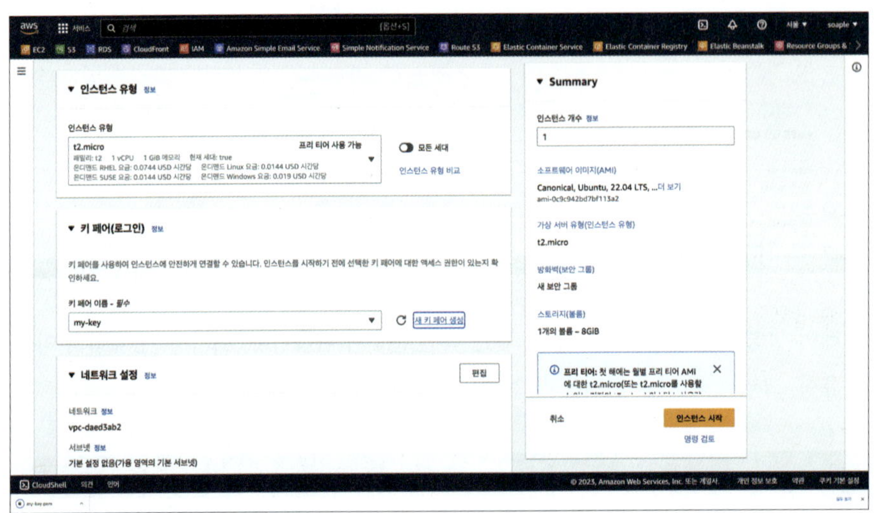

그러면 새로운 키 페어가 생성되고 위 화면과 같이 자동으로 키 파일이 다운로드됩니다. 여기서 꼭 기억해야 할 부분은 키 파일은 키 쌍을 생성할 때 이외에는 다운로드할 수 없다는 것입니다. 키라는 것은 내가 만든 서버에 접속할 수 있는 권한을 의미합니다. 그렇기 때문에 키 파일이 다른 사람에게 유출되면 그 사람이 내 서버에 접속할 수 있게 됩니다. 그래서 키 파일은 키를 생성하는 시점에만 다운로드할 수 있게 되어 있으며, 이렇게 다운로드한 파일은 이제 각자가 잘 관리해야 합니다.

키 페어 설정을 마쳤으면 다음으로는 네트워크를 설정해야 합니다. 여기서는 앞에서 배운 보안 그룹을 설정하는 것이라고 보면 됩니다.

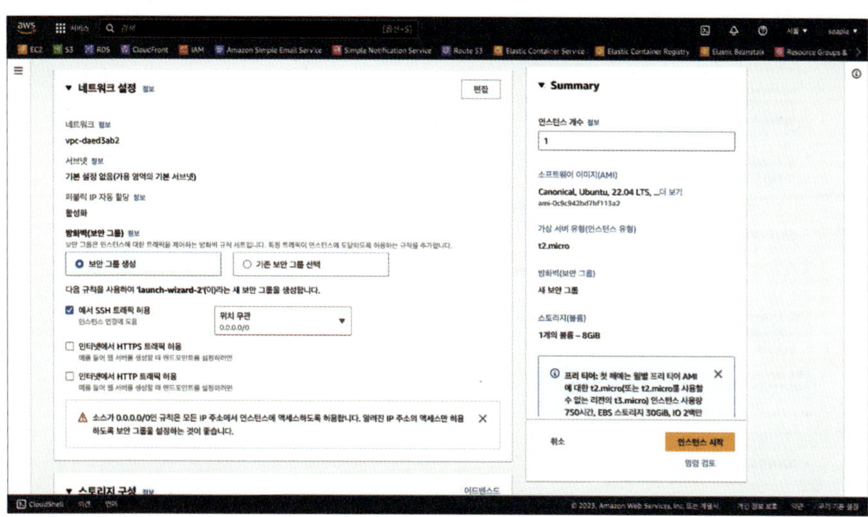

위 화면과 같이 **새로운 보안 그룹 생성**을 선택하고, Secure Shell이라고 불리는 SSH를 통해서 접속할 것이기 때문에 **SSH 트래픽 허용**을 체크합니다. 참고로 오른쪽에 위치 무관이라고 써 있는 부분은 어느 IP 주소에서든지 SSH로 접속하는 것을 허용하겠다는 의미라고 보면 됩니다.

이제 마지막으로 스토리지를 구성하는 단계입니다. 이 단계는 서버에서 사용할 저장 장치를 선택하는 단계라고 보면 됩니다. 우리는 기본적으로 설정되어 있는 8GB gp2 루트 볼륨을 그대로 사용하겠습니다.

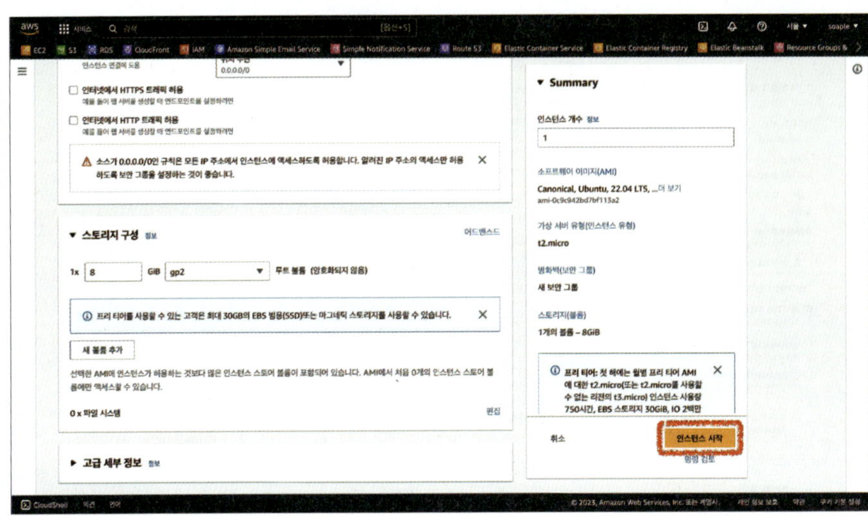

여기까지 모든 설정을 마쳤으면 이제 오른쪽 하단에 있는 **인스턴스 시작** 버튼을 누릅니다. 그러면 진행 상황이 표시되면서 인스턴스가 시작됩니다.

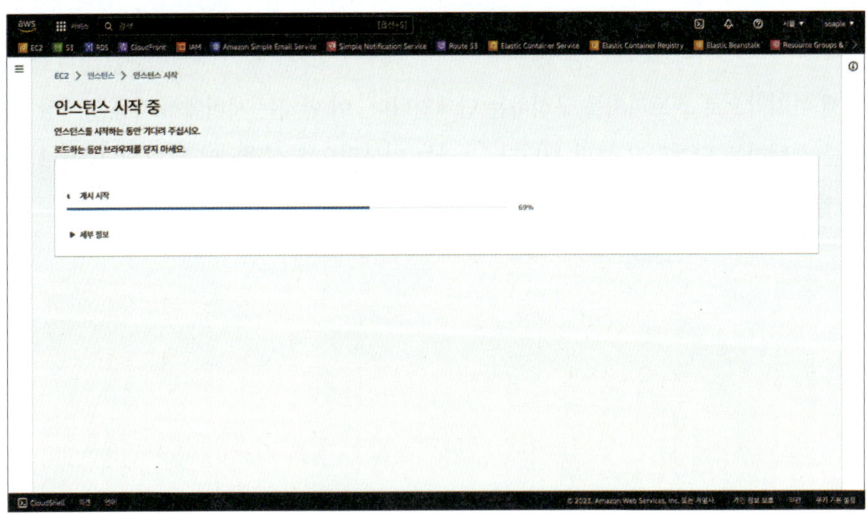

인스턴스 생성이 성공하면 다음과 같은 화면이 나옵니다.

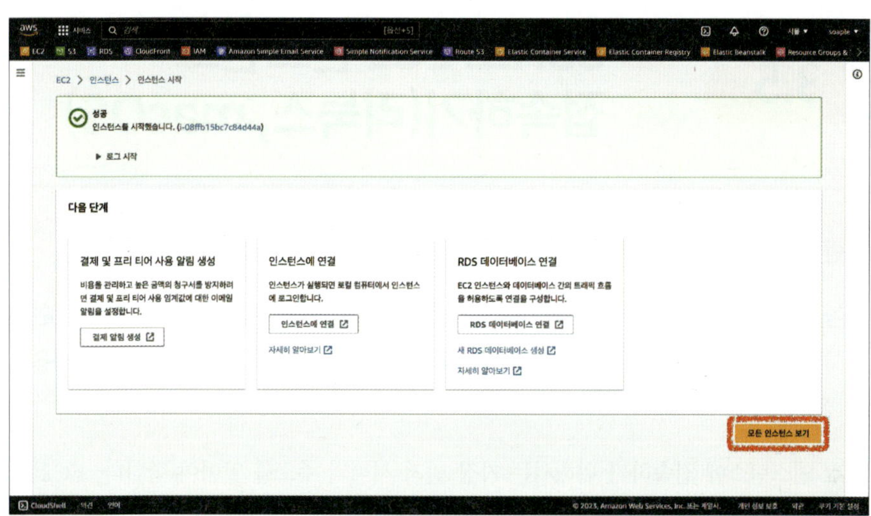

오른쪽 하단에 **모든 인스턴스 보기** 버튼을 눌러 인스턴스 상세 정보 화면으로 이동합니다.

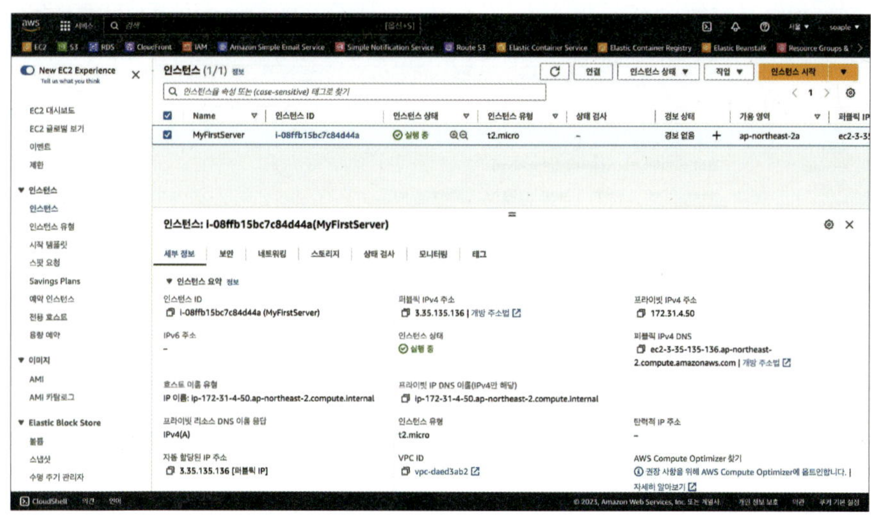

화면과 같이 EC2 인스턴스가 정상적으로 생성된 것을 볼 수 있습니다. 그리고 인스턴스 상태가 초록색으로 **실행 중**이라고 나와야 정상적으로 사용할 수 있다고 보면 됩니다.

3.5 실습 SSH로 EC2 인스턴스 접속하기(리눅스, macOS)

이번 실습에서는 앞에서 생성한 EC2 인스턴스에 SSH를 통해 접속해보겠습니다.

리눅스나 macOS 환경에서 실습하는 분들은 이번 절을 따라서 진행하고, 윈도우 환경에서 실습을 하는 분들은 바로 다음 절을 따라서 PuTTY를 설치하고 PuTTY를 사용해서 접속하기 바랍니다.

EC2 인스턴스에 접속하기 위해서는 가장 먼저 서버의 주소를 알아야 합니다. EC2 인스턴스를 누르면 아래 화면과 같이 하단에 인스턴스의 상세 정보가 나오는데, 여기서 중간에 있는 퍼블릭 IPv4 주소를 복사합니다.

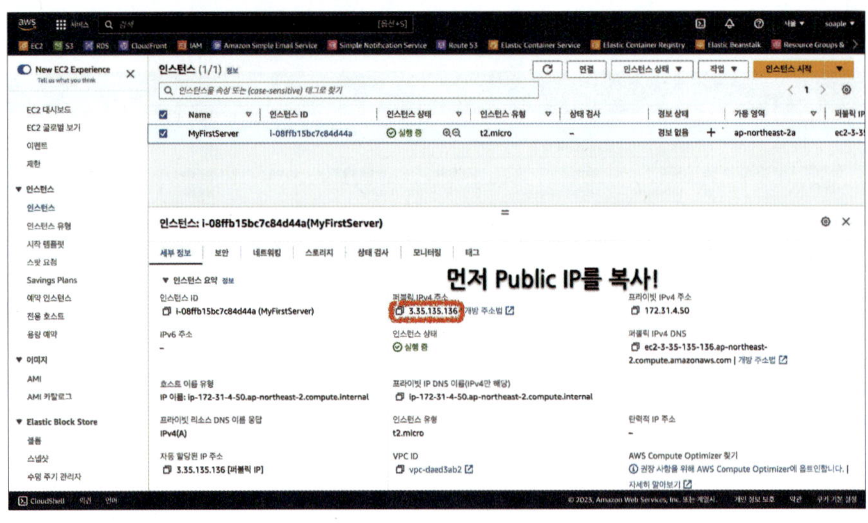

그 다음에 리눅스 또는 macOS에서 터미널을 실행합니다. 이제 터미널에서 ssh 명령어를 사용해야 하는데, 그전에 ssh의 -i 옵션에 대해 살펴보도록 하겠습니다.

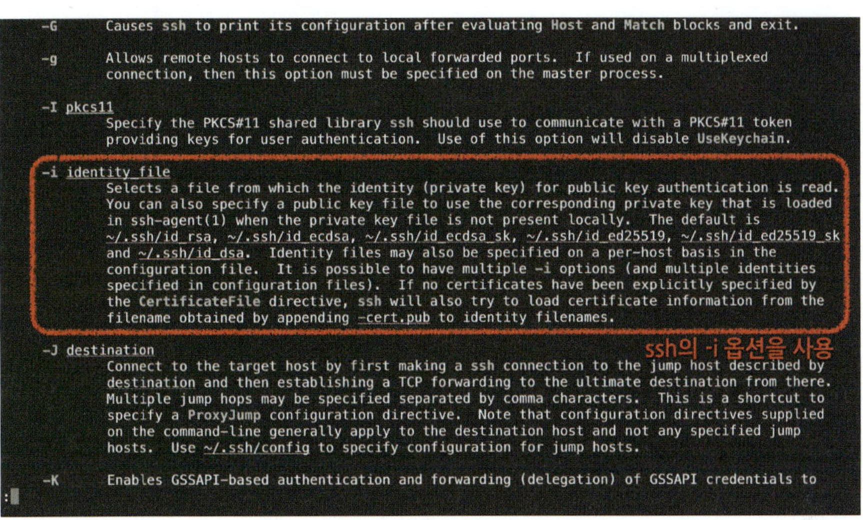

-i 옵션은 identity file을 의미하는 옵션인데, 우리가 앞에서 EC2를 생성할 때 만든 키 페어 파일을 이 옵션을 통해 넣어준다고 보면 됩니다. 서버에 접속할 때 서버의 주소뿐만 아니라 서버에 접속할 수 있는 권한인 키를 함께 넣어주는 것이죠.

```
ssh -i ~/Downloads/my-key.pem ubuntu@3.35.135.136
```

그래서 터미널에 위와 같이 ssh의 -i 옵션을 사용해서 다운로드한 키 파일의 경로를 입력하고, 마지막 부분에는 **ubuntu@ 복사한 서버의 IPv4 주소** 형태로 입력합니다.

참고로 여기서 **ubuntu**는 서버의 사용자 이름을 의미하는데, EC2를 생성할 때 선택한 Ubuntu 이미지의 기본 사용자 이름이 **ubuntu**로 정해져 있기 때문에 이렇게 입력하는 것이라고 보면 됩니다.

이렇게 명령어를 입력하고 실행하면 다음 화면과 같은 메시지가 나오는데 여기서 **yes**를 입력합니다.

```
(base) soaple@Soaple-MacBook-Pro:~$ ssh -i ~/Downloads/my-key.pem ubuntu@3.35.135.136
The authenticity of host '3.35.135.136 (3.35.135.136)' can't be established.
ED25519 key fingerprint is SHA256:3/hKDS7gYHGmgbtHbQiAPdZKBb8KkxuatwPDKmPCjyg.
This key is not known by any other names
Are you sure you want to continue connecting (yes/no/[fingerprint])?
```

그러면 경고가 뜨면서 접속이 실패하는 것을 볼 수 있습니다.

```
(base) soaple@Soaple-MacBook-Pro:~$ ssh -i ~/Downloads/my-key.pem ubuntu@3.35.135.136
The authenticity of host '3.35.135.136 (3.35.135.136)' can't be established.
ED25519 key fingerprint is SHA256:3/hKDS7gYHGmgbtHbQiAPdZKBb8KkxuatwPDKmPCjyg.
This key is not known by any other names
Are you sure you want to continue connecting (yes/no/[fingerprint])? yes
Warning: Permanently added '3.35.135.136' (ED25519) to the list of known hosts.
@@@@@@@@@@@@@@@@@@@@@@@@@@@@@@@@@@@@@@@@@@@@@@@@@@@@@@@@@@@
@        WARNING: UNPROTECTED PRIVATE KEY FILE!         @
@@@@@@@@@@@@@@@@@@@@@@@@@@@@@@@@@@@@@@@@@@@@@@@@@@@@@@@@@@@
Permissions 0644 for '/Users/soaple/Downloads/my-key.pem' are too open.
It is required that your private key files are NOT accessible by others.
This private key will be ignored.
Load key "/Users/soaple/Downloads/my-key.pem": bad permissions
ubuntu@3.35.135.136: Permission denied (publickey).
(base) soaple@Soaple-MacBook-Pro:~$
```

여기서 접속이 실패한 이유는 에러 메시지에 나와 있는 것처럼 키 파일의 권한이 너무 오픈되어 있기 때문입니다. 키 파일을 가진 사람은 서버에 접속할 수 있기 때문에 이 키 파일의 권한 자체도 최소한으로 설정해야 합니다.

```
(base) soaple@Soaple-MacBook-Pro:~$ ls -al ~/Downloads/ | grep my
-rw-r--r--@  1 soaple  staff   1.6K  7  4 03:41 my-key.pem
(base) soaple@Soaple-MacBook-Pro:~$
```



```
ls -al
```

그래서 위와 같이 ls 명령어를 사용해서 키 파일의 권한을 확인해보면 왼쪽에 rw-, r--, r-- 이렇게 나오는데 각각 사용자, 그룹, 나머지의 권한을 의미합니다. 그리고 r 은 Read, w는 Write, x는 Execute를 의미하며 이렇게 숫자로 나타낼 수 있습니다.

지금은 파일의 소유자가 아닌 다른 사용자도 키 파일을 읽을 수 있는 상태인 것이죠. 그래서 키 파일의 권한을 사용자만 읽거나 쓸 수 있도록 변경해야 합니다.

```
chmod 600 ~/Downloads/my-key.pem
```

위와 같이 파일의 권한을 변경하는 chmod 명령어를 사용해서 이렇게 사용자만 키 파일을 읽고 쓸 수 있도록 변경해줍니다. 여기서 chmod 뒤에 들어가는 세 자리 숫자의 각

자리는 권한을 나타내는 것인데, 앞에서 살펴본 것처럼 부여하려는 각 권한의 숫자를
모두 합한 숫자를 각 자리에 입력하면 됩니다. 그래서 **600**은 사용자에게만 읽기와 쓰기
권한을 부여하겠다는 것이 됩니다. 그리고 여기서 꼭 **600**으로 해야 하는 것은 아니고
사용자만 읽을 수 있도록 **400**으로 해도 상관없습니다. 권한을 변경한 뒤 다시 확인해보
면 사용자만 읽기, 쓰기를 할 수 있도록 권한이 변경된 것을 볼 수 있습니다.

이후에 다시 앞에서 했던 대로 위 화면과 같이 ssh 명령어를 실행하면, 아래 화면처럼
정상적으로 EC2 인스턴스에 접속되는 것을 볼 수 있습니다.

실습 SSH로 EC2 인스턴스 접속하기(윈도우)

이번 실습에서는 앞에서 생성한 EC2 인스턴스에 윈도우 환경에서 SSH를 통해 접속해 보도록 하겠습니다.

윈도우 환경에서 SSH를 사용해서 접속하기 위한 방법으로는 OpenSSH를 사용하는 방법, PuTTY를 사용하는 방법, 그리고 WSL(Windows Subsystem for Linux)을 사용하는 방법이 있습니다. 이 책에서는 이 중에서 PuTTY를 사용하는 방법에 대해 살펴보겠습니다. 다른 방법에 대해 궁금한 분들은 아래 링크를 참고하기 바랍니다.

- https://docs.aws.amazon.com/ko_kr/AWSEC2/latest/UserGuide/connect-linux-inst-from-windows.html

먼저 PuTTY라는 프로그램을 설치하도록 하겠습니다. 아래 PuTTY 공식 홈페이지 링크에 접속합니다.

- https://www.putty.org/

PuTTY 공식 홈페이지가 나오면 Download PuTTY를 클릭합니다.

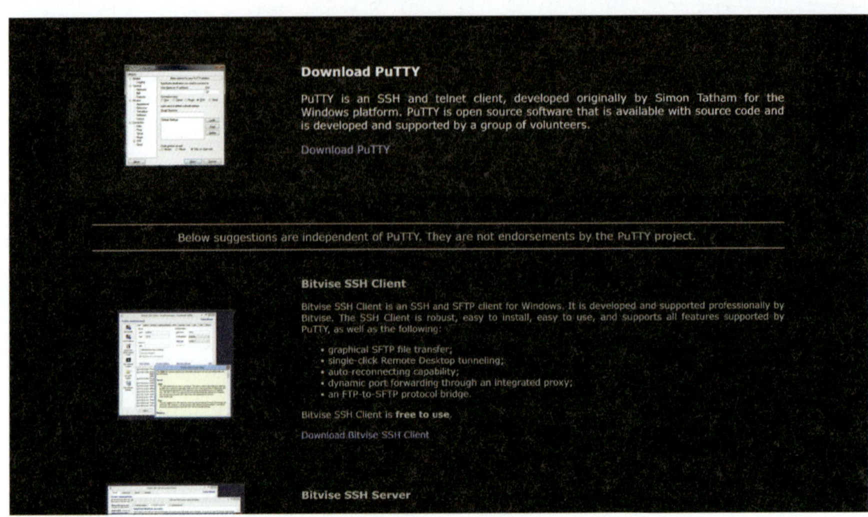

그러면 PuTTY를 다운로드할 수 있는 화면이 나옵니다. 여기서 각자 자신의 컴퓨터에 맞는 설치 파일을 다운로드하여 설치합니다.

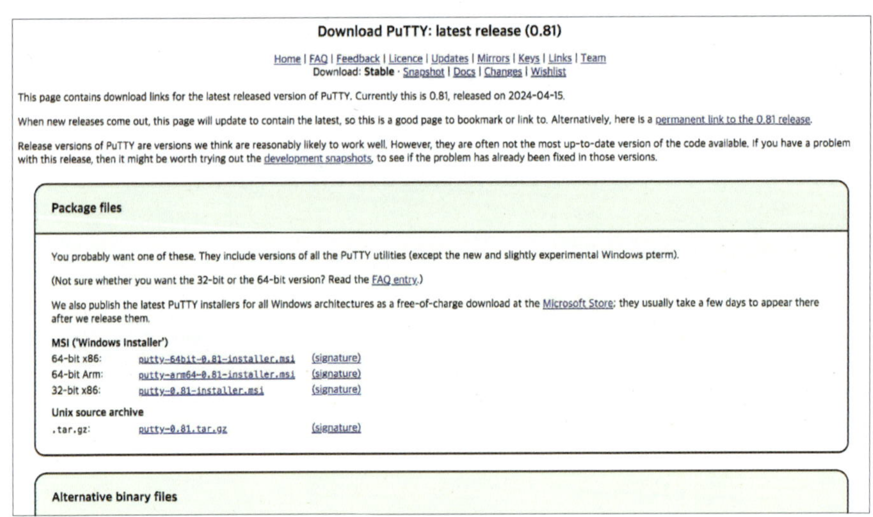

PuTTY를 설치한 후 실행하면 다음과 같은 화면이 나옵니다. 이제 여기에 접속할 서버의 주소와 인증 키 파일을 설정하면 됩니다.

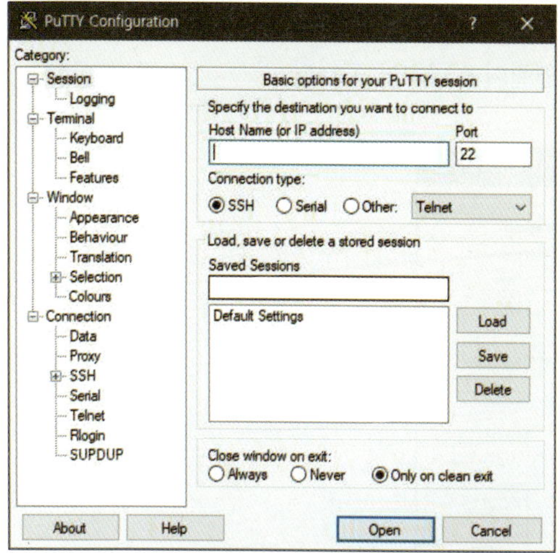

먼저 인증 키 파일을 설정하기 위해서 왼쪽 메뉴에서 Connection > SSH > Auth > Credentials를 차례대로 클릭합니다. 그러면 키 파일을 설정하는 화면이 나오게 됩니다.

그리고 앞에서 EC2 인스턴스를 생성할 때 만들었던 `.ppk` 키 파일을 다음 실습 화면과 같이 `Private key file for authentication`에 설정합니다.

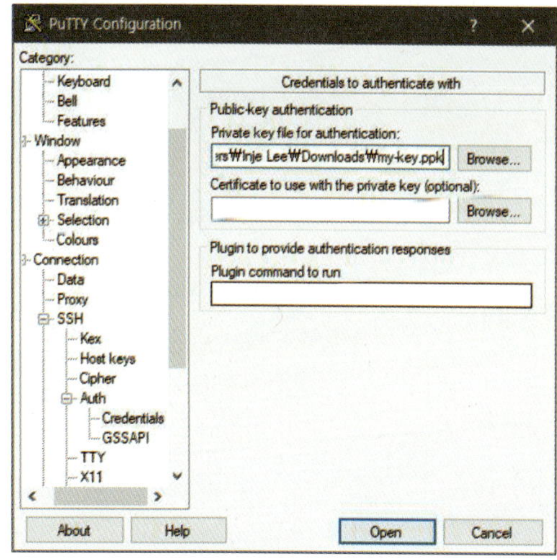

이후 다시 Session 메뉴로 돌아와서 EC2 인스턴스의 퍼블릭 IPv4 주소를 복사해서 붙여 넣고 Open 버튼을 클릭하면 SSH 연결이 성공하게 됩니다.

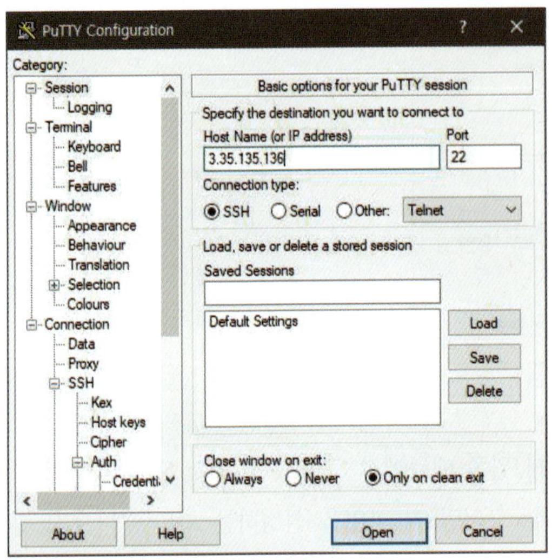

3.7 실습 Elastic IP 주소 사용해보기

이번 실습에서는 Elastic IP 주소를 사용해보도록 하겠습니다. 먼저 AWS 콘솔에서 EC2 페이지로 접속합니다. 그러면 EC2 대시보드가 나옵니다. 여기서 왼쪽 메뉴를 아래로 스크롤하다 보면 다음 화면과 같은 메뉴들이 나오는데, 여기서 **탄력적 IP**라고 써 있는 메뉴를 클릭합니다. 참고로 AWS 콘솔을 영어로 사용하는 분들은 Elastic IP라고 되어 있습니다.

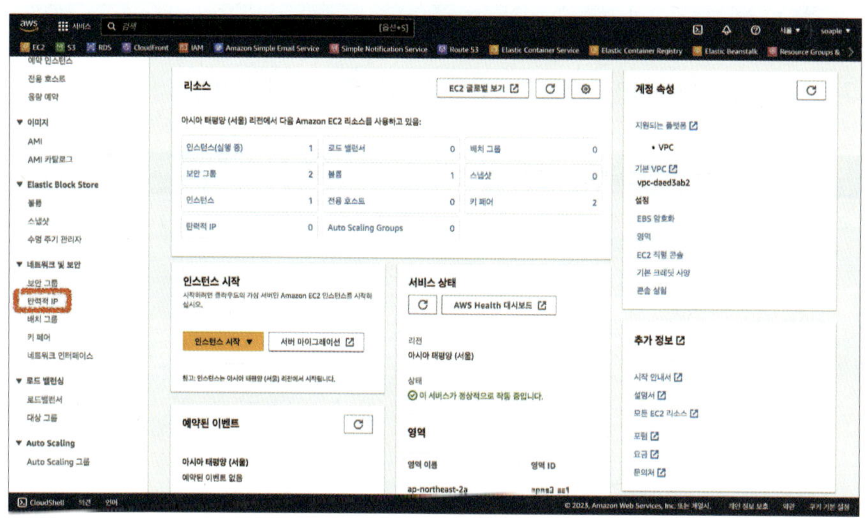

탄력적 IP 페이지에 접속하면 다음과 같은 화면이 나옵니다. 지금은 사용 중인 탄력적 IP가 없기 때문에 아무것도 나오지 않습니다. 여기서 오른쪽 상단에 있는 **탄력적 IP 주소 할당** 버튼을 눌러보겠습니다.

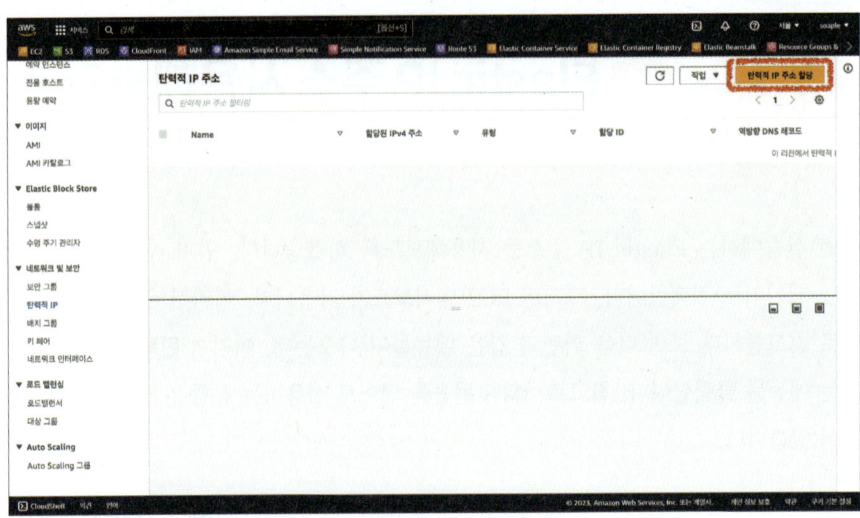

그러면 새로운 Elastic IP 주소를 할당받을 수 있는 화면이 나옵니다.

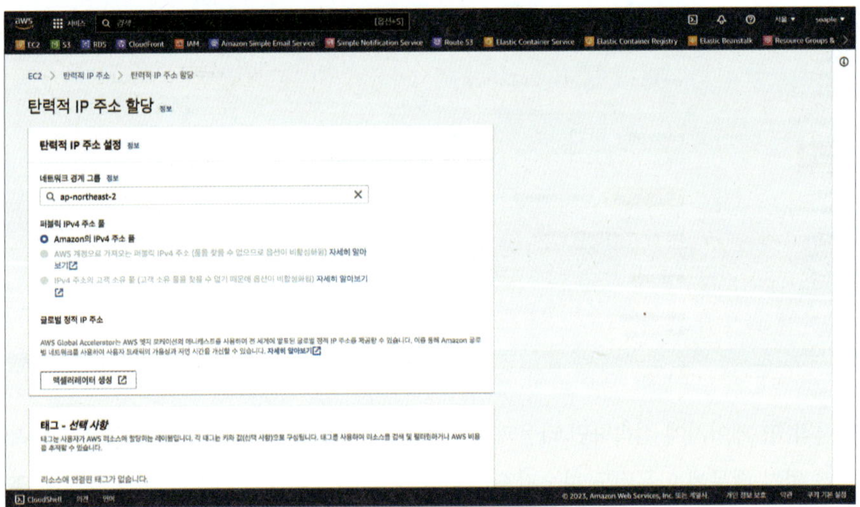

여기서는 별도로 설정할 것 없이 곧바로 아래로 스크롤 해서 **할당** 버튼을 누르면 됩니다.

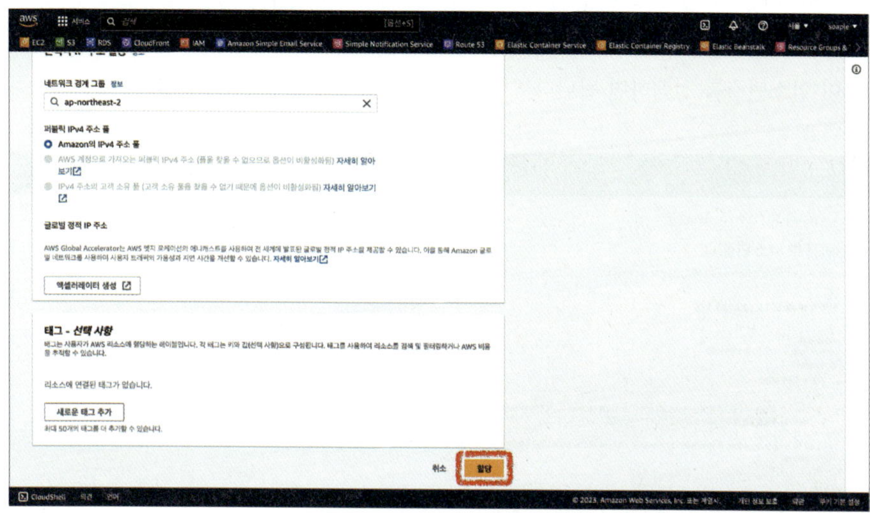

그러면 화면과 같이 새로운 Elastic IP 주소가 할당됩니다. 이제 이 Elastic IP를 EC2 인스턴스에 연결해보겠습니다. 오른쪽 상단에 **작업** 메뉴를 클릭합니다. 그리고 나오는 하위 메뉴 중에서 **탄력적 IP 주소 연결**을 클릭합니다.

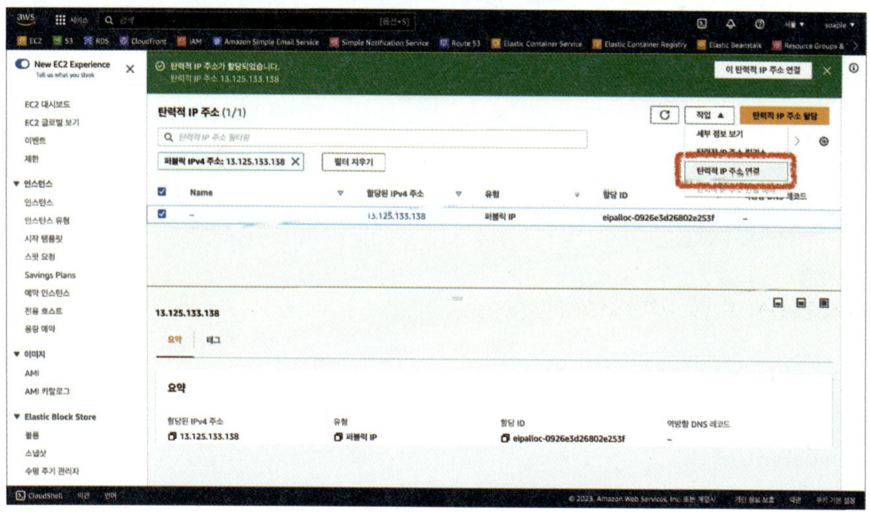

그러면 탄력적 IP 주소 연결 화면이 나옵니다. 여기서 **인스턴스 선택**이라고 되어 있는 입력 양식을 누릅니다. 그러면 다음과 같이 현재 실행 중인 EC2 인스턴스 목록을 볼 수 있습니다. 우리는 지금 실행 중인 EC2 인스턴스가 하나밖에 없기 때문에 하나만 나오며 이 인스턴스를 선택하면 됩니다.

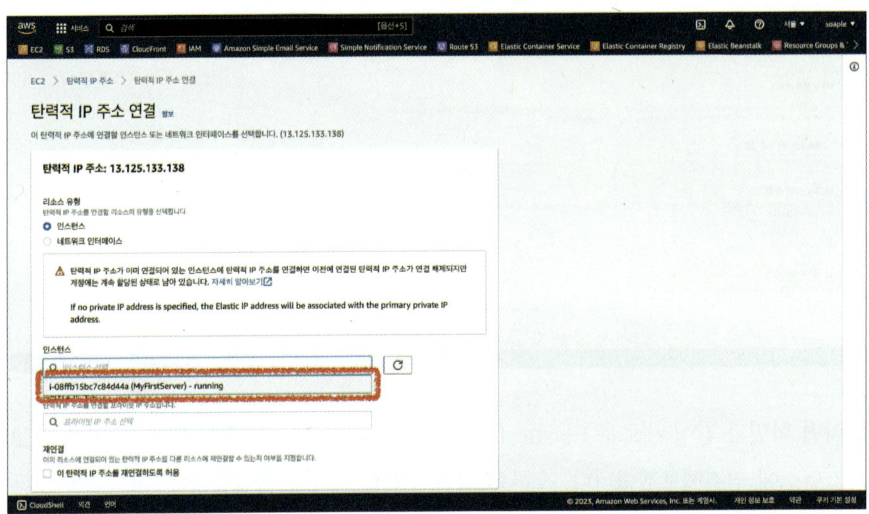

그리고 화면 제일 하단에 있는 **연결** 버튼을 누릅니다.

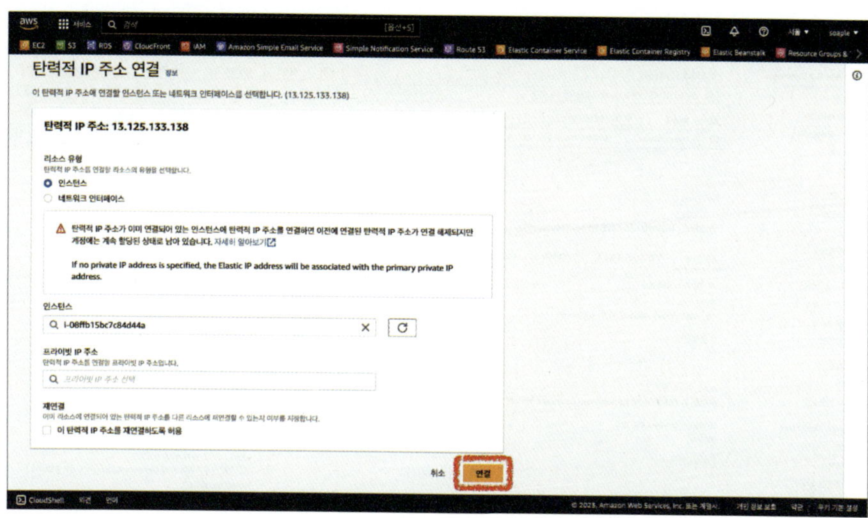

이제 Elastic IP가 EC2 인스턴스에 연결되었습니다. 제대로 연결되었는지 확인해보기 위해서 왼쪽에 있는 **인스턴스** 메뉴를 클릭해서 인스턴스 페이지로 이동합니다.

인스턴스 페이지에서 EC2 인스턴스를 선택하면 화면과 같이 세부 정보 오른쪽 하단에 탄력적 IP 주소가 잘 나오는 것을 볼 수 있습니다. 이번에는 이 탄력적 IP 주소를 복사해서 SSH로 접속해보겠습니다. **복사** 버튼을 눌러서 탄력적 IP 주소를 복사합니다.

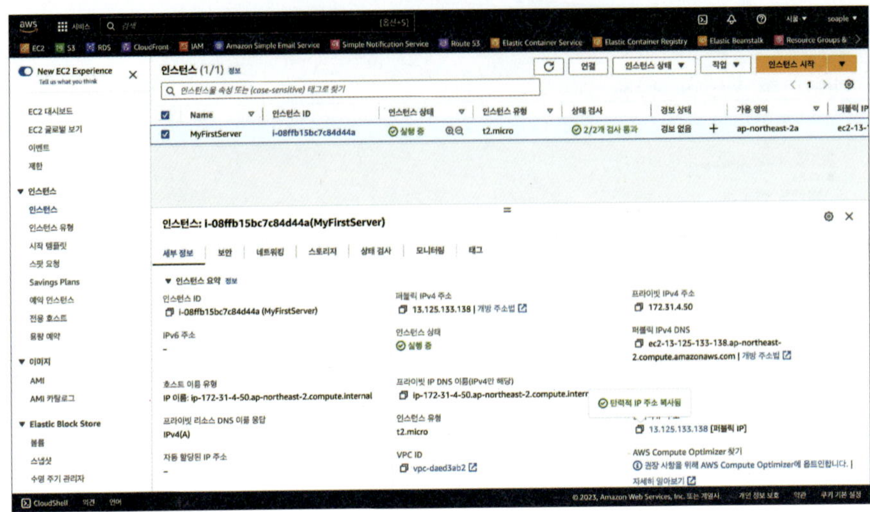

그리고 복사한 탄력적 IP 주소를 사용해서 이전과 동일하게 SSH로 접속합니다.

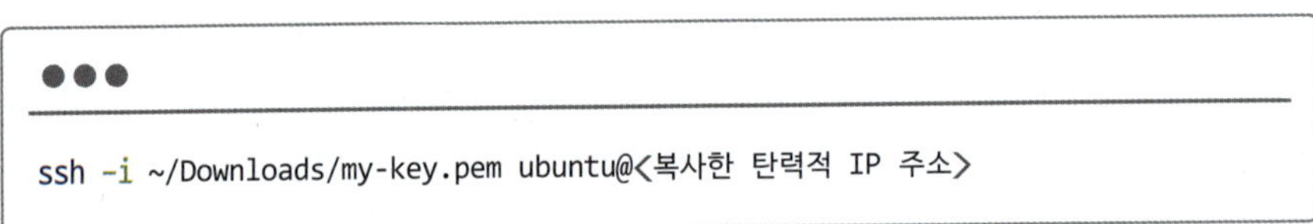

```
ssh -i ~/Downloads/my-key.pem ubuntu@<복사한 탄력적 IP 주소>
```

그러면 다음 화면처럼 정상적으로 서버에 접속되는 것을 볼 수 있습니다. Elastic IP 주소를 사용해서 EC2 인스턴스에 접속한 것입니다.

```
Welcome to Ubuntu 22.04.2 LTS (GNU/Linux 5.19.0-1025-aws x86_64)

 * Documentation:  https://help.ubuntu.com
 * Management:     https://landscape.canonical.com
 * Support:        https://ubuntu.com/advantage

  System information as of Tue Jul  4 06:02:44 UTC 2023

  System load:  0.0               Processes:              100
  Usage of /:   20.8% of 7.57GB   Users logged in:        1
  Memory usage: 26%               IPv4 address for eth0:  172.31.4.50
  Swap usage:   0%


Expanded Security Maintenance for Applications is not enabled.

0 updates can be applied immediately.

Enable ESM Apps to receive additional future security updates.
See https://ubuntu.com/esm or run: sudo pro status


The list of available updates is more than a week old.
To check for new updates run: sudo apt update

Last login: Tue Jul  4 05:49:09 2023 from 14.52.119.136
To run a command as administrator (user "root"), use "sudo <command>".
See "man sudo_root" for details.

ubuntu@ip-172-31-4-50:~$
```

이제 Elastic IP 주소와 EC2 인스턴스의 연결을 해제해보겠습니다. 인스턴스 세부 정보에서 **탄력적 IP 주소**의 링크를 클릭합니다.

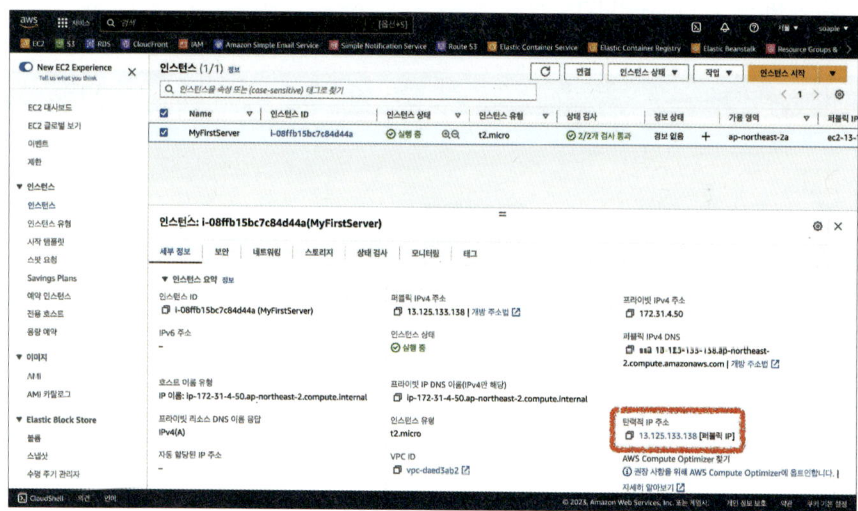

그러면 이렇게 Elastic IP의 정보 요약 화면이 나옵니다. 여기서 오른쪽 위에 있는 **작업** 메뉴를 클릭합니다. 그리고 나오는 하위 메뉴에서 **탄력적 IP 주소 연결 해제**를 클릭합니다.

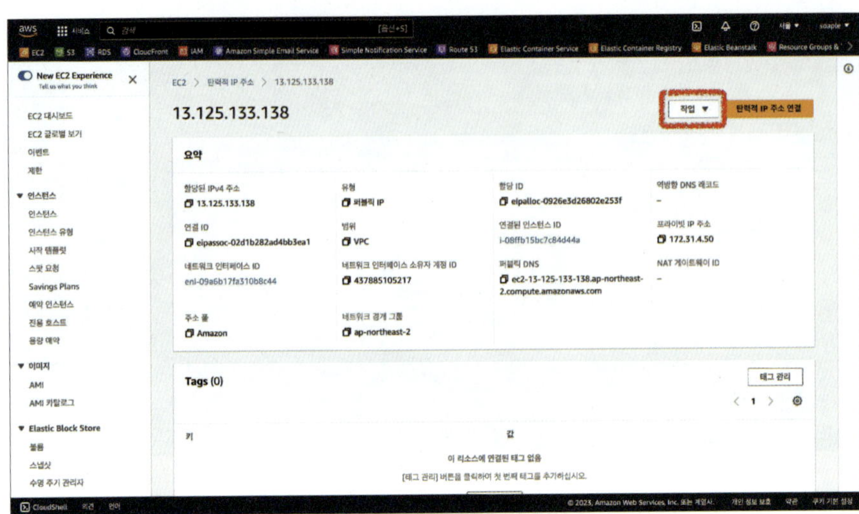

그러면 화면과 같이 한 번 더 확인하기 위한 확인 문구가 나오고, 여기서 **연결 해제** 버튼
을 누르면 연결이 해제됩니다.

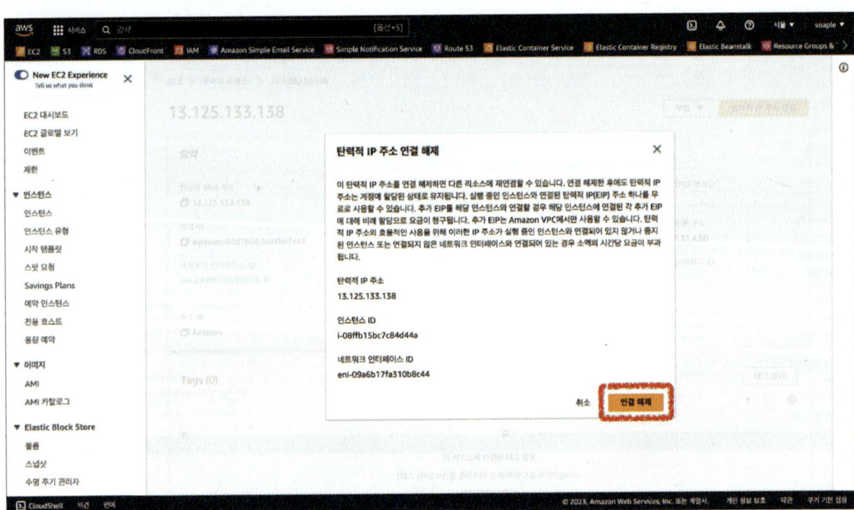

이렇게 EC2 인스턴스와 탄력적 IP의 연결이 정상적으로 해제되었습니다. 이번에는 Elastic IP 주소를 반납하기 위해서 다시 한번 **작업** 메뉴를 누릅니다. 그리고 **탄력적 IP 주소 릴리스** 메뉴를 클릭합니다.

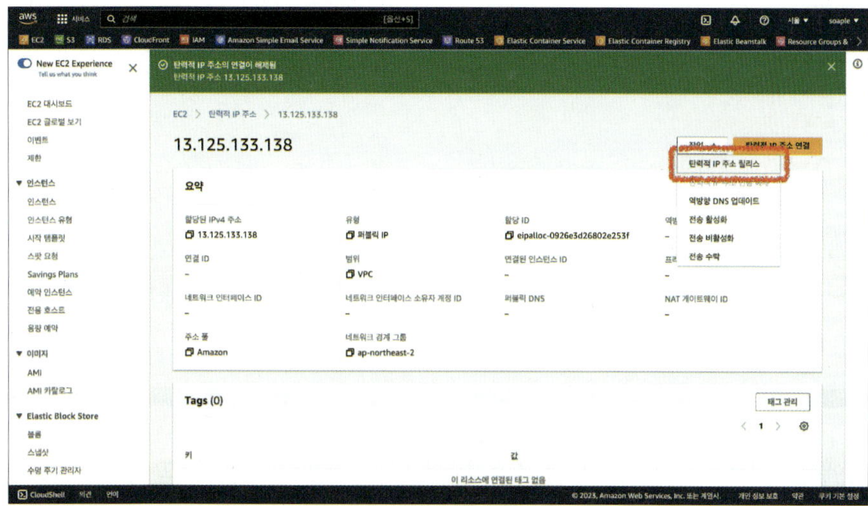

이후 반납할 탄력적 IP 주소를 확인한 뒤에 **릴리스** 버튼을 누릅니다.

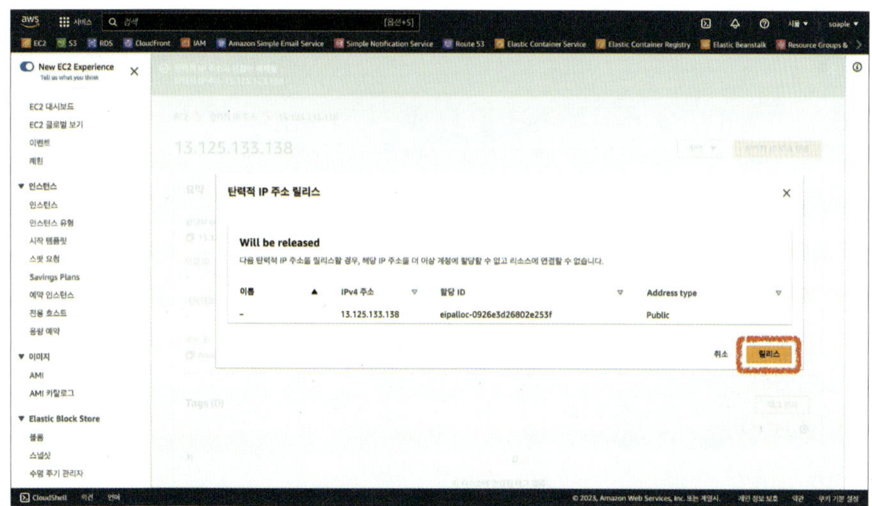

그러면 할당받았던 탄력적 IP가 정상적으로 반납되는 것을 볼 수 있습니다.

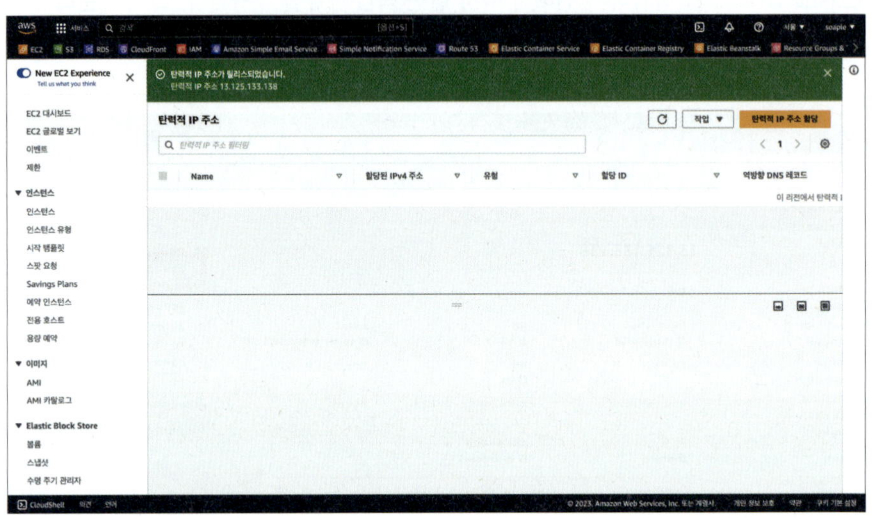

앞에서도 말했지만 Elastic IP는 인스턴스에 연결해두면 무료이고, 그 외에는 시간당 0.005달러의 비용이 발생하므로 인스턴스에 연결하지 않을 것이라면 반납하는 것이 좋습니다. 꼭 이 점을 잘 기억하고 Elastic IP를 사용하기 바랍니다.

# 3.8 실습 보안 그룹 규칙 추가/삭제

이번 실습에서는 보안 규칙을 추가하고 삭제해보도록 하겠습니다.

먼저 EC2 페이지에 접속하고 왼쪽 메뉴를 아래로 스크롤하면 화면과 같이 **네트워크 및 보안** 메뉴의 하위 메뉴로 **보안 그룹** 메뉴가 있는 것을 볼 수 있습니다. 이 보안 그룹 메뉴를 클릭합니다.

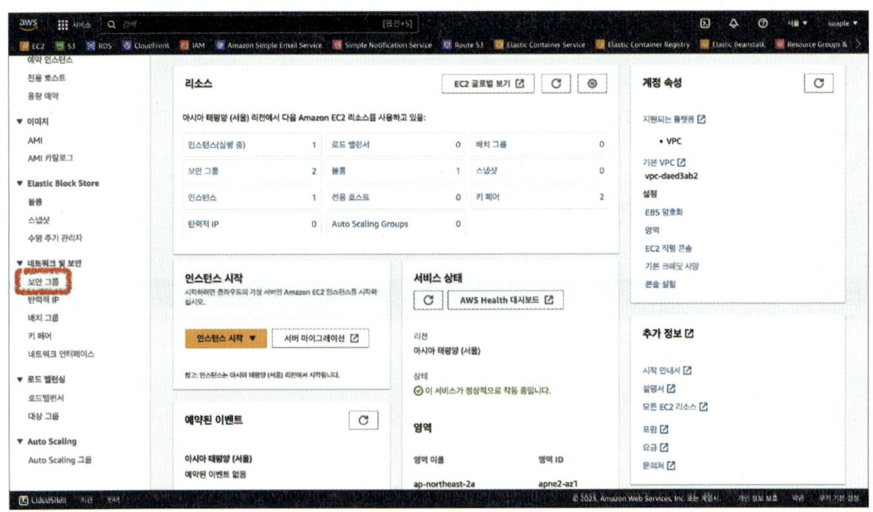

그러면 보안 그룹들을 보고 관리할 수 있는 페이지가 나옵니다.

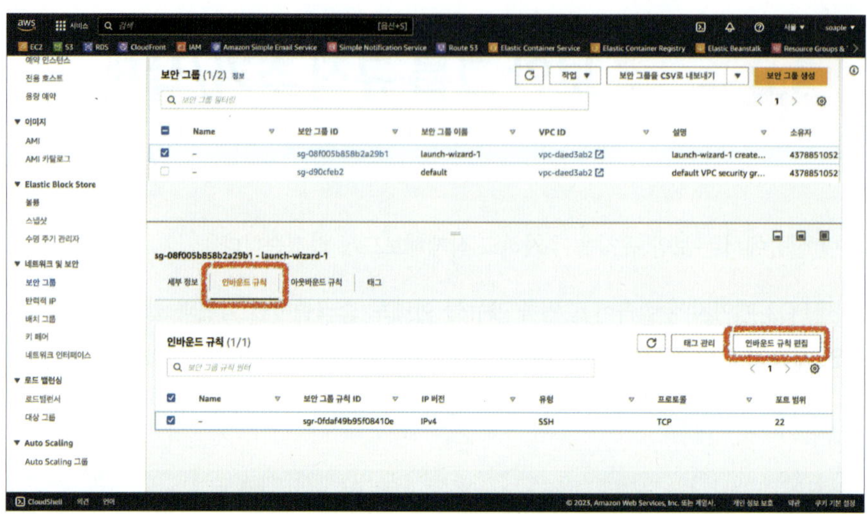

여기서 아무 보안 그룹 하나를 누르면 하단에 세부 정보가 나오는데 여기서 **인바운드 규칙** 탭을 누릅니다. 그리고 오른쪽에 나오는 **인바운드 규칙 편집** 버튼을 눌러서 인바운드 규칙을 편집해보도록 하겠습니다.

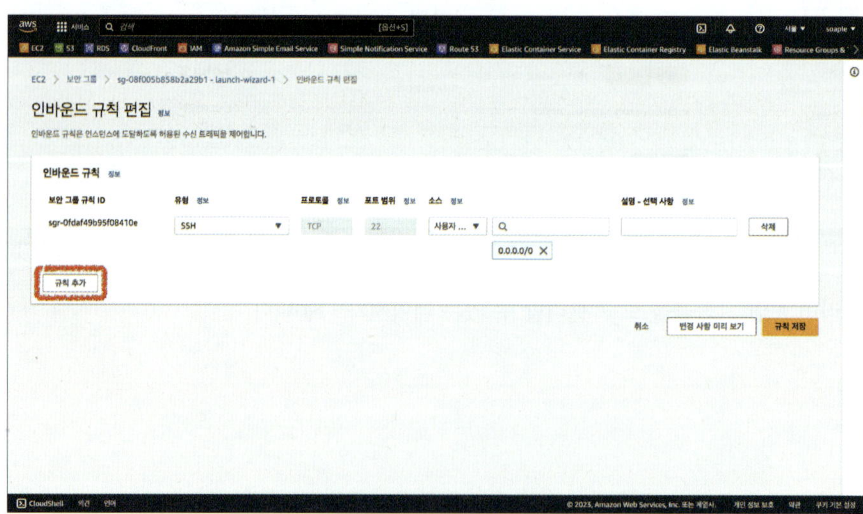

인바운드 규칙을 편집하는 화면은 위 화면과 같이 구성되어 있습니다. 여기서 **규칙 추가** 버튼을 누릅니다. 그러면 다음과 같이 새로운 규칙이 하나 추가됩니다.

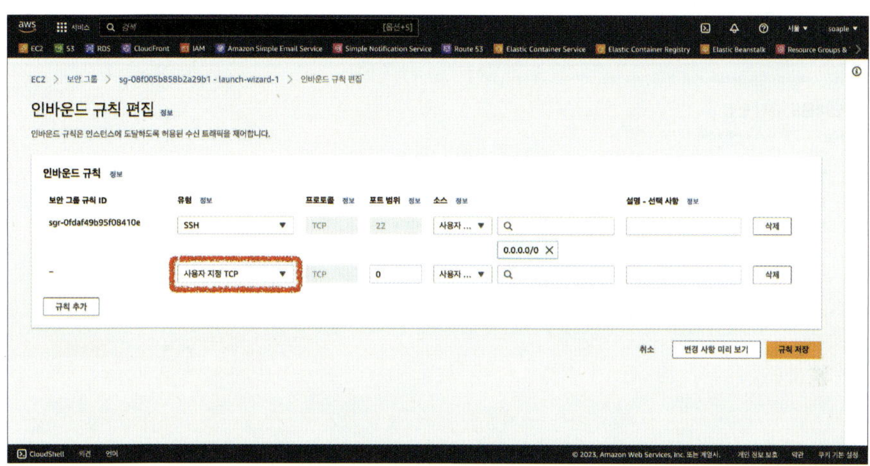

여기서 먼저 보안 규칙의 유형을 선택하기 위해서 **유형** 메뉴를 누릅니다. 그러면 다양한 프로토콜을 선택할 수 있는 메뉴가 나옵니다. 여기서 우리는 기본으로 선택되어 있는 **사용자 지정 TCP**를 선택하도록 하겠습니다.

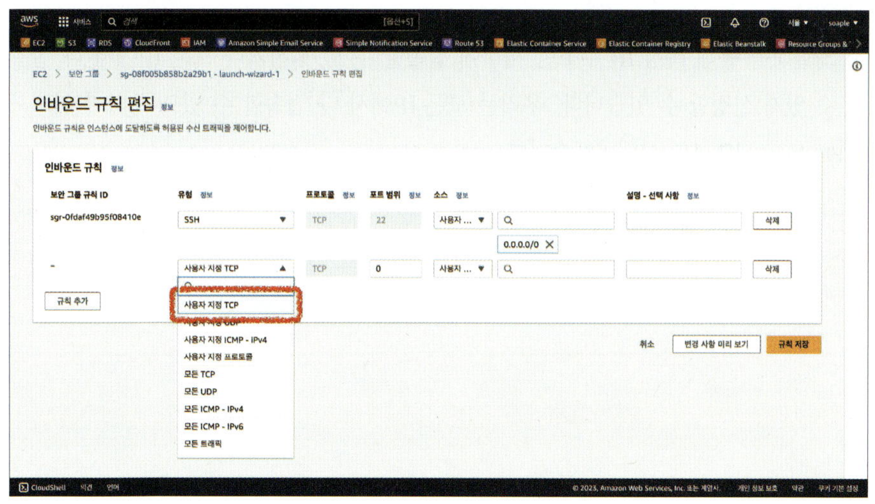

다음으로는 포트 범위를 설정해야 합니다. 실제로 사용할 때는 서버에서 사용하는 포트 번호를 입력하면 되고 지금은 화면과 같이 임의로 8000을 입력해보겠습니다.

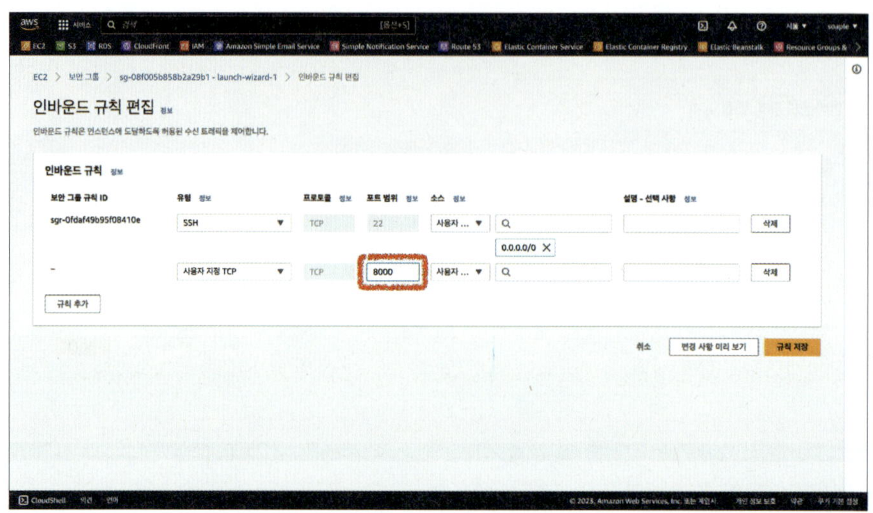

다음은 소스를 선택해야 합니다. 인바운드 규칙에서의 소스는 서버로 들어오는 트래픽을 의미합니다. 앞에서 항상 서버의 입장에서 생각하는 습관을 들이면 좋다고 말했던 것을 다시 한번 기억하기 바랍니다.

소스 설정을 통해 특정 IP 주소만 서버에 접속할 수 있게 하거나 모든 IP에서 다 접속할 수 있게 설정할 수 있습니다. 우리는 모든 IP에서 다 접속할 수 있도록 하기 위해서 **Anywhere-IPv4**를 선택하겠습니다.

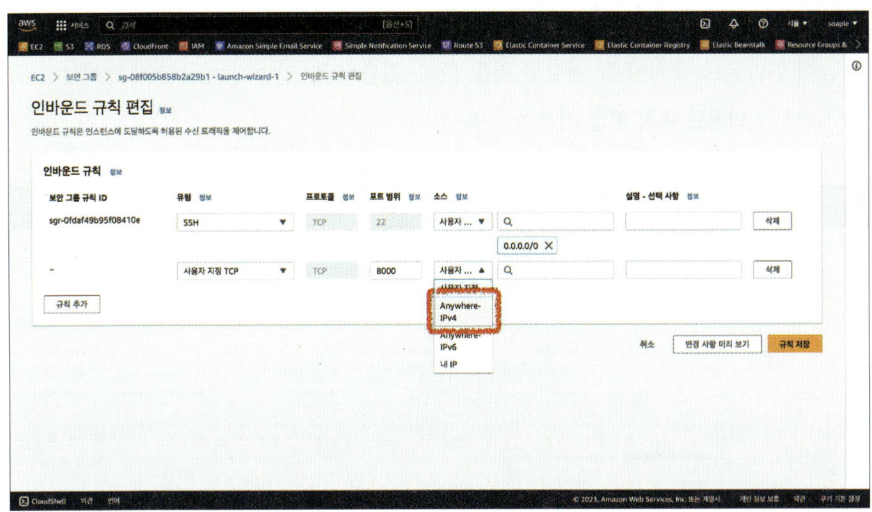

다음으로는 필요하다면 해당 규칙에 대한 설명을 적으면 됩니다. 아래 화면과 같이 각 규칙에 대한 설명을 적어두면 나중에 다시 봤을 때 이 규칙을 무엇 때문에 추가했는지 곧바로 알 수 있어서 편리합니다. 그리고 만약 여러 사람이 함께 AWS를 관리한다면 이렇게 각 규칙에 대한 설명을 적어둠으로써 다른 사람도 바로 알 수 있어서 협업에 도움 됩니다.

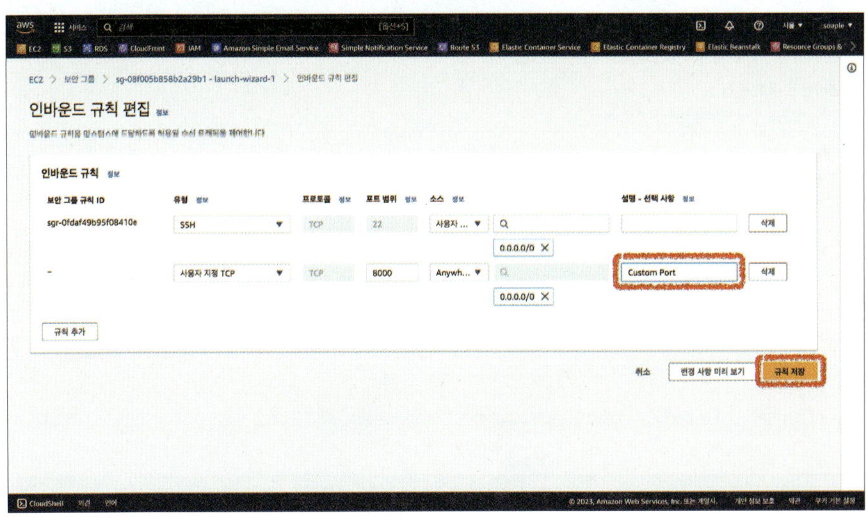

설명까지 모두 적었다면 **규칙 저장** 버튼을 눌러서 규칙을 저장합니다. 그러면 다음 화면과 같이 인바운드 규칙이 잘 저장된 것을 볼 수 있습니다. 이번에는 규칙을 삭제하기 위해서 다시 **인바운드 규칙 편집** 버튼을 누릅니다.

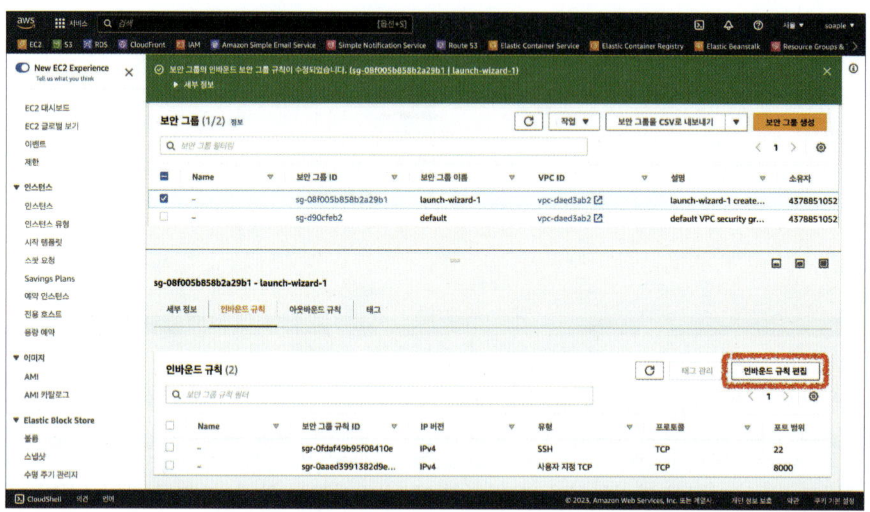

그리고 아까 추가한 규칙을 **삭제** 버튼을 눌러서 삭제합니다.

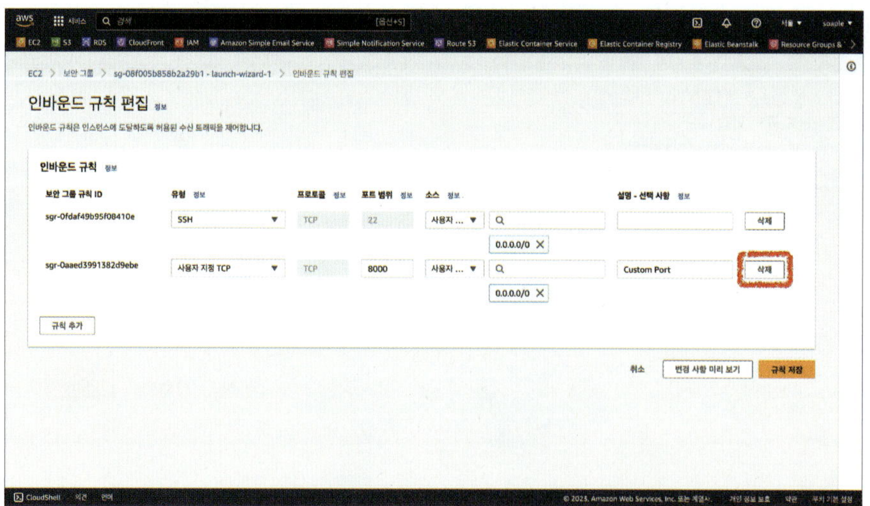

규칙을 삭제한 이후에 **규칙 저장** 버튼을 눌러서 규칙을 저장합니다.

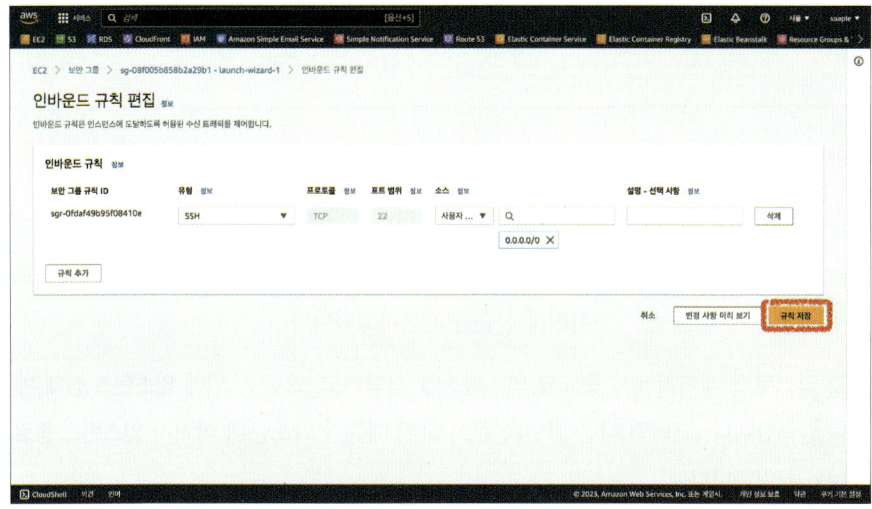

그러면 아까 추가한 인바운드 규칙이 삭제된 것을 볼 수 있습니다.

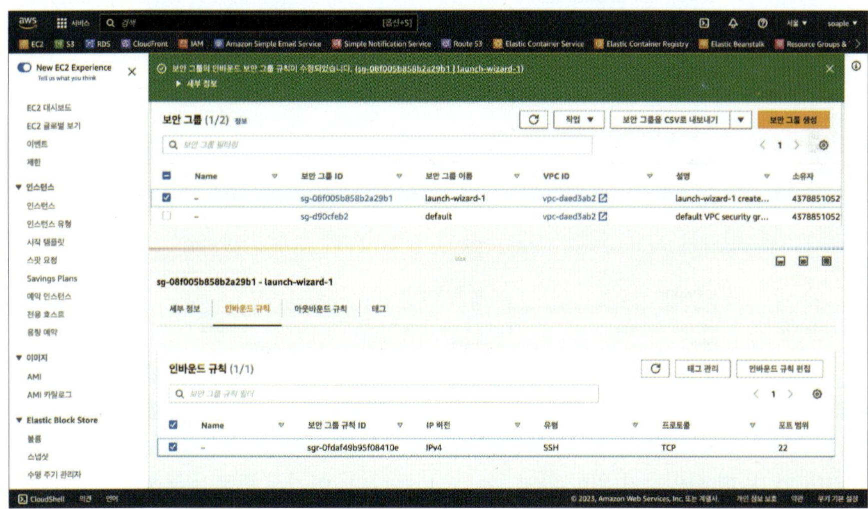

3.9 실습 EC2 인스턴스 종료

이번 실습에서는 앞에서 생성한 EC2 인스턴스를 종료해보도록 하겠습니다.

실습을 시작하기 전, EC2 인스턴스는 삭제가 없다는 점을 꼭 기억하기 바랍니다. 삭제하는 기능은 따로 없으며 인스턴스를 종료하게 되면 일정 시간이 지난 이후에 자동으로 삭제됩니다. 이 점을 잘 기억하면서 실습을 진행하겠습니다.

EC2 인스턴스 페이지에서 종료할 인스턴스를 선택하고, 오른쪽 위에 **인스턴스 상태** 메뉴를 클릭합니다. 그러면 다음 화면과 같이 하위 메뉴가 나오는데 여기서 **인스턴스 종료** 메뉴를 클릭합니다.

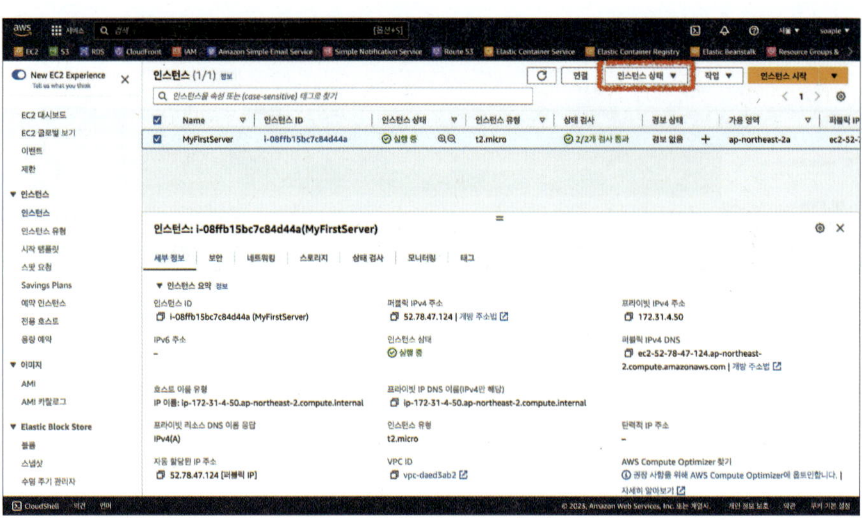

그러면 한 번 더 확인하기 위한 확인 문구가 나옵니다. 여기서 **종료** 버튼을 클릭합니다.

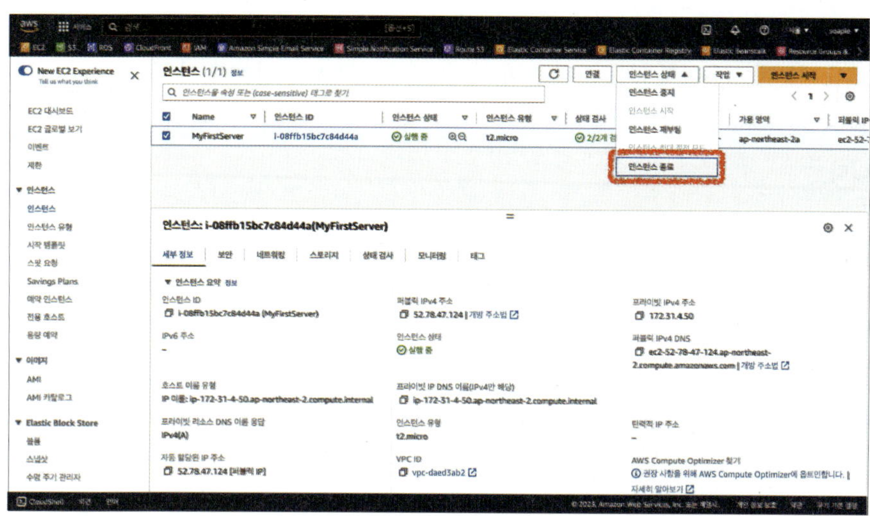

인스턴스의 상태가 종료 중으로 바뀌게 되고, 일정 시간이 지나면 다음 화면과 같이 인 스턴스의 상태가 **종료됨**으로 바뀝니다. 이렇게 종료된 상태에서 일정 시간이 지나면 자 동으로 목록에서 삭제된다고 보면 됩니다.

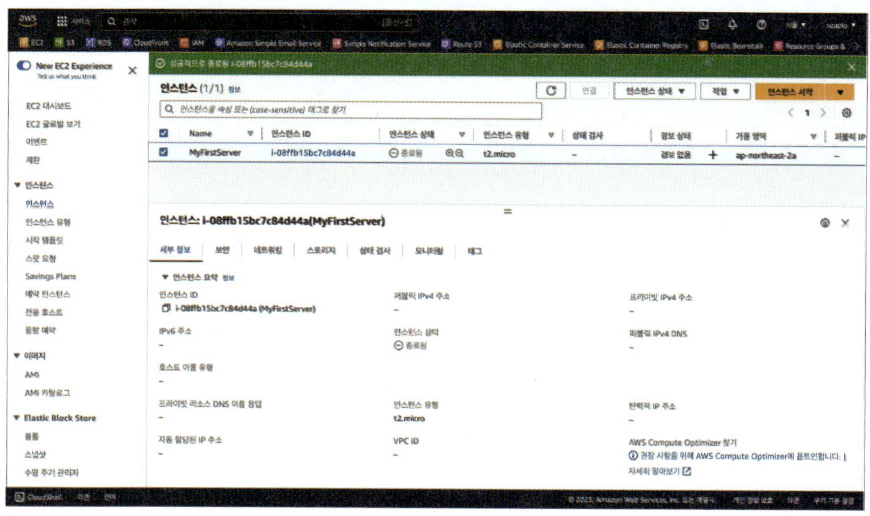

AWS 같은 클라우드 서비스를 사용할 때 유의할 점은 클라우드는 사용한 만큼 요금을 내기 때문에 사용하지 않는 자원은 바로 제거함을 원칙으로 삼는 것이 좋습니다. 이 점을 꼭 기억하고 사용하지 않는 자원은 곧바로 종료 또는 삭제하는 습관을 들이기 바랍니다.

3.10 3장 요약

- **EC2 (Elastic Compute Cloud)**
  - 클라우드에서 탄력적으로 컴퓨팅 자원을 제공해주는 서비스
  - 가상 서버 서비스 (Virtual Machine)
  - 재구성이 가능한 컴퓨팅 리소스
  - 쉽게 확장/축소되는 컴퓨팅 용량
  - 용도에 따른 다양한 인스턴스 타입 제공
  - 사용한 만큼만 과금 (pay-as-you-go)

- **Elastic IP (탄력적 IP)**
  - 클라우드 컴퓨팅을 위해 고안된 정적 IPv4 주소
  - Elastic IP는 AWS 계정과 연결
  - 모든 AWS 계정은 Elastic IP 주소가 리전당 5개로 제한

- **Security Group (보안 그룹)**
  - 가상의 방화벽이며, 언제든지 규칙 추가 및 제거 가능
  - 기본적으로 보안 그룹은 모든 아웃바운드 트래픽을 허용
  - 보안 그룹 규칙은 항상 허용적(액세스를 거부하는 규칙을 생성할 수 없음)

Elastic Block Store (EBS)

Preview

이번 장에서는 EBS에 대해서 다루겠습니다. 먼저 EBS 서비스에 대해서 알아보고 이후 EBS
관련 용어에 대해서 학습하겠습니다.

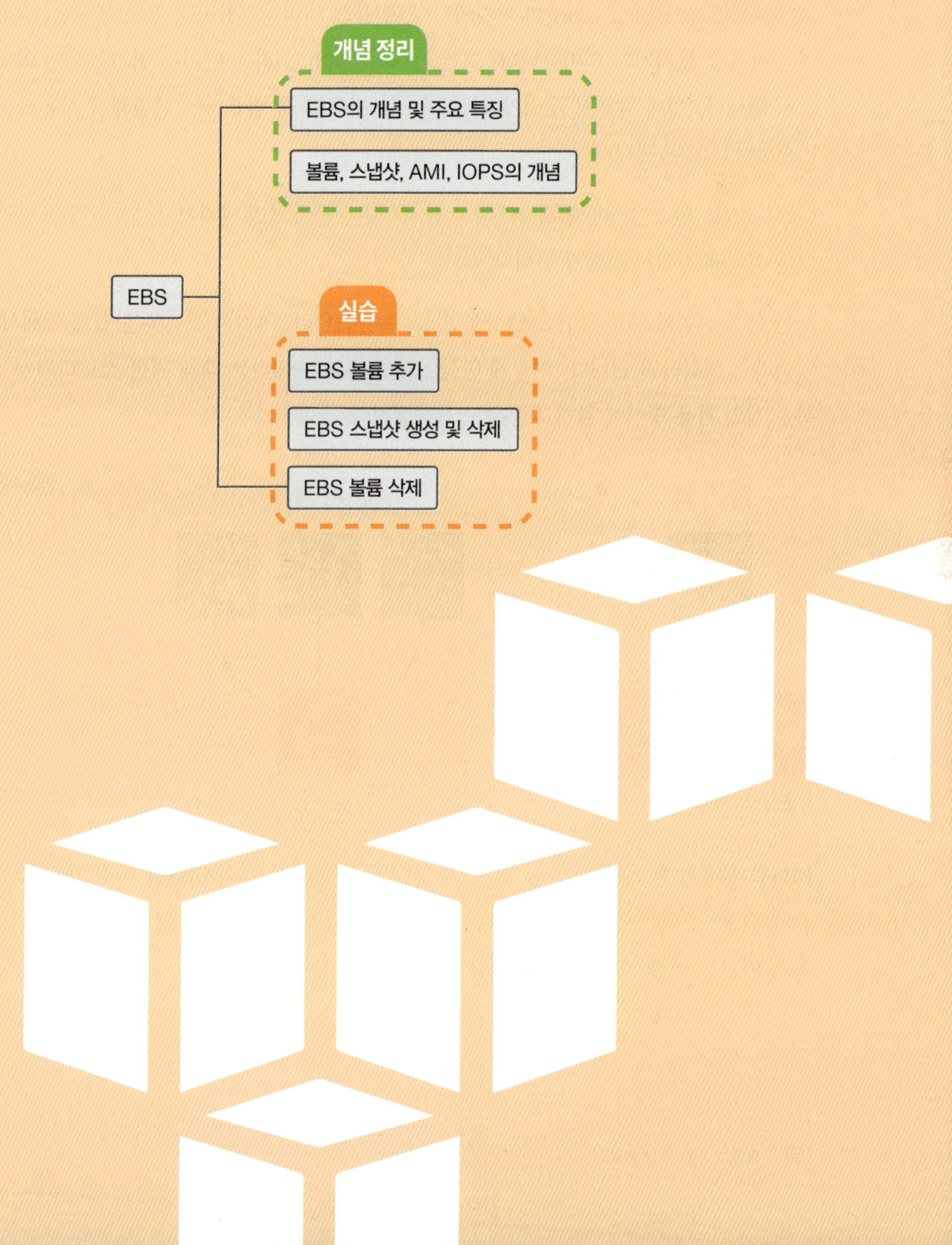

4.1 EBS

한국 사람이라면 EBS라는 단어를 들었을 때 무조건 떠오르는 게 있죠. 여기서 나오는 EBS는 우리가 생각하는 그 교육방송이 아닙니다.

EBS는 Elastic Block Store의 약자입니다. 이름의 의미처럼 EBS는 EC2에 attach해서 쓸 수 있는 블록 스토리지를 의미합니다. 그리고 여기서 attach라는 단어는 연결한다는 의미로 이해하면 됩니다. 쉽게 말해서 우리가 외장 하드를 사용할 때 컴퓨터에 연결해서 사용하는 과정과 비슷하다고 보면 됩니다.

EBS는 EC2 인스턴스에 연결attach해서 쓸 수 있는 블록 스토리지이고, 단일 가용 영역 내에서 여러 서버에 걸쳐서 복제가 됩니다.

또한 특정 시점에 대한 볼륨 스냅샷을 만들 수 있습니다. 여기서 스냅샷은 쉽게 말해서 백업 파일이라고 생각하면 됩니다. 이렇게 만들어진 스냅샷은 S3라는 객체 기반 스토리지에 저장되며 복수 개의 가용 영역에 걸쳐 자동으로 복제됩니다.

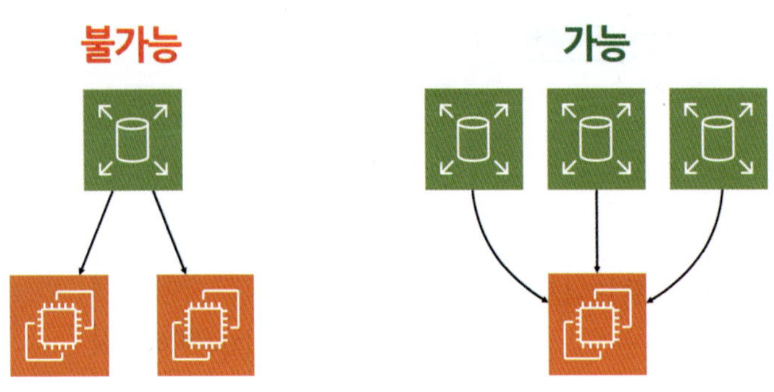

▶ EBS의 특징

EBS를 사용할 때 주의해야 할 것은 위 그림 왼쪽처럼 한 개의 EBS를 여러 개의 EC2 인스턴스에 연결attach하는 것은 불가능하다는 것입니다. 하지만 반대로 한 개의 EC2 인스턴스에 여러 개의 EBS를 연결attach하는 것은 가능합니다.

이것을 쉽게 이해하려면 하나의 컴퓨터에 용량을 늘리기 위해 SSD를 여러 개 연결할 수는 있지만, 반대로 하나의 SSD를 여러 대의 컴퓨터에 동시에 연결할 수는 없는 것과 같은 이치입니다.

4.2 EBS 관련 용어

지금부터는 EBS 관련 용어에 대해 살펴보도록 하겠습니다.

먼저 볼륨Volume이라는 용어가 나옵니다. 볼륨은 EBS의 가장 기본적인 형태로 EC2에 바로 연결attach 가능한 것을 의미합니다.

스냅샷Snapshot은 볼륨의 특정 시점을 그대로 복사하여 저장한 파일을 의미합니다. 앞서 백업 파일이라고 생각하면 된다고 말했습니다. 이 스냅샷을 이용하여 볼륨을 생성하거나 Amazon Machine Image라고 부르는 AMI를 생성할 수 있습니다.

다음으로 AMI는 OS가 설치된 형태의 이미지 파일을 의미합니다. 이 AMI를 이용하여 EC2 인스턴스를 생성할 수 있습니다. 기억하는 분도 있을 텐데, 앞에서 EC2 인스턴스를 생성할 때 AMI를 선택하는 과정이 있었습니다. 우리는 Ubuntu가 설치된 AMI를 선택했습니다. 이처럼 AMI를 이용해서 EC2 인스턴스를 생성할 수 있습니다.

마지막으로 IOPS는 Input/Output Operations Per Second의 약자로 저장 장치의 성능 측정 단위를 의미합니다. 이 숫자가 높을수록 같은 시간 동안 더 많은 입력과 출력 작업을 할 수 있습니다. IOPS는 16KB 단위로 처리되며 추가 비용을 지불하여 더 높은 IOPS의 EBS를 생성할 수 있습니다.

4.3 실습 EBS 볼륨 생성

이번 실습에서는 EBS 볼륨을 직접 생성해보겠습니다. 먼저 AWS 콘솔에 접속해서 EC2 페이지에 접속합니다. 그러면 다음 실습 화면과 같이 왼쪽 메뉴에 Elastic Block Store 메뉴가 별도로 존재하는 것을 볼 수 있습니다. 여기서 **볼륨** 메뉴를 눌러서 들어가 보겠습니다.

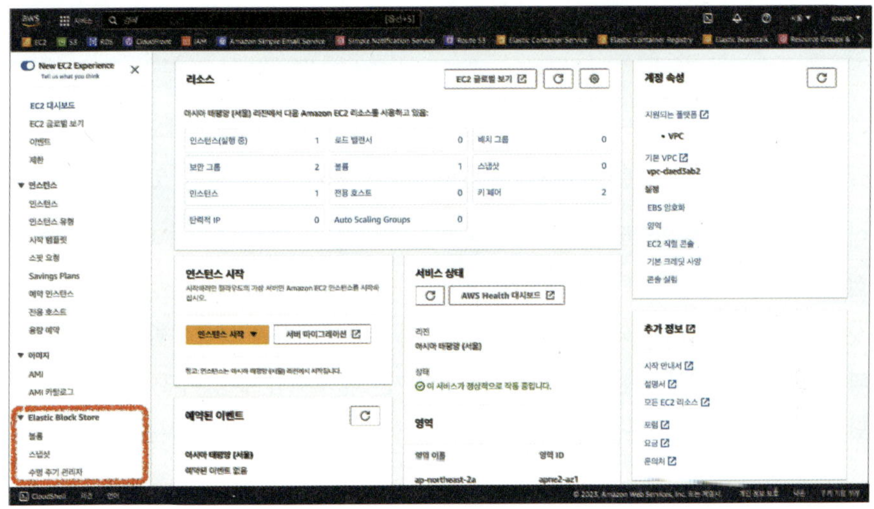

다음 화면처럼 현재 존재하는 볼륨 목록이 나옵니다. EC2 인스턴스를 생성할 때 기본적으로 볼륨을 하나 생성하도록 되어 있기 때문에 현재 하나의 볼륨이 이미 존재하는 것을 볼 수 있습니다. 이 볼륨을 눌러보겠습니다.

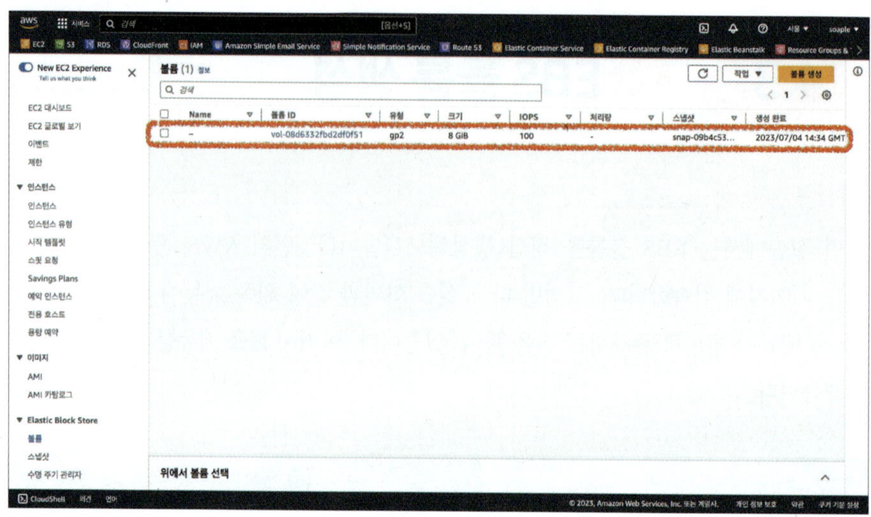

그러면 아래 화면에서 보듯이 하단에 해당 볼륨에 대한 상세 정보가 나오게 됩니다. 볼륨의 ID, 크기, 유형, 상태, IOPS 등 다양한 정보가 나오는 것을 볼 수 있습니다.

여기서 하단에 **가용 영역**이 무엇으로 되어 있는지 기억해두기 바랍니다. 이 가용 영역은 현재 EC2 인스턴스가 생성된 가용 영역인데 볼륨을 생성할 때 동일한 가용 영역에 생성해야만 EC2 인스턴스와 연결할 수 있습니다. 그래서 볼륨을 생성할 때 이 가용 영역과 동일한 가용 영역을 선택하기 위해서 미리 기억하기 바랍니다. 이후에는 오른쪽 상단에 있는 **볼륨 생성** 버튼을 눌러서 실제로 볼륨을 하나 생성해보도록 하겠습니다.

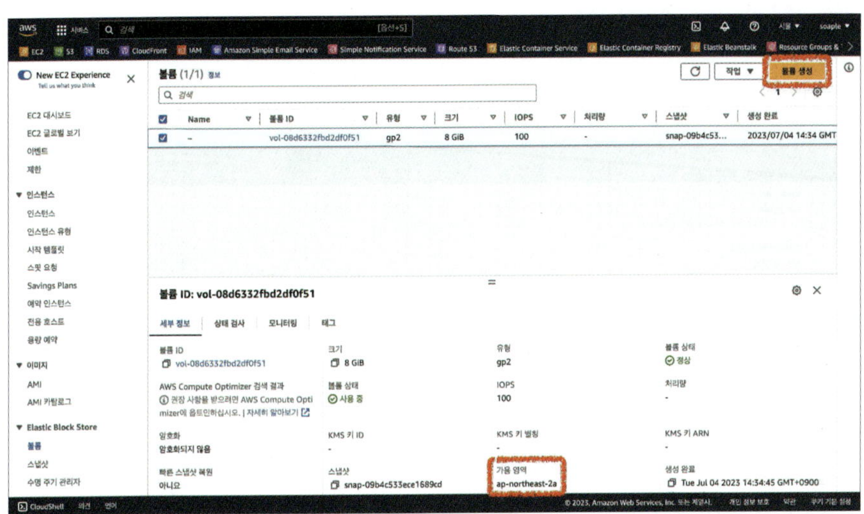

볼륨 생성 버튼을 누르면 다음 화면과 같이 볼륨을 생성하기 위한 페이지가 나옵니다. 여기서 볼륨의 유형과 크기를 각각 지정하고 가용 영역을 지정하면 됩니다. 이때 앞에서 미리 봤던 EC2 인스턴스의 가용 영역과 동일한 가용 영역을 선택해야 합니다.

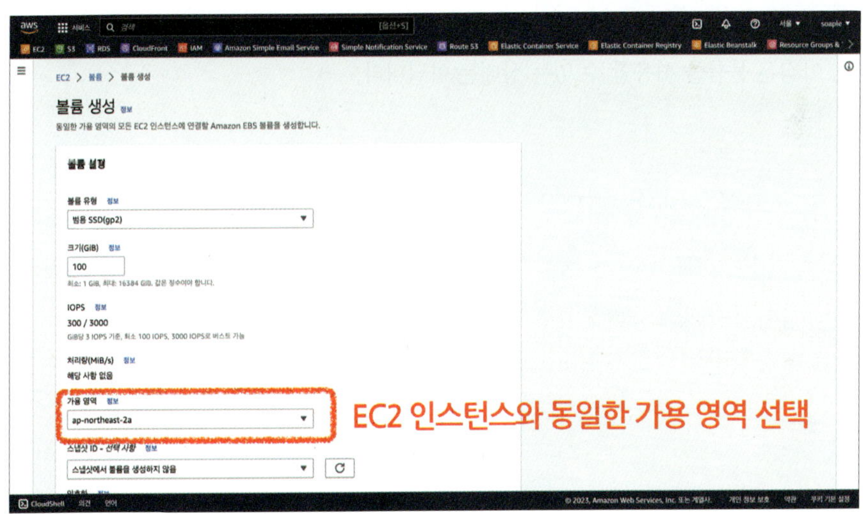

여기까지 했으면 화면을 아래로 내려서 하단에 있는 **볼륨 생성** 버튼을 눌러서 볼륨을 생성합니다.

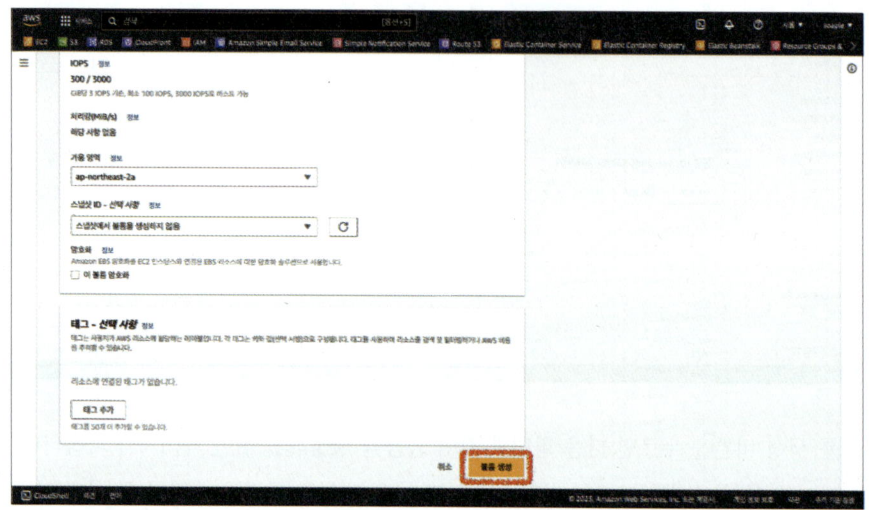

그러면 화면과 같이 볼륨이 새로 생성된 것을 볼 수 있습니다. 새로 생성된 볼륨을 눌러보면 하단에 상세 정보가 나오고, 여기서 볼륨 상태가 아직 **생성 중**인 것을 볼 수 있습니다. 아직은 볼륨을 사용할 수 있는 상태는 아닙니다.

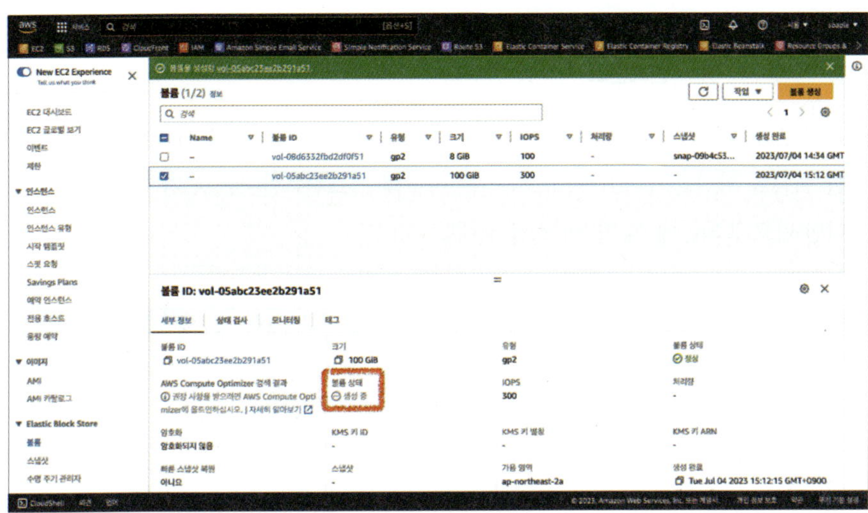

이후 시간이 조금 지나면 볼륨 상태가 **사용 가능**으로 바뀌게 됩니다. 이 상태가 되면 이제 볼륨을 사용할 수 있습니다. 볼륨을 EC2에 연결하기 위해 오른쪽 상단에 **작업** 메뉴를 누르면 나오는 하위 메뉴에서 **볼륨 연결** 메뉴를 클릭합니다.

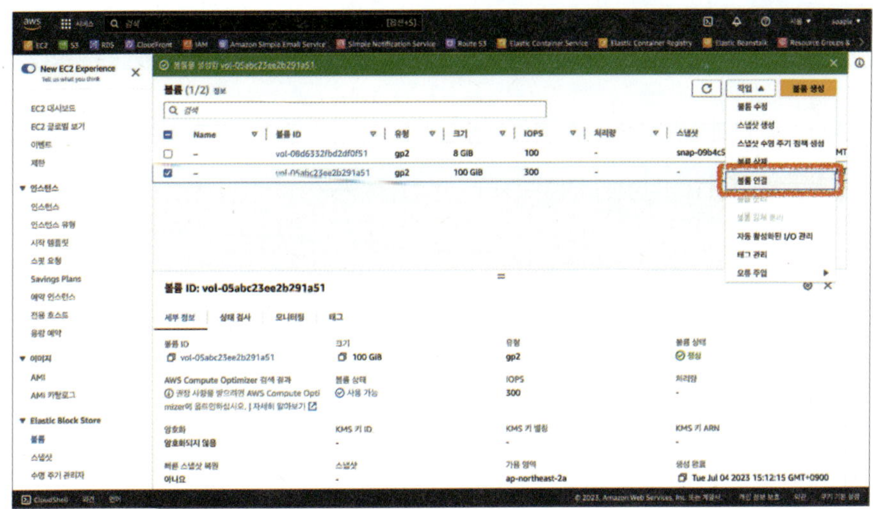

볼륨 연결 화면에서 볼륨을 EC2 인스턴스에 연결할 수 있습니다. 먼저 연결할 인스턴스를 선택하기 위해 **인스턴스** 메뉴를 클릭합니다.

그러면 현재 실행 중인 인스턴스 목록이 나옵니다. 여기서 인스턴스 ID와 생성할 때 입력한 이름을 확인할 수 있습니다. 우리는 하나의 인스턴스만 생성했기 때문에 목록에 하나만 나오게 되는데 이 인스턴스를 선택합니다.

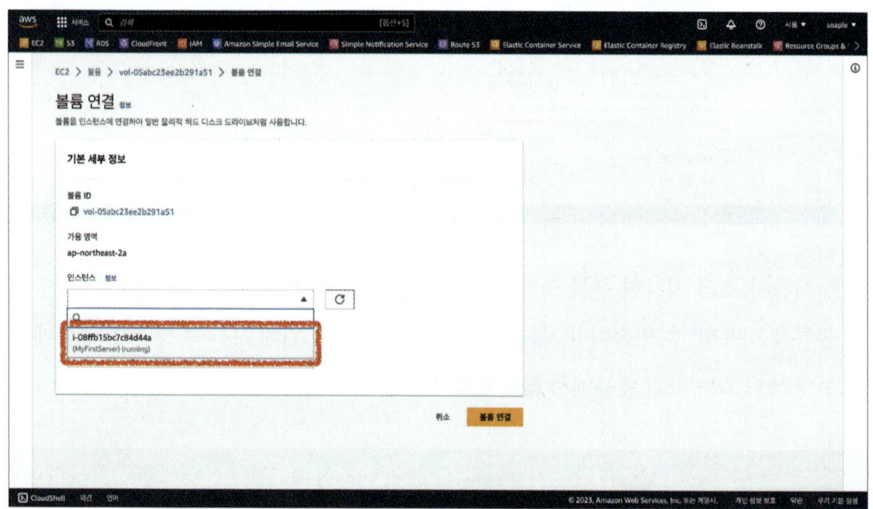

인스턴스를 선택하면 다음 실습 화면처럼 보이고 이 상태에서 오른쪽 하단에 있는 **볼륨 연결** 버튼을 클릭합니다.

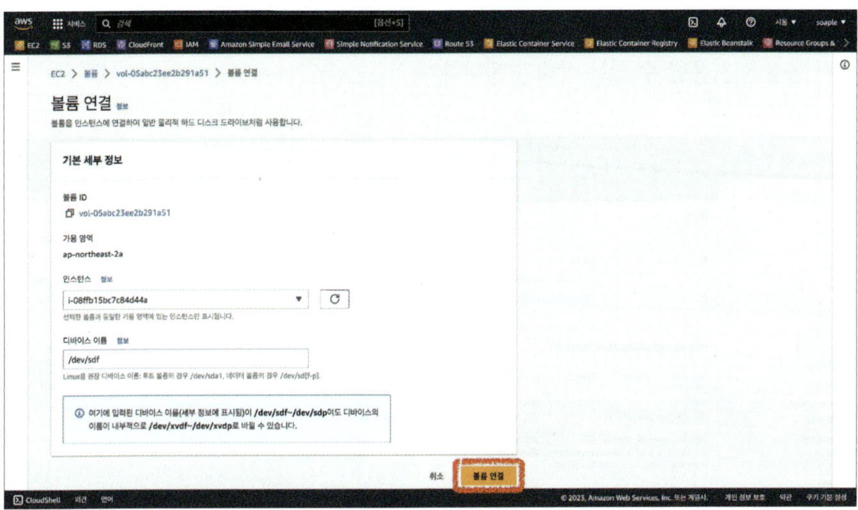

그러면 EC2 인스턴스와 EBS 볼륨의 연결이 시작됩니다. **볼륨**을 눌러보면 볼륨 상세 정보가 나오고, 여기서 세부 정보 탭 하단에서 **연결된 인스턴스**라는 속성을 볼 수 있습니다. 현재 연결이 진행 중인 **attaching** 상태로 나오고 있습니다.

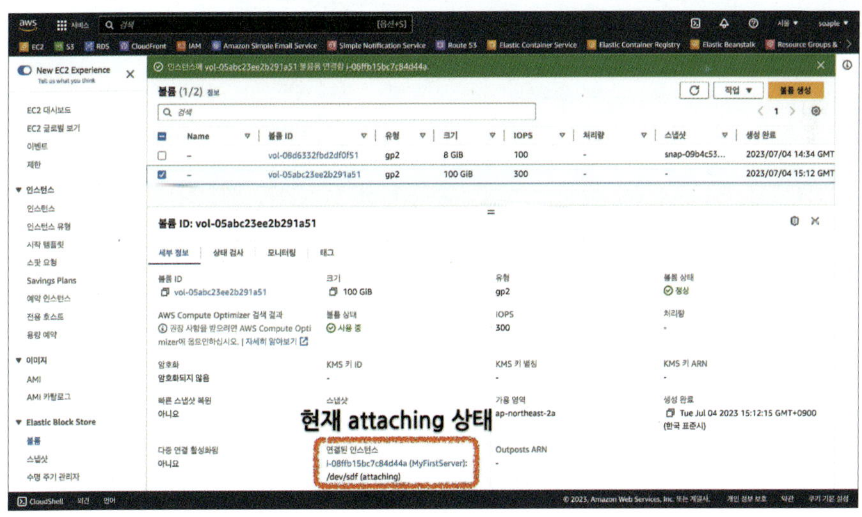

이 상태에서 시간이 조금 지나면 다음과 같이 **attached** 상태로 바뀌고 EC2 인스턴스에서 볼륨을 사용할 수 있는 상태가 됩니다.

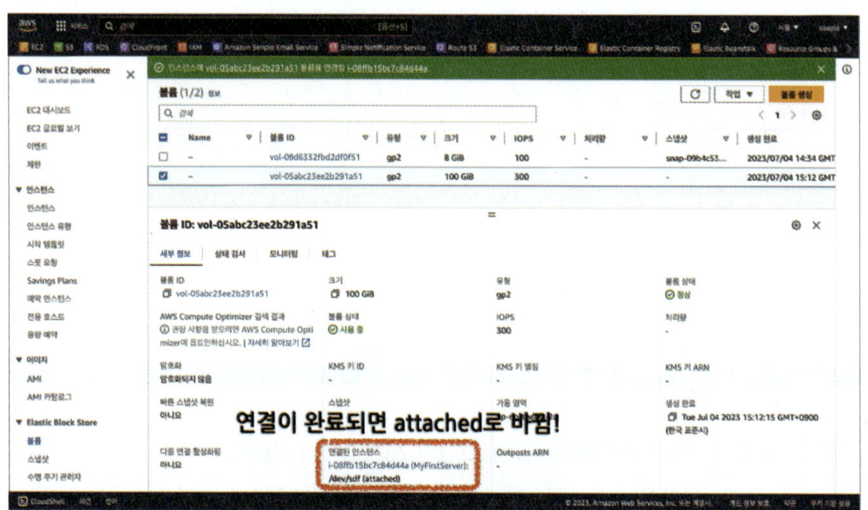

# 4.4 실습 EBS 스냅샷 생성 및 삭제

이번에는 EBS 스냅샷을 생성하고 삭제까지 이어서 실습하겠습니다. 앞에서 설명한 것처럼 스냅샷은 EBS 볼륨의 특정 시점을 그대로 복사하여 저장한 파일을 의미합니다. 그래서 이번 실습 과정은 특정 시점의 백업 파일을 생성하고 삭제하는 과정이라고 이해하면 됩니다.

먼저 EBS 볼륨 페이지에서 오른쪽 상단에 있는 **작업** 메뉴를 클릭하고, 이후 나오는 하위 메뉴에서 **스냅샷 생성** 메뉴를 클릭합니다.

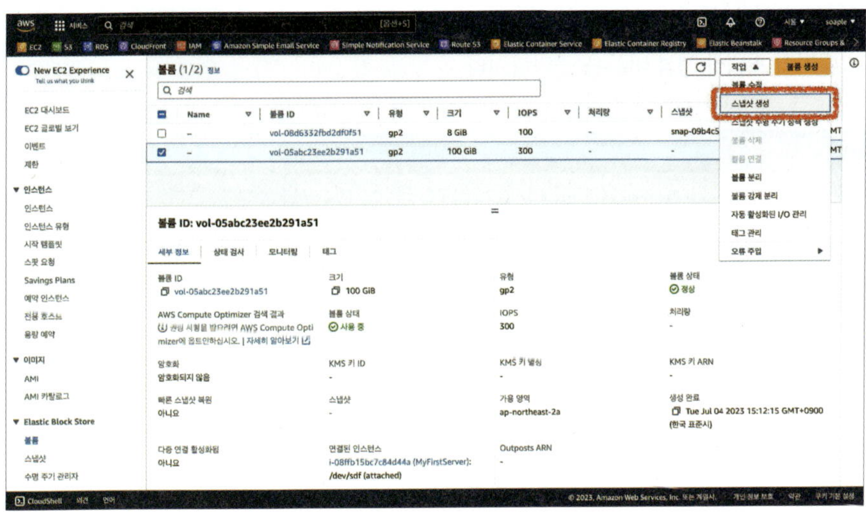

그러면 스냅샷 생성 화면이 나오는데 여기서 스냅샷에 대한 설명과 태그를 추가할 수 있습니다.

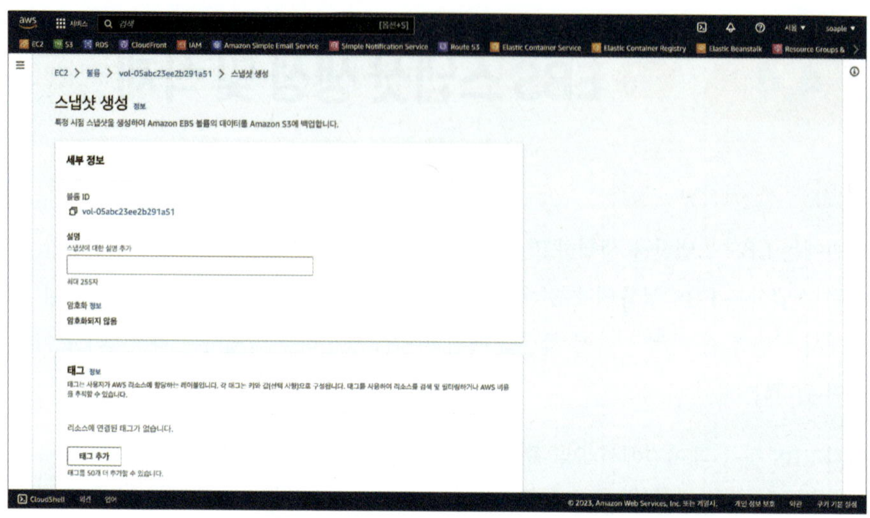

우리는 그냥 아무것도 입력하지 않고 스냅샷을 생성해보도록 하겠습니다. 화면을 아래로 내려서 **스냅샷 생성** 버튼을 클릭합니다.

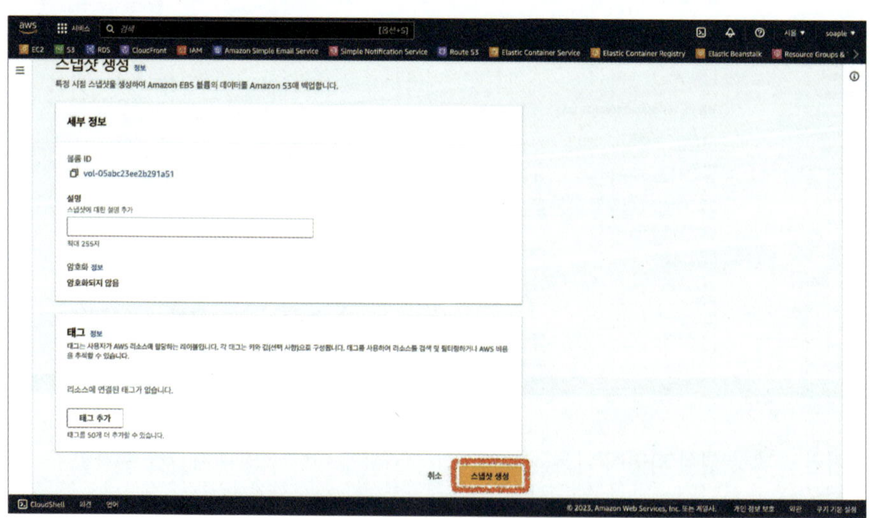

그러면 스냅샷이 생성되는데, 스냅샷 목록을 확인하기 위해서 왼쪽에 있는 **스냅샷** 메뉴를 클릭해서 들어가보도록 하겠습니다.

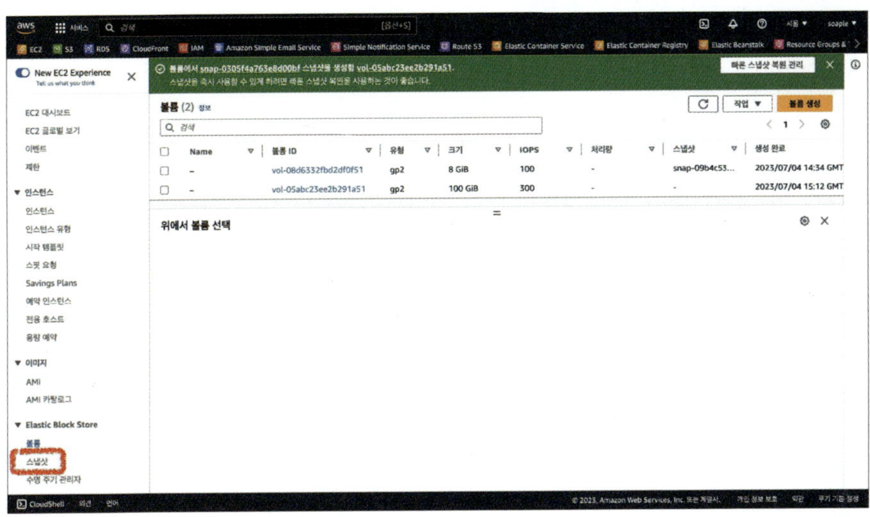

스냅샷 페이지에 가면 아래 화면과 같이 방금 생성된 스냅샷을 확인할 수 있습니다. 그리고 **스냅샷**을 누르면 하단에 해당 스냅샷에 대한 상세 정보가 나오게 됩니다.

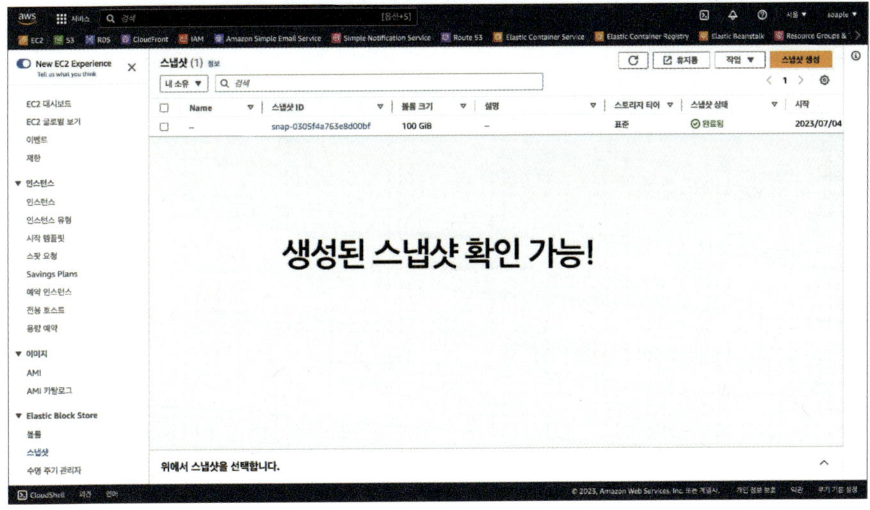

이 상태에서 스냅샷을 삭제해보도록 하겠습니다. 오른쪽 상단에 **작업** 메뉴를 클릭하고, 이후 나오는 하위 메뉴에서 **스냅샷 삭제**를 클릭합니다.

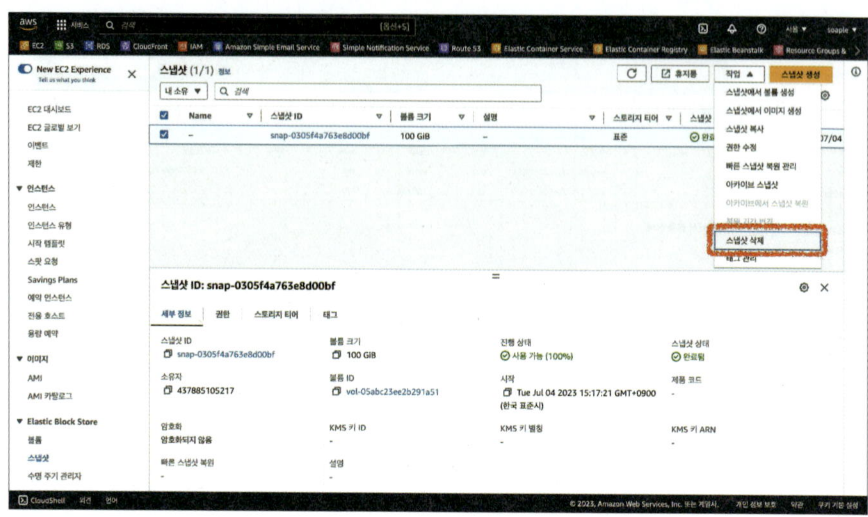

그러면 아래 화면과 같이 확인 문구가 뜨고, 여기서 **삭제** 버튼을 누르면 스냅샷이 삭제
됩니다.

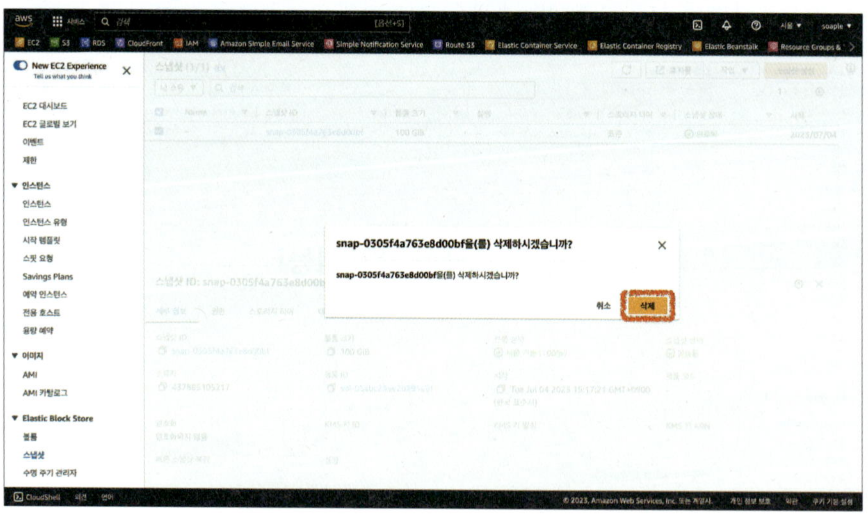

이렇게 스냅샷 삭제가 완료되었습니다.

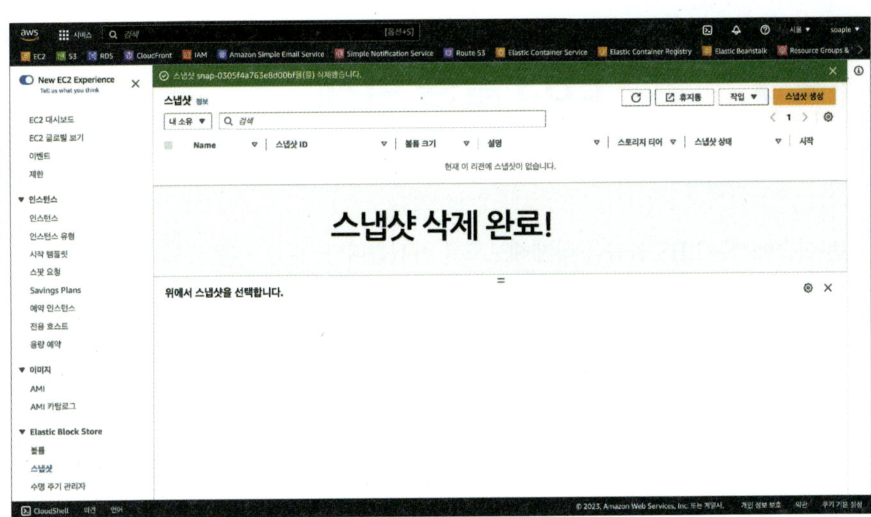

스냅샷 삭제 완료!

4.5 실습 EBS 볼륨 삭제

이번 실습에서는 EBS 볼륨을 삭제해보도록 하겠습니다.

볼륨을 삭제하기 위해서는 해당 볼륨이 EC2 인스턴스에 연결되어 있지 않은 상태여야 합니다. 우리가 컴퓨터에 연결해서 사용 중인 SSD를 갑자기 뽑아버리면 문제가 생기겠죠? 마찬가지로 먼저 EBS와 EC2 인스턴스의 연결을 해제해야 합니다.

EBS의 볼륨 페이지에서 오른쪽 상단에 **작업** 메뉴를 클릭합니다. 그리고 나오는 하위 메뉴에서 **볼륨 분리**를 클릭합니다.

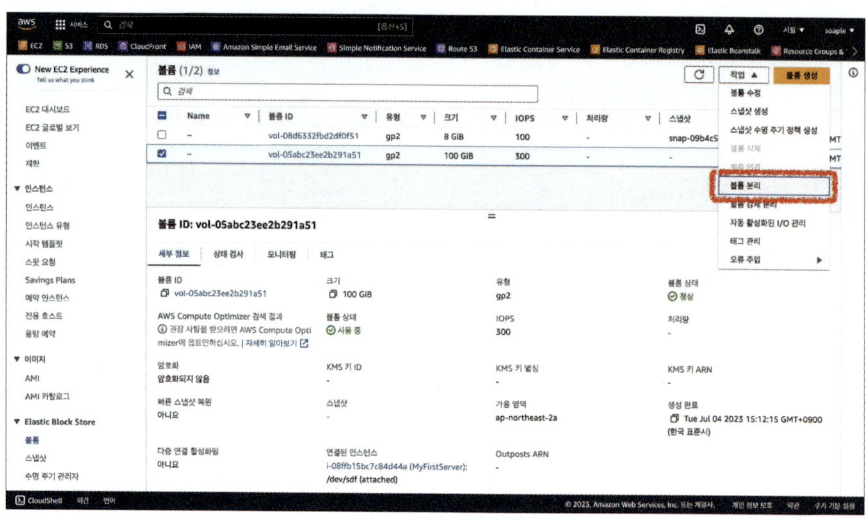

그러면 화면처럼 확인 문구가 나오고 여기서 **분리** 버튼을 클릭해서 볼륨을 분리시킵니다.

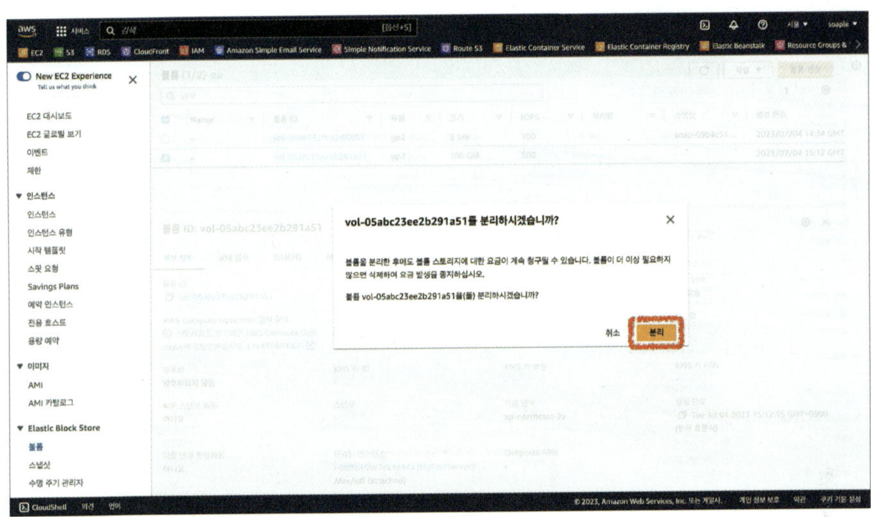

볼륨 분리가 완료됩니다.

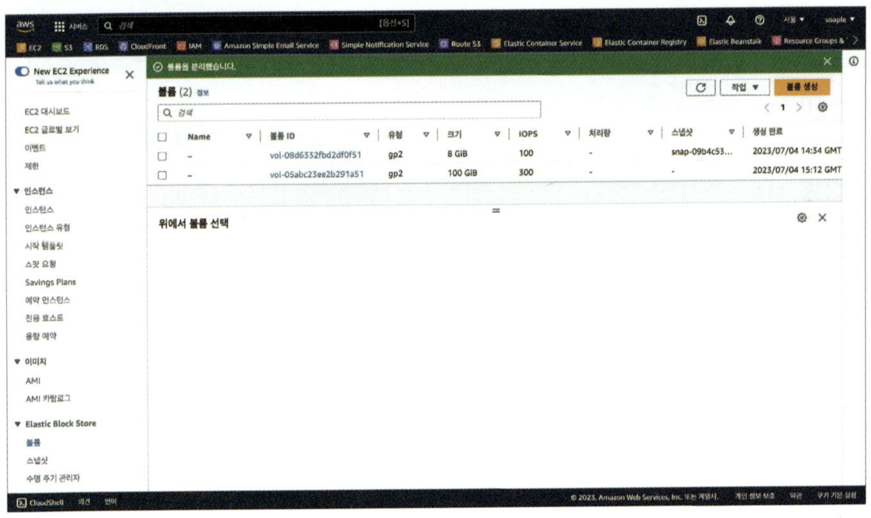

볼륨을 눌러서 상세 정보를 보면 화면처럼 연결된 인스턴스가 없는 것으로 나오게 됩니다. 연결된 인스턴스가 없는 것을 확인했다면 다음으로 다시 **작업** 메뉴를 클릭합니다.

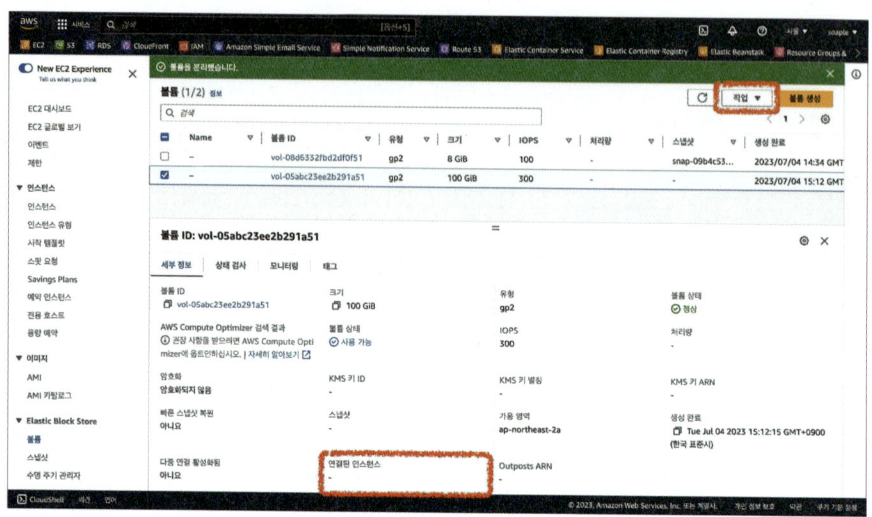

그리고 하위 메뉴에서 **볼륨 삭제**를 클릭합니다.

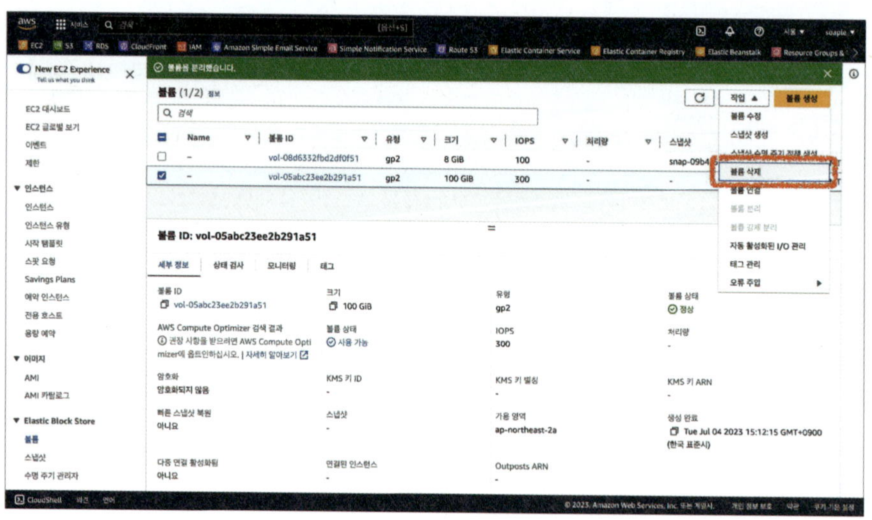

그러면 볼륨을 삭제하기 전 한 번 더 확인하기 위한 문구가 나오고, 여기서 **삭제** 버튼을 눌러서 볼륨을 삭제합니다.

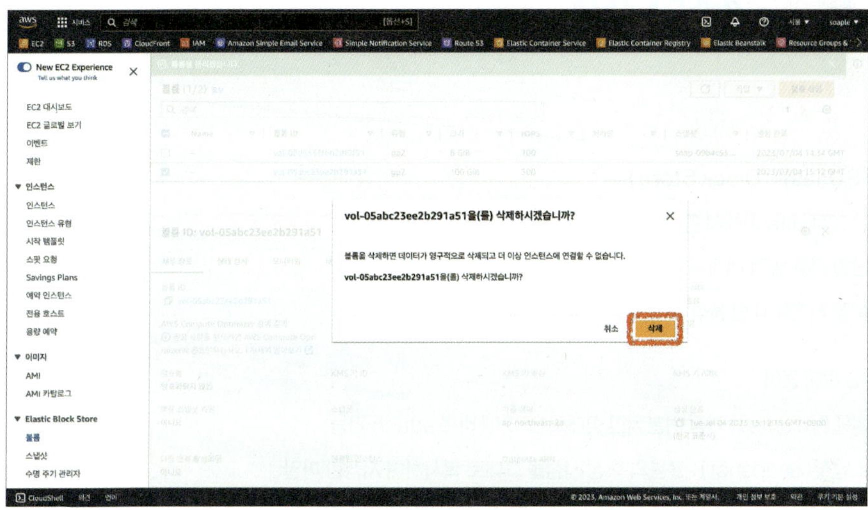

그러면 아래 화면과 같이 볼륨이 정상적으로 삭제됩니다.

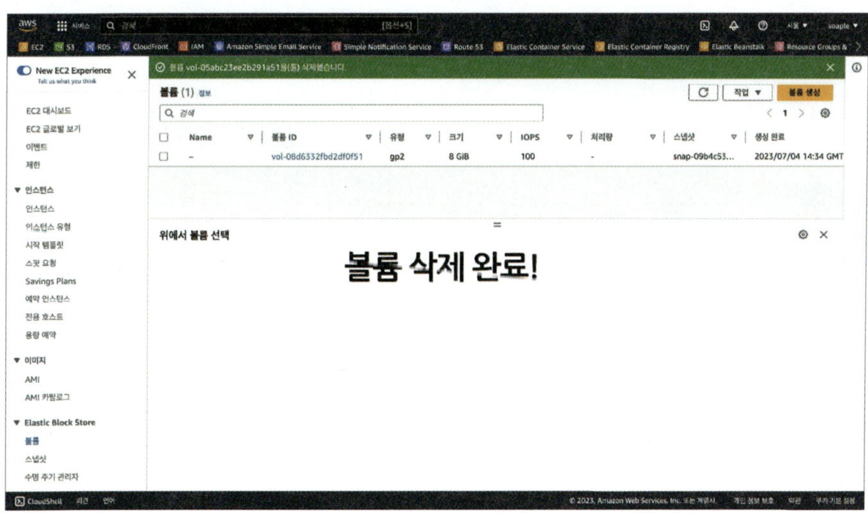

- **EBS (Elastic Block Store)**

  - EC2에 attach해서 쓸 수 있는 블록 스토리지

  - 단일 가용 영역 내에서 여러 서버에 걸쳐서 복제

  - 특정 시점에 대한 볼륨 스냅샷을 만들 수 있음

- **EBS 관련 용어**

  - 볼륨(Volume) : 가장 기본적인 형태로 EC2에 바로 attach 가능

  - 스냅샷(Snapshot) : 볼륨의 특정 시점을 그대로 복사하여 저장한 파일

  - AMI(Amazon Machine Image) : OS가 설치된 형태의 이미지 파일

  - IOPS(Input/Output Operations Per Second) : 저장 장치의 성능 측정 단위

Elastic Load Balancing (ELB)

이번 장에서는 ELB에 대해서 배워보겠습니다. 먼저 Load Balancing의 개념에 대해서 살펴보고, 이어서 Load Balancing의 목적과 관련 용어에 대해서 알아봅니다. 마지막으로 ELB라고 부르는 Elastic Load Balancing에 대해서 살펴보겠습니다. 처음에 Load Balancing 개념이 약간 어렵게 느껴질 수도 있는데 비유를 들어 최대한 쉽게 설명하도록 노력했으니 가벼운 마음으로 따라오기 바랍니다.

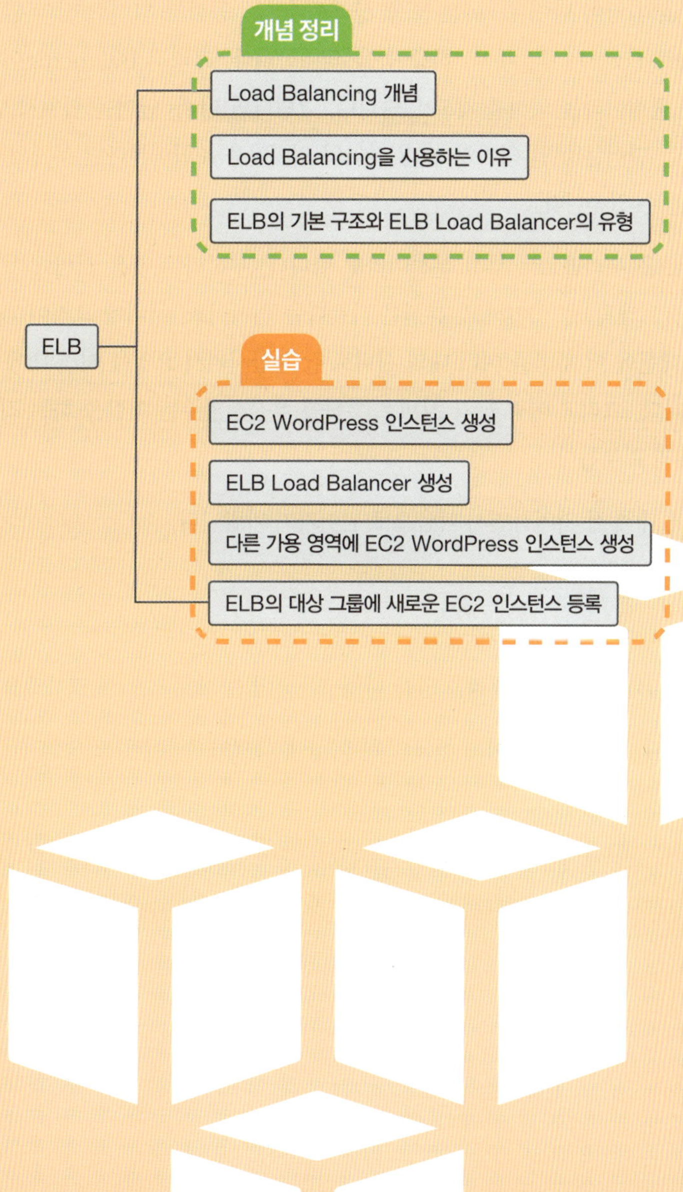

5.1 Load Balancing

1 Load Balancing이란?

Load Balancing 정의부터 알아보겠습니다.

Load Balancing의 영어 단어 Load는 보통 불러오다라는 동사의 의미로 많이 알고 있습니다. 하지만 명사로 Load는 짐, 무게, 하중 등을 의미합니다. 그리고 Balancing이라는 단어는 명사로 평형, 균형이라는 의미를 갖고 있습니다. 그렇다면 이 두 단어를 합쳐서 만든 Load Balancing이라는 단어는 어떤 의미일까요? 단어의 의미만을 조합해본다면 무게의 균형을 맞추는 일이라고 볼 수 있습니다.

Load Balancing을 우리말로는 부하 분산이라고 합니다. 부하라는 것은 서버에 들어오는 클라이언트의 요청(트래픽)을 의미하고, 분산은 나눈다는 의미이죠. 서버에 요청이 과하게 많이 들어올 수 있기 때문에 이 부하를 여러 대의 서버로 잘 분산시켜서 요청을 시간 내에 처리할 수 있게 하는 것입니다. 그리고 이렇게 각 서버로 부하를 분산시켜주는 역할을 하는 것을 우리는 Load Balancer라고 부릅니다.

이 용어의 정의에 대해 잘 기억하면서 다음으로 넘어가기 바랍니다.

2 빵을 나눠주는 방법

지금부터는 Load Balancing의 개념을 빵을 나눠주는 방법을 예로 들어 설명하겠습니다.

다음 그림에 나타나 있는 것처럼 어느 학교의 한 학급에 학생이 8명이 있고 담임 선생님이 1명 있습니다.

그런데 어느 날 이 교실에 빵 하나가 배달되었습니다. 근데 이 빵은 굉장히 특이합니다. 유통기한이 30분밖에 되지 않습니다. 30분 안에 이 빵을 모든 학생에게 나눠주고 먹어 치워야 하는 상황이죠.

학생은 8명인데 빵은 하나뿐이니 골고루 나눠줘야 합니다. 나눠주는 것은 누가 할까요? 바로 선생님이죠. 그래서 선생님은 '빵을 8명의 학생들에게 어떻게 나눠줘야 할 것인가'라는 고민이 생겼습니다.

▶ 빵 분배 방법 1

그래서 생각한 첫 번째 방법은 '공부 잘하는 아이들이 빵 먹고 더 힘내라고 우등생들에게만 나눠줘야겠다!' 라고 해서 우등생 4명만 나눠주는 방법을 선택했습니다. 그랬더니 공부를 못하는 열등생 4명은 배에서 꼬르륵 소리가 나네요. '나도 빵 먹을 줄 아는데 왜 나한테는 안 주는 거야!'라는 생각을 하게 될 겁니다.

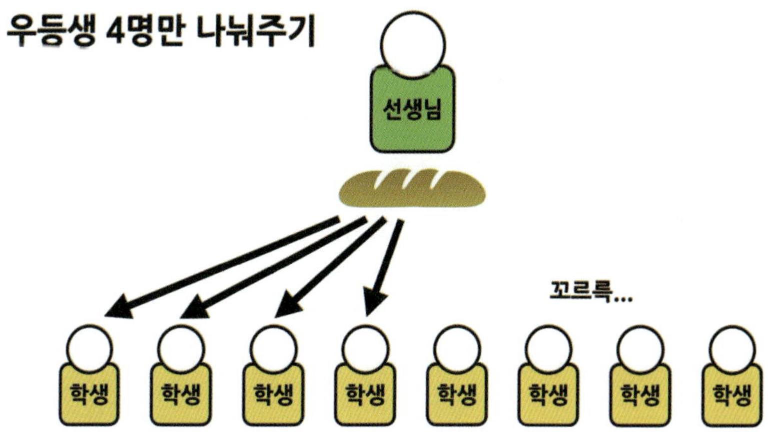

▶ 빵 분배 방법 2

그래서 선생님은 고민하다가 '그래, 모두 다 같은 학생인데 공평하게 1/8조각씩 나눠줘야겠다!' 라고 생각합니다. 그리고 모든 학생에게 공평하게 1/8조각씩을 나눠주었더니 갑자기 우등생들이 반발하기 시작합니다. "아니 저희는 공부도 열심히 하고 학교 생활도 잘했는데 저기 맨날 노는 애들이랑 같은 취급받는 게 억울합니다!"라고 말을 합니다.

그래서 선생님은 우등생들의 말을 듣고 고민합니다.

1/8 조각씩 나눠주기

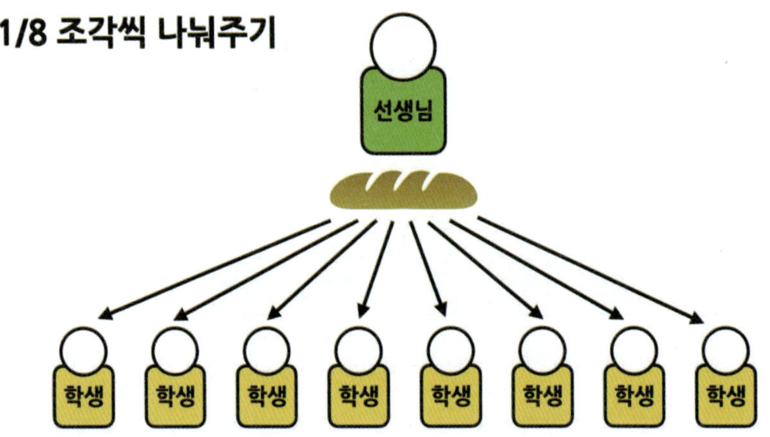

▶ 빵 분배 방법 3

그래서 다시 우등생 4명에게 빵 전체의 3/4을 똑같이 나눠주고, 열등생들에게는 빵 전체의 1/4을 똑같이 나눠줬습니다. 그런데 이번에는 우등생 중에서 빵을 잘 안 먹는 친구가 나타났습니다. 빵을 안 먹으면 그 사이에 빵의 유통기한이 지나버리겠죠. 그리고 반대로 어떤 친구들은 빵을 아주 잘 먹습니다.

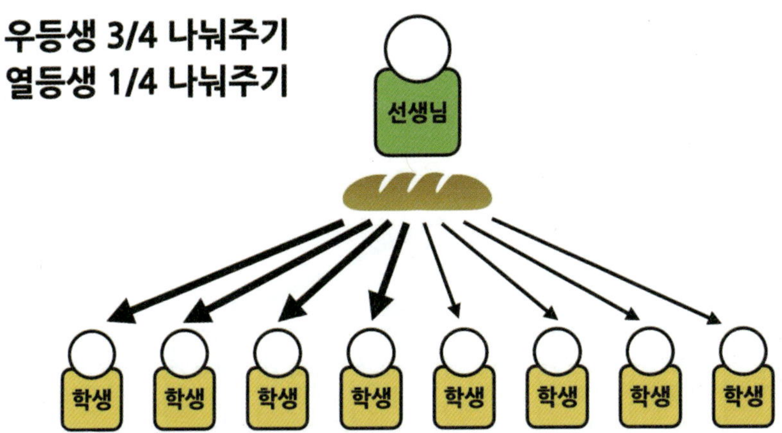

▶ 빵 분배 방법 4

그래서 이번에는 잘 먹는 학생들 4명에게 빵 전체의 3/4을 똑같이 나눠주고, 잘 먹지 않는 학생들 4명에게 빵 전체의 1/4을 똑같이 나눠줬습니다. 그랬더니 빵이 금세 사라져버렸습니다. 그런데 이 방법은 지금 당장 빵을 먹기 싫어도 무조건 조금은 먹어야 하기 때문에 억지로 빵을 먹는 학생들이 생기게 됩니다.

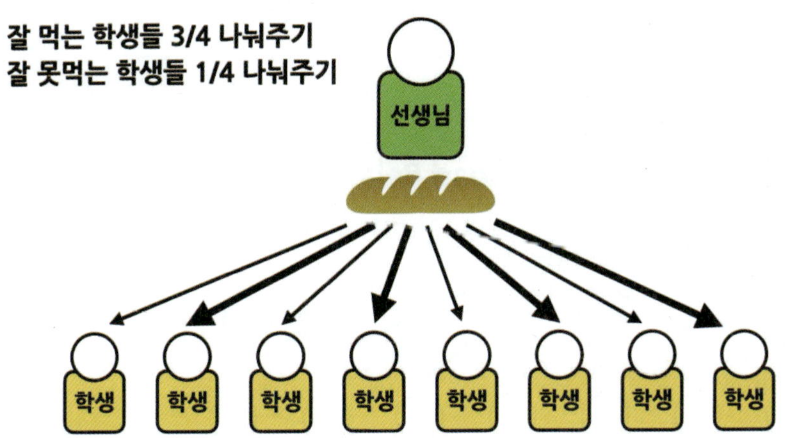

▶ 빵 분배 방법 5

그래서 선생님은 마지막으로 지금 당장 배가 고픈 학생들 4명에게만 빵을 똑같이 4등분해서 나눠주게 됩니다. 이 학생들은 금세 빵을 먹어 치웠고 유통기한을 넘기지 않았습니다.

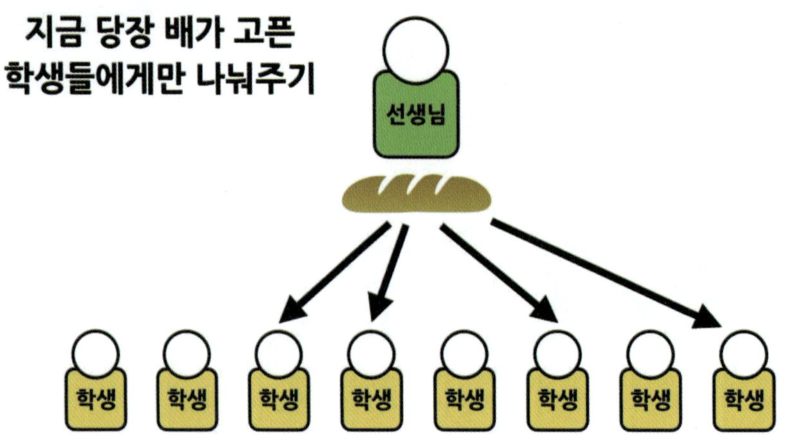

▶ 빵 분배 방법 6

자, 지금까지 빵을 나눠주는 여러 가지 방법에 대해서 이야기했습니다. 여기서 빵을 나눠주는 방법은 빵을 유통기한 내에 먹어서 없애는 방법이라고도 볼 수 있습니다. 다시 말하면 선생님이 정한 방법에 따라서 빵을 나눠주고, 각 학생들이 먹어서 없앤다라고 할 수 있습니다. 30분이라는 유통기한 내에 말이죠.

방금 봤던 빵을 나눠주는 예시를 서버 관점에서 바라보면 다음과 같습니다.

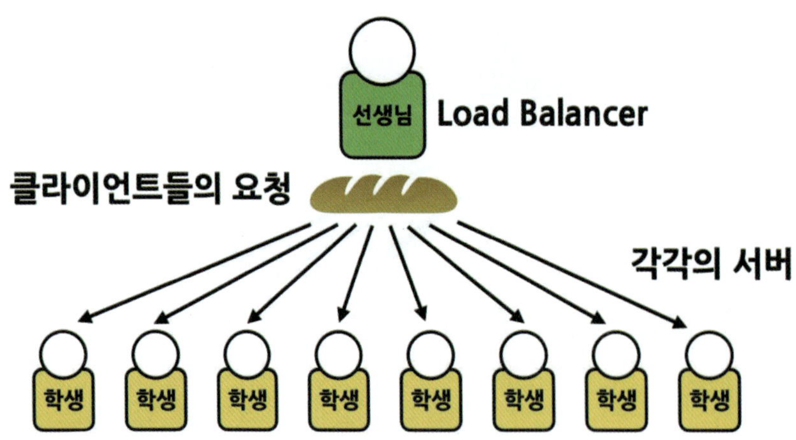

▶ Load Balancing 1

먼저 빵은 클라이언트의 요청이라고 볼 수 있습니다. 서버로 들어오는 트래픽이죠. 그리고 학생들은 각각의 서버라고 볼 수 있습니다. 빵을 먹어서 없애는 것처럼 이 요청들을 처리하는 것입니다. 그리고 마지막으로 선생님은 빵을 학생들에게 나눠주는 역할, 즉 요청을 각 서버에 나눠주는 역할을 하는데 여기서 선생님의 역할이 바로 Load Balancer입니다.

이제는 선생님과 학생이 아닌 AWS 관점에서 보겠습니다. 그림에는 교실에 여러 명의 학생이 있는 것처럼 EC2 인스턴스가 여러 개 있습니다. 그리고 클라이언트들의 요청이 굉장히 많이 쌓여 있습니다. 그리고 빵을 나눠주는 선생님 역할을 하는 Load Balancer, 즉 ELB가 있습니다. ELB는 서버로 오는 요청을 자신이 정한 알고리즘에 따라서 골고루 각 서버로 분산시켜줍니다.

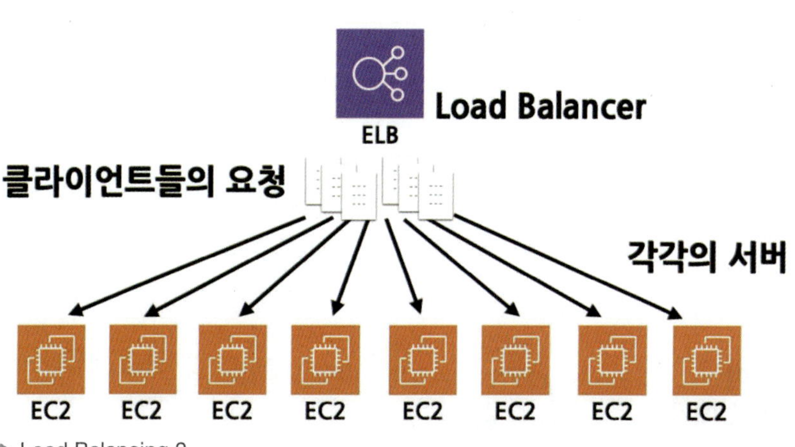

▶ Load Balancing 2

정리해보면, Load Balancing이라는 것은 Load Balancing 알고리즘에 따라서 요청을 분산시키고 각 서버에서 처리하도록 하는 것입니다. timeout이라고 부르는 제한 시간 내에 말이죠. 이러한 Load Balancing의 개념을 잘 기억하면서 다음으로 넘어가기 바랍니다.

5.2 Load Balancing의 목적

지금부터는 Load Balancing의 목적에 대해서 알아보겠습니다. 서버를 운영할 때 왜 Load Balancing을 쓰는 것인지 그 여러 가지 목적에 대해서 하나씩 살펴보겠습니다.

1 성능 향상

Load Balancing의 첫 번째 목적은 성능 향상입니다. 앞에서 설명했던 빵을 나눠주는 예시로 설명해보겠습니다.

이번에는 빵의 무게가 총 800g이고 유통기한이 1분입니다. 1분 내에 빵을 모두 먹어서 없애야 한다고 해보겠습니다. 그리고 1명의 학생은 1분에 빵을 200g씩 먹을 수 있다고 가정하겠습니다.

▶ Load Balancing의 목적 – 성능 향상 1

먼저 학생 1명이 먹을 경우 빵 800g을 먹는 데 총 4분이 소요됩니다. 빵의 유통기한은 1분이므로 그림과 같이 유통기한을 초과하였습니다. 시간 내에 빵을 모두 먹는 데 실패할 수밖에 없습니다.

학생 1명이 먹을 경우

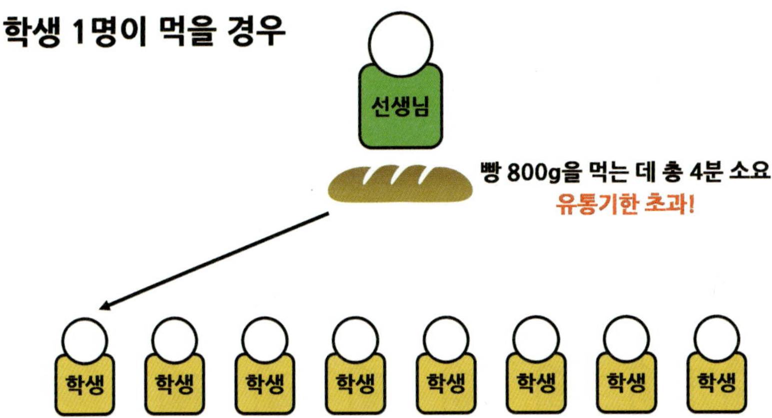

▶ Load Balancing의 목적 – 성능 향상 2

다음으로는 학생 2명이 함께 빵을 나눠 먹는 경우입니다. 이 경우에는 그림과 같이 빵 800g을 먹는 데 총 2분이 소요됩니다. 하지만 유통기한이 1분이므로 이 경우도 역시 실패입니다.

학생 2명이 먹을 경우

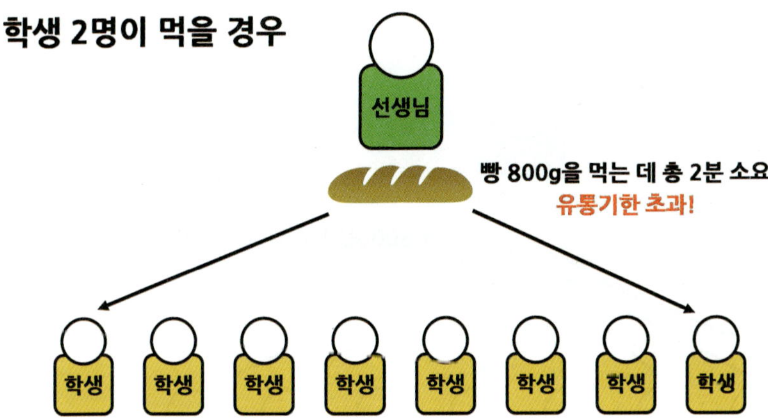

▶ Load Balancing의 목적 – 성능 향상 3

다음으로는 학생 4명이 함께 빵을 나눠 먹는 경우입니다. 이 경우에는 그림과 같이 빵 800g을 먹는 데 총 1분이 소요됩니다. 가까스로 유통기한 내에 빵을 다 먹었습니다. 이 경우에는 성공하긴 했지만 유통기한에 딱 맞춰 먹었기 때문에 조금 위험하다고 할 수 있습니다. 만약 학생 중한 명이 빵을 먹다가 목이 막히거나 하면 실패할 수 있기 때문입니다.

학생 4명이 먹을 경우

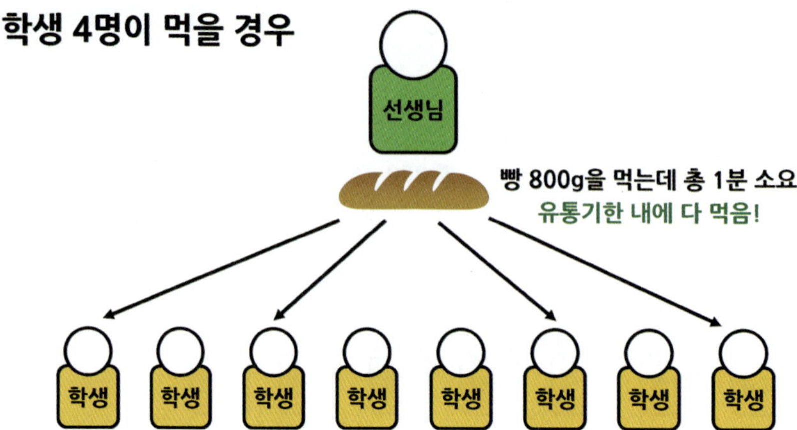

▶ Load Balancing의 목적 – 성능 향상 4

마지막으로 학생 8명이 함께 빵을 나눠 먹는 경우입니다. 이 경우에는 그림과 같이 빵 800g을 먹는 데 총 30초가 소요됩니다. 아주 여유롭게 유통기한 내에 빵을 다 먹을 수 있습니다. 중간에 학생 한 명이 목이 막히더라도 다른 학생들이 계속 먹어주기 때문에 안전합니다.

학생 8명이 먹을 경우

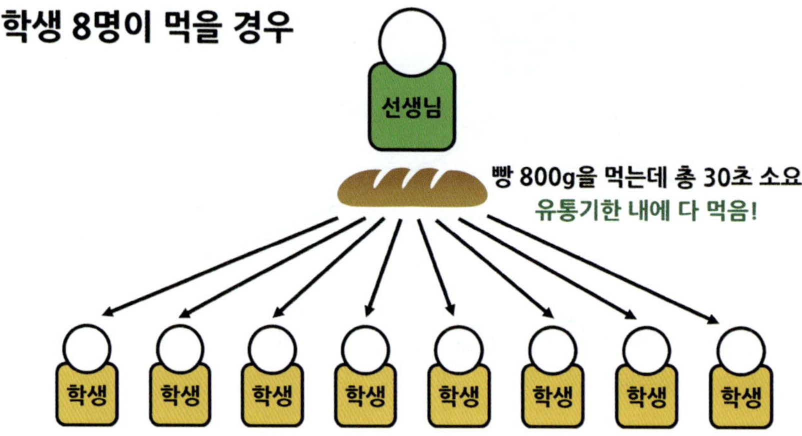

▶ Load Balancing의 목적 – 성능 향상 5

지금까지 살펴본 것처럼 Load Balancing을 적용하게 되면 다음 그림과 같이 클라이언트들의 수많은 요청을 여러 대의 서버가 나눠서 처리하기 때문에 빠르게 응답을 할 수 있습니다. 그로 인해 성능 향상이 이뤄진다고 볼 수 있습니다. 같은 시간에 처리할 수 있는 요청의 개수가 크게 늘어나기 때문입니다.

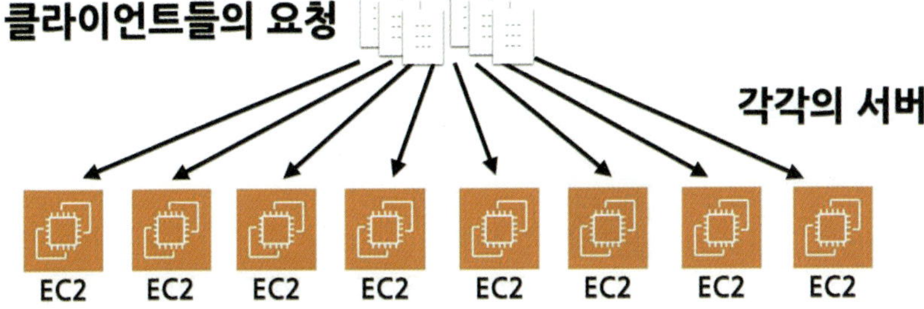

▶ Load Balancing의 목적 – 성능 향상 6

2 안정성 향상

Load Balancing의 두 번째 목적은 안정성 향상입니다.

앞에서 본 것처럼 학생 4명이 함께 빵을 나눠 먹는 경우에 정상적인 경우라면 빵 800g을 먹는데 총 1분이 걸립니다. 그런데 다음 그림처럼 빵을 먹다가 중간에 학생 2명이 갑자기 목이 막히는 경우에는 결국 유통기한 1분을 초과하게 됩니다.

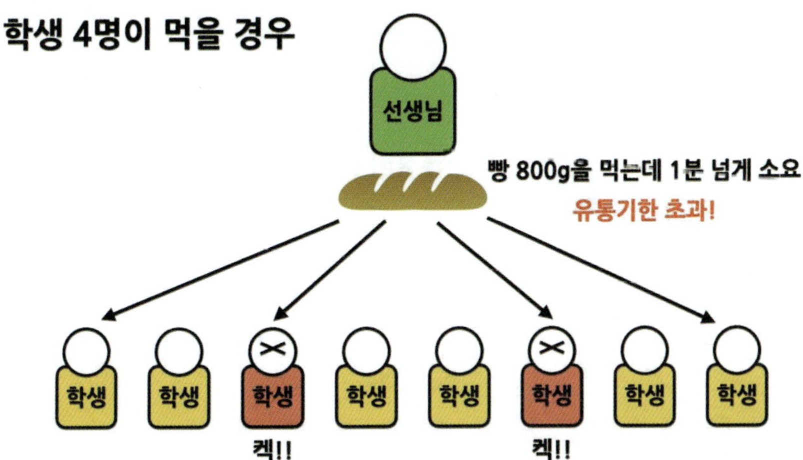

▶ Load Balancing의 목적 – 안정성 향상 1

하지만 학생 8명이 빵을 나눠 먹게 되면 어떻게 될까요? 그림과 같이 중간에 2명의 학생이 목이 막혀서 빵을 못 먹게 되어도 나머지 6명의 학생들이 먹으면 되기 때문에 유통기한 1분 내에 빵을 모두 먹을 수 있습니다. 이런 점에서 Load Balancing을 사용하게 되면 안정성이 향상된다고 할 수 있습니다.

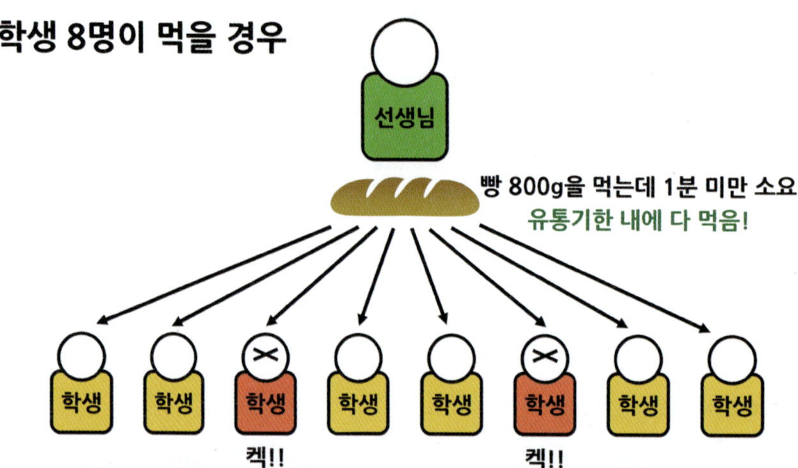

▶ Load Balancing의 목적 – 안정성 향상 2

AWS의 상황에서도 마찬가지입니다. 다음 그림처럼 여러 개의 EC2 인스턴스에 장애가 생겨도 남은 EC2 인스턴스들이 클라이언트의 요청을 처리할 수 있기 때문에 안정성이 향상된다고 볼 수 있습니다.

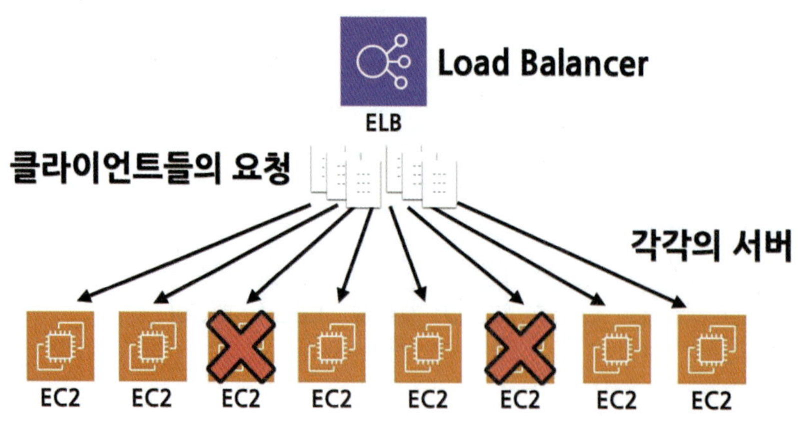

▶ Load Balancing의 목적 – 안정성 향상 3

3 서버 장애 예방

Load Balancing의 세 번째 목적은 서버 장애 예방입니다.

앞의 경우와 동일하게 학생들에게 빵을 먹어서 없애도록 하고 있는데 선생님은 갑자기 빵이 더 배송된다는 소식을 들었습니다. 그런데 중요한 것은 빵이 얼마나 더 배송될지 모른다는 것입니다. 그리고 학생들 중 몇 명이 중간에 목이 막혀 빵을 못 먹게 될지도 모르는 일입니다. 여러 가지 불확실성이 존재하는 상태인 것이죠.

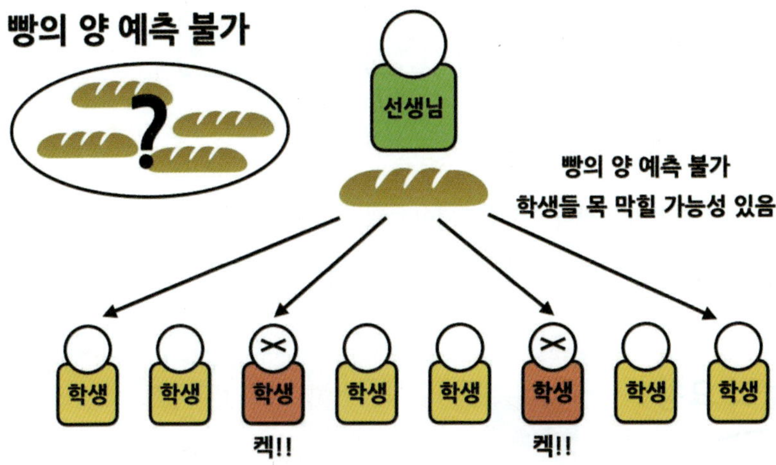

▶ Load Balancing의 목적 – 서버 장애 예방 1

그래서 선생님은 미리 계획을 세웠습니다. 그림과 같이 옆 반 학생 8명을 데려와서 대기를 시켜놓은 것입니다. 이렇게 하면 빵이 예상보다 많이 배송되거나, 학생들 중 몇 명이 목이 막혀서 빵을 못 먹게 되더라도 대기하고 있는 옆 반 학생들을 투입하면 되기 때문에 유동기한 내에 빵을 못 먹게 되는 사태를 미리 예방할 수 있습니다.

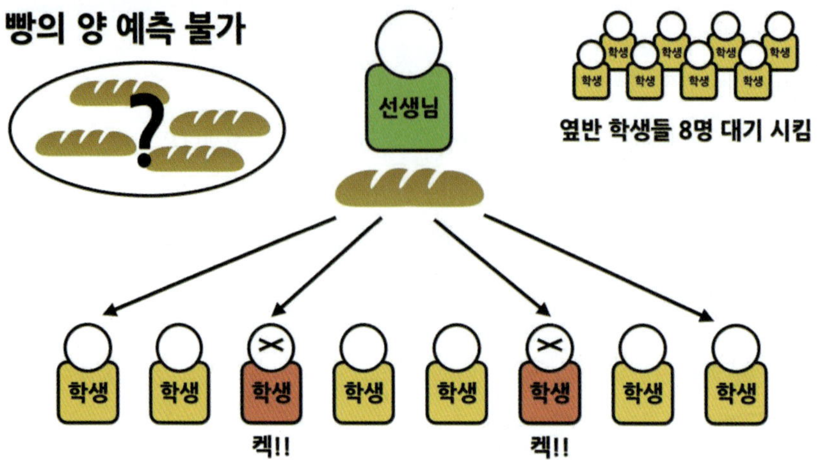

▶ Load Balancing의 목적 – 서버 장애 예방 2

AWS에서도 마찬가지로 갑자기 클라이언트의 요청이 대량으로 몰려오거나, 여러 개의 EC2 인스턴스가 중간에 장애가 생겨도 미리 계획해둔 백업 계획에 따라 EC2 인스턴스를 더 추가하여 서버 장애를 예방할 수 있습니다.

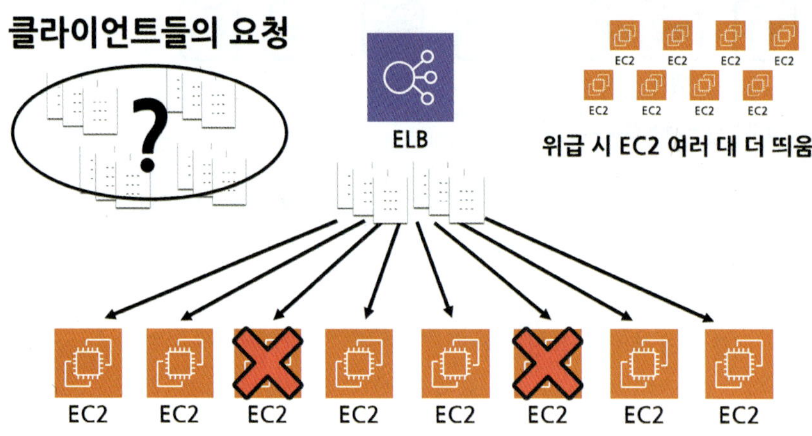

▶ Load Balancing의 목적 – 서버 장애 예방 3

4 고가용성

Load Balancing의 네 번째 목적은 고가용성입니다. 여기서 고가용성이란 High Availability의 약자로 보통 HA라고 부르는데 다음과 같은 의미를 가지고 있습니다.

- 서버가 오랜 기간 동안 정상적으로 작동이 가능한 성질

즉, 가용성이 높다는 것은 고장이 잘 나지 않는다는 의미입니다. 또한 서버 관점에서 가용성이 높다는 것은 장애가 나지 않고 지속적으로 서버가 정상적으로 잘 작동하는 것이라고 볼 수 있습니다.

그리고 Load Balancing을 적용하게 되면 장애를 미리 대비할 수 있기 때문에 고가용성을 달성할 수 있는 것입니다.

5 성능 향상 기반 제공

마지막 Load Balancing의 다섯 번째 목적은 성능 향상 기반 제공입니다.

예를 들어서 다음 그림과 같은 일반적인 단일 서버의 구성을 보면 클라이언트의 요청이 곧바로 EC2로 전달됩니다.

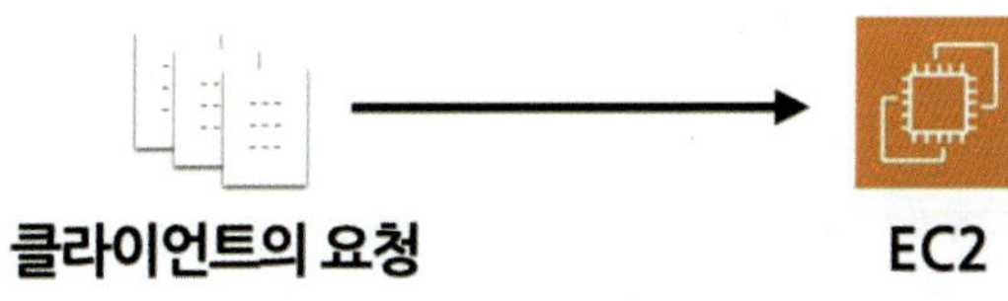

▶ Load Balancing의 목적 – 성능 향상 기반 제공 1

그런데 갑자기 출시한 서비스가 대박이 나서 클라이언트의 요청이 엄청나게 늘어났다고 해보겠습니다. 이때 EC2 인스턴스를 여러 대 늘려서 요청을 분산시켜야 하는데 이러한 구조에서는 할 수가 없습니다.

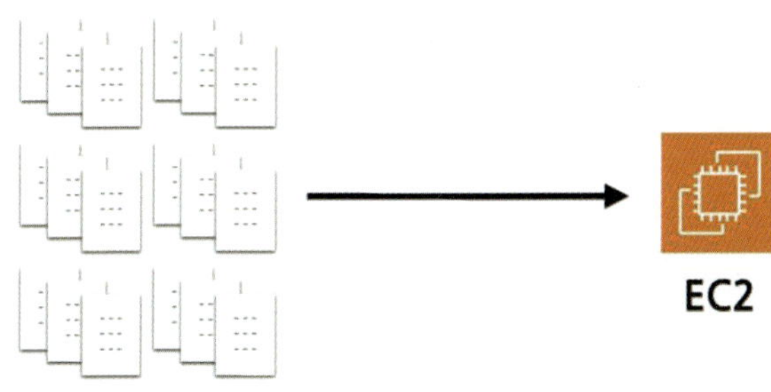

▶ Load Balancing의 목적 – 성능 향상 기반 제공 2

하지만 그림과 같이 중간에 Load Balancer가 있는 구조라면 이 Load Balancer가 성능 향상의 기반이 됩니다.

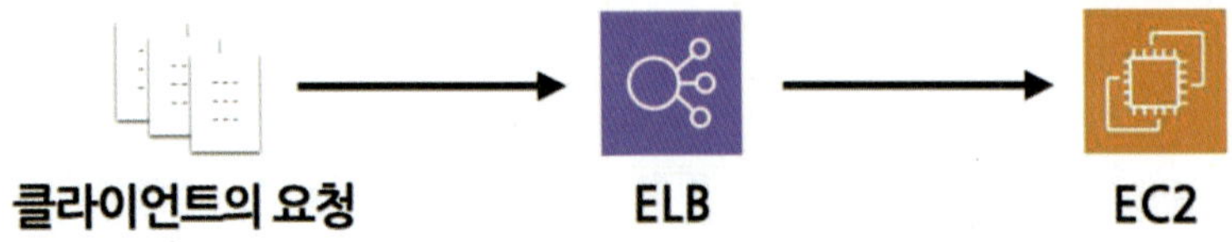

▶ Load Balancing의 목적 – 성능 향상 기반 제공 3

그래서 다음 그림과 같이 클라이언트의 요청이 갑자기 많아져도 EC2 인스턴스를 더 추가하고 Load Balancer를 통해서 부하를 분산시킴으로써 성능을 향상시킬 수 있습니다.

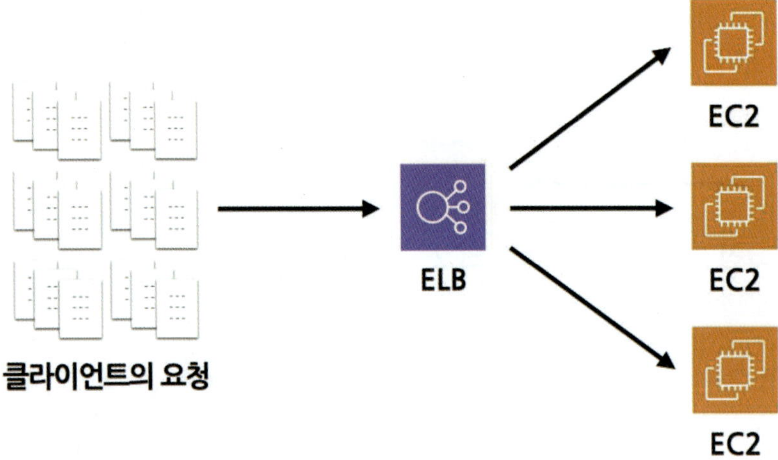

▶ Load Balancing의 목적 – 성능 향상 기반 제공 4

그래서 Load Balancing이 성능 향상의 기반을 제공한다고 하는 것입니다.

5.3 Load Balancing 관련 용어

지금부터는 Load Balancing 관련 용어에 대해서 살펴보겠습니다.

먼저 Load Balancing 알고리즘이 있습니다. Load Balancing 알고리즘은 트래픽을 각 서버에 분배하는 방법을 의미합니다. 앞에서 살펴본 예시에서는 빵을 나눠주는 방법이 바로 이 Load Balancing 알고리즘에 해당하는 것이라고 보면 됩니다.

다음으로 Health Check는 서버가 살아있는지 확인하는 것을 의미합니다. 앞에서 살펴본 예시에서는 학생이 빵을 먹을 준비가 되었는지, 목이 막혔는지 확인하는 것을 의미합니다. 그리고 만약 서버에 장애가 생겼거나 중단되었다면 더 이상 트래픽을 분배하지 않습니다. 이것은 목이 막힌 학생에게 더 이상 빵을 주지 않는 것과 같다고 보면 됩니다.

그리고 Connection Draining은 우리말로 등록 취소 지연이라고 부르며, 사용자의 요청을 처리 중인 서버를 곧바로 삭제하지 못하도록 방지하는 기능을 의미합니다. 여기서 Drain은 물을 빼내다라는 뜻을 갖고 있습니다. 그래서 트래픽이 줄어서 늘렸던 인스턴스 중 몇 개를 중지하려고 할 때 중지하려는 인스턴스에 연결 중인 사용자가 있을 수 있기 때문에 요청이 끝날 때까지 일정 시간만큼 기다린 이후에 인스턴스를 중지하는 것이라고 보면 됩니다.

마지막으로 Latency는 Load Balancer와 서버 사이의 지연 시간을 의미합니다.

5.4 Elastic Load Balancing(ELB)

지금까지는 일반적인 Load Balancing의 개념에 대해서 알아봤습니다. AWS에서 Load Balancing을 위해서 제공하는 서비스가 바로 ELB라는 서비스이며 ELB는 Elastic Load Balancing의 약자입니다. 지금부터는 Elastic Load Balancing에 대해서 배워보겠습니다.

1 ELB 기본 구조

ELB는 앞에서 설명한 것과 마찬가지로 부하를 여러 개의 EC2에 골고루 분산시켜 주는 역할을 합니다. 다음 그림은 ELB의 기본 구조를 나타낸 것입니다. 먼저 리전이 있고, 리전 내에 복수 개의 가용 영역이 존재합니다. 그리고 ELB는 리전에 존재하는데 ELB는 리전별로 생성한다는 것을 꼭 기억하기 바랍니다.

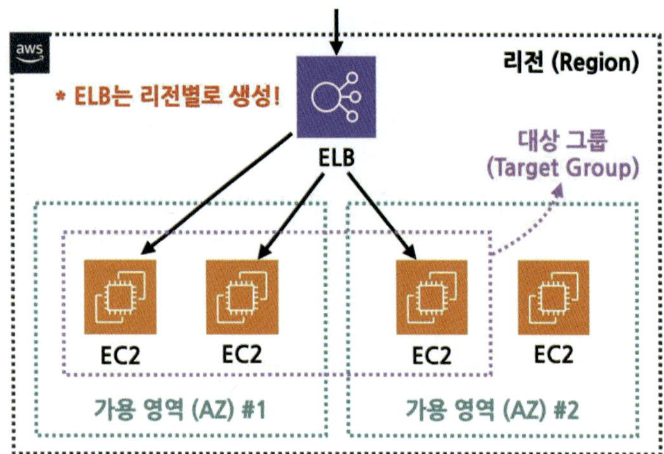

▶ ELB의 기본 구조

이렇게 리전에 생성된 ELB는 여러 개의 가용 영역에 존재하는 EC2 인스턴스들에 부하를 분산시켜줍니다. 그리고 이때 모든 EC2 인스턴스에 부하를 분산시키는 것이 아니라, 대상 그룹이라고 불리는 그룹에 속한 EC2 인스턴스들에게만 부하를 분산시키게 됩니다. 참고로 대상 그룹은 영어로 Target Group이라고 부르며 부하를 분산시킬 대상 인스턴스들이 속한 그룹이라고 보면 됩니다.

그리고 ELB는 여러 개의 가용 영역으로 부하를 분산시킬 수 있기 때문에, 다음 그림처럼 가용 영역 하나가 통째로 중단되어도 정상적으로 운영할 수 있습니다.

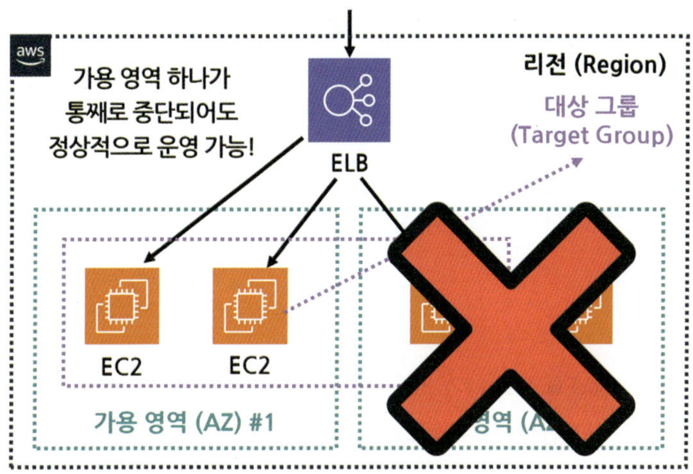

▶ ELB와 Target Group의 부하 분산 구조

참고로 ELB의 Load Balancing 알고리즘은 Round Robin Scheduling을 사용합니다. 운영체제에 대해서 공부해본 분들은 이미 알고 있을 텐데, Round Robin Scheduling은 운영체제가 각 프로세스에 작업을 할당하는 알고리즘의 한 종류입니다. Round Robin Scheduling은 다음 그림에서 보는 것처럼 Time Quantum이라고 부르는 시간 단위로 나눠서 각 프로세스에 작업을 할당하는 방식입니다.

· Round-robin scheduling

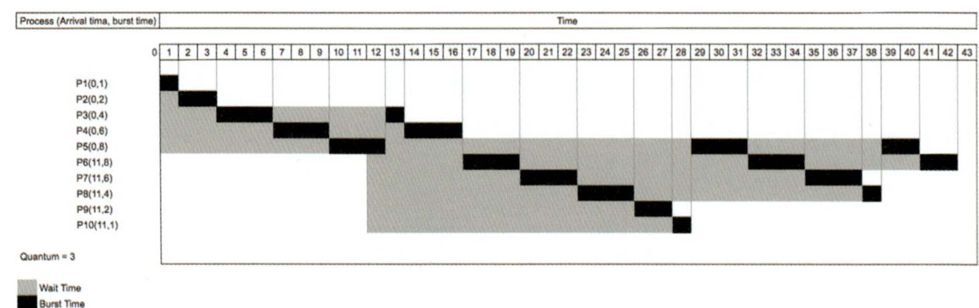

▶ ELB Load Balancing 알고리즘 – Round Robin[1]

ELB에서도 이러한 형태로 각 인스턴스에 부하를 분산시킨다고 이해하면 됩니다.

2 ELB Load Balancer 유형

그렇다면 ELB에는 어떤 유형의 Load Balancer가 있을까요? 지금부터 ELB Load Balancer 유형에 대해서 하나씩 살펴보도록 하겠습니다. 다음 그림은 다양한 ELB Load Balancer의 유형을 나타낸 것입니다.

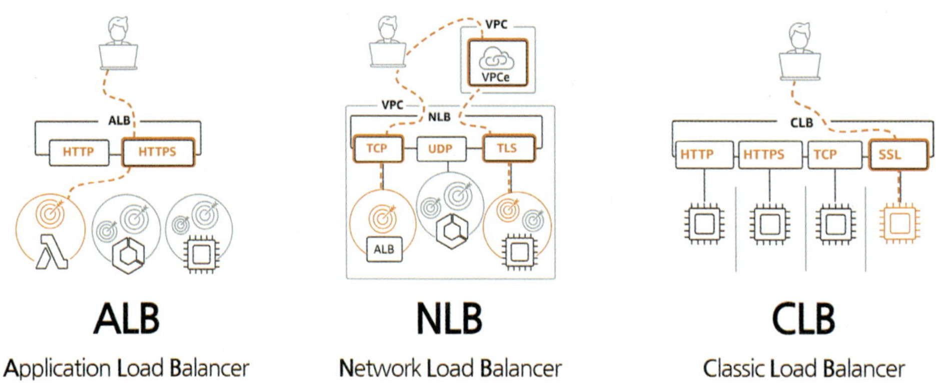

▶ ELB Load Balancer 유형 1

먼저 ALB가 있습니다. ALB는 Application Load Balancer의 약자로 요청 수준에서 작동하는 Load Balancer입니다. HTTP 및 HTTPS 트래픽을 사용하는 애플리케이션을 위한 유연

---

1 https://en.wikipedia.org/wiki/Round–robin_scheduling

한 기능이 필요한 경우 Application Load Balancer를 사용하면 됩니다. ALB는 마이크로서 비스 및 컨테이너를 비롯한 애플리케이션 아키텍처를 대상으로 하는 고급 라우팅 및 표시 기능 을 제공합니다.

다음으로는 NLB가 있습니다. NLB는 Network Load Balancer의 약자로 연결 수준에서 작 동하는 Load Balancer입니다. 애플리케이션에 초고성능, 대규모 TLS 오프로딩, 중앙 집중화 된 인증서 배포, UDP에 대한 지원 및 고정 IP 주소가 필요한 경우에 NLB를 사용합니다. NLB 는 안전하게 초당 수백만 개의 요청을 처리하면서도 극히 낮은 지연 시간을 유지할 수 있습 니다.

마지막으로 CLB가 있습니다. CLB는 Classic Load Balancer의 약자로 이름이 가진 의미 그 대로 과거에 사용하던 Load Balancer입니다. 그래서 EC2-Classic 네트워크에서 구축된 기 존 애플리케이션이 있는 경우에 이 CLB를 사용합니다.

지금까지 살펴본 ELB Load Balancer 유형을 정리해보면 아래와 같습니다.

- ALB(Application Load Balancer) ⇐ 이번에 사용할 Load Balancer
  - 개별 요청 수준에서 작동(L7 switch)
  - HTTP, HTTPS
- NLB(Network Load Balancer)
  - 연결 수준에서 작동(L4 switch)
  - TCP, UDP
- CLB(Classic Load Balancer) ⇐ 이전 버전이므로 되도록 ALB 또는 NLB만 사용
  - HTTP, HTTPS, TCP, UDP

개별 요청 수준에서 작동하는 ALB, 연결 수준에서 작동하는 NLB, 그리고 이전에 사용하던 CLB가 있습니다. 여기서는 ALB만 사용할 예정입니다. 또한 CLB는 이전 버전이므로 되도록 ALB나 NLB만 사용하는 것을 권장합니다.

그래서 각 Load Balancer의 작동 형태를 정리해보면 다음 그림과 같습니다. 먼저 ALB는 HTTP 헤더를 기준으로 트래픽을 분배하고, NLB는 IP 주소와 포트 번호를 기준으로 트래픽 을 분배합니다. 그리고 CLB는 HTTP 헤더 및 IP 주소와 포트 번호를 기준으로 트래픽을 분배 하게 됩니다.

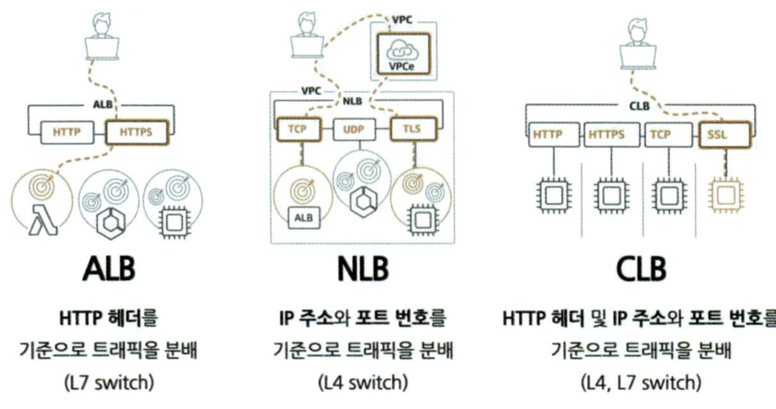

ALB

HTTP 헤더를
기준으로 트래픽을 분배
(L7 switch)

NLB

IP 주소와 포트 번호를
기준으로 트래픽을 분배
(L4 switch)

CLB

HTTP 헤더 및 IP 주소와 포트 번호를
기준으로 트래픽을 분배
(L4, L7 switch)

▶ ELB Load Balancer 유형 2

여기서 잠시 네트워크 시간에 등장하는 OSI 7 Layers에 대해서 간단하게 짚고 넘어가도록 하겠습니다. OSI 7 Layers은 네트워크 통신에서 데이터 전송 과정을 일곱 단계로 분할하여 정의한 모델입니다. 아래는 OSI 7 Layers를 그림으로 나타낸 것입니다.

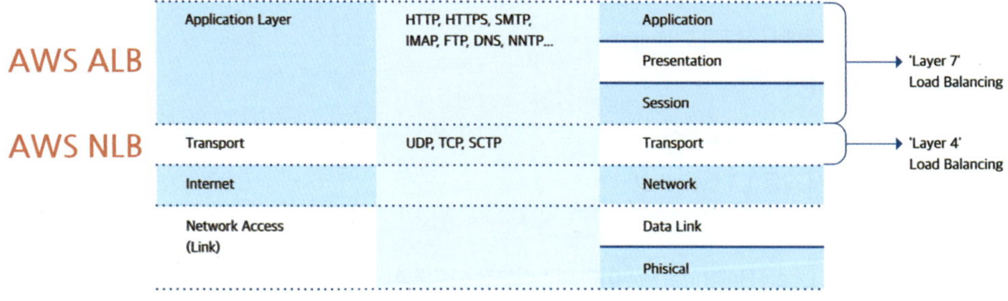

▶ OSI 7 Layers[2]

OSI 7 Layers는 Physical, DataLink, Network, Transport, Session, Presentation, Application을 의미합니다. 그리고 여기서 4번째 Layer인 Transport Layer에서 작동하는 것이 NLB이고, 7번째 Layer인 Application Layer에서 작동하는 것이 바로 ALB라고 이해하면 됩니다.

---

2 https://freeloadbalancer.com/load-balancing-layer-4-and-layer-7/

실습 EC2 WordPress 인스턴스 생성

이번 실습에서는 ELB를 사용하기 전에 먼저 EC2 WordPress 인스턴스를 생성해보도록 하겠습니다. 참고로 EC2 WordPress 인스턴스는 WordPress가 이미 설치되어 있어서 곧바로 블로그를 사용할 수 있는 형태의 인스턴스라고 보면 됩니다.

먼저 AWS 콘솔에서 EC2를 검색해서 EC2 페이지로 접속합니다. 그러면 아래 화면과 같이 EC2 페이지가 나오게 됩니다. 여기서 중간에 있는 주황색의 **인스턴스 시작** 버튼을 클릭합니다.

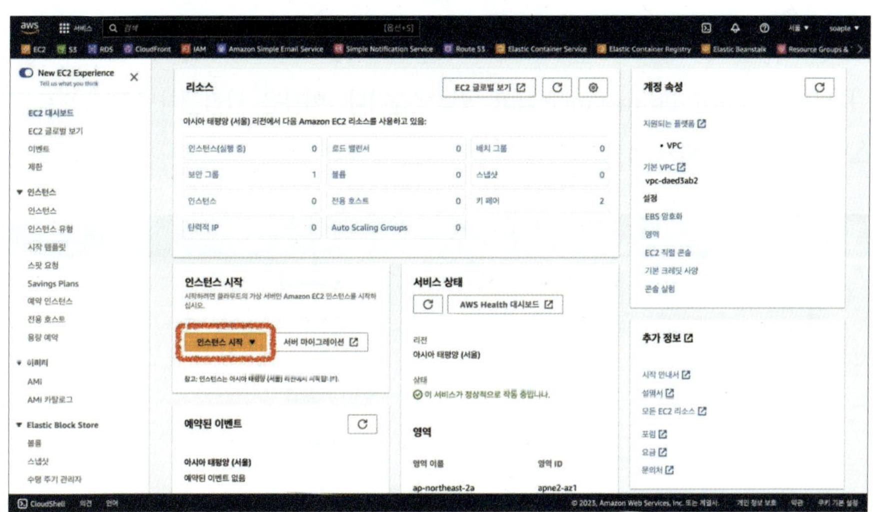

아래와 같이 **인스턴스 시작** 화면이 나오면 먼저 **이름**을 입력합니다.

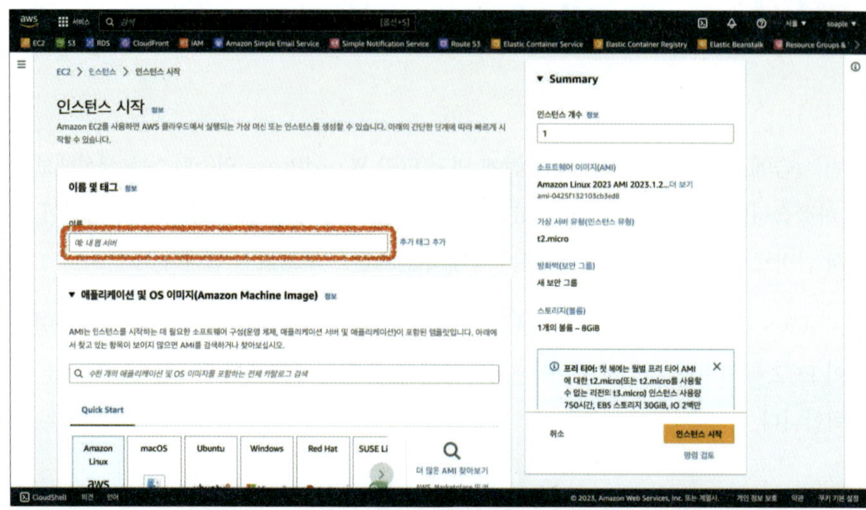

여기서는 'WordPressInstance'라고 입력했습니다. 이름을 입력했다면 다음으로는
AMI를 선택해야 합니다.

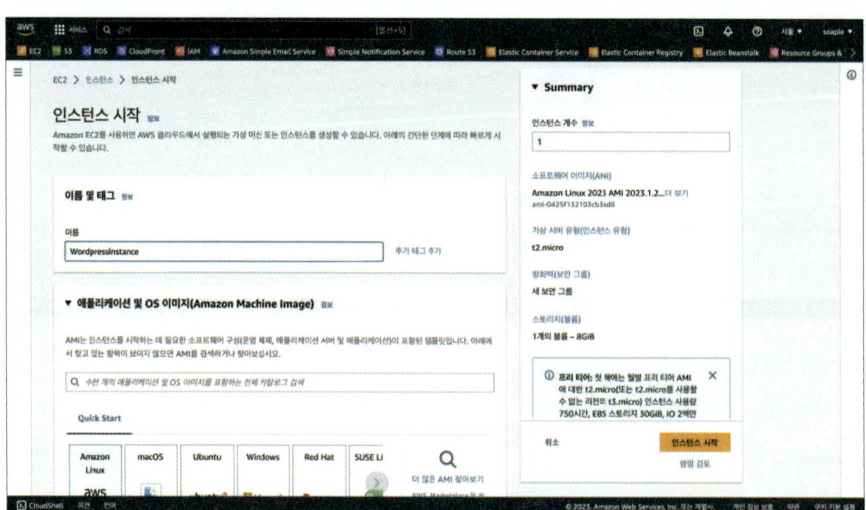

AMI를 선택하는 입력창에 아래 화면과 같이 wordpress bitnami라고 입력하고 엔터
키를 누릅니다.

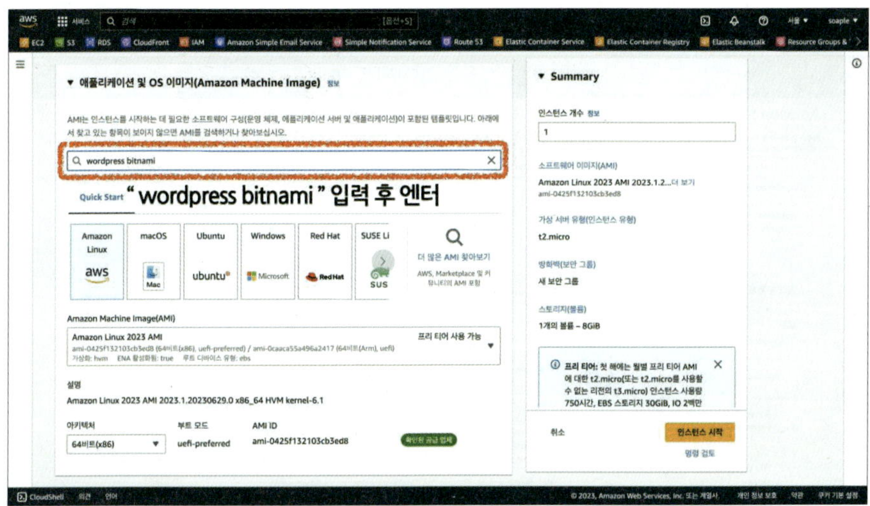

그러면 AMI 검색 결과 화면이 나오게 됩니다. 여기서 **AWS Marketplace AMI** 탭을
누릅니다.

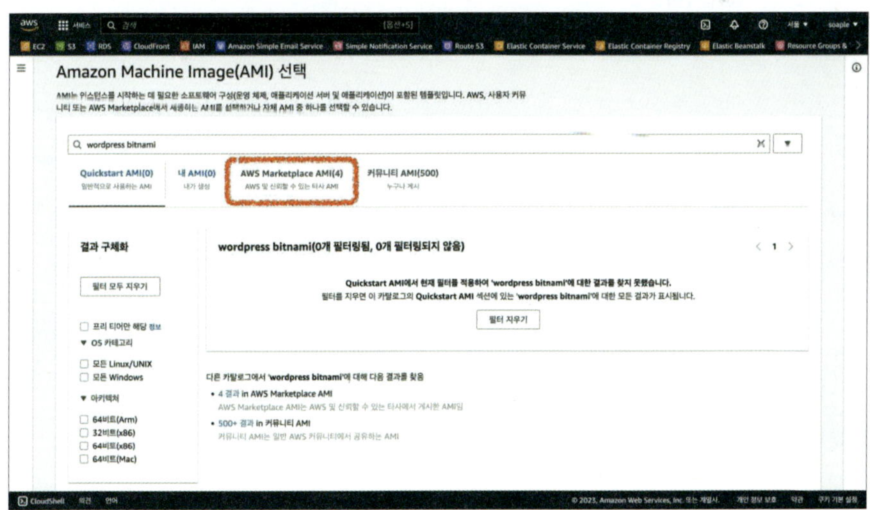

여러 종류의 AMI가 나오는데, 여기서 **WordPress Certified by Bitnami and Automattic** 이미지를 선택합니다. 이미지 종류가 많고 이름이 비슷하기 때문에 이름을 잘 확인해서 선택하기 바랍니다.

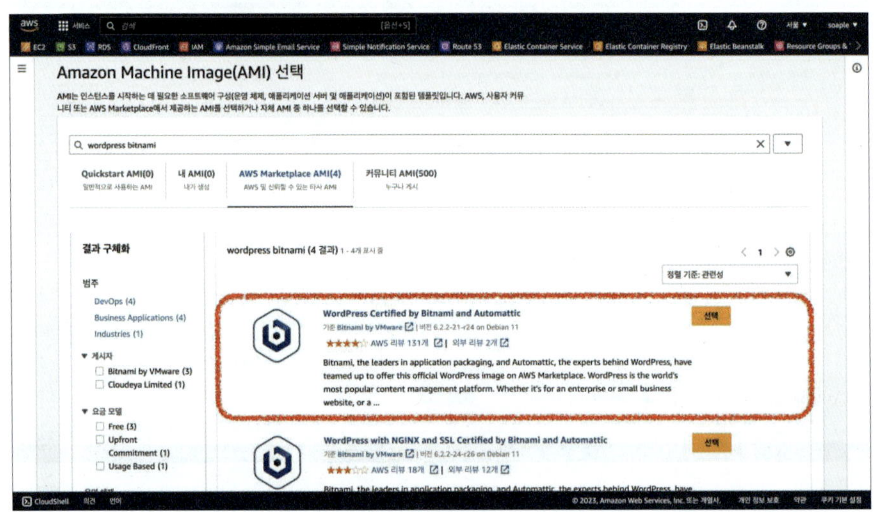

선택 버튼을 클릭하면 해당 AMI에 대한 상세 정보 문구가 나오게 됩니다. 여기서 **요금** 탭을 눌러보겠습니다.

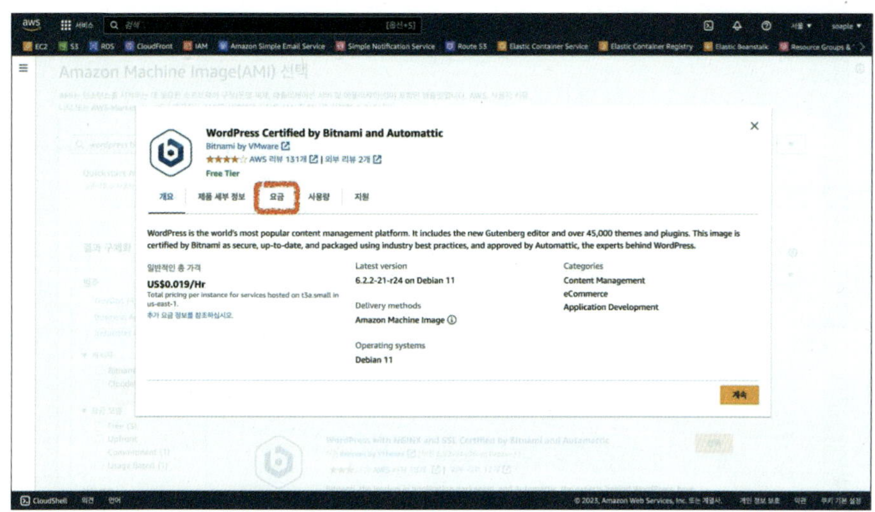

AMI 중에는 무료 이미지도 있지만 유료로 사용 요금을 내야 하는 이미지들도 있습니다. 화면에서 보는 것처럼 지금 우리가 선택한 이미지에 대한 요금은 시간당 0$로 무료로 사용할 수 있다는 것을 알 수 있습니다. EC2 인스턴스에 대한 요금만 내면 되는 것이죠. 나중에 다른 AMI를 사용할 때는 꼭 이 요금을 잘 확인하고 사용하기 바랍니다.

이제 오른쪽 하단에 **계속** 버튼을 클릭합니다.

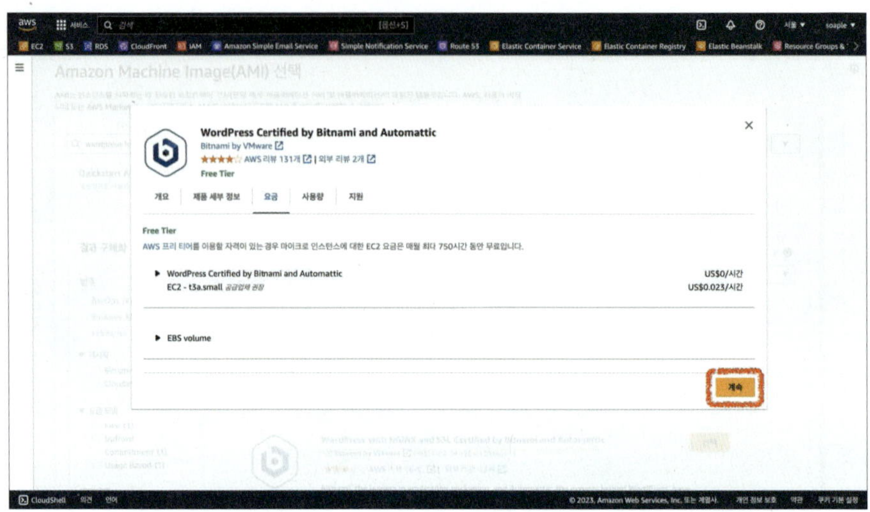

다음 화면과 같이 선택한 이미지가 설정된 것을 볼 수 있습니다.

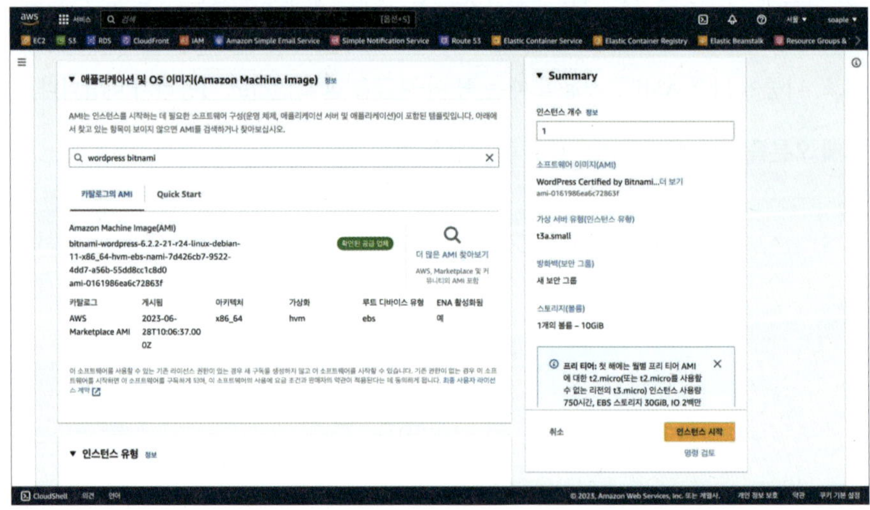

다음으로는 인스턴스 유형을 설정해야 합니다. AMI를 설정할 때 이 인스턴스 유형도
자동으로 변경이 되는데, 우리는 프리 티어로 실습을 진행할 것이기 때문에 **인스턴스 유
형** 메뉴를 클릭해서 변경하도록 하겠습니다.

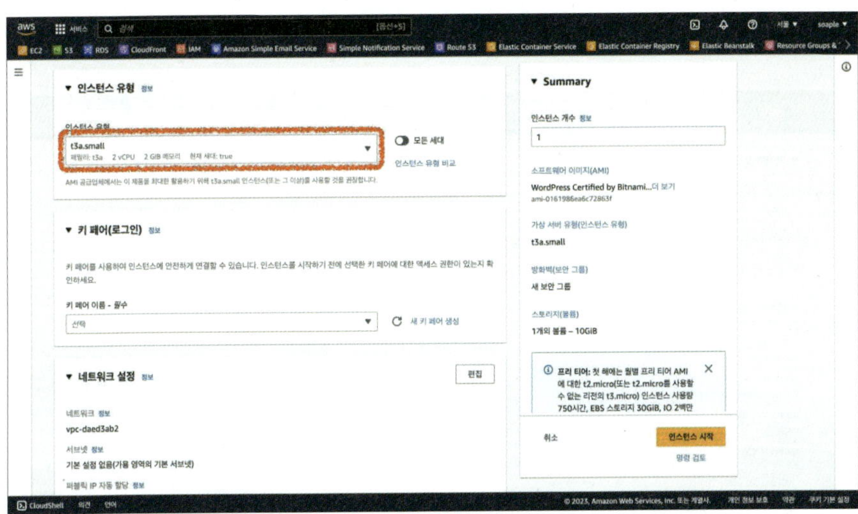

인스턴스 유형 목록이 나오면 여기서 **프리 티어 사용 가능**이라고 써 있는 t2.micro를 선택합니다. 만약 프리 티어에서 사용 불가능한 이미지를 선택하면 과금이 되니 주의하기 바랍니다.

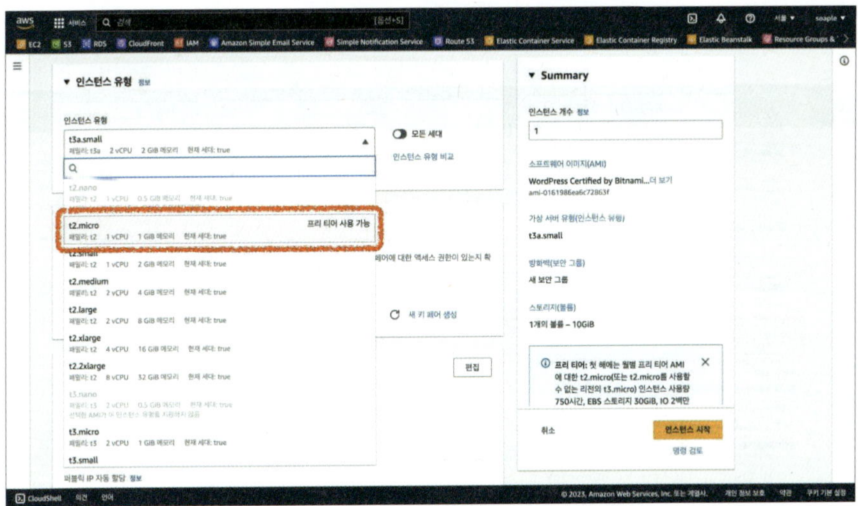

다음은 키 페어를 선택해야 합니다. 화면과 같이 **키 페어 선택** 메뉴를 클릭합니다.

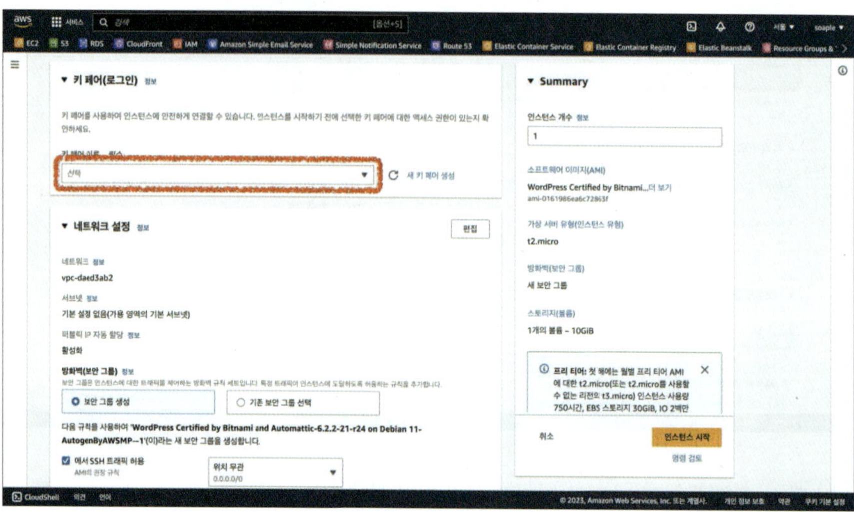

그리고 다음 화면과 같이 이전 실습에서 생성해둔 키 페어를 선택합니다. 이 키 페어는
이번 실습을 진행하면서 계속 사용한다고 생각하면 됩니다. 만약 모르고 키 페어를 삭
제한 분들은 새로 키 페어를 하나 생성하기 바랍니다.

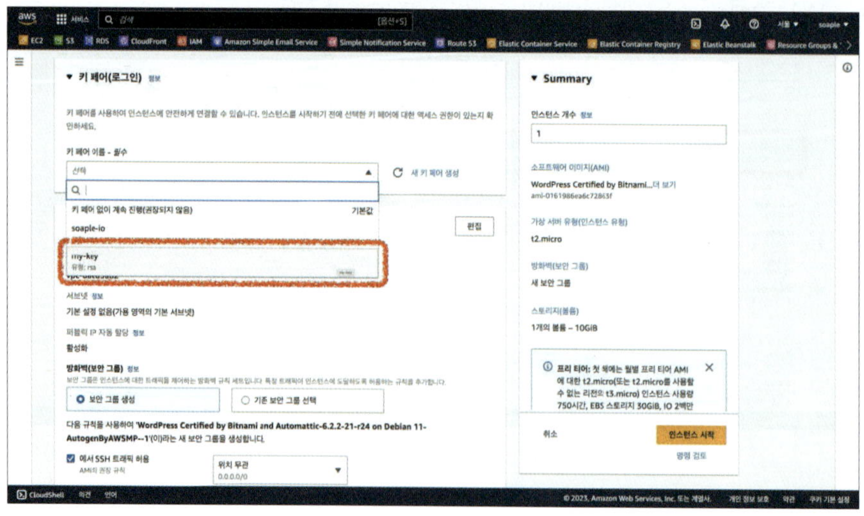

이렇게 해서 키 페어 설정까지 마쳤습니다. 다음으로 해야 할 것은 네트워크 설정인데
이 부분은 기본 설정 그대로 두고 진행하면 됩니다.

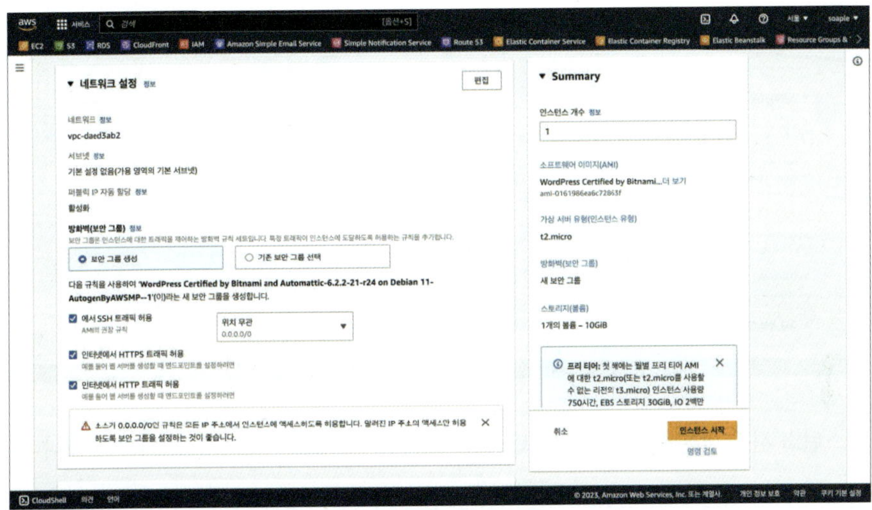

마지막으로 스토리지 구성이 나오는데 이 부분도 역시 기본 설정 그대로 두고 진행하면
됩니다. 이렇게 모든 설정을 마쳤으면 **인스턴스 시작** 버튼을 클릭하여 새로운 인스턴스
를 시작합니다.

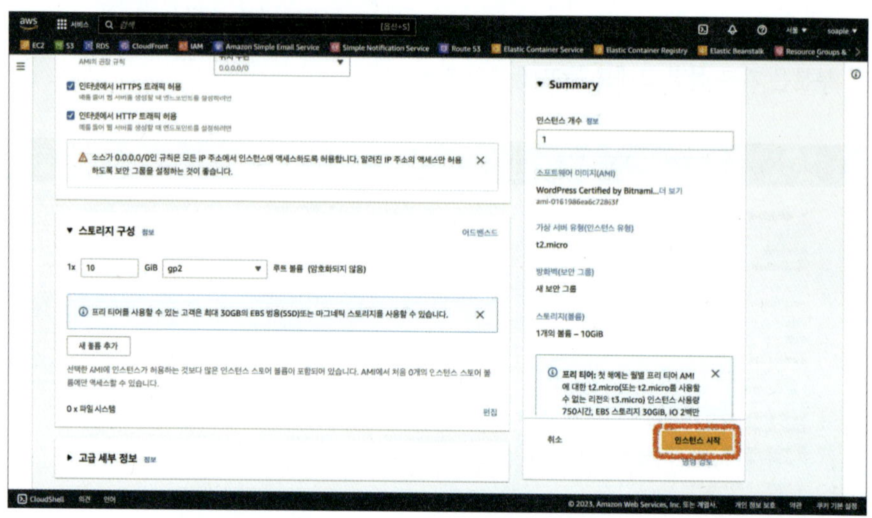

인스턴스 시작 버튼을 누르면 인스턴스가 시작되고 단계별 진행 상황이 나오게 됩니다.

일정 시간이 지나면 인스턴스 생성은 완료되는데 다음 화면과 같이 우리가 선택한 AMI
에 대한 구독이 진행되기 때문에 시간이 조금 걸리게 됩니다. 참고로 무료로 사용할 수
있는 AMI를 선택했기 때문에 여기서 구독한다고 해서 요금이 과금되지는 않습니다.

우선 구독이 완료되기 전에 인스턴스를 보기 위해서 화면 하단에 있는 **모든 인스턴스 보
기** 버튼을 클릭합니다.

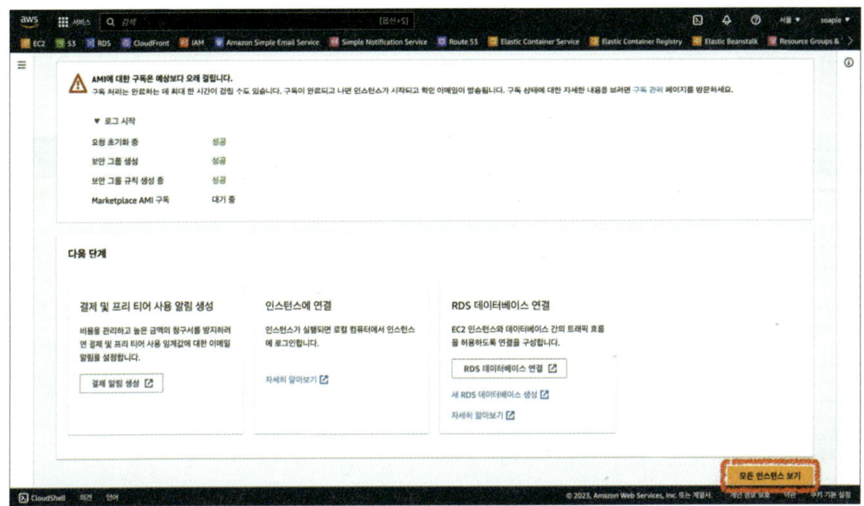

그러면 화면처럼 방금 생성한 인스턴스가 나오는 것을 볼 수 있습니다. 현재 인스턴스 상태는 **대기 중**으로 나오고 있습니다. 아직 사용할 수 있는 상태는 아닙니다.

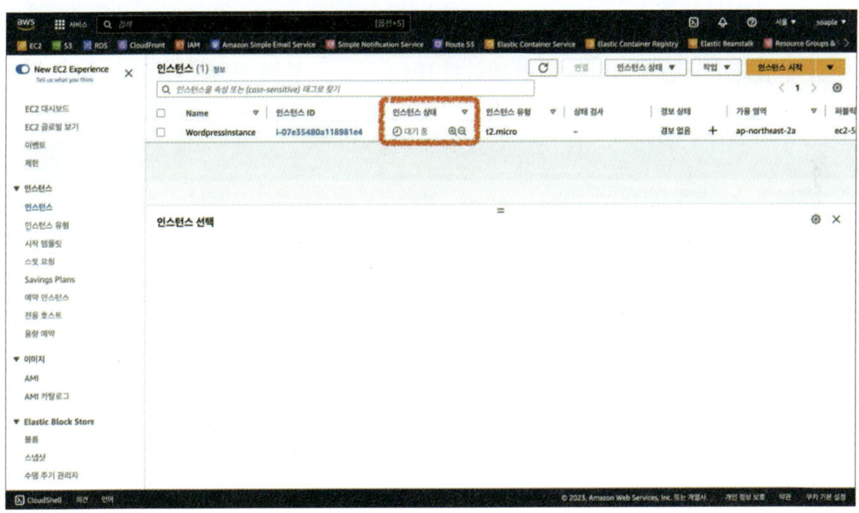

일정 시간이 지나면 인스턴스 상태가 **실행 중**으로 바뀌게 됩니다. 하지만 아직 상태 검사가 모두 끝나지 않은 상태입니다.

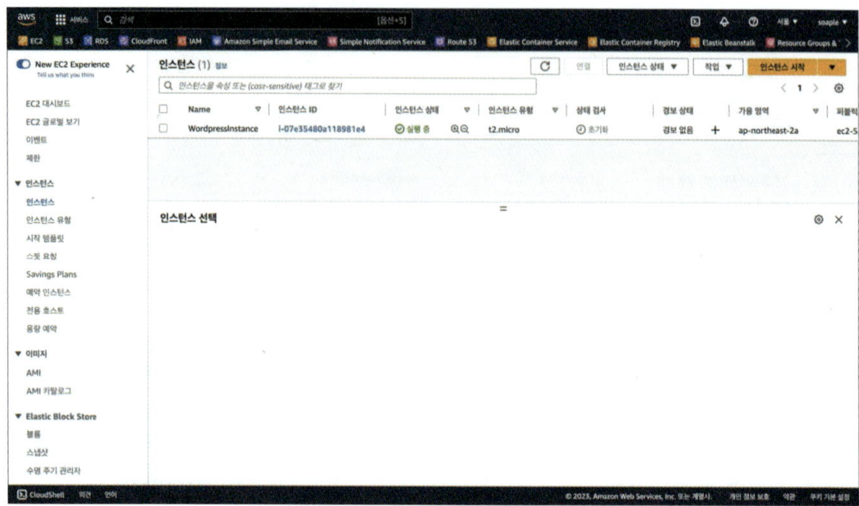

인스턴스를 누르면 다음과 같이 상세 정보를 볼 수 있습니다. 그리고 일정 시간이 지나서 상태 검사를 모두 통과하게 되면 퍼블릭 IPv4 주소를 통해 접속할 수 있습니다.

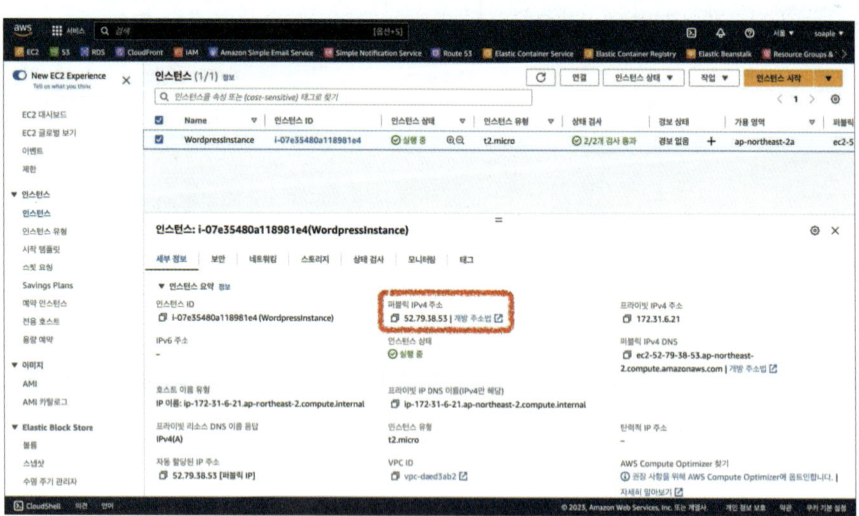

복사 버튼을 눌러서 **퍼블릭 IPv4 주소**를 복사합니다. 이후 크롬 주소창에 해당 IP 주소를 붙여 넣고 접속하면 WordPress 블로그가 나오는 것을 볼 수 있습니다.

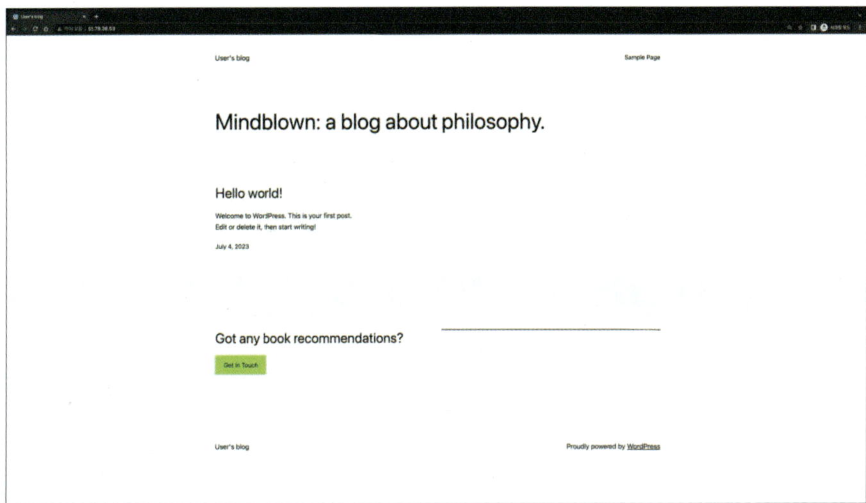

이렇게 EC2에 WordPress가 이미 설치된 AMI를 사용해서 곧바로 사용할 수 있는 블로그를 만들어보았습니다.

5.6 ELB Load Balancer 생성

이번 실습에서는 ELB Load Balancer를 생성해보겠습니다. 먼저 AWS 콘솔에서 EC2 페이지에 접속하고 왼쪽 메뉴를 아래로 스크롤하면 아래 화면과 같이 **로드 밸런싱**이라는 별도 메뉴가 보일 것입니다. 여기서 하위 메뉴인 **로드밸런서**를 클릭합니다.

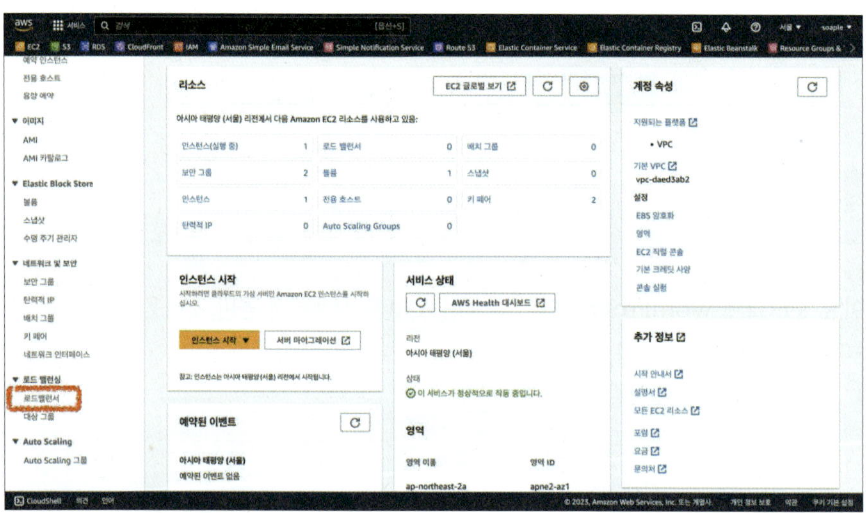

그러면 로드 밸런서를 생성하고 관리할 수 있는 화면이 나오게 됩니다. 여기서 오른쪽 위에 **로드 밸런서 생성** 버튼을 클릭합니다.

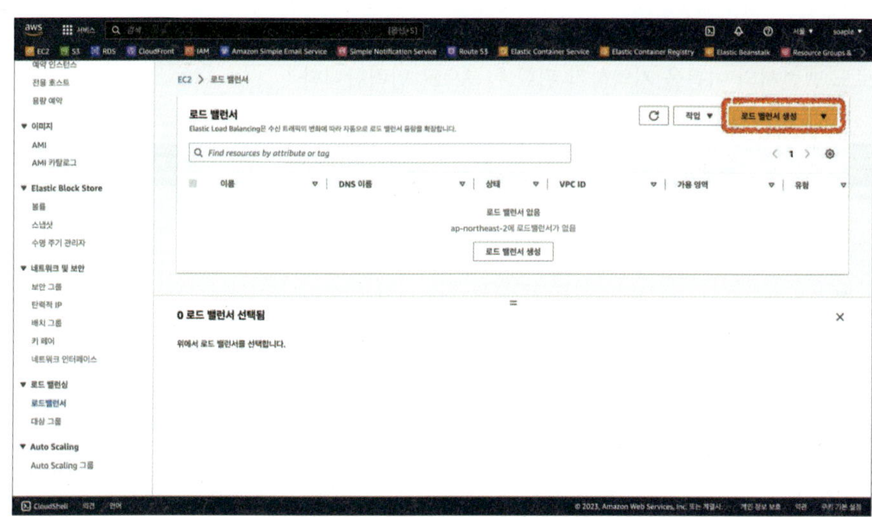

다양한 종류의 로드 밸런서를 선택하는 화면이 나옵니다. 여기서는 Application Load Balancer를 사용할 것이므로 ALB에 있는 **생성** 버튼을 클릭합니다.

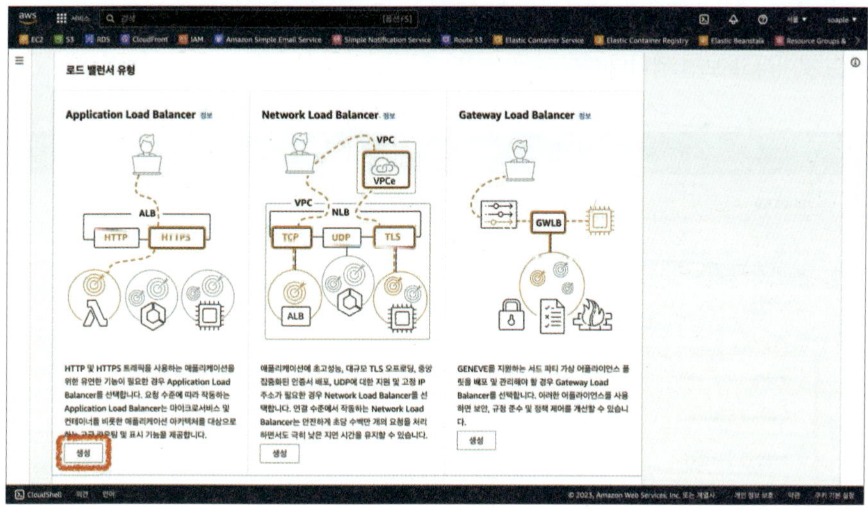

ALB를 생성할 수 있는 화면이 나옵니다. 먼저 **로드 밸런서의 이름**을 입력해야 합니다. 로드 밸런서의 이름을 기억하기 편한 이름으로 입력합니다.

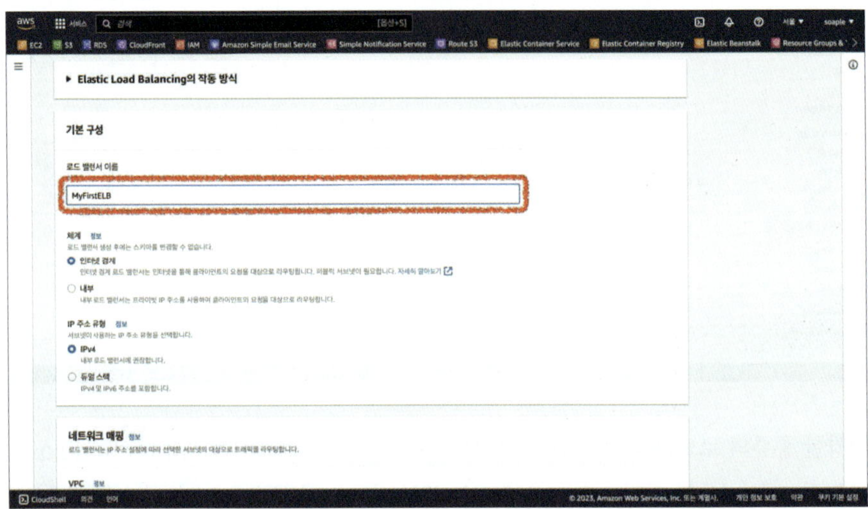

다음으로는 **네트워크 매핑**을 설정해야 하는데, 이 부분은 쉽게 말해서 가용 영역을 설정하는 것이라고 보면 됩니다.

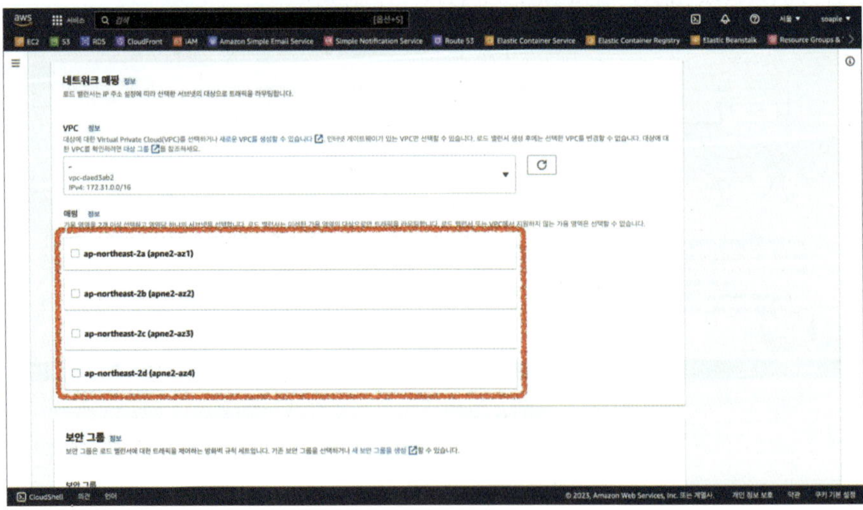

앞에서 ELB는 리전별로 생성한다고 배웠습니다. 그리고 하나의 리전 내에는 복수 개의 가용 영역이 존재합니다. 그래서 어떤 가용 영역에 있는 EC2 인스턴스에 부하를 분산시킬지 선택하는 것이라고 보면 됩니다. 현재 시점에서 서울 리전에는 총 4개의 가용 영역이 존재합니다.

저는 다음 화면과 같이 ap-northeast-2a와 ap-northeast-2c 이렇게 2개의 가용 영역을 선택했습니다. 여기서 한 가지 유의할 점은 이전 실습에서 생성한 WordPress 인스턴스가 있는 가용 영역을 무조건 포함해야 한다는 점입니다. 그래야 해당 인스턴스로 부하를 분산시킬 수 있기 때문이죠. 만약 EC2 인스턴스의 가용 영역을 확인하기 어렵다면, 우선 모든 가용 영역을 선택해서 실습을 진행하기 바랍니다.

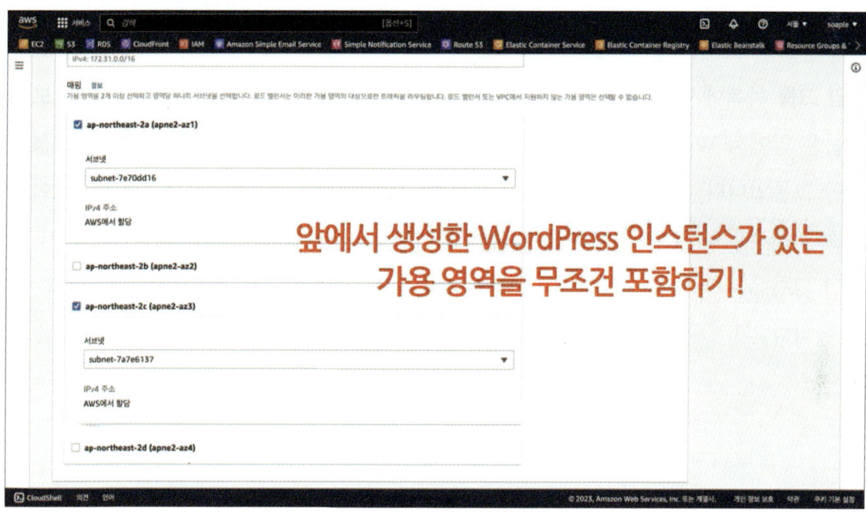

다음은 ELB의 보안 그룹을 설정해야 합니다. 여기서의 보안 그룹은 로드 밸런서로 들어오고 나가는 트래픽에 대한 가상의 방화벽이라고 보면 됩니다. 다음 화면처럼 **보안 그룹** 메뉴를 누릅니다.

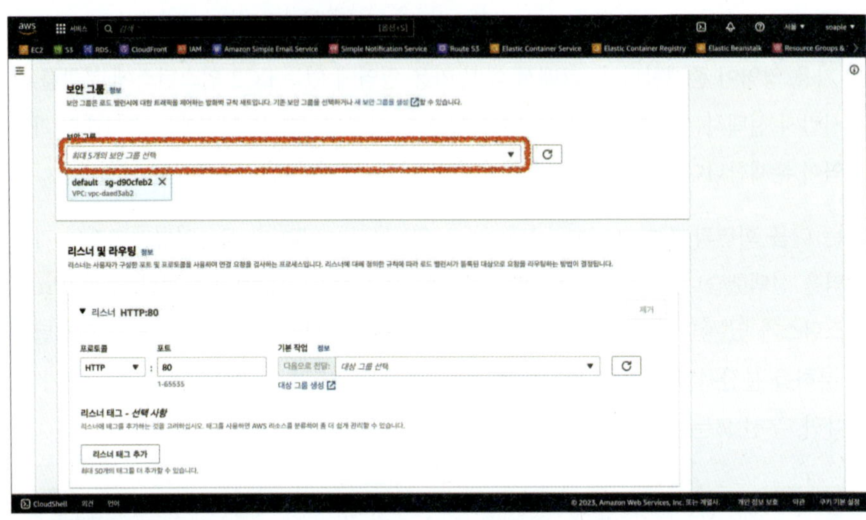

보안 그룹 목록에서 WordPress로 시작하는 이름의 보안 그룹을 선택합니다. 이 보안 그룹은 앞에서 WordPress AMI를 사용해서 EC2 인스턴스를 생성할 때 함께 생성된 보안 그룹입니다. 이것을 사용하는 이유는 이 보안 그룹에 외부에서 WordPress 인스턴스에 접속할 수 있는 인바운드 규칙들이 이미 포함되어 있기 때문입니다. 그래서 이 보안 그룹을 사용하면 외부에서 ELB를 통해서 WordPress 인스턴스로 접속할 수 있게 됩니다.

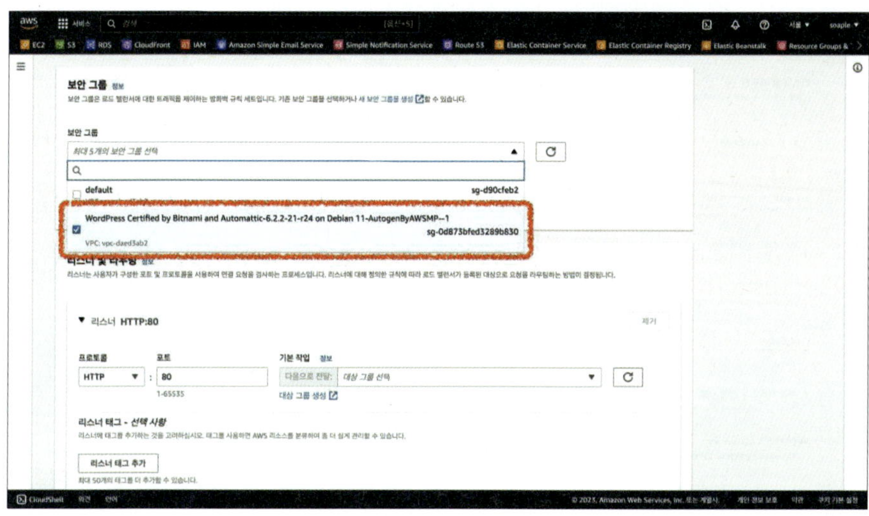

다음으로는 **리스너 및 라우팅**을 설정해야 합니다. 이것은 ELB로 들어온 부하를 어디로 분산시킬지 정하는 것이라고 보면 됩니다.

여기서 앞에서 배웠던 대상 그룹이라는 개념이 등장합니다. 대상 그룹은 영어로 Target Group이라고 부르며 ELB가 부하를 분산시킬 대상 인스턴스들의 집합이라고 보면 됩니다. 지금은 대상 그룹이 하나도 없기 때문에 먼저 **대상 그룹 생성** 버튼을 눌러서 뜨는 새 창에서 대상 그룹을 생성해야 합니다.

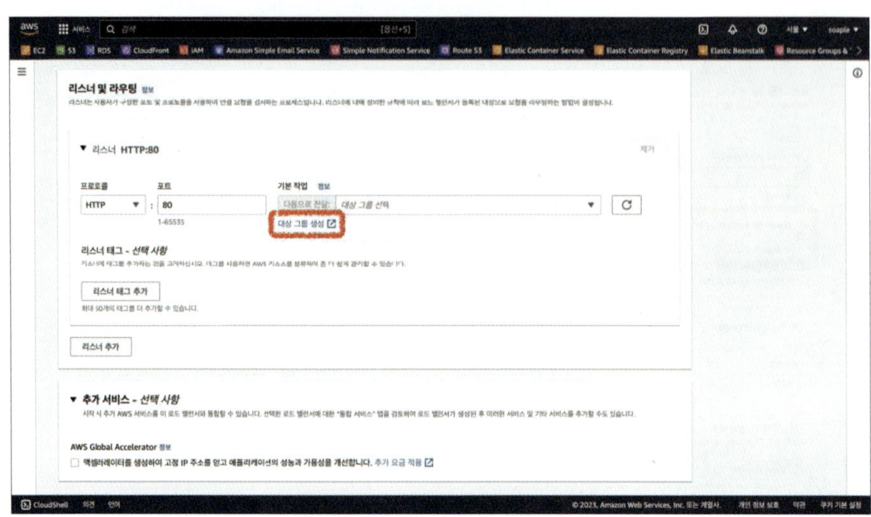

대상 그룹 생성 버튼을 클릭하면 다음과 같은 화면이 새 창에서 뜨게 됩니다. 여기서 먼저 부하를 분산시킬 대상 유형을 선택해야 하는데, 우리는 인스턴스로 부하를 분산시킬 것이기 때문에 다음과 같이 **인스턴스**를 선택하면 됩니다.

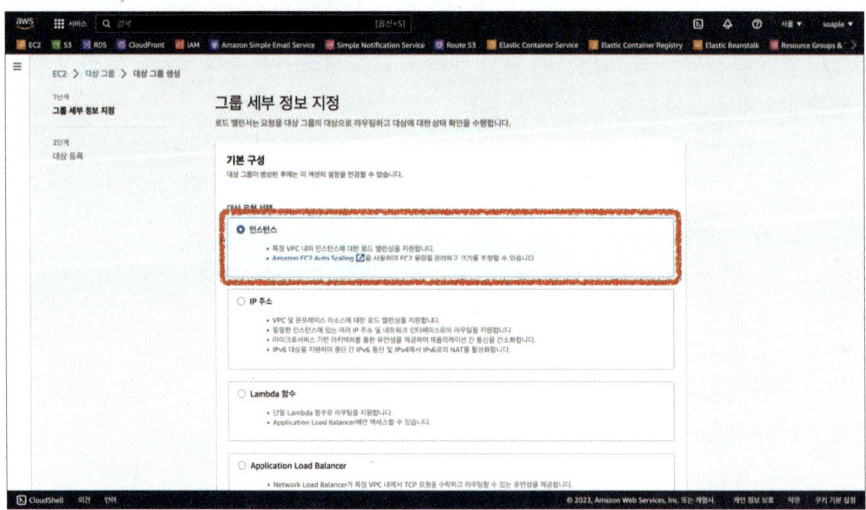

그리고 아래로 내려가서 **대상 그룹의 이름**을 입력합니다. 여기서는 'MyTargetGroup'
이라고 입력했습니다.

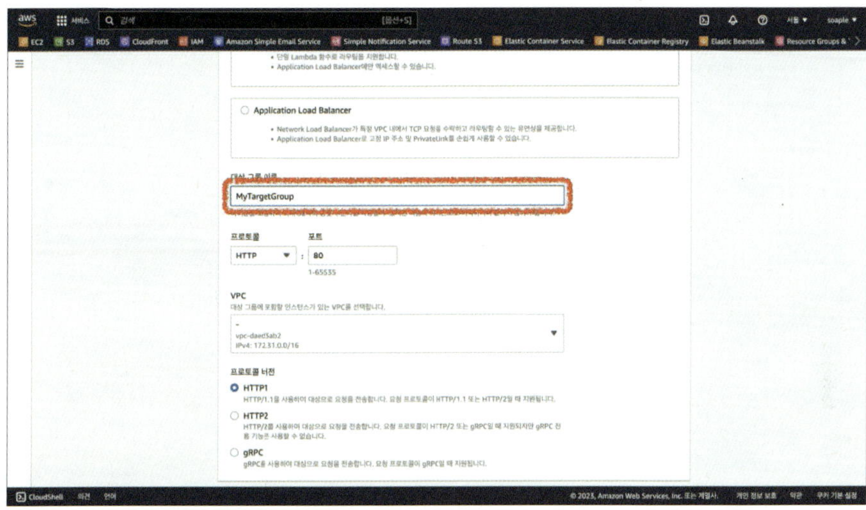

이후 나머지 설정은 그대로 두고 화면 제일 하단에 있는 **다음** 버튼을 클릭합니다.

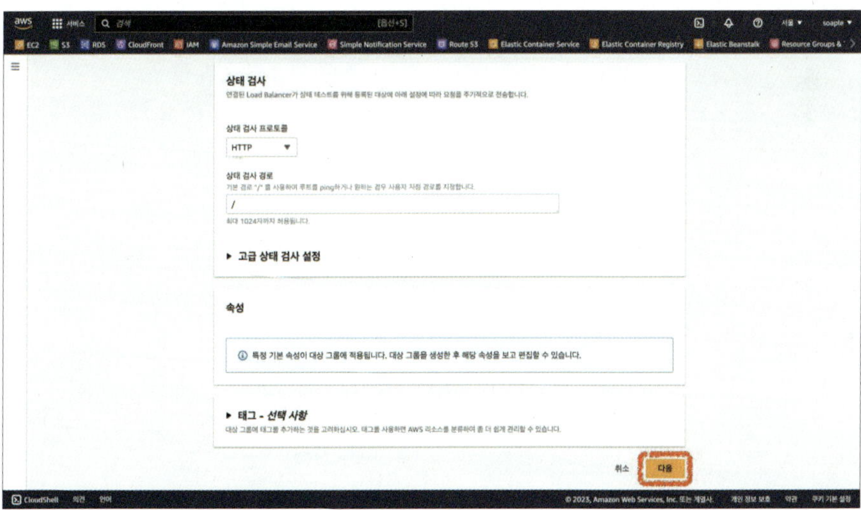

그러면 2단계로 넘어가게 되는데 대상을 실제로 등록하는 단계입니다. 여기서 이전 실습에서 생성해둔 EC2 WordPress 인스턴스를 선택합니다.

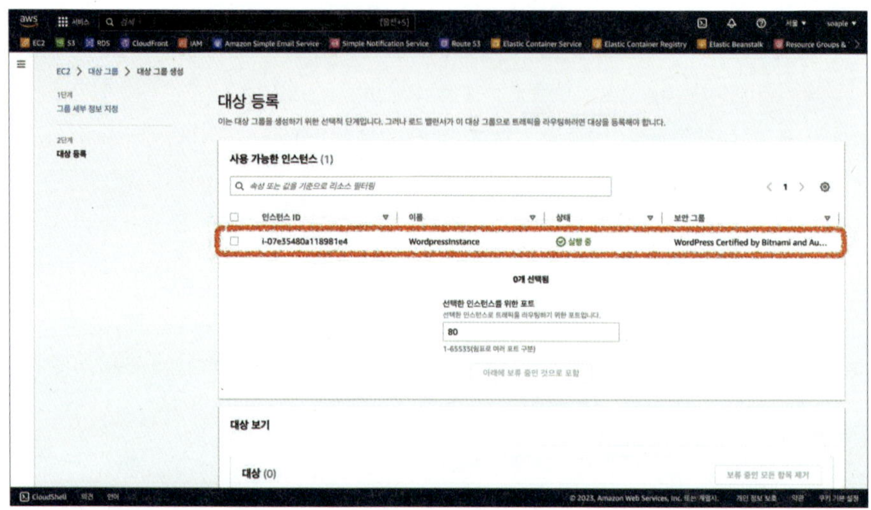

인스턴스를 선택한 다음 인스턴스 목록 하단에 있는 **아래에 보류 중인 것으로 포함** 버튼을 클릭합니다. 참고로 이 버튼은 번역이 조금 이상하게 되어 있는데, 그냥 대상 그룹에 인스턴스를 대기 상태로 넣는다는 의미로 이해하면 됩니다.

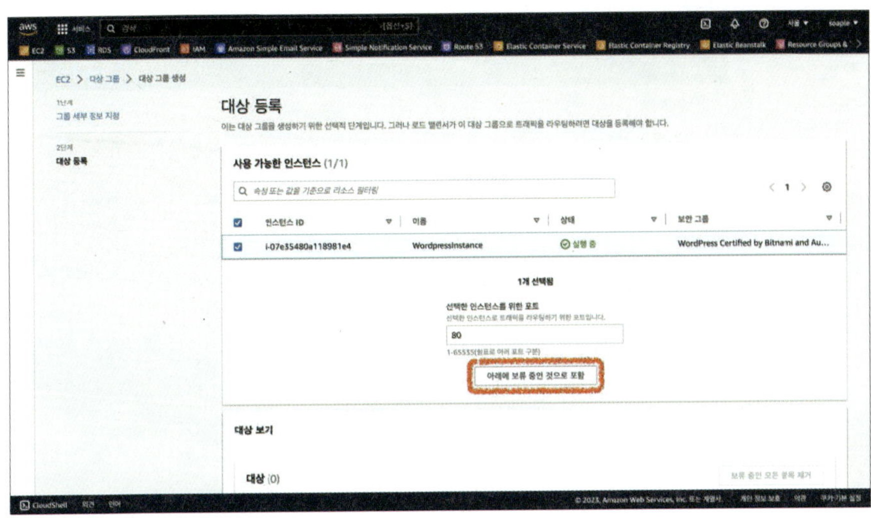

버튼을 누르면 화면 하단에 있는 대상 목록에 해당 인스턴스가 추가됩니다. 이제 **대상 그룹 생성** 버튼을 클릭합니다.

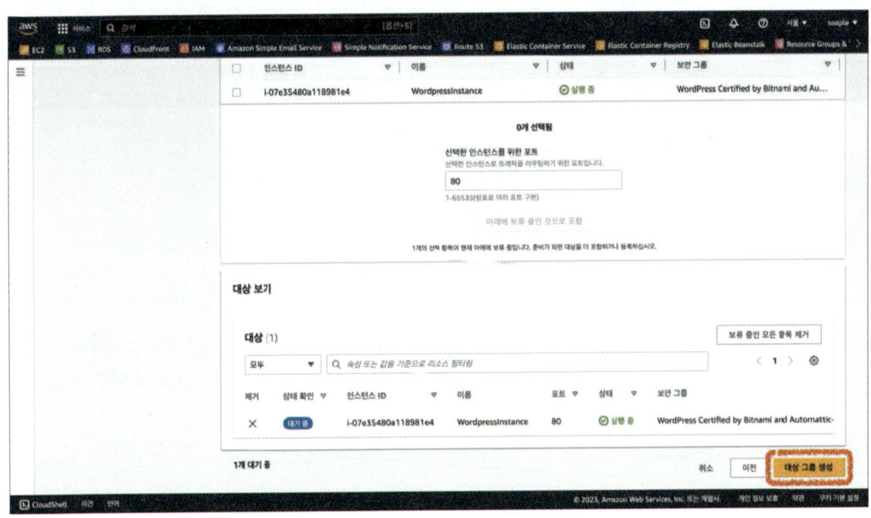

대상 그룹이 정상적으로 생성된 것을 볼 수 있습니다.

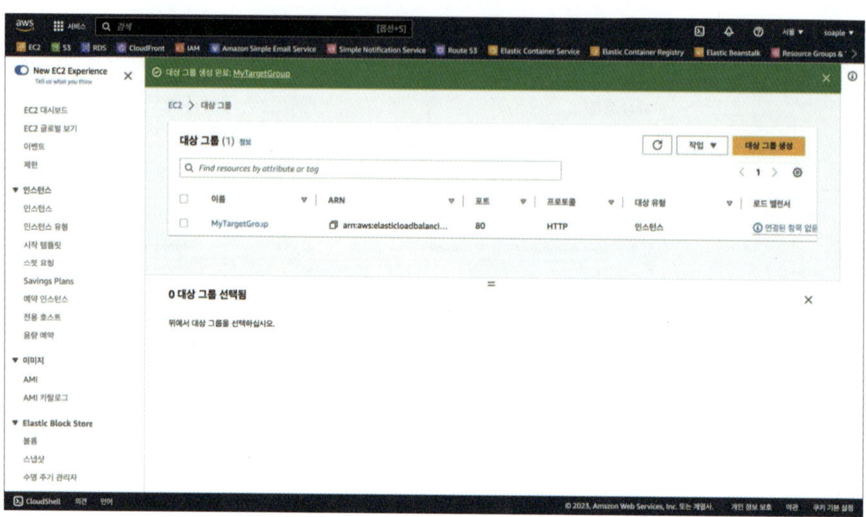

이제 다시 ELB를 생성하는 창으로 돌아와서 대상 그룹 선택 메뉴의 오른쪽에 있는 **새로고침** 버튼을 먼저 누르고 **대상 그룹 선택** 메뉴를 클릭합니다. 그러면 다음 화면과 같이 방금 전 생성한 대상 그룹이 나오는 것을 볼 수 있습니다. 이 대상 그룹을 선택합니다.

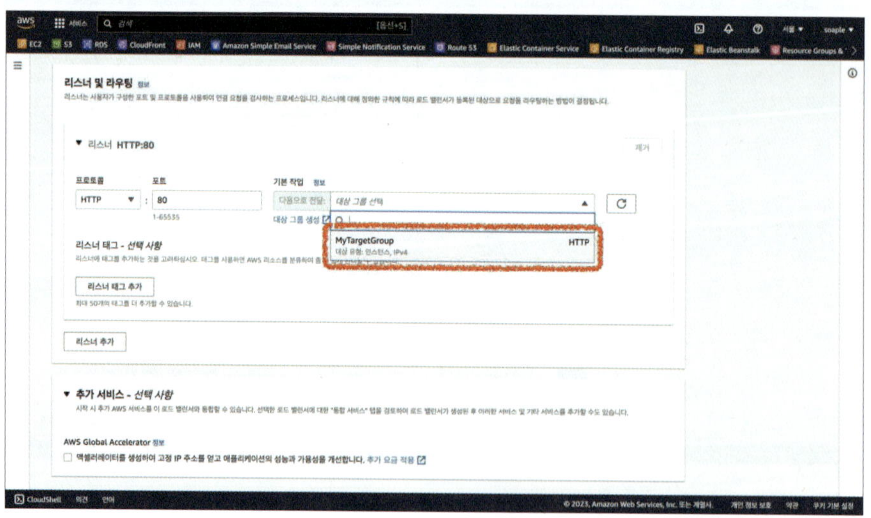

다음 화면처럼 정상적으로 대상 그룹이 설정됩니다.

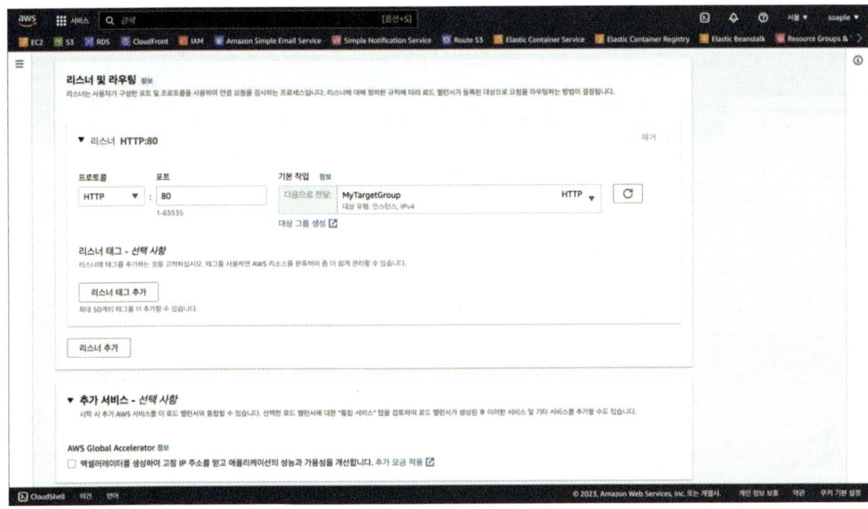

이제 모든 설정이 끝났습니다. 화면을 제일 하단으로 스크롤하여 **로드 밸런서 생성** 버튼
을 클릭합니다.

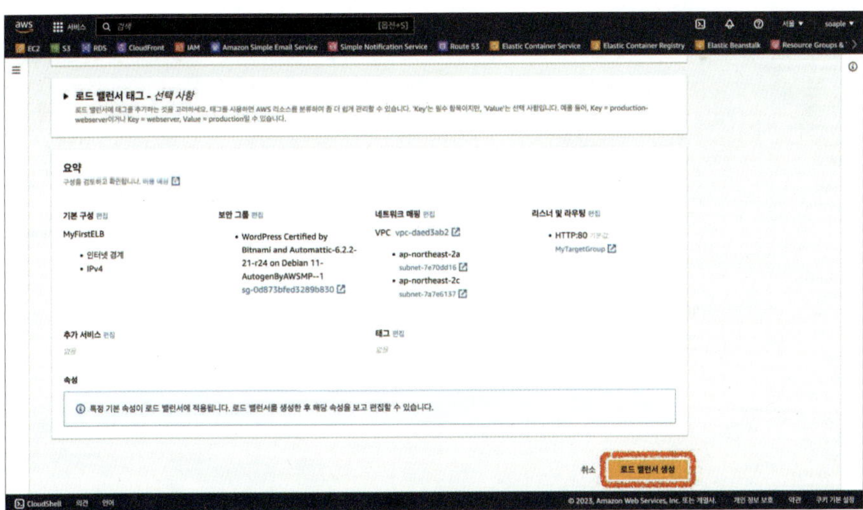

그러면 화면처럼 로드 밸런서가 정상적으로 생성됩니다. 여기서 **로드 밸런서 보기** 버튼을 누릅니다.

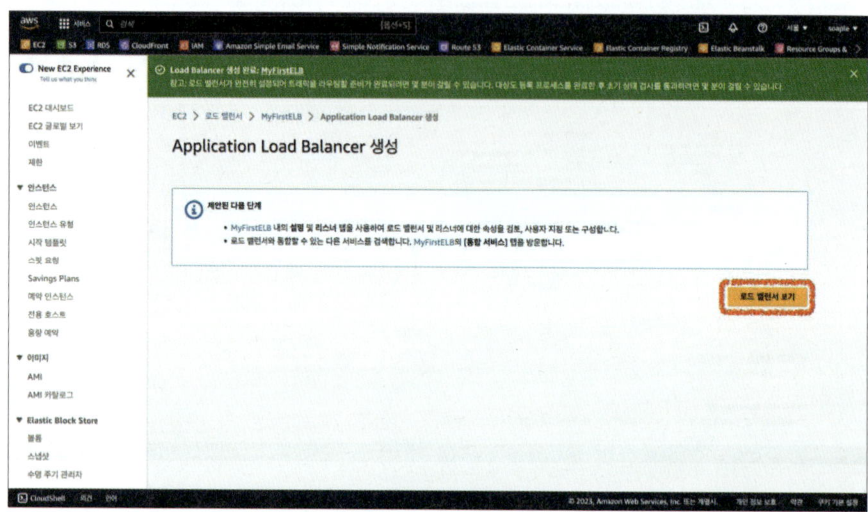

로드 밸런서 목록이 나오고 현재 상태는 **프로비저닝 중**으로 나오는 것을 볼 수 있습니다.

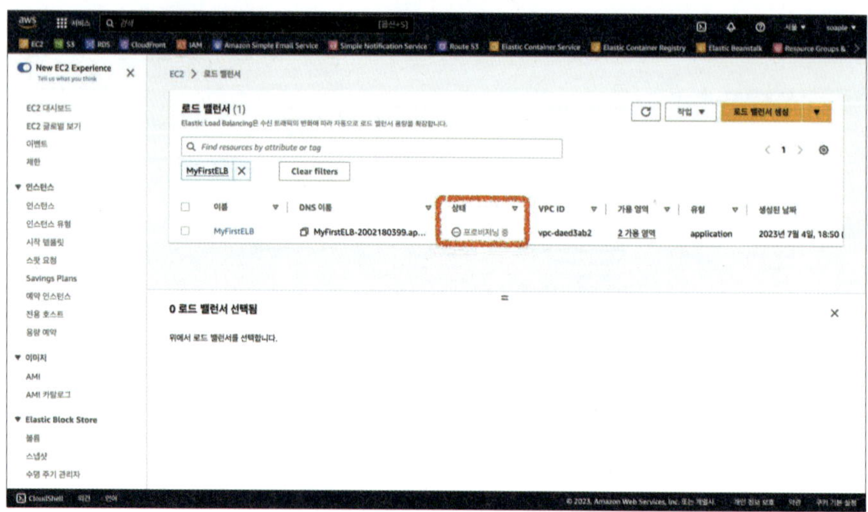

시간이 몇 분 지나면 화면처럼 로드 밸런서의 상태가 **활성**으로 바뀌게 됩니다.

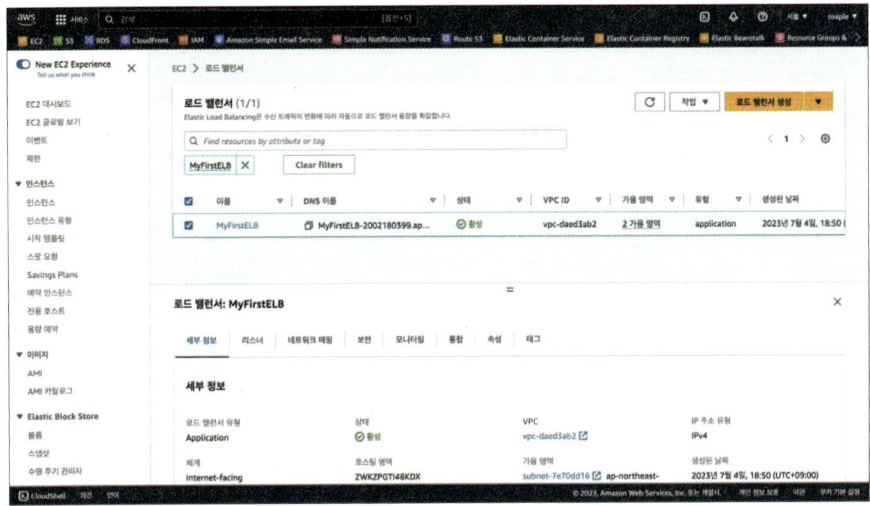

대상 그룹 화면에서 **대상** 탭을 누르면 인스턴스가 하나 존재하며 상태 확인이 **healthy**
로 나오는 것을 볼 수 있습니다. 등록한 대상이 Health Check까지 통과하여 정상적으
로 등록되었으며, 이는 부하를 분산받을 수 있는 상태가 된 것이라고 보면 됩니다.

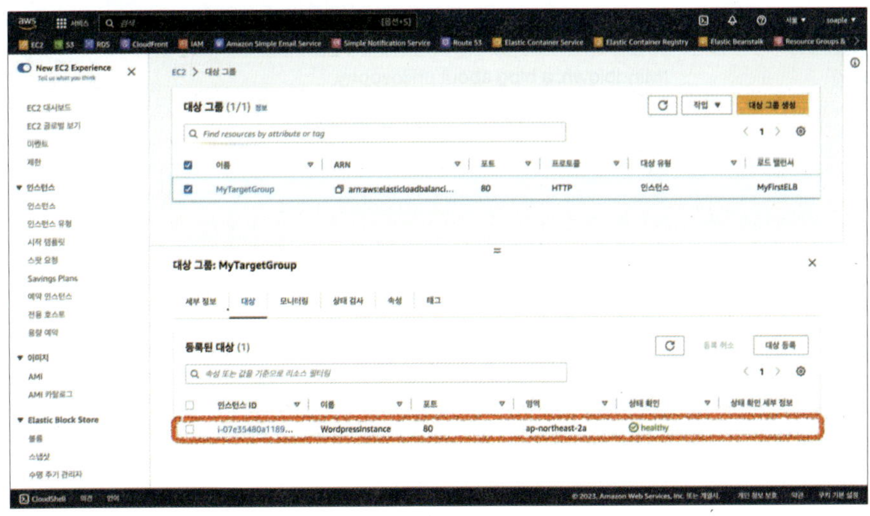

이제 ELB의 상세 정보 하단에 나오는 **DNS 이름**을 복사해서 접속해보겠습니다.

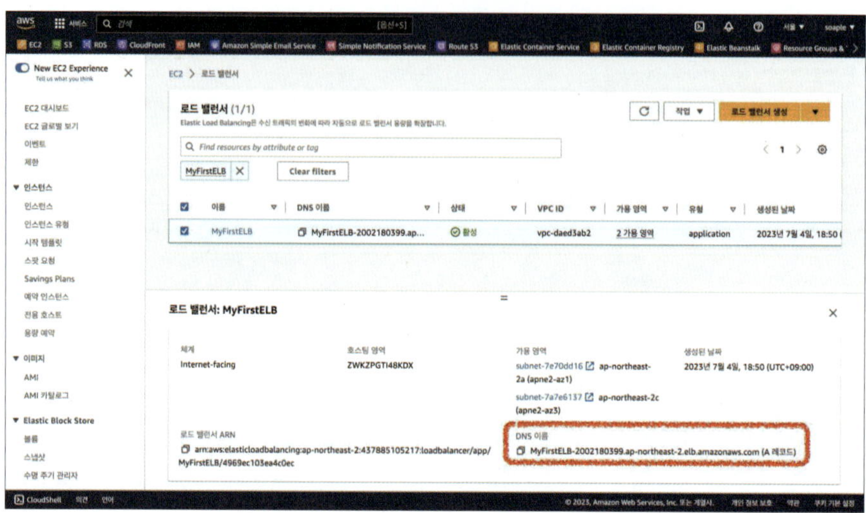

먼저 **복사** 버튼을 눌러 **DNS 이름**을 복사하고, 브라우저 주소창에 붙여 넣어 접속하면
WordPress 블로그가 정상적으로 나오는 것을 볼 수 있습니다.

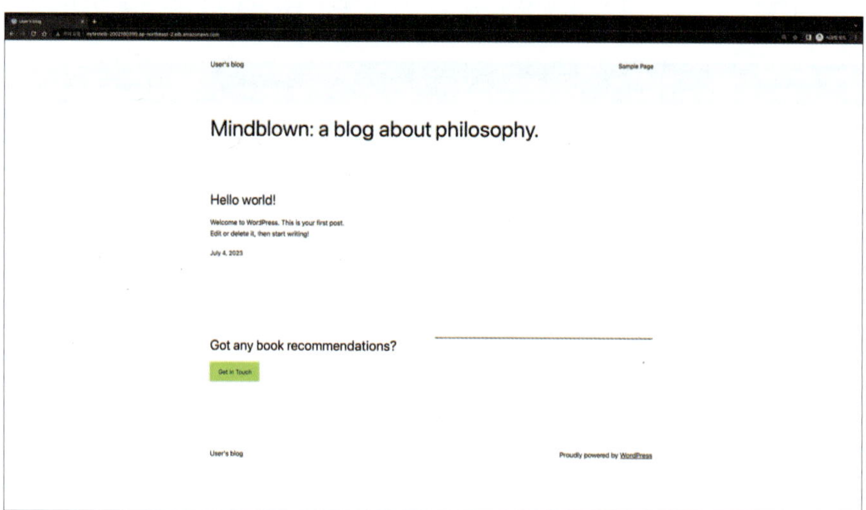

그럼, 지금까지 우리가 만든 구조를 정리해보도록 하겠습니다.

우리가 만든 구조는 다음 그림과 같이 클라이언트의 요청이 EC2 인스턴스로 곧바로 가는 것이 아니라 ELB를 통해서 EC2 인스턴스로 전달되는 구조입니다. 그리고 지금은 EC2 인스턴스가 하나밖에 없는 상태입니다. 그래서 엄밀히 말하면 부하가 분산된다고는 할 수 없습니다.

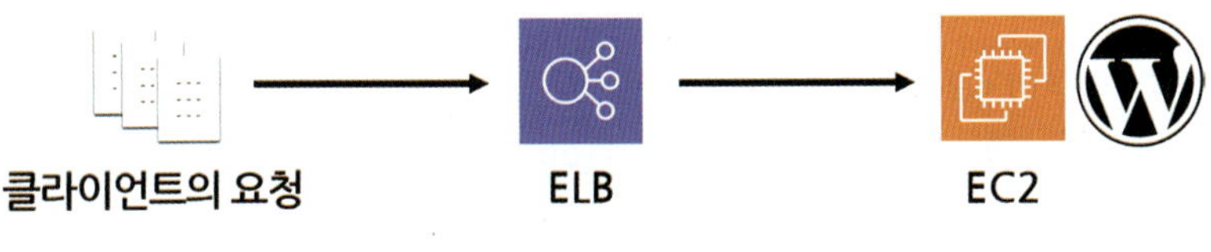

지금까지 만든 구조

그래서 이어지는 다음 실습에서는 그림과 같이 총 2개의 EC2 인스턴스를 만들고 부하를 분산시켜보도록 하겠습니다.

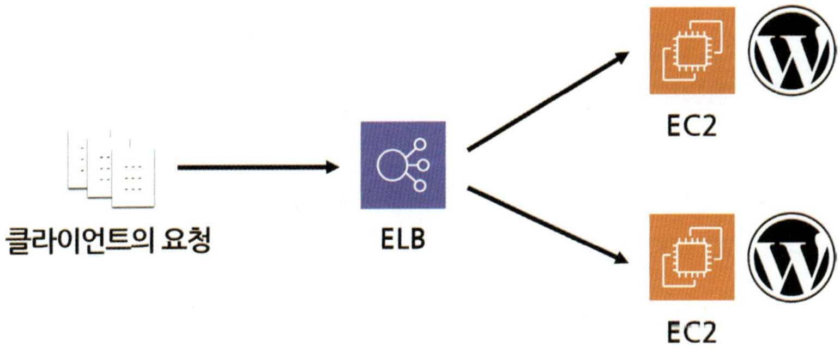

앞으로 만들 구조

5.7 실습 다른 가용 영역에 EC2 WordPress 인스턴스 생성

이번 실습에서는 다른 가용 영역에 EC2 WordPress 인스턴스를 1개 더 생성해보도록 하겠습니다.

이전 실습을 참고해서 EC2 WordPress 인스턴스를 생성하면 되는데, 한 가지 다른 점은 서브넷 설정을 변경해야 한다는 것입니다. 네트워크 설정의 **편집** 버튼을 누릅니다.

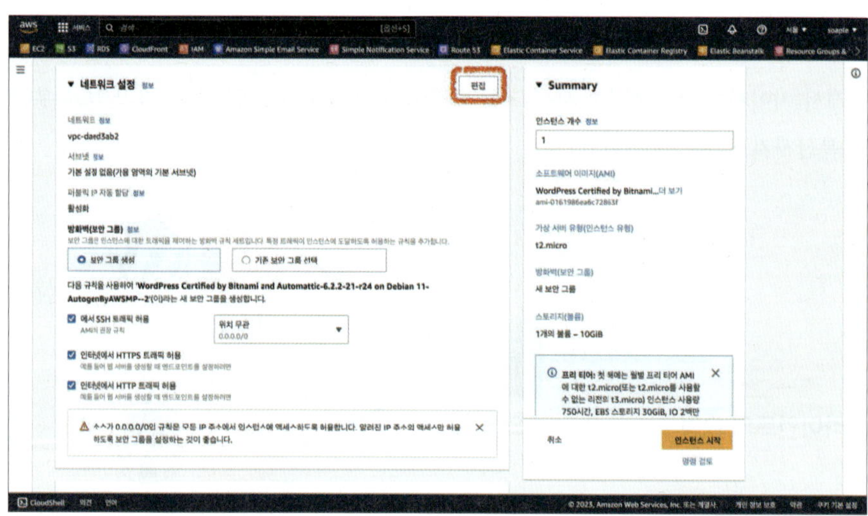

그러면 화면이 다음처럼 바뀌는데 여기서 **서브넷 설정** 메뉴를 클릭합니다. 서브넷은 쉽게 말해서 가용 영역을 선택하는 것이라고 생각하면 됩니다.

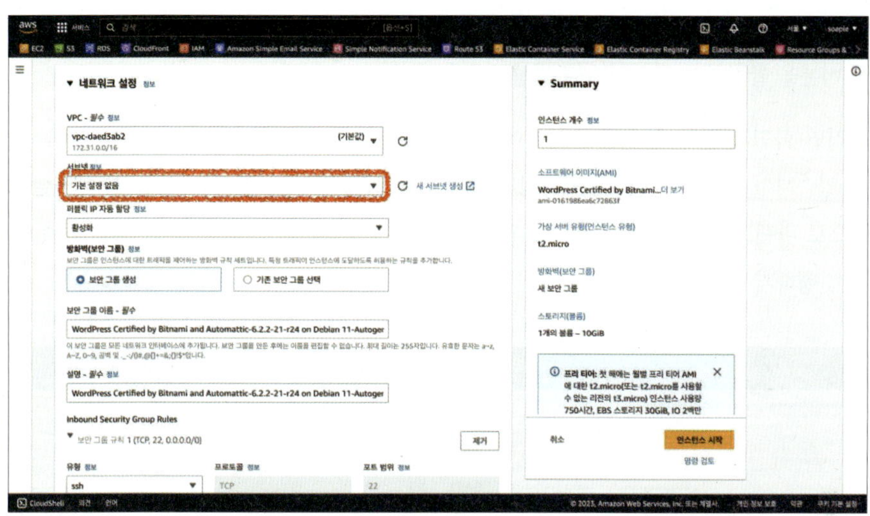

다음 화면과 같이 서울 리전에 있는 4개의 가용 영역이 목록에 나오게 됩니다. 여기서 꼭 이전에 생성한 EC2 인스턴스와 다른 가용 영역을 선택하기 바랍니다. 여기서는 이전에 생성한 인스턴스가 ap-northeast-2a에 있었기 때문에 이번에는 ap-northeast-2c를 선택했습니다.

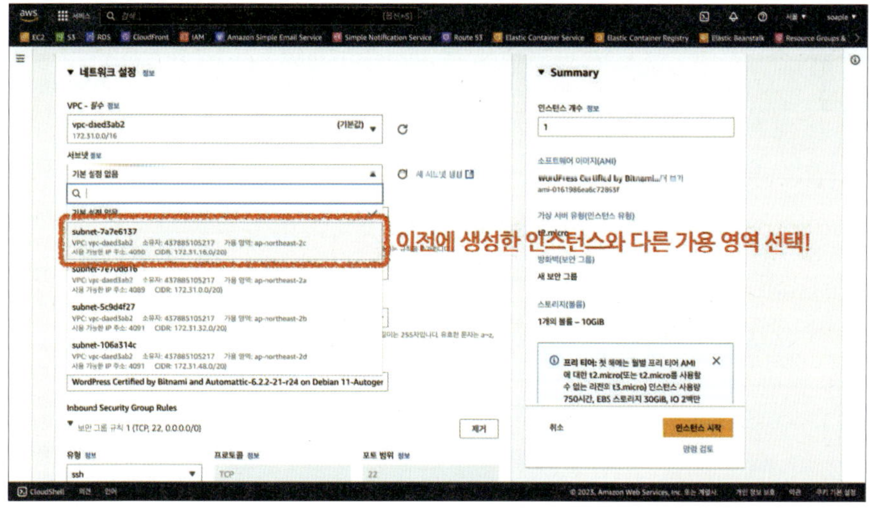

이렇게 가용 영역 선택을 마쳤습니다. 다른 설정들은 이전과 동일하게 하고 **인스턴스 시작** 버튼을 클릭하여 인스턴스를 생성합니다.

그러면 화면과 같이 인스턴스 목록에 새로운 WordPress 인스턴스가 추가된 것을 볼 수 있습니다. 처음에는 인스턴스 상태가 **대기 중**으로 나오고, 일정 시간이 지나면 **실행 중**으로 바뀌고 상태 검사까지 모두 완료됩니다. 이 상태가 된 이후에 다음 실습을 이어서 진행하기 바랍니다.

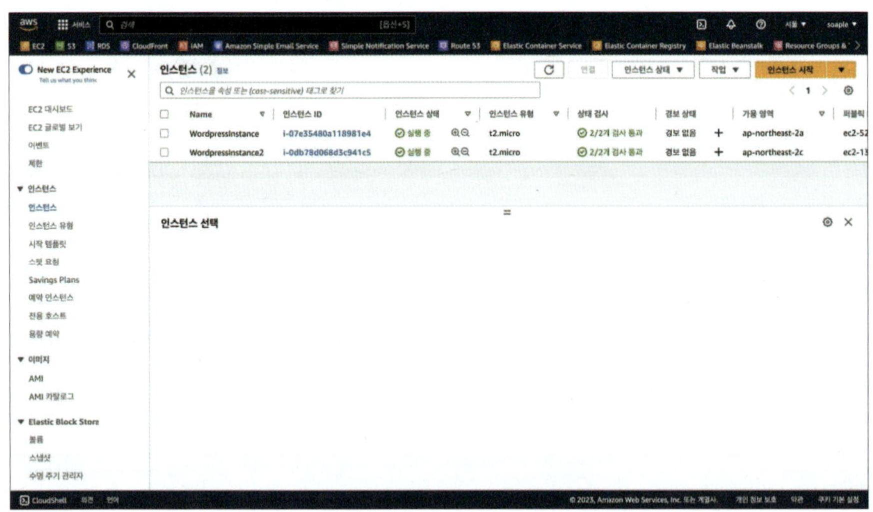

5.8 실습 ELB의 대상 그룹에 새로운 EC2 인스턴스 등록

이번 실습에서는 ELB의 대상 그룹에 이전 실습에서 새로 생성한 EC2 인스턴스를 등록하겠습니다.

먼저 EC2 페이지에서 왼쪽 메뉴를 이용해서 **대상 그룹** 페이지로 접속합니다. 그러면 우리가 앞에서 만든 대상 그룹이 하나 나오게 됩니다. 여기서 **대상** 탭을 클릭합니다.

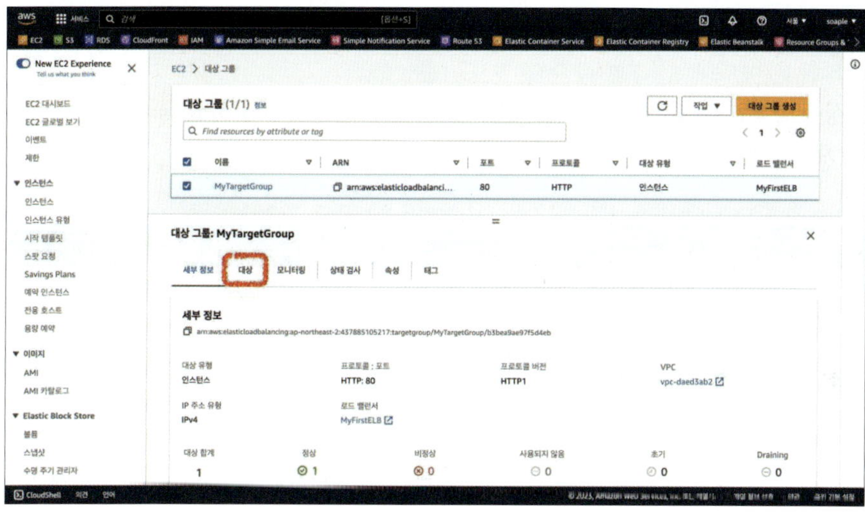

다음 화면처럼 대상 목록이 나오게 됩니다. 여기서 새로운 대상을 등록하기 위해서 오른쪽에 있는 **대상 등록** 버튼을 클릭합니다.

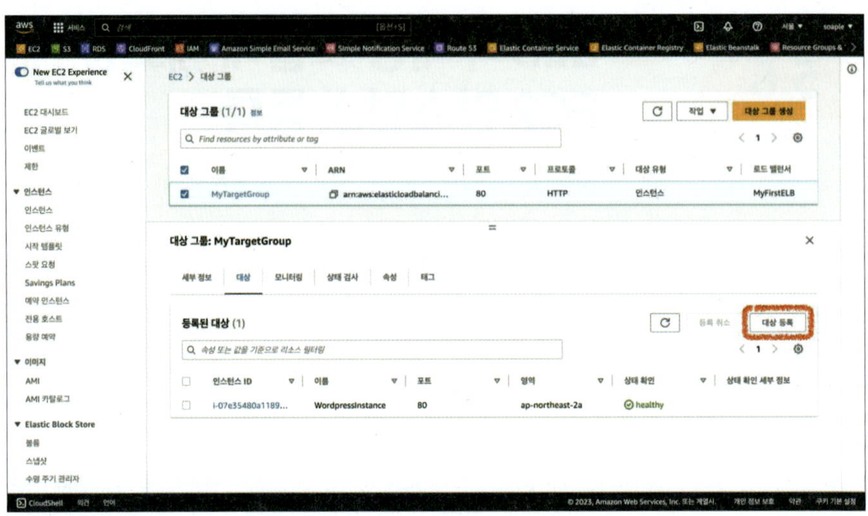

대상을 등록할 수 있는 화면이 나오면, 여기서 새로 생성한 WordPress EC2 인스턴스를 선택합니다.

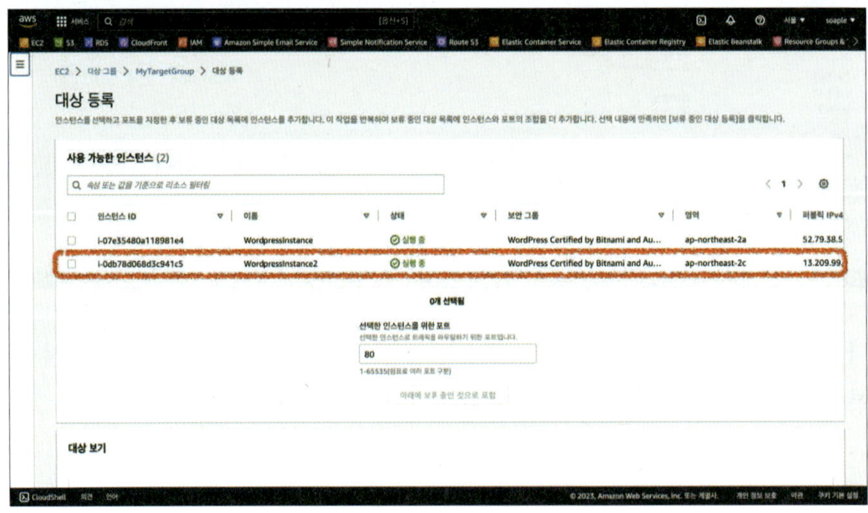

새로 생성한 EC2 인스턴스를 선택한 이후에 **아래에 보류 중인 것으로 포함** 버튼을 클릭

합니다.

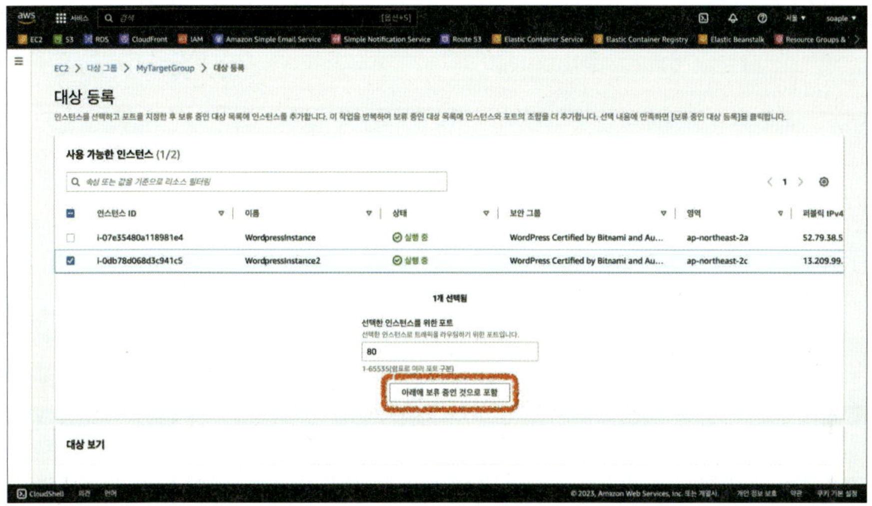

그러면 화면 하단에 있는 대상 목록에 새로운 인스턴스가 추가됩니다. 이제 **보류 중인 대상 등록** 버튼을 클릭하여 대상 등록 절차를 진행합니다.

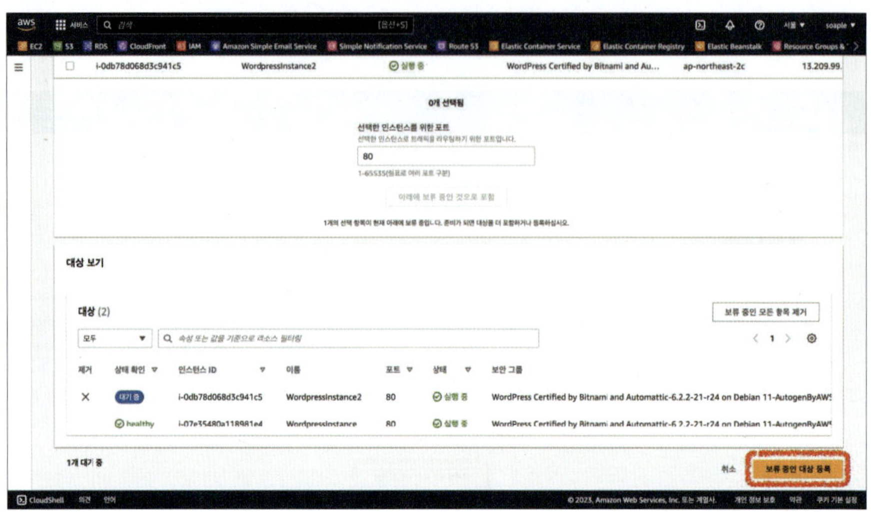

다음처럼 대상 목록에 새로운 EC2 인스턴스가 추가된 것을 볼 수 있습니다. 처음에 대상을 등록하면 곧바로 부하가 분산되는 것은 아니고, 먼저 상태 확인에 나와 있는 것처럼 초기화를 진행하게 됩니다.

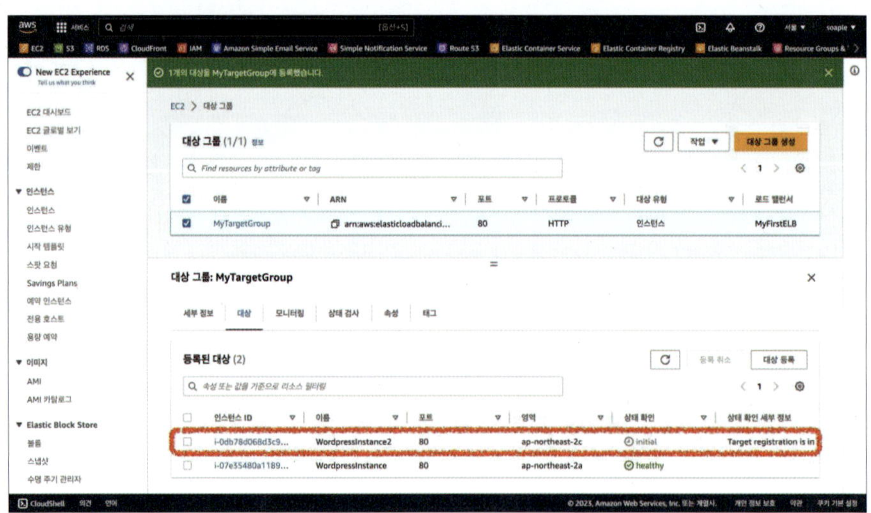

그리고 새로 추가된 대상에 대해 Health Check까지 모두 끝나게 되면 화면과 같이 **healthy** 상태로 변경됩니다. 이 상태가 되면 이제 ELB에서 새로운 EC2 인스턴스로도 부하를 분산시키게 됩니다.

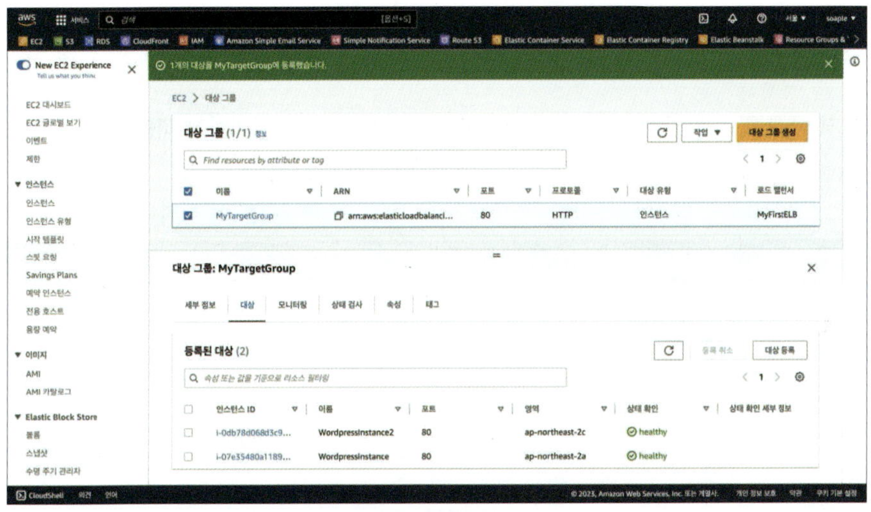

5.9 실습 Load Balancing 작동 확인

이번 실습에서는 실제로 Load Balancing이 작동하는지 확인해보도록 하겠습니다.

먼저 아래 화면과 같이 첫 번째로 생성한 EC2 인스턴스를 선택하고 **퍼블릭 IPv4 주소**를 복사합니다.

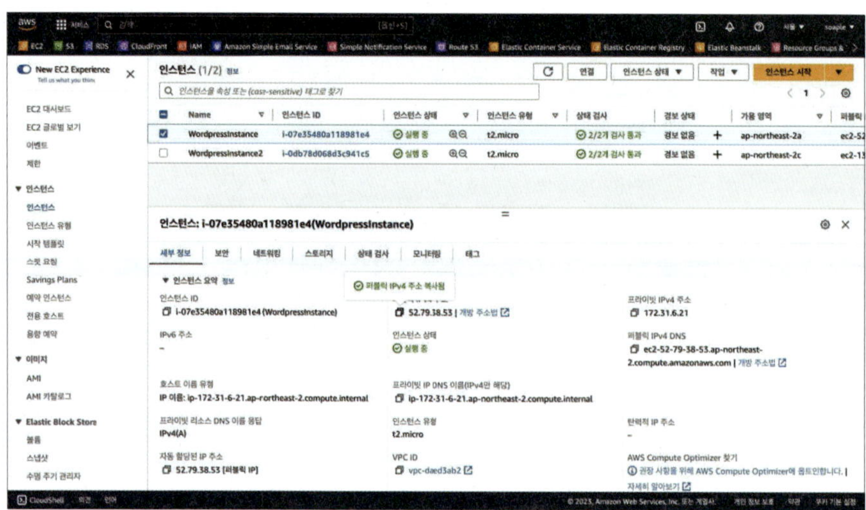

이후에 브라우저에서 IP 주소를 붙여 넣고 주소 뒤에 /admin을 붙여서 관리자 페이지로 접속합니다. 참고로 /admin은 WordPress에서 제공하는 관리자 페이지 주소입니다.

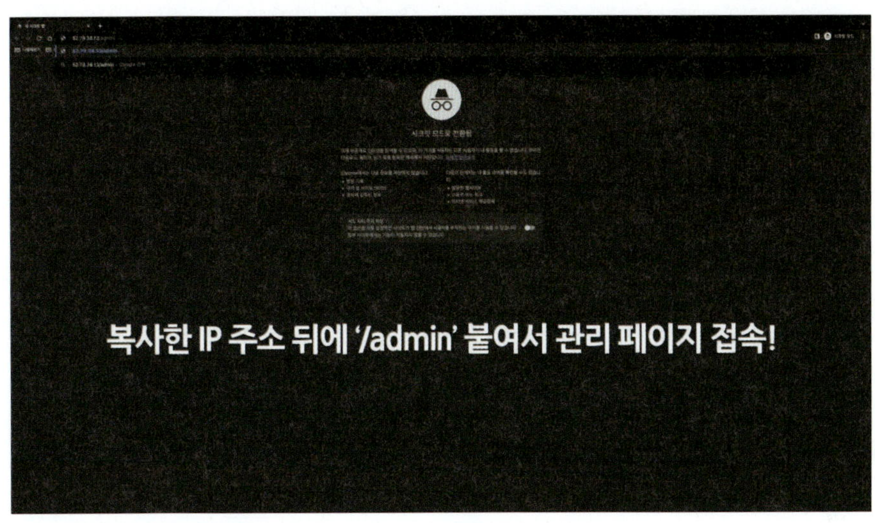

관리자 페이지로 접속하면 로그인 화면이 나옵니다. 그런데 우리는 아직 관리자 아이디
와 비밀번호를 모르는 상태입니다. 관리자 아이디와 비밀번호를 알아내기 위해서 다시
EC2 페이지로 이동합니다.

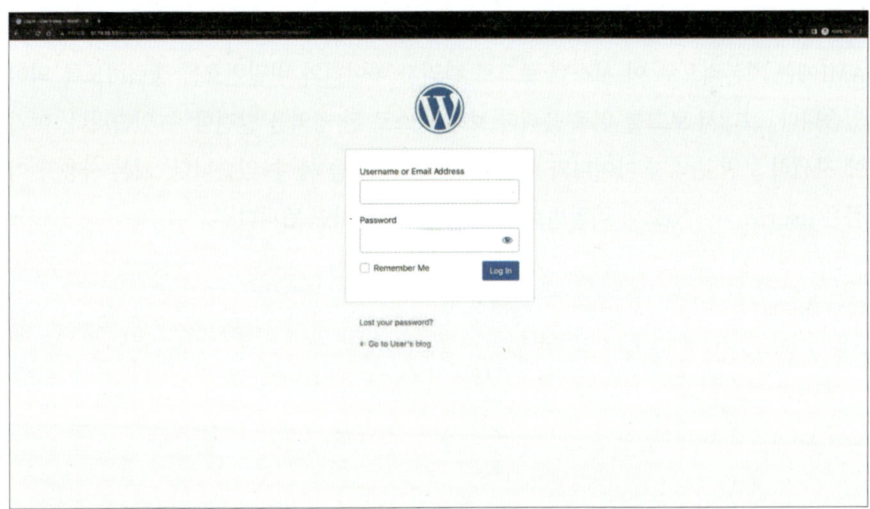

EC2 인스턴스 목록에서 해당 인스턴스를 선택하고 오른쪽 상단에 **작업** 메뉴를 클릭합니다. 그러면 하위 메뉴가 나오는데 여기서 **모니터링 및 문제 해결**에 들어가면 하위 메뉴로 **시스템 로그 가져오기**라는 메뉴가 있습니다. 이 메뉴를 클릭해서 들어갑니다.

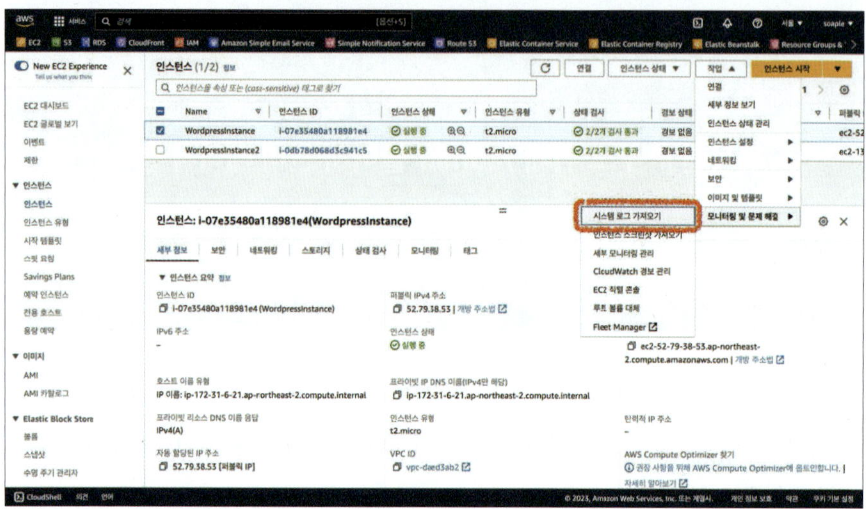

그러면 시스템 로그를 볼 수 있는 화면이 나옵니다. Bitnami에서 만든 WordPress AMI에는 기본적으로 이 시스템 로그로 관리자 아이디와 비밀번호를 출력하도록 되어 있습니다. 그래서 로그를 위로 올리다 보면 박스로 된 영역을 발견할 수 있습니다. 여기에 자세히 보면 관리자 아이디와 비밀번호가 있는 것을 볼 수 있습니다. 기본 사용자 이름은 user로 되어 있으며 비밀번호는 복사해서 사용하면 됩니다.

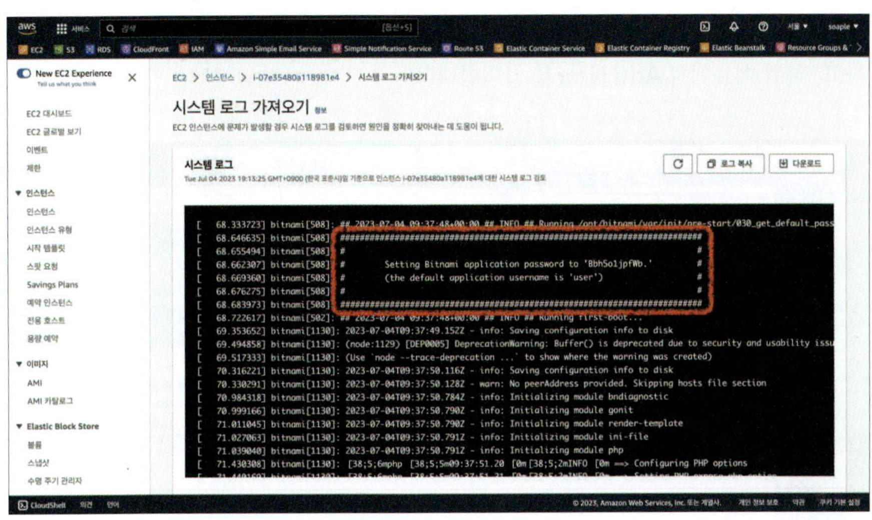

패스워드를 복사한 이후 다시 관리자 로그인 페이지로 돌아와서, 사용자 이름과 복사한 비밀번호를 붙여 넣고 **Log In** 버튼을 클릭합니다.

WordPress 관리자 페이지에 정상적으로 로그인한 것을 볼 수 있습니다. 여기서 이제

새로운 글을 하나 작성해보도록 하겠습니다. 왼쪽에 있는 메뉴 중 **Posts** 메뉴를 클릭하고, 하위 메뉴에서 **Add New**를 클릭합니다.

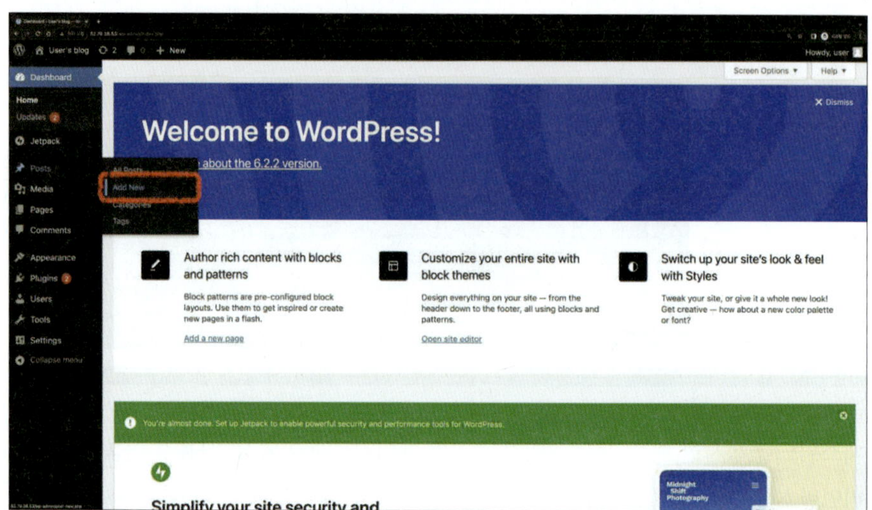

글을 작성할 수 있는 화면이 나오는데 여기에 제목과 글 내용을 각각 작성하면 됩니다. 글은 아무렇게나 작성해도 되지만, 화면과 같이 인스턴스를 구분할 수 있도록 제목과 글을 작성하기 바랍니다. 글을 모두 작성했다면 오른쪽 상단에 있는 **Publish** 버튼을 클릭하여 작성을 완료합니다.

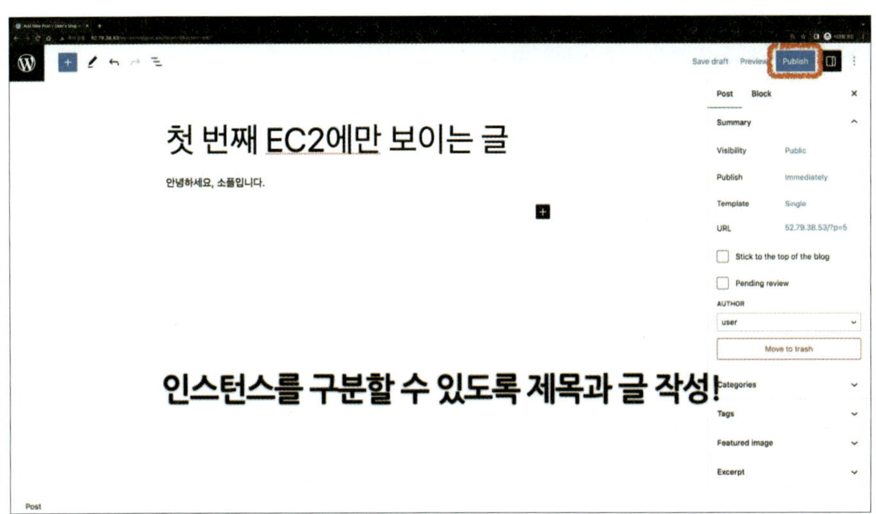

글 작성이 완료되면 새로 작성된 글 링크가 나오게 됩니다. 우리는 여기서 **View Post** 버튼을 눌러서 바로 글을 확인해보겠습니다.

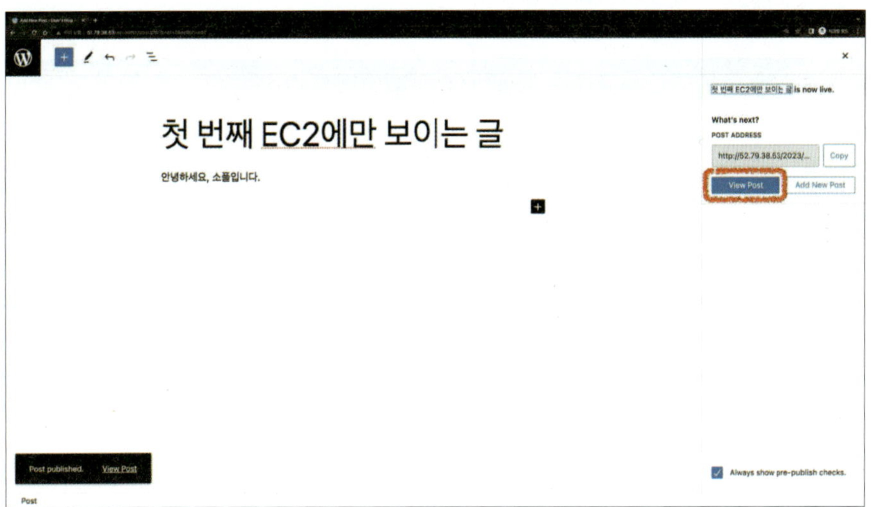

View Post 버튼을 누르면 방금 작성한 글이 잘 나오는 것을 볼 수 있습니다.

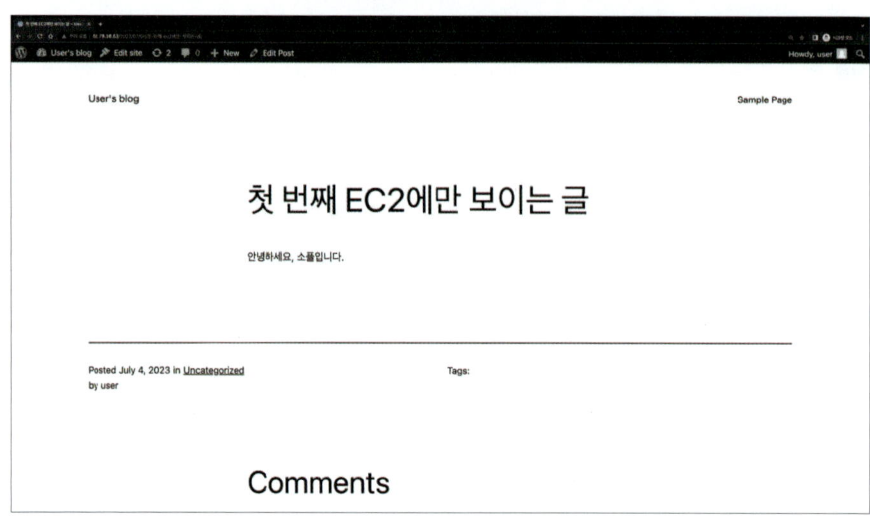

이번에는 IP 주소로 EC2 인스턴스에 곧바로 접속하는 것이 아닌 ELB를 통해서 접속해 보도록 하겠습니다. 그러기 위해서 로드 밸런서 페이지에서 기존에 생성해둔 ELB 로드 밸런서의 DNS 이름을 복사해야 합니다.

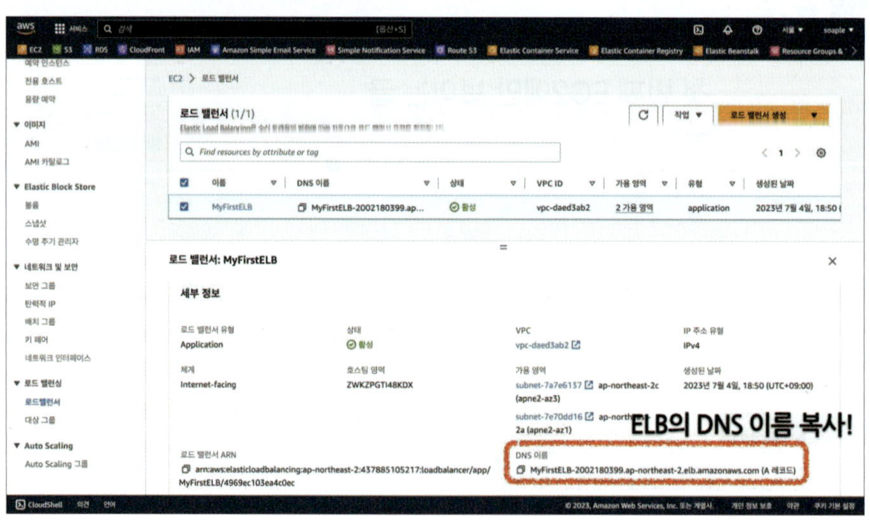

DNS 이름을 복사한 이후에 브라우저의 주소창에 붙여 넣고 접속합니다. 우리가 현재 2
개의 인스턴스로 부하를 분산하도록 했기 때문에 새로고침 할 때마다 다른 인스턴스로
부하가 분산될 것입니다. 그래서 이 상태에서 계속 새로고침을 해보기 바랍니다.

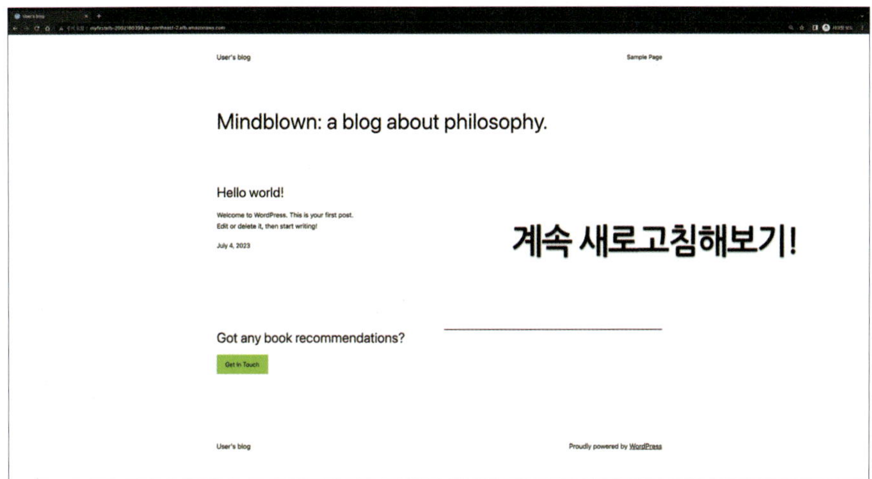

새로고침을 하다 보면 다음처럼 글 목록에 아까 작성한 글이 나오는 경우가 생깁니다.
이 경우에는 우리가 글을 작성한 EC2 인스턴스로 부하가 분산된 경우입니다.

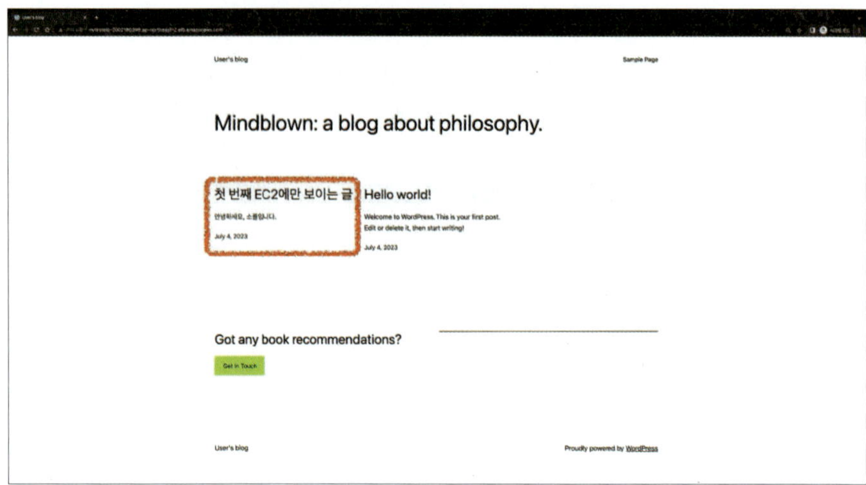

여기서 계속 새로고침을 하다 보면 다음 화면과 같이 글이 사라지는 것을 볼 수 있습니다. 이 경우는 우리가 글을 작성하지 않은 다른 인스턴스로 부하가 분산된 것입니다.

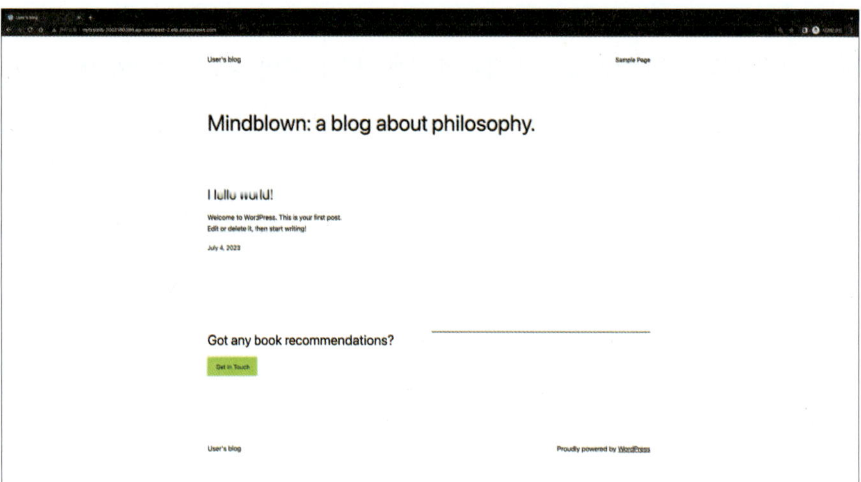

이제 지금까지 만든 구조를 정리해보도록 하겠습니다. 그림과 같이 ELB를 만들고 대상 그룹에 총 2개의 EC2 인스턴스를 생성해서 등록했습니다. 그리고 둘 중 하나의 인스턴

스에만 직접 접속해서 글을 작성했고, ELB를 통해서 접속을 시도했을 때 글 목록이 달라지는 것을 통해서 부하 분산이 정상적으로 이뤄지는 것을 확인할 수 있었습니다.

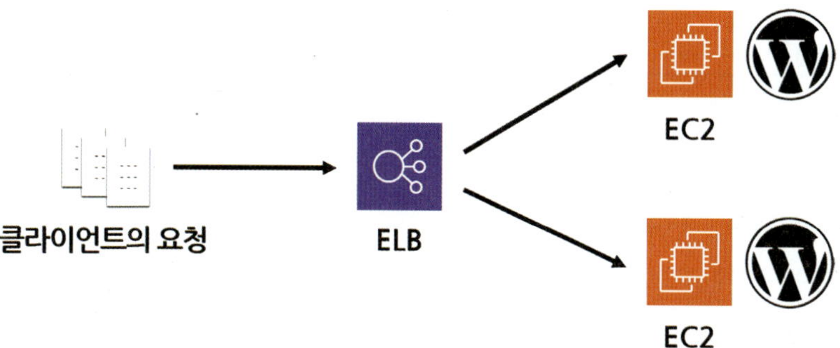

- **Load Balancing**
  - 부하 분산
  - 알고리즘에 따라 요청을 분산시키고 각 서버에서 처리하도록 하는 것

- **Load Balancing의 목적**
  - 성능 향상(Performance)
  - 안정성 향상(Stability)
  - 서버 장애 예방(Backup Plan)
  - 고가용성(High Availability)
  - 성능 향상 기반 제공(Performance Enhancement)

- **Load Balancing 관련 용어**
  - Load Balancing 알고리즘: 트래픽을 각 서버에 분배하는 방법
  - Health Check: 서버가 살아있는지 확인하는 것
  - Connection Draining(등록 취소 지연): 사용자의 요청을 처리 중인 서버를 곧바로 삭제하지 못하도록 방지하는 기능
  - Latency: Load Balancer와 서버 사이의 지연 시간

- **Elastic Load Balancing(ELB)**
  - 부하를 여러 개의 EC2에 골고루 분산시켜 주는 역할
  - ALB, NLB, CLB 등이 존재

Auto Scaling

이번 장에서는 Auto Scaling을 알아봅니다. Auto Scaling 개념을 배우고 Auto Scaling 기본 구조에 대해서 살펴보겠습니다.

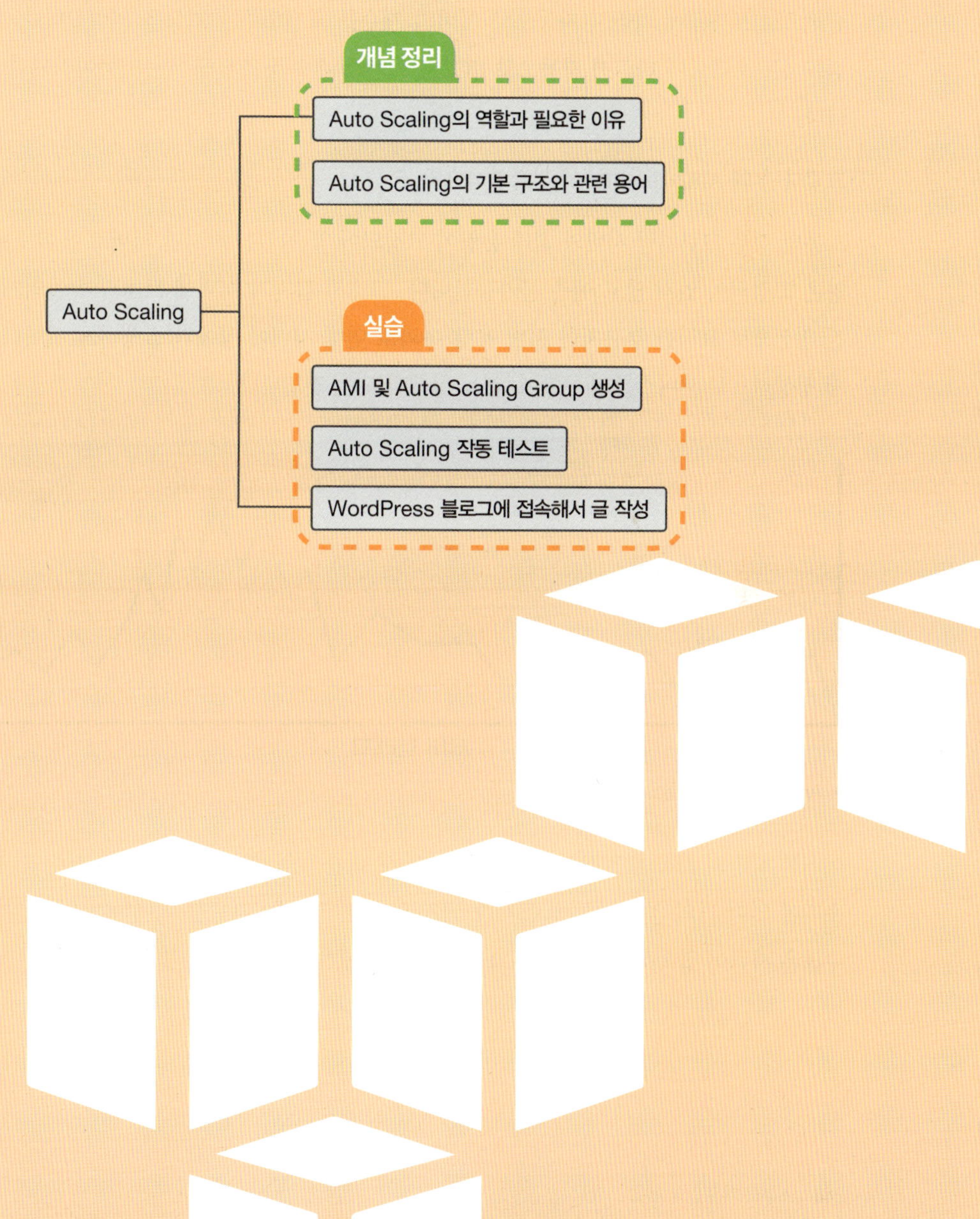

6.1 Auto Scaling 개념과 필요성

먼저 Auto Scaling의 개념에 대해서 알아보도록 하겠습니다.

Auto Scaling은 자동으로 크기를 조절한다는 뜻입니다. 그래서 Auto Scaling이라고 하면 일반적으로 트래픽에 따라서 자동으로 서버의 개수를 조절해주는 기능을 의미합니다. AWS 관점에서는 트래픽에 따라서 자동으로 EC2 인스턴스 개수를 조절해주는 기능이라고 할 수 있습니다.

그렇다면 왜 Auto Scaling이 필요할까요?

보통의 경우 그림처럼 서버의 최대 용량이 고정되어 있습니다. 하지만 서버로 들어오는 트래픽 양은 고정되어 있지 않고 예측 불가능합니다. 그래서 갑자기 서버에 트래픽이 몰리게 되면 빨간 점선으로 표시한 부분처럼 서버 용량 초과로 인해 서버에 장애가 발생하게 됩니다. 고객에게 정상적으로 서비스를 제공할 수 없는 상태가 되는 것입니다.

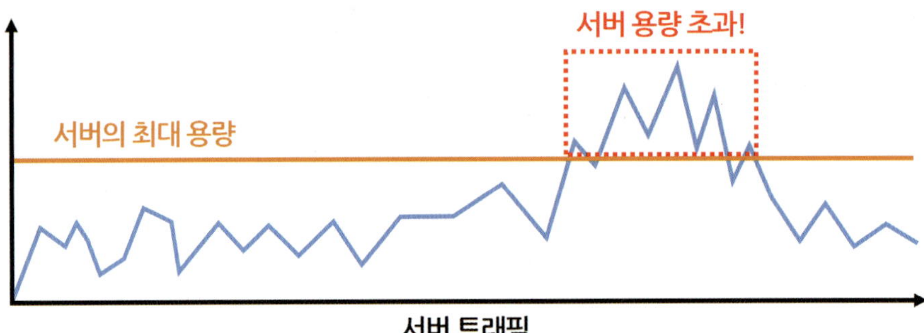

▶ Auto Scaling의 필요성 1

이러한 상황의 가장 대표적인 예로 명절 기차표 예매를 들 수 있습니다. 평소에는 서버 용량을 초과할 일이 거의 없기 때문에 문제가 되지 않지만, 명절 기차표를 예매하기 위해 일시적으로 수많은 사람이 접속하게 되면 서버가 다운되고 장애가 생길 수 있는 것이죠.

그래서 이러한 상황을 방지하고자 다음 그림처럼 서버의 최대 용량을 크게 늘리는 방법을 사용할 수도 있습니다. 하지만 이렇게 되면 평소 트래픽이 몰리지 않을 때에도 서버 용량을 크게 유지해야 해서 낭비되는 자원이 많아집니다. 비용 측면에서 굉장히 비효율적입니다.

▶ Auto Scaling의 필요성 2

이러한 상황에서 서비스를 안정적으로 제공하면서도 낭비되는 자원이 없도록 비용 효율적으로 서버를 운영하기 위해서 등장한 것이 바로 Auto Scaling입니다. Auto Scaling을 사용하게 되면 다음 그림처럼 실제 트래픽과 거의 유사한 수준으로 서버의 용량을 조절할 수 있습니다.

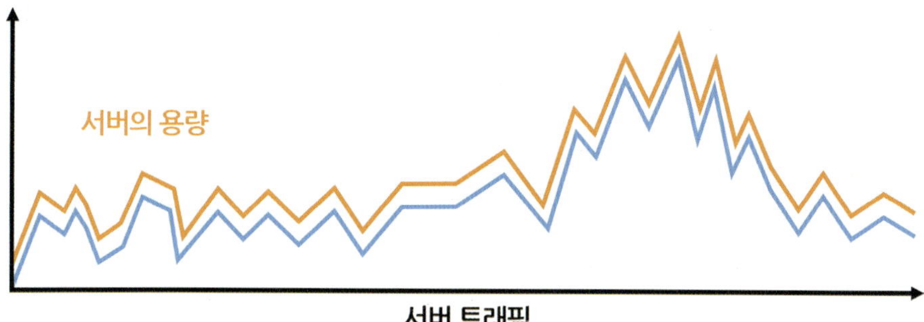

▶ Auto Scaling의 필요성 3

이렇게 되면 트래픽이 늘어나도 서버의 용량이 자동으로 늘어남으로써 안정적으로 서비스를 제공할 수 있습니다. 또한 트래픽이 줄어들면 서버의 용량도 자동으로 줄어들어 낭비되는 자원이 생기지 않도록 할 수 있습니다. 그래서 Auto Scaling을 사용하면 안정적이며 효율적으로 서버를 운영할 수 있습니다.

참고로 Auto Scaling은 앞에서 배운 ELB와 함께 사용하게 됩니다. 이러한 Auto Scaling의 개념을 잘 기억하면서 다음으로 넘어가기 바랍니다.

6.2 Auto Scaling 소개

1 Auto Scaling 기본 구조

AWS의 Auto Scaling 기본 구조에 대해서 살펴보겠습니다.

다음 그림은 AWS의 Auto Scaling 기본 구조를 나타낸 것입니다. 앞에서 Auto Scaling은 ELB와 함께 사용한다고 했습니다. 그래서 그림처럼 클라이언트 요청이 ELB로 들어오게 되고, 로드 밸런서에서 ASG라고 부르는 Auto Scaling Group으로 부하를 분산시키게 됩니다.

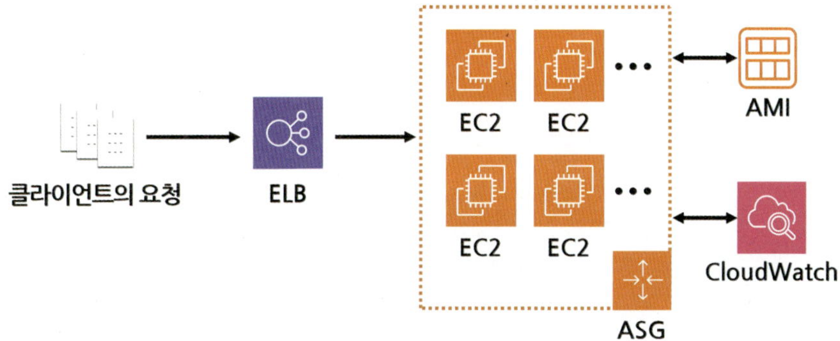

▶ Auto Scaling의 기본 구조

Auto Scaling Group은 Amazon Machine Image를 필요로 하며, CloudWatch라는 클라우드 모니터링 서비스를 사용해서 서버의 용량을 늘릴지 줄일지 결정하게 됩니다.

이러한 구조가 Auto Scaling의 기본 구조입니다.

2 Auto Scaling 관련 용어

Auto Scaling을 사용하기 위해서는 관련 용어를 알고 있어야 합니다.

먼저 Auto Scaling Group은 앞 글자를 따서 ASG라고 부르며 Auto Scaling되는 EC2 인스턴스들의 집합을 의미합니다. 그래서 사전에 설정한 값에 따라 EC2 인스턴스를 늘렸다 줄였다

하게 됩니다. 그리고 CloudWatch라는 AWS 서비스들을 모니터링하는 서비스와 연동함으로써 다양한 지표에 따라 인스턴스 개수를 조절할 수 있습니다.

Auto Scaling을 설정하기 위해서는 우리말로 시작 구성이라고 부르는 Launch Configuration을 생성해야 합니다. 시작 구성은 EC2 인스턴스를 시작하기 위한 구성을 의미하는데, Auto Scaling을 할 때 사용하는 EC2 인스턴스의 사전 설정 정보라고 이해하면 됩니다. 그래서 시작 구성을 만드는 과정은 EC2 인스턴스를 만들 때 설정하는 정보를 선택하는 과정과 동일합니다. AMI를 선택하고 인스턴스 유형, 스토리지, 보안 그룹 등을 사전에 미리 선택해놓는 것입니다.

현재는 시작 구성과 동일한 역할을 하는 시작 템플릿이라는 것을 주로 사용합니다. 뒤에서 나올 실습에서 이 시작 템플릿을 사용할 예정입니다.

WordPress EC2 인스턴스 한 개 종료

이번 실습에서는 Auto Scaling을 적용하기 전에 이전 실습에서 생성해둔 WordPress EC2 인스턴스 한 개를 종료해보겠습니다.

먼저 EC2 **인스턴스** 페이지에 접속합니다. 여기서 다음 실습 화면과 같이 두 번째로 생성한 'WordPressInstance2'라고 되어 있는 EC2 인스턴스를 선택합니다.

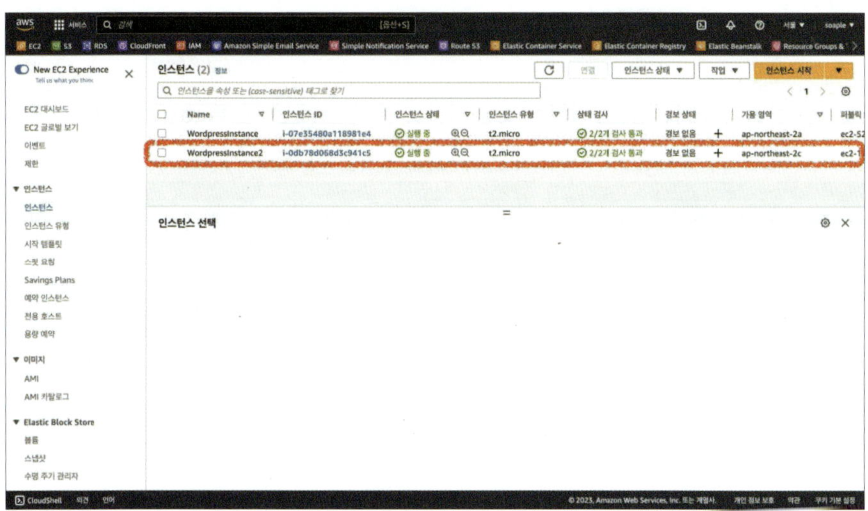

인스턴스를 선택한 뒤에 오른쪽 상단에 있는 **인스턴스 상태** 메뉴를 클릭하면 나오는 하위 메뉴에서 **인스턴스 종료**를 클릭합니다.

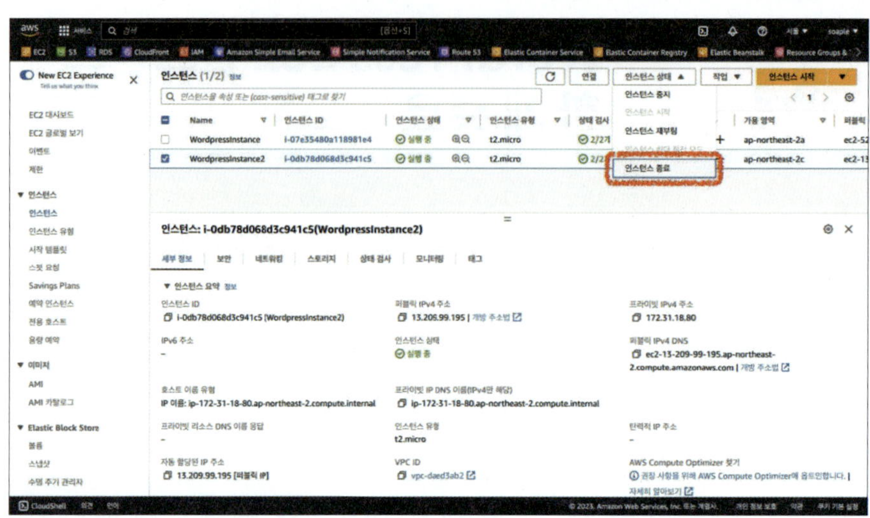

그러면 확인 문구가 나오고 여기서 **종료** 버튼을 눌러서 인스턴스를 종료합니다.

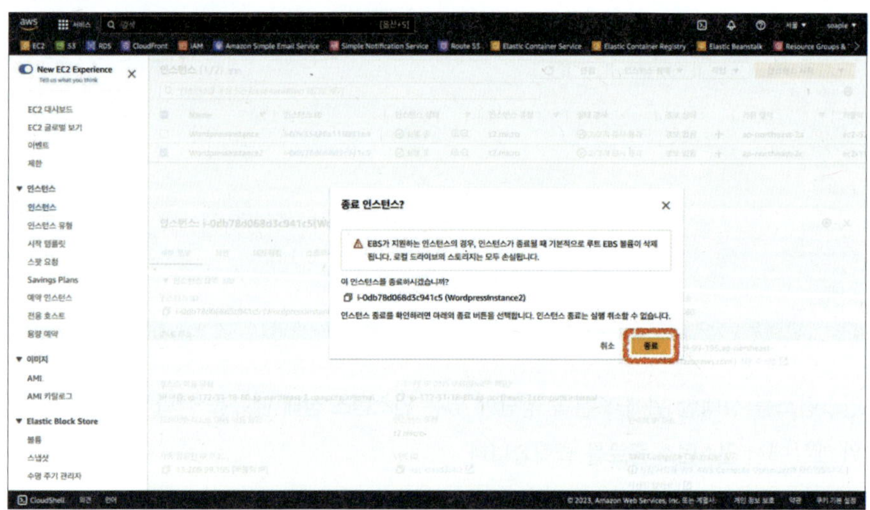

종료 버튼을 누르면 인스턴스 종료가 시작되고, 일정 시간이 지나면 실습 화면처럼 인
스턴스 상태가 **종료됨**으로 변경되는 것을 볼 수 있습니다.

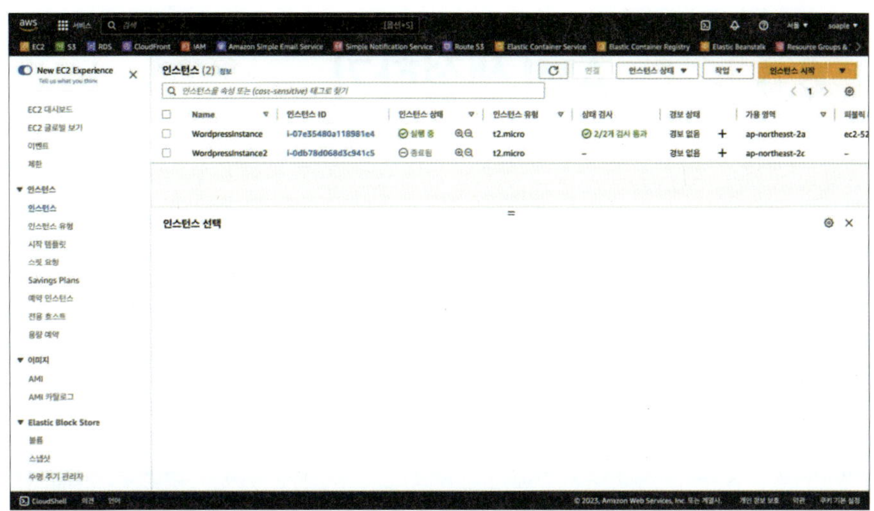

6.4 실습 AMI 생성하기

이번 실습에서는 Auto Scaling을 설정하기 위한 준비 중 하나인 AMI를 생성해보겠습니다.

먼저 다음 화면과 같이 EC2 **인스턴스** 페이지에서 실행 중인 'WordPressInstance'를 선택합니다. 그리고 오른쪽 상단의 **작업** 메뉴를 클릭합니다.

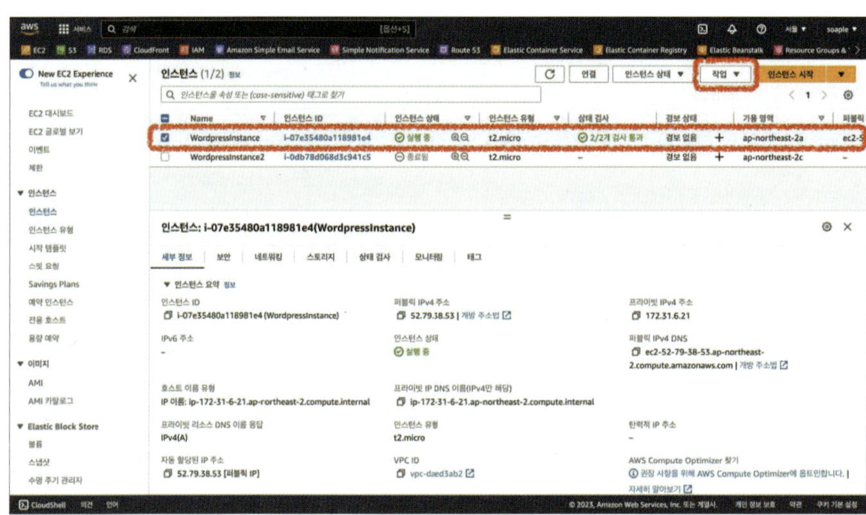

이후 나오는 하위 메뉴에서 **이미지 및 템플릿**의 하위 메뉴로 있는 **이미지 생성** 메뉴를 클릭합니다.

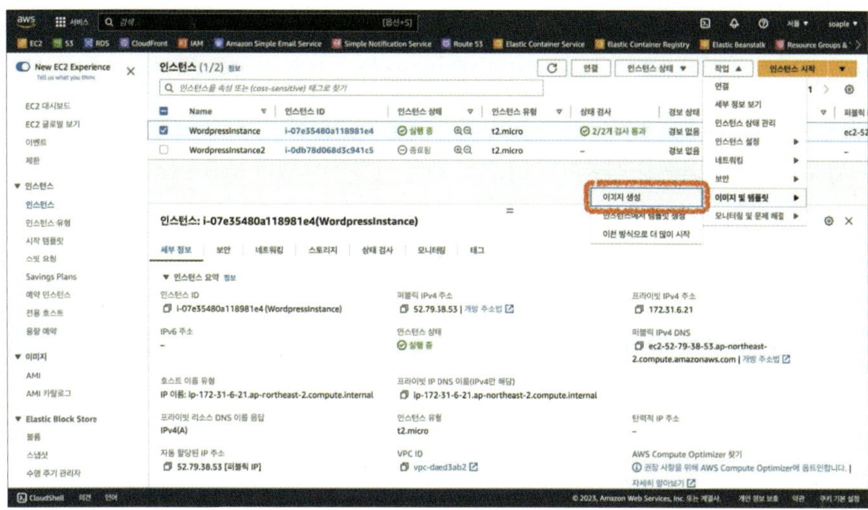

그러면 이미지를 생성하기 위한 페이지가 나오는데 여기서 먼저 **이미지 이름**을 입력해야 합니다.

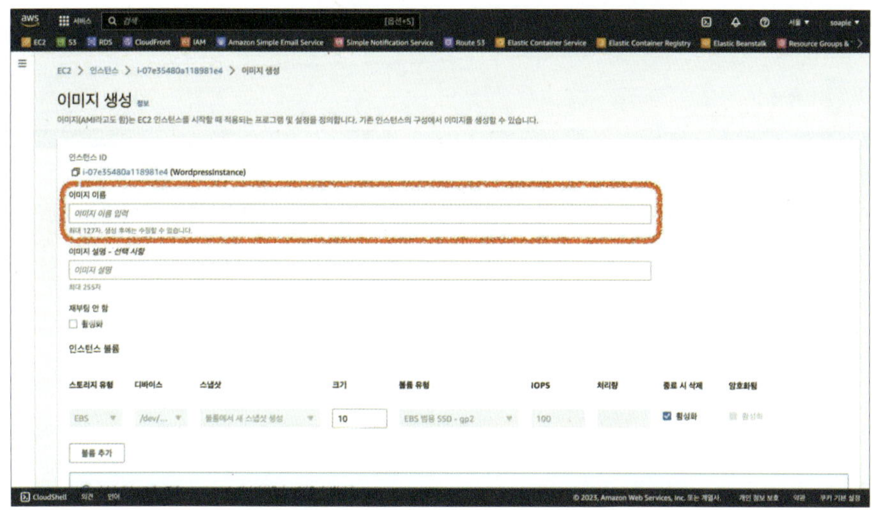

실습에서는 'MyWordPressAMI'라고 입력했습니다. 여러분은 각자 구분할 수 있는 아무 이름이나 입력하면 됩니다.

그 밑에는 **재부팅 안 함**이라는 옵션이 나오는데 일반적으로 이미지를 생성할 때는 EC2 인스턴스를 재부팅하게 됩니다. 하지만 **재부팅 안 함** 옵션을 활성화하면 현재 실행 중인 EC2 인스턴스를 재부팅하지 않고 AMI를 생성하게 됩니다. 인스턴스가 잠시라도 중단되면 안 될 때 이 옵션을 사용하면 되는데, 대신 파일 시스템의 무결성을 보장하지 않는다는 특징이 있습니다. 여기서는 재부팅 안 함 옵션을 활성화하지 않고 실습을 진행하겠습니다.

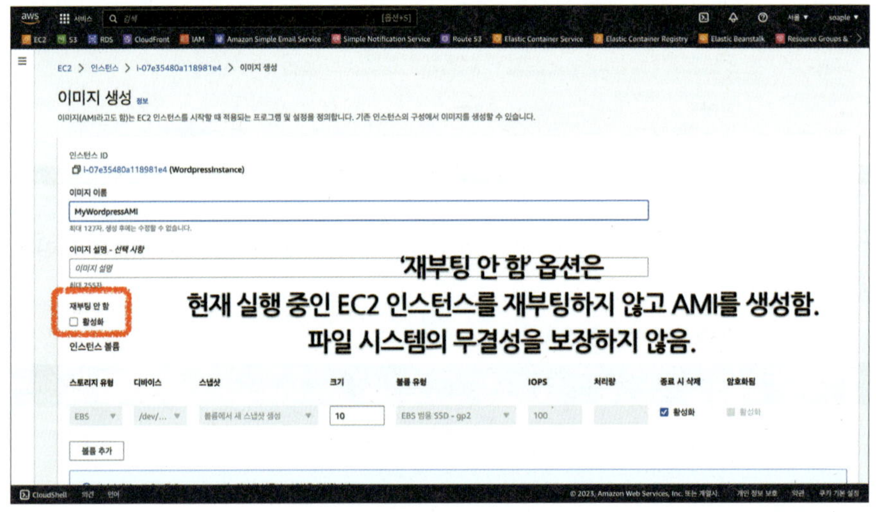

이후 화면을 아래로 내려서 오른쪽 하단에 있는 **이미지 생성** 버튼을 클릭합니다.

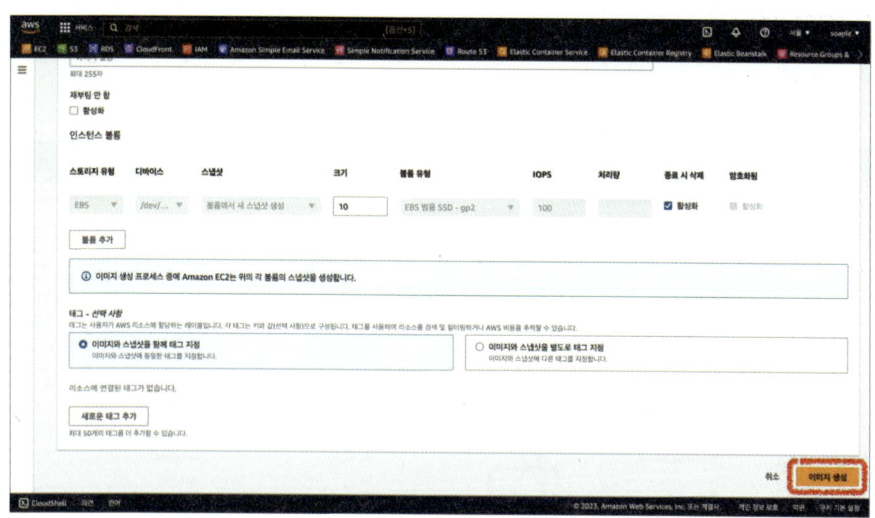

그러면 이미지 생성 요청이 완료됩니다. 왼쪽의 **이미지** 메뉴 하위에 있는 **AMI** 메뉴를 클릭하여 들어가겠습니다.

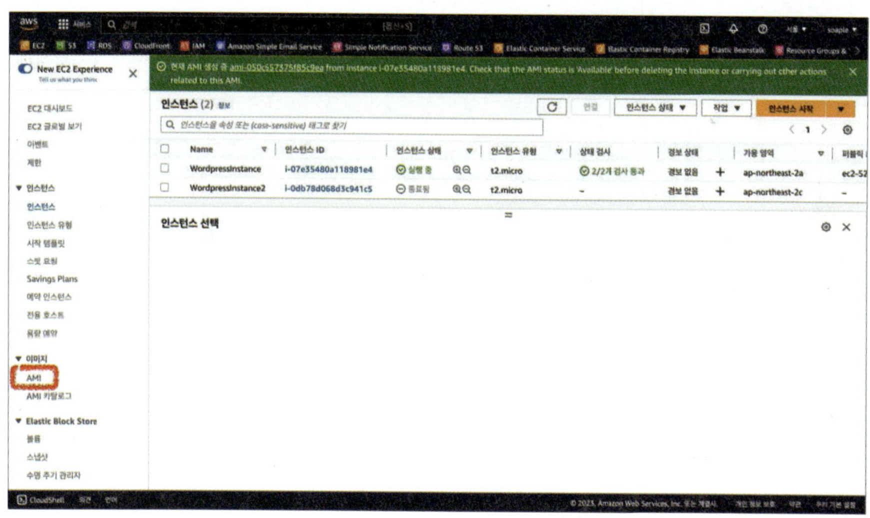

방금 생성 요청한 AMI가 목록에 나오는 것을 볼 수 있습니다. 그리고 여기서 현재 상태

는 **대기 중**으로 나오는 것도 볼 수 있습니다. 아직 이미지 생성이 완료되지 않았기 때문에 사용할 수 없는 상태입니다.

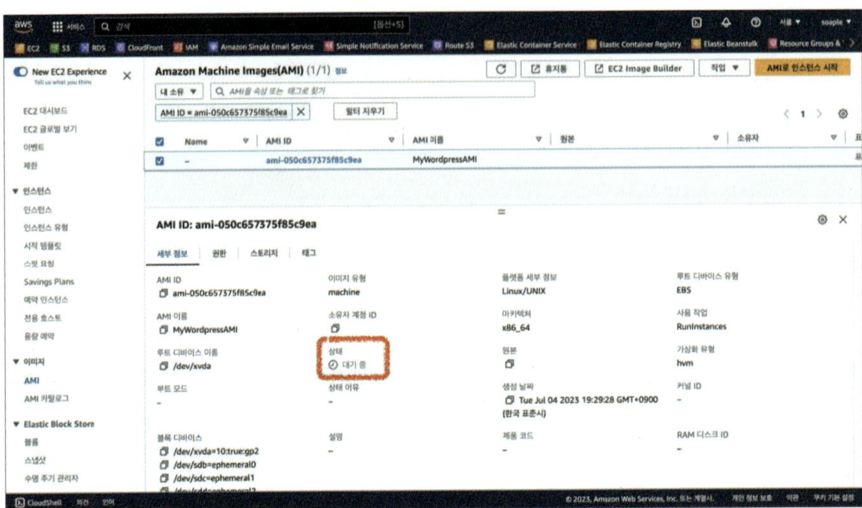

그리고 시간이 조금 지나면 화면과 같이 **사용 가능** 상태로 바뀌는 것을 볼 수 있습니다. 이 상태가 되면 이제 AMI를 사용할 수 있습니다.

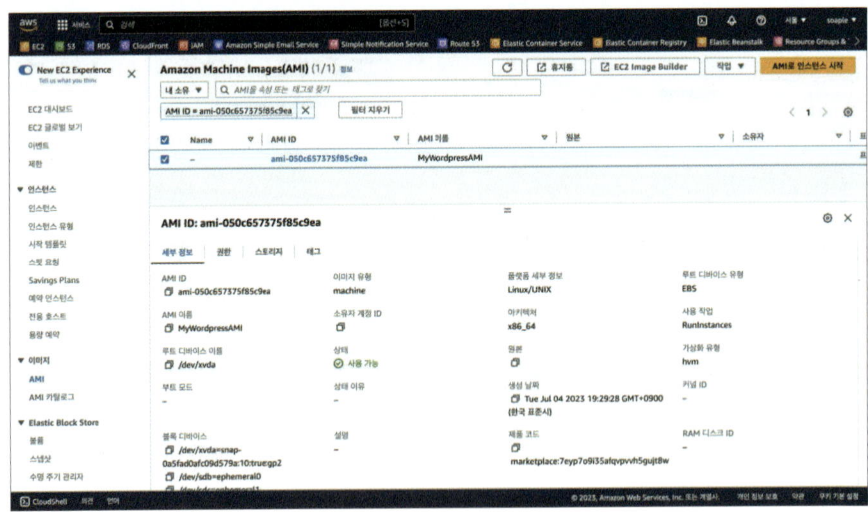

지금까지 Auto Scaling을 위해서 필요한 AMI를 생성했습니다. 앞에서 살펴봤던 Auto Scaling 기본 구조 그림에서 빨간색 선으로 표시한 AMI가 준비된 것입니다.

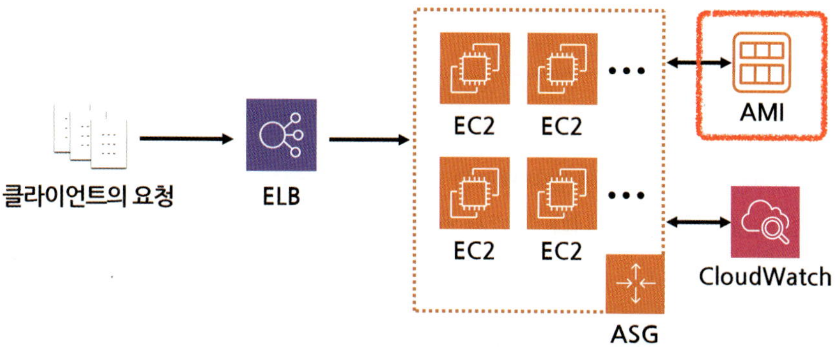

6.5 실습 Auto Scaling Group 생성

이번 실습에서는 실제로 Auto Scaling Group을 생성해보도록 하겠습니다.

먼저 EC2 페이지에 접속해서 왼쪽 메뉴를 아래로 스크롤하면 실습 화면과 같이 하단에 **Auto Scaling** 메뉴가 나옵니다. 여기서 하위 메뉴에 있는 **Auto Scaling 그룹** 메뉴를 클릭합니다.

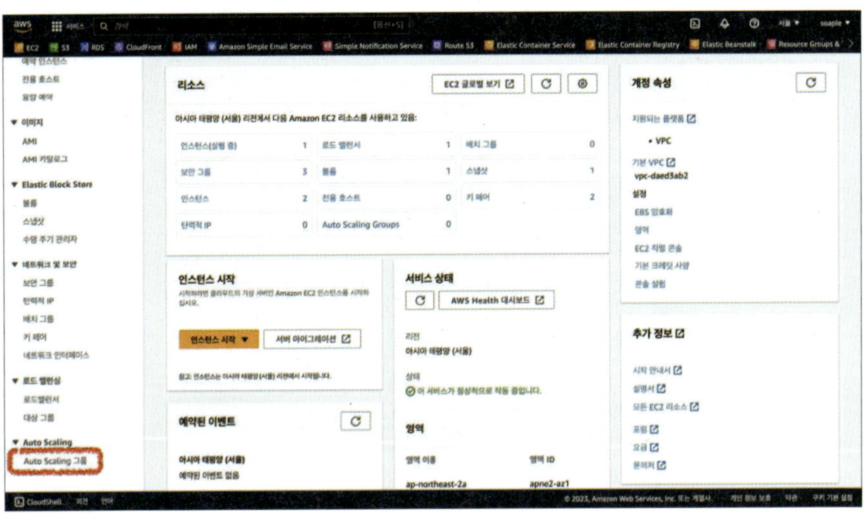

Auto Scaling 그룹 메뉴를 클릭하면 다음 화면을 볼 수 있습니다. 여기서 **Auto Scaling 그룹 생성** 버튼을 클릭합니다.

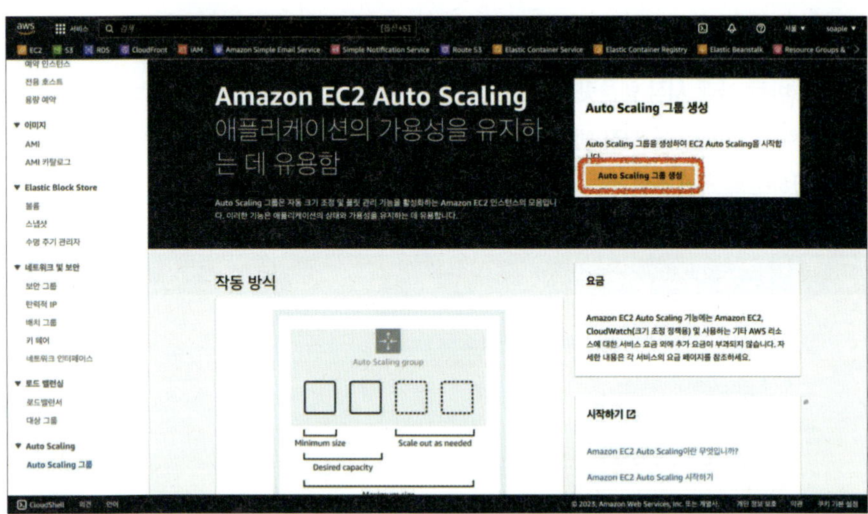

7단계로 나눠져 있는 **Auto Scaling 그룹 생성** 화면이 나오는데, 먼저 Auto Scaling 그룹 이름을 입력합니다.

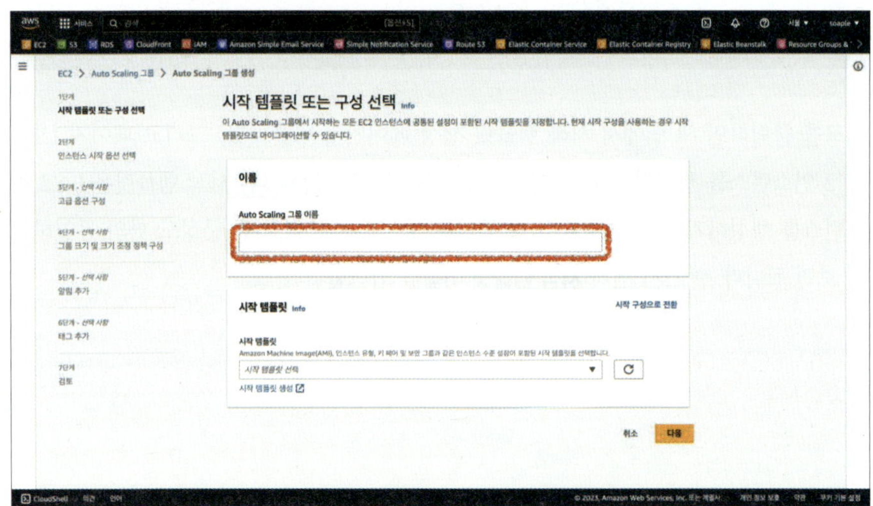

여기서는 'MyAutoScalingGroup'이라고 입력했습니다.

그리고 바로 아래 **시작 템플릿**을 선택해야 합니다. 하지만 우리는 사전에 만들어둔 시작
템플릿이 없기 때문에 **시작 템플릿 생성** 링크를 클릭해서 나오는 새 창에서 시작 템플릿
을 생성하도록 하겠습니다.

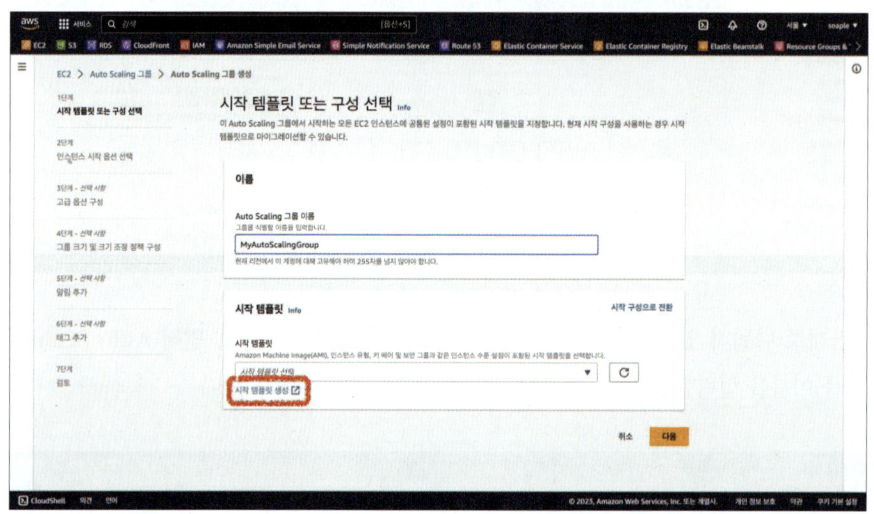

링크를 클릭하면 새 탭에서 시작 템플릿 생성 페이지가 나옵니다. 그리고 페이지 UI가
EC2 인스턴스를 생성할 때와 거의 유사한 것을 볼 수 있습니다. 시작 템플릿은 EC2 인
스턴스를 생성하기 위한 설정을 미리 해놓는 것이기 때문에 화면 구성도 거의 동일하다
고 보면 됩니다. 여기서 먼저 **시작 템플릿 이름**을 입력합니다.

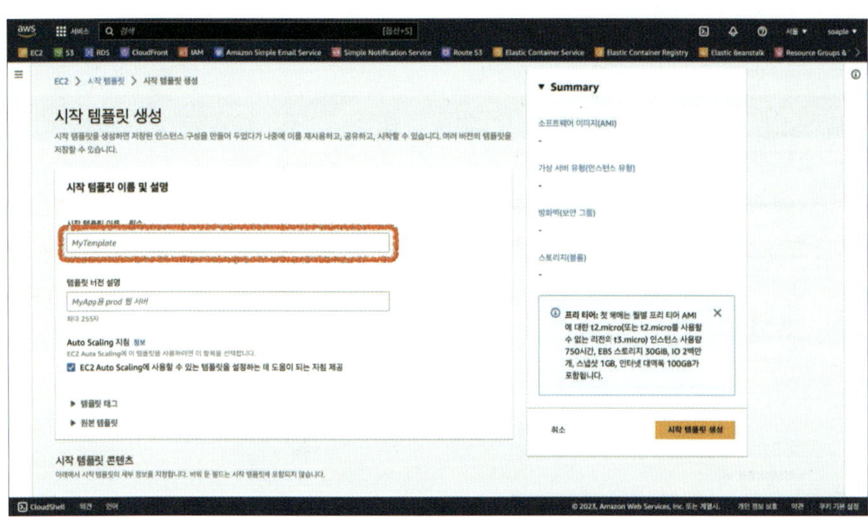

여기서는 화면과 같이 'MyTemplate'이라고 입력했습니다.

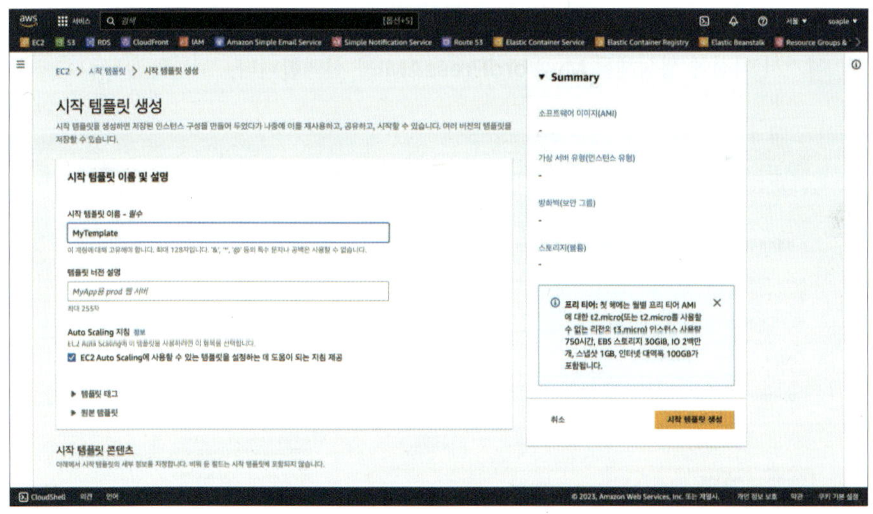

다음으로는 시작 템플릿 콘텐츠를 설정해야 합니다. 화면을 내리면 다음과 같이 AMI를 선택하는 화면이 나옵니다. 여기서 이전에 생성해둔 AMI를 사용하기 위해서 **내 AMI**

탭을 클릭합니다.

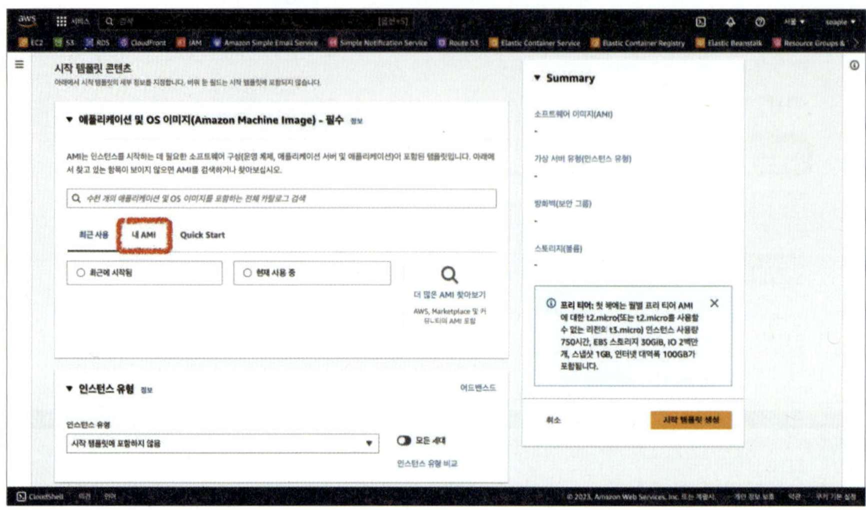

화면과 같이 내 소유의 AMI와 나와 공유된 AMI를 선택할 수 있는 화면이 나오게 됩니다. 여기서 이전에 생성해둔 **MyWordPressAMI**를 선택합니다.

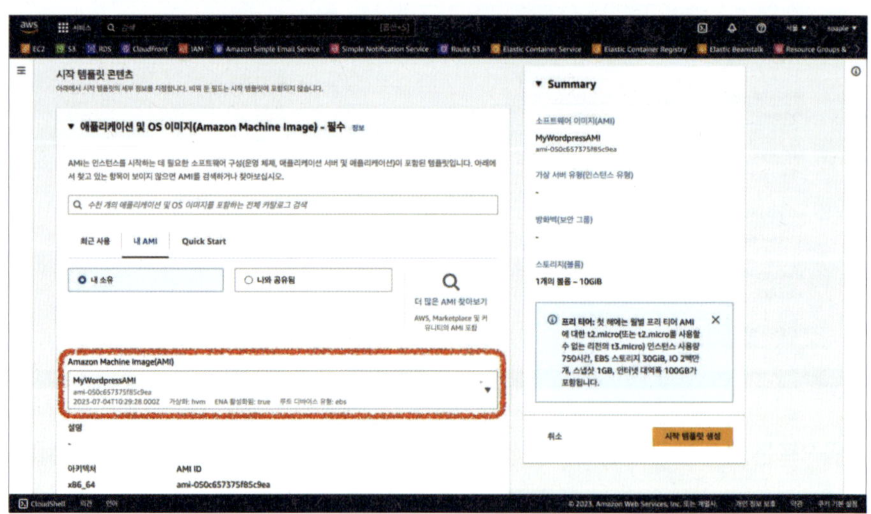

다음으로는 인스턴스 유형을 선택해야 합니다. **인스턴스 유형 선택** 메뉴를 클릭합니다.

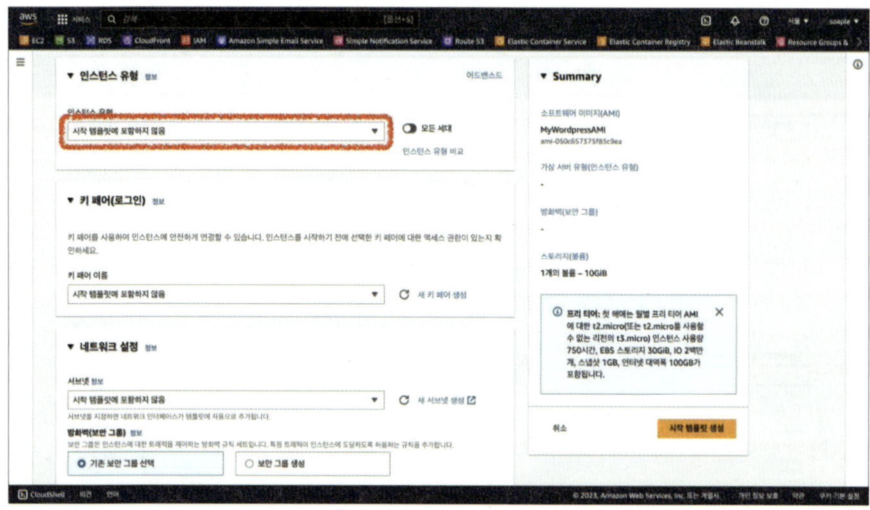

프리 티어 사용 가능이라고 표시되어 있는 t2.micro를 선택합니다.

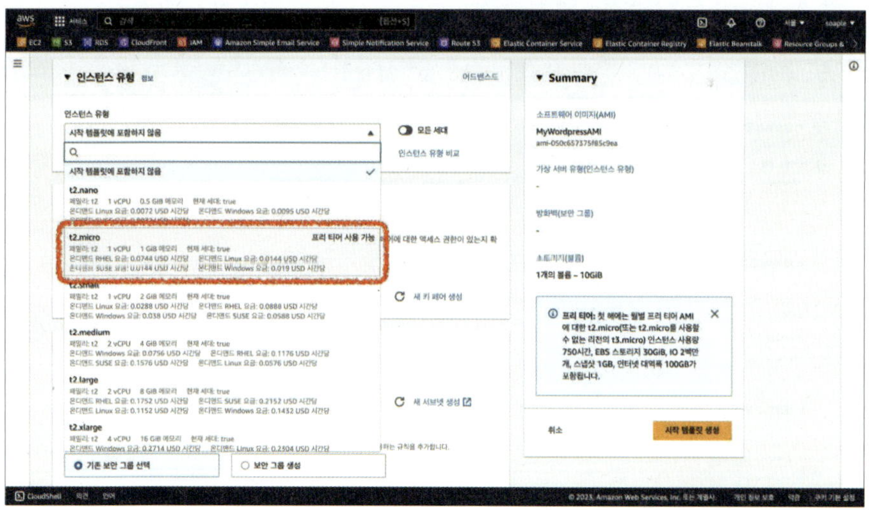

다음은 키 페어를 선택해야 합니다. **키 페어 선택** 메뉴를 클릭하면 나오는 목록에서 이전 실습에서 계속해서 사용하던 키 페어를 선택합니다.

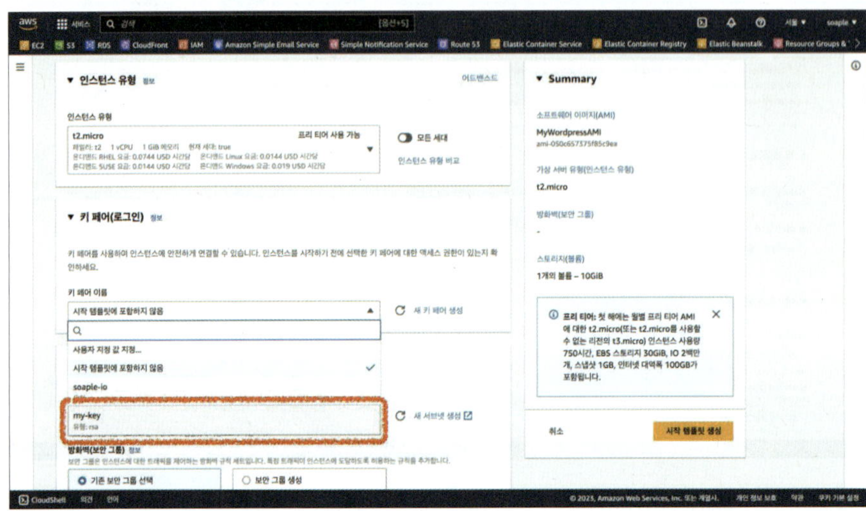

이렇게 키 페어까지 설정을 마쳤습니다.

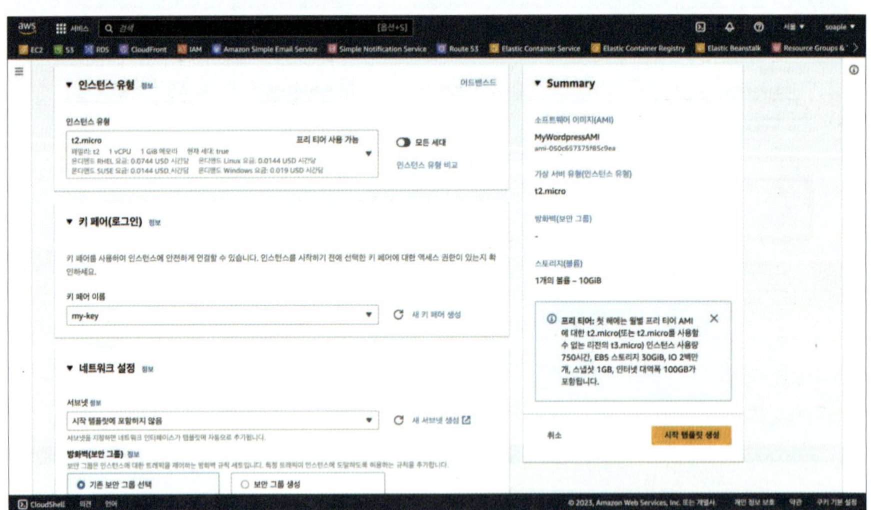

다음으로는 보안 그룹을 설정해야 합니다. 다음 화면과 같이 **보안 그룹 선택** 메뉴를 클릭하면 나오는 목록에서 이전에 WordPress 인스턴스를 생성할 때 함께 생성된 보안 그룹을 선택합니다.

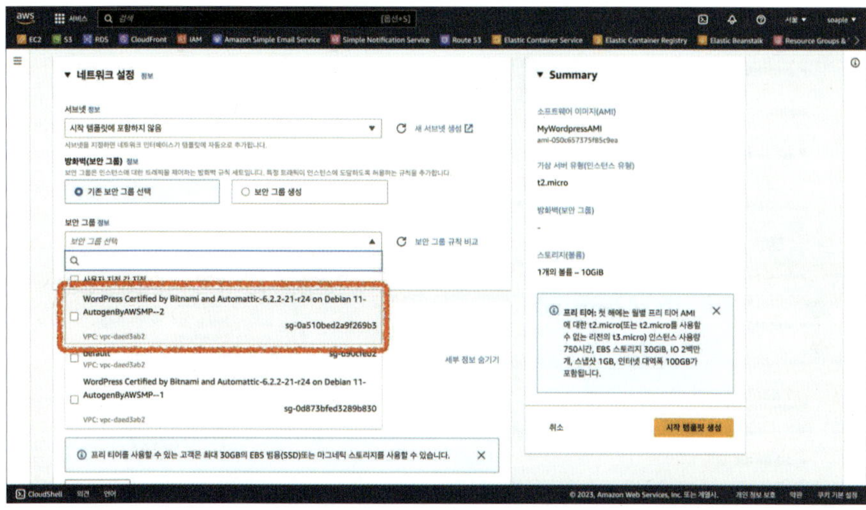

이렇게 보안 그룹까지 설정을 마쳤습니다.

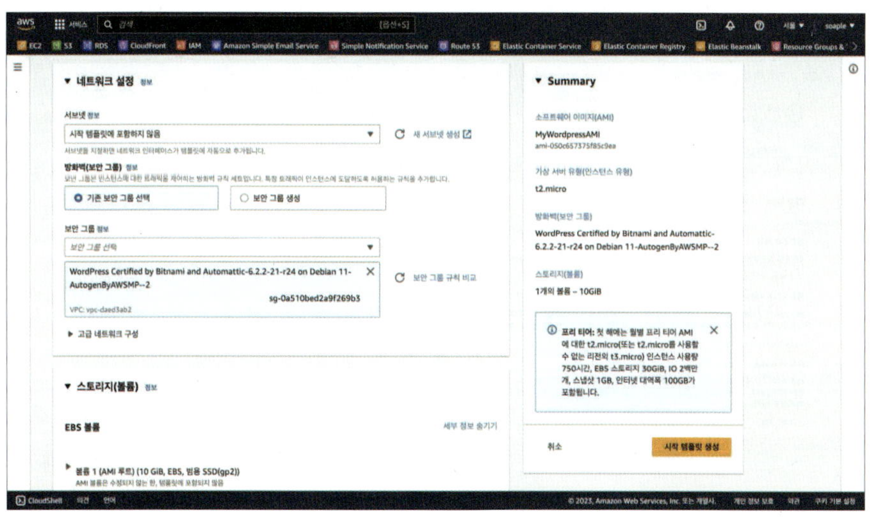

나머지 스토리지와 태그 등의 설정은 필요한 경우 변경하면 되고 여기서는 기본 설정 그대로 사용하도록 하겠습니다. 이렇게 모든 설정을 마쳤으면 오른쪽 하단에 있는 **시작 템플릿 생성** 버튼을 클릭합니다.

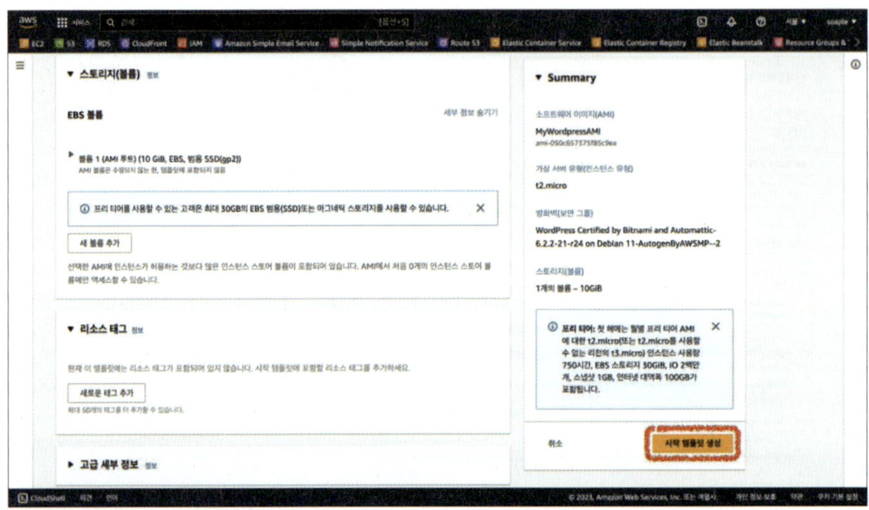

그러면 화면과 같이 시작 템플릿이 생성됩니다. **시작 템플릿 보기** 버튼을 클릭합니다.

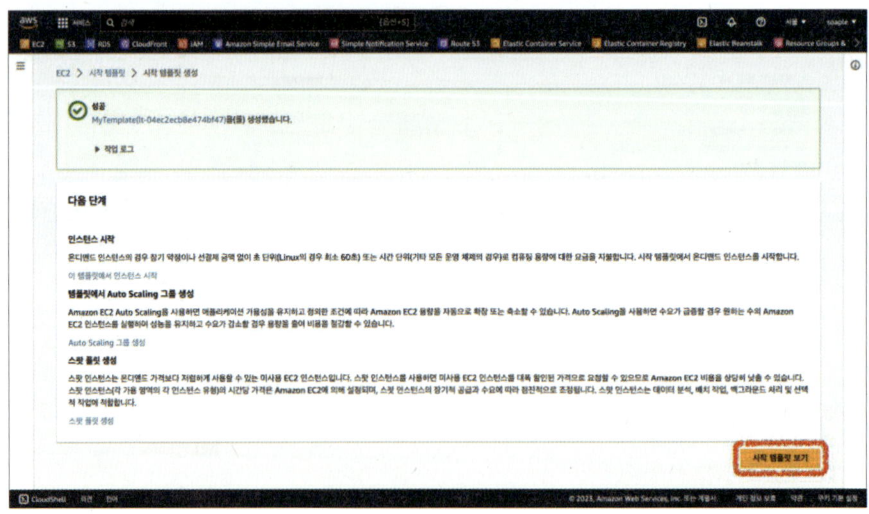

실습 화면처럼 우리가 설정한 대로 시작 템플릿이 만들어진 것을 확인할 수 있습니다. 참고로 **시작 템플릿** 관리 페이지는 EC2 페이지의 왼쪽 메뉴에서 **인스턴스** 메뉴 하위 메뉴로 존재합니다. 나중에 해당 페이지에 다시 찾아올 때 참고하기 바랍니다.

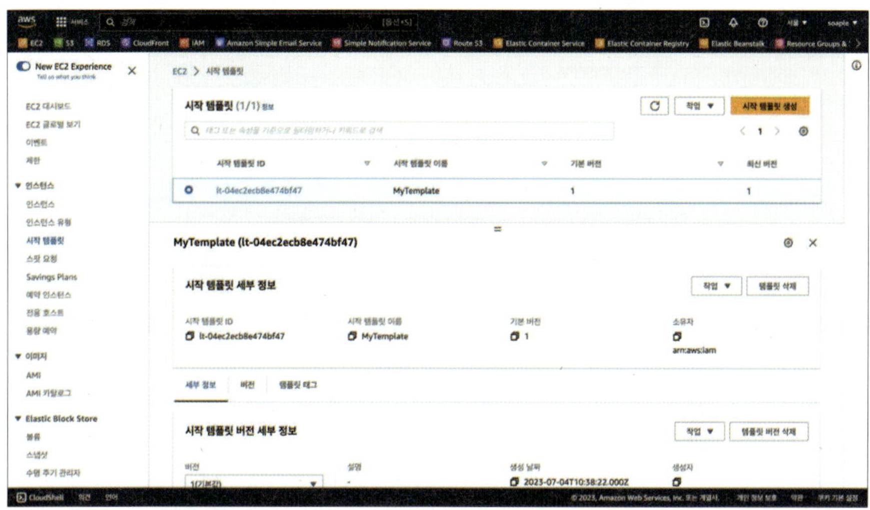

시작 템플릿을 생성했다면 이제 다시 **Auto Scaling 그룹 생성** 페이지로 돌아옵니다. 여기서 오른쪽에 있는 **새로고침** 버튼을 누른 다음 **시작 템플릿 선택** 메뉴를 클릭하면 목록에 방금 만든 시작 템플릿이 나오는 것을 볼 수 있습니다. 이 시작 템플릿을 선택합니다.

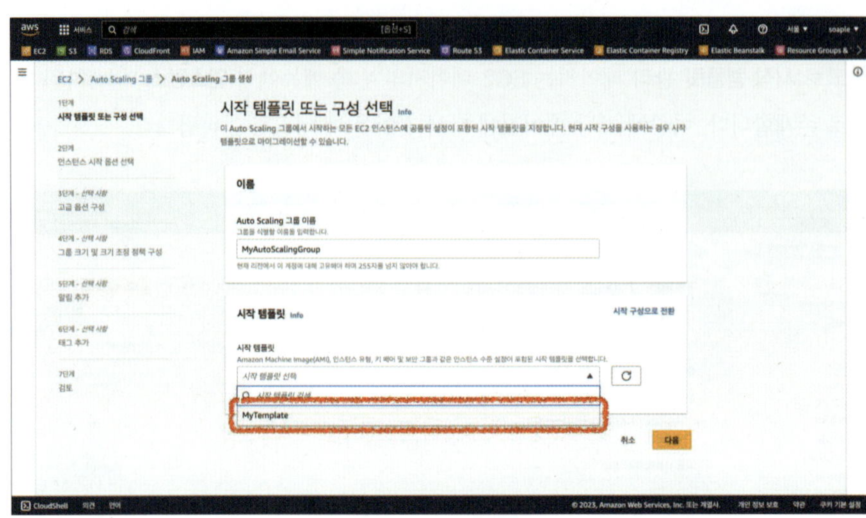

시작 템플릿을 선택하면 간단한 정보들이 나오게 됩니다. 정보를 확인하고 난 이후에 오른쪽 하단에 있는 **다음** 버튼을 클릭합니다.

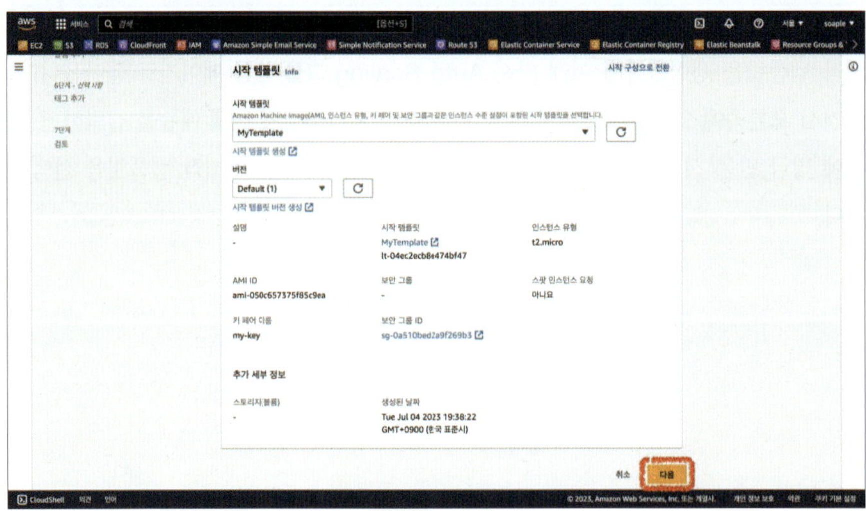

다음 2단계는 **인스턴스 시작 옵션**을 선택하는 단계입니다. 여기서는 먼저 가용 영역을
설정해야 합니다. **가용 영역 및 서브넷 선택** 메뉴를 클릭합니다.

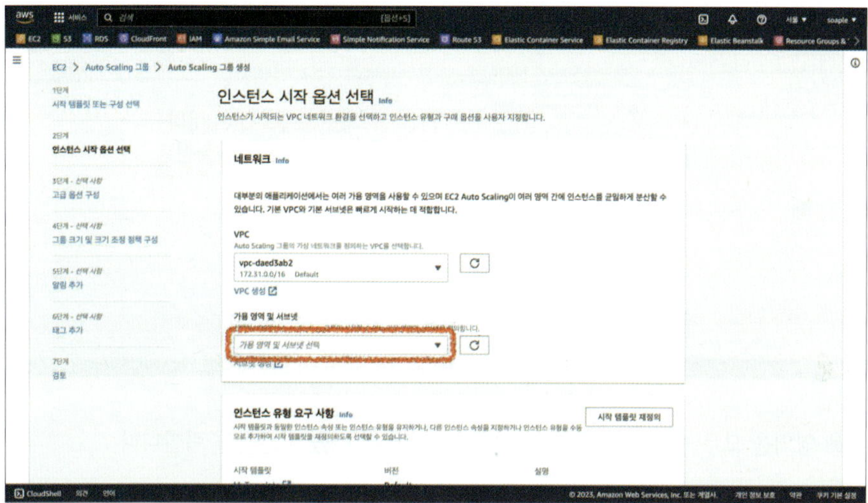

그러면 서울 리전에 있는 총 4개의 가용 영역이 나오게 됩니다. 여기서 ap-
northeast-2a와 ap-northeast-2c를 선택하도록 하겠습니다.

한 가지 유의할 점은 ELB를 만들 때 생성했던 대상 그룹의 가용 영역과 동일하게 설정
해야 한다는 점입니다. 그래야 Auto Scaling으로 생성된 EC2 인스턴스가 대상 그룹에
속하게 되어 트래픽을 전달받을 수 있기 때문입니다.

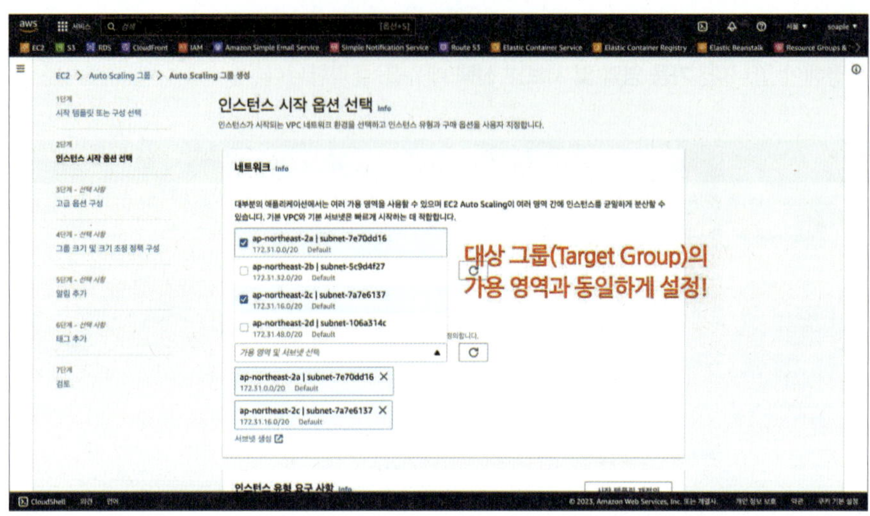

가용 영역을 모두 설정했다면 화면을 아래로 내려서 **다음** 버튼을 클릭합니다.

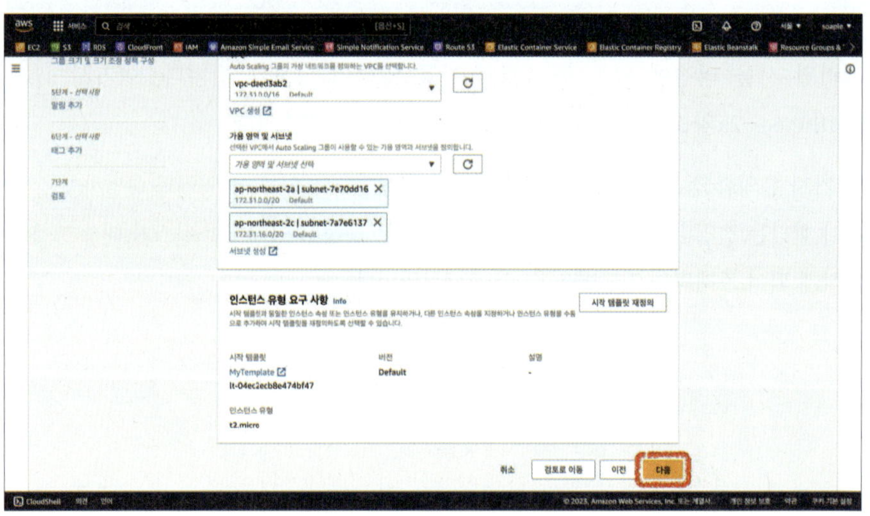

3단계는 **고급 옵션 구성** 단계인데 여기서 로드 밸런서와 Auto Scaling 그룹을 연결할 수 있습니다. 가운데 있는 **기존 로드 밸런서에 연결** 옵션을 선택합니다.

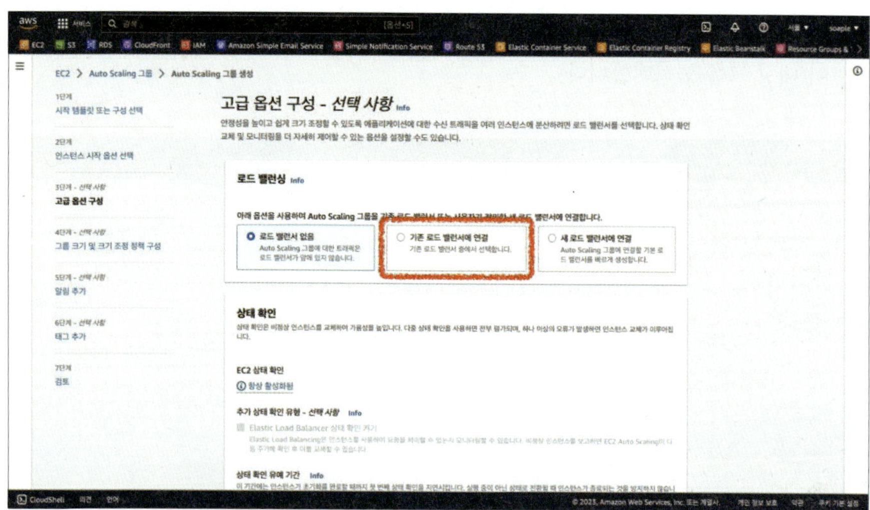

그러면 기존 로드 밸런서의 대상 그룹을 선택하는 화면이 나옵니다. 여기서 **대상 그룹 선택** 메뉴를 클릭합니다.

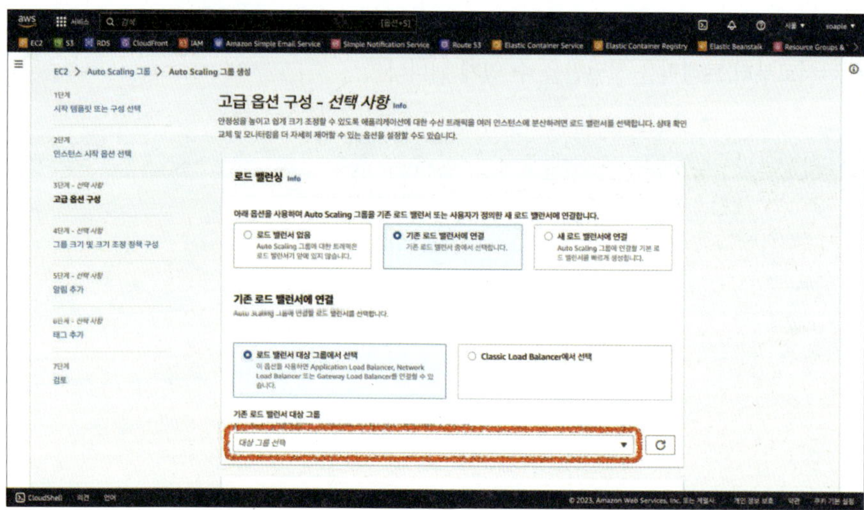

그러면 우리가 ELB를 생성할 때 함께 생성했던 대상 그룹이 나오는 것을 볼 수 있습니다. 이 대상 그룹을 선택합니다.

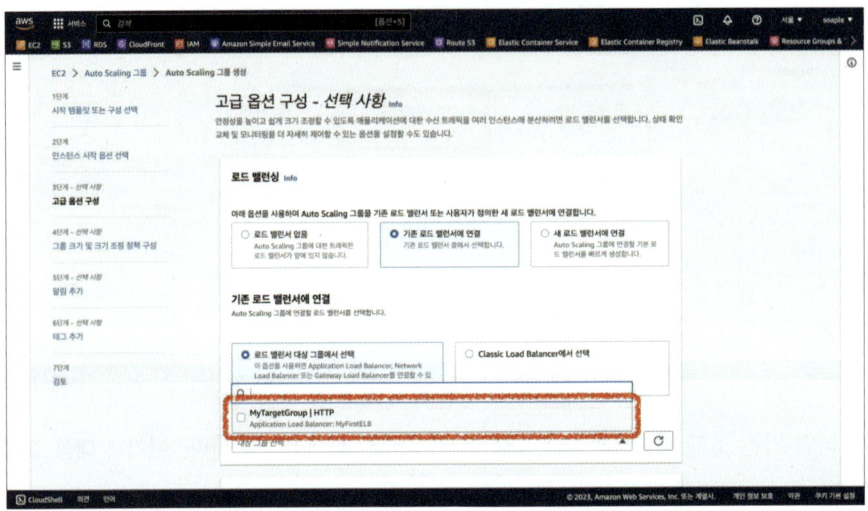

이렇게 되면 이제 Auto Scaling으로 생성된 인스턴스가 대상 그룹에 속하게 되어 로드 밸런서로부터 트래픽을 전달받을 수 있게 됩니다.

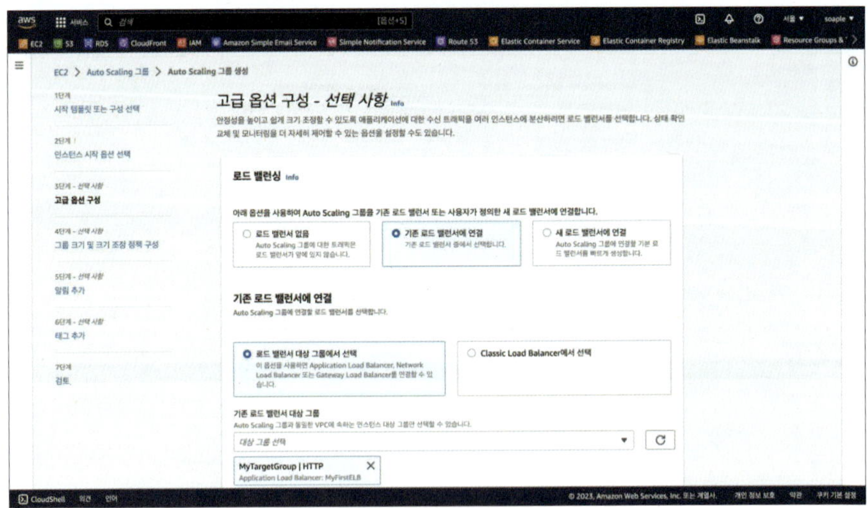

이제 아래로 내려서 **상태 확인**을 설정해야 합니다. 여기서 화면과 같이 **Elastic Load Balancer 상태 확인 켜기** 옵션을 체크합니다.

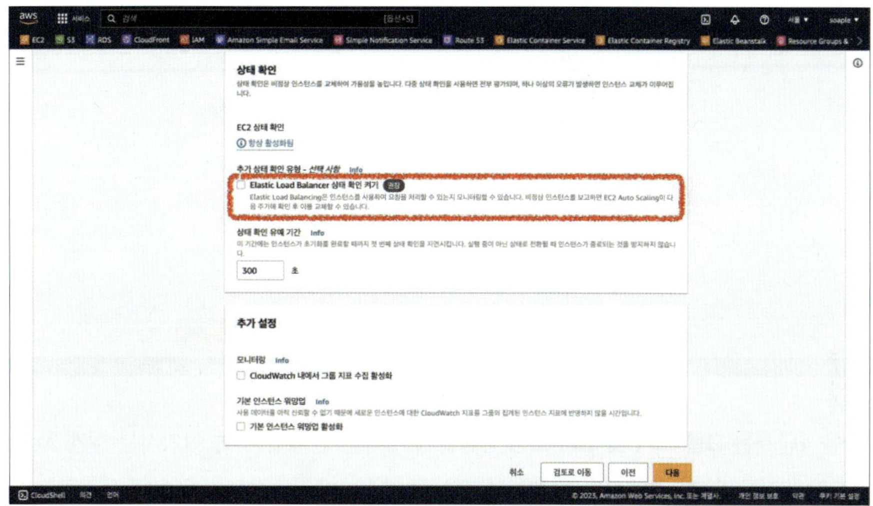

이 옵션은 말 그대로 ELB의 상태를 체크하는 것이라고 보면 됩니다. 만약 ELB 상태가 정상이 아니라면 아무리 서버가 정상이어도 부하가 제대로 분산되지 않겠죠. 그래서 ELB의 상태를 체크하는 것이라고 보면 됩니다. 이후 화면을 아래로 내려서 **다음** 버튼을 클릭합니다.

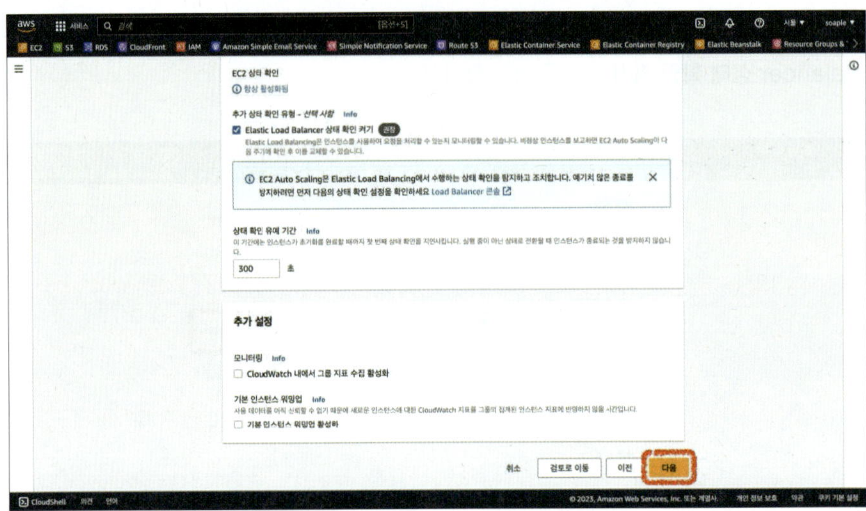

다음 4단계는 **그룹 크기 및 크기 조정 정책**을 구성하는 단계입니다. 여기서는 실제 Auto Scaling 그룹의 크기와 조정 정책을 설정할 수 있습니다.

먼저 화면과 같이 그룹의 최소 용량과 최대 용량을 설정합니다. 여기 입력하는 숫자는 EC2 인스턴의 개수라고 보면 됩니다. 우리는 최소 용량을 1로 하고 최대 용량을 2로 해서 Auto Scaling이 작동하는지 테스트해보겠습니다.

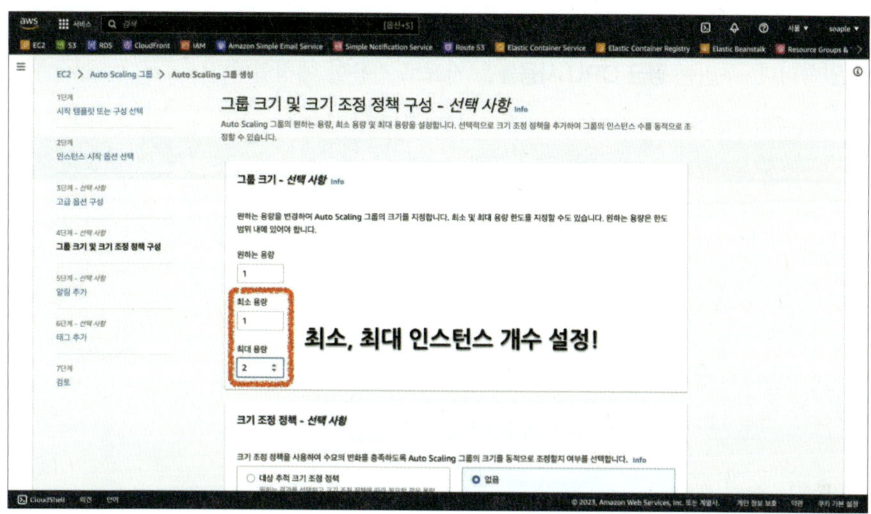

그다음 아래에서는 크기 조정 정책을 설정할 수 있습니다. 크기 조정 정책은 Auto Scaling 그룹의 크기를 조정하기 위한 조건이라고 보면 됩니다. 여기서 **대상 추적 크기 조정 정책**을 선택합니다.

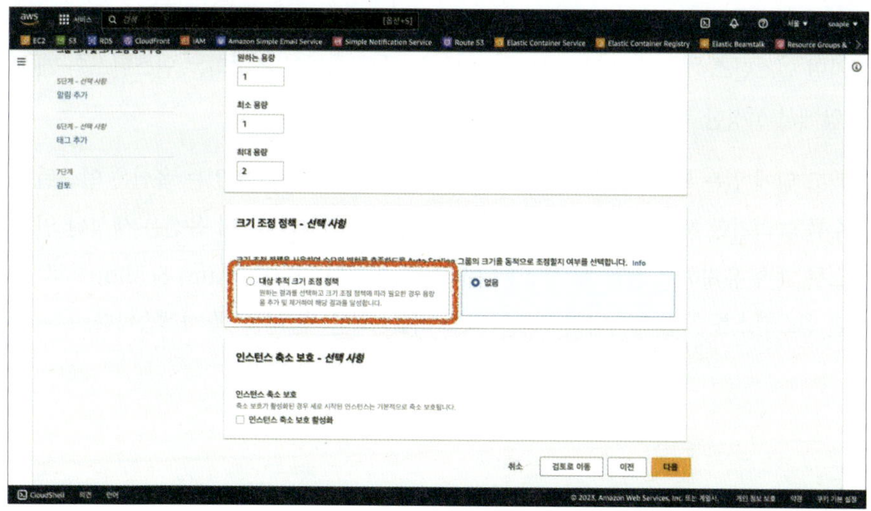

그러면 정책 이름과 지표 유형을 선택할 수 있고, 여기서 해당 지표의 대상 값을 설정할
수 있습니다. 우리는 **평균 CPU 사용률**을 지표로 사용할 예정입니다.

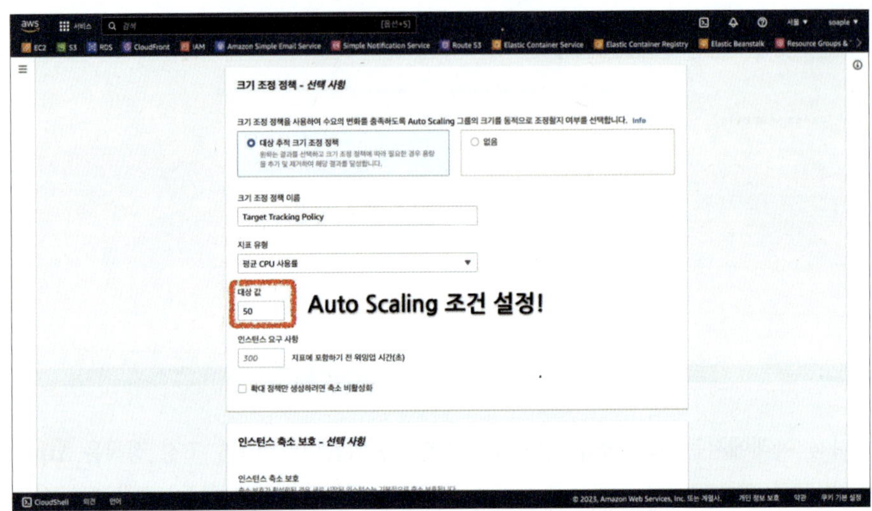

그리고 대상 값에는 다음 실습 화면과 같이 80을 입력합니다. 이것의 의미는 평균 CPU
사용률이 80%가 넘으면 인스턴스 개수를 늘리고, 평균 CPU 사용률이 80% 밑으로 떨
어지면 인스턴스 개수를 줄이겠다는 뜻입니다. 물론 여기서 조정되는 인스턴스의 개수
는 앞에서 설정한 최소, 최대 개수 범위 내에서만 조정됩니다.

그리고 밑에 있는 **확대 정책만 생성하려면 축소 비활성화**라고 되어 있는 옵션은 인스턴스
개수를 늘리기만 하고 줄이지는 않을 때 사용하는 옵션입니다. 이 옵션은 생성된 인스
턴스를 계속 유지하고 싶을 때 사용한다고 보면 됩니다. 우리는 Auto Scaling으로 생
성된 인스턴스를 직접 확인하기 위해서 **축소 비활성화**를 체크하도록 하겠습니다.

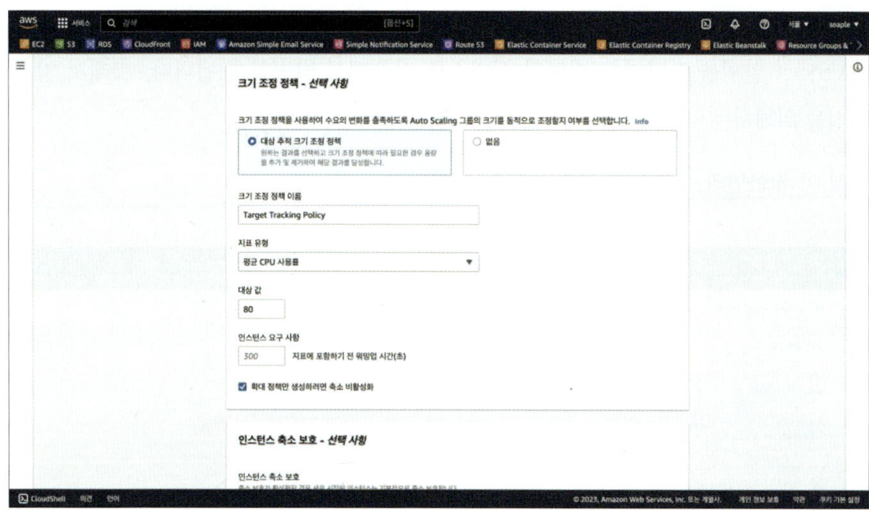

이제 화면을 내려서 **다음** 버튼을 클릭합니다.

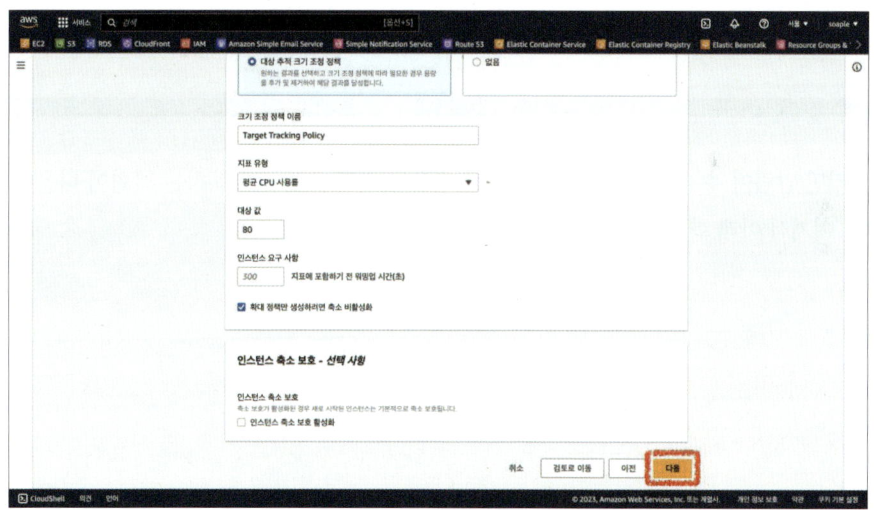

다음 5단계는 알림을 추가하는 단계입니다. 알림을 추가하면 Auto Scaling이 작동할 때마다 이메일 등으로 알림을 받을 수 있습니다. 이 부분은 필수는 아니므로 설정해

보고 싶은 분들만 설정해보기 바랍니다. 참고로 알림은 SNS^{Simple Notification Service}라는 AWS에서 알림을 담당하는 별도의 서비스를 사용해서 발송하게 됩니다. 그래서 알림 설정을 위해서는 SNS 관련 설정이 추가로 필요합니다.

먼저 아래 화면과 같이 **알림 추가** 버튼을 누릅니다.

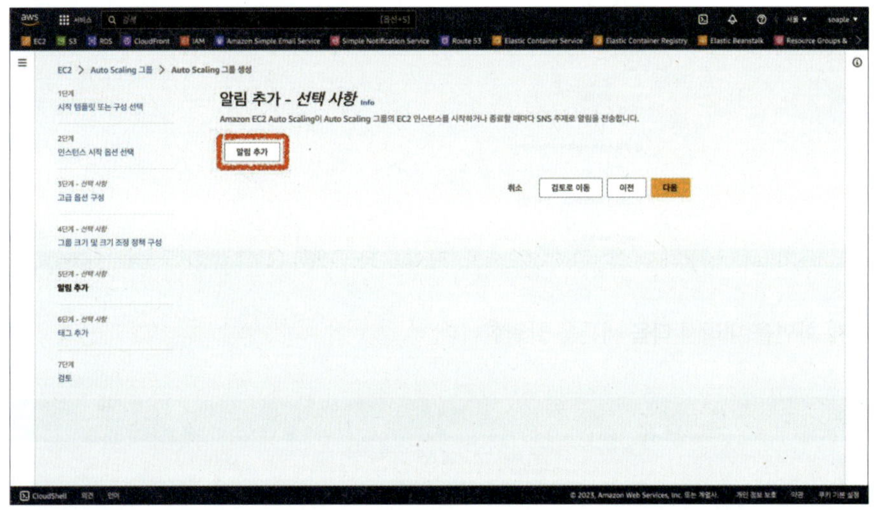

그러면 알림이 추가되고 SNS 주제와 알림받을 이벤트 유형을 선택하는 화면이 나옵니다. 여기서 아래 화면과 같이 **SNS 주제** 메뉴를 클릭합니다.

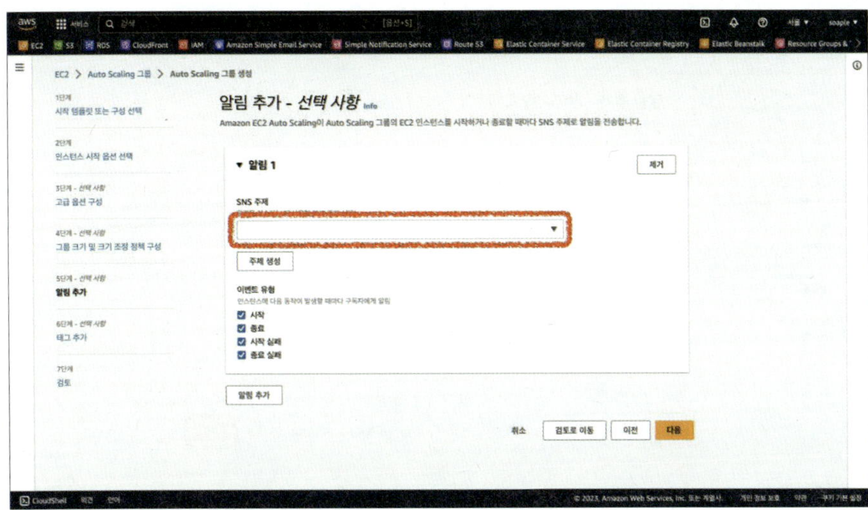

이후 SNS 주제를 선택하면 되는데 기존에 생성해둔 SNS 주제가 없을 것이기 때문에 **주제 생성** 버튼을 눌러서 새로운 주제를 하나 생성해야 합니다. 주제를 생성하는 과정은 여기서는 생략합니다.

SNS 주제가 생성된 이후에는 화면과 같이 주제를 선택하면 해당 주제로 알림이 전송된다고 보면 됩니다. 알림까지 설정했다면 이제 **다음** 버튼을 클릭합니다.

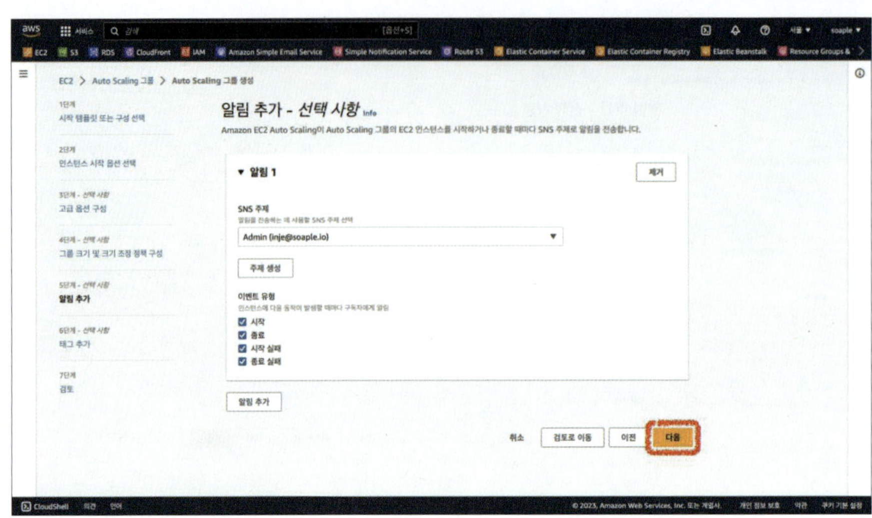

다음 6단계는 태그를 추가할 수 있는 단계입니다. 필요한 경우 여기서 태그를 추가하면 됩니다. **다음** 버튼을 클릭합니다.

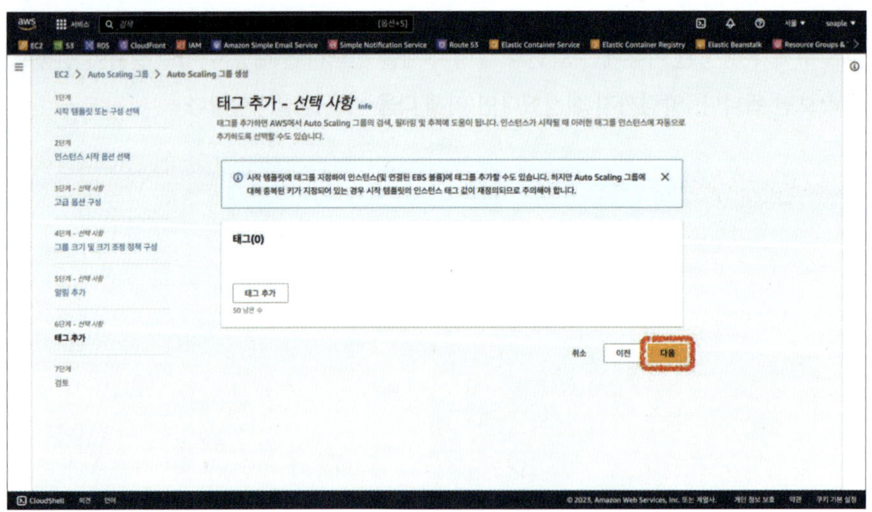

이제 마지막 7단계 검토 단계입니다. 검토 단계에서는 지금까지 설정한 정보를 확인할 수 있습니다. 혹시나 잘못 설정한 부분은 없는지 확인해보기 바랍니다.

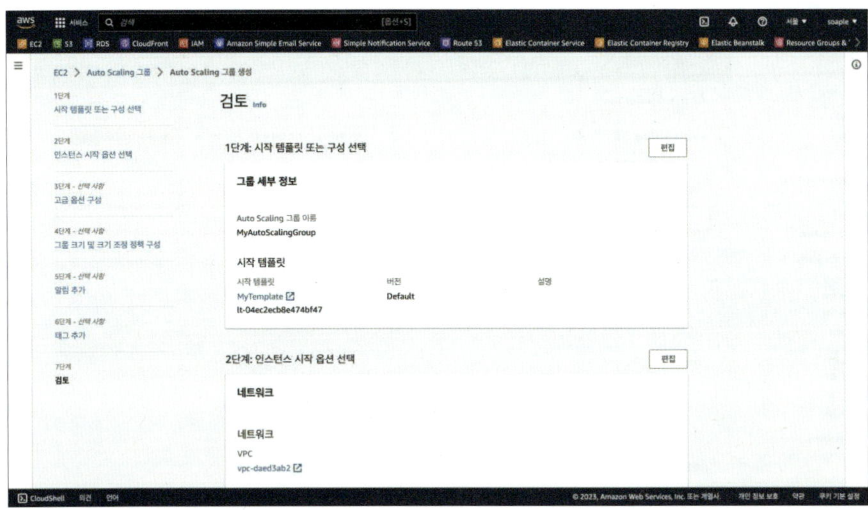

모든 정보를 검토했다면 화면 제일 하단에 있는 **Auto Scaling 그룹 생성** 버튼을 클릭합니다.

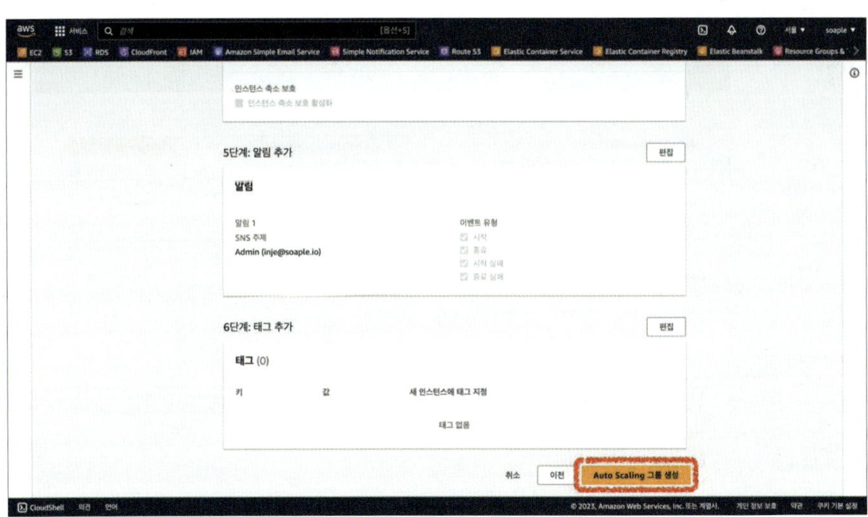

그러면 Auto Scaling 그룹이 생성되는 것을 볼 수 있습니다. 생성된 Auto Scaling 그룹을 선택해보겠습니다.

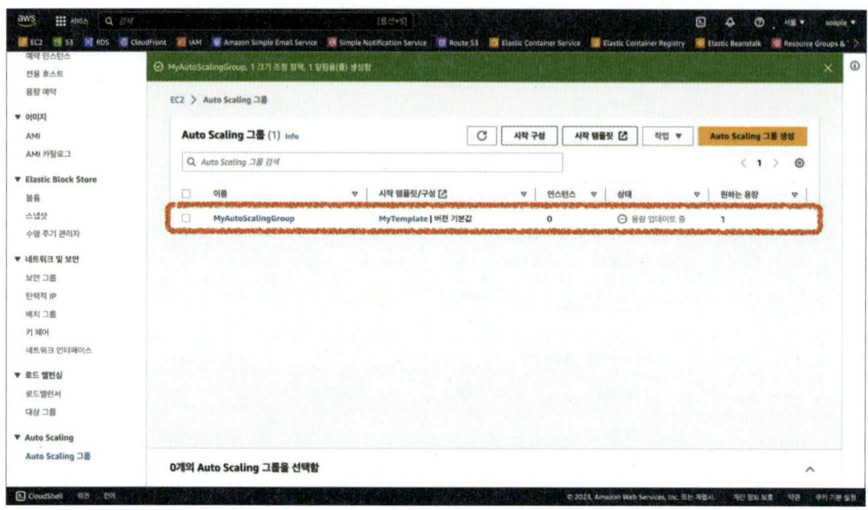

그러면 화면처럼 하단에서 Auto Scaling Group에 대한 세부 정보를 확인할 수 있습니다.

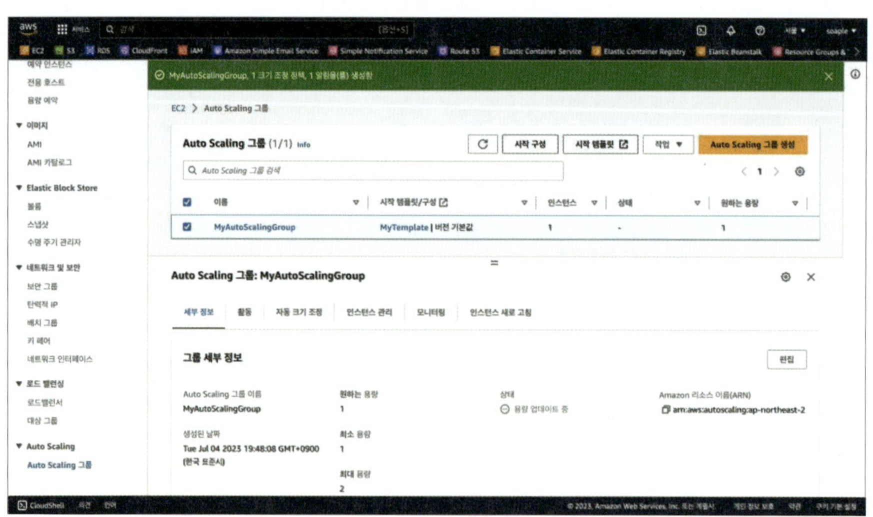

6.6 실습 Auto Scaling 작동 테스트

이번 실습에서는 실제로 Auto Scaling 작동 테스트를 해보겠습니다.

이전 실습에서 Auto Scaling Group을 생성하고 나면 다음과 같이 EC2 인스턴스가 하나 자동으로 생성되는 것을 볼 수 있습니다. 인스턴스가 자동으로 하나 생성되는 이유는 ==Auto Scaling 그룹의 최소 크기를 1로 설정했기 때문==입니다. Auto Scaling 그룹의 크기는 로드 밸런싱의 대상 그룹과는 별도로 그 개수가 관리된다고 보면 됩니다.

Auto Scaling으로 생성된 이 EC2 인스턴스를 선택해보겠습니다.

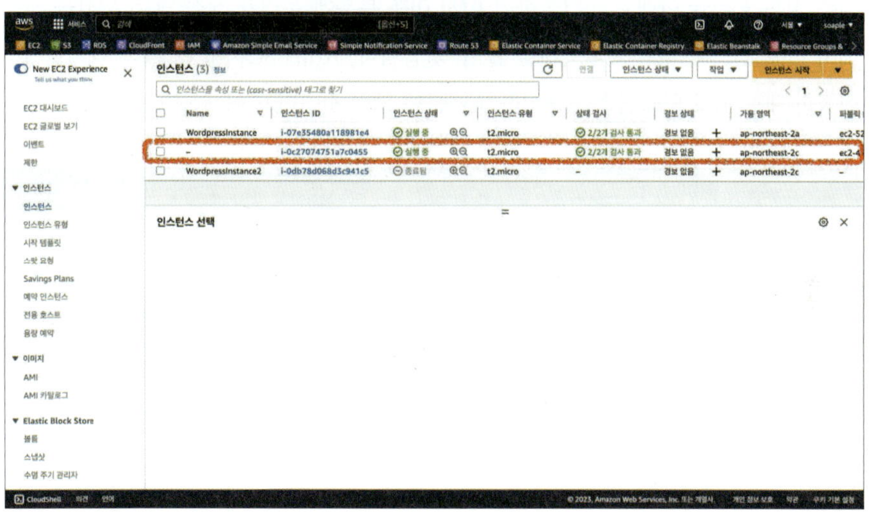

그럼 화면 하단에 세부 정보가 나옵니다.

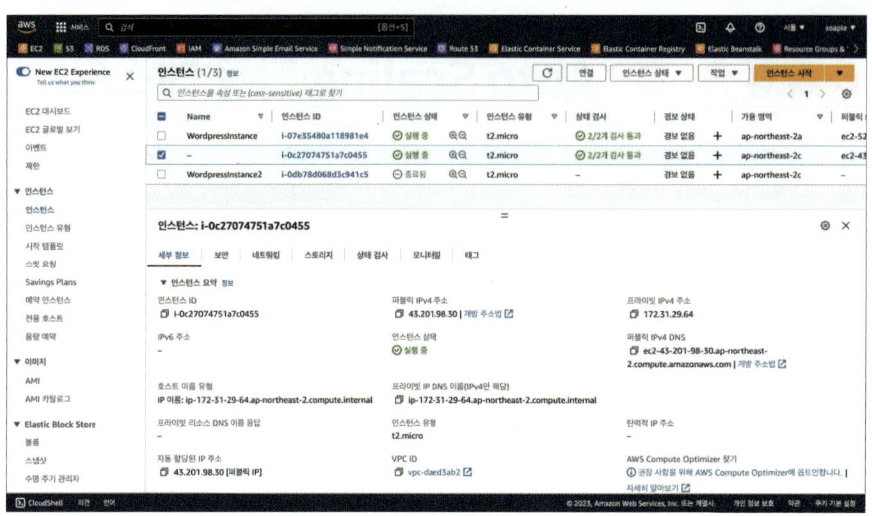

세부 정보를 조금 아래로 스크롤하면 **AMI 이름** 부분에 우리가 직접 만든 AMI를 사용해서 EC2 인스턴스가 생성된 것을 볼 수 있습니다. Auto Scaling은 시작 템플릿에서 설정한 대로 EC2 인스턴스를 생성하기 때문에 그런 것이라고 이해하면 됩니다.

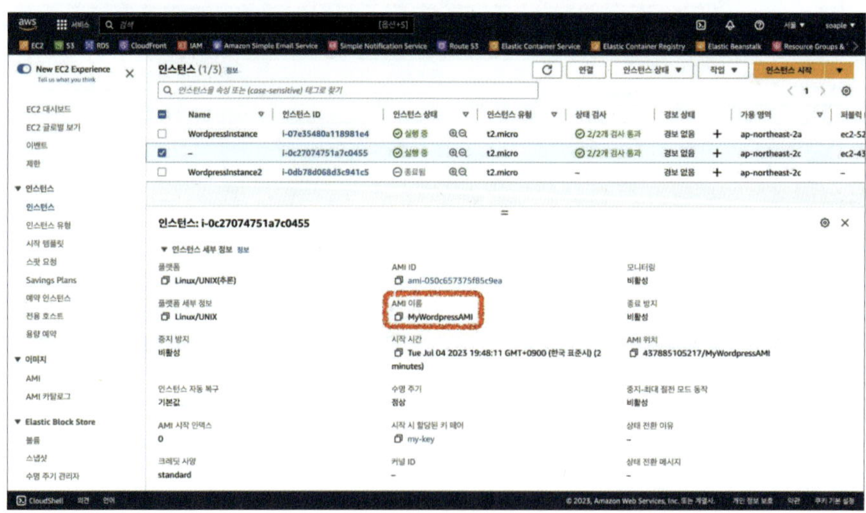

이제 해당 인스턴스의 **퍼블릭 IPv4 주소**를 복사해서 SSH로 접속해보도록 하겠습니다.
먼저 IP 주소를 복사합니다.

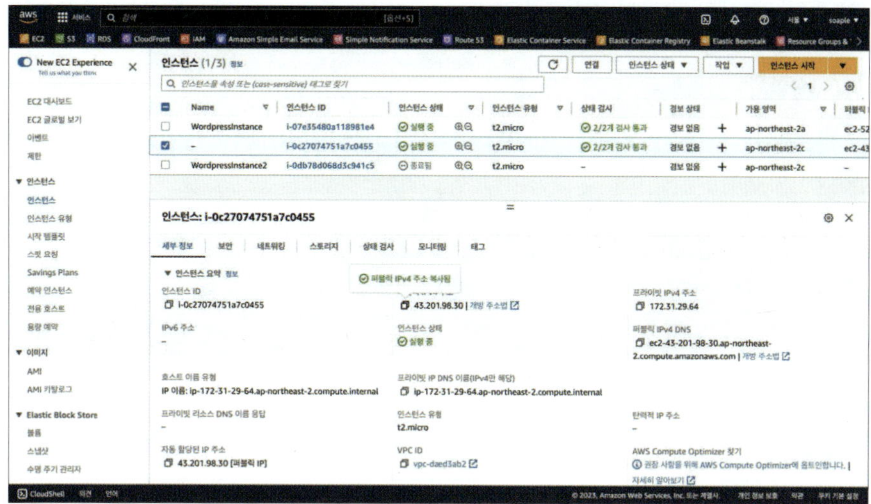

그리고 다음 실습 화면처럼 터미널에서 ssh 명령어를 사용해서 해당 EC2 인스턴스에
접속합니다. 참고로 이때 사용자 이름은 ubuntu가 아니라 bitnami가 되어야 합니다.
우리가 사용한 Bitnami에서 만든 WordPress 이미지의 기본 사용자 이름이 bitnami
이기 때문입니다.

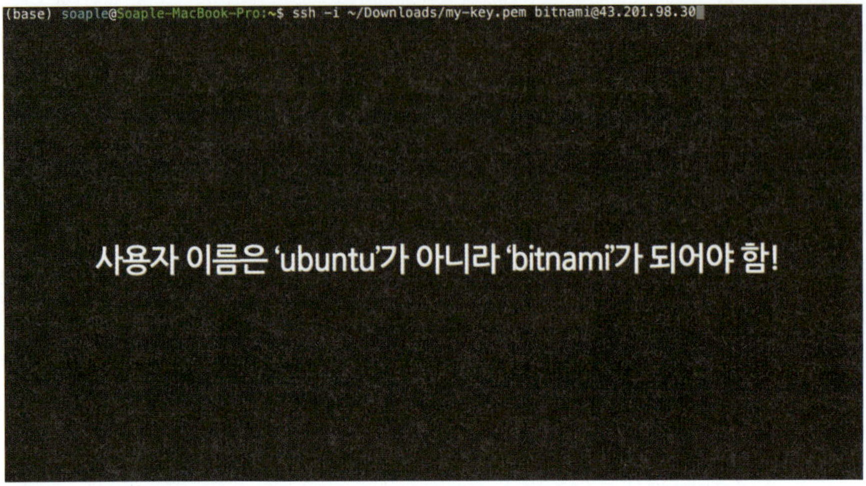
(base) soaple@Soaple-MacBook-Pro:~$ ssh -i ~/Downloads/my-key.pem bitnami@43.201.98.30
사용자 이름은 'ubuntu'가 아니라 'bitnami'가 되어야 함!

```
ssh -i ~/Downloads/my-key.pem bitnami@<복사한 퍼블릭 IPv4 주소>
```

ssh 명령을 실행하면 정상적으로 접속되는 것을 볼 수 있습니다.

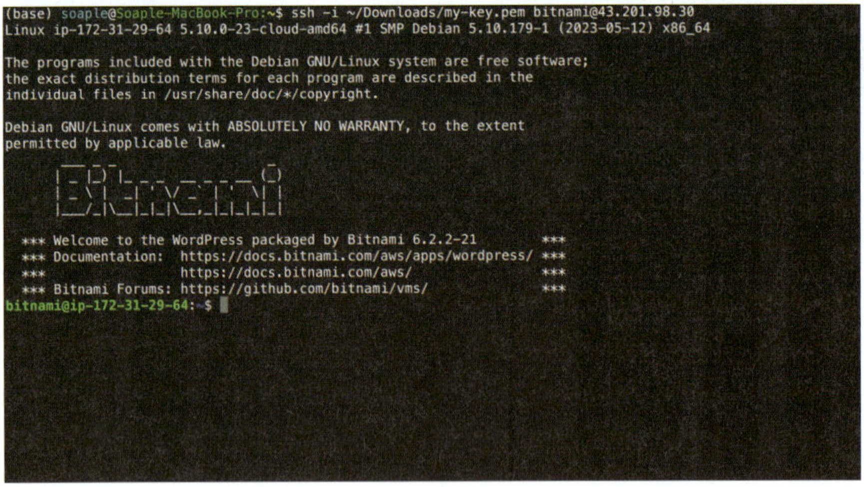
(base) soaple@Soaple-MacBook-Pro:~$ ssh -i ~/Downloads/my-key.pem bitnami@43.201.98.30
Linux ip-172-31-29-64 5.10.0-23-cloud-amd64 #1 SMP Debian 5.10.179-1 (2023-05-12) x86_64
The programs included with the Debian GNU/Linux system are free software;
the exact distribution terms for each program are described in the
individual files in /usr/share/doc/*/copyright.
Debian GNU/Linux comes with ABSOLUTELY NO WARRANTY, to the extent
permitted by applicable law.
*** Welcome to the WordPress packaged by Bitnami 6.2.2-21 ***
*** Documentation: https://docs.bitnami.com/aws/apps/wordpress/ ***
*** https://docs.bitnami.com/aws/ ***
*** Bitnami Forums: https://github.com/bitnami/vms/ ***
bitnami@ip-172-31-29-64:~$

이제 sudo apt-get install 명령어를 사용해서 stress라는 프로그램을 설치하겠습니다. stress는 말 그대로 컴퓨터에 스트레스를 주는 프로그램입니다. 컴퓨터 CPU 사용량을 계속 늘려서 강제로 부하를 주는 프로그램이라고 생각하면 됩니다. 우리가 Auto Scaling 작동 조건을 평균 CPU 사용률 80%로 설정했기 때문에 Auto Scaling 을 작동시키기 위해서 stress라는 프로그램을 사용하는 것입니다.

```
sudo apt-get install stress
```

설치 명령을 실행하면 화면과 같이 stress가 설치됩니다.

stress를 모두 설치한 이후에 다음 명령어를 사용해서 stress를 실행합니다. 해당 명령어는 총 4개의 프로세스를 통해 CPU에 부하를 준다고 이해하면 됩니다. 명령어를 실행하면 EC2 인스턴스에 부하가 걸리기 시작합니다. Auto Scaling이 작동하기까지는 약간의 시간이 걸리기 때문에 이 상태로 5분 이상 두기 바랍니다.

```
stress --cpu 4
```

stress를 실행시킨 상태로 CPU 사용률을 모니터링하기 위해서 실습 화면과 같이
EC2 페이지에서 해당 인스턴스의 모니터링 탭을 클릭합니다.

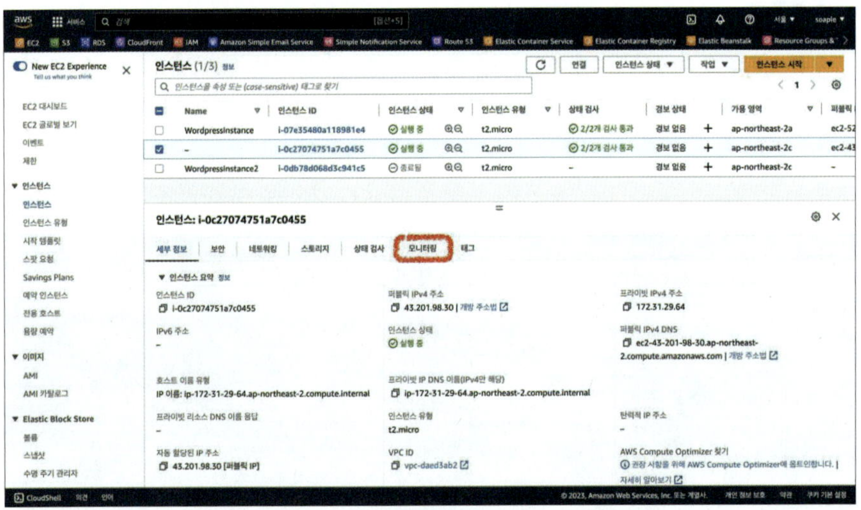

그러면 다음 화면과 같이 다양한 지표들을 모니터링할 수 있는 화면이 나옵니다. 그리
고 제일 처음에 **CPU 사용률**이 나오는 것도 볼 수 있습니다. 해당 부분에 마우스 커서를
올리면 **확대** 버튼이 나오는데, 이 버튼을 클릭합니다.

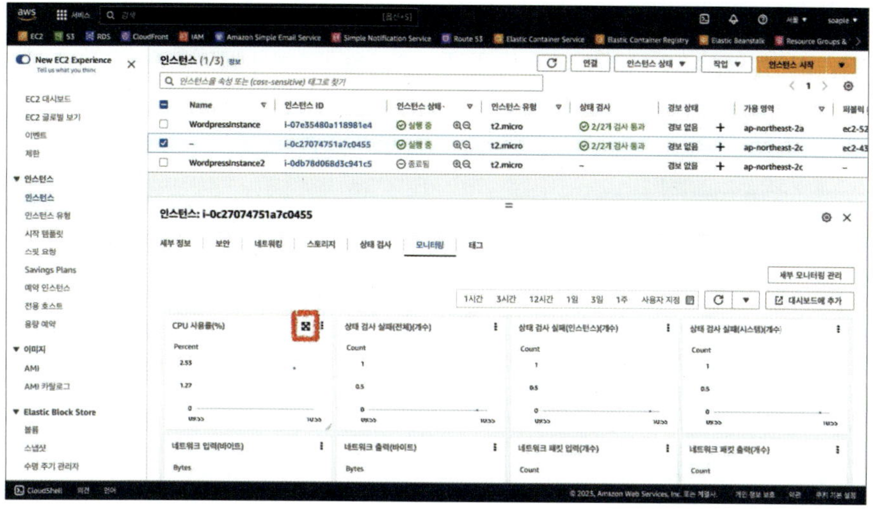

그러면 CPU 사용률을 전체 화면으로 볼 수 있습니다. 인스턴스가 생성된 지 얼마 안 된 시점에는 지표가 없기 때문에 점 하나만 나오고, 시간이 조금 더 지나면 화면과 같이 선이 생기는데 stress로 인해서 CPU 사용률이 99%가 넘어간 것을 볼 수 있습니다.

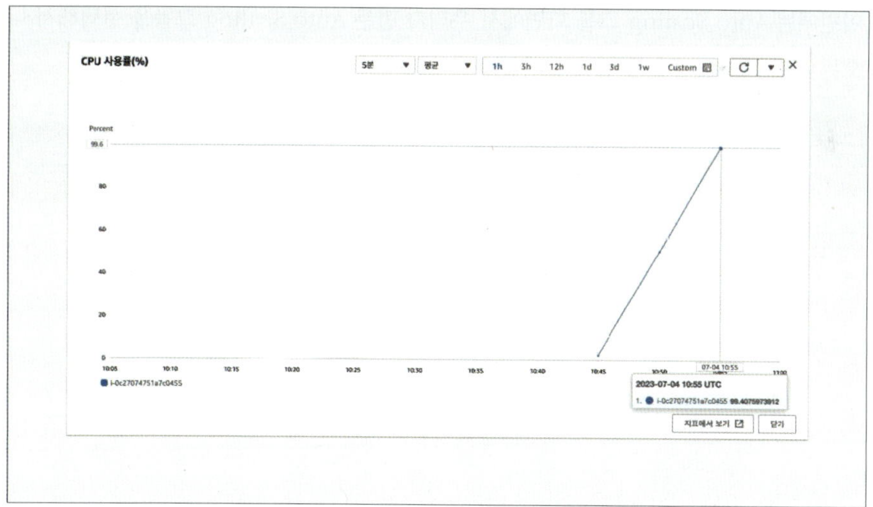

이 상태로 조금 더 기다리면 인스턴스 목록에 새로운 EC2 인스턴스가 하나 더 추가된 것을 볼 수 있습니다. Auto Scaling이 작동 조건을 만족했기 때문에 새로운 인스턴스가 생성된 것이죠.

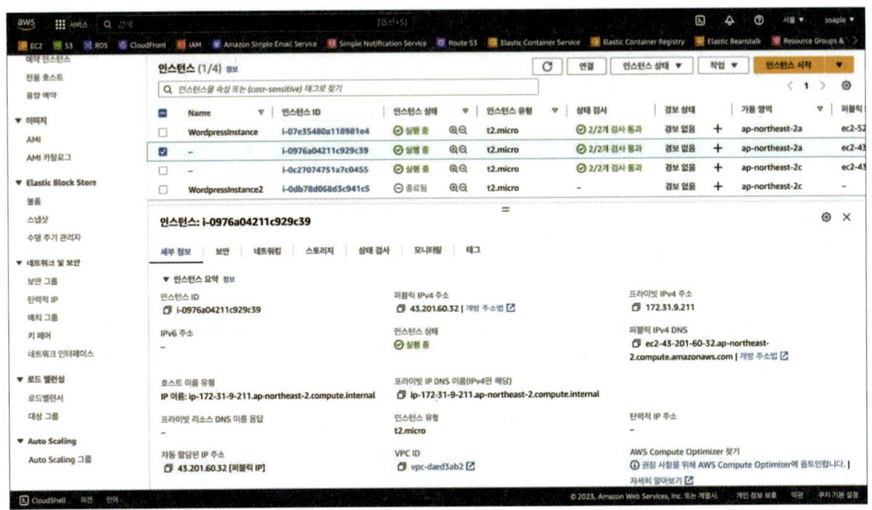

이번에는 Auto Scaling 그룹 화면에서 우리가 만든 Auto Scaling 그룹을 선택해서 나오는 세부 정보에서 **활동** 탭을 클릭합니다.

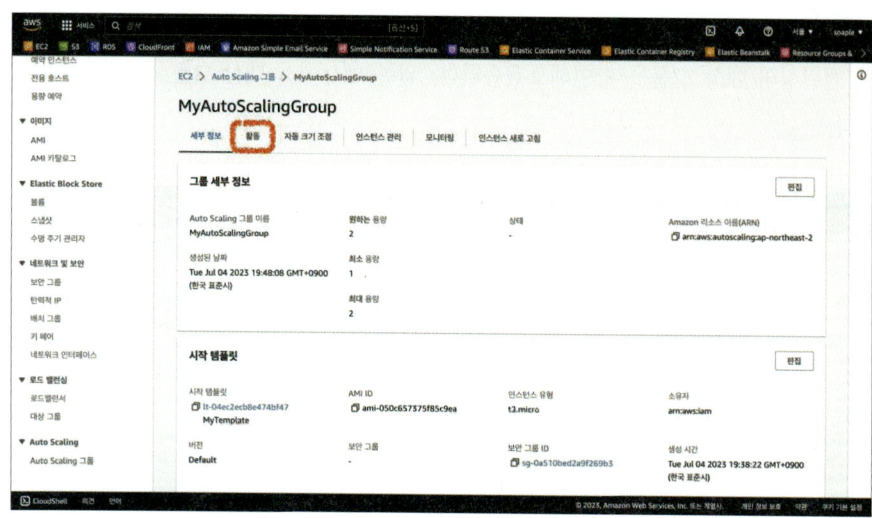

그러면 **작업 기록**을 볼 수 있는데 여기에 새로운 EC2 인스턴스가 시작된 기록도 나와 있는 것을 볼 수 있습니다. 기록을 확인한 이후에 **인스턴스 관리** 탭을 클릭합니다.

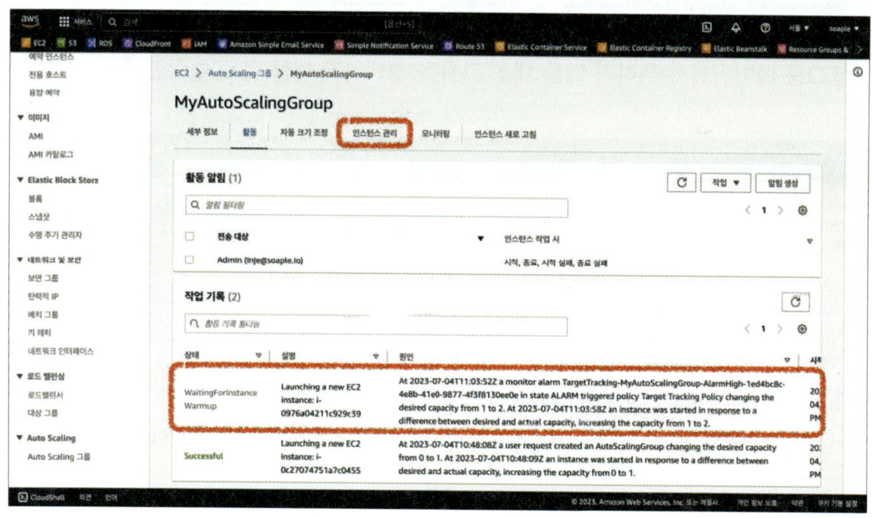

그러면 현재 Auto Scaling Group에 인스턴스가 2개 존재하는 것을 볼 수 있습니다.

그리고 각 인스턴스의 유형, 가용 영역, 상태 등도 확인할 수 있습니다. 다음으로는 로드 밸런싱의 대상 그룹을 확인해보겠습니다. 왼쪽 메뉴에서 **대상 그룹** 메뉴를 클릭합니다.

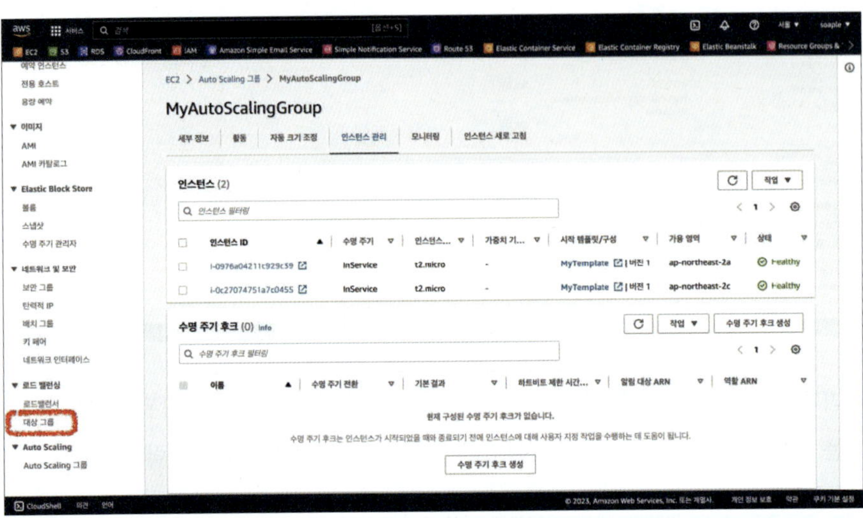

대상 그룹 페이지에서 우리가 만든 대상 그룹을 선택하고 **대상** 탭을 클릭합니다.

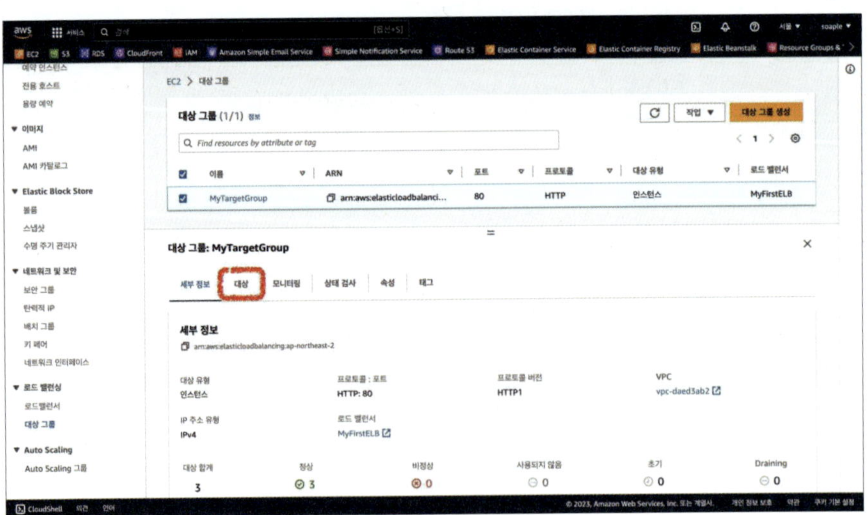

그러면 아래 화면과 같이 등록된 대상 목록에 총 3개의 인스턴스가 나오는 것을 볼 수 있습니다.

이렇게 Auto Scaling 그룹과 대상 그룹의 인스턴스 개수가 다른 이유는 대상 그룹에는 우리가 수동으로 생성한 인스턴스가 하나 포함되어 있기 때문입니다. Auto Scaling Group은 Auto Scaling된 인스턴스만을 관리하기 위한 그룹이고, 대상 그룹은 로드밸런서가 부하를 분산하기 위한 그룹이기 때문에 두 그룹의 인스턴스들이 항상 일치하는 것은 아닙니다.

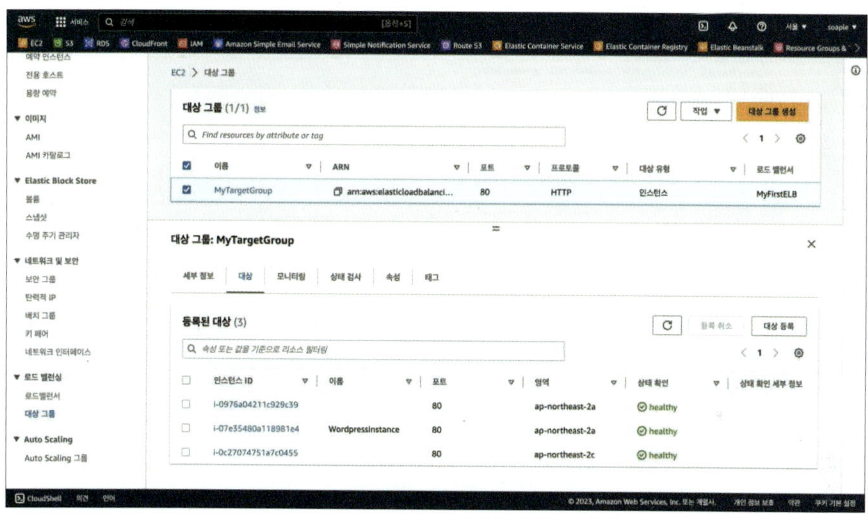

그리고 아까 알림을 설정한 분들은 이메일로 Auto Scaling과 관련된 알림을 받아볼 수 있습니다. 그리고 이 알림은 SNS라는 서비스를 통해 발송된 것이라는 것도 참고로 기억해두기 바랍니다.

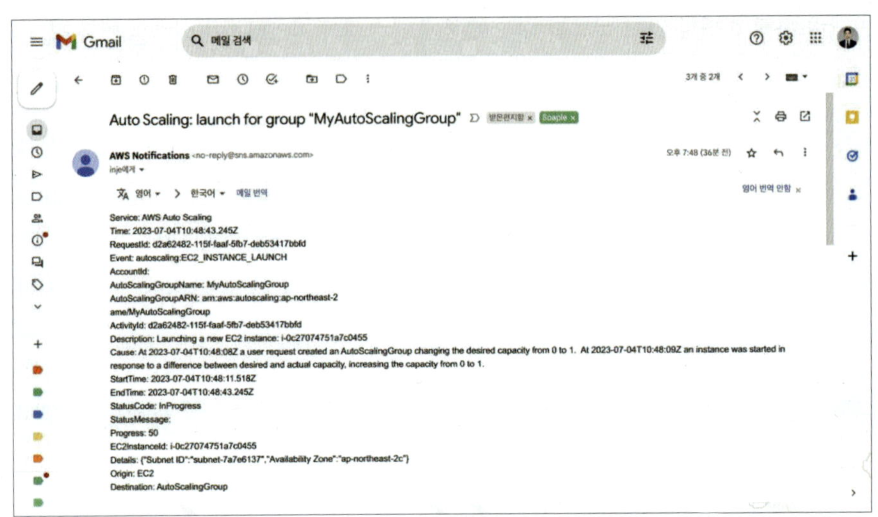

Gmail
메일 검색
3개 중 2개

Auto Scaling: launch for group "MyAutoScalingGroup"   받은편지함 Boaple

AWS Notifications <no-reply@sns.amazonaws.com>   오후 7:48 (36분 전)
inje에게

영어   >   한국어   메일 번역   영어 번역 안함

Service: AWS Auto Scaling
Time: 2023-07-04T10:48:43.245Z
RequestId: d2a62482-115f-faaf-5fb7-deb53417bbfd
Event: autoscaling:EC2_INSTANCE_LAUNCH
AccountId:
AutoScalingGroupName: MyAutoScalingGroup
AutoScalingGroupARN: arn:aws:autoscaling:ap-northeast-2
ame/MyAutoScalingGroup
ActivityId: d2a62482-115f-faaf-5fb7-deb53417bbfd
Description: Launching a new EC2 instance: i-0c27074751a7c0455
Cause: At 2023-07-04T10:48:08Z a user request created an AutoScalingGroup changing the desired capacity from 0 to 1. At 2023-07-04T10:48:09Z an instance was started in
response to a difference between desired and actual capacity, increasing the capacity from 0 to 1.
StartTime: 2023-07-04T10:48:11.518Z
EndTime: 2023-07-04T10:48:43.245Z
StatusCode: InProgress
StatusMessage:
Progress: 50
EC2InstanceId: i-0c27074751a7c0455
Details: {"Subnet ID":"subnet-7a7e6137","Availability Zone":"ap-northeast-2c"}
Origin: EC2
Destination: AutoScalingGroup

6.7 실습 블로그 접속해서 글쓰기

이번 실습에서는 WordPress 블로그에 접속해서 실제로 글을 작성해보도록 하겠습니다.

먼저 화면처럼 Auto Scaling으로 생성된 인스턴스 중 하나를 선택하고 **퍼블릭 IPv4 주소**를 복사합니다.

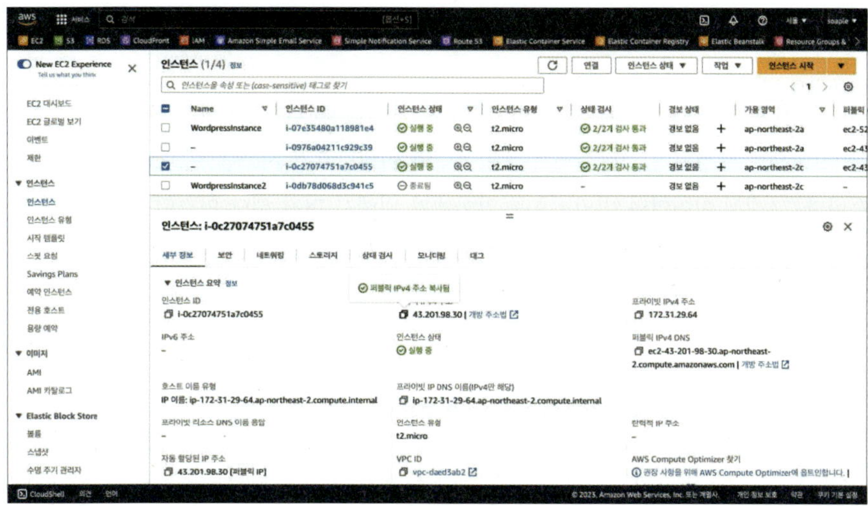

이후 브라우저에서 IP 주소를 붙여 넣고 주소 뒤에 /admin을 붙여서 관리자 페이지로 접속합니다. 그러면 관리자 페이지에 로그인하는 화면이 나오게 됩니다.

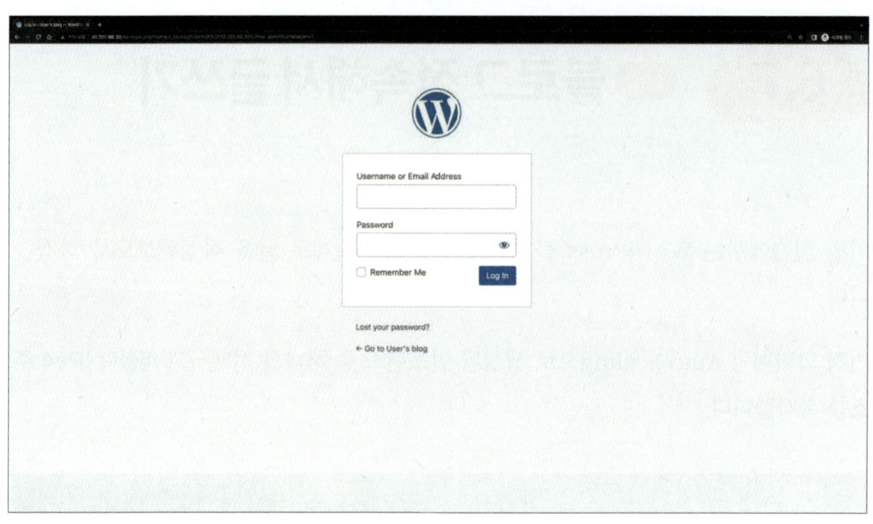

우리가 이전에는 사용자 아이디와 비밀번호를 시스템 로그를 통해서 알아냈지만, Auto Scaling으로 생성된 인스턴스에서는 아이디와 비밀번호가 시스템 로그로 출력되지 않습니다. 그래서 아이디와 비밀번호를 알아내기 위해서 먼저 해당 인스턴스에 ssh로 접속합니다.

```
ssh -i ~/Downloads/my-key.pem bitnami@<복사한 퍼블릭 IPv4 주소>
```

다음과 같이 ssh를 통해 인스턴스에 접속되었습니다.

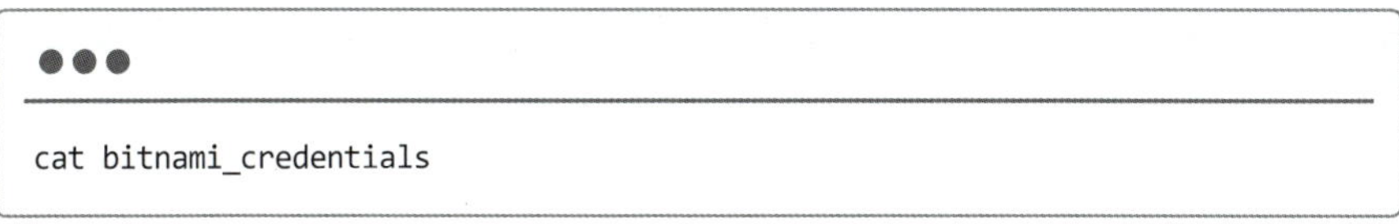

접속한 이후에 cat이라는 명령어를 사용해서 bitnami_credentials라는 파일의 내용을 화면에 출력합니다. 참고로 cat은 파일의 내용을 화면에 출력하는 명령어입니다.

```
cat bitnami_credentials
```

화면에 출력된 내용을 보면 사용자 이름과 비밀번호를 확인할 수 있습니다.

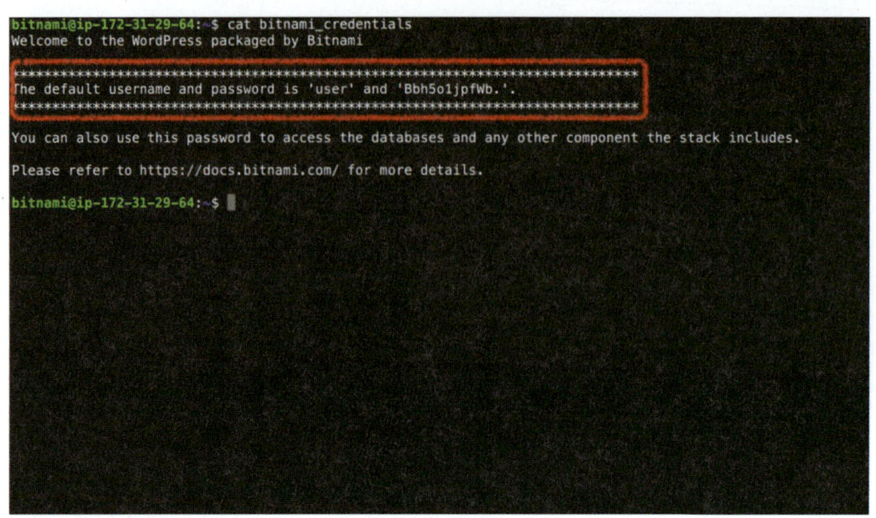

비밀번호를 선택해서 복사하고 다시 관리자 페이지로 돌아와서 사용자 이름과 복사한
비밀번호를 붙여 넣고 로그인 버튼을 클릭합니다.

복사한 비밀번호로 관리 페이지 접속!

그러면 정상적으로 로그인되는 것을 볼 수 있습니다. 여기서 새로운 글을 작성하기 위
해서 왼쪽에 있는 **Posts** 메뉴를 클릭하고 하위 메뉴에서 **Add New**를 클릭합니다.

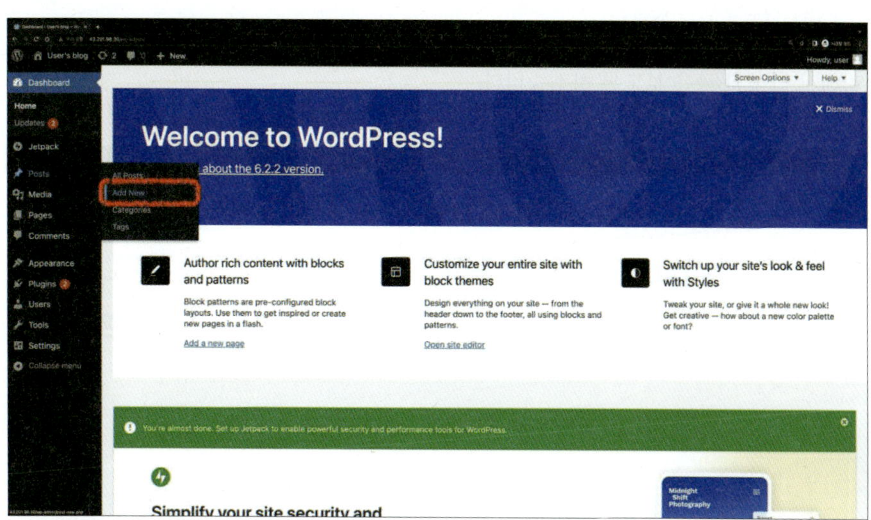

그러면 글을 작성할 수 있는 화면이 나오는데 여기에 Auto Scaling으로 생성된 인스턴스인 것을 알 수 있도록 글을 작성합니다. 글을 모두 작성한 다음 오른쪽 상단에 있는 **Publish** 버튼을 클릭하여 글 작성을 완료합니다.

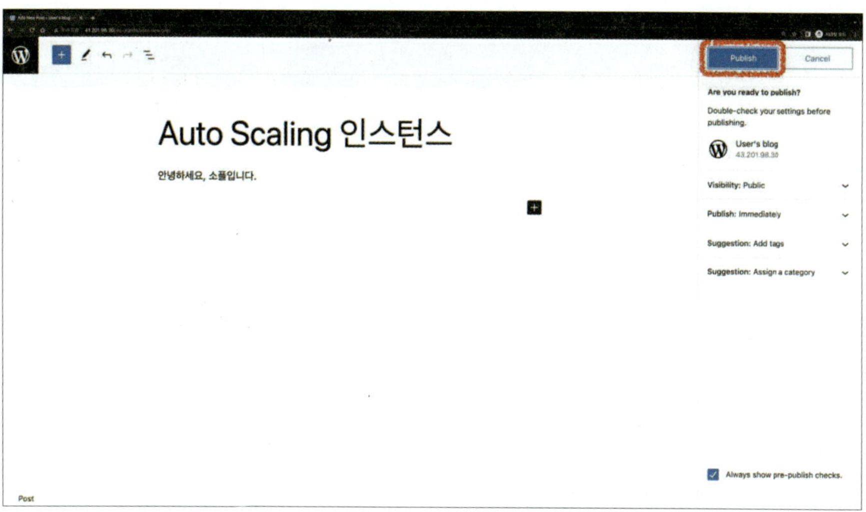

그러면 글이 작성되고 해당 글의 링크가 나오게 됩니다. 여기서 **View Post** 버튼을 클릭해서 작성된 글을 보도록 하겠습니다.

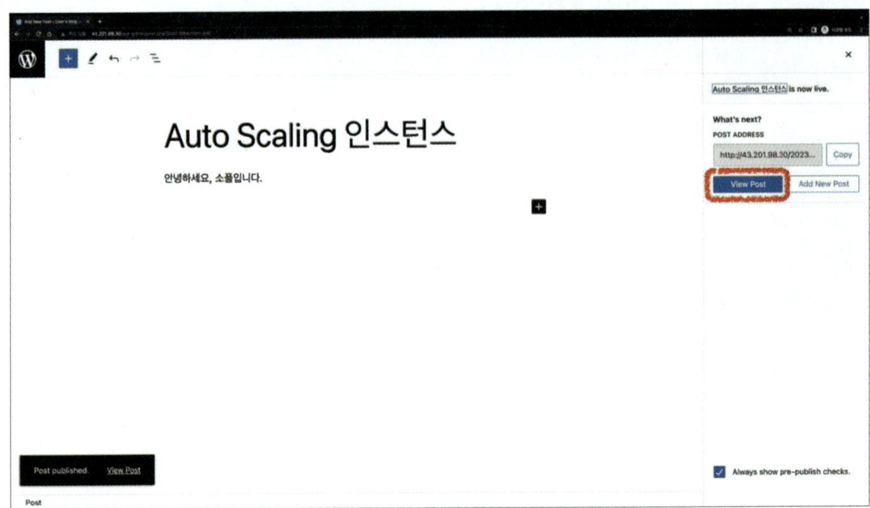

버튼을 클릭하면 아래 화면과 같이 작성된 글이 나오는 것을 볼 수 있습니다.

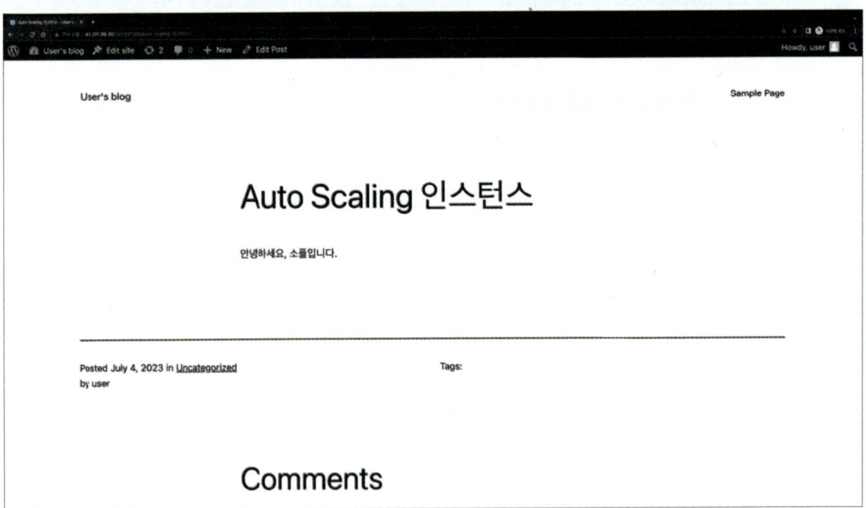

이번에는 IP 주소가 아닌 ELB의 DNS 이름을 사용해서 접속해보겠습니다. 먼저 로드
밸런서 페이지에서 우리가 만든 ELB 로드 밸런서를 선택하고 세부 정보 하단에 있는
DNS 이름을 복사합니다.

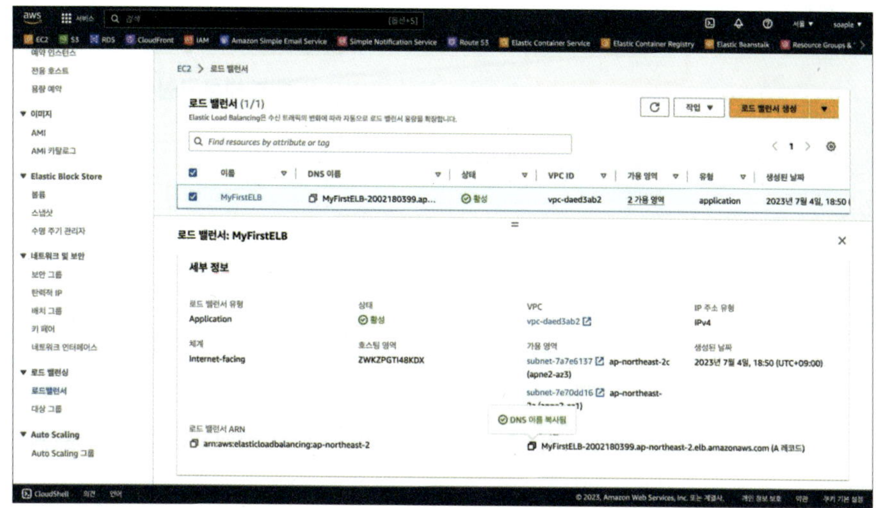

이후 브라우저에서 해당 주소로 접속합니다. 그러면 WordPress 블로그가 나오는 것
을 볼 수 있습니다. 지금은 앞에서 Auto Scaling 인스턴스에 직접 접속해서 작성한 글
이 나오는데 여기서 계속 새로고침을 해보겠습니다.

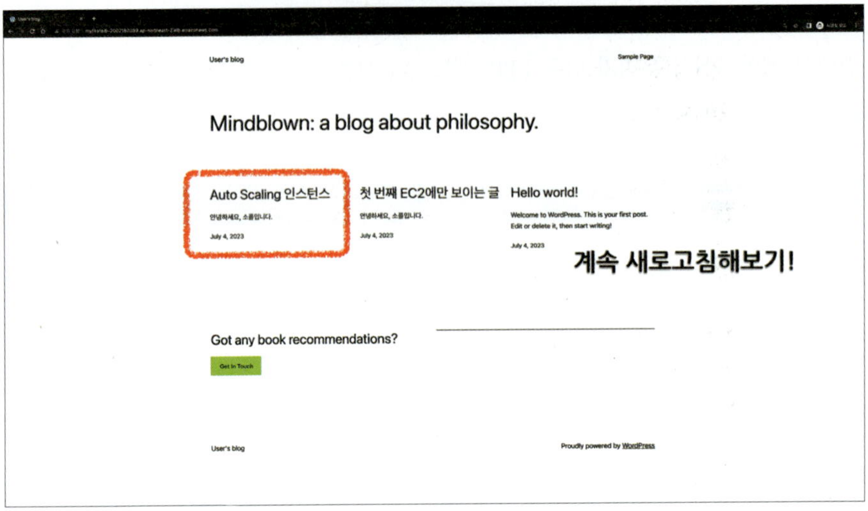

새로고침을 하다 보면 다음 실습 화면과 같이 작성한 글이 안 나오는 경우를 볼 수 있습니다. 이러한 경우가 발생하는 이유는 ELB에서 우리가 글을 작성하지 않은 다른 인스턴스로 부하를 분산시켰기 때문입니다.

자, 그런데 실제 운영 중인 서비스에서 이렇게 되면 안 되겠죠. Auto Scaling은 되었지만 서버마다 갖고 있는 데이터가 다르다면 Auto Scaling을 적용하는 것이 의미가 없을 것입니다.

그래서 현재 구조를 그림으로 나타내면 다음과 같습니다. 각 EC2 인스턴스가 각각 로컬에 따로 설치된 MySQL 서버를 사용 중인 상태입니다. 그래서 특정 인스턴스에서 글을 작성하면 그 글은 해당 인스턴스에 접속한 경우에만 볼 수 있는 것입니다.

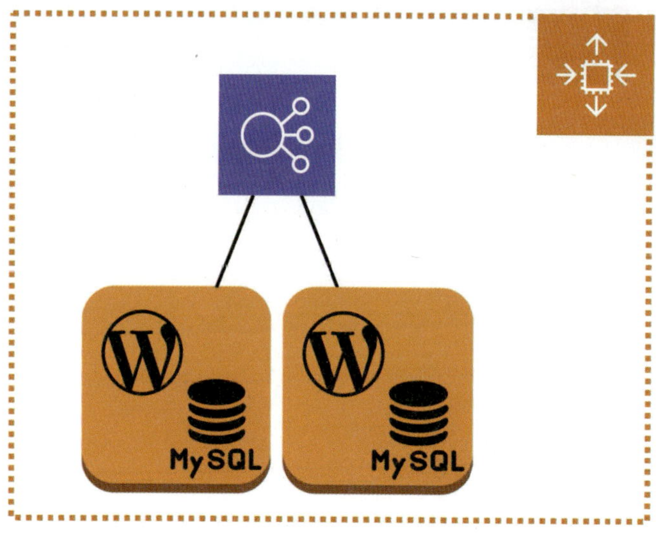

이 문제를 해결하기 위해서는 다음 그림처럼 구조를 변경해야 합니다. MySQL 서버가 각 인스턴스 내에서 돌아가는 것이 아니라 별도의 DB 인스턴스에서 돌아가도록 만들고 모든 EC2 인스턴스들이 해당 DB를 바라보도록 해야 합니다. 다음 장에서 RDS를 이용하여 실습할 때 이 구조를 직접 만들 예정입니다.

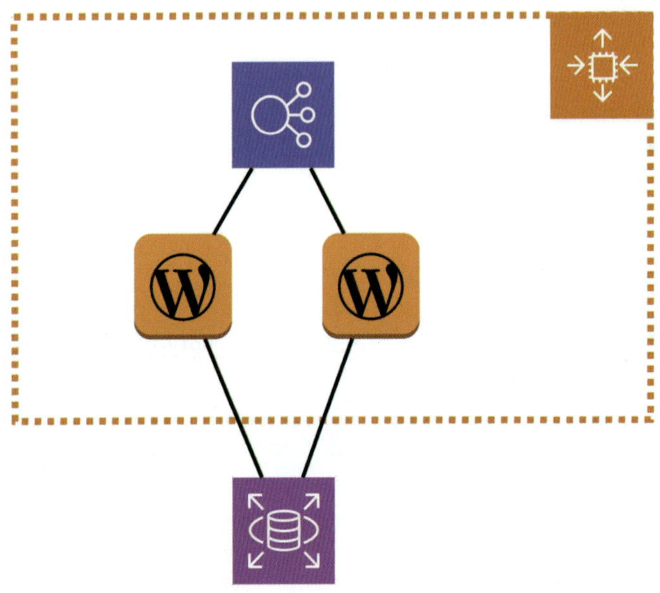

6장 요약

- **Auto Scaling**
  - 트래픽에 따라서 자동으로 EC2 인스턴스 개수를 조절해주는 기능
  - Auto Scaling은 ELB와 함께 사용

- **Auto Scaling 기본 구조**
  - Auto Scaling Group(ASG)
    - Auto Scaling되는 EC2 인스턴스들의 집합
  - 시작 구성(Launch Configuration)
    - Auto Scaling을 할 때 사용할 EC2 인스턴스의 사전 설정 정보
    - 현재는 시작 템플릿(Launch Template)을 주로 사용

Preview

앞에서 AWS 서비스 3대장에 대해서 배웠습니다. AWS를 대표하는 서비스 세 가지는 바로 EC2, RDS, S3입니다.

이번 장에서는 이 중에서 RDS에 대해서 알아보겠습니다. 먼저 RDS라는 서비스를 소개하고, 왜 RDS를 사용하는지 그 이유를 살펴봅니다. 다음으로는 RDS 기본 구조에 대해서 알아보고, 마지막으로 실습을 통해서 실제로 RDS 인스턴스를 직접 생성해서 워드프레스와 연동해보도록 하겠습니다.

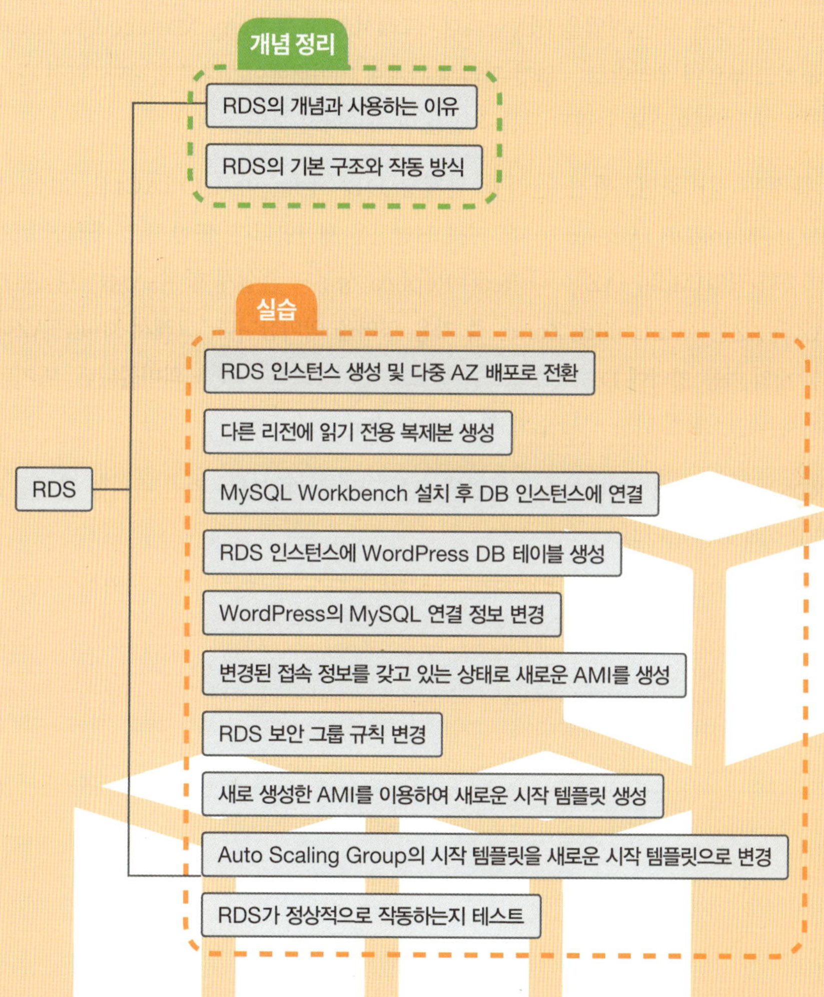

7.1 RDS

RDS는 어떤 서비스일까요? 먼저 RDS라는 이름의 의미를 알아보겠습니다.

RDS는 Relational Database Service의 약자입니다. 우리말로 하면 관계형 데이터베이스 서비스라고 할 수 있습니다. RDS는 이름이 가진 의미 그대로 AWS에서 관계형 데이터베이스를 제공해주는 서비스입니다. 하지만 단순히 관계형 데이터베이스만을 제공해주는 것이 아니라 DB와 관련된 모든 작업을 제공합니다. 그래서 RDS를 Fully Managed Relational Database라고 부르며 우리말로는 완전 관리형 관계형 데이터베이스라고 합니다. 완전 관리형이기 때문에 데이터베이스와 관련된 모든 작업을 다 해준다고 보면 됩니다.

RDS의 특징을 정리하면, 완전 관리형 관계형 DB 서비스이고 ORACLE, MySQL, PostgreSQL, MariaDB, Aurora 등 다양한 DB엔진을 제공합니다. 또한 직접 하려면 번거로운 DB 이중화 작업(Multi-AZ)이나 Read Replica 생성도 손쉽게 할 수 있습니다. 여기서 Multi-AZ의 AZ는 Availability Zone, 즉 가용 영역을 의미합니다. 그래서 Multi-AZ라고 하면 복수 개의 가용 영역에 DB 인스턴스를 둠으로써 이중화하는 것을 의미합니다. 마지막으로 RDS에서는 인스턴스 확장 역시 쉽게 할 수 있습니다.

이처럼 RDS는 관계형 데이터베이스와 관련된 모든 작업을 제공하는 완전 관리형 관계형 DB 서비스라고 이해하면 됩니다.

7.2 RDS를 사용하는 이유

RDS는 왜 사용할까요? 다음 그림처럼 EC2 같은 서버에 직접 DB를 설치해서 사용하는 경우와 RDS를 사용하는 경우를 비교해보겠습니다.

▶ EC2 vs RDS 1

이전 실습에서 생성한 WordPress EC2 인스턴스처럼 RDS를 사용하지 않고 EC2에 직접 MySQL 서버를 설치해서 사용할 수도 있습니다. 위 그림 왼쪽과 같은 경우입니다. 반대로 그림 오른쪽과 같이 RDS를 사용해서 DB를 별도의 인스턴스로 사용할 수도 있습니다. 이 두 가지 경우를 비교했을 때 어떤 경우에 우리가 직접 해야 할 일이 많을까요? 누가 봐도 왼쪽처럼 DB를 직접 관리하는 경우가 할 일이 많을 것입니다.

DBA라는 직업이 있습니다. Database Administrator라고 부르는 DBA는 말 그대로 데이터베이스 관리자로서 데이터베이스와 관련된 작업만을 전담하는 사람이라고 보면 됩니다. 그렇다면 DBA가 하는 일은 어떤 것이 있을까요? 일반적으로 데이터베이스 설치, 업그레이드, 마이그레이션, 백업 및 복구, 보안 설정, 스토리지 용량 계획 세우기, 성능 모니터링 및 튜닝, 문제 해결 등이 있습니다. 이것만 해도 굉장히 할 일이 많습니다. 그리고 특별한 환경에서는 추가로 해야 할 일이 또 있습니다. 이처럼 데이터베이스를 관리하는 것만 해도 할 일이 굉장히 많습니다. 그리고 이러한 쪽에 지식이 부족하면 혼자서 하기에는 어려운 일입니다.

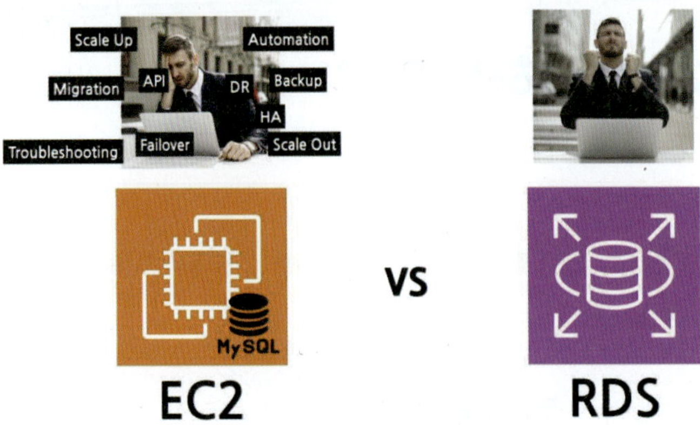

▶ EC2 vs RDS 2

그래서 앞에 나온 그림을 다시 살펴보면 DBA 입장에서는 왼쪽의 경우 할 일이 너무 많아서 머리가 아프지만, RDS를 사용할 경우 모든 일을 알아서 처리해주기 때문에 신경 쓸 게 적어지고 편해지게 됩니다.

기업 입장에서는 데이터베이스를 관리하는 데 시간을 많이 쓰지 않고 다른 중요한 일에 집중할 수 있기 때문에 편리합니다. 그래서 이러한 이유로 직접 DB를 운영하지 않고 RDS를 사용하는 것이라고 이해하면 됩니다.

7.3 RDS 기본 구조

지금부터는 RDS의 기본 구조에 대해 알아보겠습니다. 아래 그림은 RDS의 기본 구조를 나타낸 것입니다.

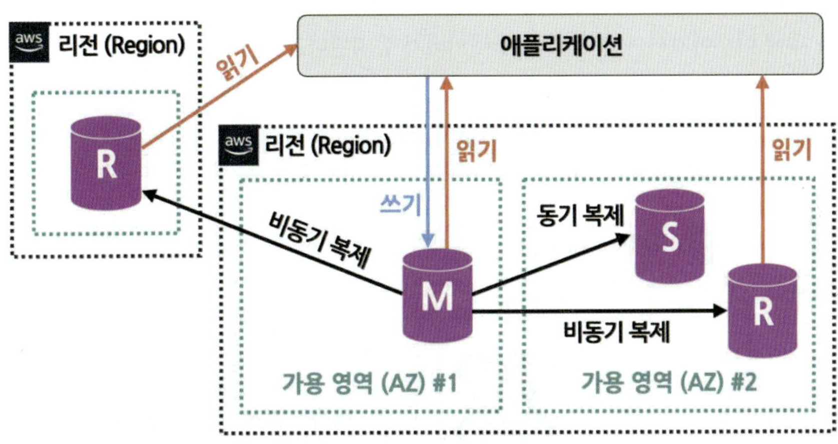

▶ RDS 기본 구조 1

먼저 AWS 리전과 가용 영역이 나타나 있고, 그중 가용 영역 1번에 M이라고 써 있는 Master DB 인스턴스가 있습니다. 이 Master DB를 통해 읽기와 쓰기 작업이 이루어지게 됩니다. 참고로 Master DB는 Primary DB라고 부르기도 합니다.

그리고 같은 리전 내에 다른 가용 영역에 S라고 써 있는 Standby DB가 있습니다. 위 그림에서는 현재 2번 가용 영역에 존재하는 것을 볼 수 있습니다. Standby DB는 데이터를 읽거나 쓰는 용도로 사용하는 것이 아닌 장애를 예방하기 위해서 DB 이중화 작업을 위해 사용합니다. 앞에서 잠깐 등장했던 Multi-AZ가 바로 이것이라고 보면 됩니다. Standby라는 단어의 의미 그대로 대기 중인 인스턴스인 것이죠.

Master DB의 데이터는 Standby DB로 동기 복제가 이루어집니다. 그래서 Master DB와 Standby DB는 모든 시점에 모든 데이터가 동일하다고 볼 수 있습니다.

그리고 R이라고 써 있는 인스턴스는 Read Replica입니다. 우리말로는 읽기 전용 복제본이라고 부르며 데이터를 쓰는 용도가 아닌 읽기만 하는 용도로 사용하는 인스턴스입니다.

그림에서 볼 수 있는 것처럼 이 Read Replica는 Master DB와 같은 리전에 있을 수도 있으며 다른 리전에 존재할 수도 있습니다. 이처럼 다른 리전에 Read Replica를 사용함으로써 멀리 떨어져 있는 국가에서도 빠르게 데이터를 읽을 수 있도록 하는 것입니다.

그리고 Master DB의 데이터는 Read Replica로 비동기 복제가 이루어집니다. 그래서 Master DB에 있는 데이터가 항상 Read Replica에 있다고는 할 수 없지만, 비동기 복제 자체가 굉장히 짧은 시간 내에 이루어져서 거의 동일하게 데이터가 유지된다고 봐도 됩니다.

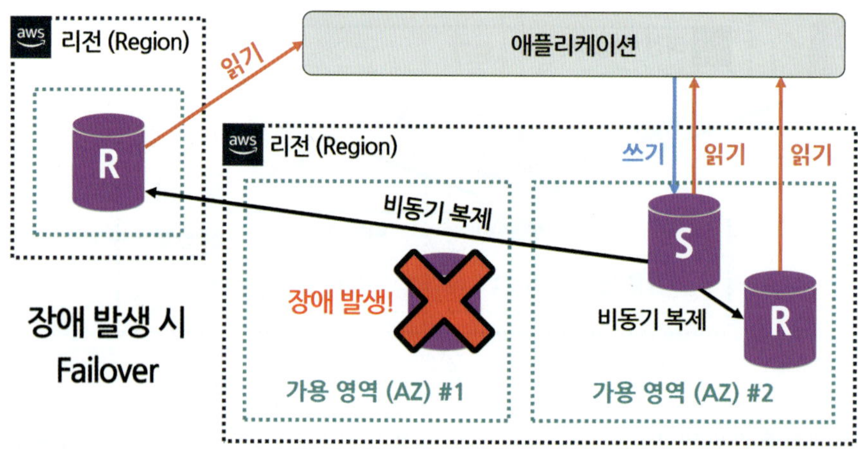

▶ RDS 기본 구조 2

그리고 만약 위 그림처럼 Master DB에 장애가 발생하게 되면 장애를 극복하기 위한 Failover를 진행합니다. 이때 Standby DB가 Master의 역할을 하게 됩니다. 그래서 읽기와 쓰기 작업이 Standby DB를 통해 이루어지게 됩니다.

7.4 다중 AZ와 읽기 전용 복제본 비교

그렇다면 다중 AZ와 읽기 전용 복제본은 어떤 차이가 있을까요? 아래 표는 다중 AZ와 읽기 전용 복제본의 특징을 비교한 것입니다.

다중 AZ와 읽기 전용 복제본 비교

다중 AZ 배포	읽기 전용 복제본
동기식 복제 – 높은 안정성	비동기식 복제 – 높은 확장성
기본 인스턴스의 데이터베이스 엔진만 활성	모든 읽기 전용 복제본은 접근이 가능하며 읽기 확장도 가능
자동 백업은 대기 상태에서 수행	기본 제공된 백업 구성 없음
단일 지역 내에 항상 2개의 가용성 영역을 확장	가용 영역, 교차 AZ 또는 교차 지역 내에 있을 수 있음
기본 데이터베이스 엔진 버전 업그레이드가 발생	데이터베이스 엔진 버전 업그레이드는 원본 인스턴스와 독립됨
문제가 감지되면 대기 모드로 자동 Failover 조치	독립형 데이터베이스 인스턴스로 수동 승격될 수 있음

먼저 다중 AZ는 동기식 복제가 이뤄지므로 높은 안정성을 갖고 있으며, 읽기 전용 복제본은 비동기식 복제가 이뤄지므로 높은 확장성을 갖고 있습니다. 그리고 다중 AZ는 기본 인스턴스의 데이터베이스 엔진만 활성하지만, 읽기 전용 복제본은 모두 접근이 가능하며 읽기 확장도 가능합니다. 또한 다중 AZ는 자동 백업을 대기 상태에서 수행하지만, 읽기 전용 복제본은 기본 제공된 백업 구성이 없습니다.

다중 AZ는 단일 지역 내에 항상 2개의 가용성 영역을 확장하고, 읽기 전용 복제본은 가용 영역, 교차 AZ 또는 교차 지역 내에 있을 수 있습니다. 그리고 다중 AZ는 기본 데이터베이스 엔진 버전 업그레이드가 발생하지만, 읽기 전용 복제본의 경우 데이터베이스 엔진 버전 업그레이드는 원본 인스턴스와 독립됩니다. 마지막으로 다중 AZ는 문제가 감지되면 대기 모드로 자동 Failover 조치를 하며, 읽기 전용 복제본은 독립형 데이터베이스 인스턴스로 수동으로 승격될 수 있습니다.

다중 AZ와 읽기 전용 복제본을 사용할 때는 이러한 차이점을 잘 이해하고 사용하는 것이 중요합니다.

7.5 실습 RDS 인스턴스 생성

이번 실습에서는 실제로 RDS 인스턴스를 생성해보도록 하겠습니다.

아래와 같이 AWS 콘솔에 접속한 뒤에 상단 검색창에 RDS라고 입력합니다. 그러면
RDS 목록이 나오게 되는데 RDS를 클릭해서 이동합니다.

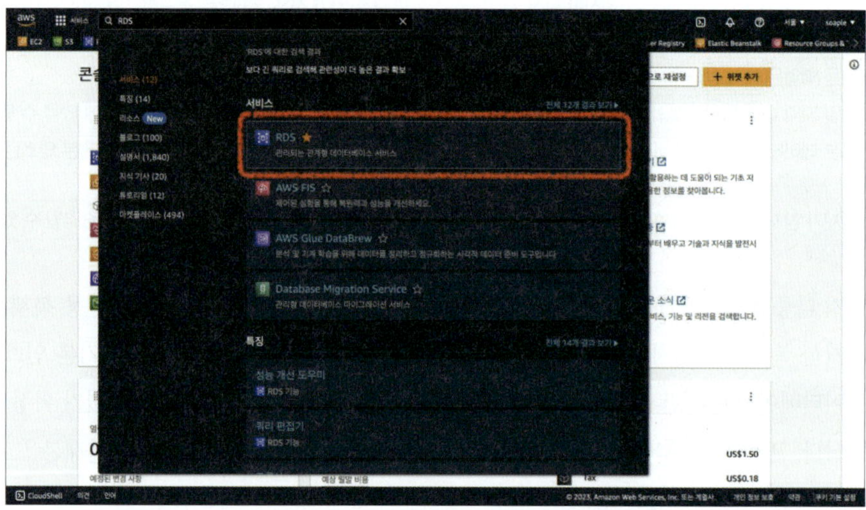

RDS 대시보드 페이지가 나오면 여기서 RDS와 관련한 리소스 전체 현황을 한눈에 볼
수 있습니다. 아래에 있는 **데이터베이스 생성** 버튼을 클릭합니다.

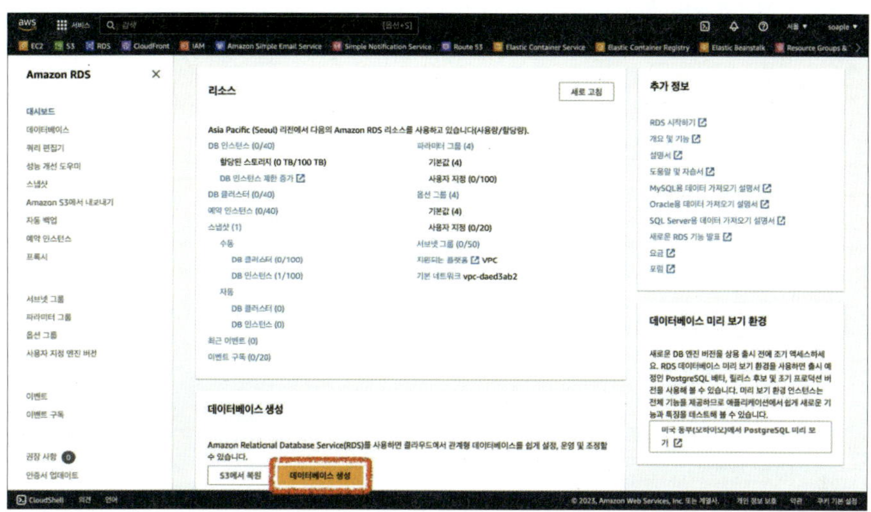

그러면 데이터베이스를 생성하기 위한 화면이 나옵니다.

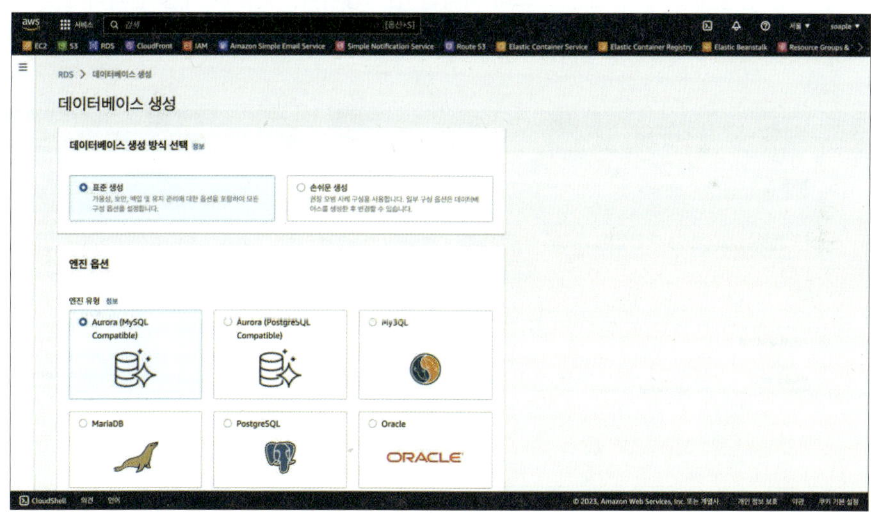

먼저 엔진 옵션을 선택해야 합니다. 우리는 MySQL을 사용할 것이므로 MySQL을 선택합니다. **MySQL**을 선택한 이후에 화면을 아래로 스크롤합니다.

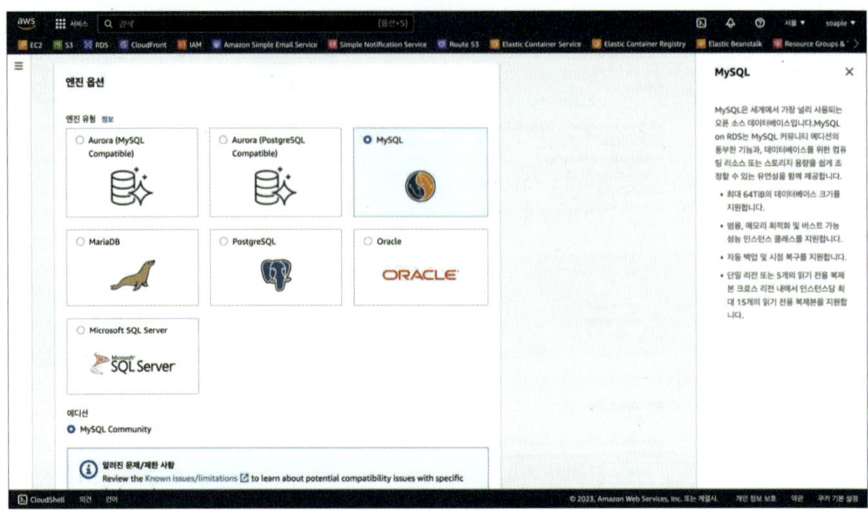

다음은 템플릿을 설정합니다. 여기서는 프로덕션이나 개발 및 테스트가 아닌 프리 티어
로 실습을 진행해야 하기 때문에 **프리 티어**를 선택합니다. 프리 티어를 선택하게 되면
아래에 나오는 **배포 옵션**이 비활성화됩니다.

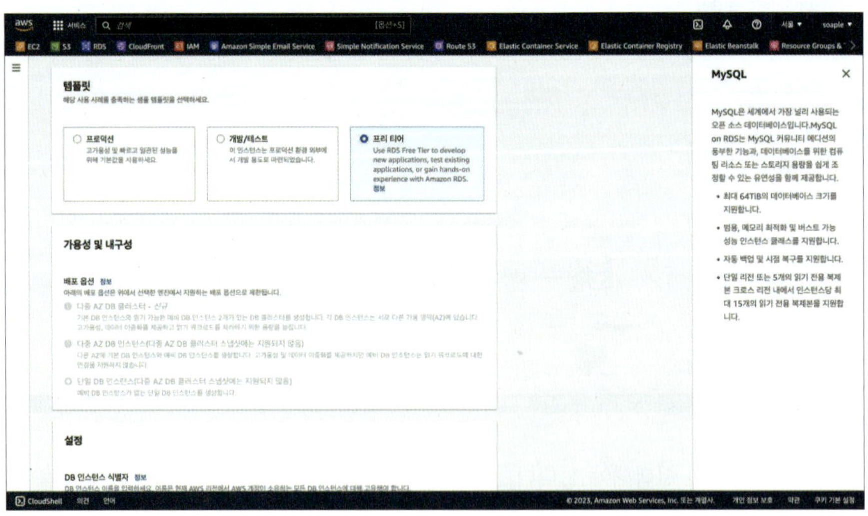

다음은 인스턴스 식별자와 접속 정보를 설정해야 합니다. 화면과 같이 **DB 인스턴스 식별자**를 입력합니다. 저는 'my-database'라고 입력했습니다.

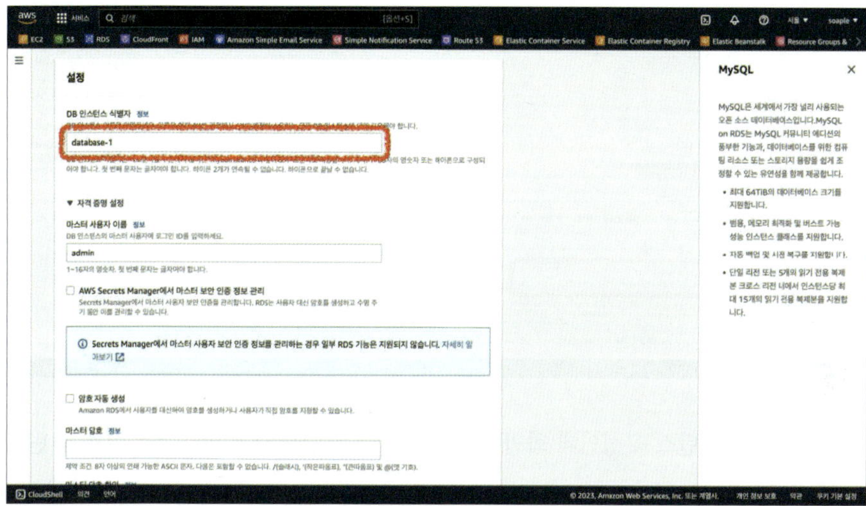

다음으로는 마스터 사용자의 이름과 비밀번호를 설정해야 합니다. 마스터 사용자 이름은 'admin'을 그대로 사용하고, 암호는 **암호 자동 생성**을 체크해서 자동으로 생성해줍니다.

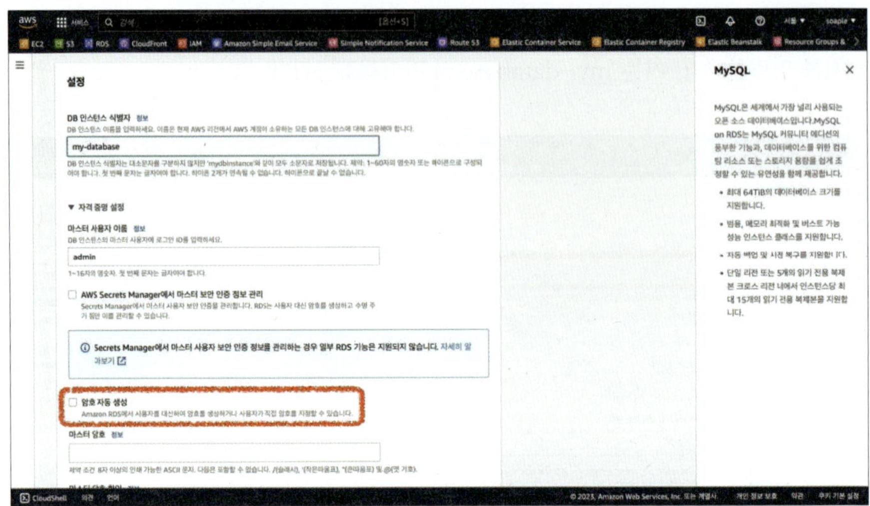

다음은 DB 인스턴스 구성인데 화면에 표시된 부분을 클릭해서 인스턴스 유형을 변경
할 수 있습니다.

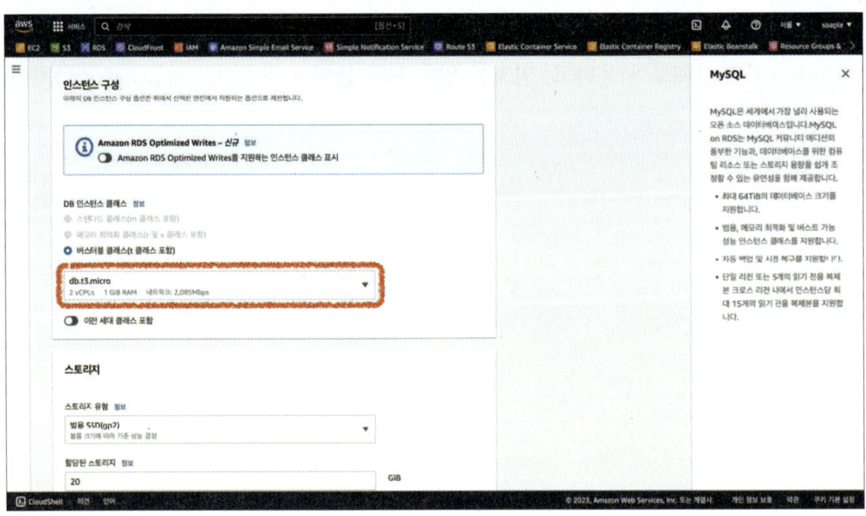

인스턴스 유형 선택 메뉴를 클릭하면 db.t2.micro와 db.t3.micro 두 가지만 선택할 수 있게 되어 있습니다. 이것은 템플릿을 프리 티어로 설정했기 때문입니다. 여기서는 db.t3.micro를 사용하도록 하겠습니다.

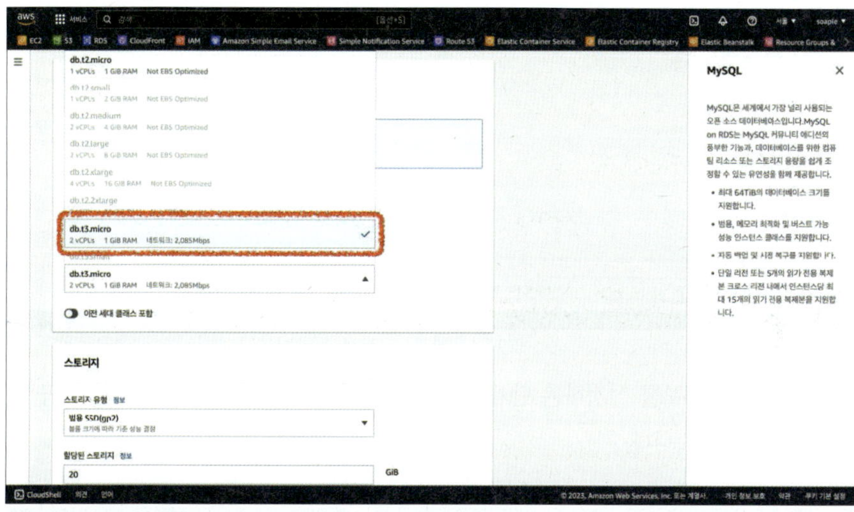

DB 스토리지 용량과 스토리지 자동 조정 정책을 설정하는 단계가 있습니다. 이 설정은 그대로 사용하겠습니다.

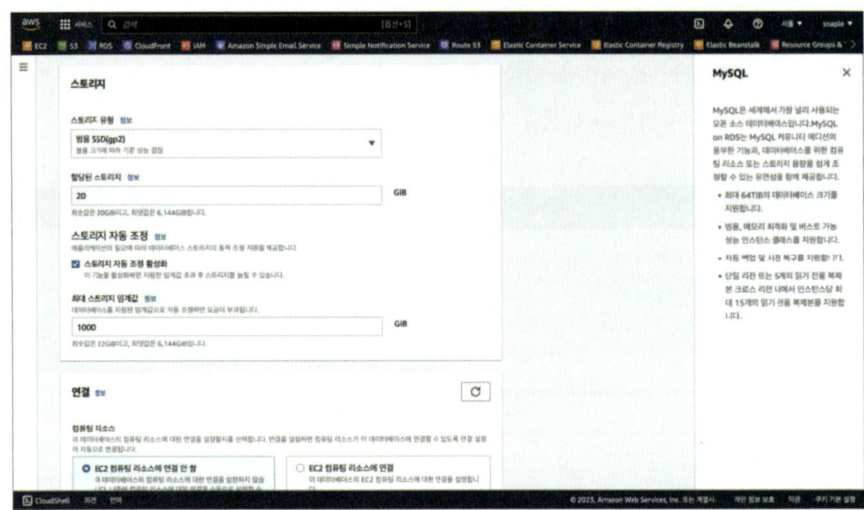

이제 DB 연결 정보를 설정하는 단계인데 나머지 설정은 그대로 두고 여기서 조금 더 화면을 내려보겠습니다.

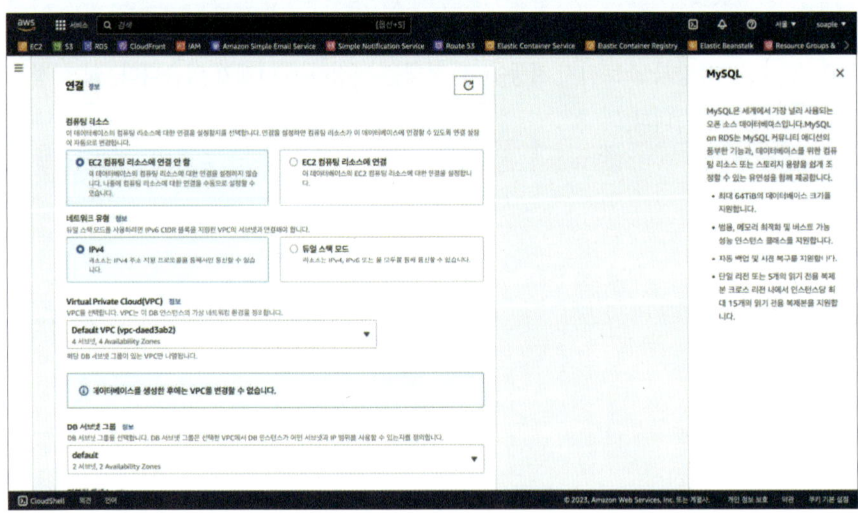

그러면 **퍼블릭 액세스**라는 옵션이 나옵니다. 기본적으로 '아니요'로 선택되어 있는데 여기서 **예**를 선택합니다. 만약 퍼블릭 액세스를 허용하지 않으면 우리가 외부에서 DB에

접근할 수 없습니다. 퍼블릭 액세스를 허용하는 것이 보안적인 측면에서는 좋지 않지만 여기서는 실습 편의를 위해서 허용하는 것이라고 이해하면 됩니다.

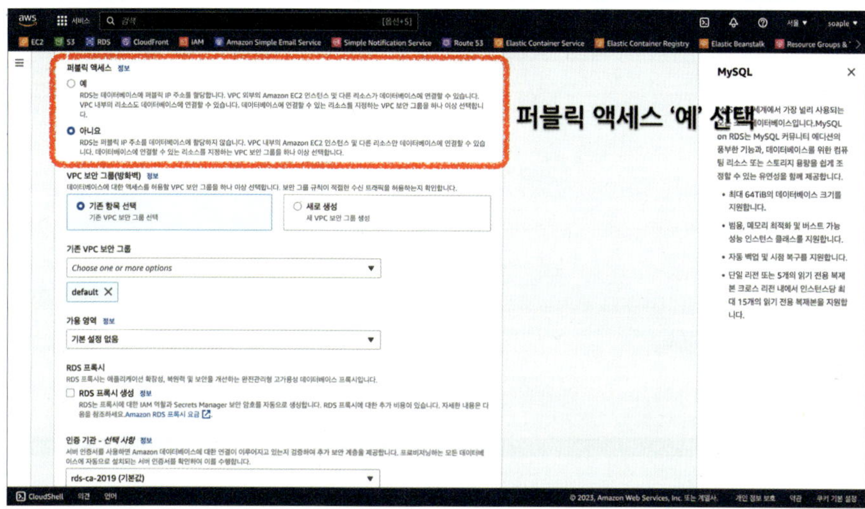

그리고 바로 밑에는 보안 그룹 설정이 나옵니다. 여기서 **새로 생성**을 눌러서 새로운 보안 그룹을 생성하겠습니다.

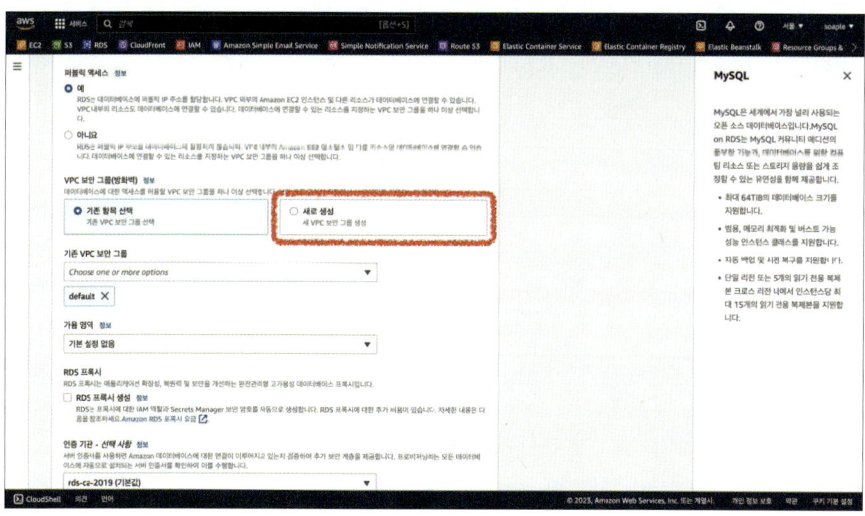

이후 새로운 보안 그룹의 이름을 입력합니다. 'rds-my-database'라고 입력했습니다.

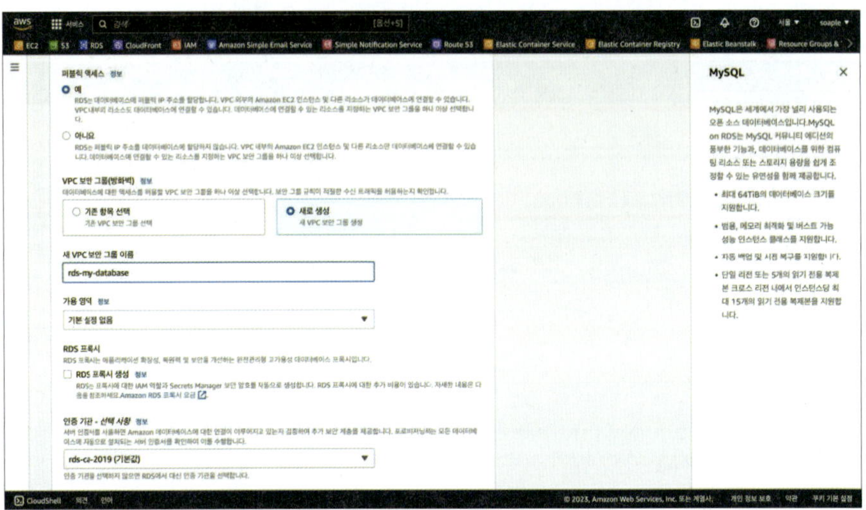

이제 남은 설정은 데이터베이스 인증, 모니터링 등이 있습니다. 이러한 모든 설정은 그대로 사용하도록 하겠습니다.

이제 화면을 끝까지 내리면 예상 요금이 나옵니다. 우리는 프리 티어로 사용할 것이기 때문에 실제로 과금이 되지는 않겠지만, 실제로 돈을 내고 사용한다고 하면 이 정도 금액 나올 것이라고 예상하면 됩니다.

이제 **데이터베이스 생성** 버튼을 클릭합니다.

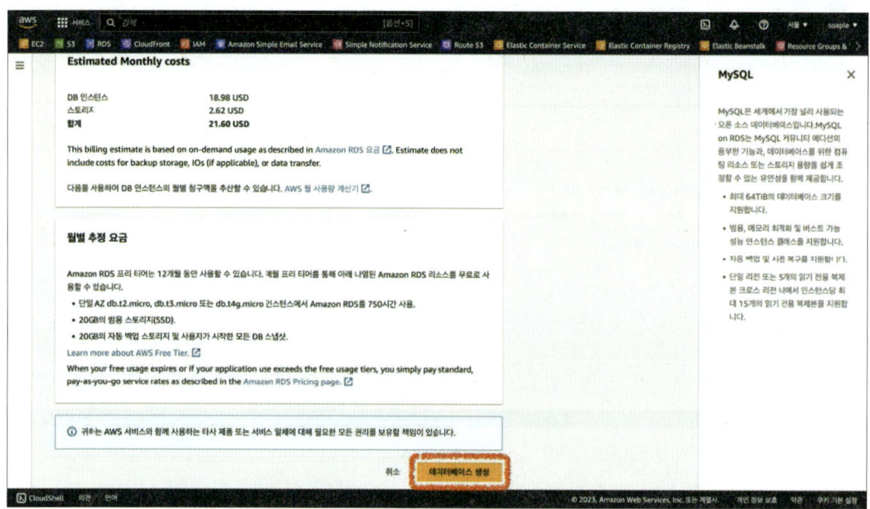

그러면 화면처럼 데이터베이스 생성이 시작됩니다. 참고로 EC2 인스턴스를 생성하는 것과는 달리 RDS 인스턴스 생성은 시간이 꽤 걸립니다. 대략 5분에서 10분 정도는 기다려야 정상적으로 사용할 수 있는 상태가 됩니다.

여기서 중요한 것이 하나 있는데, 위에 나오는 파란 부분을 닫지 말고 오른쪽 상단에 있는 **자격 증명 세부 정보 보기** 버튼을 클릭합니다.

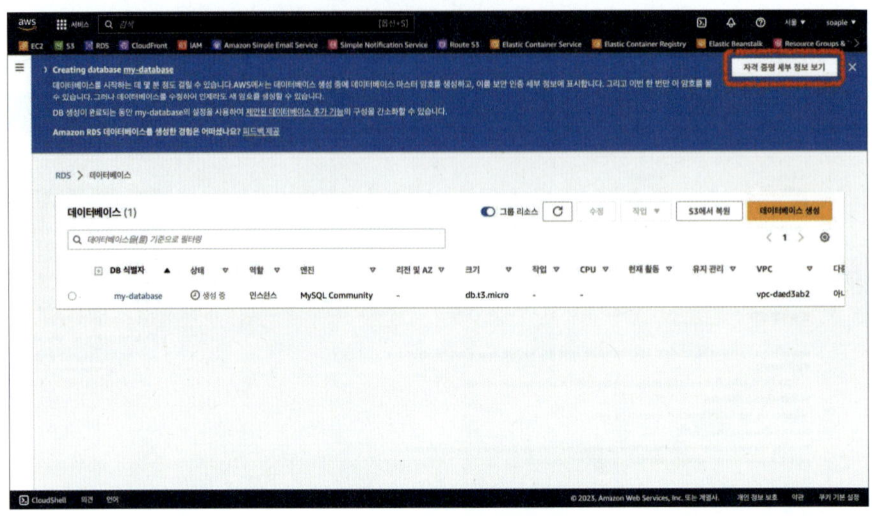

그러면 DB 인스턴스에 접속할 수 있는 마스터 사용자의 이름과 암호가 나오게 됩니다.
암호는 자동으로 생성하도록 설정했기 때문에 자동으로 생성된 암호라고 보면 됩니다.
여기서 중요한 것은 지금이 이 암호를 볼 수 있는 유일한 기회이기 때문에 암호를 반드
시 복사해둬야 한다는 것입니다. 암호를 복사해서 안전한 곳에 저장해둡니다.

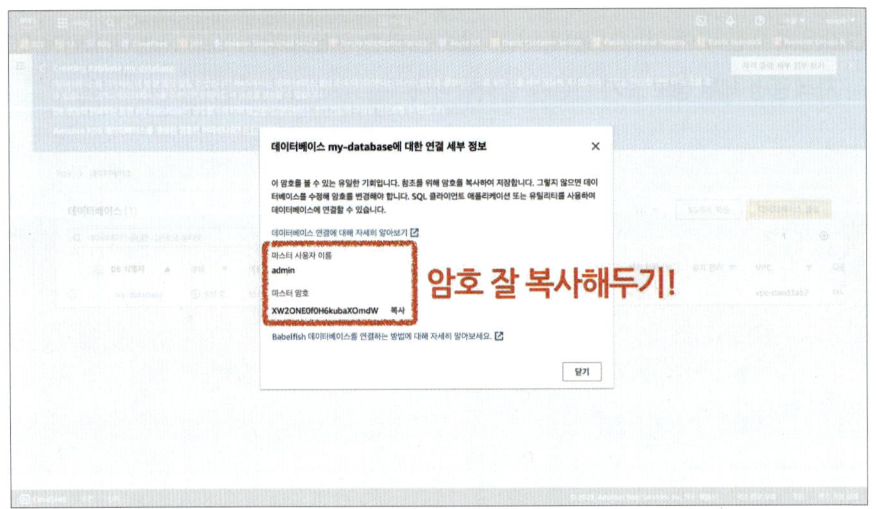

이후 시간이 조금 더 지나면 DB 인스턴스의 상태가 **백업 중**으로 바뀌게 되고, 조금 더 시간이 지나면 **사용 가능**한 상태로 바뀌게 됩니다. 이 상태가 되면 DB를 사용할 수 있습니다.

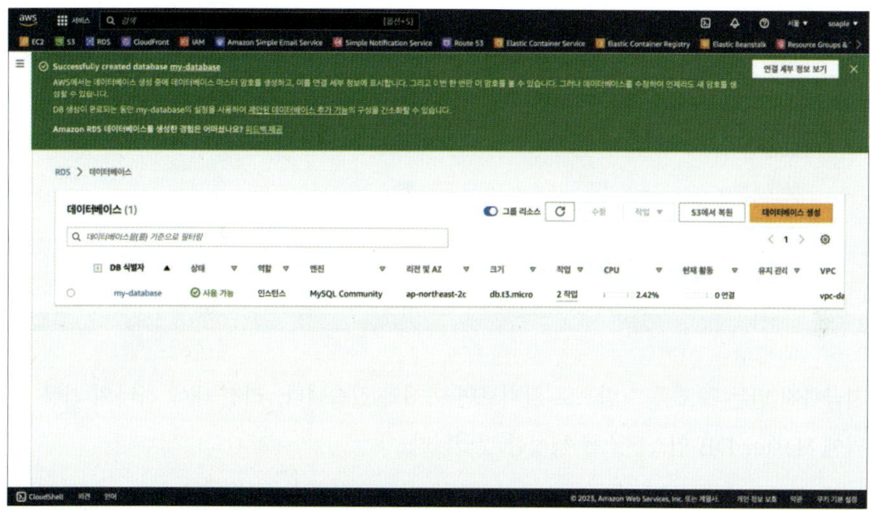

DB 인스턴스를 눌러서 들어가 보면 DB 인스턴스에 관한 상세 정보가 나옵니다. 그리고 여기서 **엔드포인트**도 확인할 수 있습니다. 이 주소가 바로 DB 인스턴스에 접속하기 위한 주소라고 보면 됩니다. 뒤에 나올 실습에서 이 엔드포인트를 사용해야 하기 때문에 이 부분도 잘 기억해두기 바랍니다.

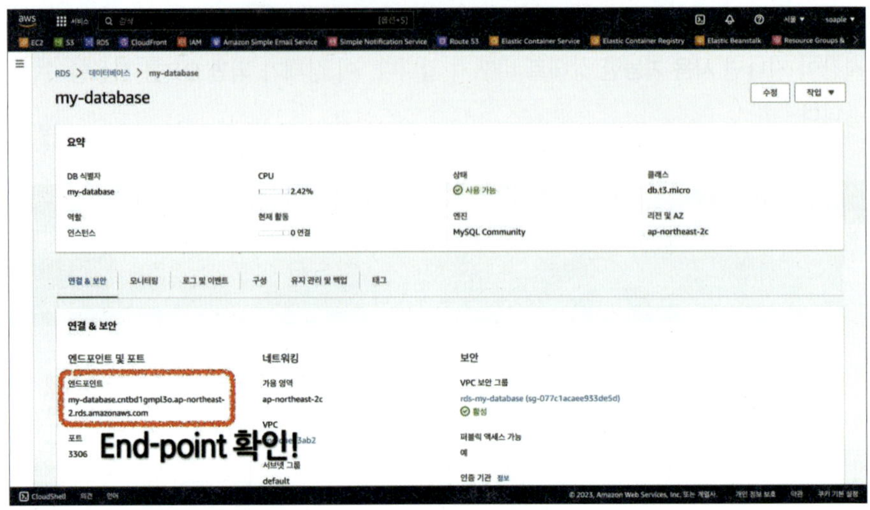

지금까지 만든 구조를 그림으로 살펴보면 아래와 같습니다. 리전 내에 하나의 가용 영역에 Master DB 인스턴스를 생성한 것입니다.

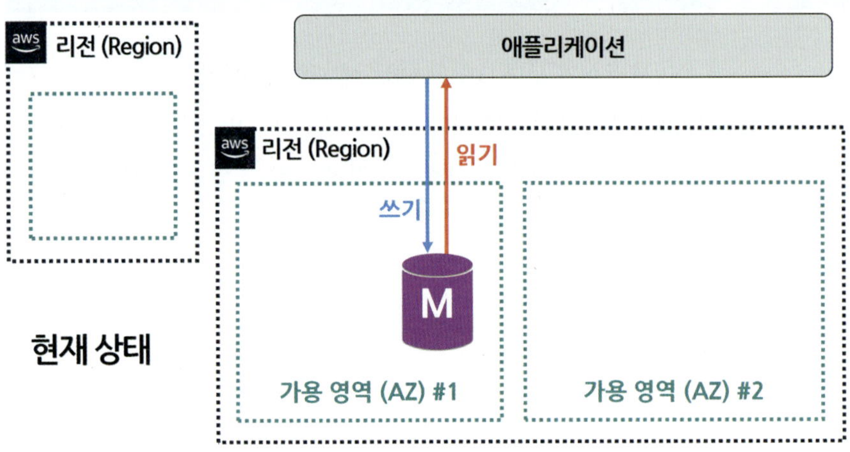

7.6 실습 DB 인스턴스 다중 AZ 배포로 전환

이번 실습에서는 DB 인스턴스를 다중 AZ 배포로 전환해보도록 하겠습니다. 참고로 다중 AZ 배포를 사용하면 약간의 과금이 될 수 있기 때문에 과금이 걱정되는 분들은 실습을 진행하지 않고 책에 나오는 내용을 통해 어떻게 하는지만 파악해도 됩니다.

먼저 아래 화면과 같이 생성해둔 DB 인스턴스 상세 페이지에서 **구성** 탭을 클릭합니다.

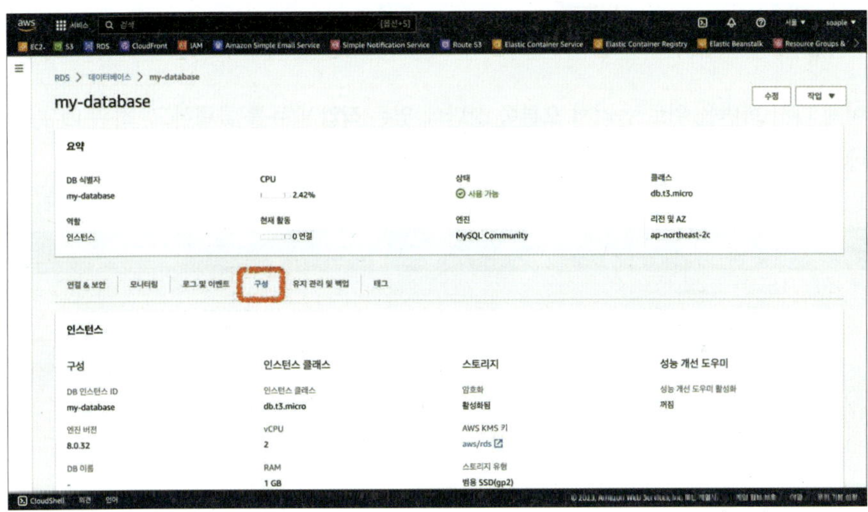

구성 탭에서 화면을 밑으로 내리면 **다중 AZ** 설정 상태가 나오게 됩니다. 지금은 다중 AZ를 설정하지 않았기 때문에 **아니요**라고 되어 있는 것을 볼 수 있습니다.

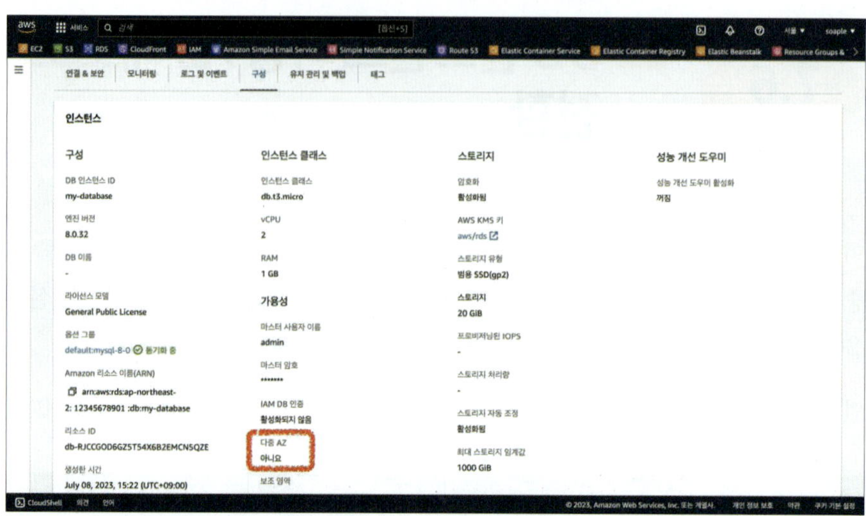

이제 다시 화면을 위로 올려서 오른쪽 상단에 있는 **작업** 메뉴를 클릭하고, 하위 메뉴 중에서 **다중 AZ 배포로 변환**을 클릭합니다.

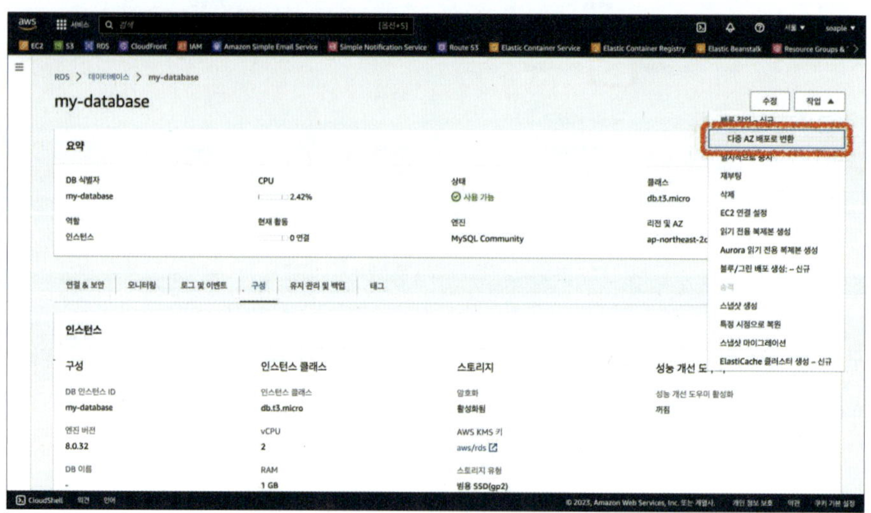

그러면 아래 화면과 같이 확인 문구가 나오는데, 여기서 **즉시 적용**을 선택해서 곧바로 적용해보도록 하겠습니다. 즉시 적용을 선택하고 오른쪽 하단에 있는 **다중 AZ로 변환** 버튼을 클릭합니다.

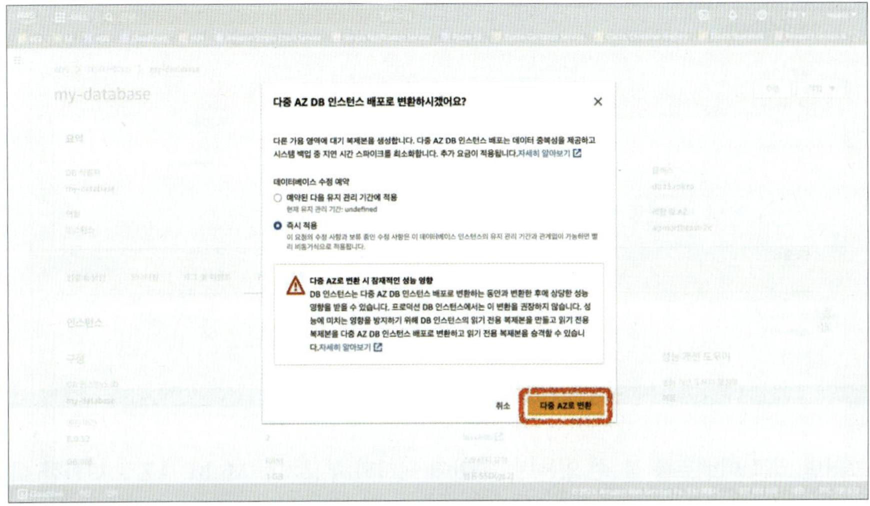

그러면 화면과 같이 다중 AZ로 변환이 시작됩니다. 다중 AZ로 변환하는 작업도 생각보다는 시간이 꽤 걸린다는 점을 참고하기 바랍니다.

이제 **로그 및 이벤트** 탭을 눌러보겠습니다.

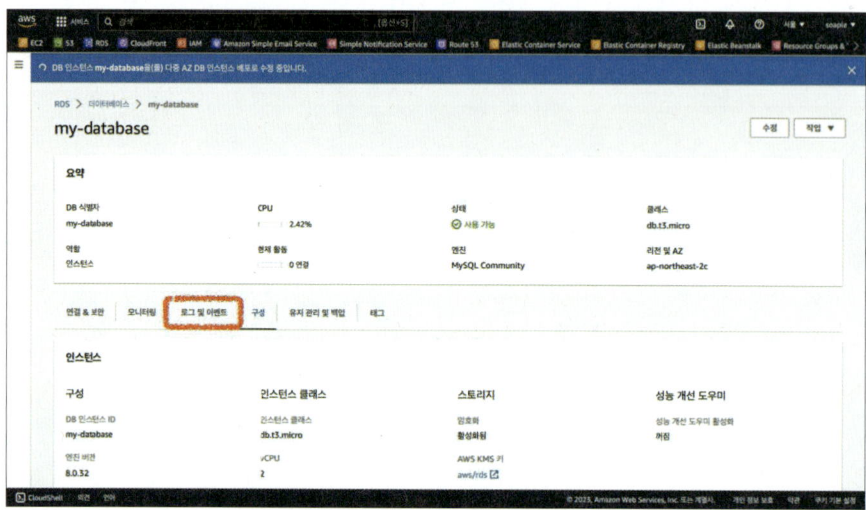

그러면 최근 이벤트를 볼 수 있는데, 화면에 표시된 부분처럼 Multi-AZ로 변환한 이벤트도 나오는 것을 볼 수 있습니다.

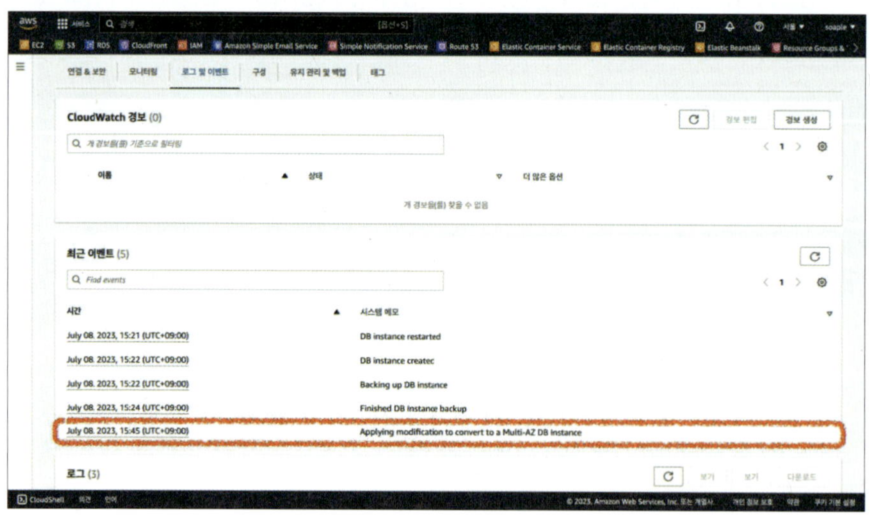

어느 정도 시간이 지나면 인스턴스의 구성 정보 탭에서 **다중 AZ가 예**라고 바뀐 것을 볼 수 있습니다. 이제 같은 리전의 다른 가용 영역에 Standby DB가 생성된 것입니다.

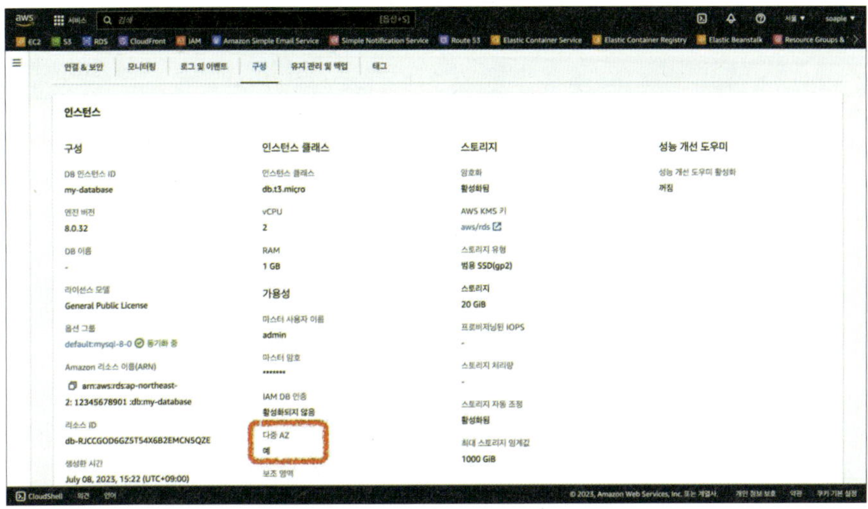

이번에는 DB 인스턴스를 장애 조치로 재부팅해보겠습니다. 오른쪽 상단에서 **작업** 메뉴를 클릭하고, 하위 메뉴 중에서 **재부팅**을 클릭합니다.

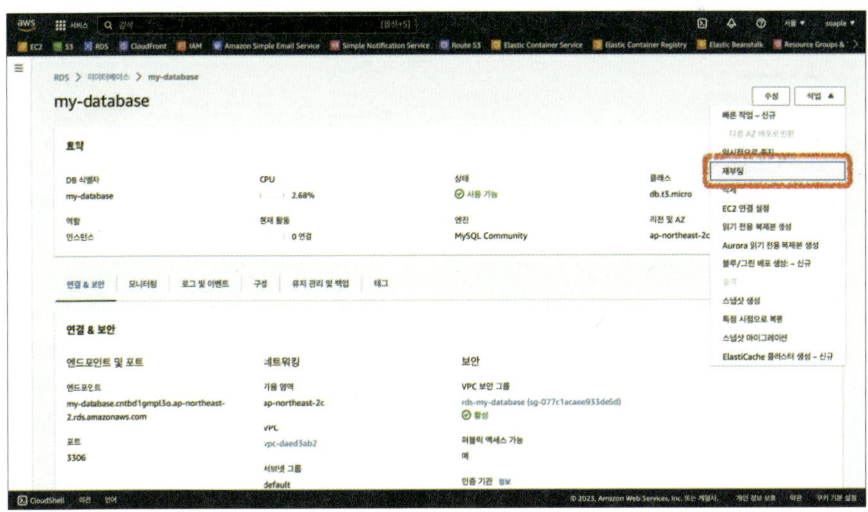

나오는 화면에서 **장애 조치로 재부팅**을 체크합니다. 이렇게 하면 Standby DB가 Master DB로 승격이 되고 Master DB의 역할을 대신하게 된다고 보면 됩니다. 장애 조치로 재부팅을 체크한 뒤에 **확인** 버튼을 클릭합니다.

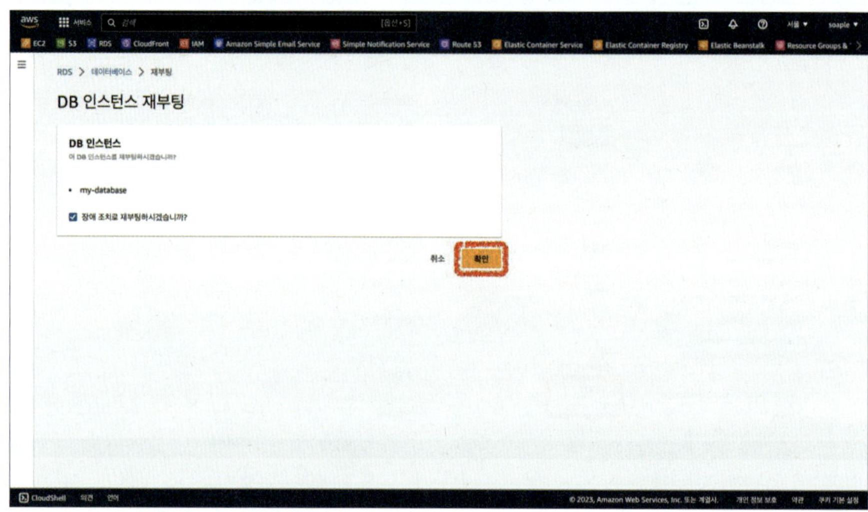

이제 인스턴스 재부팅이 시작됩니다.

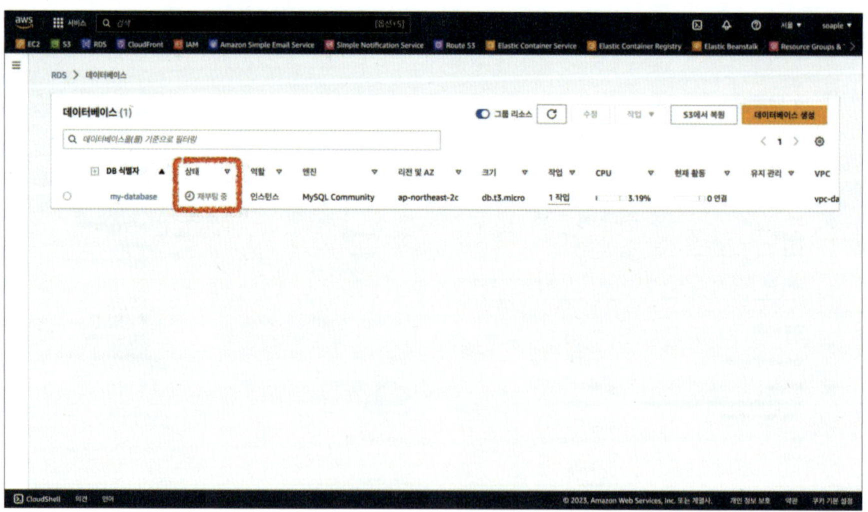

재부팅이 완료된 이후에 DB 인스턴스의 로그 및 이벤트 탭의 **최근 이벤트** 목록을 확인해보면 Multi-AZ instance failover가 시작되고 완료된 기록까지 볼 수 있습니다. 대략 1분 내로 failover가 완료된 것을 볼 수 있습니다.

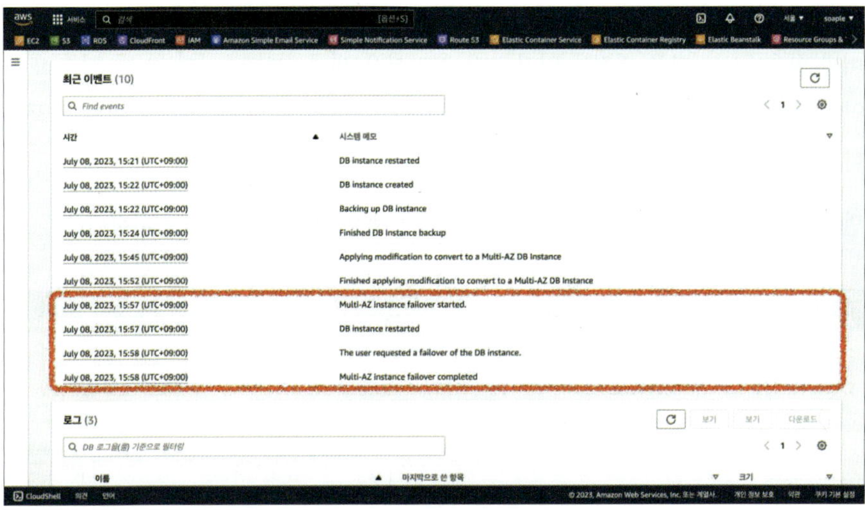

지금까지 만든 구조를 그림으로 나타내면 다음과 같습니다. Multi AZ를 적용함으로써 Master DB 인스턴스와 다른 가용 영역에 Standby DB 인스턴스가 생성되었고, Master DB의 데이터는 Standby DB로 동기 복제가 이뤄지게 됩니다.

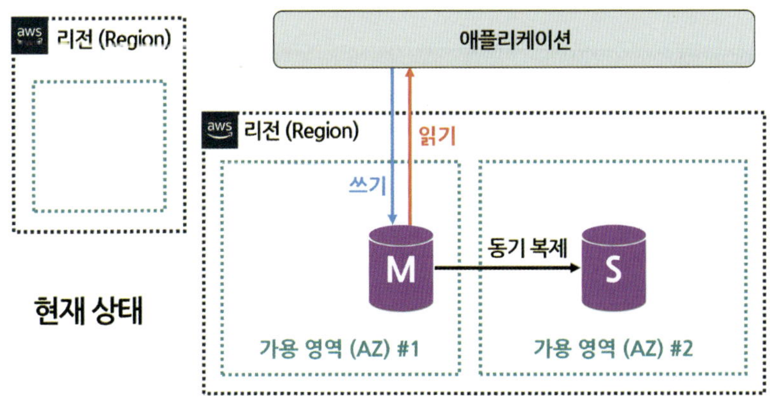

7.7 실습 다른 리전에 읽기 전용 복제본 생성

이번 실습에서는 다른 리전에 읽기 전용 복제본을 생성해보겠습니다. 이번 실습 또한 약간의 과금이 될 수 있기 때문에 과금이 걱정되는 분들은 실습을 진행하지 않고 책에 나오는 내용을 통해 어떻게 하는지만 파악해도 됩니다.

먼저 아래 화면과 같이 RDS 인스턴스 목록에서 생성해둔 인스턴스를 클릭합니다.

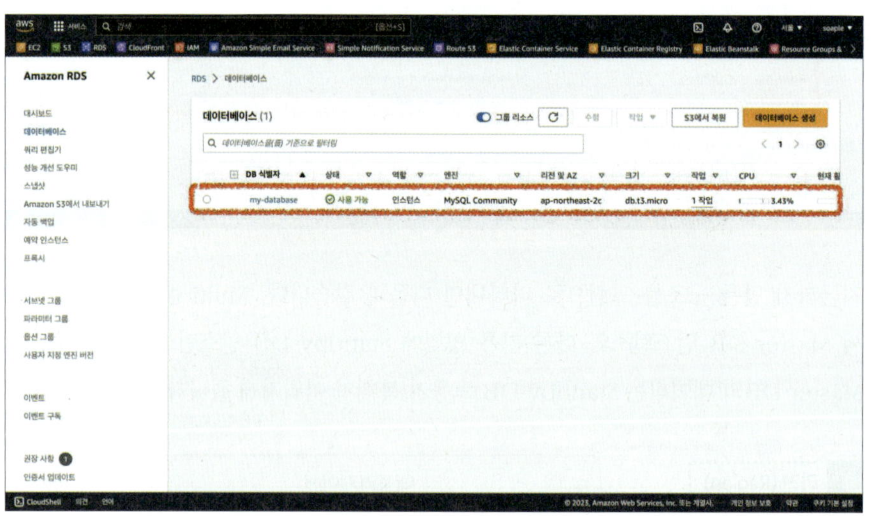

인스턴스 상세 페이지에서 오른쪽 상단의 **작업** 메뉴를 클릭하면 나오는 하위 메뉴에서 **읽기 전용 복제본 생성**을 클릭합니다.

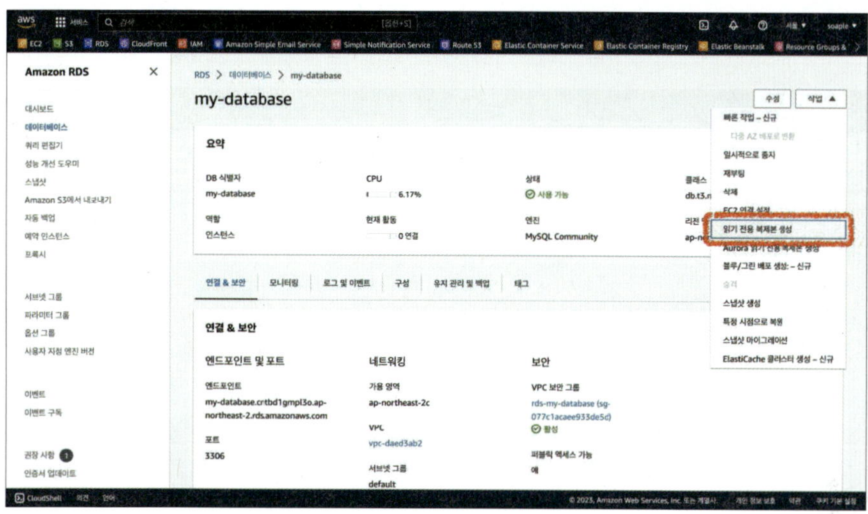

그러면 DB 인스턴스 생성을 준비하는 화면이 잠시 나오고, 화면과 같이 읽기 전용 복제본 생성 화면이 나옵니다. 먼저 **DB 인스턴스 식별자**를 입력합니다. 여기서는 이전과 동일하게 'my-database'라고 했는데, 읽기 전용 복제본인 것을 알 수 있도록 'my-database-readreplica' 등으로 이름을 작성해도 됩니다.

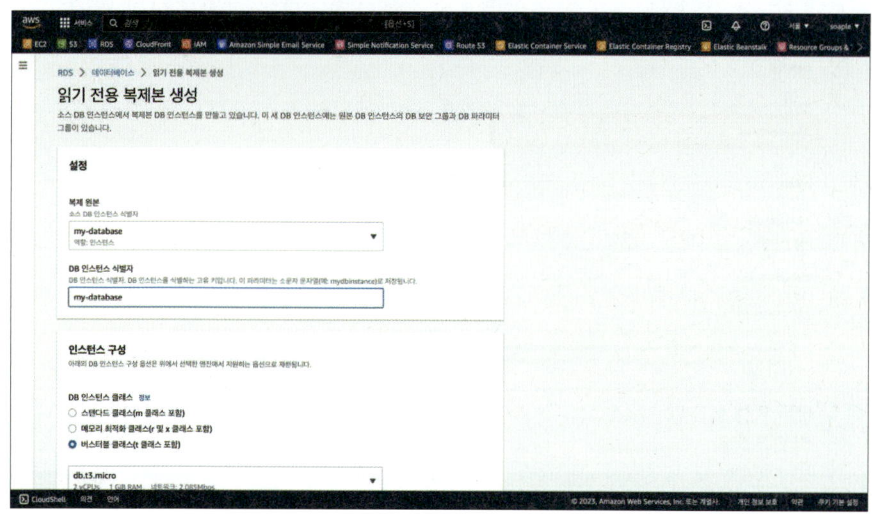

다음으로 **인스턴스 구성** 옵션은 db.t3.micro를 그대로 사용하겠습니다.

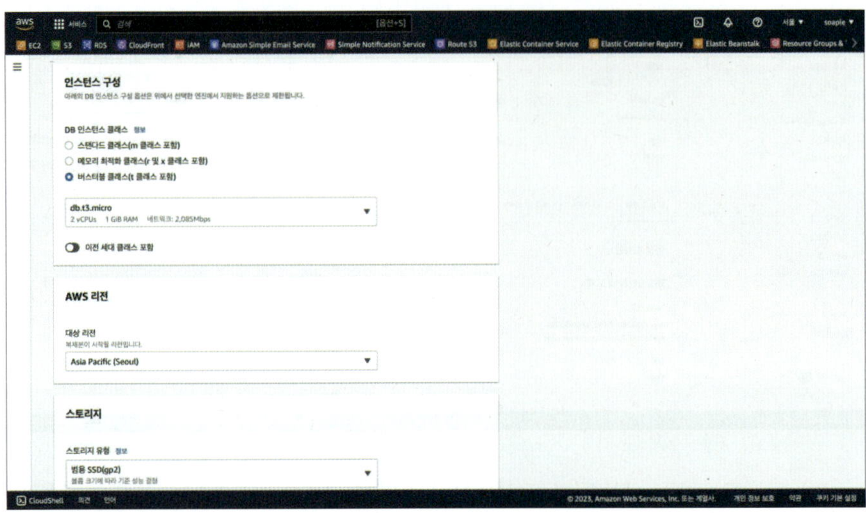

AWS 리전을 선택해야 하는데, 이때 현재 리전과 다른 리전을 선택해야 합니다. 다음
화면과 같이 리전 메뉴를 클릭합니다.

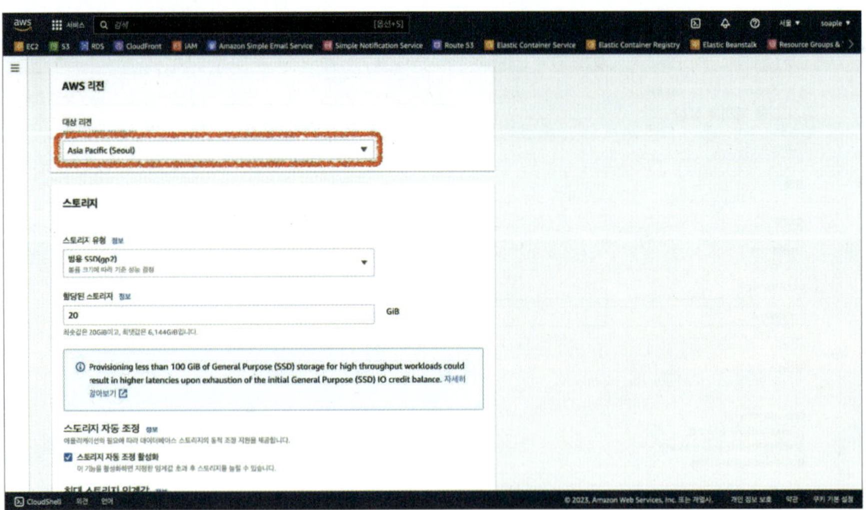

나오는 리전 목록 중에서 다른 리전을 선택합니다. 여기서는 가장 위에 있는 **US East(North Virginia)**를 선택했습니다. 리전을 변경하면 화면이 다시 로딩됩니다.

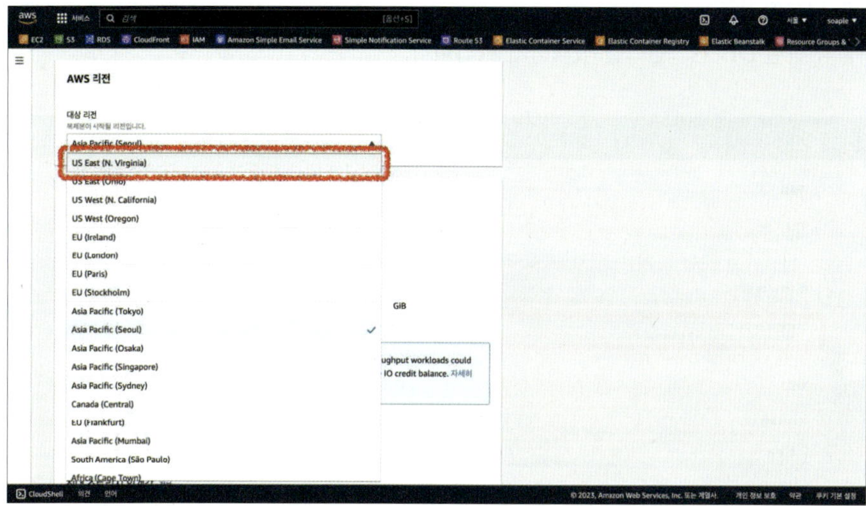

잠시 후에 리전이 변경된 것을 볼 수 있습니다.

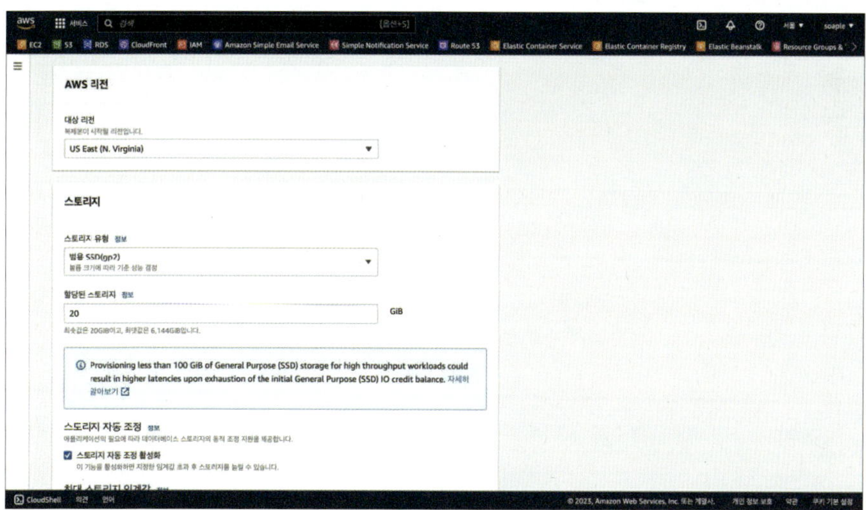

스토리지 설정은 기본 설정 그대로 사용하도록 하겠습니다.

다음으로 밑으로 내려서 다중 AZ를 선택하는 부분에서 **단일 DB 인스턴스**를 선택합니다. 여기서 만약 다중 AZ를 선택하면 요금이 추가로 과금될 수 있습니다. 그렇기 때문에 꼭 단일 DB 인스턴스를 선택하기 바랍니다.

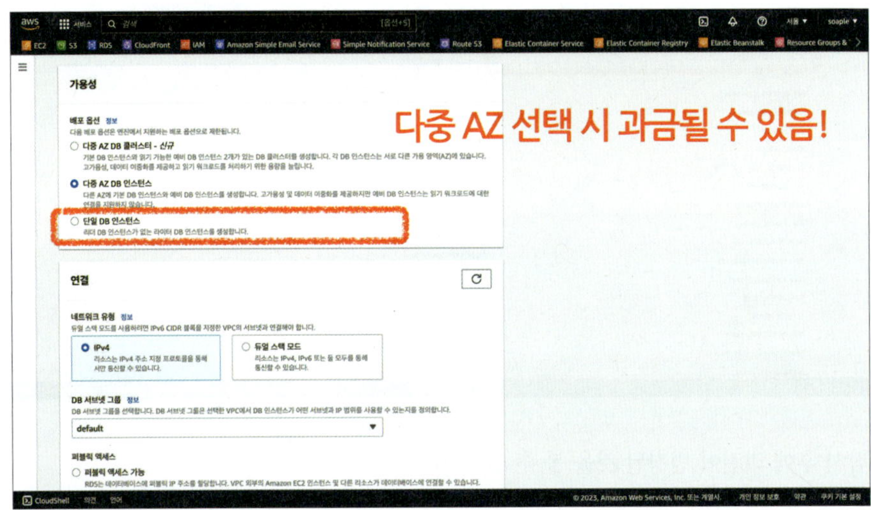

이후 화면을 내려 **연결** 설정 부분에서 **퍼블릭 액세스 가능**을 선택합니다.

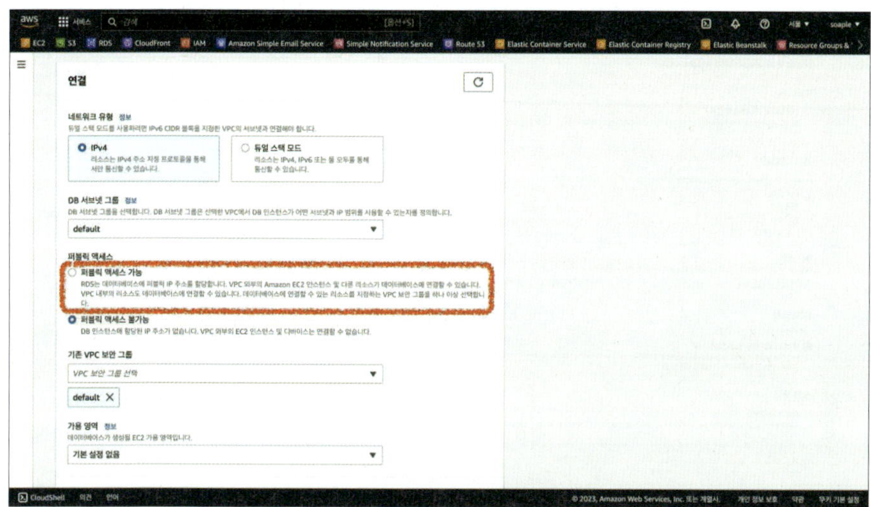

다음으로 나오는 **데이터베이스 인증**은 기본 설정을 그대로 사용하겠습니다.

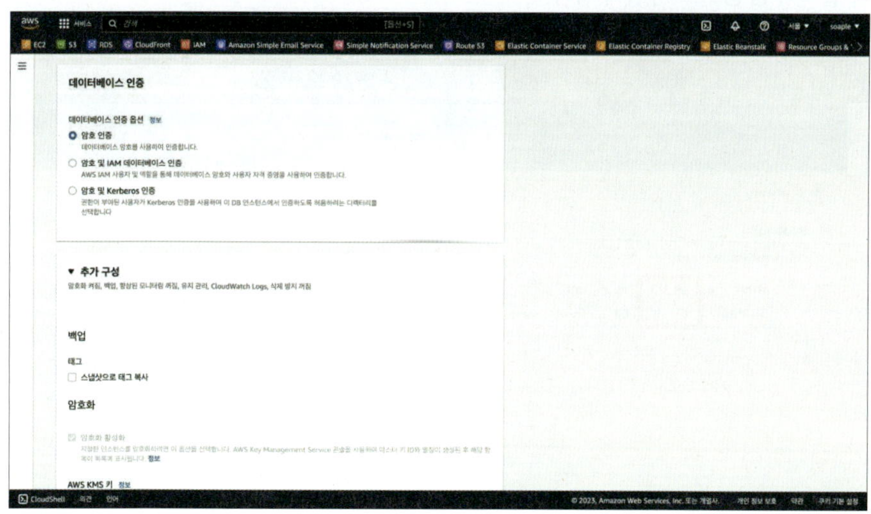

이후 화면을 제일 하단으로 내려서 **읽기 전용 복제본 생성** 버튼을 클릭합니다.

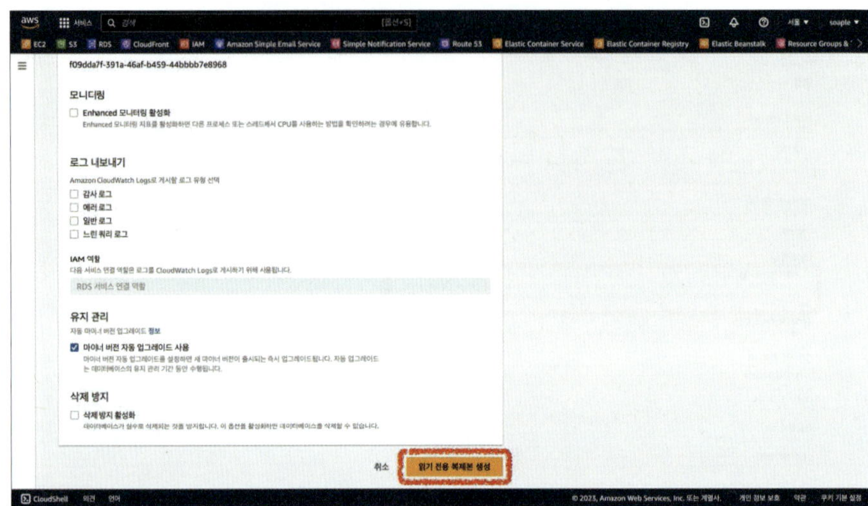

그러면 읽기 전용 복제본 생성이 시작되고, 기존 Master DB 인스턴스의 상태가 화면 과 같이 **수정 중**으로 바뀌게 됩니다.

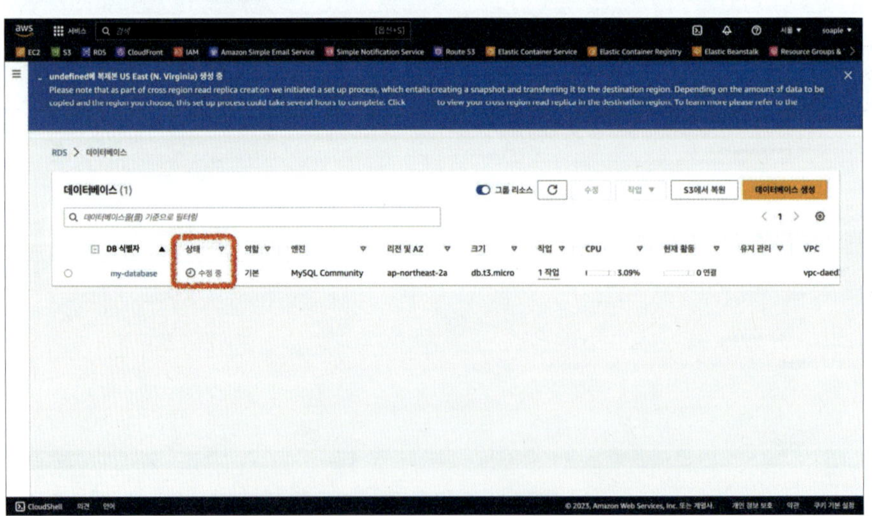

그리고 어느 정도 시간이 지나면 사용 가능으로 상태가 바뀌게 됩니다. 여기서 DB 인스턴스를 눌러서 상세 페이지로 가보겠습니다.

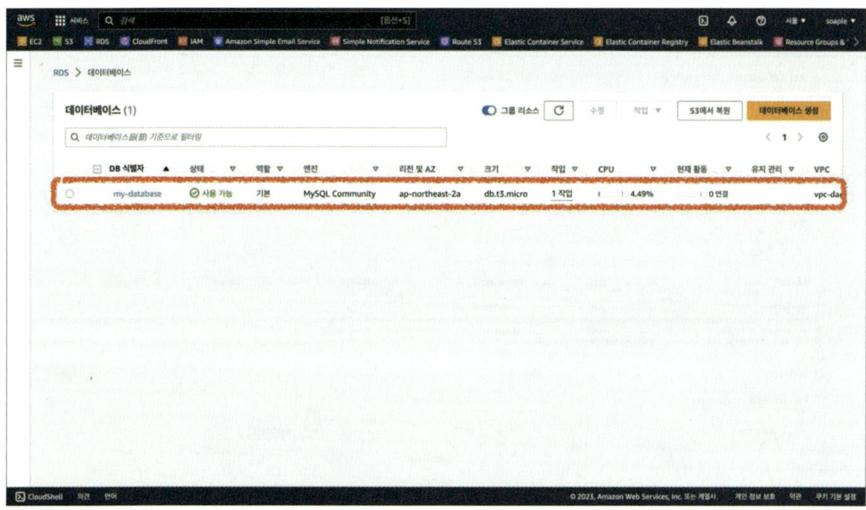

상세 페이지의 연결 및 보안 탭에서 화면을 아래로 내려보겠습니다.

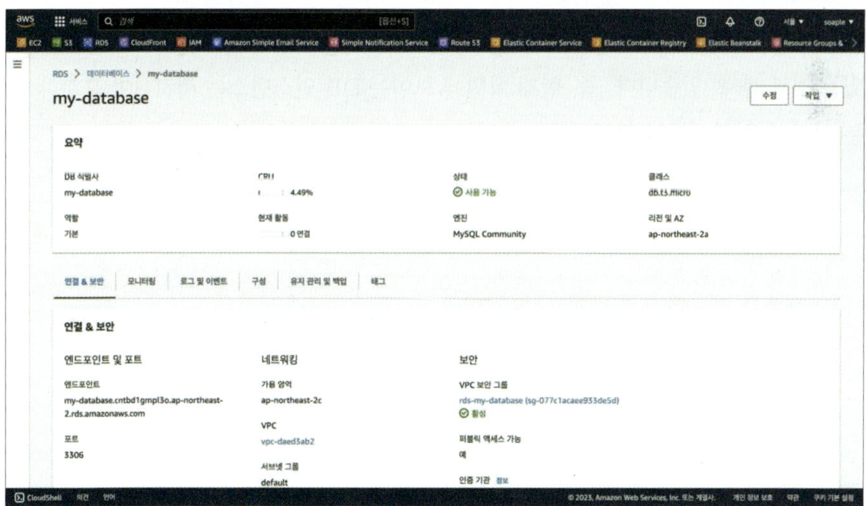

그러면 화면처럼 **복제**라는 부분이 나오는데 여기에 우리가 방금 생성한 읽기 전용 복제본이 나오는 것을 볼 수 있습니다. 이 읽기 전용 복제본을 클릭해보겠습니다.

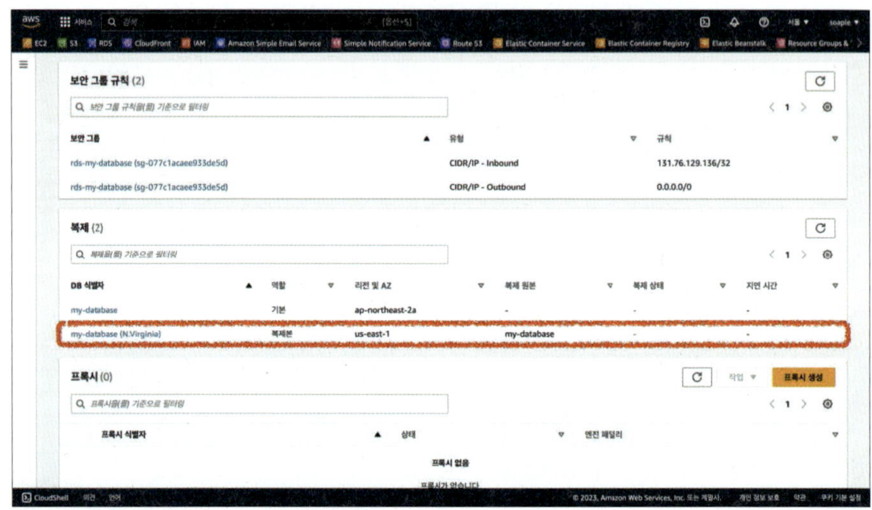

그러면 데이터베이스 목록 화면이 나오는데 얼핏 봤을 때는 뭔가 기존과 다른 부분이 없는 것 같아 보입니다. 하지만 여기서 자세히 보면 오른쪽 상단에 현재 리전이 **버지니아 북부**로 바뀐 것을 볼 수 있습니다. 그리고 DB 인스턴스의 역할이 **복제본**이라고 되어 있는 것도 볼 수 있습니다. 즉, 현재 화면에 보이는 DB 인스턴스는 버지니아 북부에 있는 읽기 전용 복제본인 것입니다.

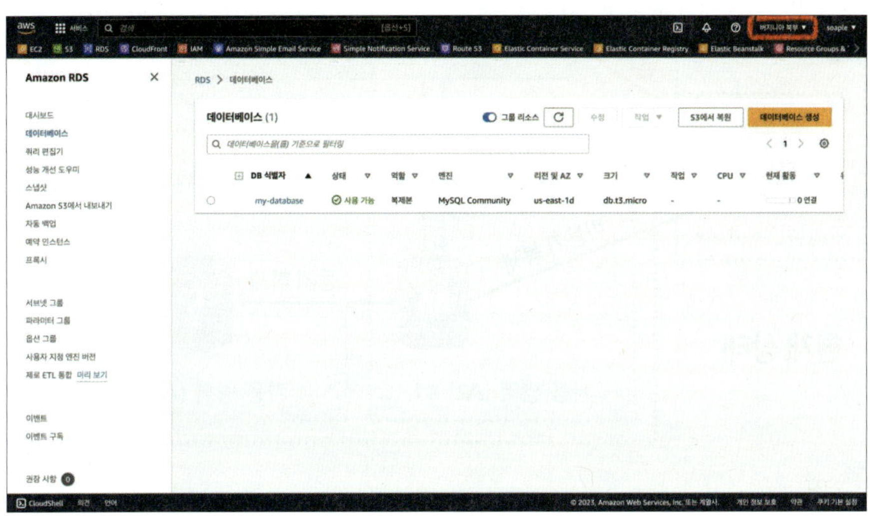

지금까지 만든 구조는 다음 그림과 같습니다. 하나의 리전 내에 있는 가용 영역에 Master DB 인스턴스가 존재하고, Master DB와 같은 리전 내에 다른 가용 영역에 Standby DB 인스턴스가 존재합니다.

그리고 Master DB와 다른 리전에 읽기 전용 복제본인 Read Replica가 존재하며, Read Replica를 통해 읽기 작업을 수행할 수 있습니다. 그리고 Master DB의 데이터는 Read Replica로 비동기 복제가 이뤄집니다. 이 구조를 머릿속에 잘 기억해두기 바랍니다.

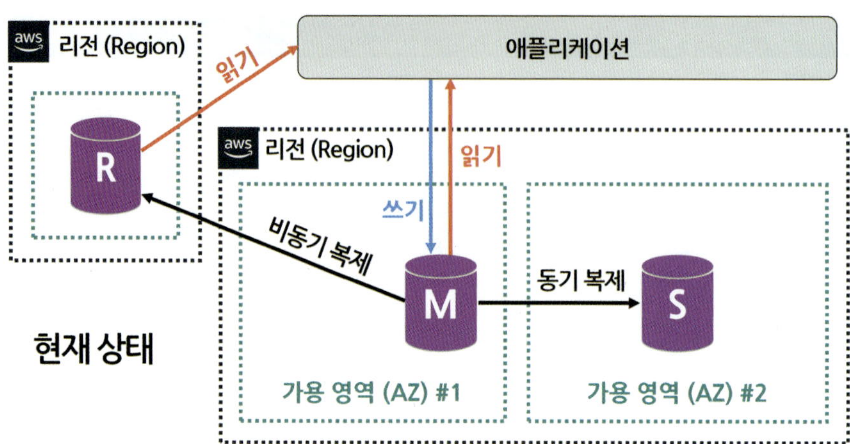

리전 (Region)
읽기
애플리케이션
리전 (Region)
읽기
R
쓰기
비동기 복제
동기 복제
M
S
현재 상태
가용 영역 (AZ) #1
가용 영역 (AZ) #2

실습 MySQL Workbench 설치 및 연결

이번 실습에서는 MySQL Workbench를 설치하고, 이를 사용해서 DB 인스턴스에 실제로 연결해보도록 하겠습니다. 참고로 MySQL Workbench는 MySQL 데이터베이스와 연결하여 데이터베이스 설계, 생성, 마이그레이션 등의 여러 가지 작업을 편리하게 수행할 수 있도록 도와주는 프로그램입니다.

먼저 구글에서 아래 화면과 같이 mysql workbench라고 검색합니다. 이후 검색 결과에서 제일 처음에 나오는 Download MySQL Workbench를 클릭합니다.

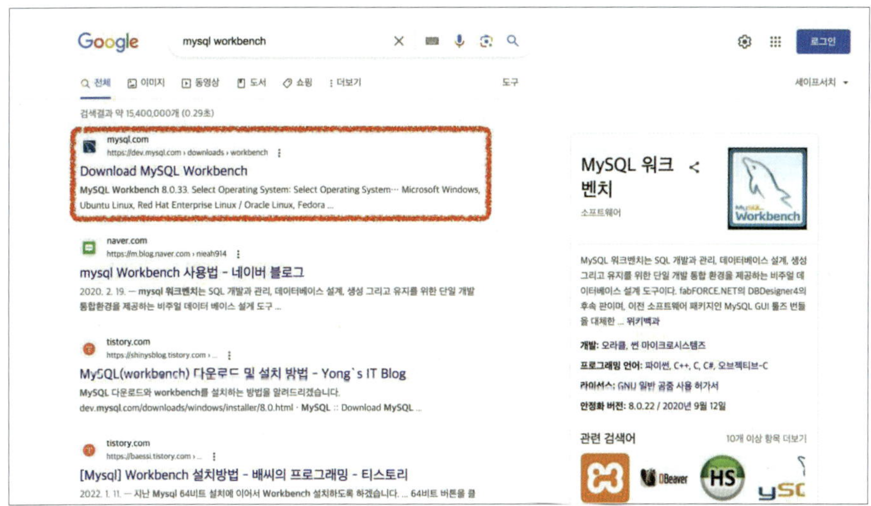

그러면 다음 화면과 같이 웹사이트가 나오는데, 여기서 내 컴퓨터의 운영체제 버전에 맞는 것을 다운로드합니다. 여기서 OS 버전을 클릭해보겠습니다.

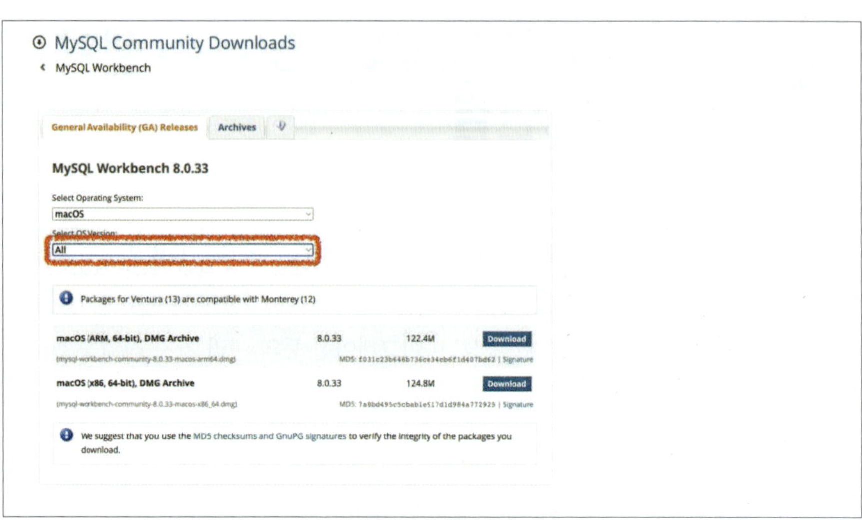

그러면 화면과 같은 목록에서 선택할 수도 있고, 그 아래에서 내 컴퓨터에 맞는 설치 파일을 곧바로 다운로드할 수도 있습니다.

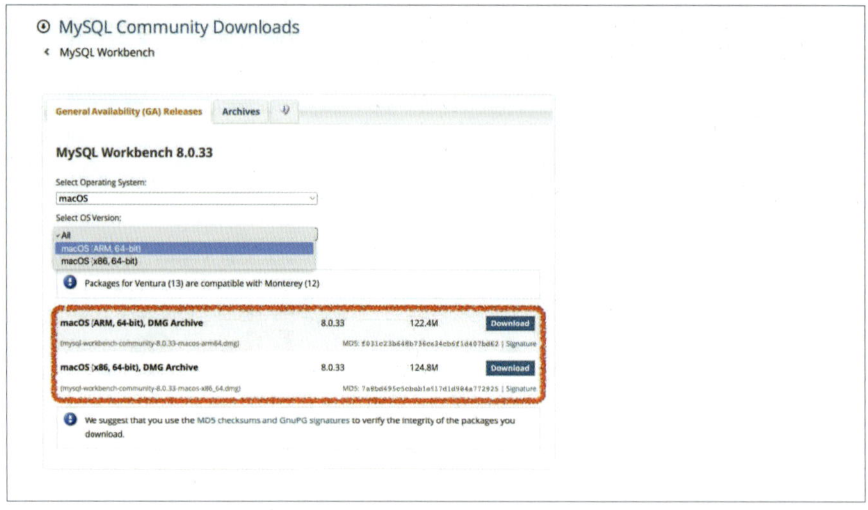

다운로드 버튼을 클릭하면 다음과 같은 화면이 나오는데 여기서 따로 로그인할 필요 없

이 바로 밑에 있는 **No thanks, just start my download**를 클릭합니다. 이후 다운로드를 완료하면 설치 파일을 실행해서 프로그램을 설치합니다.

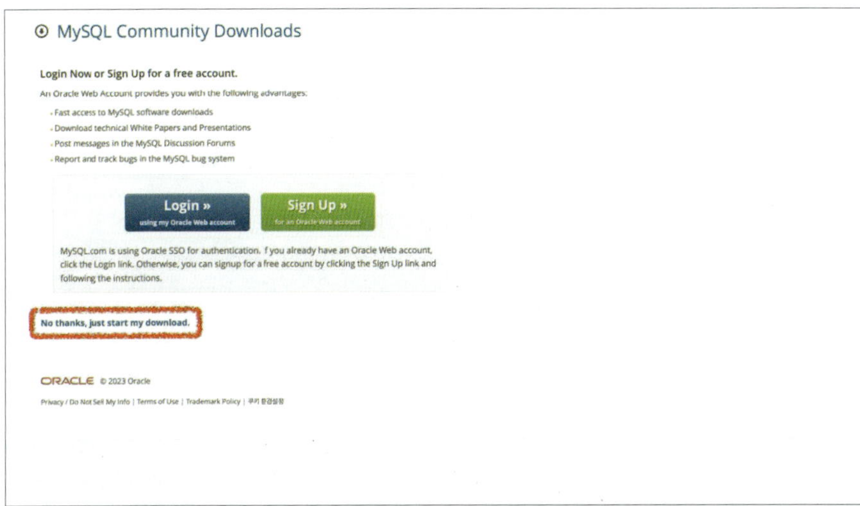

MySQL Workbench를 설치하고 실행하면 다음과 같은 화면이 나옵니다. 여기서 먼저 **+** 아이콘으로 되어 있는 **Connection 추가** 버튼을 클릭합니다.

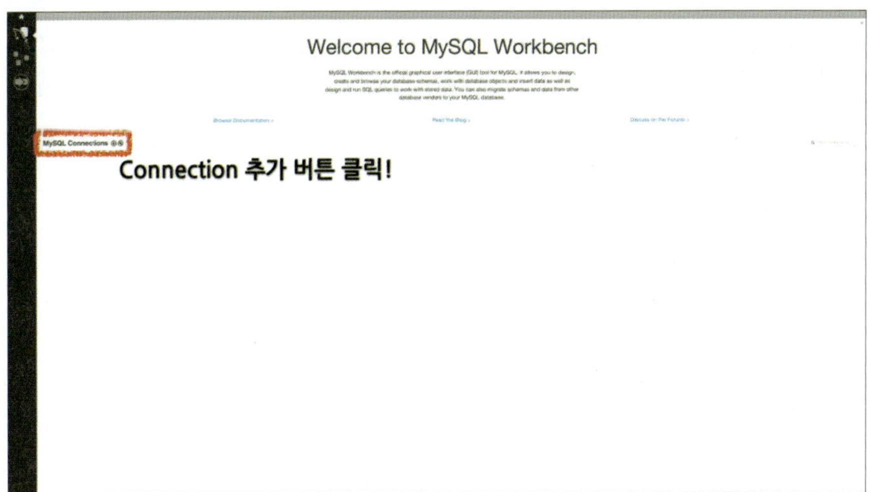

그러면 새로운 연결 정보를 입력하는 창이 나옵니다. 입력 창에는 여러 가지 정보를 입력하도록 되어 있는데, 여기서 먼저 **Connection Name**, **Hostname** 그리고 **Username**을 입력합니다.

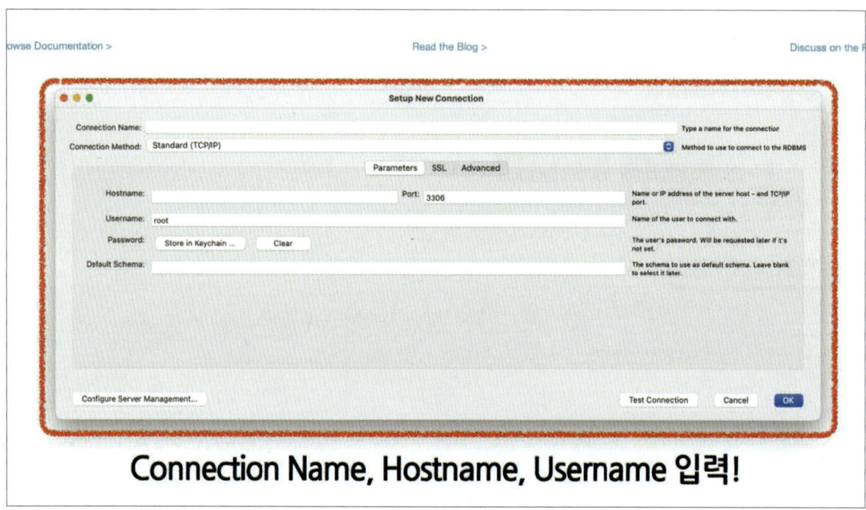

Connection Name, Hostname, Username 입력!

Connection Name은 단순히 MySQL Workbench에 표시될 이름이기 때문에 아무 이름이나 입력하면 되고, **Hostname**은 RDS DB 인스턴스의 엔드포인트를 복사해서 붙여 넣으면 됩니다. 그리고 **Username**은 우리가 DB 인스턴스를 생성할 때 기본값인 admin을 사용했기 때문에 admin을 입력하면 됩니다. 이후 **Store in Keychain** 버튼을 클릭합니다.

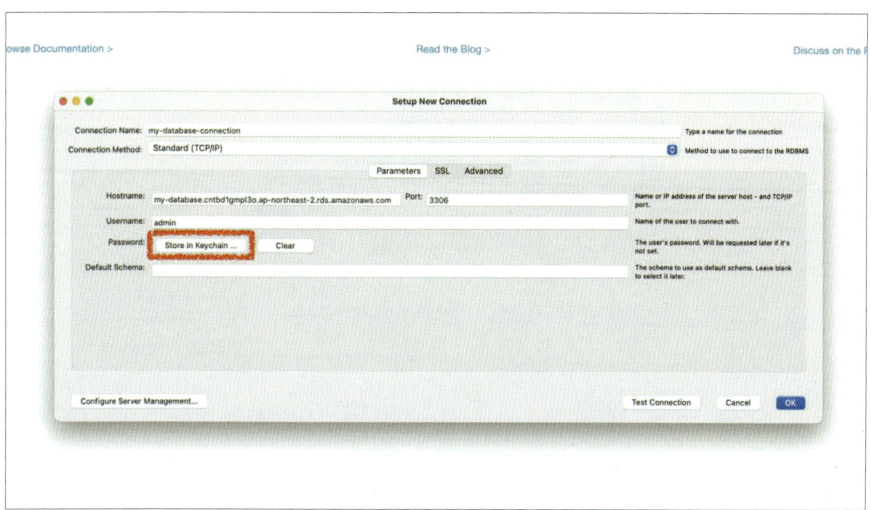

화면처럼 새로운 팝업창이 뜨는데 여기서 이전에 복사해둔 마스터 사용자 비밀번호를
붙여 넣습니다.

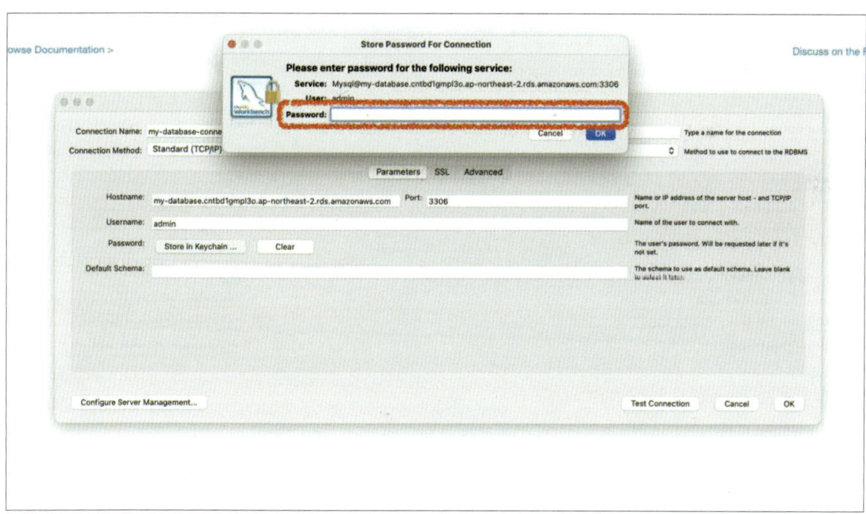

비밀번호를 붙여 넣고 **OK** 버튼을 클릭합니다.

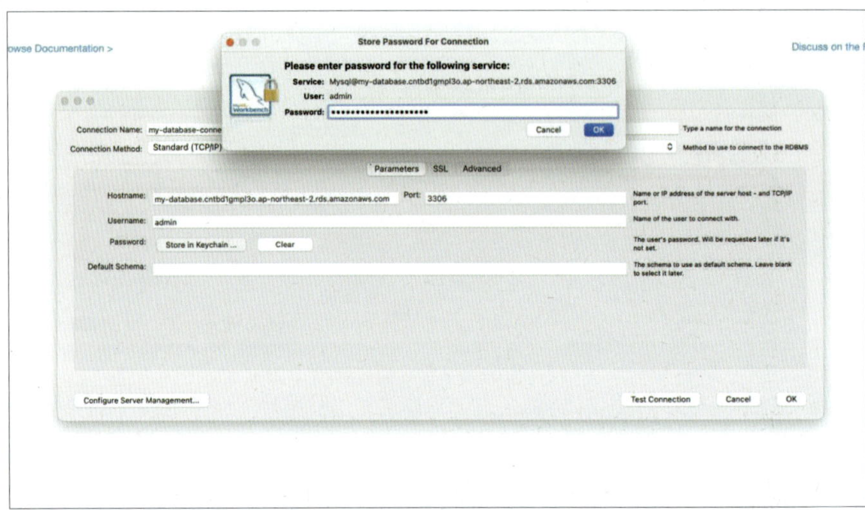

이후 오른쪽 하단에 있는 **Test Connection**을 눌러서 연결이 잘 되는지 미리 테스트
해볼 수 있습니다.

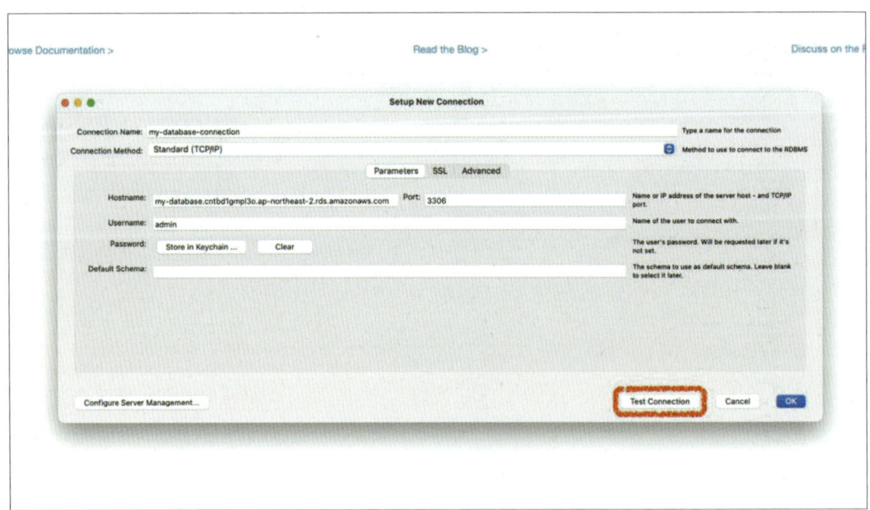

정상적으로 연결이 되었다면 연결이 성공했다는 메시지가 나옵니다. 연결이 성공한 분들은 오른쪽 하단에 **OK** 버튼을 눌러서 연결 정보를 MySQL Workbench에 저장합니다.

만약 연결이 되지 않을 경우 **보안 그룹 규칙**을 확인해보기 바랍니다. 대부분 보안 그룹 규칙 때문에 접속되지 않는 경우가 많기 때문입니다.

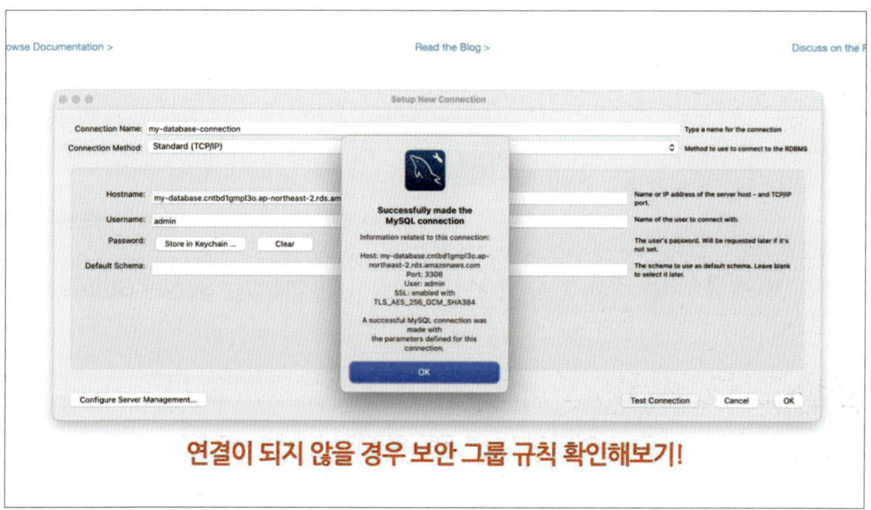

이후에 화면과 같은 연결 목록에 새로운 연결이 생기게 되고, 이걸 누르면 곧바로 해당 DB에 접속할 수 있습니다. 이 DB Connection을 클릭합니다.

그러면 DB에 접속되는 것을 볼 수 있습니다. 여기서 왼쪽에 있는 **Server Status**를 눌러보겠습니다.

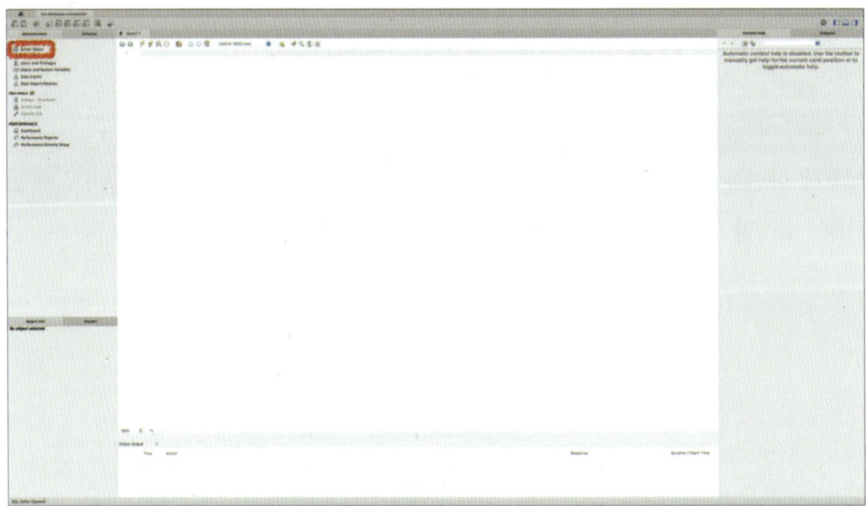

현재 서버의 상태와 요약 정보가 아래 화면과 같이 나오게 됩니다.

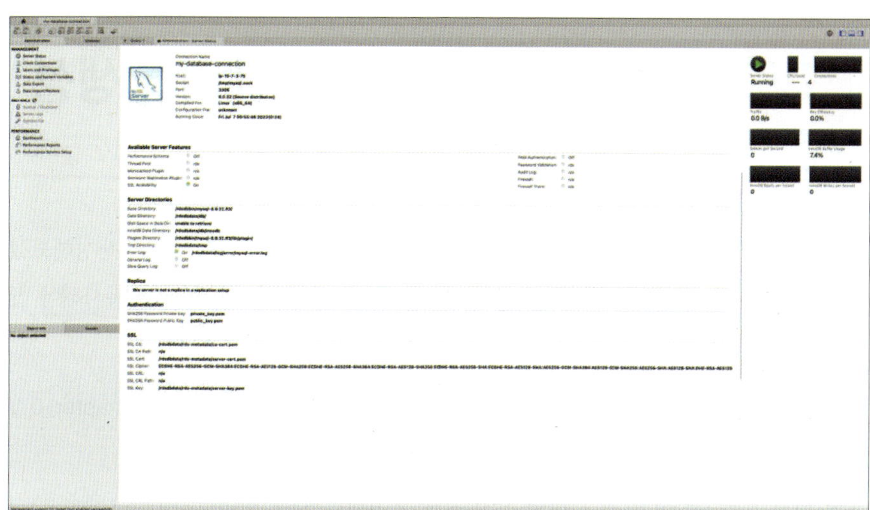

실습 WordPress DB 테이블 생성

이번 실습에서는 우리가 만든 RDS 인스턴스에 WordPress DB 테이블을 생성해보겠습니다. 먼저 아래 링크에 접속해서 WordPress DB 생성 쿼리문 전체를 복사해야 합니다.

- https://github.com/soaple/first-met-aws-practice/blob/master/chapter_07/backup.sql

해당 링크에 접속하면 아래 화면과 같이 미리 준비해둔 SQL 쿼리문이 나오는데, 이 쿼리들은 WordPress의 기본 DB 스키마를 생성해주는 쿼리문입니다. 참고로 여기에 wp_users라는 테이블에 기본 사용자의 아이디와 비밀번호가 포함되어 있습니다. 기본 사용자의 이름은 user이고, 비밀번호는 1234를 md5 hash로 변환한 값이 들어 있습니다.

다음으로는 MySQL Workbench로 RDS 인스턴스에 접속한 뒤에, 복사한 쿼리문을 붙여 넣고 화면에 표시된 것처럼 번개 모양 아이콘을 클릭해서 전체 쿼리문을 실행합니다.

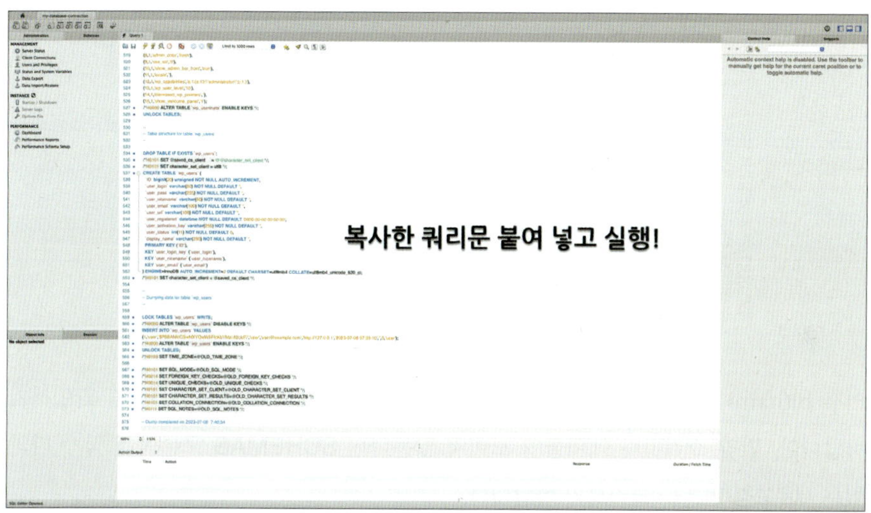

쿼리문을 실행하면 하단에 각 쿼리문의 실행 결과가 출력됩니다. 모든 쿼리 실행이 완료된 이후에는 **Schemas** 탭을 클릭합니다.

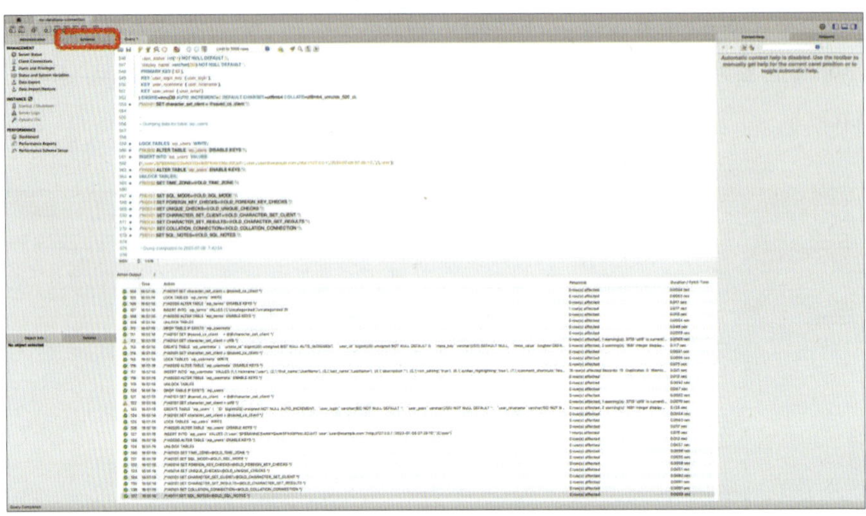

이후 bitnami_wordpress라는 스키마와 테이블들이 제대로 생성되었는지 확인하기
바랍니다. 만약 스키마나 테이블이 보이지 않는다면 **SCHEMAS** 오른쪽에 작게 나와
있는 **새로고침** 버튼을 눌러보기 바랍니다.

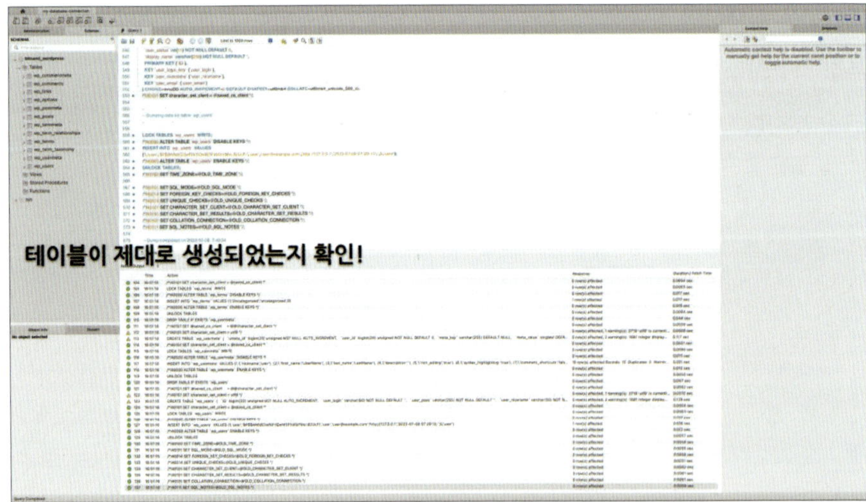

7.10 실습 WordPress의 MySQL 연결 정보 변경

이번 실습에서는 WordPress의 MySQL 연결 정보를 변경해보겠습니다. 이 과정은 EC2 WordPress 인스턴스가 로컬에 설치된 MySQL 서버가 아닌 RDS를 사용하도록 변경하는 과정이라고 보면 됩니다.

먼저 이전에 했던 것과 동일한 방식으로 ssh를 사용하여 WordPress 인스턴스에 접속합니다. 이때 접속하는 인스턴스는 현재 실행 중인 인스턴스 중 아무것이나 하나를 정하면 됩니다.

```
ssh -i ~/Downloads/my-key.pem bitnami@<복사한 퍼블릭 IPv4 주소>
```

아래 화면과 같이 **ssh**로 EC2 WordPress 인스턴스에 접속했습니다.

```
(base) soaple@Soaple-MacBook-Pro:~$ ssh -i ~/Downloads/my-key.pem bitnami@43.201.98.30
Linux ip-172-31-29-64 5.10.0-23-cloud-amd64 #1 SMP Debian 5.10.179-1 (2023-05-12) x86_64

The programs included with the Debian GNU/Linux system are free software;
the exact distribution terms for each program are described in the
individual files in /usr/share/doc/*/copyright.

Debian GNU/Linux comes with ABSOLUTELY NO WARRANTY, to the extent
permitted by applicable law.


*** Welcome to the WordPress packaged by Bitnami 6.2.2-21         ***
*** Documentation:  https://docs.bitnami.com/aws/apps/wordpress/  ***
***                 https://docs.bitnami.com/aws/                 ***
*** Bitnami Forums: https://github.com/bitnami/vms/               ***
bitnami@ip-172-31-29-64:~$
```

이후 화면에 보이는 것과 같은 명령어를 사용해서 **wp-config.php** 파일을 vim 편집기로 엽니다. 참고로 여기서 Vim은 유닉스 환경에서 텍스트를 편집하기 위한 프로그램입니다. GUI 환경이 없는 서버에서 많이 사용하기 때문에 잘 익혀두면 편리합니다.

```
vim /opt/bitnami/wordpress/wp-config.php
```

여기서 잠시 Vim 에디터의 사용법을 간단하게 짚고 넘어가도록 하겠습니다.

- 커맨드 모드(기본 모드)
  - 입력 모드에서 ESC
- 입력 모드
  - i 키
- 기타
  - 나가기: 커맨드 모드에서 :q 입력(quit)
  - 저장 및 나가기: 커맨드 모드에서 :wq 입력(write and quit)

Vim에는 커맨드 모드와 입력 모드가 있습니다. 커맨드 모드는 기본 모드로 특정 명령을 실행하기 위한 모드라고 보면 됩니다. 그리고 입력 모드는 텍스트를 입력하기 위한 모드입니다. 입력 모드에서 ESC 키를 누르면 명령 모드가 되고, 명령 모드에서 input을 의미하는 i 키를 누르면 입력 모드가 됩니다. 두 가지 모드를 전환하는 방법을 잘 기억해두기 바랍니다.

그리고 그 밖에 vim 에디터에서 나가기 위해서는 커맨드 모드에서 **:q**를 입력하면 되고, 파일을 저장하고 나가려면 커맨드 모드에서 **:wq**를 입력하면 됩니다. 간단한 Vim 에디터 사용법을 배웠으니 이제 실제로 파일을 편집해보도록 하겠습니다.

wp-config.php 파일을 열면 다음과 같은 화면을 볼 수 있습니다. 여기서 방향키를 이용해서 아래로 내려가보겠습니다.

```
 1 <?php
 2
 3 /**
 4
 5  * The base configuration for WordPress
 6
 7  *
 8
 9  * The wp-config.php creation script uses this file during the installation.
10
11  * You don't have to use the web site, you can copy this file to "wp-config.php"
12
13  * and fill in the values.
14
15  *
16
17  * This file contains the following configurations:
18
19  *
20
21  * * Database settings
22
23  * * Secret keys
24
25  * * Database table prefix
26
27  * * ABSPATH
28
29  *
30
31  * @link https://wordpress.org/documentation/article/editing-wp-config-php/
                                                                          1,1          Top
```

그러면 40~60번째 줄 사이에 데이터베이스 접속 정보가 적혀 있는 부분이 나옵니다.
지금은 기본적으로 EC2 인스턴스 내에서 자체적으로 돌아가는 MySQL 서버를 바라보
도록 설정되어 있습니다.

```
40 // ** Database settings - You can get this info from your web host ** //
41
42 /** The name of the database for WordPress */
43
44 define( 'DB_NAME', 'bitnami_wordpress' );
45
46
47 /** Database username */
48
49 define( 'DB_USER', 'bn_wordpress' );
50
51
52 /** Database password */
53
54 define( 'DB_PASSWORD', '2c66f7c76977527d3ee7875f1b779a5d0de7047fe5c19d9b7469fff7bf4fd6c7' );
55
56
57 /** Database hostname */
58
59 define( 'DB_HOST', '127.0.0.1:3306' );
60
61
62 /** Database charset to use in creating database tables. */
63
64 define( 'DB_CHARSET', 'utf8' );
65
66
67 /** The database collate type. Don't change this if in doubt. */
68
69 define( 'DB_COLLATE', '' );
70
                                                                    45,0-1        22%
```

이제 i 키를 눌러서 입력 모드로 변경한 다음 다음 화면처럼 총 세 가지 정보를 변경합니다. DB_USER와 DB_PASSWORD 그리고 DB_HOST를 변경하면 됩니다. 참고로 지금 화면에 나와 있는 것은 제가 생성한 DB 인스턴스 정보이기 때문에 그대로 입력하지 말고 각자 자신이 생성한 DB 인스턴스의 접속 정보를 입력하기 바랍니다.

```
40 // ** Database settings - You can get this info from your web host ** //
41
42 /** The name of the database for WordPress */
43
44 define( 'DB_NAME', 'bitnami_wordpress' );
45
46
47 /** Database username */
48
49 define( 'DB_USER', 'admin' );
50
51
52 /** Database password */
53
54 define( 'DB_PASSWORD', 'XW2ONE0f0H6kubaXOmdW' );
55
56
57 /** Database hostname */
58
59 define( 'DB_HOST', 'my-database.cntbd1gmpl3o.ap-northeast-2.rds.amazonaws.com:3306' );
60
61
62 /** Database charset to use in creating database tables. */
63
64 define( 'DB_CHARSET', 'utf8' );
65
66
67 /** The database collate type. Don't change this if in doubt. */
68
69 define( 'DB_COLLATE', '' );
70
                                                           60,0-1        22%
```


모든 정보를 수정했다면 ESC 키를 눌러서 커맨드 모드로 변경한 뒤에 :wq를 입력해서 파일을 저장하고 밖으로 나갑니다.

```php
40 // ** Database settings - You can get this info from your web host ** //
41
42 /** The name of the database for WordPress */
44 define( 'DB_NAME', 'bitnami_wordpress' );
45
46
47 /** Database username */
48
49 define( 'DB_USER', 'admin' );
50
51
52 /** Database password */
53
54 define( 'DB_PASSWORD', 'XW2ONE0f0H6kubaXOmdW' );
55
56
57 /** Database hostname */
58
59 define( 'DB_HOST', 'my-database.cntbd1gmpl3o.ap-northeast-2.rds.amazonaws.com:3306' );
60
61
62 /** Database charset to use in creating database tables. */
63
64 define( 'DB_CHARSET', 'utf8' );
65
66
67 /** The database collate type. Don't change this if in doubt. */
68
69 define( 'DB_COLLATE', '' );
70
```


이후 변경된 접속 정보를 적용하기 위해서는 아래 화면에 보이는 명령어를 사용해서 bitnami 서비스를 재시작해야 합니다. 하지만 이 명령어를 실행하기 전에 먼저 새로운 AMI를 생성해야 합니다. 그래서 명령을 실행하지 말고 다음 실습을 곧바로 이어서 진행하기 바랍니다.

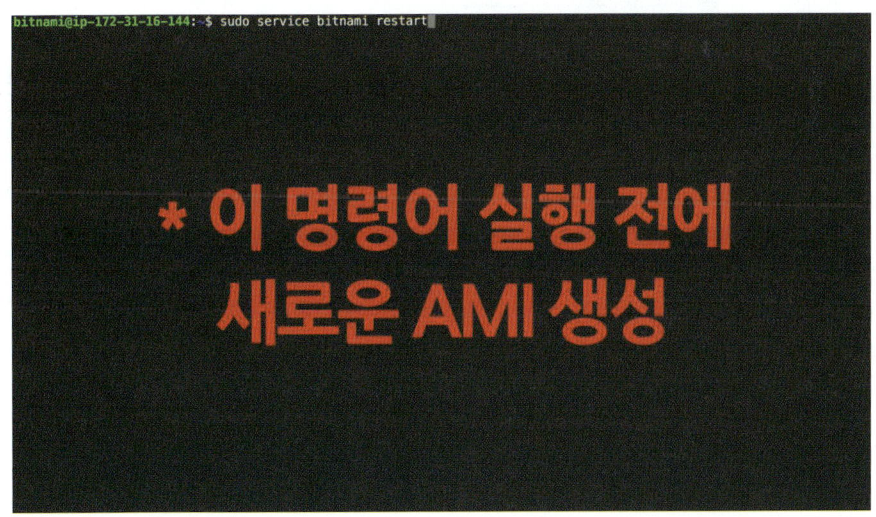

실습 새로운 AMI 생성

이번 실습에서는 변경된 접속 정보를 갖고 있는 상태로 새로운 AMI를 생성해보도록 하겠습니다.

먼저 EC2 인스턴스 목록에서 이전 실습에서 접속 정보를 변경한 인스턴스를 선택합니다. 그리고 오른쪽 상단에 **작업** 메뉴에서 **이미지 및 템플릿** 메뉴에 있는 **이미지 생성** 메뉴를 클릭합니다.

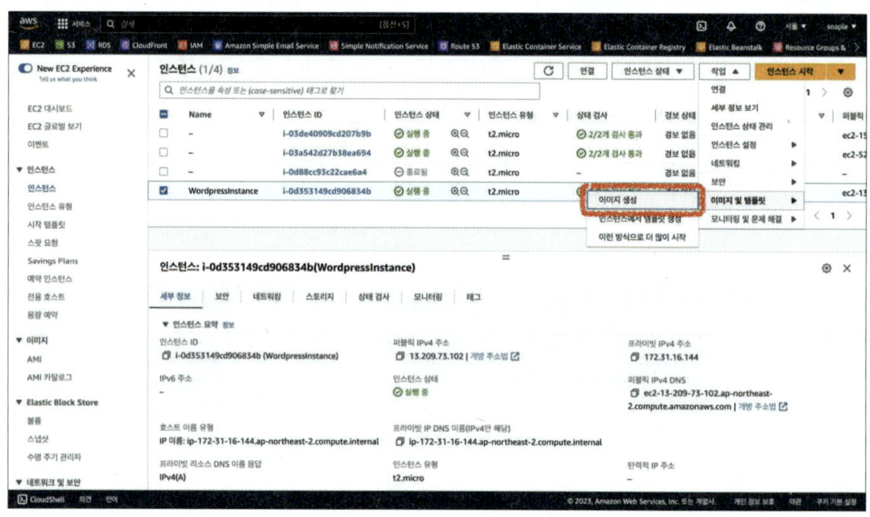

그럼 아래 화면과 같이 AMI를 생성하기 위한 화면이 나옵니다. 여기서 먼저 **이미지 이름**을 입력해야 합니다. 저는 새로 생성한 이미지라는 것을 알 수 있도록 이미지 이름을 'MyWordPressAMI-New'라고 입력했습니다.

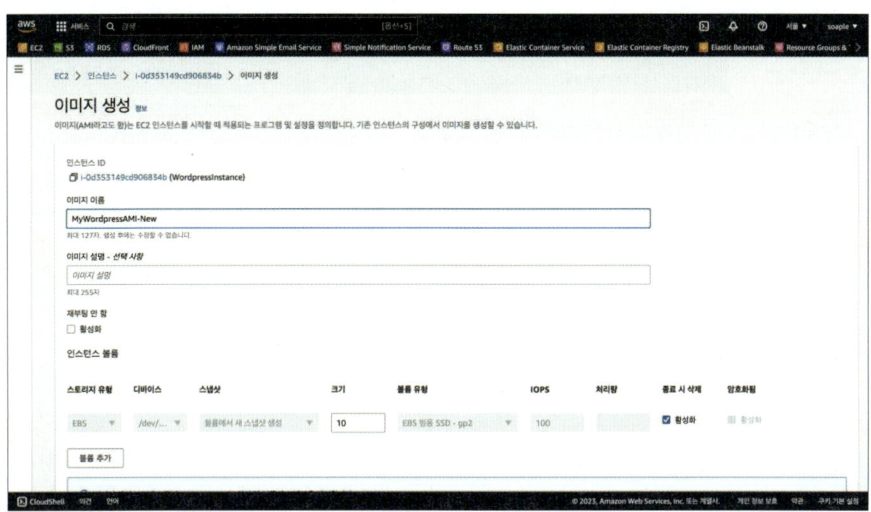

이제 화면을 밑으로 내려서 **이미지 생성** 버튼을 클릭합니다.

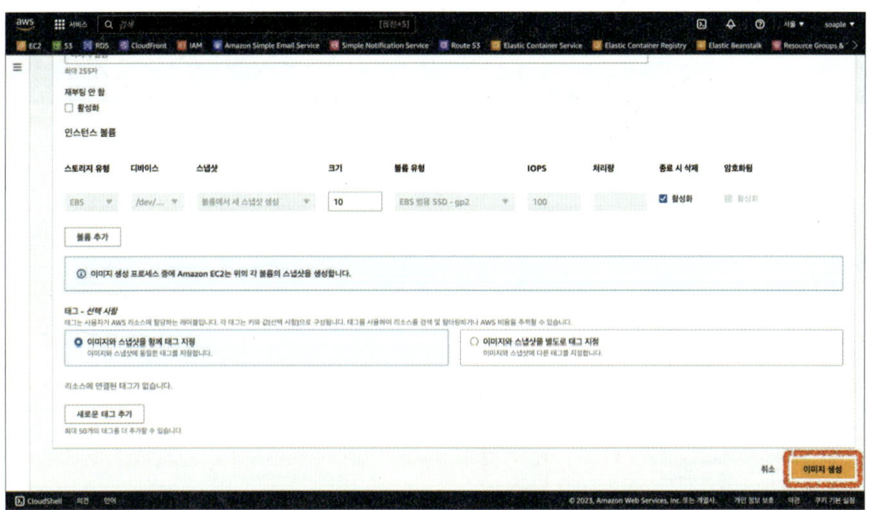

그러면 화면과 같이 이미지 생성이 시작됩니다. 여기서 왼쪽에 있는 **AMI** 메뉴를 클릭
해서 이미지를 확인해보겠습니다.

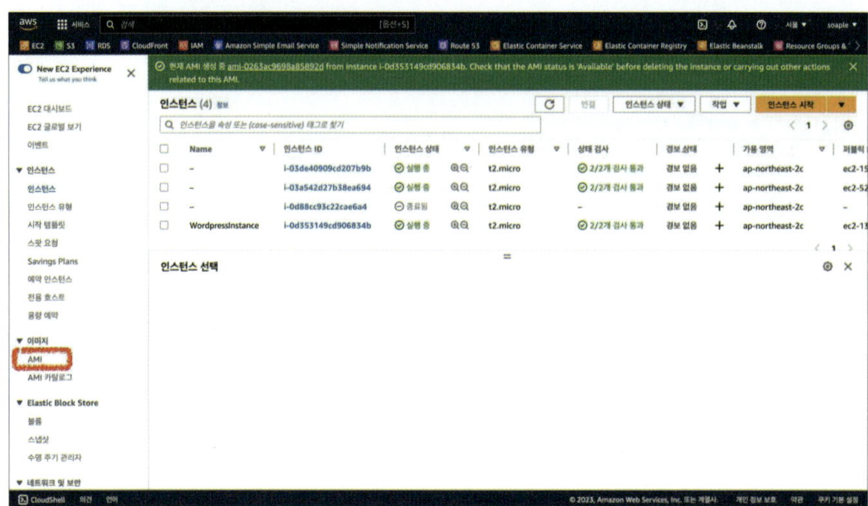

화면에는 방금 생성 요청한 이미지가 보입니다. 그리고 현재 상태는 **대기 중**으로 나오는 것을 확인할 수 있습니다.

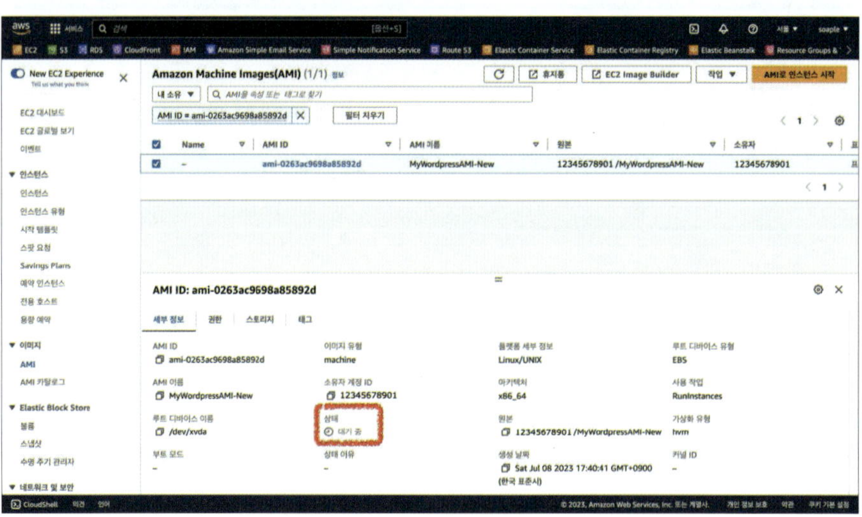

이 상태에서 시간이 조금 지나면 **사용 가능**으로 상태가 변경되는 것을 볼 수 있습니다. 사용 가능 상태를 확인한 이후에 이어서 실습을 진행하기 바랍니다.

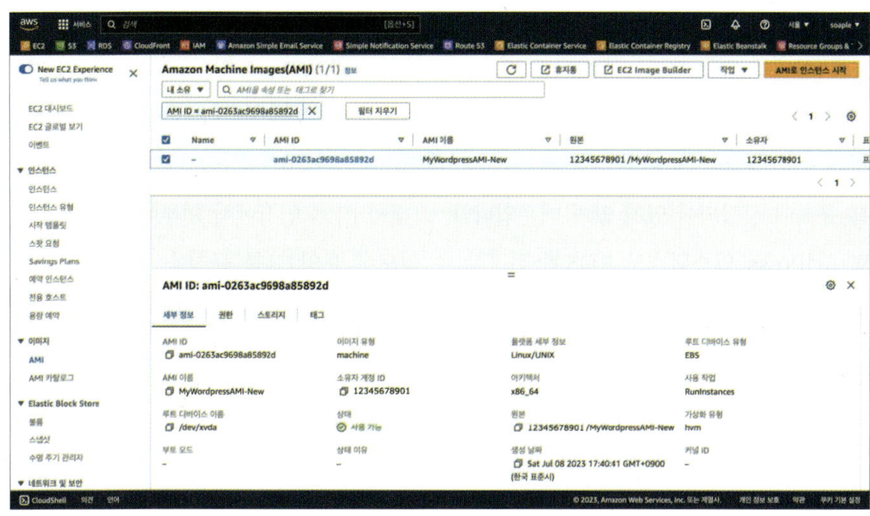

 **7.12** 실습 RDS 보안 그룹 규칙 변경

이번 실습에서는 RDS 보안 그룹 규칙을 변경해보겠습니다. 보안 그룹 규칙을 변경하는 이유는 처음에 RDS 인스턴스를 생성했을 때는 외부에서 아무나 접근 가능하도록 규칙이 설정되어 있지 않기 때문입니다. 그래서 RDS 입장에서 외부에 속하는 EC2 WordPress 인스턴스도 RDS에 접근할 수 있도록 보안 그룹 규칙을 변경하는 것입니다.

먼저 아래 화면과 같이 RDS 인스턴스 상세 페이지에서 **연결 및 보안** 탭에 접속합니다. 여기서 보안이라고 되어 있는 부분을 보면 현재 RDS와 연결되어 있는 보안 그룹 링크를 볼 수 있습니다. 이 링크를 클릭합니다.

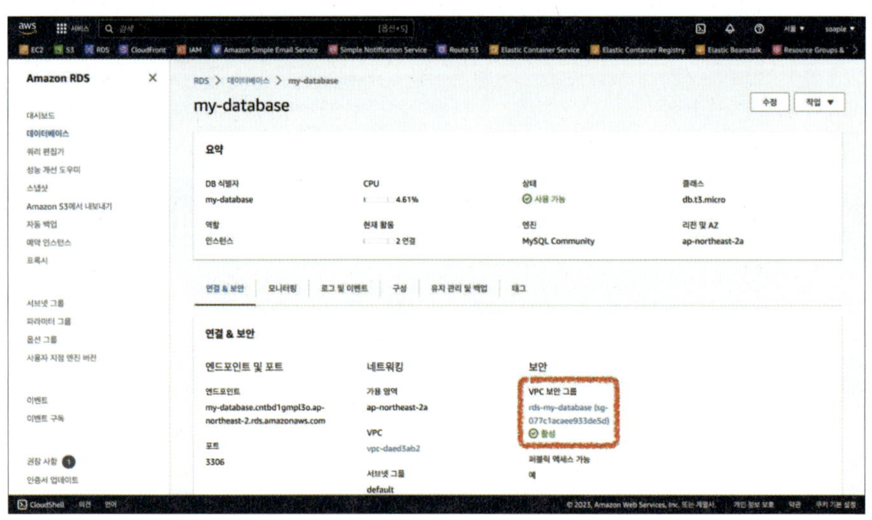

그러면 **보안 그룹** 페이지에 해당 보안 그룹만 필터링되어 나오게 됩니다. 여기서 **인바운드 규칙 편집** 버튼을 클릭합니다.

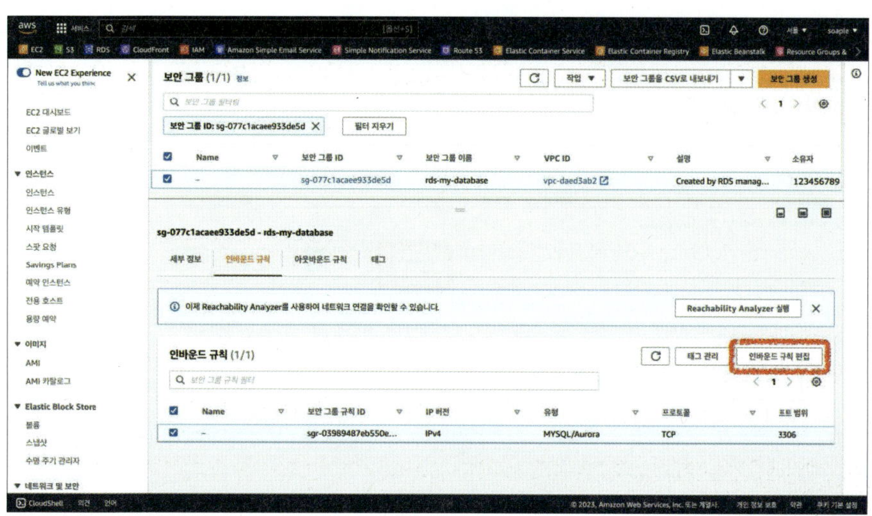

인바운드 규칙이 나오면 여기에 현재 **소스**가 **내 IP**라고 되어 있는 것을 볼 수 있습니다.
그래서 현재는 내 IP에서만 DB 인스턴스에 접근할 수 있는 상태입니다.

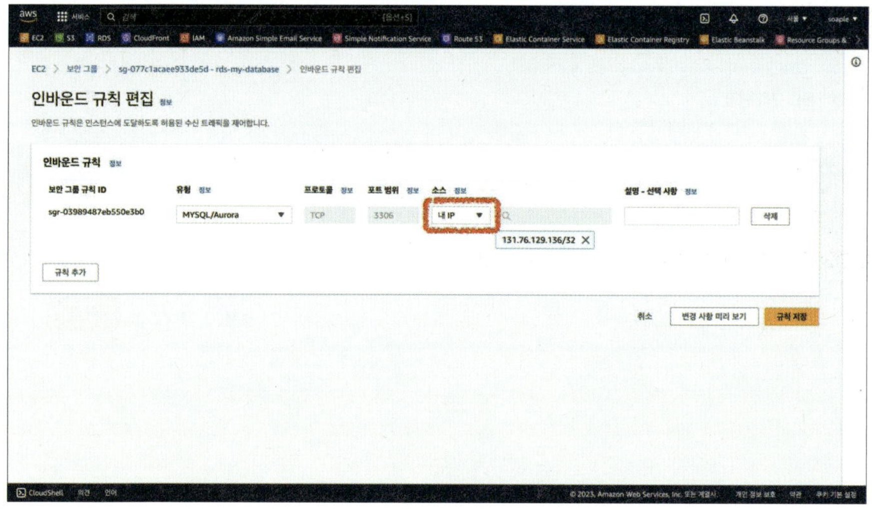

이제 이 **소스** 메뉴를 클릭해서 **Anywhere-IPv4**로 변경합니다.

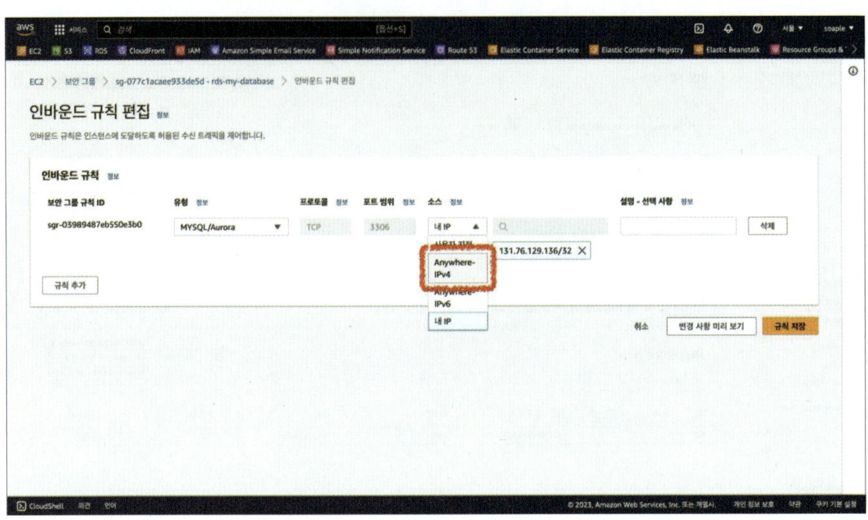

이제 모든 IP에서 3306 포트를 이용하여 DB 인스턴스에 접근할 수 있게 됩니다. 규칙을 수정했다면 **규칙 저장** 버튼을 클릭합니다.

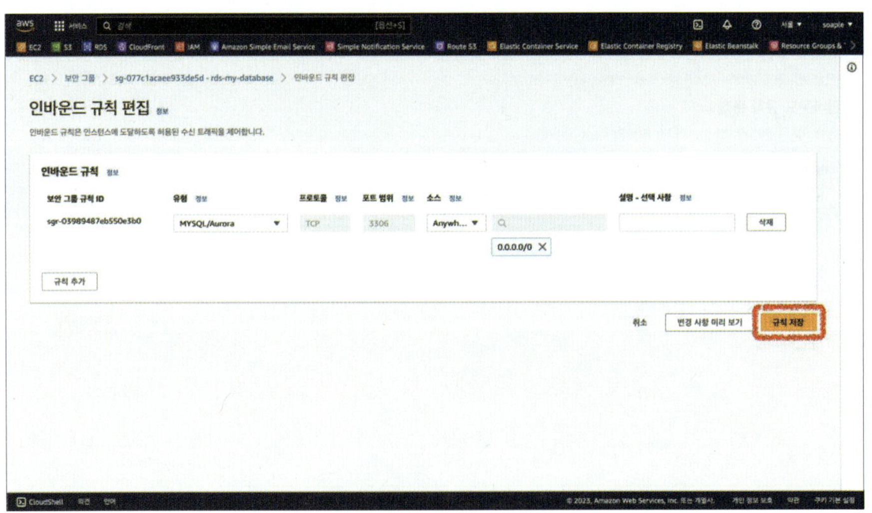

그러면 아래 화면과 같이 보안 그룹 규칙 편집이 완료됩니다.

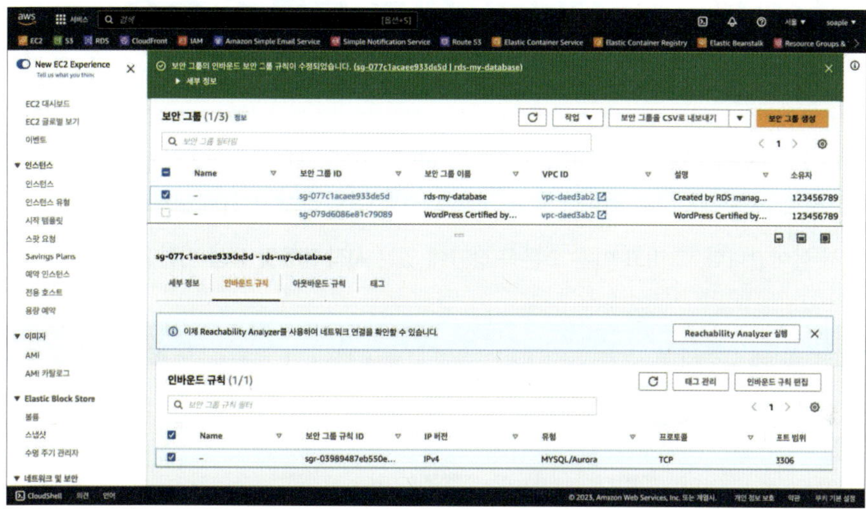

7.13 실습 새로운 시작 템플릿 생성

이번 실습에서는 새로 생성한 AMI를 이용하여 새로운 시작 템플릿을 생성해보겠습니다. 먼저 EC2 페이지에 접속한 뒤에 왼쪽에 있는 메뉴 중에서 **시작 템플릿** 메뉴를 클릭해서 들어갑니다. 그리고 이후 오른쪽 상단에 있는 **시작 템플릿 생성** 버튼을 클릭합니다.

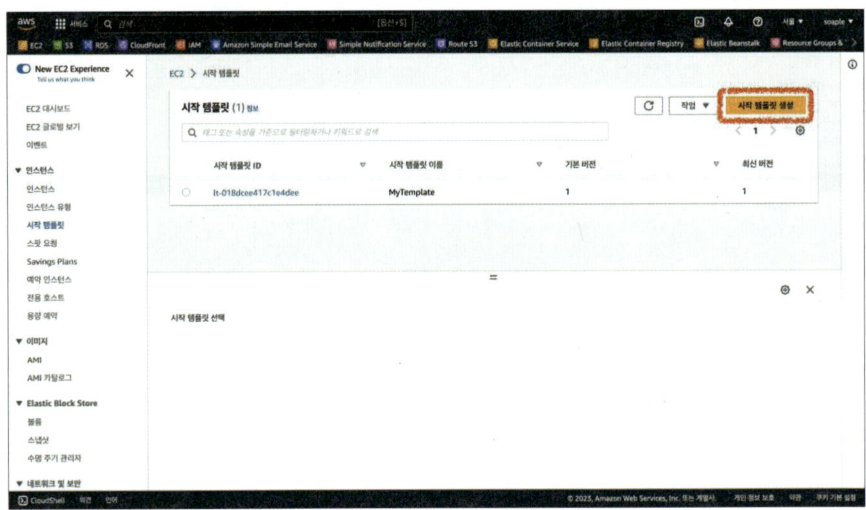

그러면 **시작 템플릿 생성** 화면이 나옵니다. 여기서 먼저 **시작 템플릿 이름**을 입력합니다.

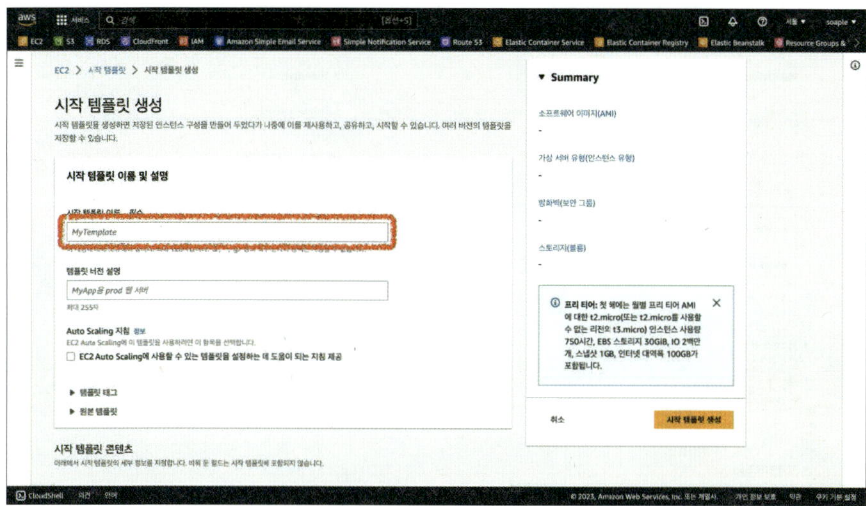

여기서는 'MyTemplateNew'라고 입력해서 새로운 시작 템플릿이라는 것을 알 수 있도록 했습니다.

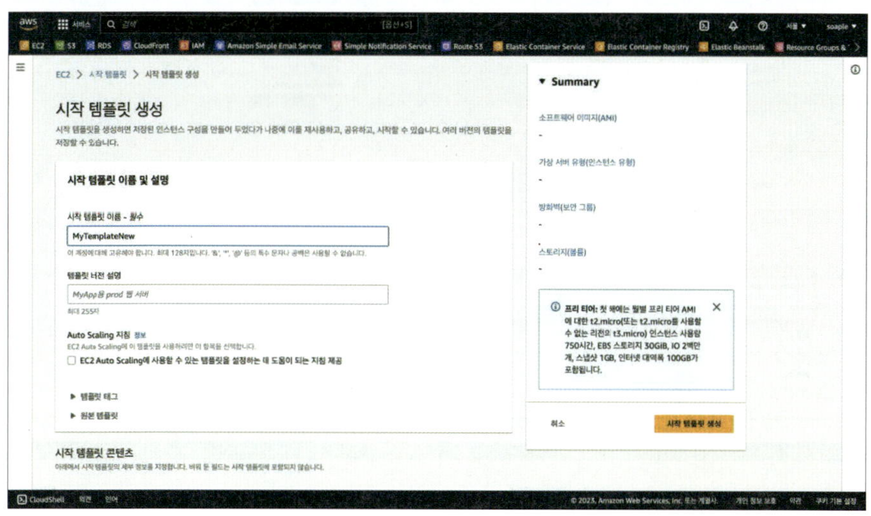

다음으로는 아래로 내려가서 AMI를 선택해야 합니다. **내 AMI** 탭을 클릭합니다.

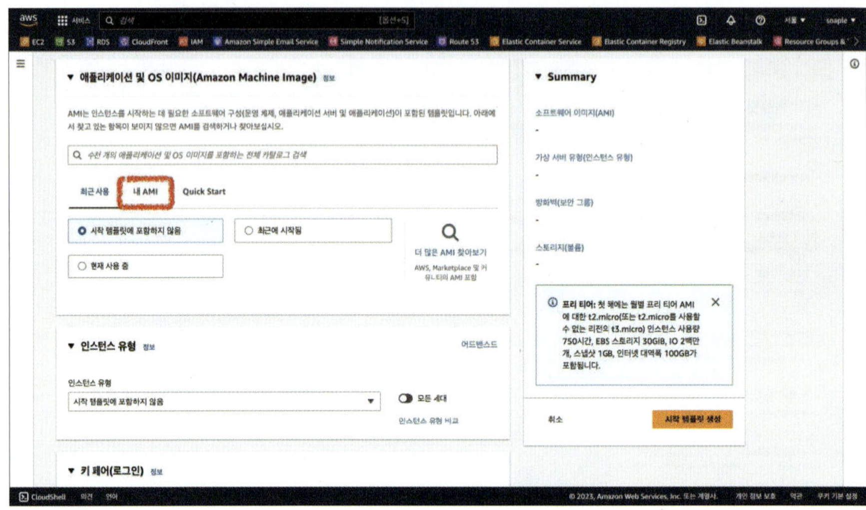

그러면 AMI를 선택할 수 있는 화면이 나옵니다. 여기서 **AMI 목록**을 클릭합니다.

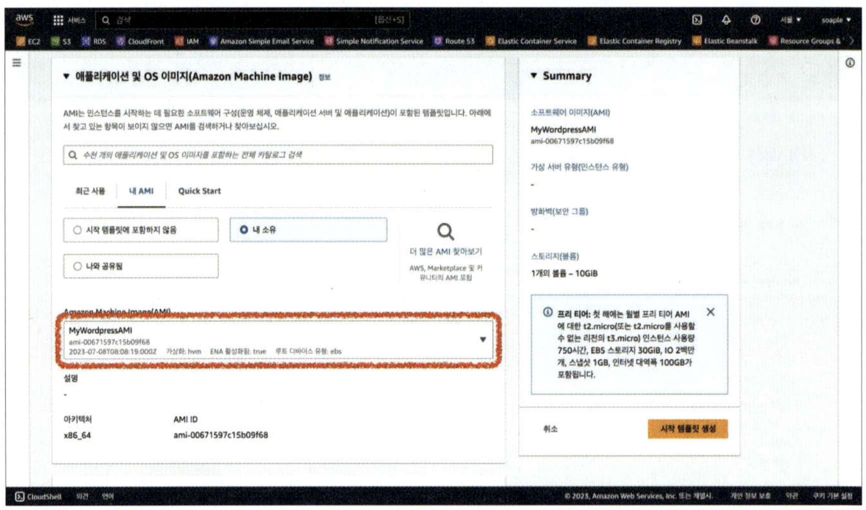

여기서 나오는 AMI 중에서 앞에서 새로 생성한 AMI를 선택합니다. 참고로 이 AMI는 WordPress DB 정보가 RDS 인스턴스를 바라보도록 변경된 AMI입니다.

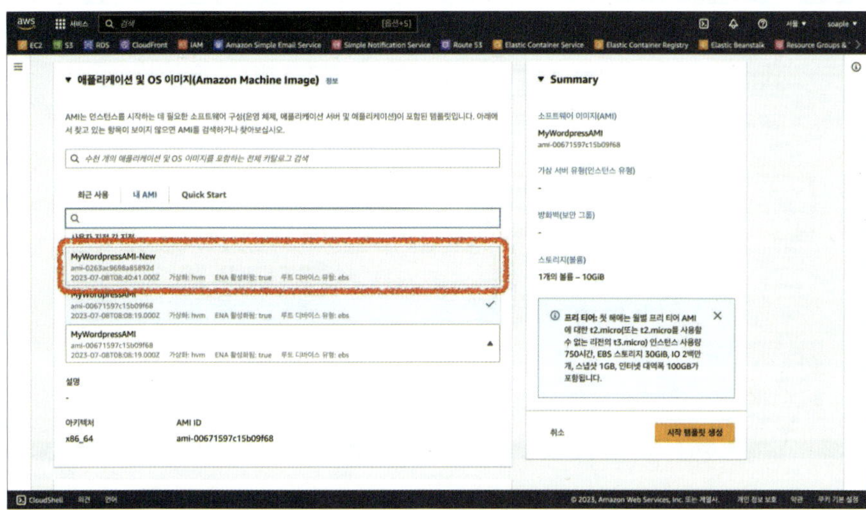

다음으로는 인스턴스 유형을 선택해야 합니다. **인스턴스 유형** 선택 메뉴를 클릭합니다.

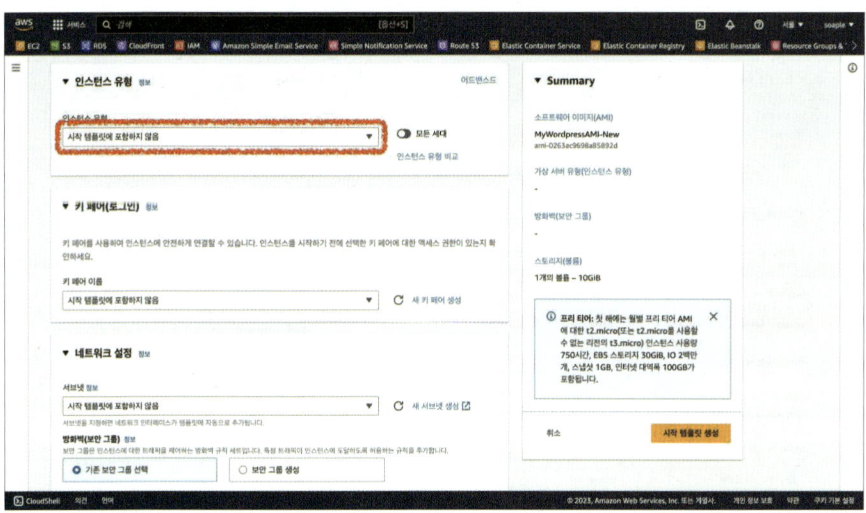

목록에서 프리 티어 사용 가능이라고 표시되어 있는 t2.micro를 선택합니다.

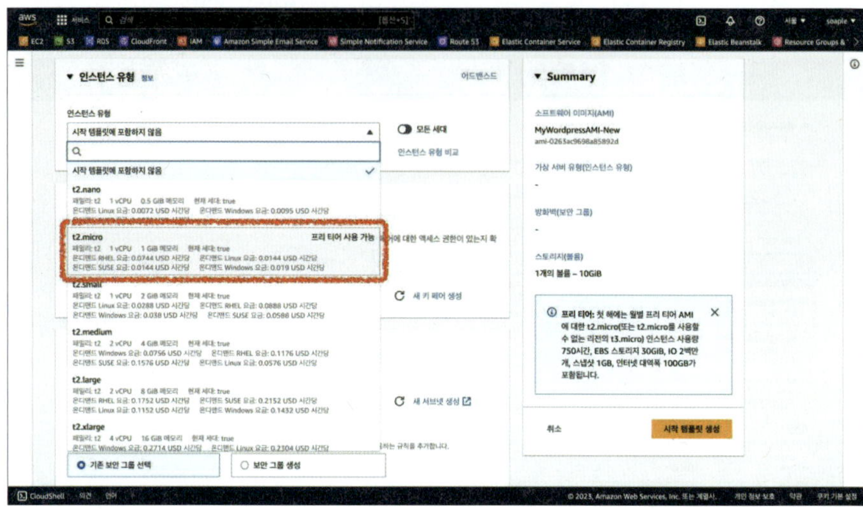

다음으로는 키 페어를 설정해야 합니다. **키 페어 선택** 메뉴를 클릭해서 이전과 동일한
키 페어를 선택해줍니다.

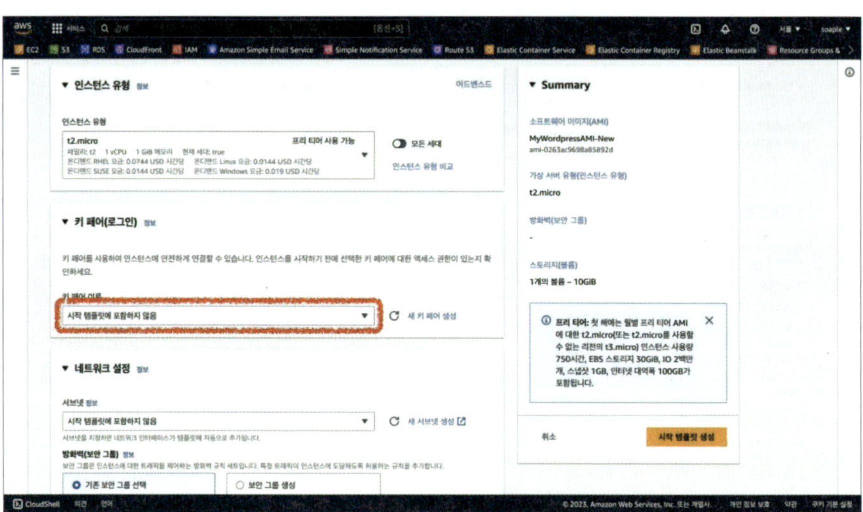

이제 보안 그룹을 설정해야 합니다. 화면과 같이 **보안 그룹 선택** 메뉴를 클릭합니다.

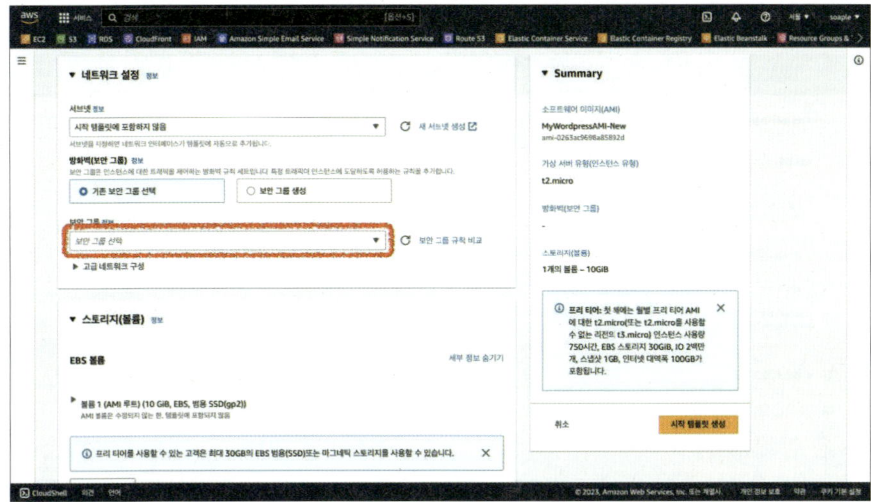

이후 보안 그룹 목록에서 WordPress 인스턴스를 생성할 때 함께 생성된 보안 그룹을 선택합니다.

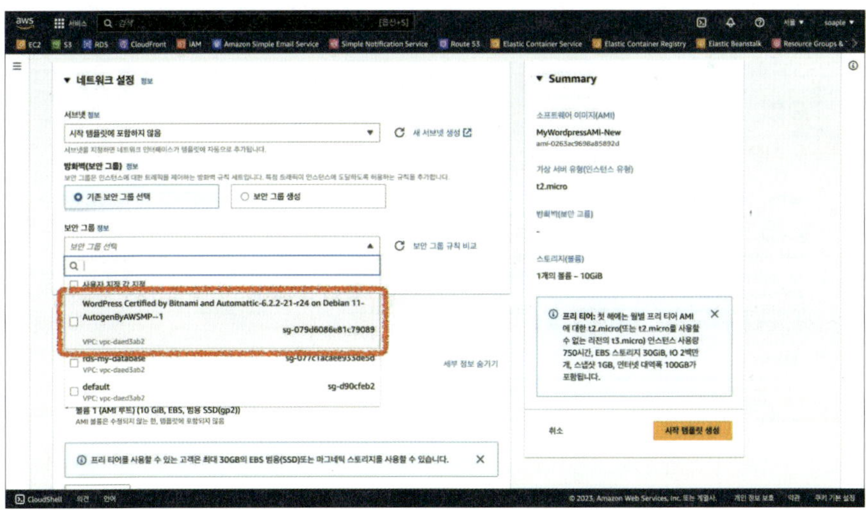

화면에서처럼 보안 그룹까지 모두 설정했습니다. 이제 나머지 설정은 그대로 두고 오른쪽 하단에 있는 **시작 템플릿 생성** 버튼을 클릭합니다.

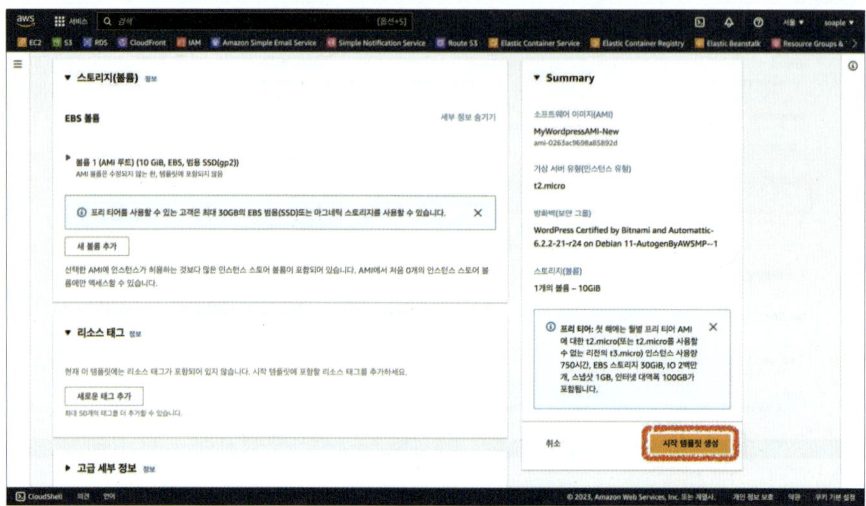

그러면 **시작 템플릿**이 생성됩니다. **시작 템플릿 보기** 버튼을 눌러보겠습니다.

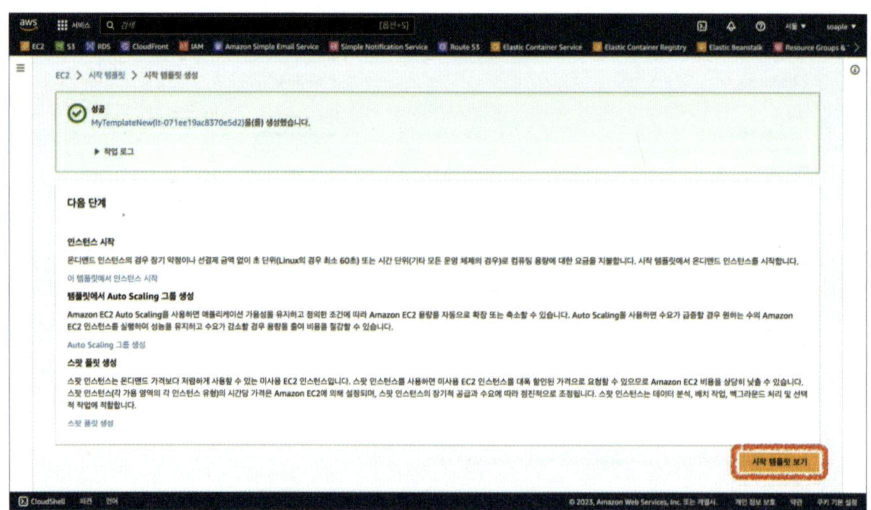

아래 화면과 같이 방금 생성한 시작 템플릿을 포함해서 총 2개의 시작 템플릿이 나오는 것을 확인할 수 있습니다.

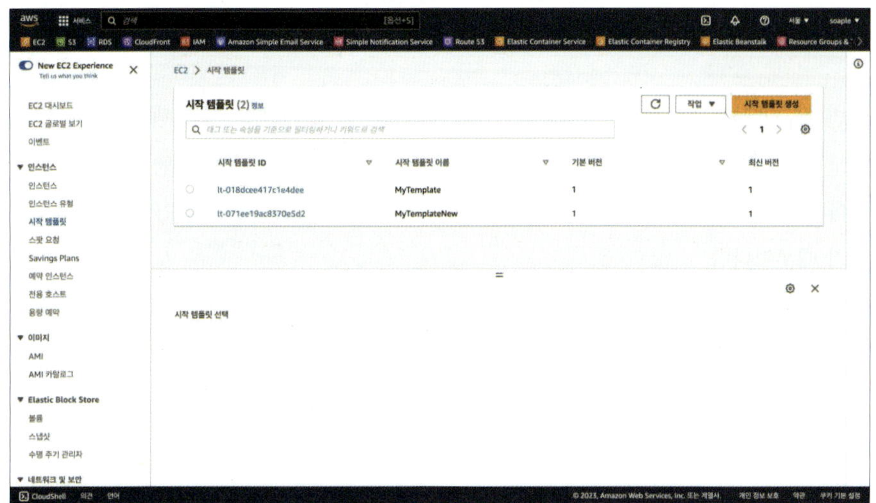

7.14 실습 Auto Scaling Group의 시작 템플릿 변경

이번 실습에서는 Auto Scaling Group의 시작 템플릿을 새로운 시작 템플릿으로 변경해보겠습니다. 시작 템플릿을 변경하는 이유는 새로운 AMI가 적용된 템플릿으로 변경해야만 이후 Auto Scaling을 통해 생성되는 EC2 인스턴스들이 모두 RDS를 바라보게 되기 때문입니다.

먼저 아래 화면과 같이 EC2 페이지의 왼쪽 메뉴에서 **Auto Scaling 그룹** 메뉴를 클릭해서 들어갑니다. 이후 나오는 Auto Scaling 그룹 목록에서 우리가 생성한 Auto Scaling 그룹을 클릭해서 상세 정보 페이지로 들어갑니다.

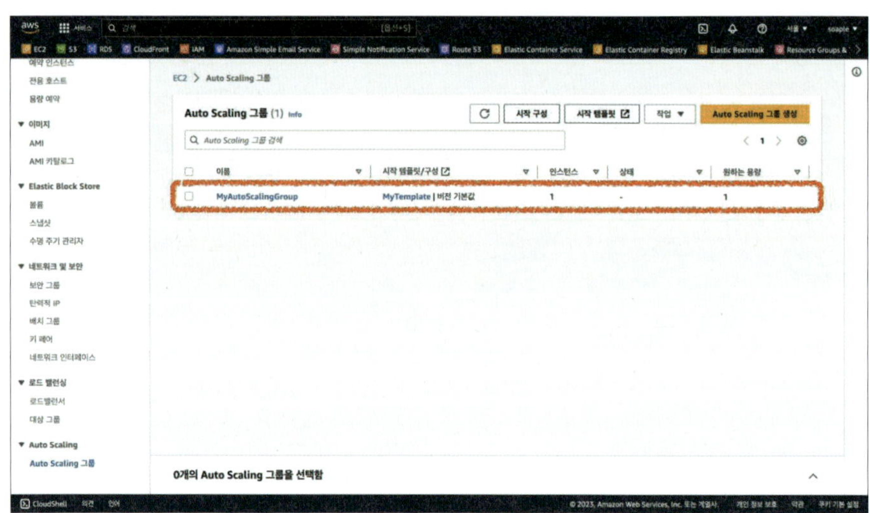

Auto Scaling 그룹 상세 정보 페이지가 나오면 여기서 **시작 템플릿** 섹션의 오른쪽에 있는 **편집** 버튼을 클릭합니다.

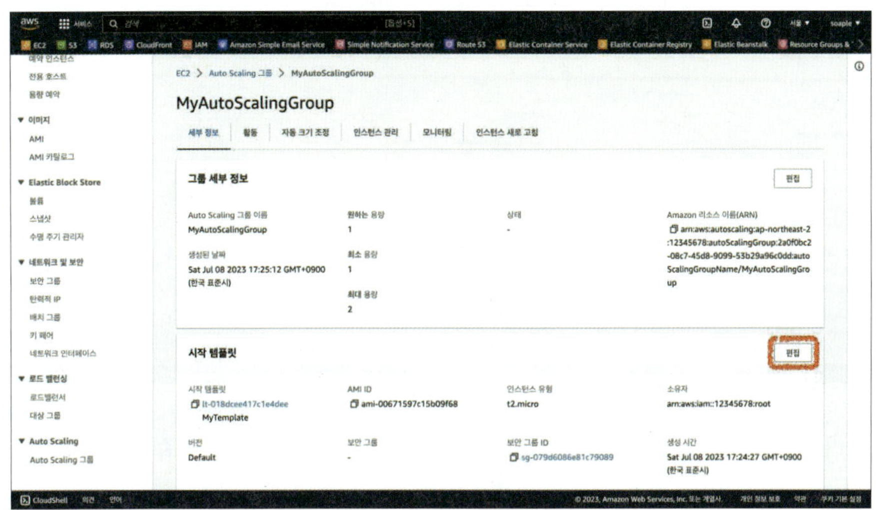

그러면 시작 템플릿을 변경할 수 있는 화면이 나옵니다. 여기서 **시작 템플릿 선택** 메뉴를 클릭합니다.

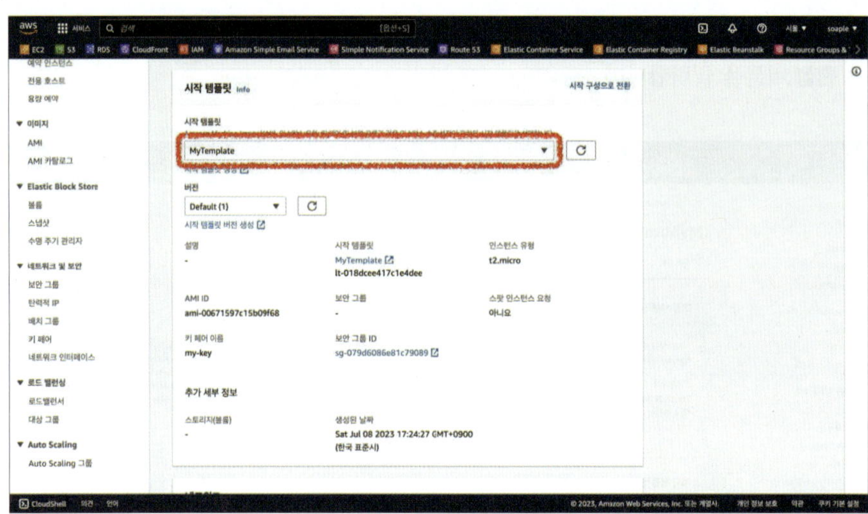

그러면 목록에 총 2개의 시작 템플릿이 나오는 것을 볼 수 있습니다. 여기서 'MyTemplateNew'라고 되어 있는 새로 만든 시작 템플릿을 선택합니다.

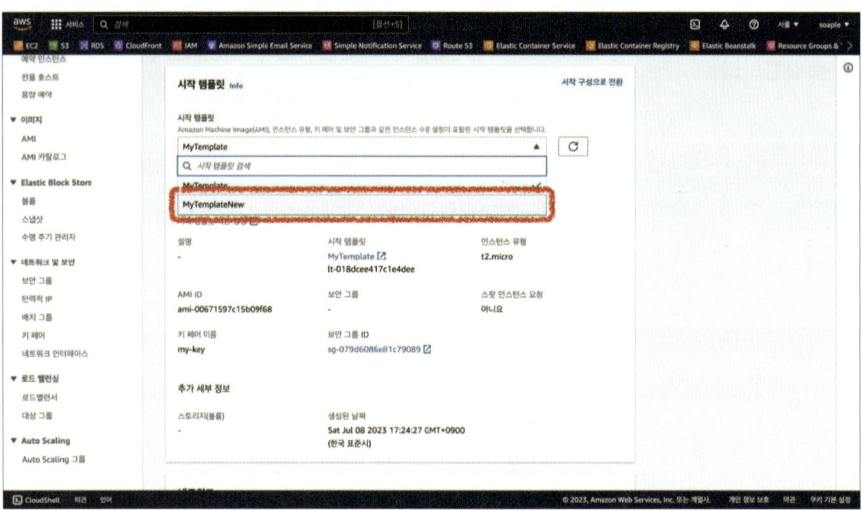

이후 화면을 제일 하단으로 내려서 **업데이트** 버튼을 클릭합니다.

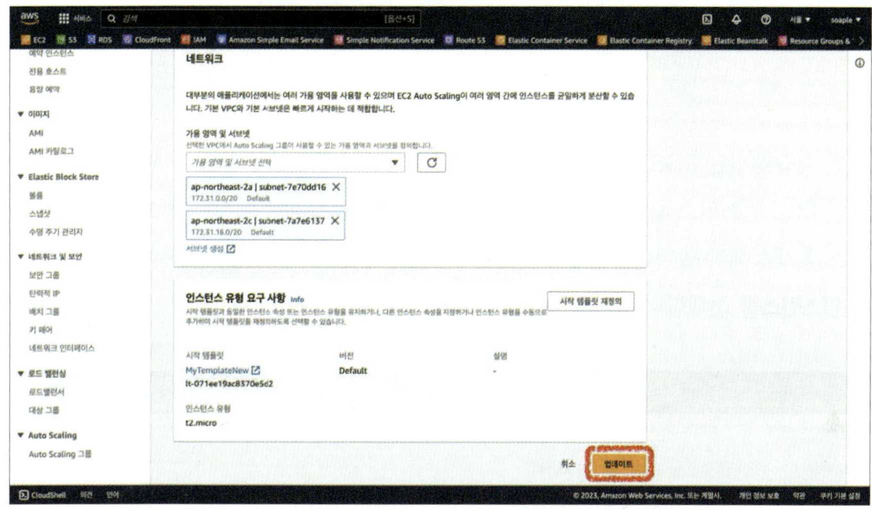

그러면 아래와 같이 Auto Scaling 그룹의 시작 템플릿이 변경된 것을 볼 수 있습니다.

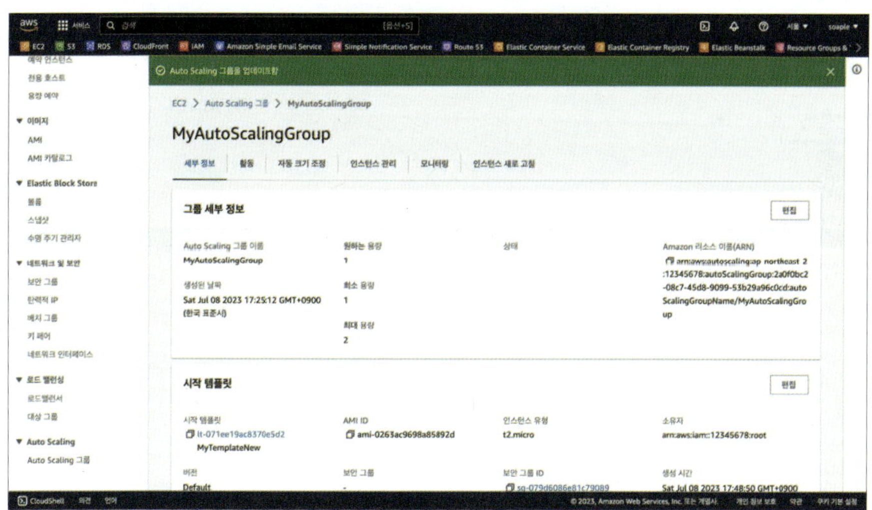

 7.15 실습 RDS 정상 작동 테스트

이번 실습에서는 RDS가 정상적으로 작동하는지 테스트해보겠습니다. 먼저 기존 실행 중인 EC2 인스턴스들은 모두 자체 DB를 바라보고 있기 때문에 종료하고 새로운 인스턴스를 생성해야 합니다. 그래서 아래 화면과 같이 EC2 인스턴스 목록에 들어가서 **모든 인스턴스**를 선택합니다.

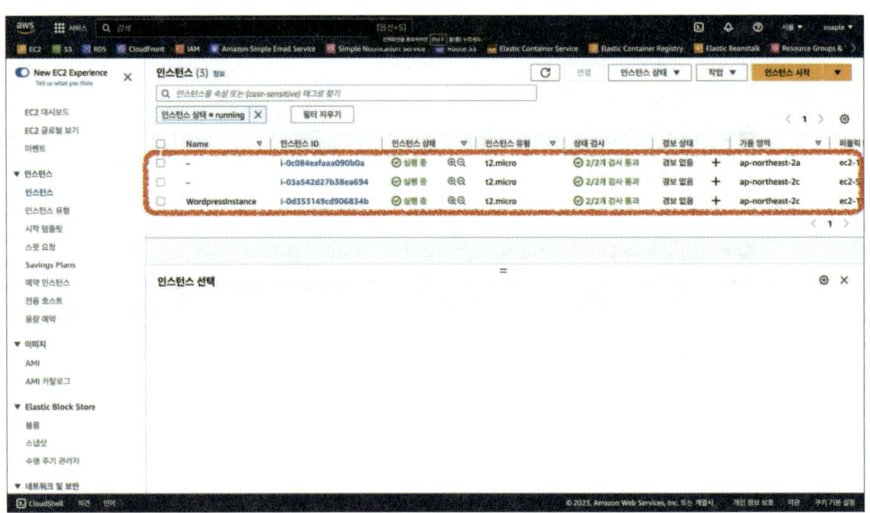

이후 **인스턴스 상태** 메뉴에서 **인스턴스 종료** 메뉴를 클릭합니다.

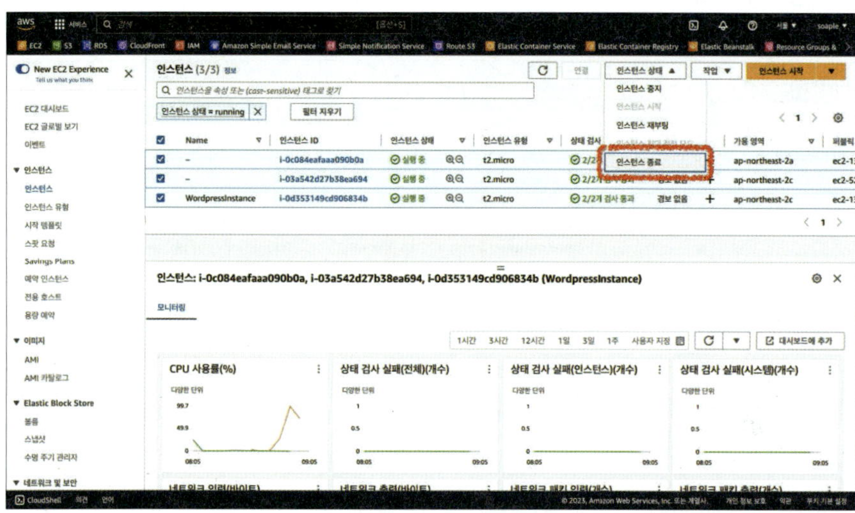

다음과 같이 확인 문구가 나오는데 여기서 **종료** 버튼을 클릭합니다.

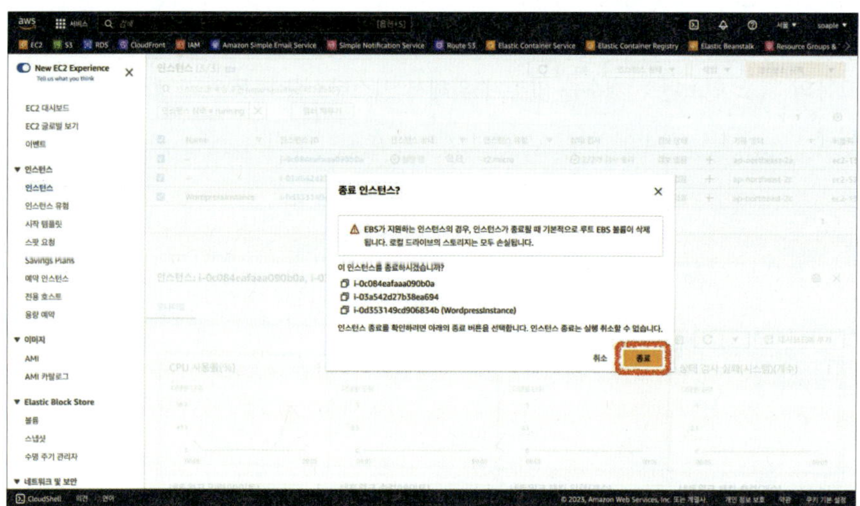

그러면 화면과 같이 모든 인스턴스의 상태가 **종료 중**으로 바뀌게 되고, 일정 시간이 지나면 **종료**가 됩니다.

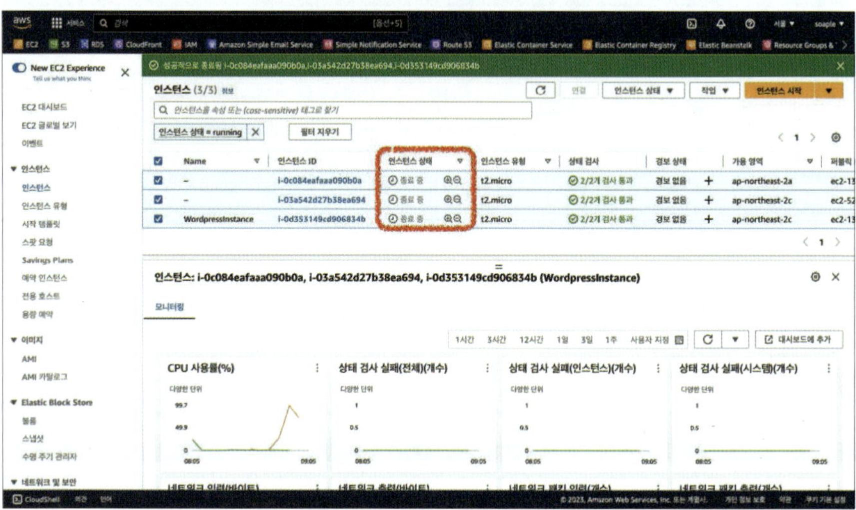

모든 인스턴스가 종료되고 몇 분이 지나면 새로운 EC2 인스턴스가 자동으로 실행됩니다. 그 이유는 Auto Scaling 그룹에 healthy 상태인 인스턴스가 없어 Auto Scaling 그룹의 최소 인스턴스 개수를 맞추기 위해서 인스턴스를 자동으로 생성하기 때문입니다.

Auto Scaling 그룹 페이지에 접속해서 **활동** 탭을 클릭해보겠습니다.

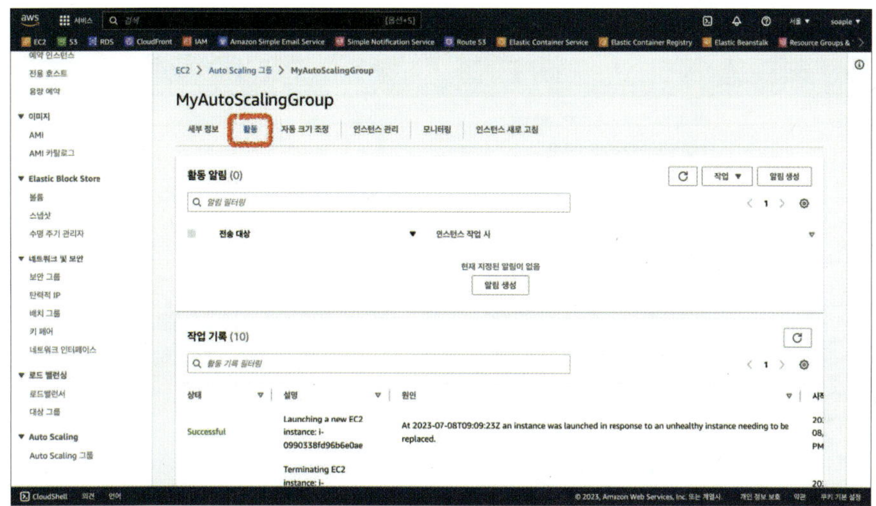

그러면 **작업 기록**에서 새로운 EC2 인스턴스가 실행된 것을 확인할 수 있습니다.

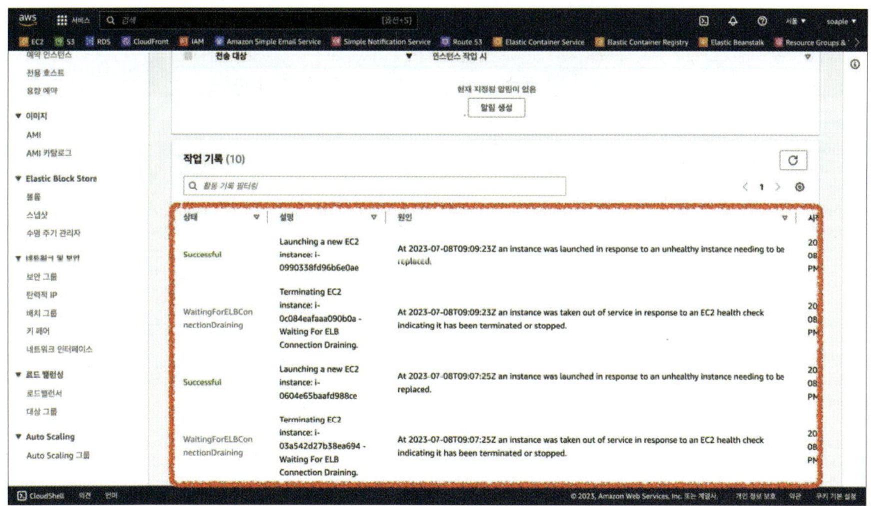

그리고 **인스턴스 관리** 탭에 가면 화면처럼 새로운 시작 템플릿을 사용해서 생성된 EC2 인스턴스가 나오는 것을 볼 수 있습니다.

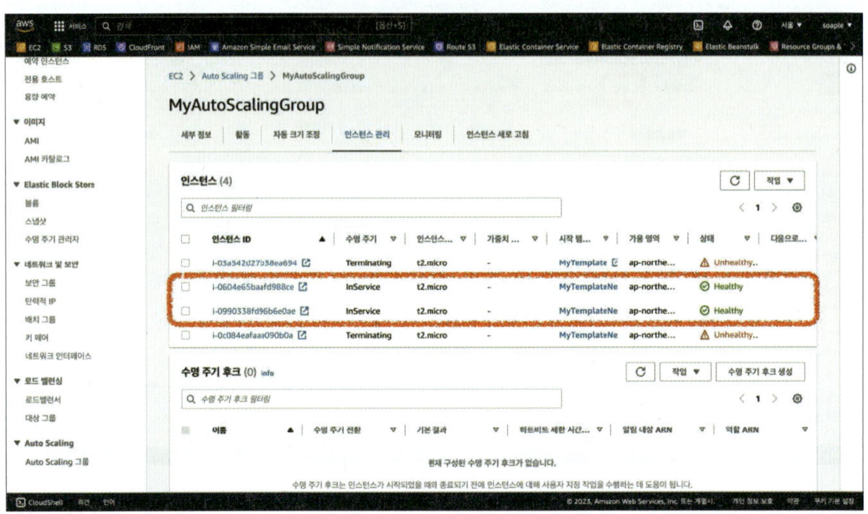

그리고 EC2 인스턴스 목록에서도 새로 실행된 인스턴스들을 확인할 수 있습니다.

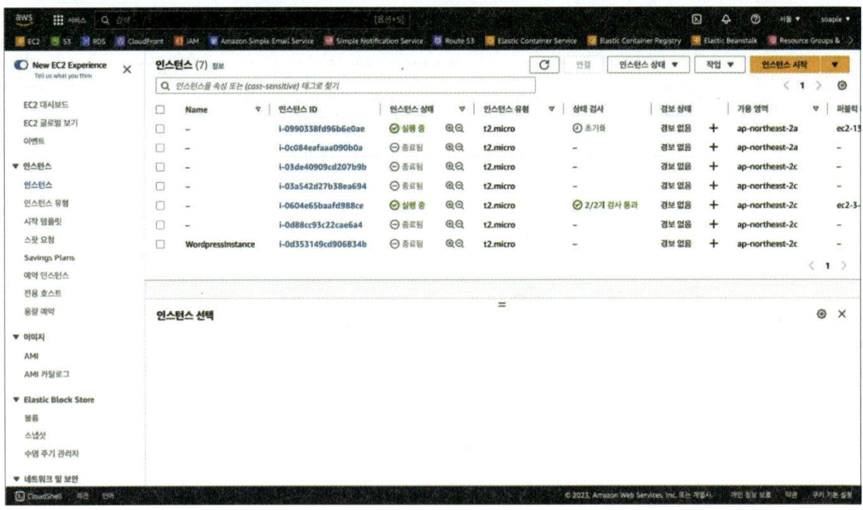

이제 ELB의 DNS 이름으로 접속해보겠습니다. **로드 밸런서** 페이지에 접속해서 우리가
만든 ELB를 선택합니다.

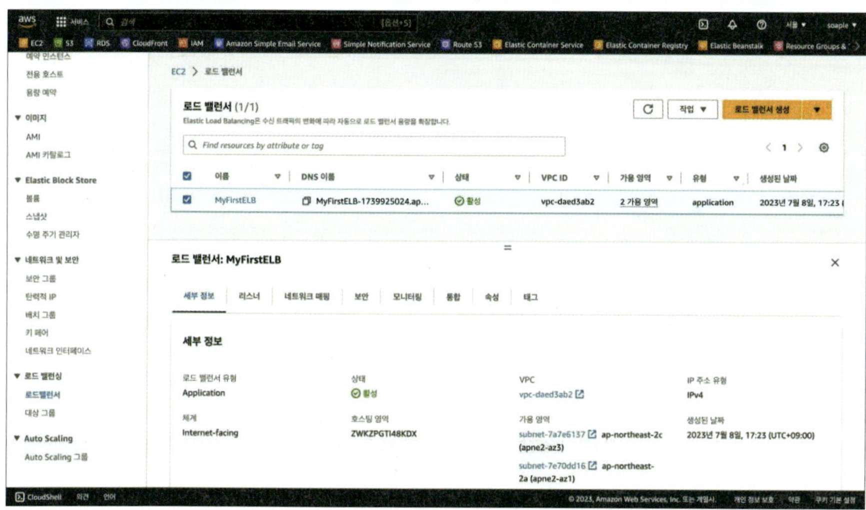

그리고 세부 정보 하단에 나오는 **DNS 이름**을 복사해서 접속해야 합니다.

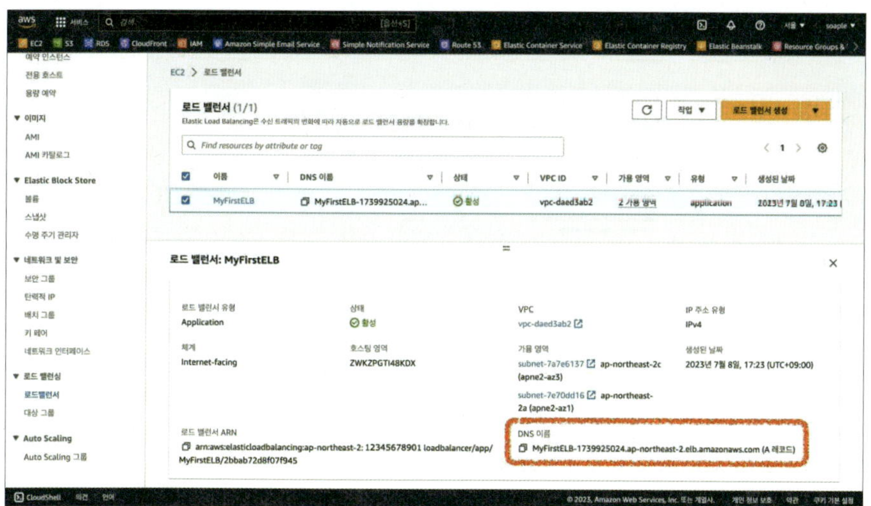

다음 화면과 같이 **DNS 이름**을 복사합니다.

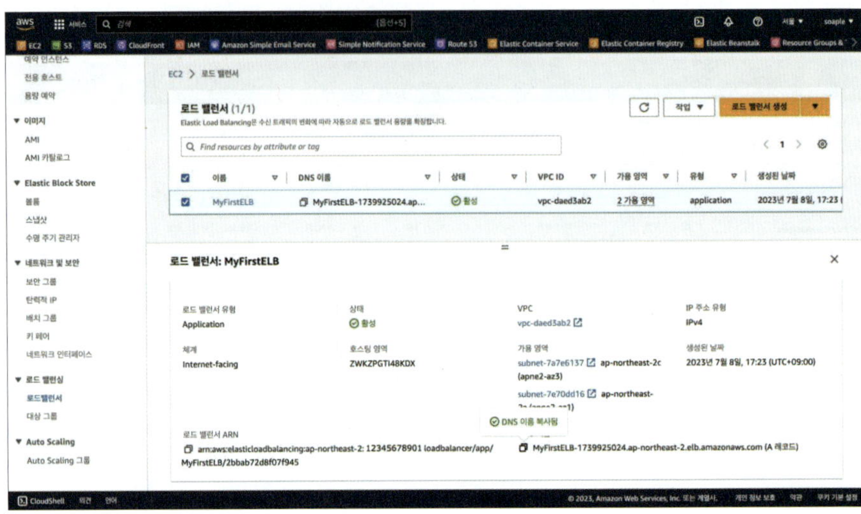

브라우저에서 복사한 주소로 접속하면 WordPress 페이지가 잘 나오는 것을 볼 수 있습니다.

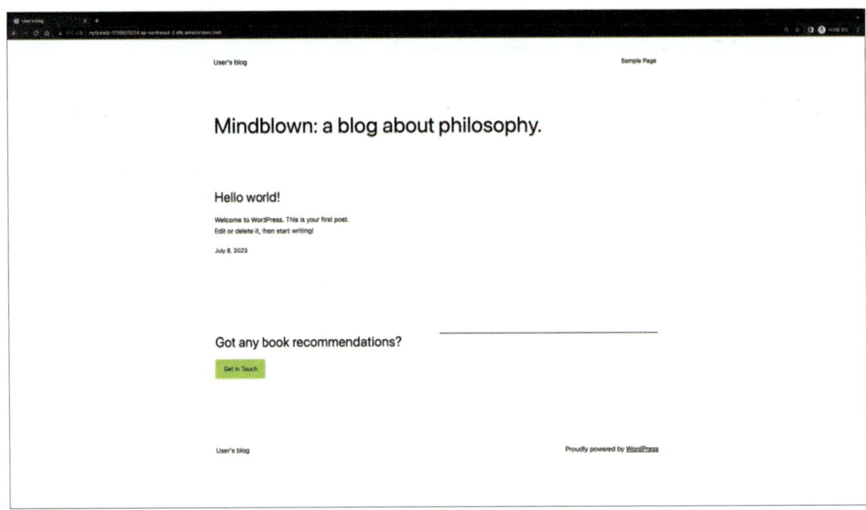

이번에는 실행 중인 인스턴스 중 하나를 선택해서 글을 작성해보겠습니다. 먼저 다음과
같이 인스턴스 하나를 선택하고 **퍼블릭 IPv4 주소**를 복사합니다.

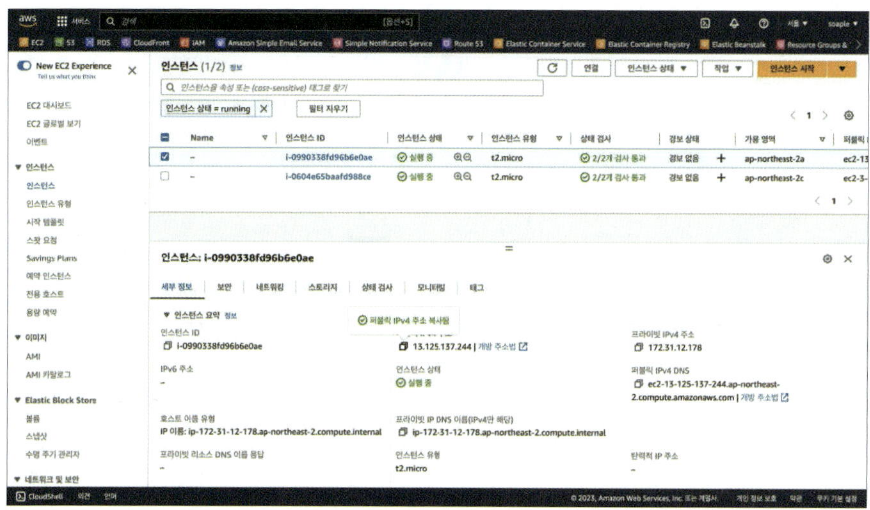

이후 복사한 IP 주소 뒤에 /admin을 붙여서 관리자 페이지로 접속합니다.

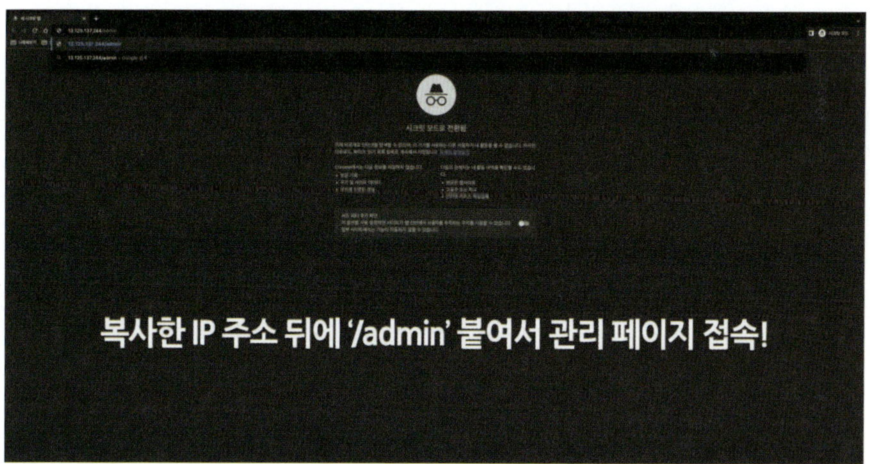

그러면 WordPress 관리자 로그인 화면이 나오게 됩니다.

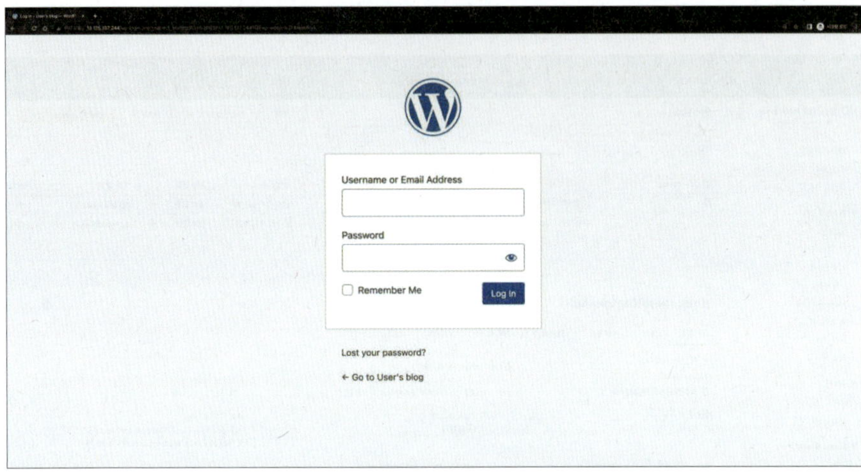

앞에서 RDS에 WordPress DB 스키마를 생성할 때 기본 사용자 이름은 user, 비밀번호는 1234로 되어 있다고 한 것을 기억할 겁니다. 그래서 여기에 사용자 이름은 user, 비밀번호는 1234를 입력하고 **로그인** 버튼을 클릭합니다.

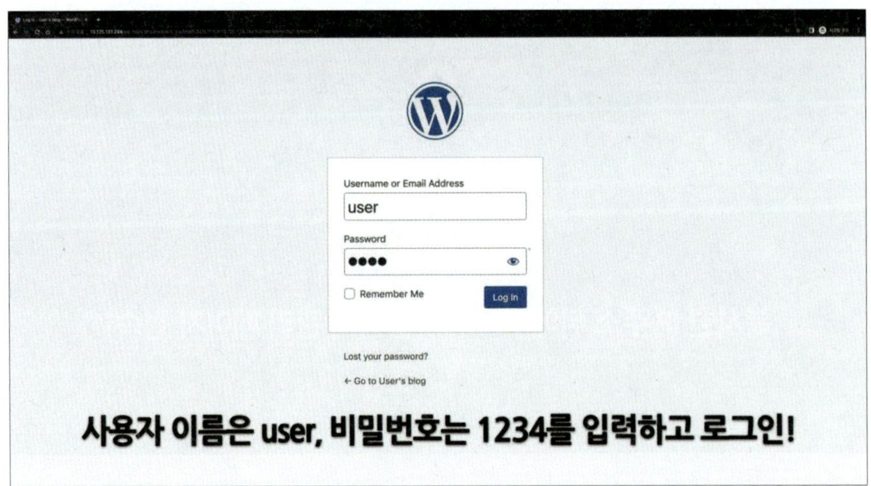

정상적으로 로그인되면 이후 새로운 글을 작성하기 위해서 왼쪽 **Posts** 메뉴에서 **Add New**를 클릭합니다.

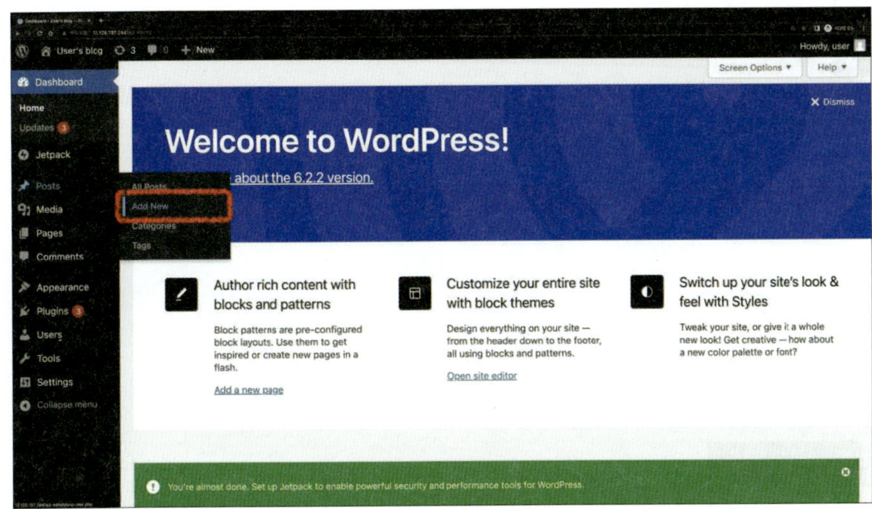

글을 작성하는 화면이 나오면 여기서 글의 제목과 내용을 작성한 뒤에 오른쪽 상단에 있는 **Publish** 버튼을 클릭합니다.

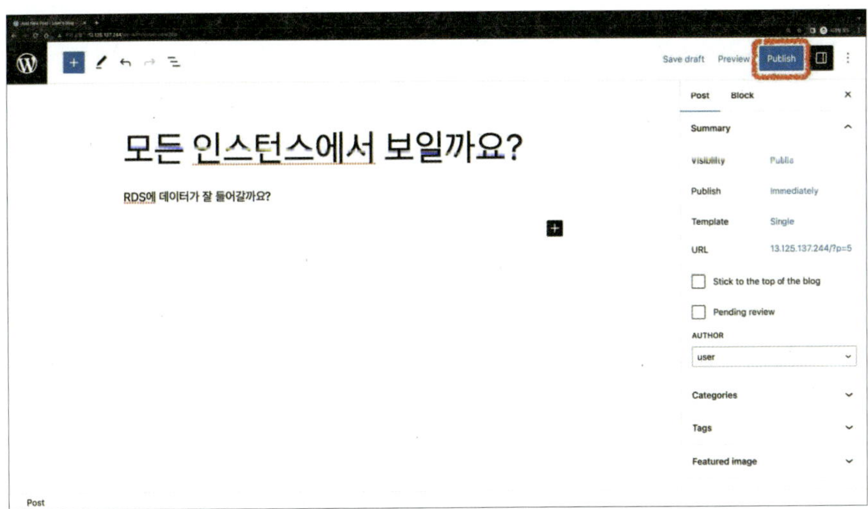

글 작성이 완료되었습니다. 이후 브라우저에서 ==ELB의 DNS 이름==으로 다시 접속합니다.

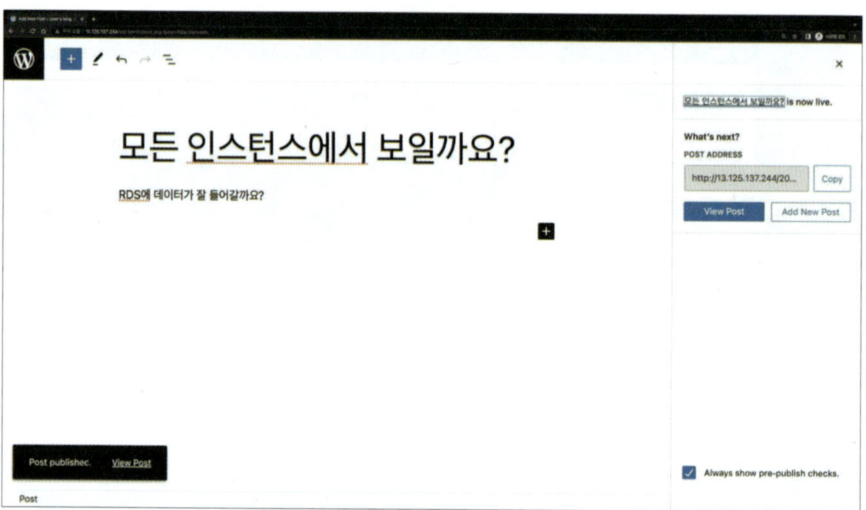

화면에 새로 작성한 글이 목록에 잘 나오는 것을 볼 수 있습니다.

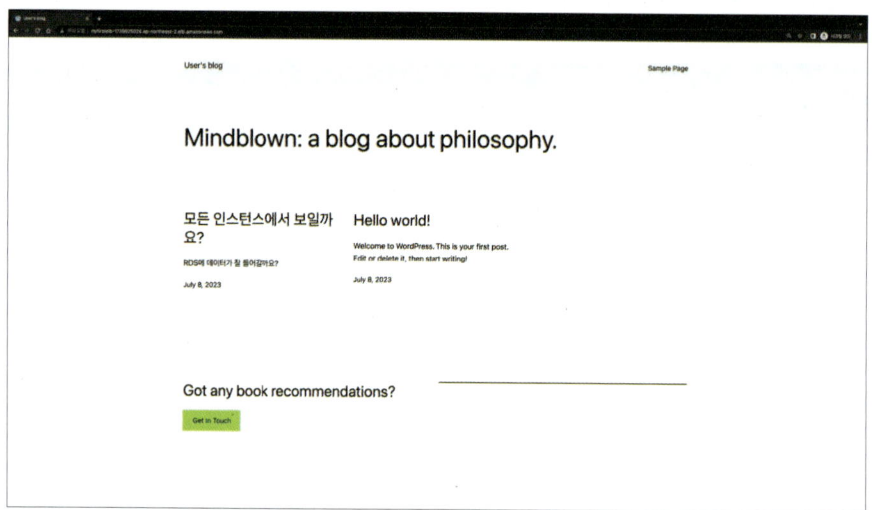

그리고 MySQL Workbench에서 wp_posts라는 테이블을 조회하면 다음 화면처럼 작성한 글이 테이블에 잘 들어가 있는 것을 볼 수 있습니다.

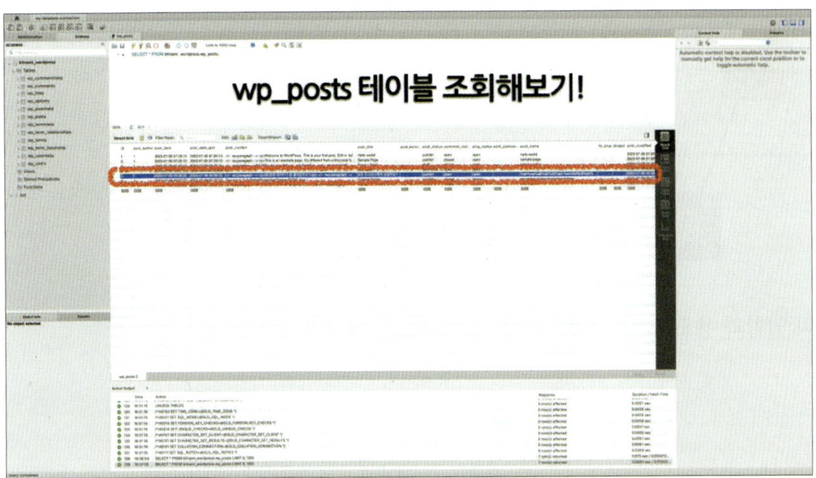

이번 실습은 양이 많아서 약간 어렵게 느껴졌을 수도 있습니다. 지금까지 우리가 만든 구조를 그림을 통해 정리해보겠습니다.

기존처럼 MySQL 서버가 각 인스턴스 내에서 돌아가는 것이 아니라 RDS를 사용해서 별도의 DB 인스턴스에서 돌아가도록 만들고 모든 EC2 인스턴스들이 해당 DB를 바라보도록 만들었습니다. 그래서 어느 인스턴스에서 글을 작성하든지 데이터는 하나의 데이터베이스(RDS)에 저장되고 관리됩니다.

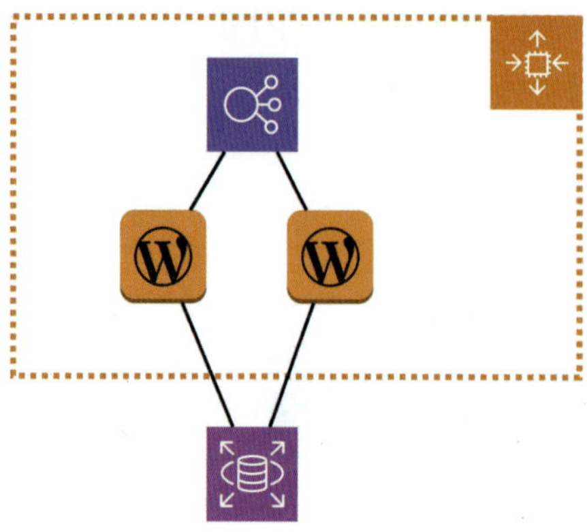

RDS의 역할과 용도를 잘 기억하면서 다음 장으로 넘어가기 바랍니다.

7장 요약

- RDS(Relational Database Service)
    - 관계형 데이터베이스 서비스
    - Fully managed Relational Database

- RDS를 사용하는 이유
    - 서버에 직접 DB를 설치해서 사용하는 경우 해야 할 일이 굉장히 많음
    - RDS를 사용하면 복잡한 일들을 모두 자동으로 처리

- RDS 기본 구조
    - 리전 내에 하나의 가용 영역에 인스턴스를 생성해서 사용
    - Multi-AZ를 통해 다른 가용 영역에 인스턴스 생성 가능(Failover)

Simple Storage Service(S3)

Preview

먼저 앞에서 여러 번 등장했던 AWS 서비스 3대장을 다시 한번 보겠습니다.

AWS 서비스의 3대장은 EC2, RDS, S3입니다. 그리고 지금까지 EC2와 RDS에 대해서 배웠습니다. 이번 장에서는 AWS 서비스의 3대장 중 마지막 서비스인 S3에 대해서 배워보겠습니다.

먼저 다양한 스토리지 종류에 대해서 하나씩 알아보고 이후 S3 서비스를 소개하겠습니다. S3는 사용법 자체는 간단하지만 관련된 용어, 작동 방식, 스토리지 클래스 등의 개념을 잘 이해하고 사용하는 것이 중요합니다. 이 점을 잘 기억하면서 이번 장을 학습하길 바랍니다.

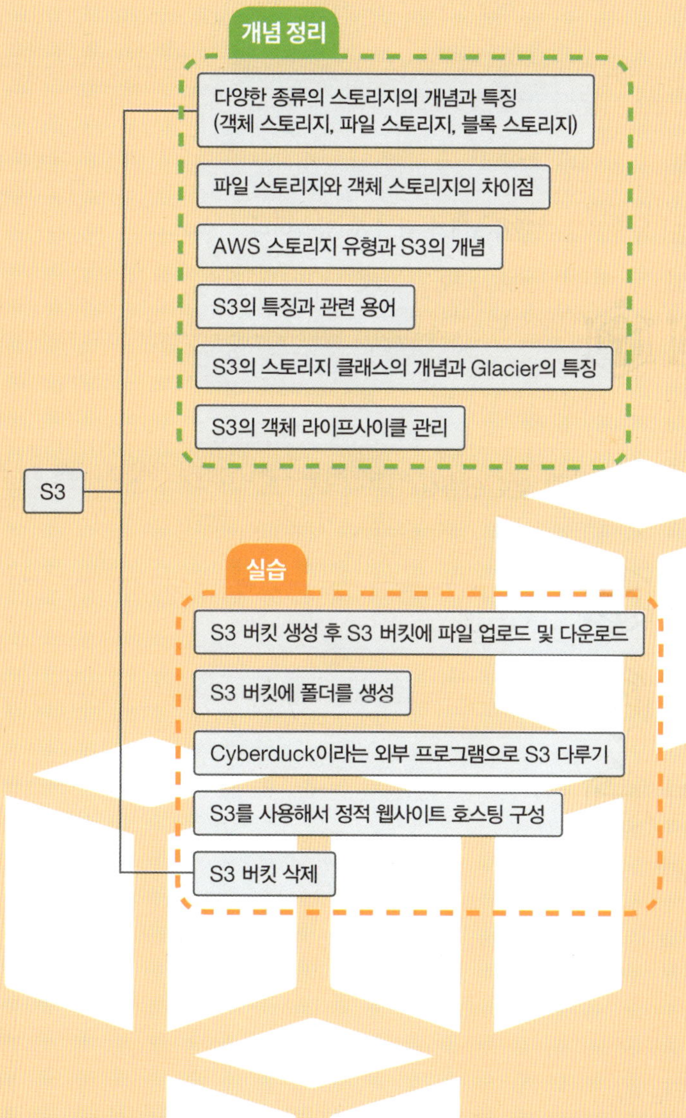

 # 8.1 객체 스토리지(Object Storage)

먼저 다양한 종류의 스토리지부터 배워보겠습니다. 첫 번째 스토리지는 객체 스토리지입니다. 영어로는 Object Storage라고 부릅니다. 객체 스토리지는 이름 그대로 데이터를 객체로 관리합니다.

아래 그림은 하나의 객체를 나타낸 것입니다. 하나의 객체는 독립적으로 존재하게 됩니다.

▶ 객체 스토리지 1

다음 그림과 같이 독립적인 객체가 3개가 될 수도 있습니다.

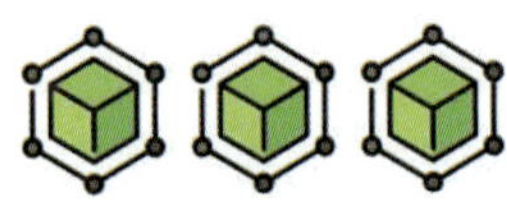

▶ 객체 스토리지 2

그리고 다음과 같이 9개가 될 수도 있습니다.

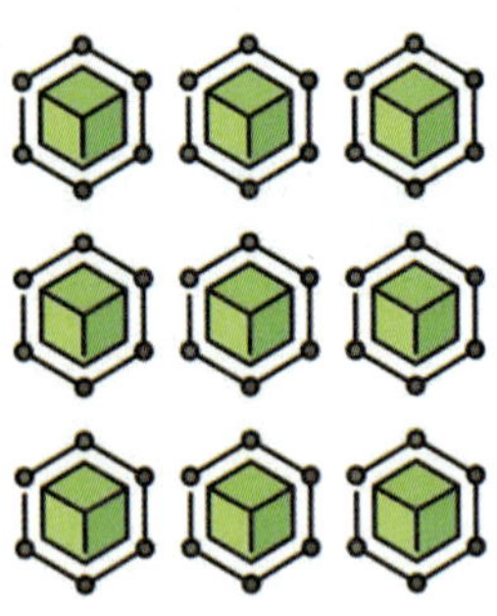

▶ 객체 스토리지 3

혹은 다음처럼 객체가 무수히 많아질 수도 있습니다.

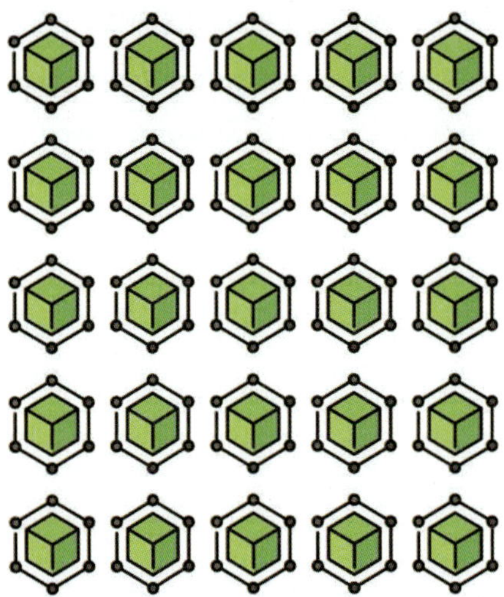

▶ 객체 스토리지 4

하나의 객체는 아이디와 데이터 그리고 메타 데이터를 포함하고 있습니다. 아래 그림을 머릿속에 잘 기억해두기 바랍니다.

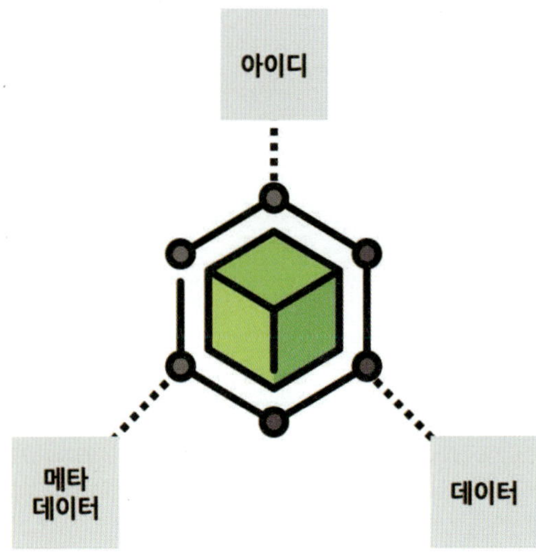

▶ 객체

객체 스토리지의 대표적인 특징으로는 방대한 확장성과 메타 데이터를 갖고 있다는 점이 있습니다. 그래서 규모와 유연성이 필요한 애플리케이션을 구축하는 데 적합합니다. 또한 기존 데이터 스토어를 가져오는 데 사용 가능한데 분석이나 백업 또는 아카이브 목적으로 사용할 수 있습니다.

그리고 다른 종류의 스토리지와 구분되는 가장 큰 특징 중 하나는 바로 데이터를 일부분만 수정하는 것이 불가능하다는 점입니다. 그래서 데이터 전체를 덮어 써야 합니다.

객체 스토리지의 이러한 특징을 잘 기억하면서 다음으로 넘어가도록 하겠습니다.

8.2 파일 스토리지(File Storage)

다음으로 나오는 스토리지는 파일 스토리지입니다. 파일 스토리지는 데이터를 파일로 관리합니다. 우리가 평소 흔히 사용하는 종류의 스토리지가 바로 이 파일 스토리지입니다.

아래 그림과 같이 파일 스토리지에는 파일 시스템이라는 것이 존재합니다. 그리고 그 안에 다양한 경로의 파일들이 존재하게 됩니다.

▶ 파일 스토리지 1

파일 스토리지의 특징 중 하는 파일이 아래 그림처럼 계층으로 나눠져서 구성된다는 점입니다. 윈도우나 macOS에서 폴더 내에 파일이 존재하는 것을 떠올리면 쉽게 이해할 수 있습니다.

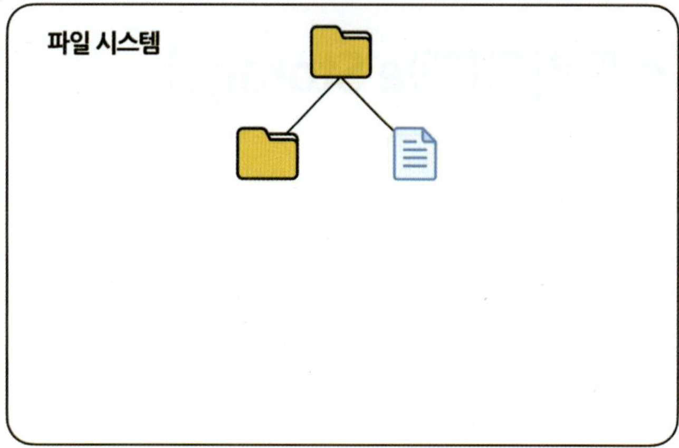

▶ 파일 스토리지 2

그리고 다음 그림과 같이 폴더 내에 또 다른 폴더가 존재할 수도 있습니다.

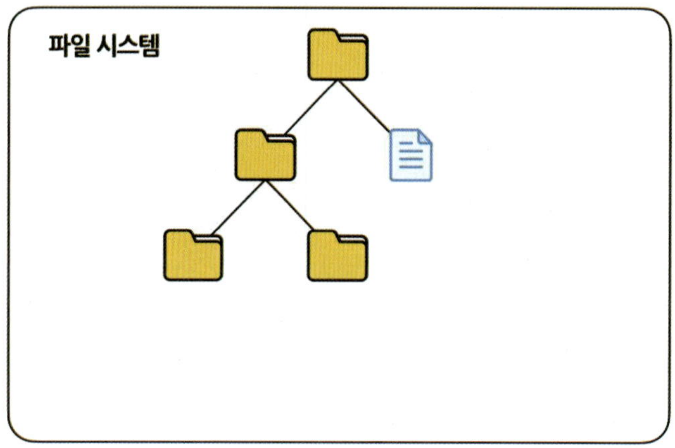

▶ 파일 스토리지 3

다음처럼 폴더 내에 여러 개의 파일들이 존재할 수도 있습니다.

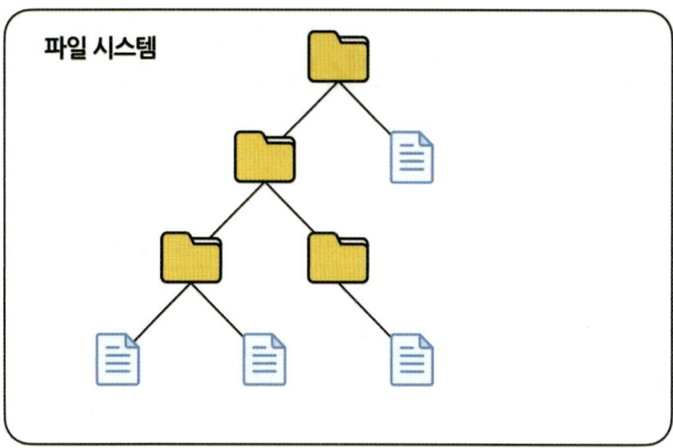

▶ 파일 스토리지 4

파일 스토리지의 특징은 파일 시스템을 통해 데이터를 파일 단위로 저장한다는 점과 파일의 일부분만 수정이 가능하다는 점입니다. 그래서 애플리케이션이 공유 파일에 액세스하거나 파일 시스템이 있어야 하는 경우에 적합합니다.

파일 스토리지의 대표적인 사용 예로는 NAS, 대규모 콘텐츠 리포지토리, 미디어 스토어, 사용자 홈 디렉터리 등이 있습니다.

8.3 블록 스토리지(Block Storage)

마지막을 살펴볼 스토리지는 블록 스토리지입니다. 블록 스토리지는 이름 그대로 데이터를 블록으로 관리합니다. 여기서 블록은 저장 공간을 나누는 단위라고 이해하면 됩니다.

블록 스토리지는 데이터를 작은 블록 단위로 저장하며, 각 블록은 고유한 주소 또는 식별자를 가집니다. 그리고 블록 스토리지는 개별 가상 서버로 프로비저닝되기 때문에 엄청나게 낮은 지연 시간을 제공합니다. 그래서 고성능 워크로드에 사용하기에 적합합니다.

블록 스토리지는 주로 데이터베이스 시스템, 가상 머신, 클라우드 스토리지 등에서 사용됩니다. 이 스토리지 유형은 파일 시스템이나 메타데이터 없이 순수한 데이터 블록만을 저장합니다.

그리고 앞에서 배웠던 EBS^{Elastic Block Store}가 바로 블록 스토리지에 속합니다.

8.4 파일 스토리지 vs 객체 스토리지

그렇다면 이번에는 파일 스토리지와 객체 스토리지를 비교해보겠습니다. 아래 표는 파일 스토리지와 객체 스토리지의 차이점을 정리한 것입니다.

파일 스토리지	객체 스토리지
데이터를 파일 단위로 관리	데이터를 객체 단위로 관리
파일 내용 일부분만 수정 가능	객체 데이터 일부분만 수정 불가능
운영체제에서 직접 접근 가능(볼륨 마운트)	운영체제에서 직접 접근 불가
큰 확장에 대처하기 어려움	큰 확장에 유연하게 대처 가능
사본 저장하지 않음	다수의 사본을 분산시켜 저장(안정성)

▶ 파일 스토리지 vs 객체 스토리지

먼저 파일 스토리지는 데이터를 파일 단위로 관리하며, 객체 스토리지는 데이터를 객체 단위로 관리합니다. 그리고 파일 스토리지에서는 파일 내용을 일부분만 수정할 수 있지만, 객체 스토리지는 객체 데이터 일부분만 수정하는 것이 불가능합니다. 또한 파일 스토리지는 볼륨 마운트를 통해 운영체제에서 직접 접근 가능하지만, 객체 스토리지는 운영체제에서 직접 접근 불가능합니다. 여기서 일부분만 수정 가능한지 여부와 운영체제 직접 접근 가능 여부가 성능과 관련된 부분입니다.

다음으로 파일 스토리지는 큰 확장에 대처하기 어렵지만, 객체 스토리지는 큰 확장에 유연하게 대처힐 수 있습니다. 미지막으로 파일 스토리지는 파일의 사본을 저장하지 않지만, 객체 스토리지에서는 다수의 사본을 분산시켜 저장하기 때문에 안정성이 높습니다. 두 종류의 스토리지를 그림으로 비교하면 아래와 같습니다.

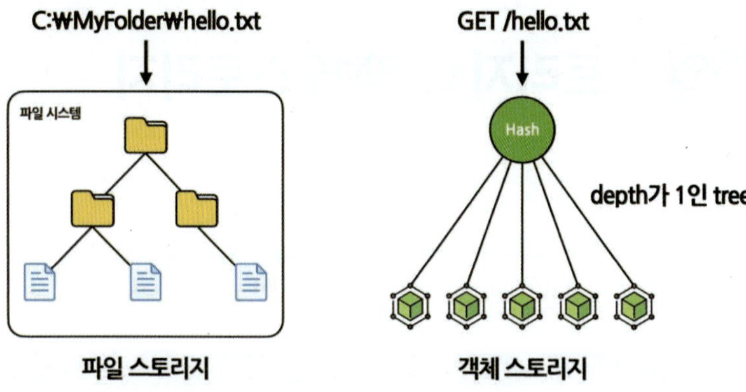

▶ 스토리지 유형에 따른 파일 가져오기

먼저 왼쪽에 있는 파일 스토리지에서는 파일을 찾기 위해서 파일의 경로를 알아야 합니다. 하지만 오른쪽에 있는 객체 스토리지에서는 각 객체가 고유한 아이디를 갖고 있기 때문에 해시 함수를 통해 객체를 곧바로 찾을 수 있습니다. 이처럼 객체 스토리지는 depth가 1인 tree라고 이해하면 됩니다.

객체 스토리지의 구조를 나타낸 그림을 머릿속에 잘 기억해두기 바랍니다.

8.5 S3

1 S3 소개

지금부터는 S3에 대해서 배워보도록 하겠습니다. S3의 정식 명칭은 Simple Storage Service 입니다. 이름에 S가 3번 반복되기 때문에 이름을 S3라고 지었습니다. S3는 처음에 amazon. com에서 수많은 상품의 이미지를 저장하기 위해서 만들어졌습니다. 여기서 잠시 AWS에서 제공하는 클라우드 스토리지에는 어떤 것들이 있는지 짚고 넘어가도록 하겠습니다.

▶ AWS 클라우드 스토리지 유형

먼저 우리가 배우고 있는 객체 스토리지인 S3가 있습니다. 그리고 파일 스토리지인 EFS가 있습니다. EFS는 Elastics File System의 약자입니다. 그리고 앞에서 배운 블록 스토리지인 EBS가 있습니다. 이렇게 AWS에서는 다양한 종류의 스토리지들을 제공한다고 보면 되고, 필요에 따라 적합한 유형의 스토리지를 선택해서 사용하면 됩니다.

그럼 이제 S3의 특징을 살펴보겠습니다.

- 객체 기반의 **무제한** 파일 저장 스토리지
- **URL**을 통해 손쉽게 파일 공유 가능
- **99.999999999%**의 내구성
- 사용한 만큼만 지불 (GB당 과금)
- **정적 웹사이트 호스팅** 가능

▶ S3

S3는 객체 기반의 무제한 파일 저장 스토리지이며, URL을 통해 손쉽게 파일을 공유할 수 있습니다. 또한 99.999999999%의 내구성을 갖고 있어서 안전하게 파일을 저장할 수 있습니다. 그리고 요금은 사용한 만큼만 지불하며 GB 단위로 과금됩니다.

마지막으로 S3에서 굉장히 유용한 기능 중 하나인 정적 웹사이트 호스팅 기능입니다. 이 기능을 사용하면 정적 웹사이트를 S3를 통해 호스팅할 수 있습니다.

S3는 다른 AWS 서비스와 쉽게 통합해서 사용할 수 있는 것이 장점입니다. 그래서 아래 그림처럼 DynamoDB, Lambda, Redshift, EMR, Data Pipeline, Kinesis 등 수많은 AWS 서비스와의 통합을 지원합니다.

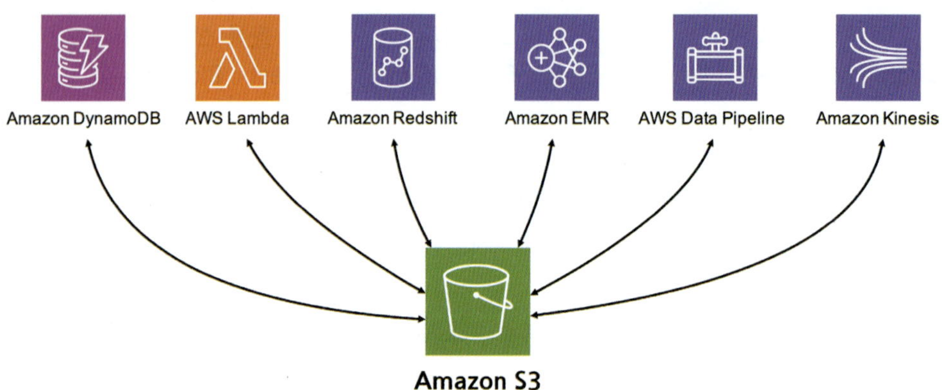

▶ 다른 AWS 서비스와의 통합

그리고 S3는 주로 수정이 잘 일어나지 않는 최종 파일을 저장하는 용도로 사용합니다. 객체 스토리지의 특성상 파일의 일부분만 수정이 불가능하기 때문입니다.

그리고 S3는 빠른 속도로 Read/Write를 해야 하는 경우 부적합합니다. 그래서 이미지, 동영상, 음악, 문서 등의 미디어 파일을 보관하거나 로그 파일을 보관하기에 적합합니다. 또한 다른 AWS 서비스의 데이터를 백업하는 등의 데이터 백업에도 적합하며, 정적 웹 호스팅을 위해서 도 사용하기 좋습니다.

2 S3 관련 용어

S3 서비스를 사용하기 위해 S3와 관련된 용어에 대해 알아보겠습니다.

- **Bucket(버킷):**
  객체를 담는 최상위 단위 (이름, 개수 제한 있음)

- **Object(객체):**
  Bucket에 담는 데이터의 단위 (파일)

- **Metadata(메타데이터):**
  Object에 대한 여러 가지 정보를 담고 있는 데이터

- **Policy(정책):**
  Bucket, Object에 대한 접근을 통제하는 권한 정보

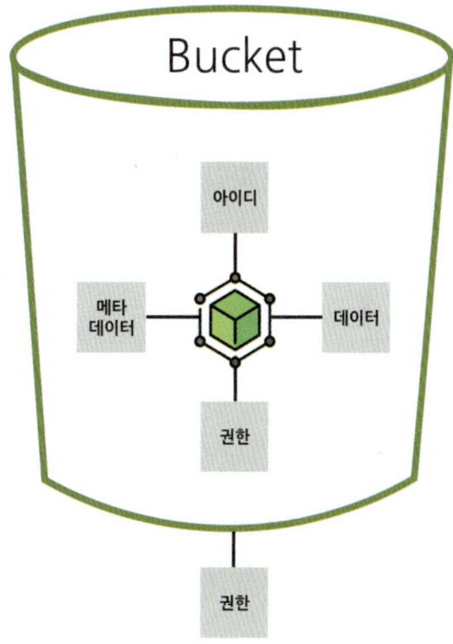

▶ S3 관련 용어

먼저 Bucket(버킷)입니다. Bucket은 우리 말로 '양동이'라는 뜻을 갖고 있습니다. 위 그림의 오른쪽에 양동이 모양을 하고 있는 것이 바로 Bucket이며 Object를 담는 최상위 단위를 의미 합니다. 그리고 Bucket의 이름과 개수에는 제한이 있습니다.

다음으로 Object(객체)는 Bucket에 담는 데이터의 단위를 의미합니다. 우리가 흔히 파일이 라고 부르는 것이 S3에서는 객체라고 보면 됩니다. 위 그림에서 Bucket 안에 존재하는 것이 바로 객체입니다.

그리고 Metadata(메타데이터)는 Object에 대한 여러 가지 정보를 담고 있는 데이터이며, Policy(정책)는 Bucket과 Object에 대한 접근을 통제하는 권한 정보를 의미합니다. 그래서 그림을 보면 Bucket과 Object에 각각 권한이 붙어 있는 것을 볼 수 있습니다.

3 S3 사용 방법

그렇다면 S3는 어떻게 사용할까요? 지금부터 S3 사용 방법에 대해서 알아보겠습니다. 아래 그림은 S3를 사용하는 과정을 순서대로 나타낸 것입니다.

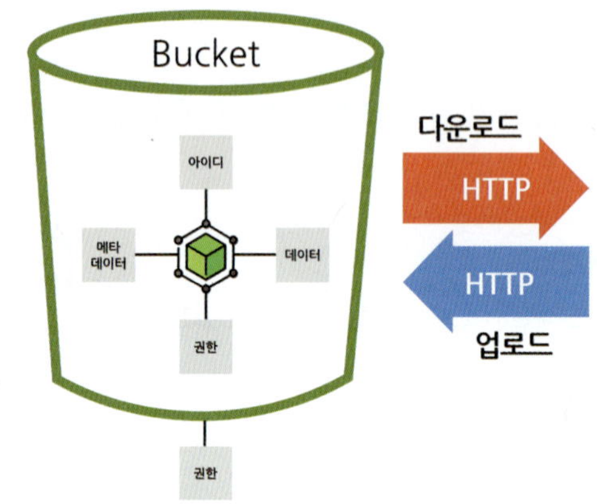

1. Bucket 생성

2. HTTP로 Bucket에 파일 업로드
   (Object로 저장됨)

3. Object에 권한 설정

4. HTTP로 Bucket에서 파일 다운로드

▶ S3 사용 방법

S3를 사용하기 위해서는 가장 먼저 Bucket을 생성해야 합니다. 그래야 데이터를 저장할 수 있기 때문입니다.

그다음으로는 HTTP로 Bucket에 파일을 업로드합니다. 이렇게 업로드된 파일은 Object로 Bucket 내에 저장됩니다.

다음으로는 Object에 권한을 설정해야 합니다. 이 권한에 따라서 외부 서비스 및 사용자의 Object 접근 가능 여부가 달라지게 됩니다.

그리고 마지막으로 HTTP로 Bucket에서 파일을 다운로드하여 사용하면 됩니다.

이러한 일련의 과정이 S3를 사용하는 방법이라고 보면 됩니다.

4 S3 스토리지 클래스

S3의 스토리지 클래스에 대해 알아보겠습니다. 스토리지 클래스는 스토리지를 저장하는 형태를 의미합니다. 그리고 어떤 스토리지 클래스를 사용하는지에 따라서 요금이 크게 달라지게 됩니다.

아래 그림에 나와 있는 것은 S3의 다양한 스토리지 클래스입니다. 이 중에서 주요 스토리지 클래스 몇 개만을 뽑아서 자세히 살펴보겠습니다.

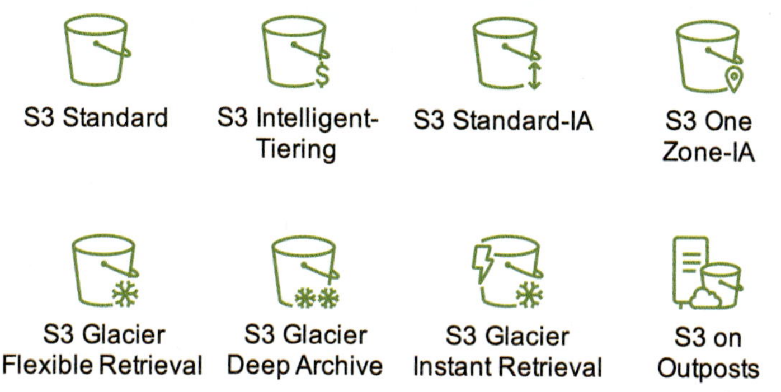

▶ S3 스토리지 클래스

먼저 자주 액세스하는 객체를 위한 스토리지 클래스로 가장 기본인 Standard 클래스가 있습니다. Standard 클래스는 최소 3개의 가용 영역(AZ)에 데이터를 저장하며, 자주 액세스하는 데이터를 위해 높은 내구성, 가용성 및 성능을 갖춘 객체 스토리지를 제공합니다.

그리고 자주 액세스하지 않는 객체를 위한 스토리지 클래스로 Standard-IA와 OneZone-IA가 있습니다. 여기서 IA는 Infrequent Access의 약자로 자주 접근하지 않는다는 의미를 갖고 있습니다.

먼저 Standard-IA는 자주 액세스하지 않지만 필요할 때 빠르게 액세스해야 하는 데이터에 적합합니다. Standard-IA는 Standard 클래스와 마찬가지로 최소 3개의 가용 영역에 객체를 중복으로 저장함으로써 고가용성 및 복원력을 갖고 있습니다.

반대로 One Zone-IA는 이름 그대로 하나의 Availability Zone, 즉 단일 가용 영역에만 데이터를 저장합니다. 그렇기 때문에 Standard-IA 비해 요금이 약 20% 저렴하지만 복원력이 없다는 특징이 있습니다.

추가로 S3에는 Glacier라는 스토리지 클래스가 있습니다. Glacier라는 단어는 우리말로 빙하라는 뜻을 갖고 있습니다. 빙하는 북극에 있기 때문에 우리가 자주 접근하기는 어렵지만 많은 물리적 공간을 가지고 있습니다. 이처럼 Glacier는 자주 접근하지 않는 데이터를 빙하에 보관하는 것처럼 저렴한 비용으로 보관하는 용도의 스토리지 클래스라고 이해하면 됩니다.

- **아카이빙** 백업 스토리지
- 무제한 확장성
- **99.999999999%**의 내구성
- 백업 및 아카이빙 용도의 Cold 데이터
- 매우 낮은 비용

▶ S3 Glacier

Glacier는 데이터 아카이빙을 위한 백업 스토리지이며 무제한 확장성을 제공합니다. 또한 99.999999999% 데이터 내구성을 제공하도록 설계되었습니다. Glacier는 주로 백업 및 아카이빙 용도의 Cold 데이터(자주 접근하지 않는 데이터)를 저장하는 용도로 사용하며 매우 낮은 비용으로 데이터를 저장할 수 있습니다.

그렇다면 이러한 다양한 스토리지 클래스를 활용해서 S3의 객체 라이프사이클을 어떻게 관리하면 좋을까요? 아래 그림은 S3 객체의 라이프사이클을 관리하는 예시를 나타낸 것입니다.

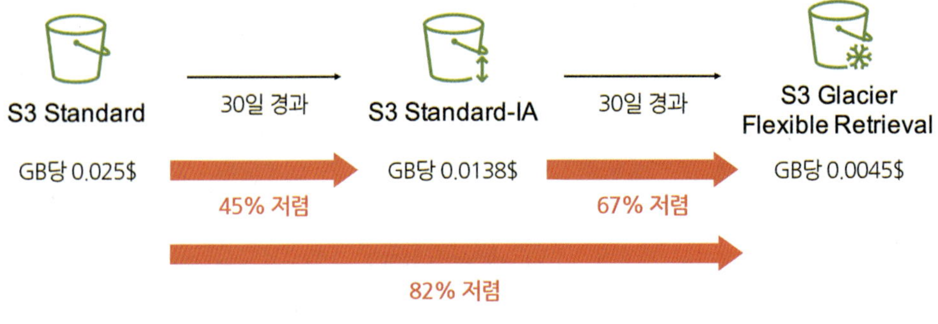

▶ S3 객체 라이프사이클 관리

먼저 처음에는 객체를 Standard 클래스로 저장합니다. 최근에 업로드된 데이터는 자주 접근할 확률이 높기 때문입니다.

그리고 30일 경과한 이후에 데이터에 자주 접근하지 않게 되면 Standard-IA로 스토리지 클래스를 변경합니다. 그러면 GB당 요금이 Standard 클래스에 비해 약 45% 저렴해집니다.

이후 또 30일 지나서 데이터를 아카이빙하기 위한 목적으로 Glacier 클래스로 변경합니다. 그렇게 되면 GB당 요금이 Standard-IA에 비해 약 67% 저렴해지며, Standard 클래스에 비해서는 약 82%나 저렴해집니다. 가격이 굉장히 많이 내려갑니다.

이처럼 객체의 라이프사이클에 따라 스토리지 클래스를 변경함으로써 비용 효율적으로 객체들을 보관할 수 있습니다.

8.6 실습 S3 버킷 생성

이번 실습에서는 S3 버킷을 생성해보도록 하겠습니다. 먼저 AWS 콘솔에 접속한 뒤에 상단 검색창에 'S3'라고 입력합니다. 그러면 아래와 같이 서비스 목록이 나오고 여기서 **S3**를 클릭합니다.

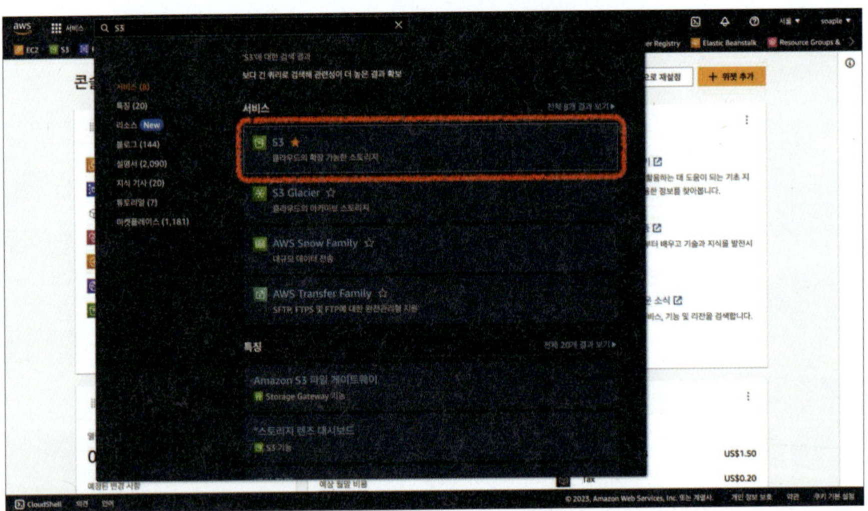

S3 페이지가 나오면 저는 이미 생성해둔 Bucket이 있기 때문에 목록에 Bucket들이 나오게 되는데, 독자들은 아무런 Bucket이 없기 때문에 비어 있는 것으로 나올 것입니다.

여기서 오른쪽 상단에 리전을 선택하는 곳을 보면 한 가지 특이한 점을 발견할 수 있습니다. 기존에는 리전명으로 되어 있었던 부분이 S3 페이지에서는 **글로벌**이라고 나오는 것을 볼 수 있습니다.

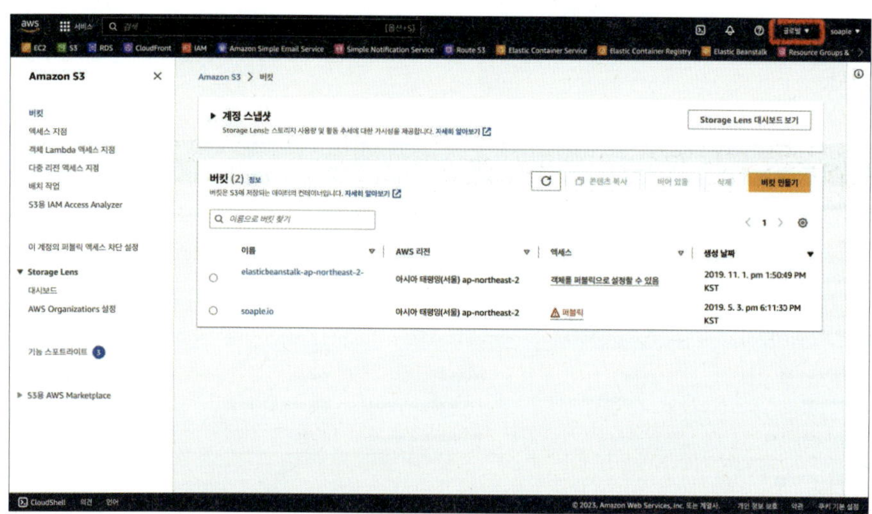

그리고 리전 목록을 펼쳐보면 이렇게 모든 리전이 비활성화되어 있는 것도 볼 수 있습니다. 이렇게 나오는 이유는 S3에서는 리전을 선택할 필요가 없기 때문입니다. 대신 버킷에 대한 리전만 지정하면 됩니다. 이러한 특징을 잘 기억해둡시다.

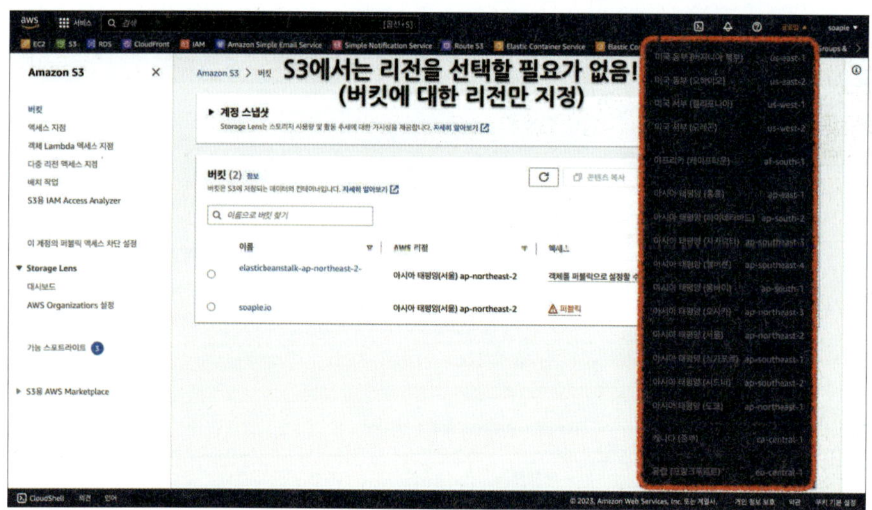

그럼 이제 실제로 버킷을 생성해보겠습니다. 오른쪽에 있는 **버킷 만들기** 버튼을 클릭합니다.

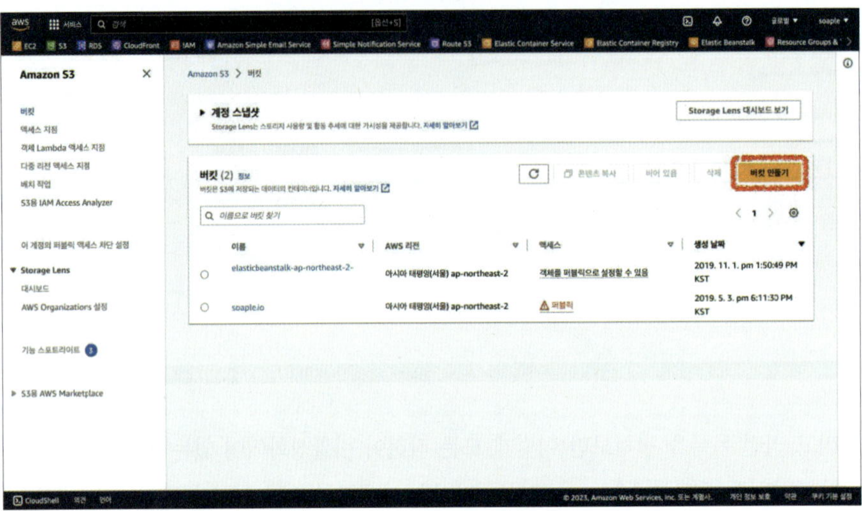

그러면 다음처럼 버킷을 생성하는 화면이 나옵니다. 여기서 **버킷 이름**을 입력합니다.

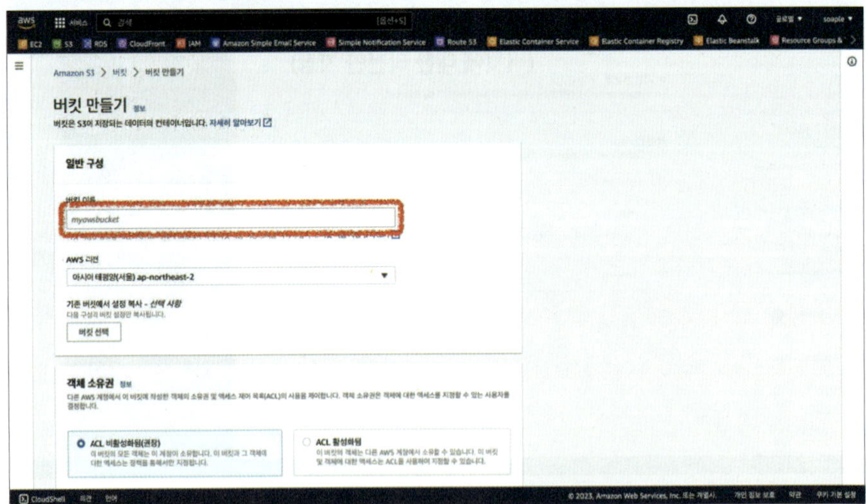

저는 버킷 이름에 날짜를 조합해서 작성해봤습니다. 버킷 이름을 입력할 때 주의할 것은 버킷 이름은 DNS 형식으로 전 세계에서 유일해야 한다는 점입니다. 버킷 이름이 주소에 들어가기 때문입니다. 그래서 다른 S3 사용자와 중복된 이름의 버킷을 생성할 수 없습니다. 또한 삭제하면 곧바로 같은 이름으로 버킷을 만들기 어려울 수 있어서, 꼭 사용해야 할 버킷 이름이 있다면 미리 만들어두는 것이 좋습니다.

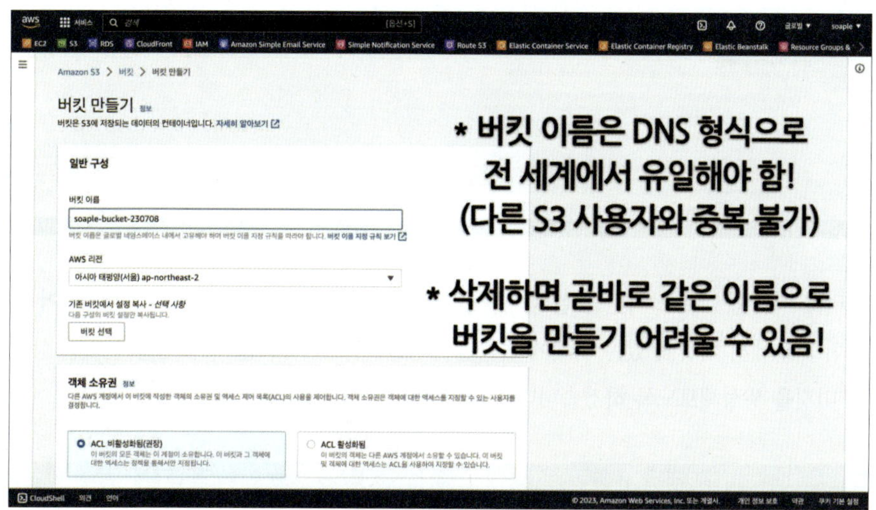

버킷 이름을 입력한 다음에는 객체 소유권을 설정하는 옵션이 나옵니다. 이 옵션은 ACL 비활성화됨 그대로 사용하도록 하겠습니다. 참고로 이 옵션은 새로 만드는 버킷의 모든 객체의 소유권을 현재 AWS 계정이 소유하도록 하는 옵션입니다.

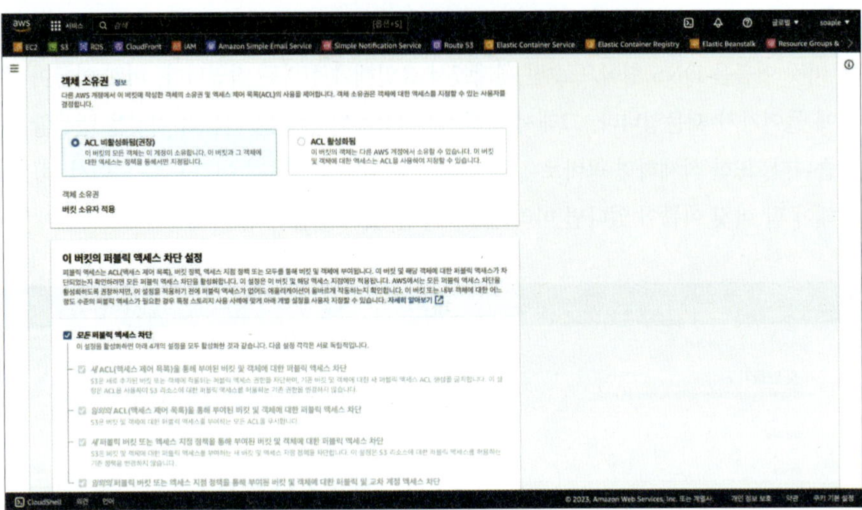

그리고 퍼블릭 액세스 차단을 설정하는 옵션이 나옵니다. 퍼블릭 액세스가 차단되어 있으면 외부에서 버킷에 있는 객체에 접근할 수 없게 됩니다. 우선 이 옵션을 선택한 상태로 버킷을 생성해보도록 하겠습니다.

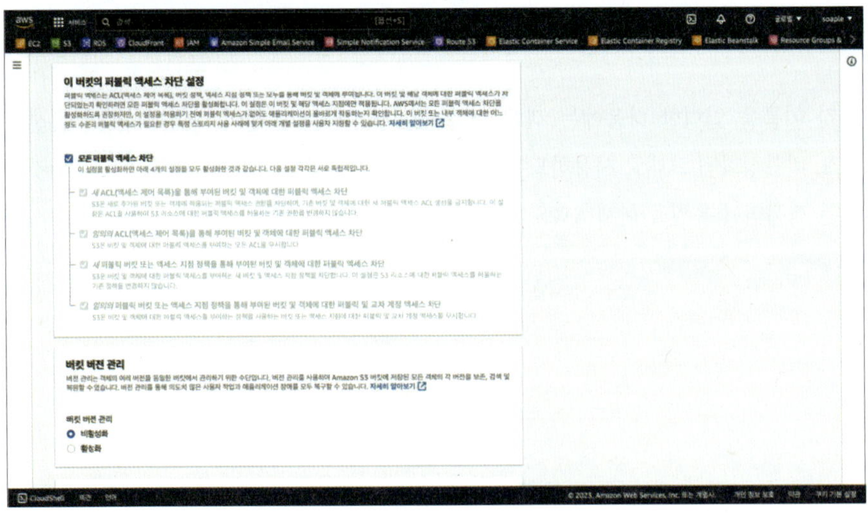

이제 화면을 제일 하단으로 내려서 **버킷 만들기** 버튼을 클릭합니다.

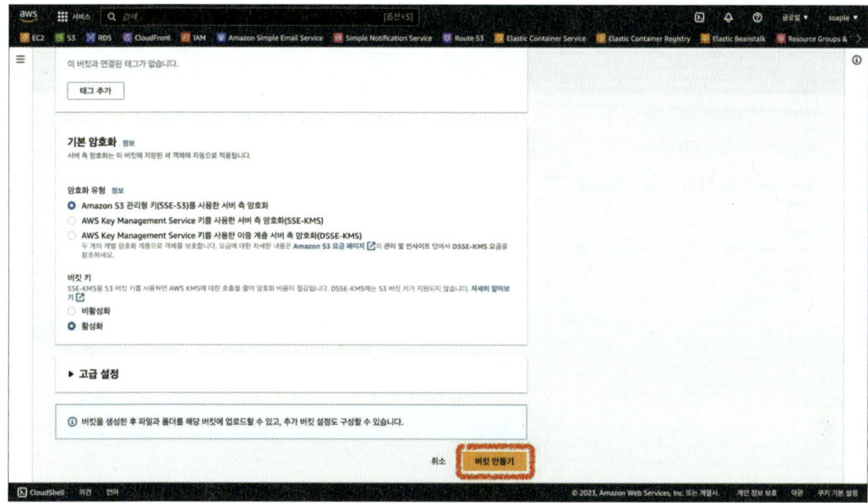

그럼 다음 화면과 같이 버킷이 생성됩니다. 여기서 해당 버킷을 클릭해보겠습니다.

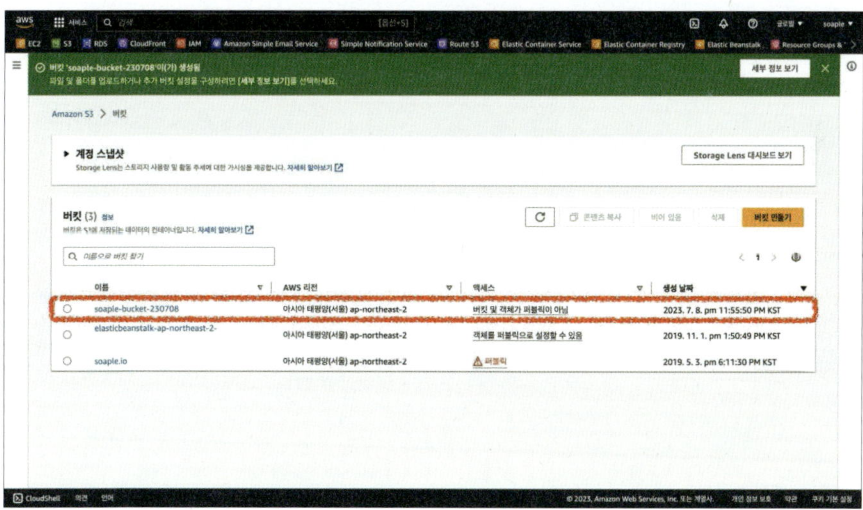

버킷에 들어가면 아래 화면과 같이 각종 탭과 객체 목록이 나오게 됩니다. 현재는 아무
런 객체도 들어 있지 않아 비어 있는 것을 볼 수 있습니다.

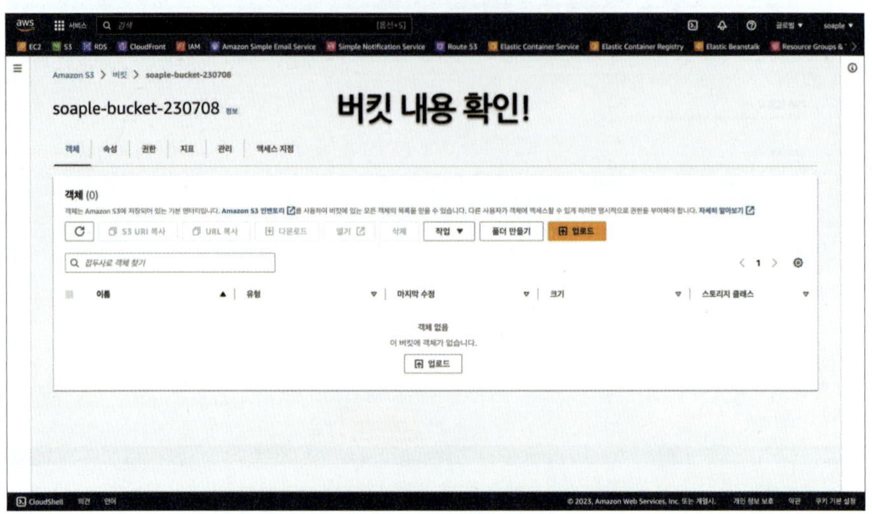

8.7 실습 S3 버킷에 파일 업로드 및 다운로드

이번 실습에서는 S3 버킷에 파일을 업로드하고 다운로드도 해보겠습니다. 먼저 아래 화면과 같이 간단한 내용의 hello.txt 파일을 작성합니다. 내용은 아무렇게 작성해도 상관없습니다.

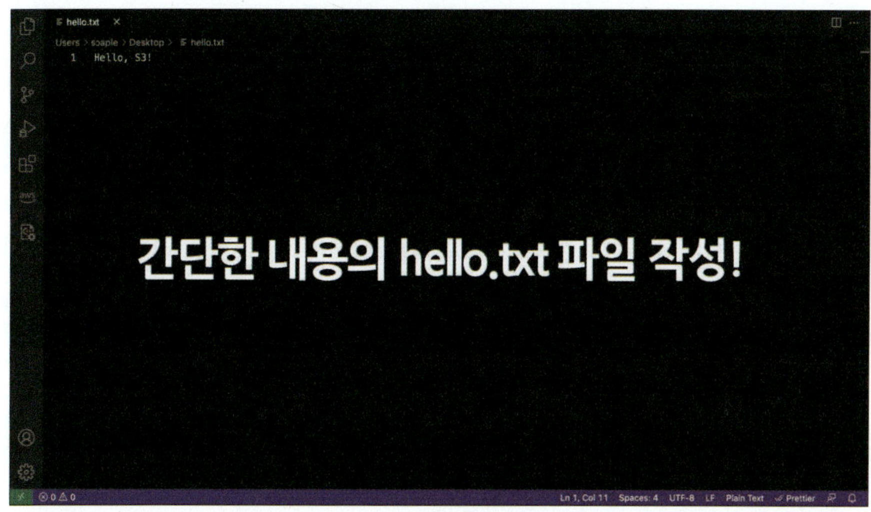

이후 아래 화면과 같이 S3 버킷 페이지에서 **업로드** 버튼을 클릭합니다.

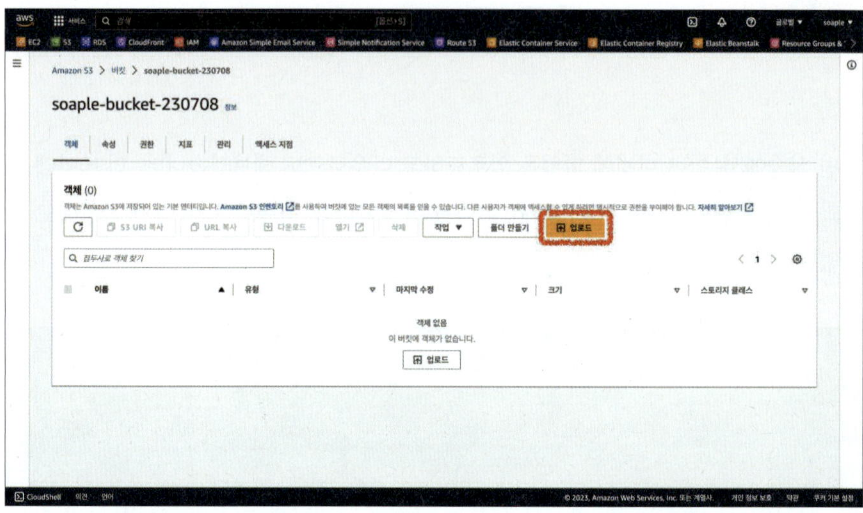

그러면 파일 **업로드** 화면이 나오는데 여기서 **파일 추가** 버튼을 클릭합니다.

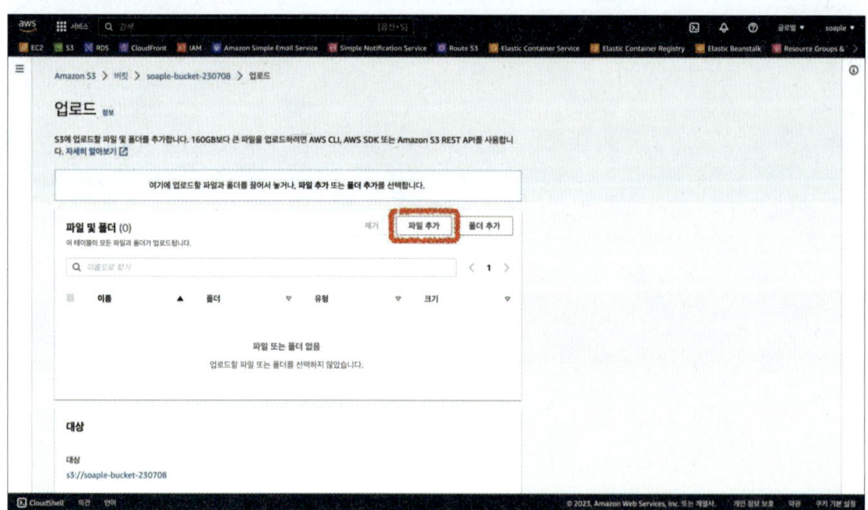

아까 작성한 파일을 선택해서 **열기** 버튼을 클릭합니다.

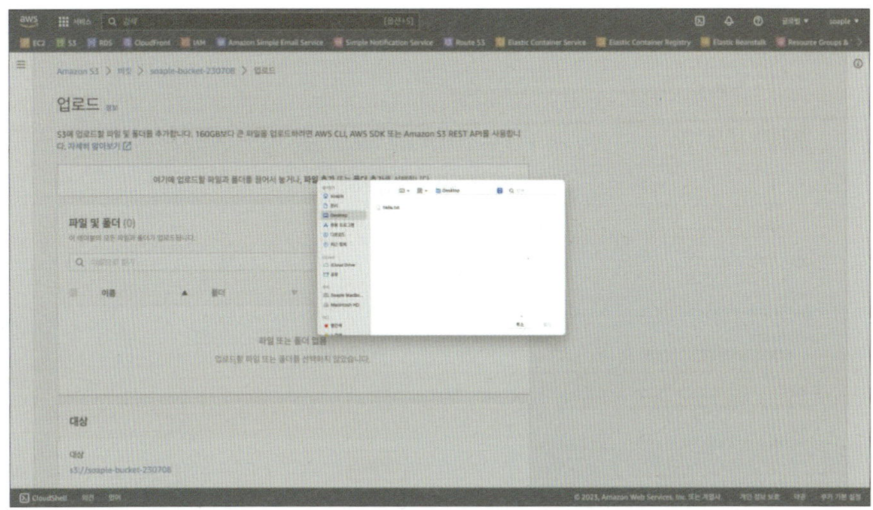

그러면 아래 화면과 같이 업로드할 파일 및 폴더 목록에 해당 파일이 추가됩니다.

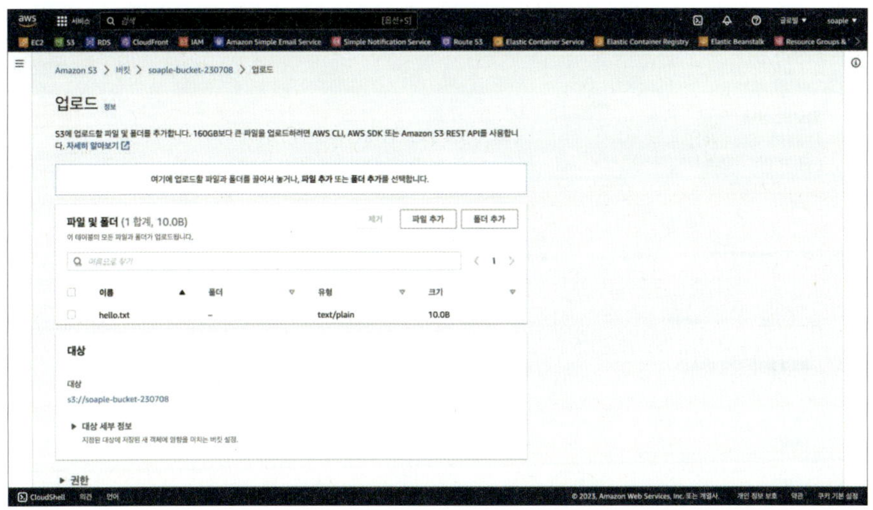

이제 화면 하단에 있는 **업로드** 버튼을 클릭해서 파일을 업로드합니다.

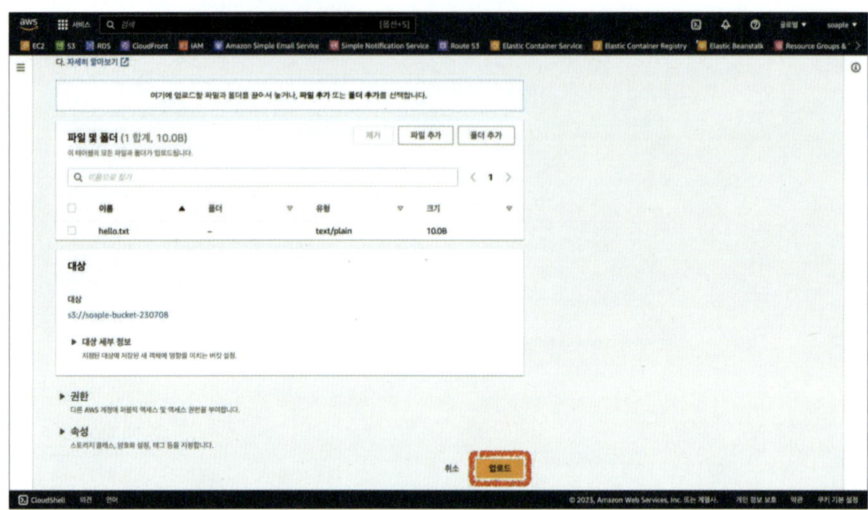

파일을 업로드하고 이후 **닫기** 버튼을 클릭합니다.

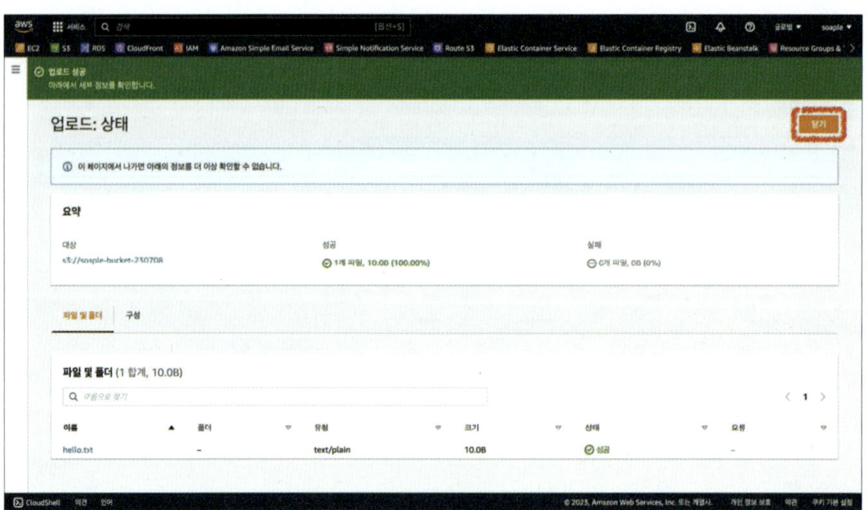

버킷 내부에 객체가 하나 생긴 것을 볼 수 있습니다. 여기서 유형, 마지막 수정일자, 크기, 스토리지 클래스 등의 정보를 확인할 수 있습니다. 지금은 기본 클래스인 **Standard** 클래스로 되어 있는 것을 볼 수 있습니다. 이제 이 객체를 클릭해보겠습니다.

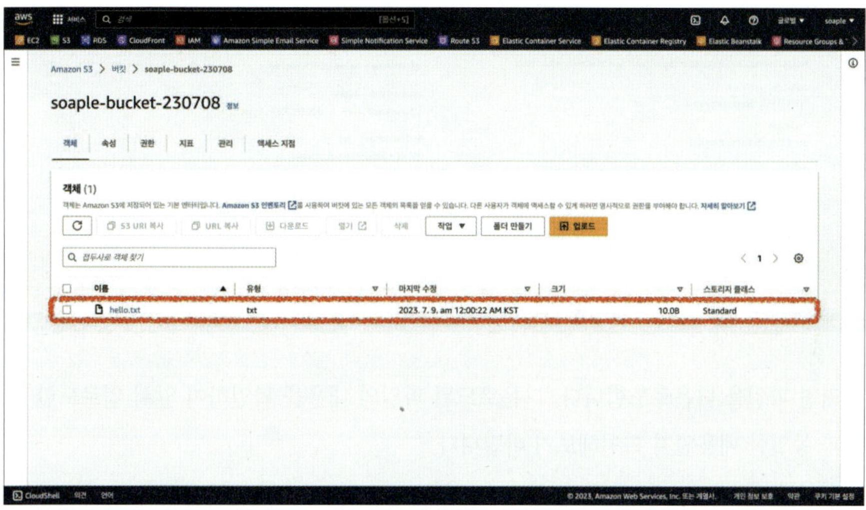

그러면 객체에 대한 상세 정보가 나오는 것을 볼 수 있습니다. 여기서 **객체 URL**을 보면 해당 객체의 고유 주소가 있는데 주소에 버킷의 이름과 객체의 ID가 포함되어 있습니다. 이처럼 S3의 버킷 이름은 URL에 포함되기 때문에 고유한 값이어야 한다는 것을 다시 한번 기억하기 바랍니다. 이제 오른쪽 위에 있는 **다운로드** 버튼을 클릭합니다.

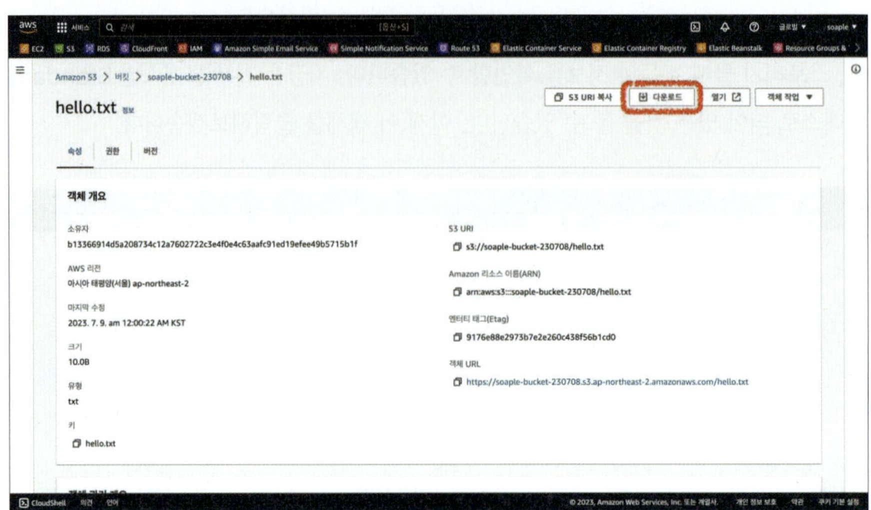

그러면 파일을 다운로드합니다. 다운로드된 파일의 내용을 확인하여 앞서 업로드한 파일과 동일한 내용인지 확인해보기 바랍니다.

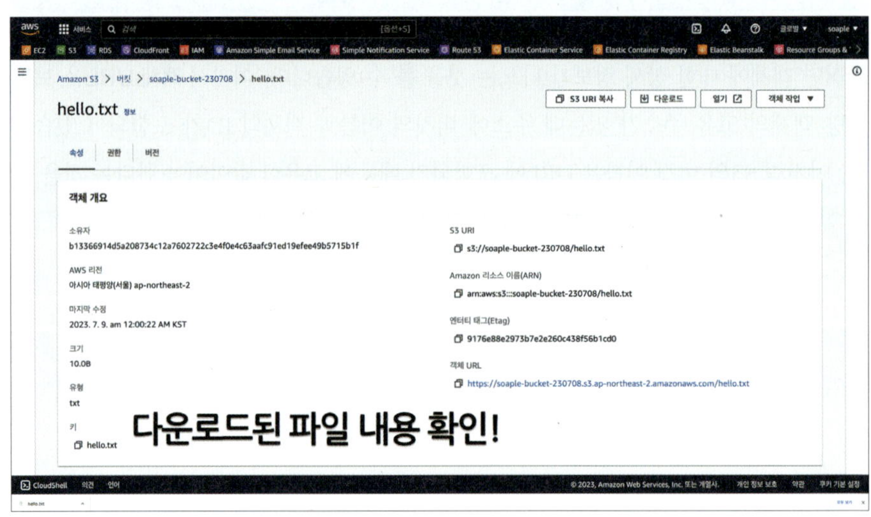

8.8 실습 S3 버킷에 폴더 생성

이번 실습에서는 S3 버킷에 폴더를 생성해보겠습니다. 폴더를 만들기 전에 알아야 할 것은 S3에서 폴더의 개념은 기존 파일 스토리지와 다르다는 것입니다. S3에서 폴더는 파일 이름의 Prefix 개념입니다. 객체 스토리지에서는 모든 파일이 depth가 1인 tree로 저장되기 때문입니다. 이 점을 잘 기억해야 합니다.

아래 화면과 같이 버킷 내의 메뉴에서 **폴더 만들기** 버튼을 클릭합니다.

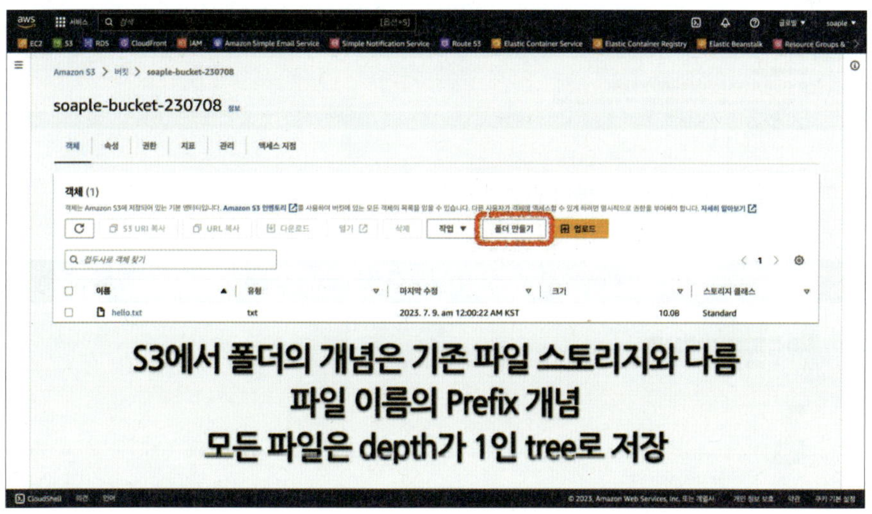

폴더를 생성하기 위한 화면이 나오면 먼저 새로 만들 폴더의 이름을 입력합니다. 여기서는 'MyFolder'라고 입력했습니다.

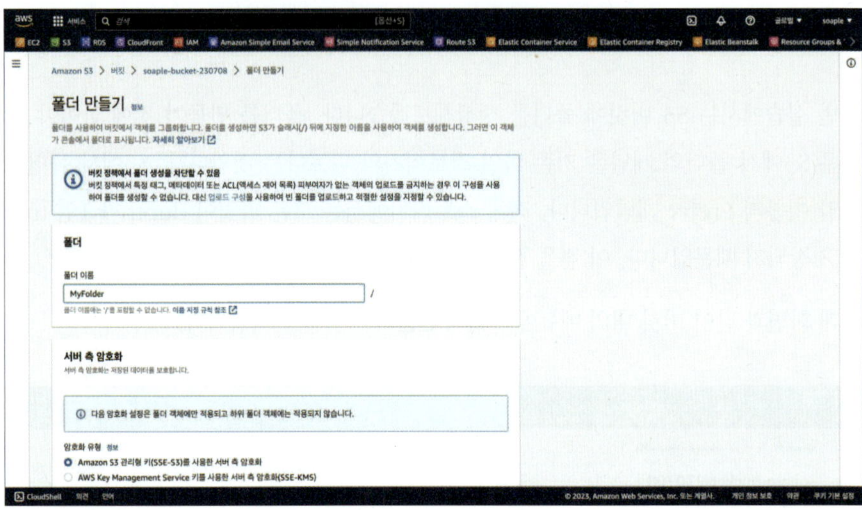

이후 화면을 아래로 내려서 **폴더 만들기** 버튼을 클릭합니다.

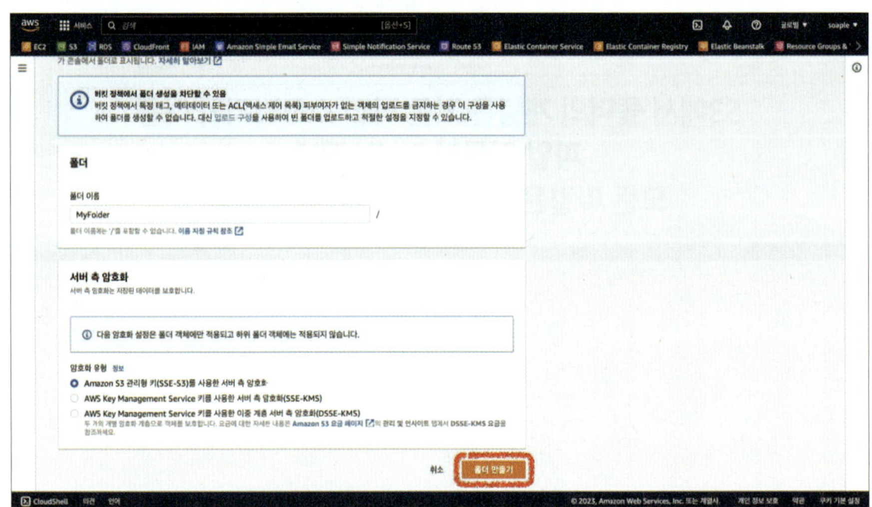

그러면 화면과 같이 폴더가 생성되는 것을 볼 수 있습니다. 여기서 폴더를 클릭해서 들어가보겠습니다.

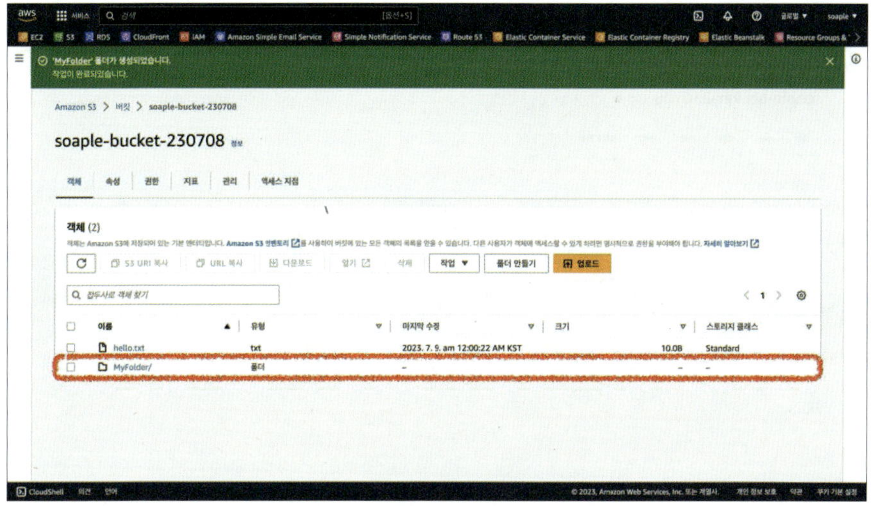

폴더에 들어가면 지금은 아무런 객체가 없기 때문에 다음처럼 비어 있는 것을 볼 수 있습니다. 이제 다시 상단에 있는 버킷 링크를 눌러서 버킷 최상위 경로로 이동합니다.

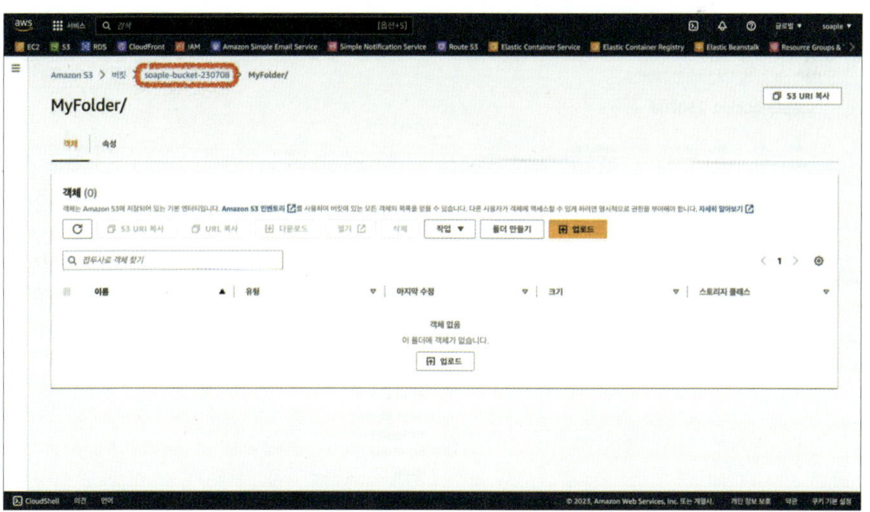

다음 화면과 같이 버킷 최상위 경로에서 이전에 업로드해둔 hello.txt 파일을 선택합니다.

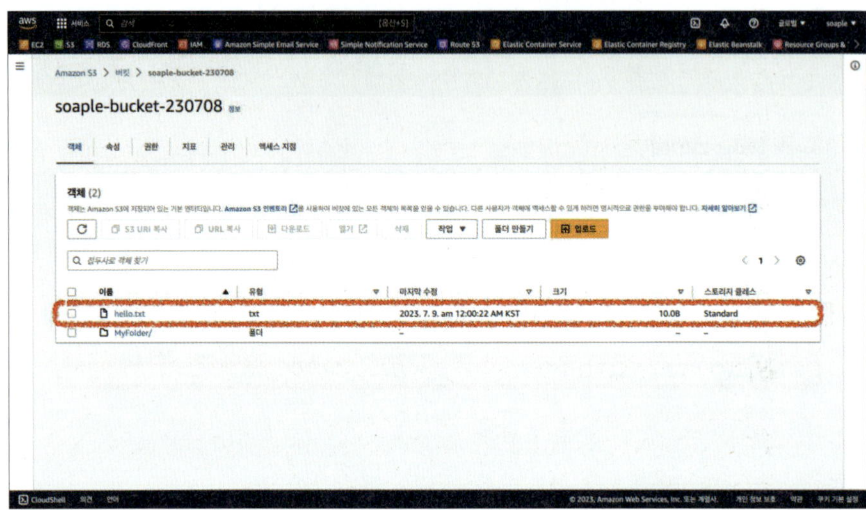

파일을 선택한 이후에 **작업** 메뉴를 클릭하면 나오는 하위 메뉴에서 **복사** 메뉴를 클릭합니다.

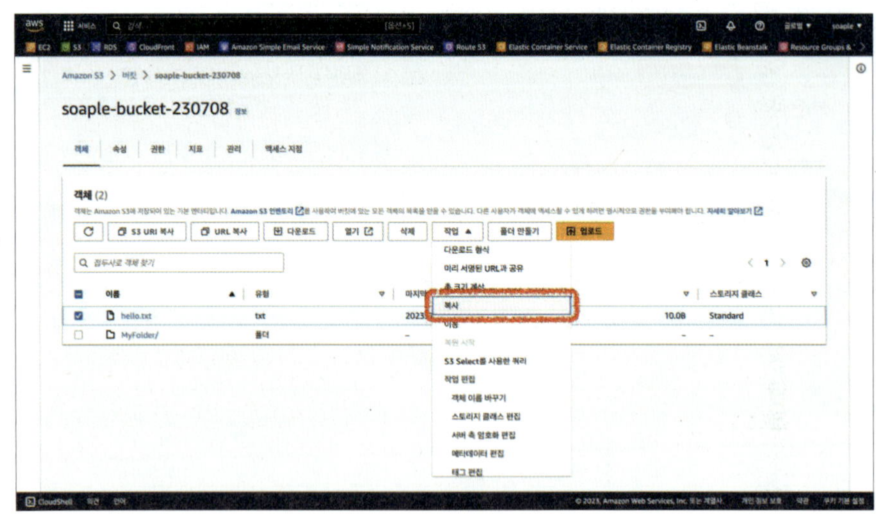

그러면 객체를 복사할 수 있는 화면이 나옵니다. 여기서 아래에 있는 대상 옵션을 살펴
보겠습니다.

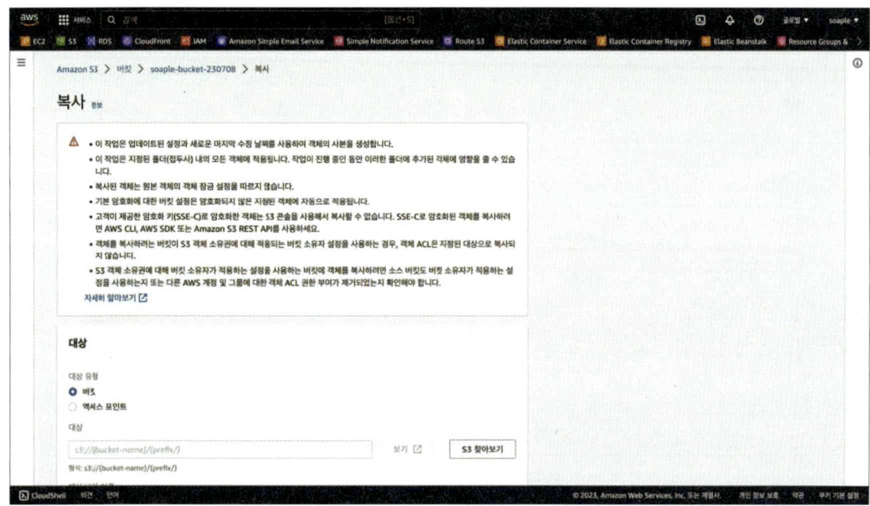

대상 옵션은 객체를 어디로 복사할 것인지 설정하는 옵션입니다. 여기서 **S3 찾아보기**
버튼을 클릭합니다.

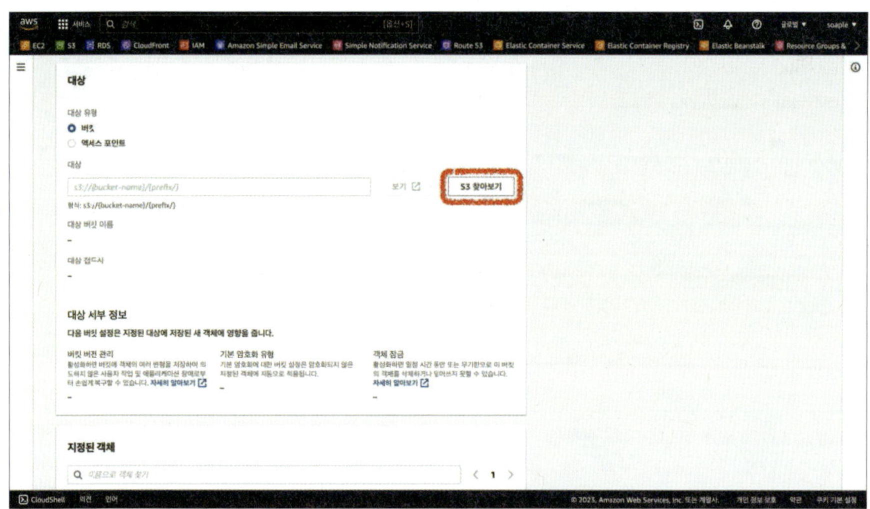

그러면 버킷의 내용이 나오는데 여기서 아까 만든 폴더를 클릭합니다.

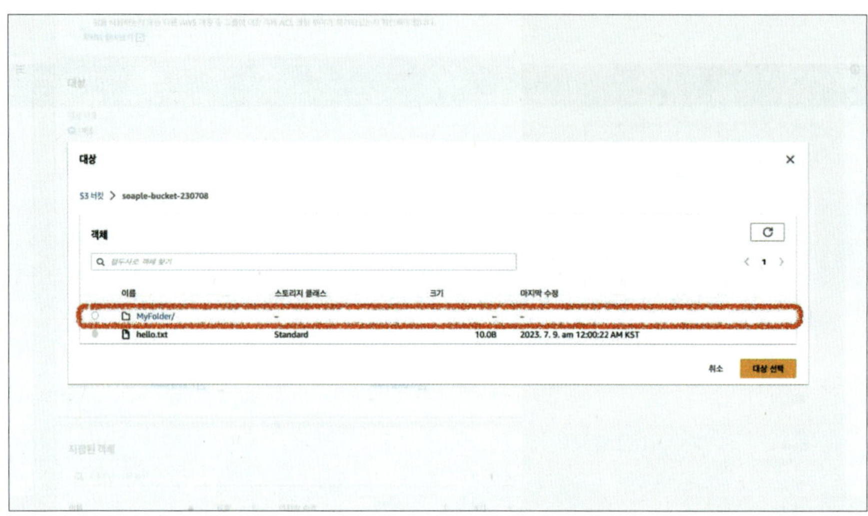

폴더로 이동한 이후에는 **대상 선택** 버튼을 클릭합니다.

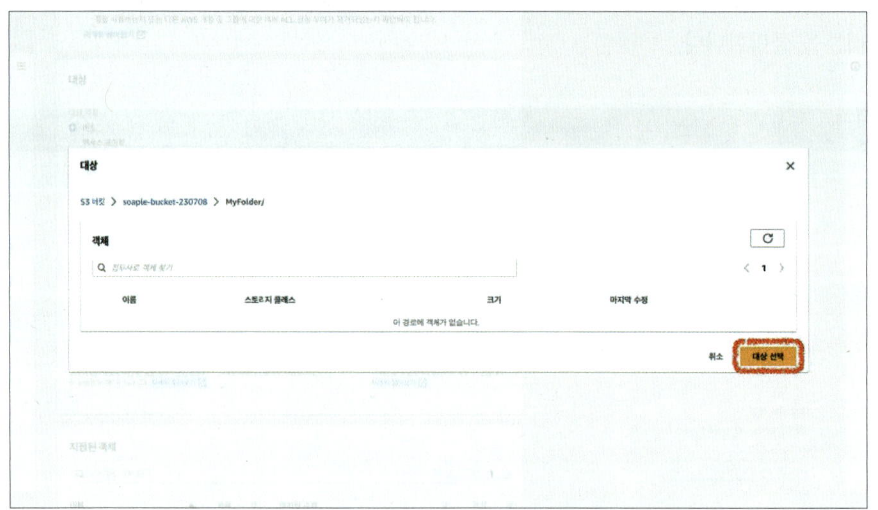

그러면 다음 화면처럼 복사할 대상 경로가 설정됩니다.

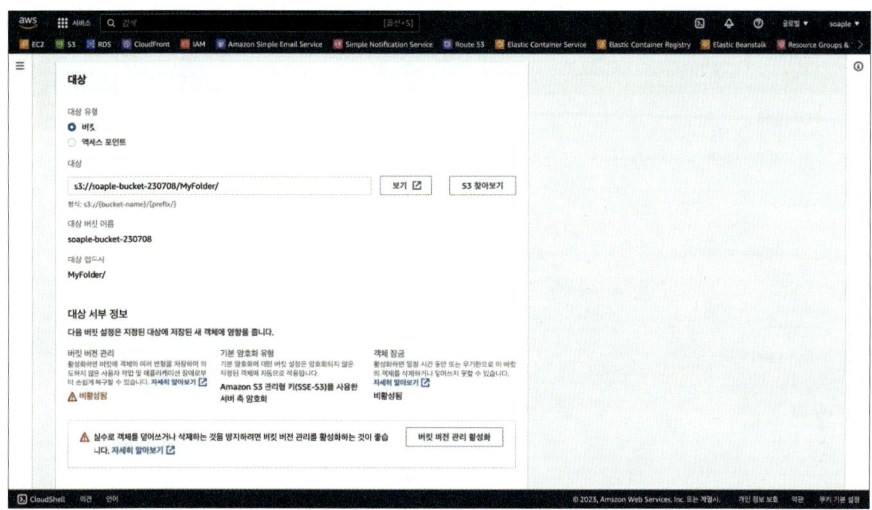

이후 제일 하단으로 스크롤하여 **복사** 버튼을 클릭합니다.

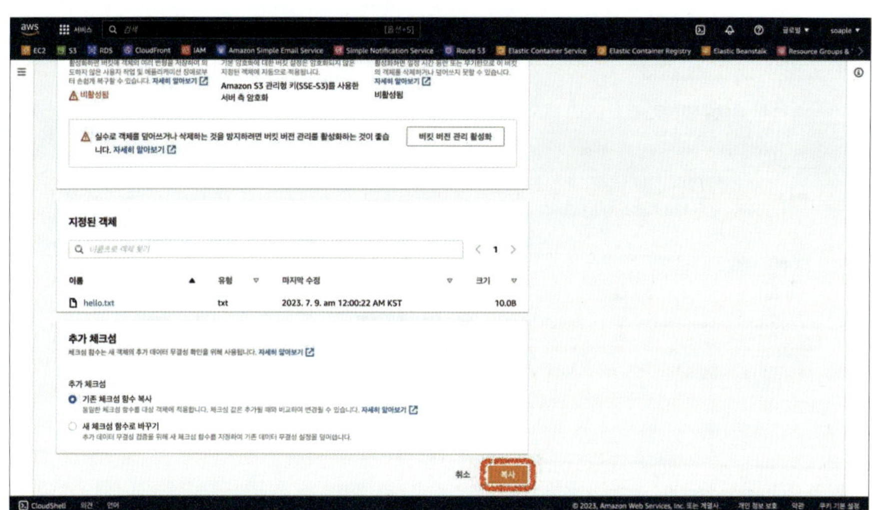

이제 객체 복사가 완료됩니다. **닫기** 버튼을 클릭합니다.

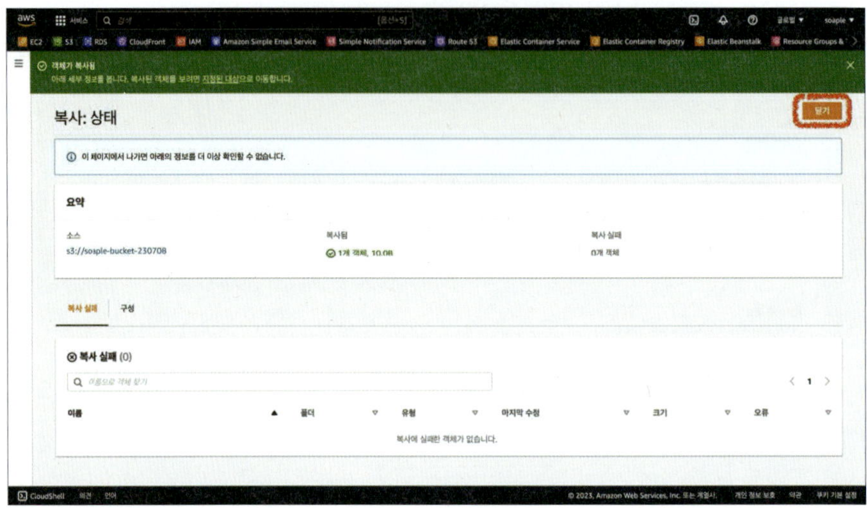

객체가 제대로 복사됐는지 확인하기 위해서 버킷에서 **폴더**를 클릭해 들어갑니다.

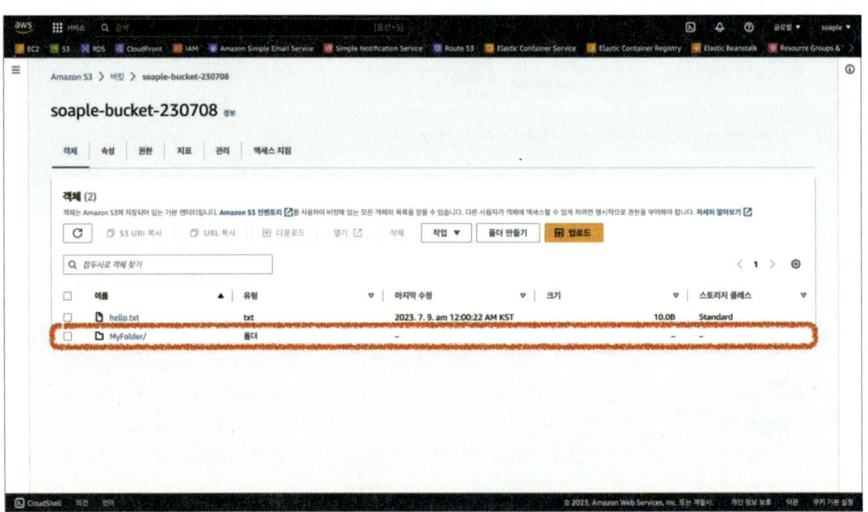

폴더에 들어가면 hello.txt 파일이 존재하는 것을 볼 수 있습니다. 이 파일을 눌러서 상세 정보를 보겠습니다.

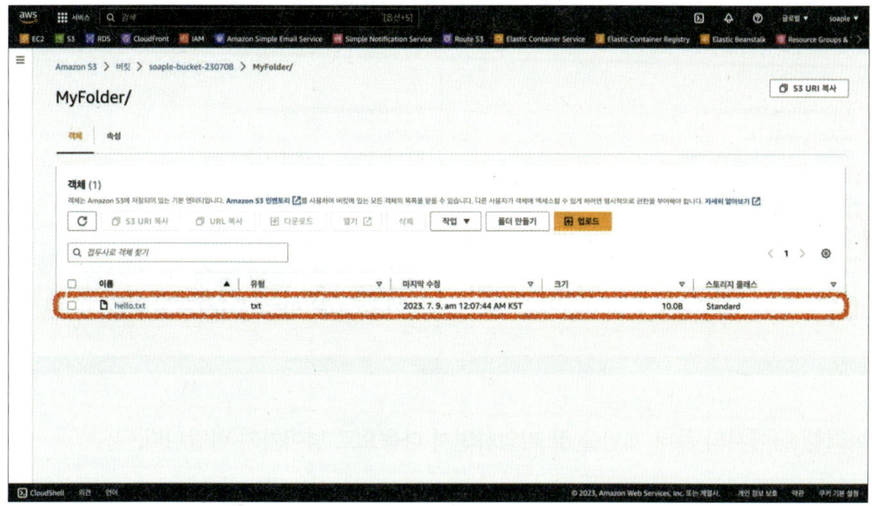

파일을 클릭하면 화면과 같이 파일의 상세 정보가 나오는데, 비교를 위해 폴더 밖에 있는 파일과 폴더 안에 있는 파일의 상세 정보를 함께 비교하겠습니다. 여기서 왼쪽은 폴더 밖에 있는 hello.txt의 상세 정보이고, 오른쪽은 폴더 안에 있는 hello.txt의 상세 정보입니다.

각 객체의 URL을 비교하면 폴더 안에 있는 객체는 URL에 폴더의 이름이 함께 포함되어 있는 것을 볼 수 있습니다. 앞에서 말한 것처럼 S3에서 폴더는 파일 이름의 Prefix 개념이기 때문에 MyFolder/hello.txt가 파일의 이름이라고 보면 됩니다.

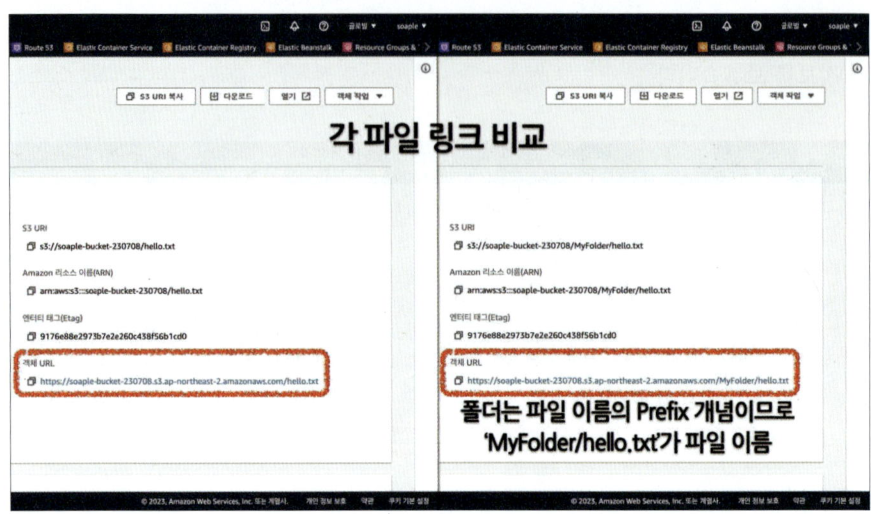

이러한 S3에서의 폴더 개념을 잘 기억하면서 다음으로 넘어가기 바랍니다.

8.9 실습 Cyberduck으로 S3 다루기

이번 실습에서는 Cyberduck이라는 외부 프로그램으로 S3를 다뤄보겠습니다. 여기서 외부 프로그램을 통해 S3에 접속하기 위해서는 별도의 권한이 필요합니다. 그리고 AWS에서 그러한 권한을 관리하는 서비스가 바로 IAM이라는 서비스입니다. IAM에 대해서는 뒤에서 자세히 배울 예정이므로 지금은 일단 화면을 보고 따라오기 바랍니다.

먼저 AWS 콘솔 상단의 검색창에 'IAM'이라고 검색하고 이후 나오는 결과에서 **IAM**을 클릭합니다.

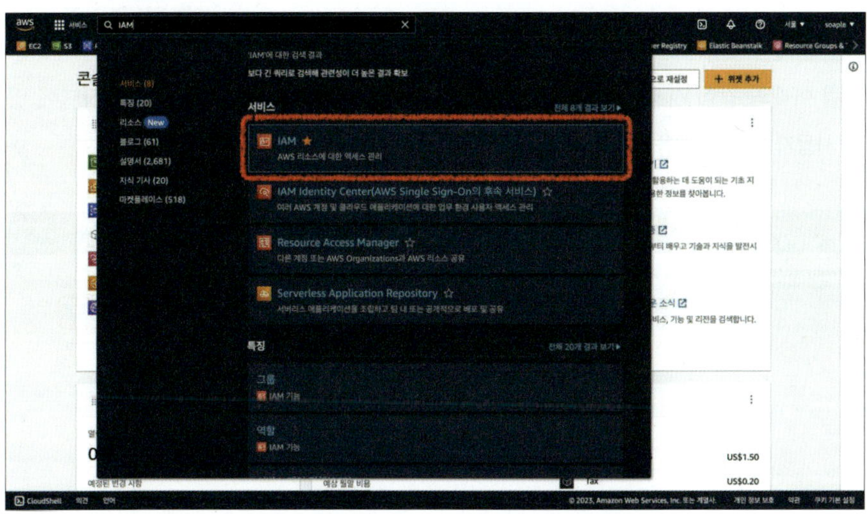

그러면 IAM 첫 화면이 나오게 됩니다. 여기서 왼쪽에 있는 **사용자** 메뉴를 클릭합니다.

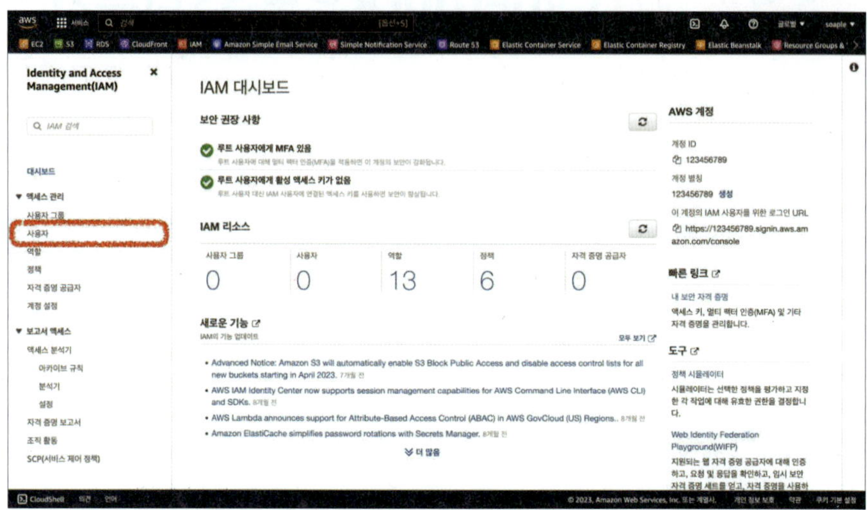

그럼 아래와 같이 사용자를 관리할 수 있는 화면이 나옵니다. 여기서 오른쪽 상단에 있는 **사용자 추가** 버튼을 클릭합니다.

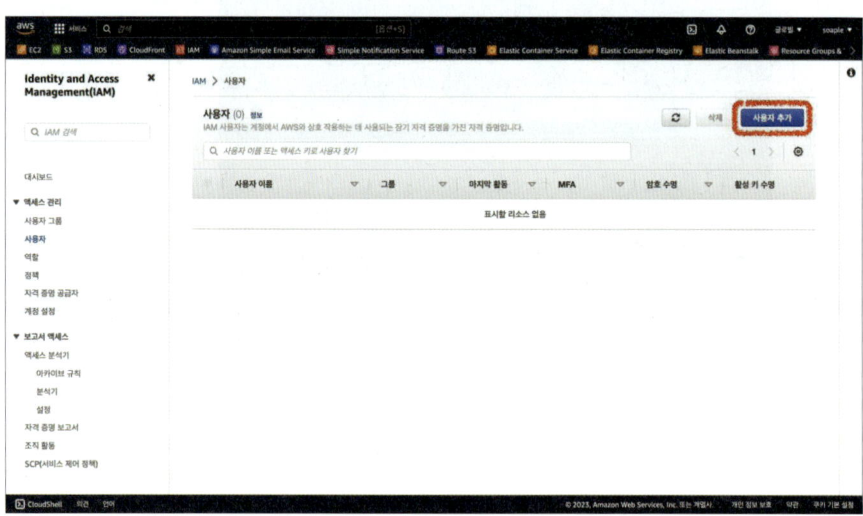

사용자를 생성하는 화면에서 먼저 **사용자 이름**을 입력합니다. 저는 's3-admin'이라고 입력했습니다. 사용자 이름을 입력했다면 **다음** 버튼을 클릭합니다.

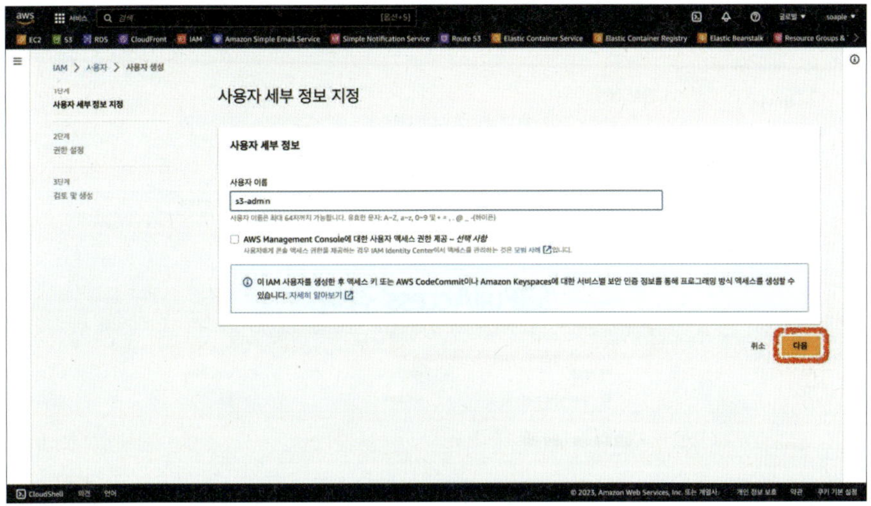

다음 단계는 실제로 사용자에게 권한을 부여하는 단계입니다. 먼저 **직접 정책 연결** 옵션 을 클릭합니다.

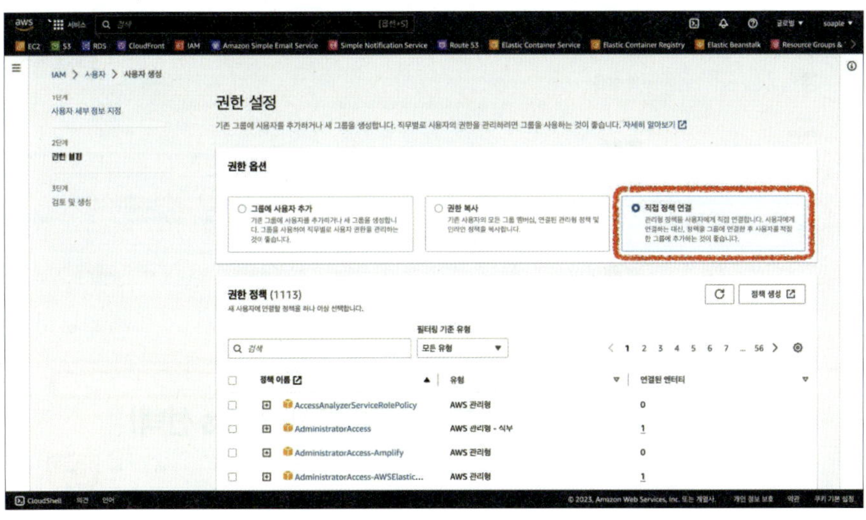

이후 아래에 나오는 검색창에 'S3FullAccess'라고 검색합니다. 그러면 **AmazonS3 FullAccess**라는 정책이 하나 필터링되어 나옵니다.

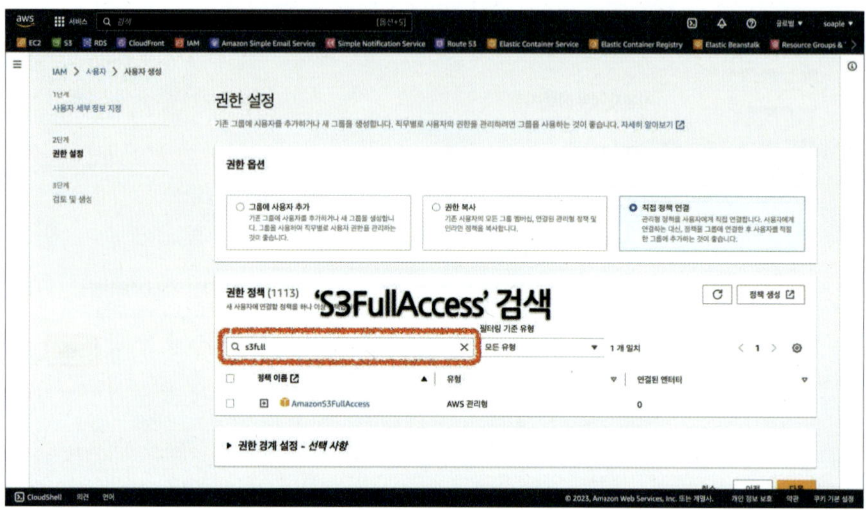

이후 화면과 같이 해당 정책을 선택합니다. 정책을 선택한 이후에는 **다음** 버튼을 클릭합니다.

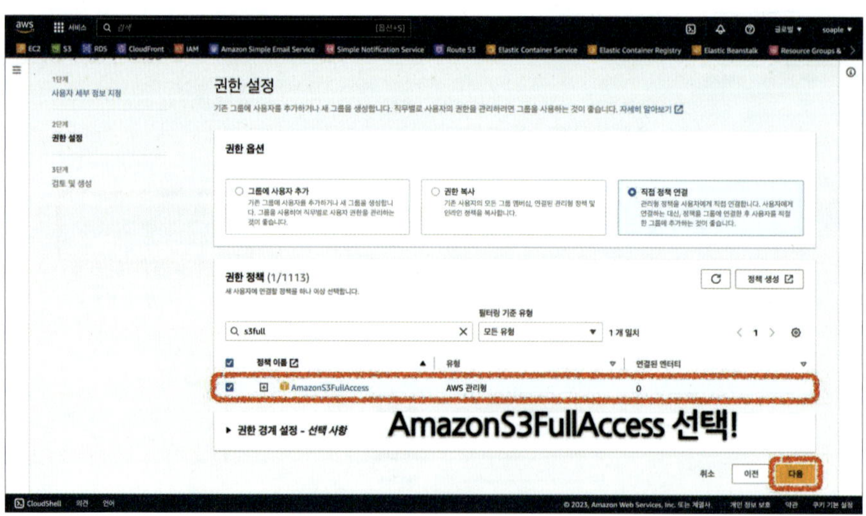

마지막 3단계에서는 지금까지 설정한 내용을 한 번 더 확인하게 됩니다. 설정한 내용에 이상이 없다면 **사용자 생성** 버튼을 클릭합니다.

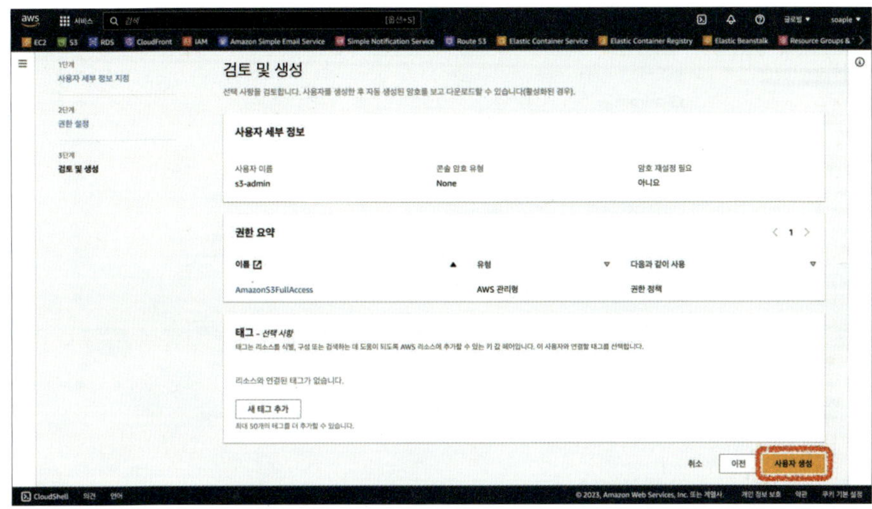

그러면 다음 화면처럼 새로운 사용자가 생성됩니다. 이번에는 **사용자**를 눌러서 상세 페이지로 들어갑니다.

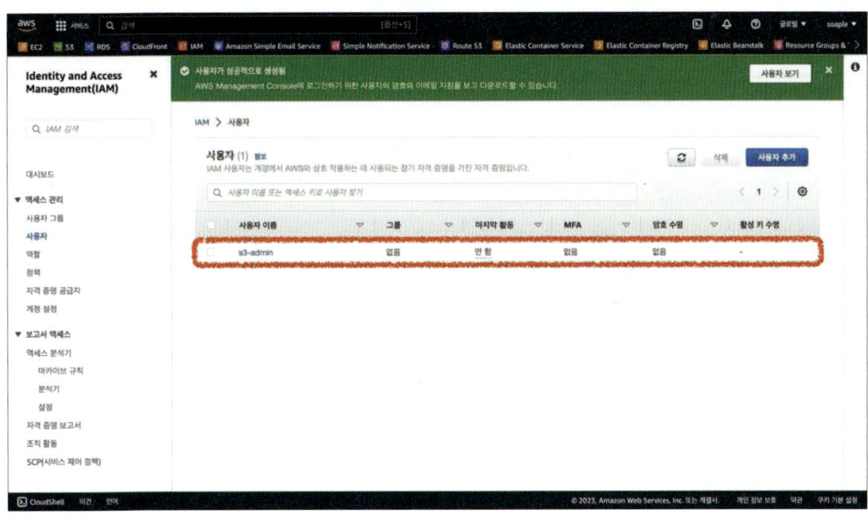

사용자 상세 페이지에서는 사용자에 대한 다양한 정보를 볼 수 있습니다. 여기서 **보안 자격 증명** 탭을 클릭합니다.

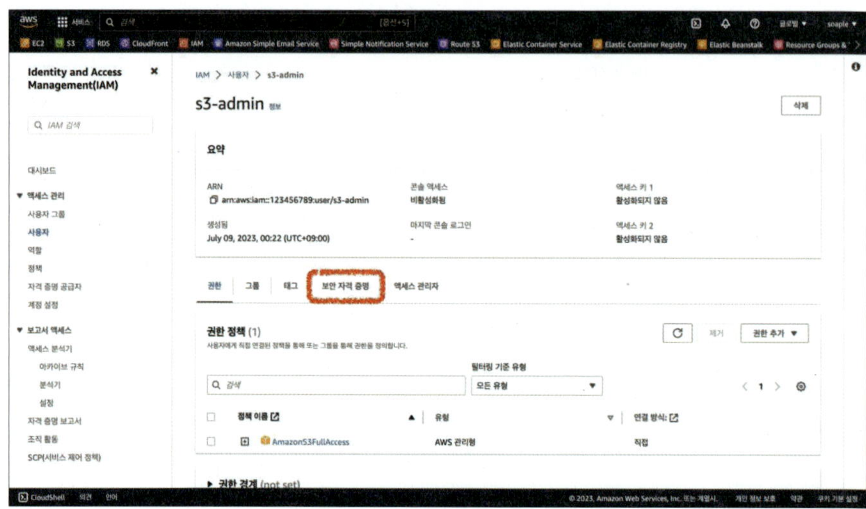

보안 자격 증명 탭에서는 사용자에 대한 다양한 자격 증명을 관리할 수 있습니다. 우리는 여기서 새로운 키를 하나 생성할 예정입니다.

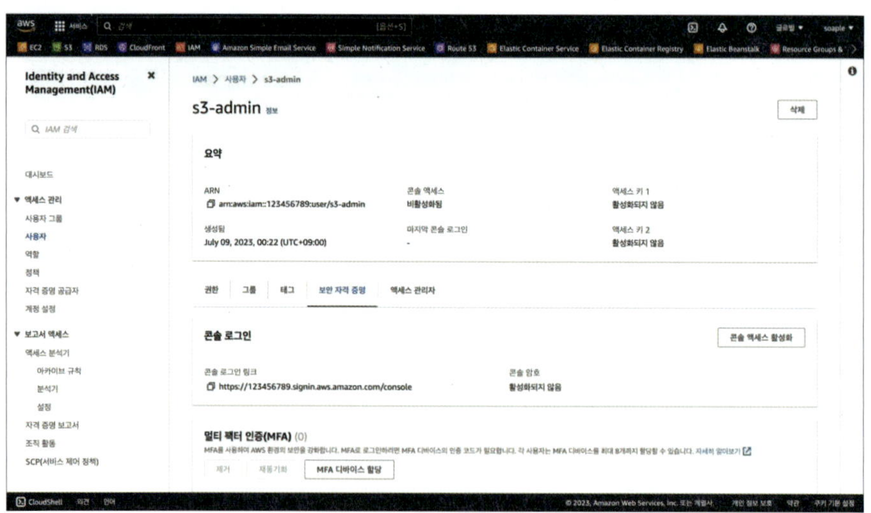

화면을 아래로 내리면 **액세스 키** 섹션이 나옵니다. 여기서 **액세스 키 만들기** 버튼을 클릭합니다.

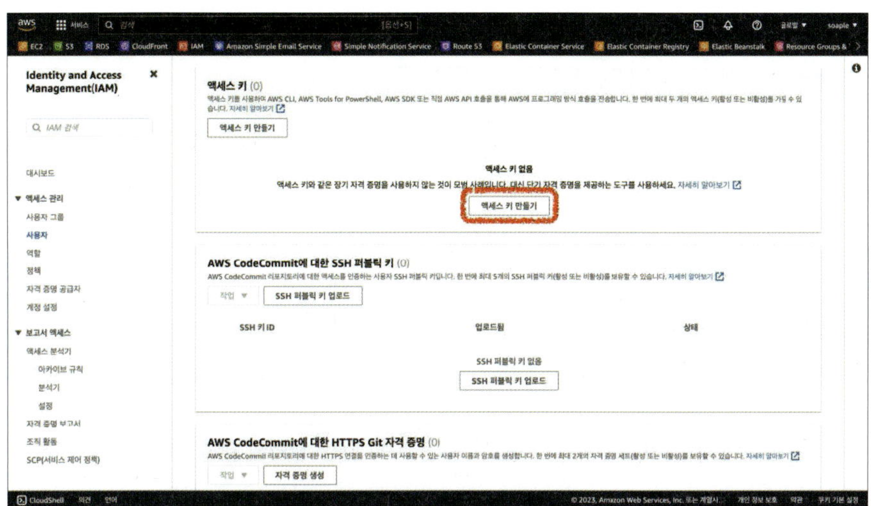

액세스 키를 만들기 위한 페이지가 나오면 여기서 제일 상단에 있는 **Command Line Interface(CLI)**를 선택합니다. 참고로 CLI 옵션은 키와 시크릿 키를 통해 접속할 때 사용하는 옵션입니다.

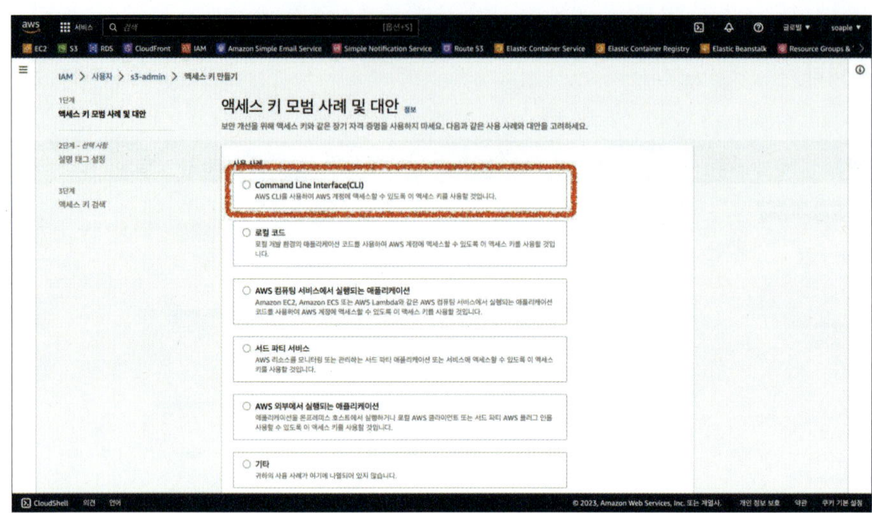

이후 화면을 아래로 내려서 제일 하단에 있는 **위의 권장 사항을 이해했으며 액세스 키 생성을 계속하려고 합니다**라고 되어 있는 체크박스를 체크한 이후에 **다음** 버튼을 클릭합니다.

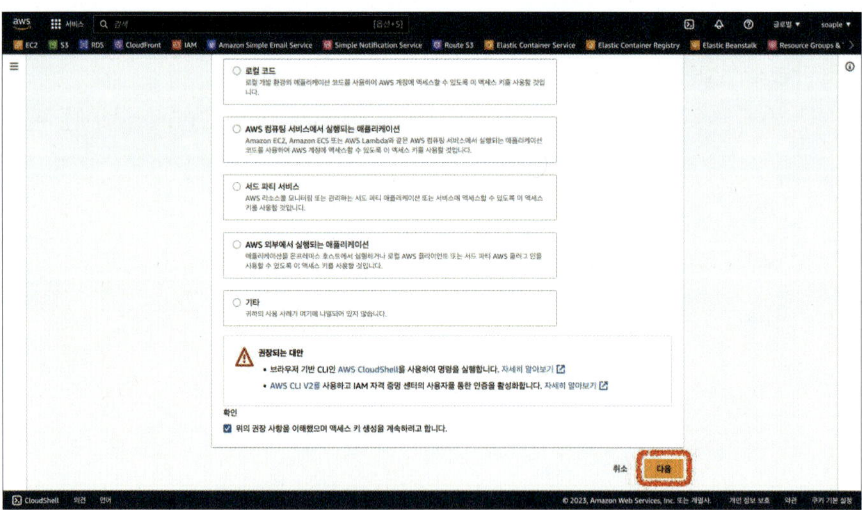

다음 단계는 태그를 설정하는 단계인데 필요한 경우 여기서 태그를 입력하면 됩니다. 여기서는 별도로 태그를 설정하기 않고 바로 **액세스 키 만들기** 버튼을 클릭하여 넘어가도록 하겠습니다.

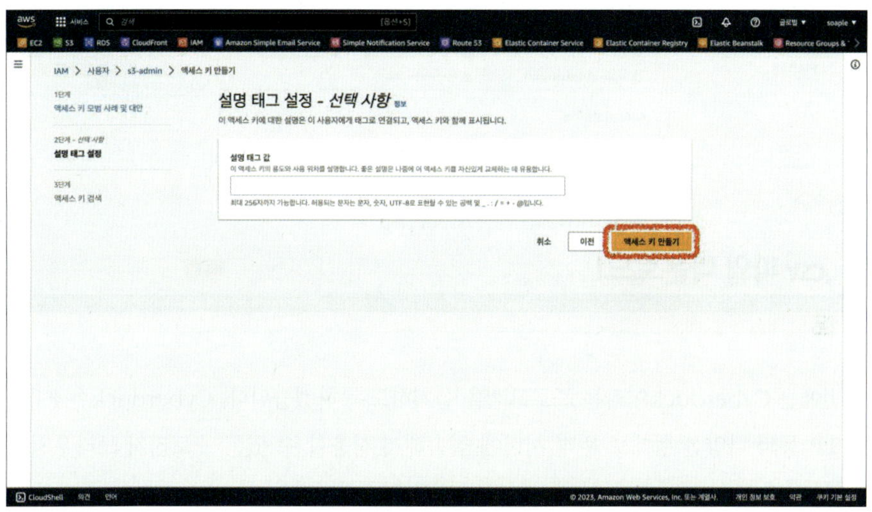

그러면 아래와 같이 액세스 키가 생성됩니다. 여기서 한 가지 주의할 점은 초록색 부분에도 나와 있지만 키를 생성한 시점에만 다운로드할 수 있다는 점입니다. 이전에 EC2 인스턴스의 키 페어를 만들 때와 마찬가지로 보안을 위해 키를 생성한 시점에만 다운로드할 수 있으며 이후에는 키 파일을 잃어버리지 않도록 스스로 잘 관리해야 합니다.

.csv 파일 다운로드 버튼을 클릭하여 csv 파일을 다운로드합니다. 이 파일은 바로 뒤에서 필요하기 때문에 잘 보관하기 바랍니다.

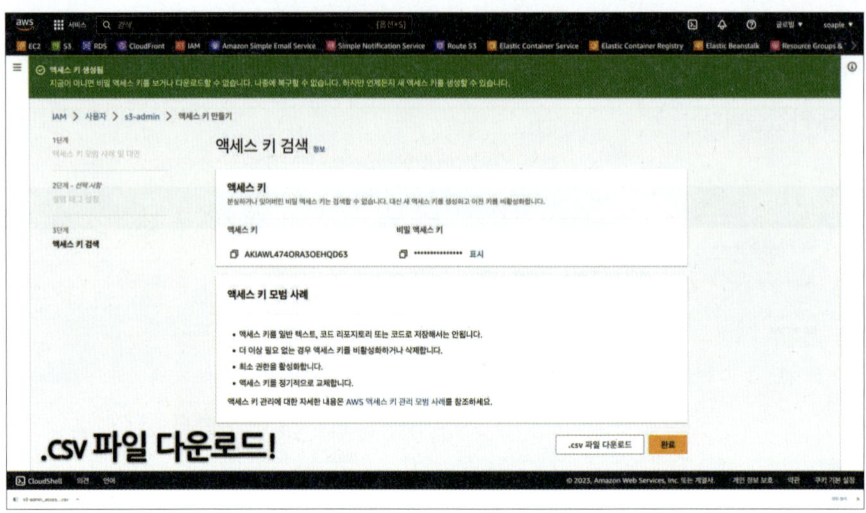

이번에는 Cyberduck이라는 프로그램을 설치하도록 하겠습니다. Cyberduck은 FTP, SFTP 등의 다양한 형태로 원격 서버에 접속해서 사용할 수 있는 스토리지 브라우저입니다. 아래 Cyberduck 공식 웹사이트 주소로 접속합니다.

- https://cyberduck.io/

Cyberduck 홈페이지가 나옵니다. 여기서 다운로드 버튼을 클릭하여 프로그램을 다운로드하고 설치합니다.

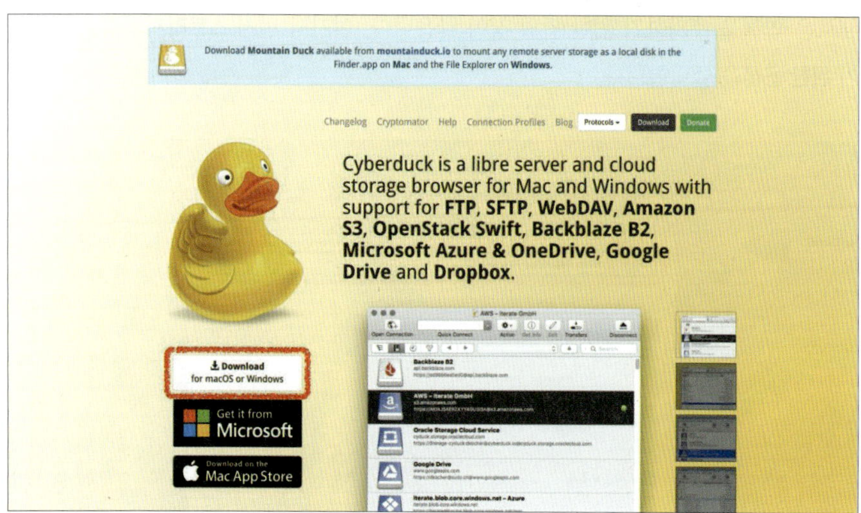

설치한 이후에 Cyberduck을 실행하면 다음과 같은 화면이 나옵니다. 여기서 오른쪽 상단에 있는 **새 연결** 버튼을 클릭합니다.

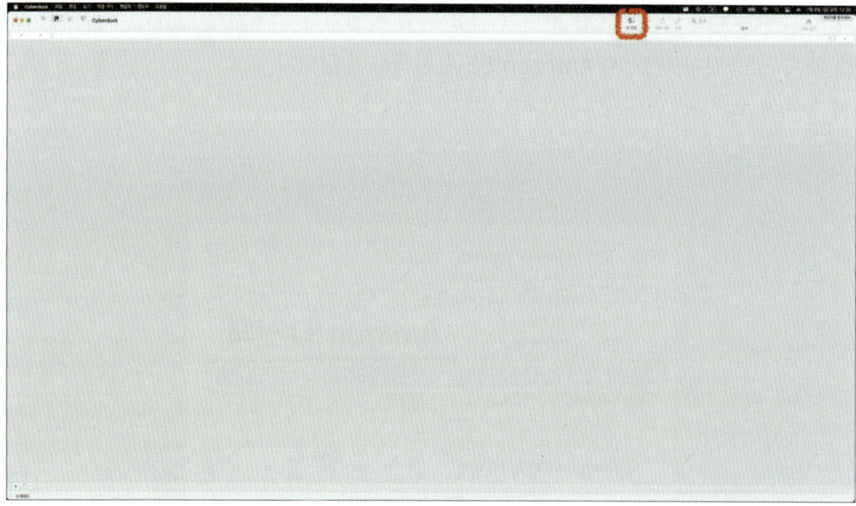

새로운 연결을 추가하기 위한 팝업 창이 나옵니다. 여기서 먼저 **스토리지 종류를 설정하기 위한 옵션**을 클릭합니다.

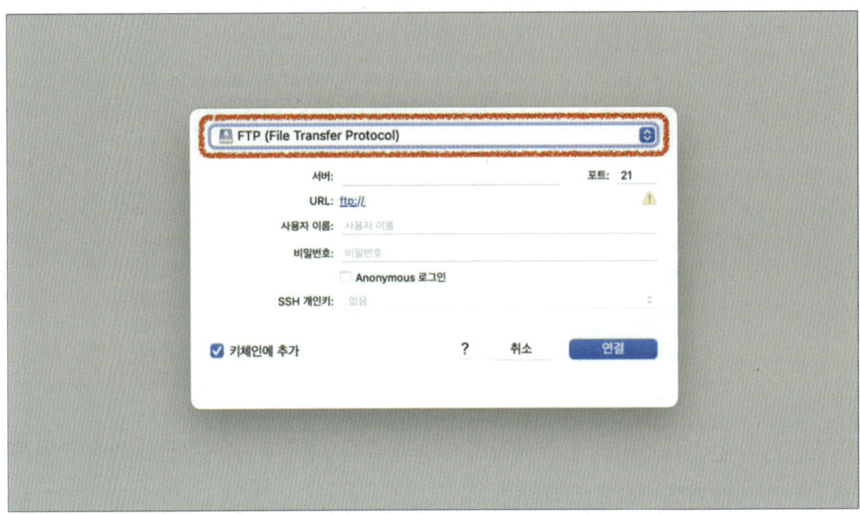

그러면 다음과 같이 FTP뿐만 아니라 다양한 접속 방식과 스토리지 연결을 제공하는 것을 볼 수 있습니다. 여기서 **Amazon S3**를 선택하면 됩니다.

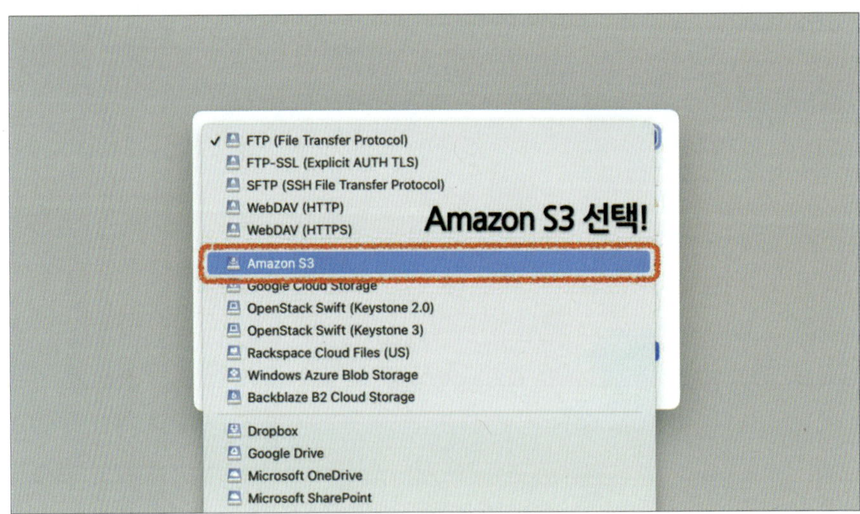

S3를 선택하면 입력 옵션이 바뀌게 됩니다. 이제 여기에 Access Key와 Secret Access Key를 입력해야 합니다.

앞에서 다운로드한 .csv 파일을 열면 다음과 같이 Access Key와 Secret Access Key 가 나오는데 이 값을 각각 복사해서 붙여 넣으면 됩니다.

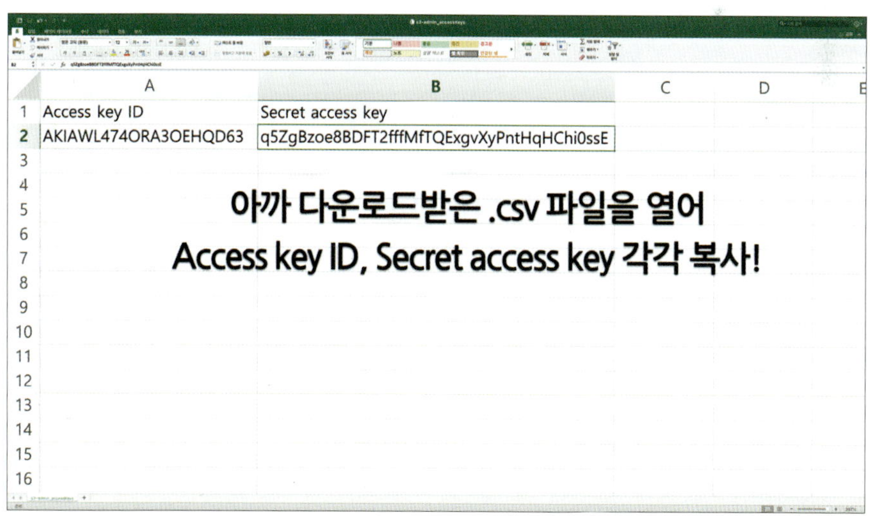

Access Key와 Secret Access Key를 각각 붙여 넣어 모든 키를 입력했다면 이제 **연결** 버튼을 클릭합니다.

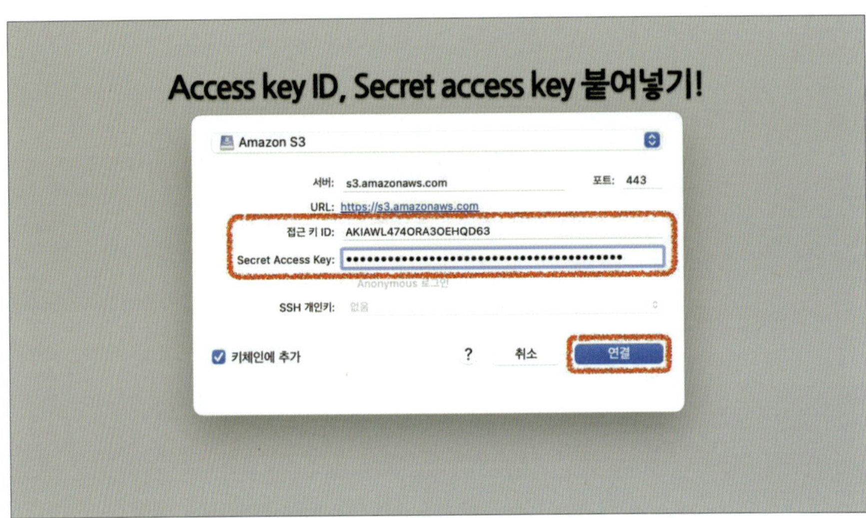

정상적으로 S3에 접속되는 것을 확인할 수 있습니다.

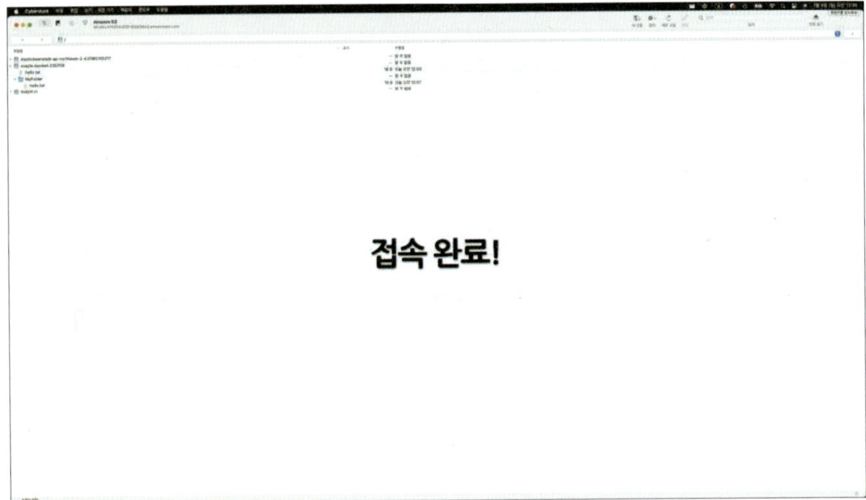

화면을 확대하면 버킷과 버킷 내에 있는 객체들까지 잘 나오는 것을 볼 수 있습니다.

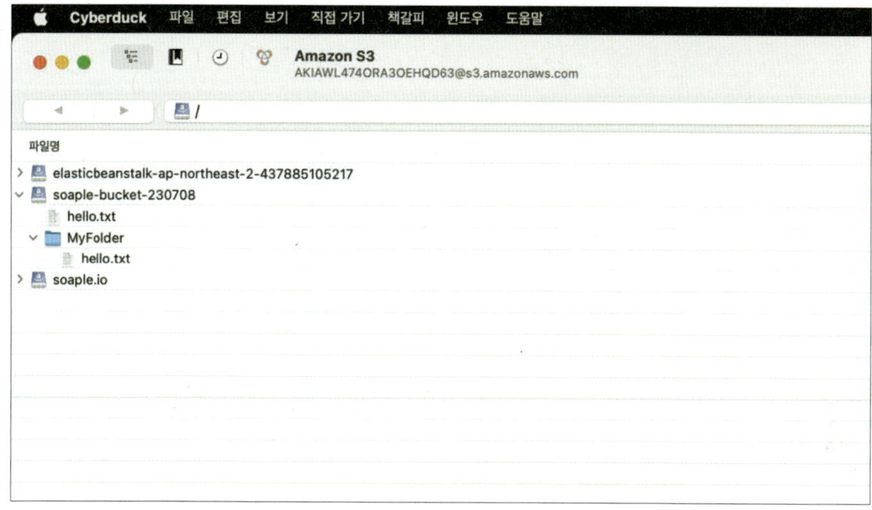

8.10 실습 S3 정적 웹사이트 호스팅

이번 실습에서는 S3를 사용해서 정적 웹사이트 호스팅을 해보겠습니다. 이 기능은 S3의 굉장히 유용한 기능 중 하나로, 잘 알아두면 나중에 개인 블로그나 간단한 웹사이트를 S3를 통해서 편리하게 호스팅할 수 있습니다.

먼저 아래 화면과 같이 버킷 상세 페이지에서 **속성** 탭을 클릭합니다.

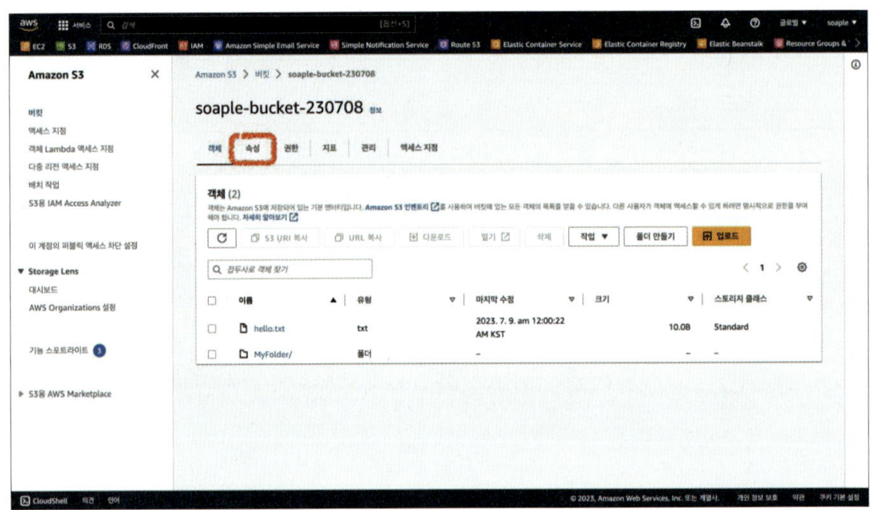

속성 탭에는 버킷의 속성과 관련된 다양한 옵션이 나옵니다. 여기서 화면을 아래로 스크롤해보겠습니다.

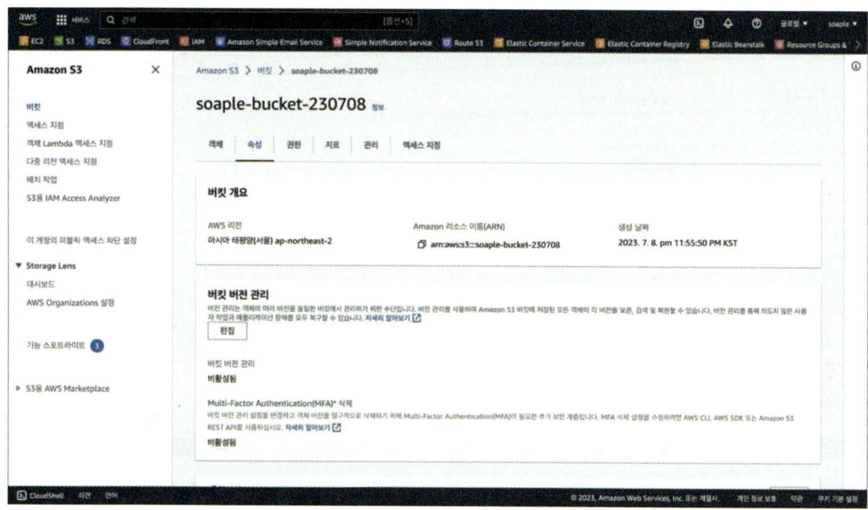

그러면 **정적 웹사이트 호스팅**이라는 옵션이 나오게 됩니다. 지금은 비활성화되어 있는데 활성화시키기 위해서 **편집** 버튼을 클릭합니다.

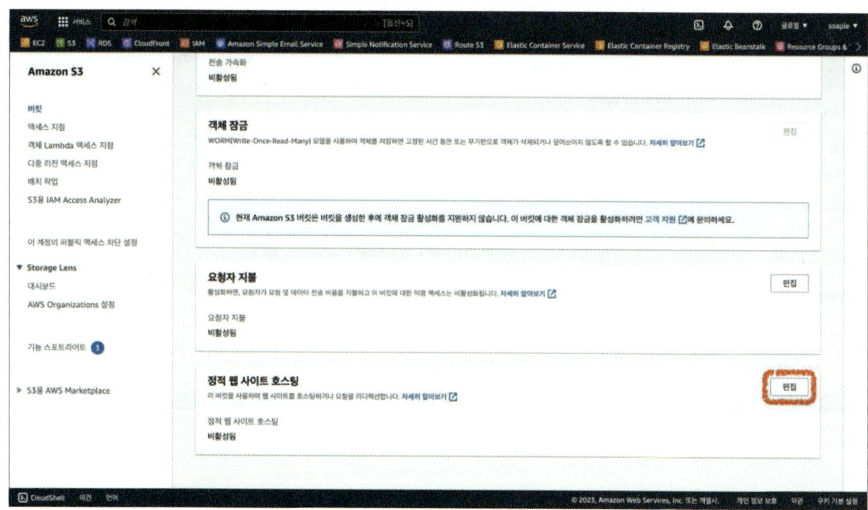

이후 다음과 같이 활성화를 선택하여 정적 웹사이트 호스팅을 활성화시켜줍니다.

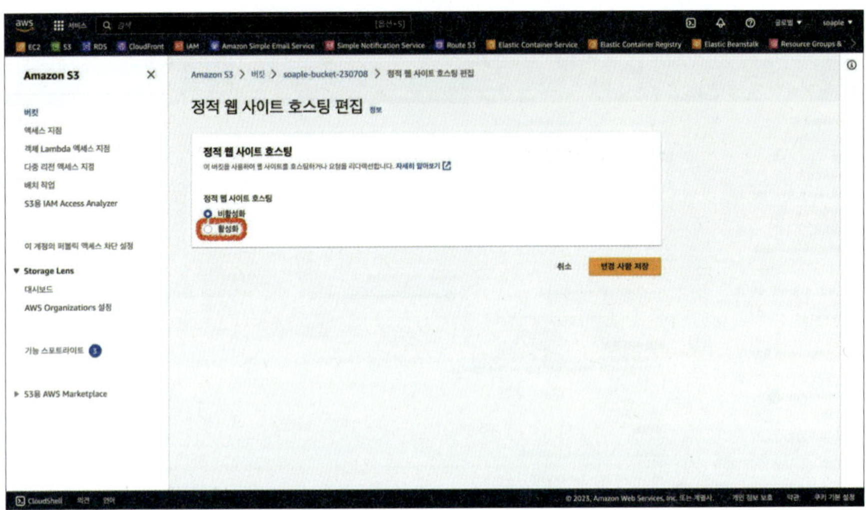

활성화를 선택하면 화면 하단에 추가적인 옵션이 나오게 됩니다.

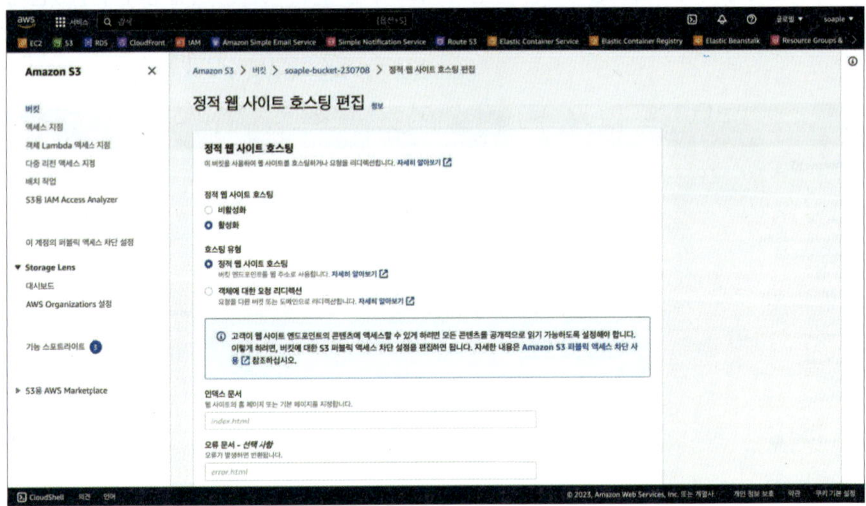

여기서 **인덱스 문서**라는 옵션이 있는데 웹사이트에서 제일 처음에 나오는 페이지를 인덱스 페이지라고 부릅니다. 그래서 인덱스 문서에는 웹사이트에서 제일 처음 나올 문서의 이름을 입력해주면 됩니다. 기본값은 index.html인데 이 값을 그대로 입력합니다.

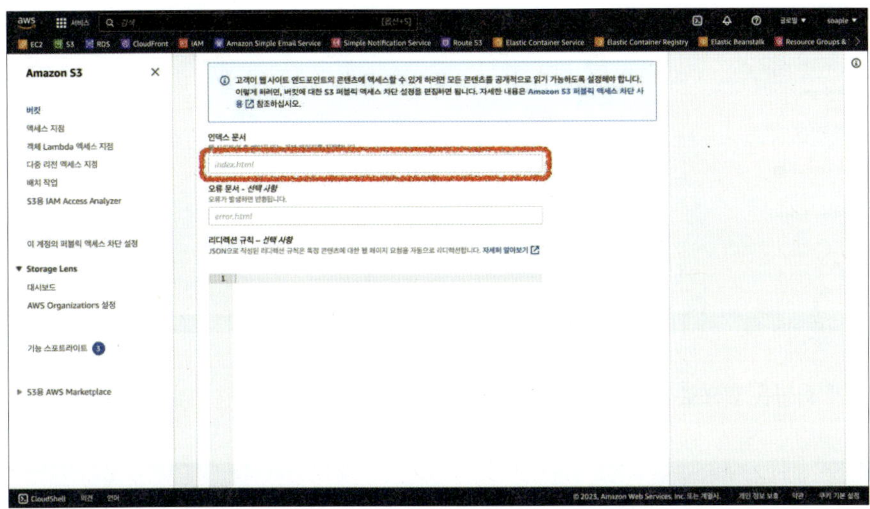

화면처럼 index.html을 입력하면 웹사이트에 접속했을 때 이 파일이 기본으로 나오게 됩니다.

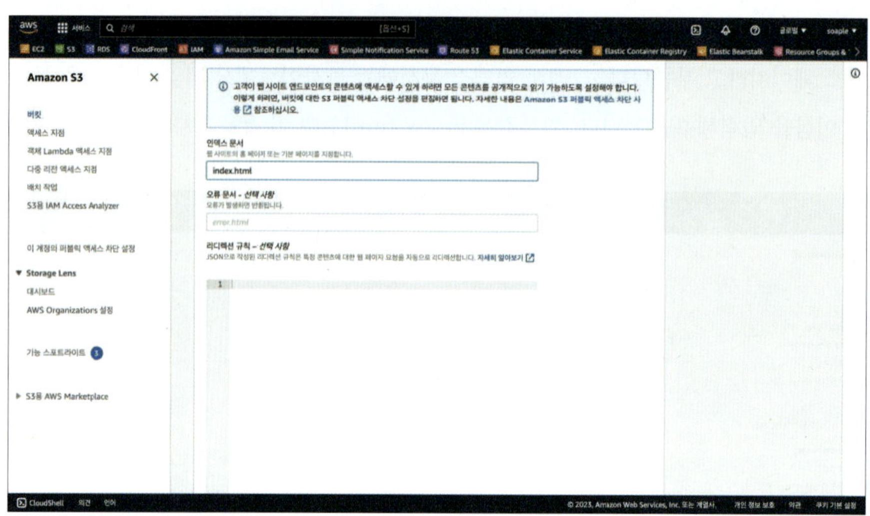

이제 화면을 밑으로 내려서 **변경 사항 저장** 버튼을 클릭합니다.

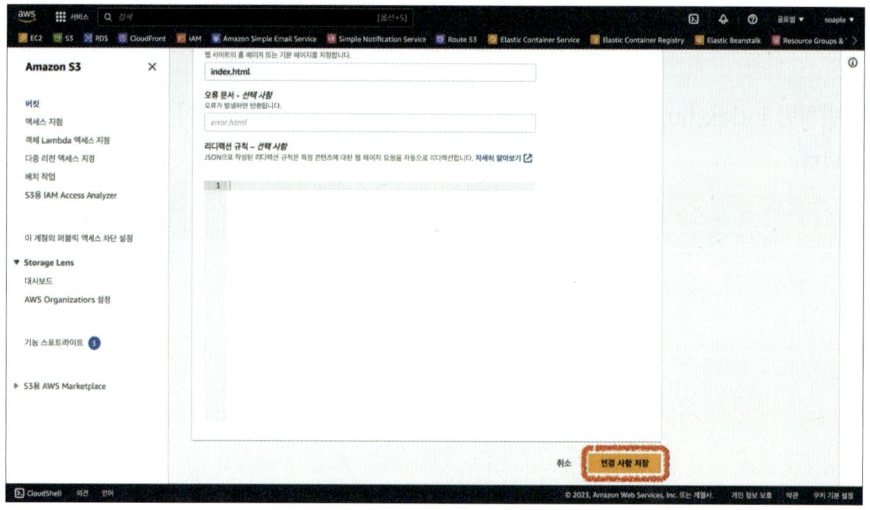

그러면 정적 웹사이트 호스팅이 설정되고, 하단에 웹사이트 엔드포인트(주소)가 나오게 됩니다. 이제 이 주소를 통해 웹사이트에 접속할 수 있습니다.

하지만 지금은 우리가 인덱스 문서로 설정한 index.html 파일이 없으므로 먼저 index.html 파일을 만들어서 버킷에 업로드하겠습니다.

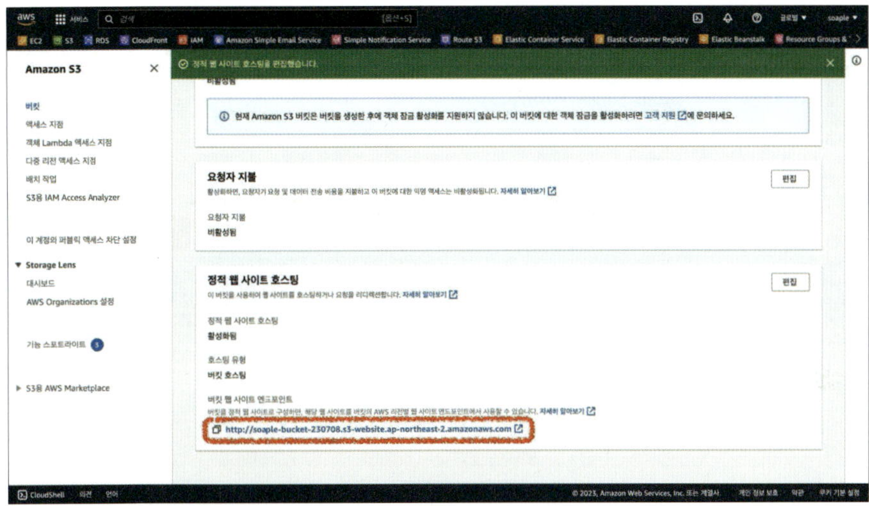

화면처럼 간단한 형태의 HTML 파일을 작성하고 index.html이라는 이름으로 저장합니다.

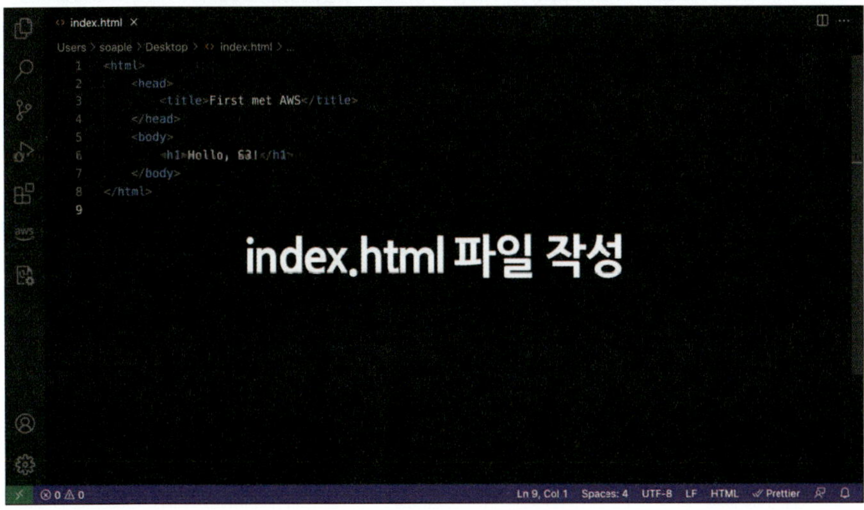

다음으로는 작성한 파일을 버킷의 최상위 경로에 업로드해야 합니다. **업로드** 버튼을 클릭합니다.

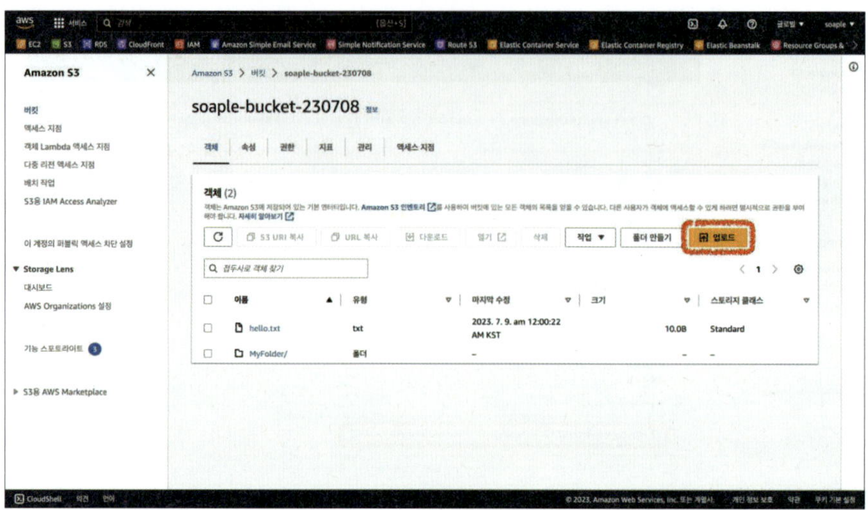

업로드 화면이 나오면 **파일 추가** 버튼을 클릭합니다.

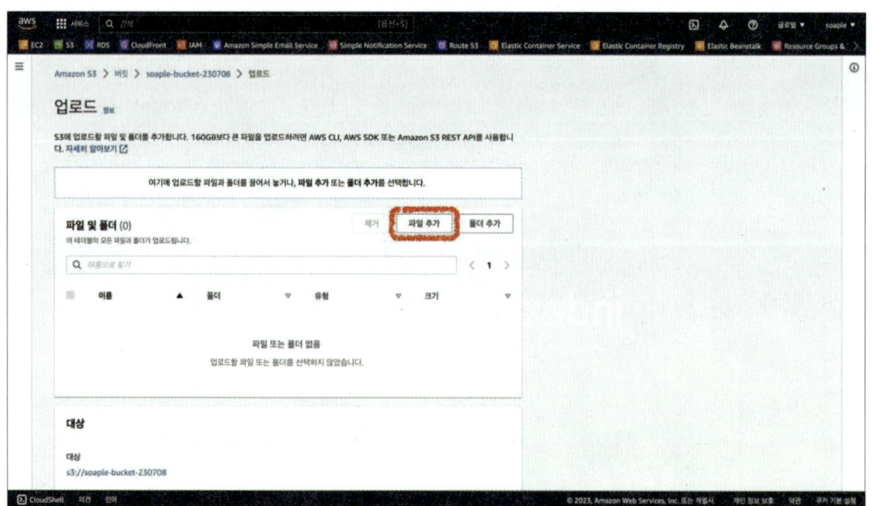

이후 파일 선택 창에서 작성해둔 index.html 파일을 선택합니다.

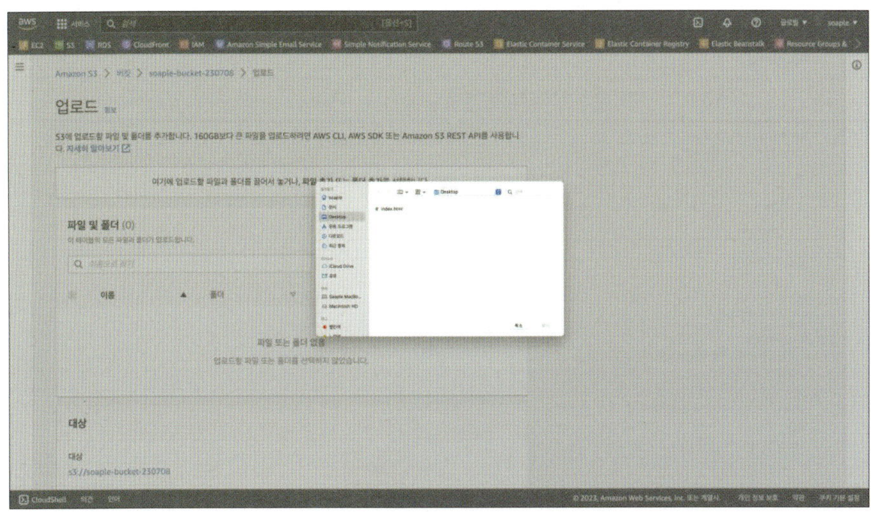

화면처럼 index.html 파일이 선택되었습니다.

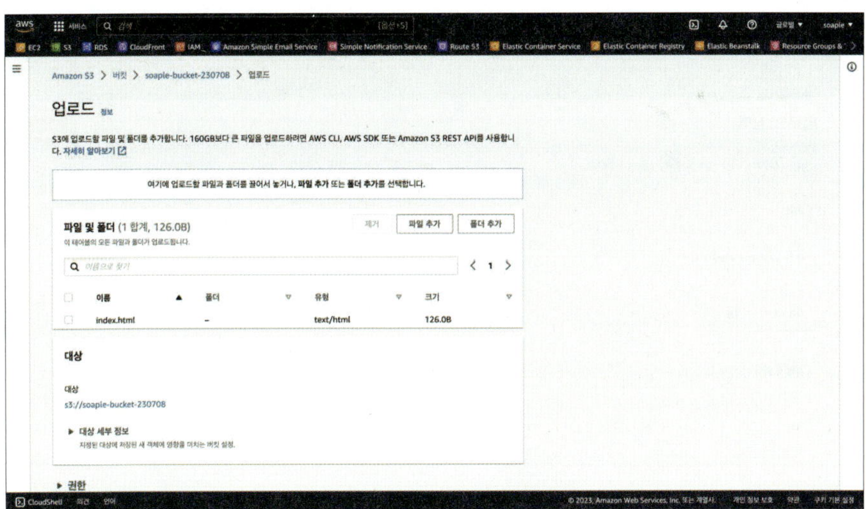

이제 화면 하단에 있는 **업로드** 버튼을 클릭하여 파일을 업로드합니다.

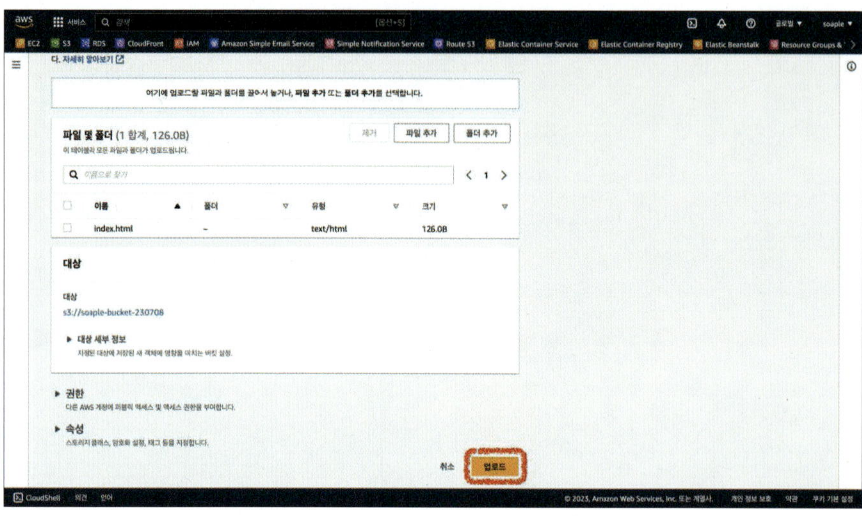

파일을 정상적으로 업로드하면 **닫기** 버튼을 클릭하여 닫아줍니다.

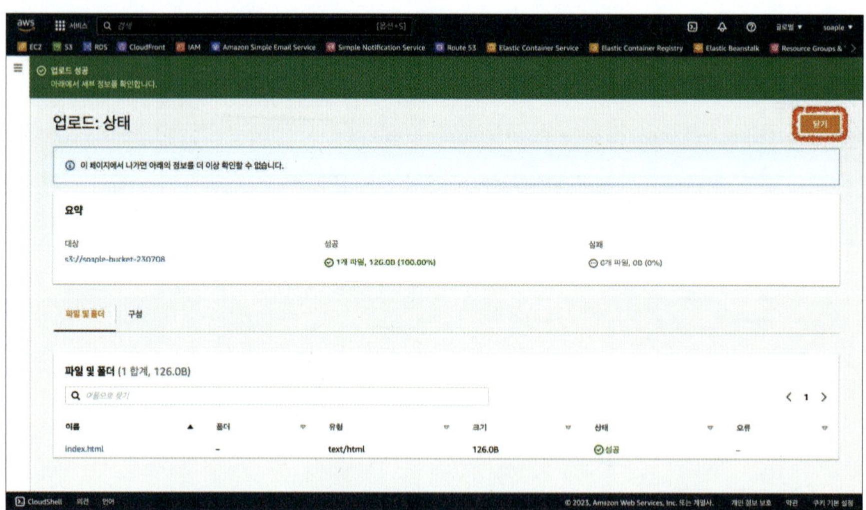

이제 버킷의 최상위 경로에 index.html 파일이 존재하는 것을 볼 수 있습니다. 이 파일이 웹사이트의 인덱스 문서가 됩니다. 다음으로는 **속성** 탭을 클릭합니다.

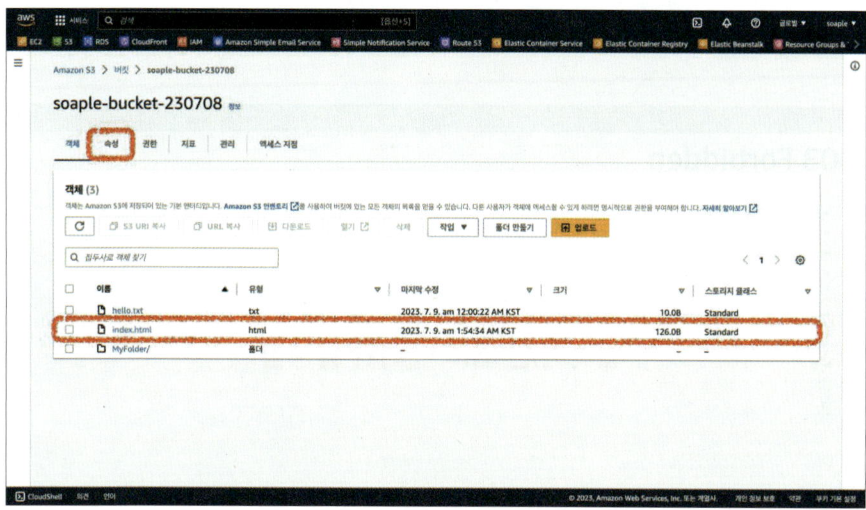

속성 탭에서 화면 제일 하단에 있는 정적 웹사이트 호스팅 옵션으로 이동하고, 화면과 같이 **버킷 웹 사이트 엔드포인트** 주소를 복사합니다.

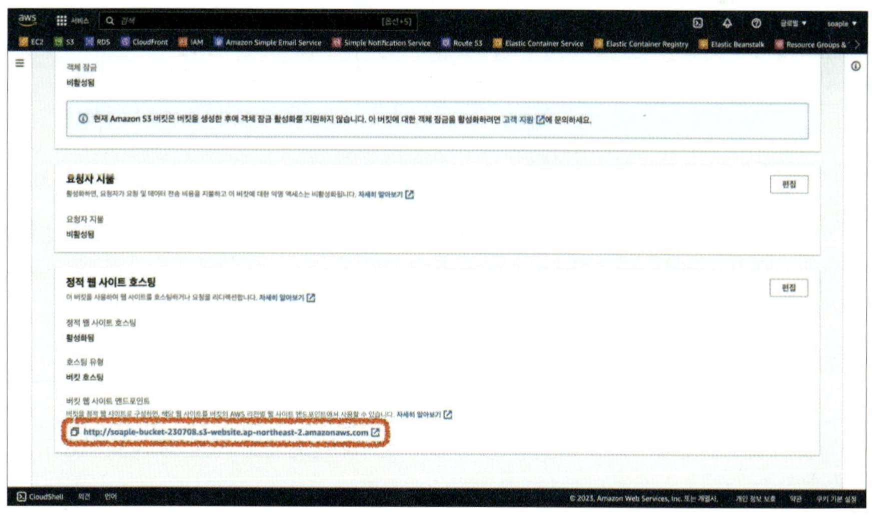

복사한 주소로 브라우저에서 접속해서 보면 접속이 안 되고 에러가 발생하는 것을 볼
수 있습니다. 그리고 에러 메시지를 보면 AccessDenied라고 되어 있습니다. 이 에러
는 버킷에 있는 객체에 접근 권한이 없기 때문에 접근이 거부되어 발생한 것입니다. 그
래서 버킷에 있는 객체들의 접근 권한을 변경해야 합니다.

403 Forbidden

- Code: AccessDenied
- Message: Access Denied
- RequestId: GY2EXXXVPS19HWP2
- HostId: gLwDmdH5WnGySYpOZa/MOx96PVJiyyfLGJMCz4ofRRtoIDQ/936iJeM8kuM7lpRC0SqTRjREbLk=

권한을 변경하기 위해서 버킷의 **권한** 탭을 클릭합니다. 그리고 퍼블릭 액세스 차단 옵
션의 **편집** 버튼을 클릭합니다.

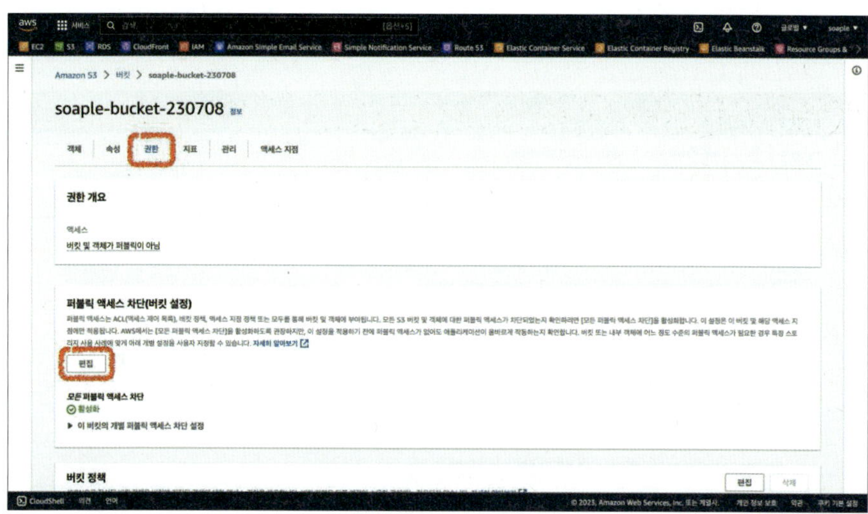

그러면 화면과 같이 **모든 퍼블릭 액세스 차단**이 체크되어 있을 것입니다. 여기서 체크를
해제합니다.

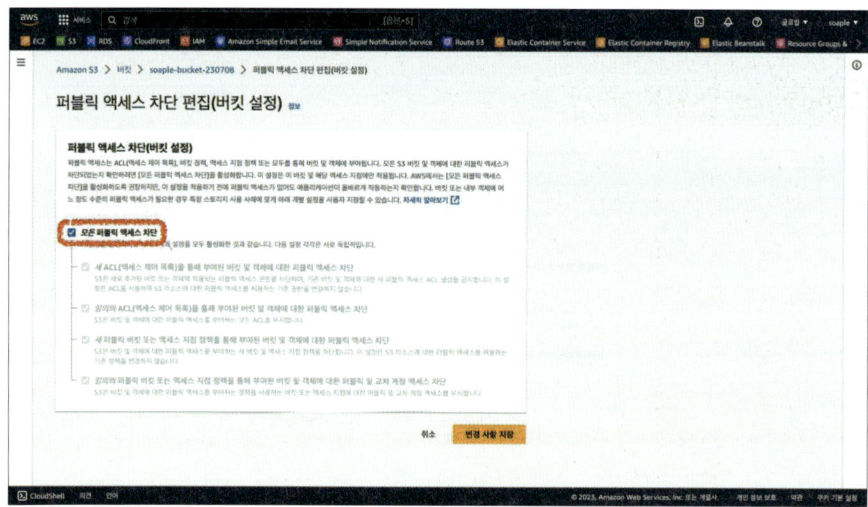

체크를 해제한 이후에 **변경 사항 저장** 버튼을 클릭합니다.

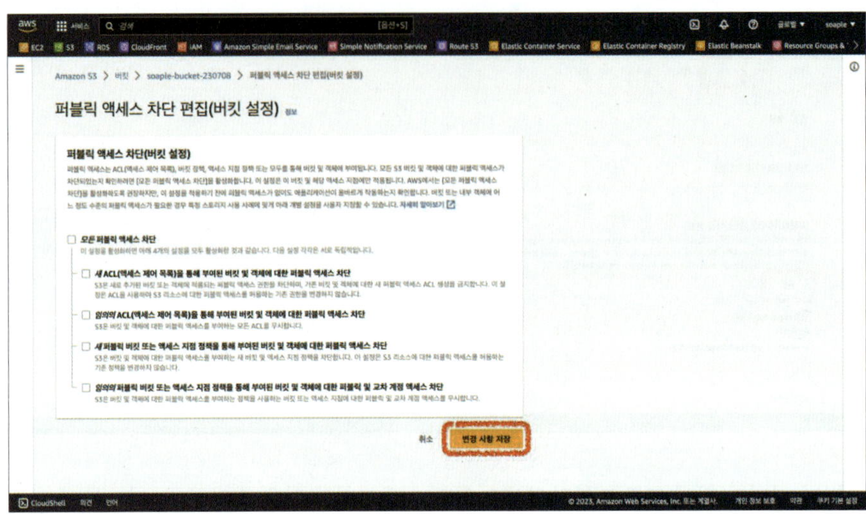

그러면 다음과 같은 퍼블릭 액세스를 허용하는 것이 맞는지 한 번 더 확인하기 위한 확인 창이 뜹니다. 여기서 '확인'을 입력하고 **확인** 버튼을 클릭합니다.

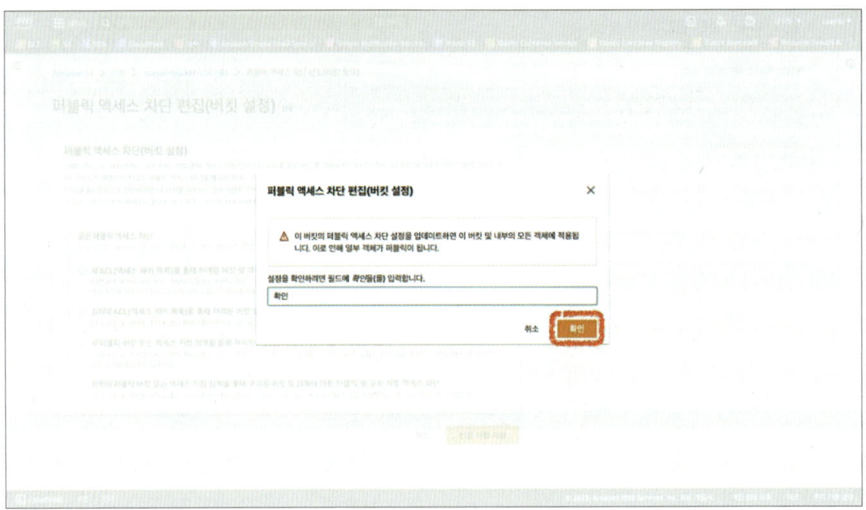

이렇게 퍼블릭 액세스 차단이 비활성화되었습니다.

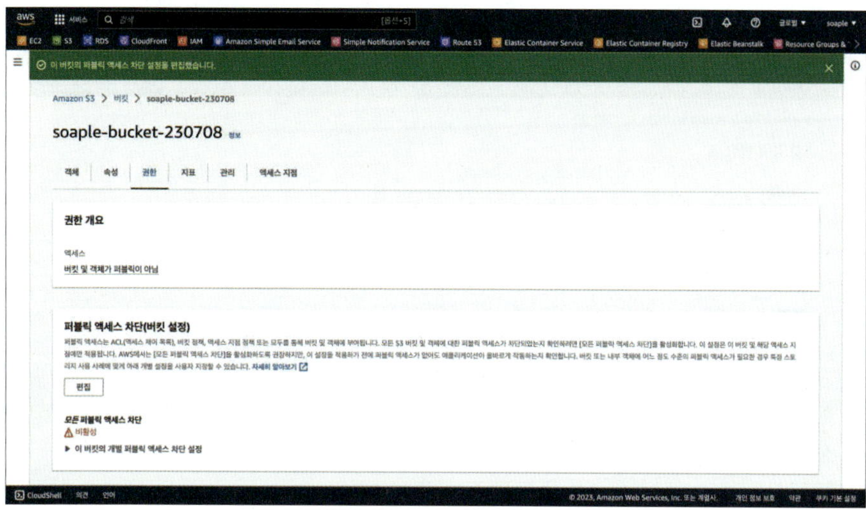

화면을 아래로 내리면 **버킷 정책**을 편집할 수 있는 옵션이 나옵니다. 버킷 정책은 버킷
과 객체들에 대한 접근 권한을 설정하는 것이며, 각 정책은 JSON 형태로 작성합니다.
먼저 버킷 정책의 **편집** 버튼을 클릭합니다.

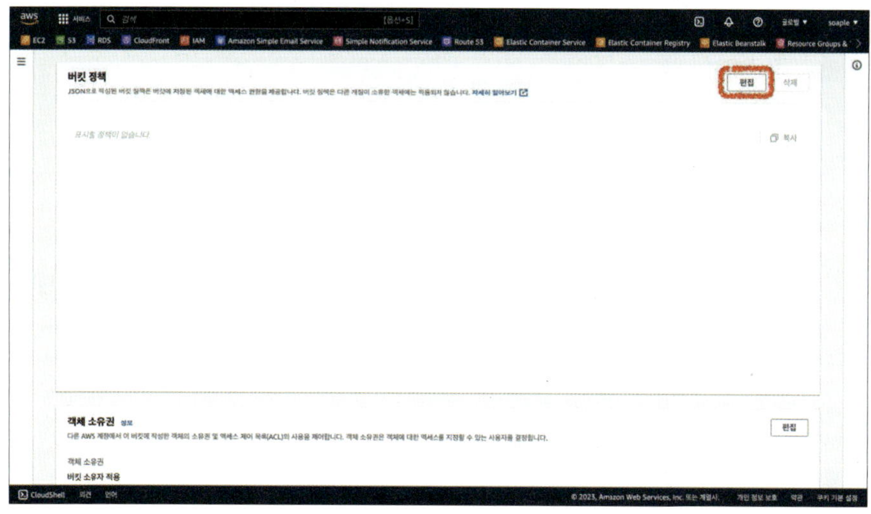

편집 모드에서 먼저 다음 화면에 표시되어 있는 **버킷 ARN**을 복사합니다. 참고로 ARN
은 Amazon Resource Name의 약자로 AWS 리소스들의 고유한 이름을 의미합니다.

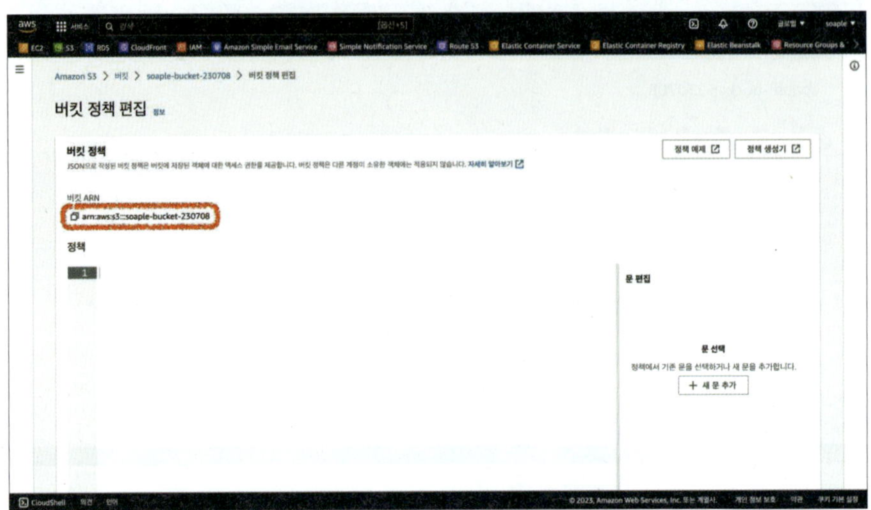

버킷 ARN을 복사한 이후에 오른쪽 상단에 있는 **정책 생성기** 버튼을 클릭합니다. 우리
가 직접 정책을 작성하기 어렵기 때문에 정책 생성기의 도움을 받는 것이라고 보면 됩
니다.

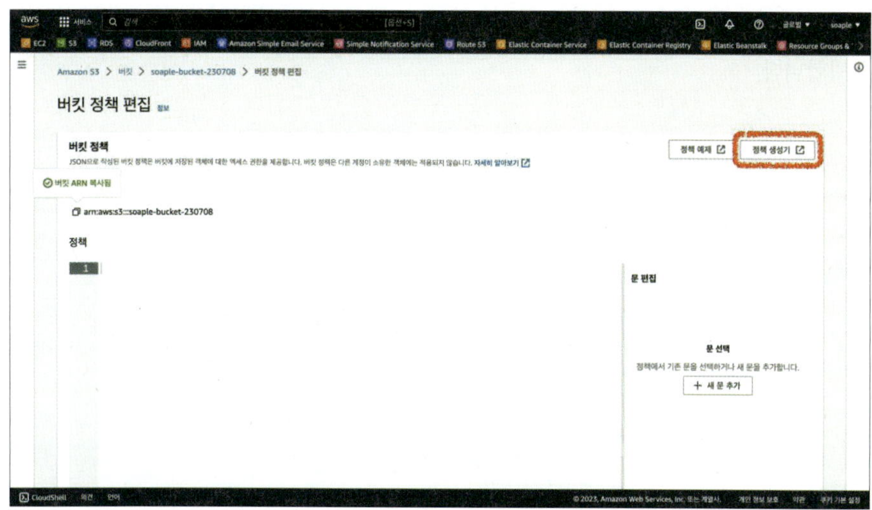

정책 생성기 버튼을 클릭하면 새 창에서 정책 생성기가 나오게 됩니다.

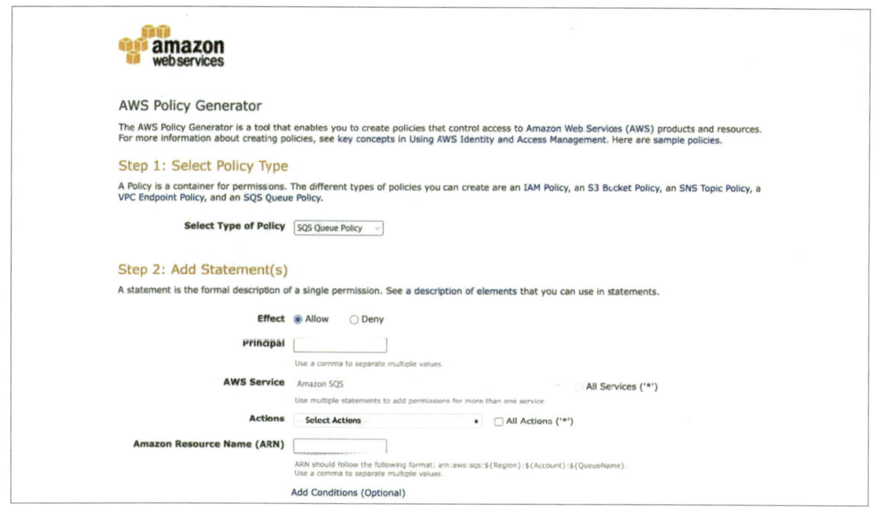

먼저 첫 번째 단계에서는 정책의 타입을 선택해야 합니다. **Select Type of Policy**를 클릭합니다.

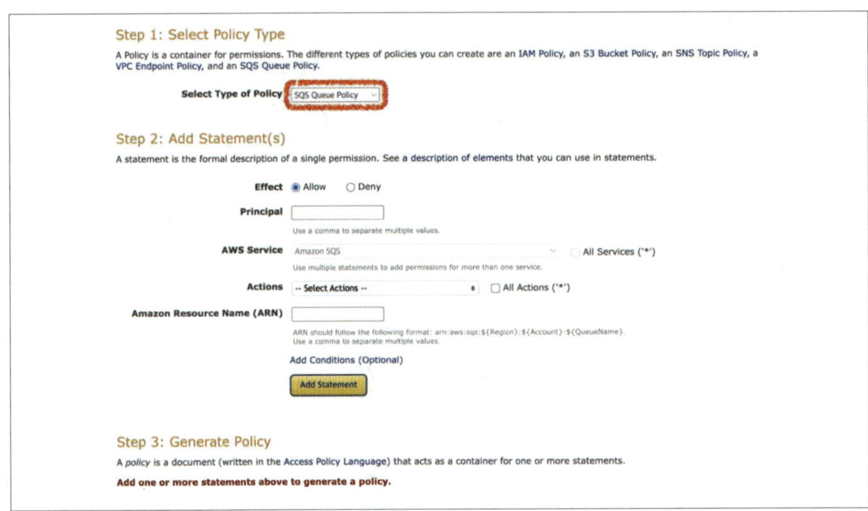

그리고 그중에서 **S3 Bucket Policy**를 선택합니다. 우리는 지금 S3 버킷에 대한 정책을 생성하는 것이기 때문입니다.

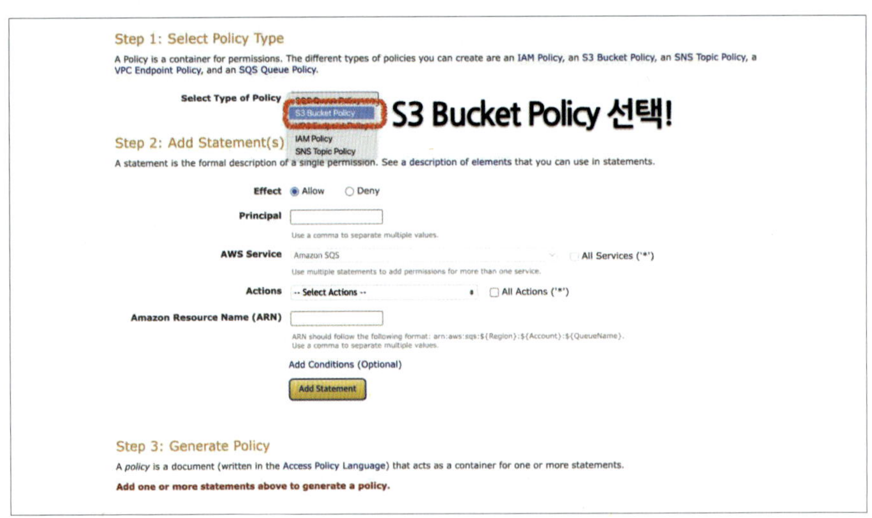

다음으로는 2단계의 옵션들을 채워 넣어야 합니다. 먼저 화면과 같이 **Principal**에 *를 입력합니다. 참고로 **Principal**은 리소스에 대한 액세스가 허용되거나 거부되는 사용자, 계정, 서비스 또는 기타 Entity를 지정하는 옵션입니다. 우리는 모든 사용자가 접근할 수 있도록 하기 위해서 wildcard라고 부르는 별표(*)를 입력한 것입니다.

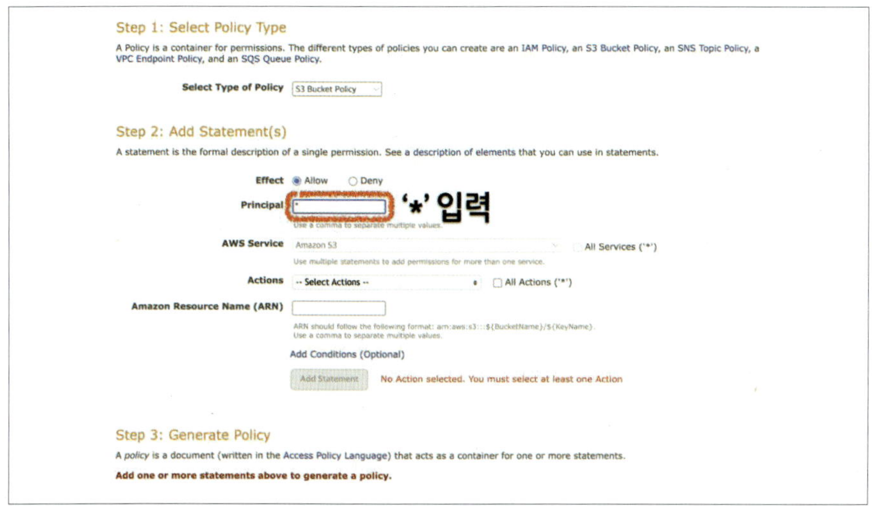

다음으로는 **Actions**에서 **GetObject**를 체크합니다. GetObject는 이름 그대로 객체를 가져오는 동작이라고 보면 됩니다.

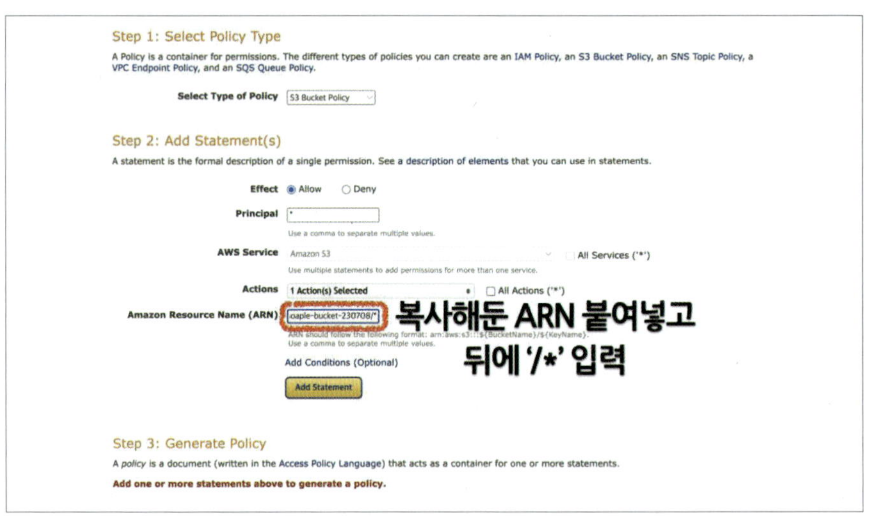

마지막으로 ARN 필드에 앞에서 복사해둔 버킷의 ARN을 붙여 넣고 뒤에 /*를 입력합니다. 참고로 /*를 입력하는 이유는 버킷 내에 있는 모든 객체에 접근할 수 있도록 하기 위함입니다.

이제 모든 설정을 마쳤으면 **Add Statement** 버튼을 클릭합니다.

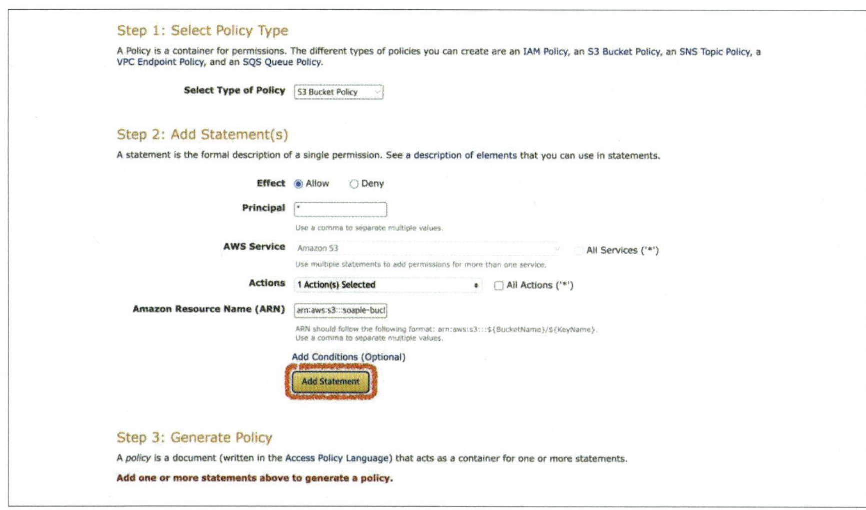

그러면 다음 화면처럼 밑에 테이블이 하나 나오게 됩니다. 이 상태에서 **Generate Policy** 버튼을 클릭하여 정책을 생성합니다.

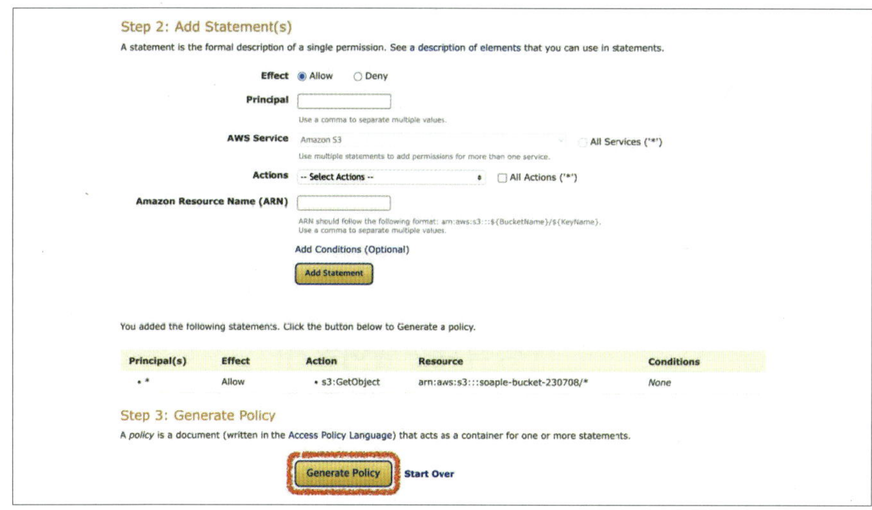

화면과 같이 JSON 형태의 정책이 팝업 창에 나타납니다. 이 정책 내용을 모두 선택하여 복사합니다.

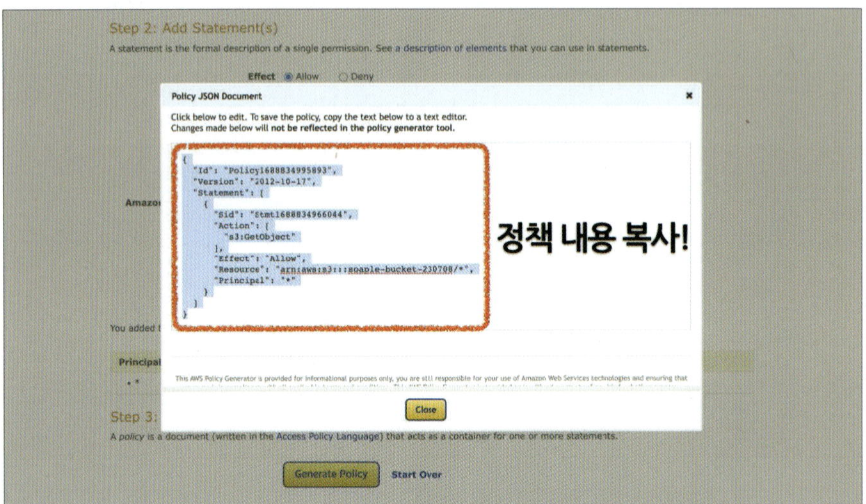

이후 S3 버킷 정책 편집 화면으로 다시 돌아와서 복사한 정책 내용을 붙여 넣습니다.

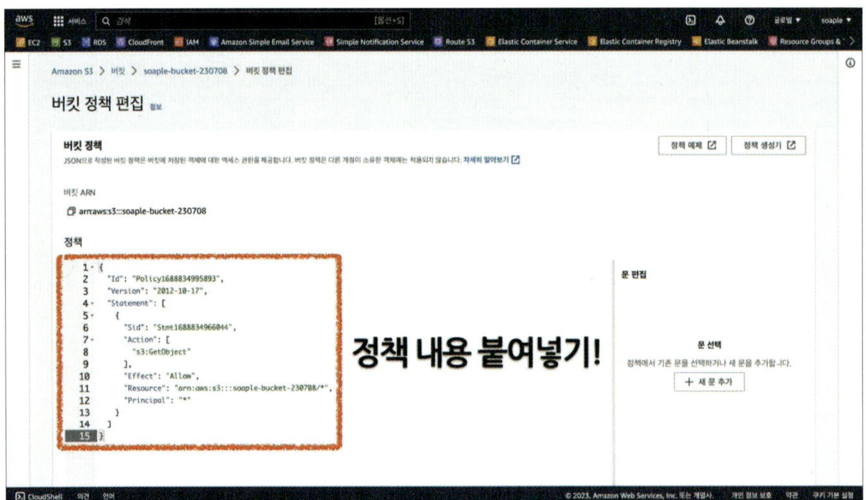

정책을 붙여 넣은 이후에 화면 하단에 있는 **변경 사항 저장** 버튼을 클릭합니다.

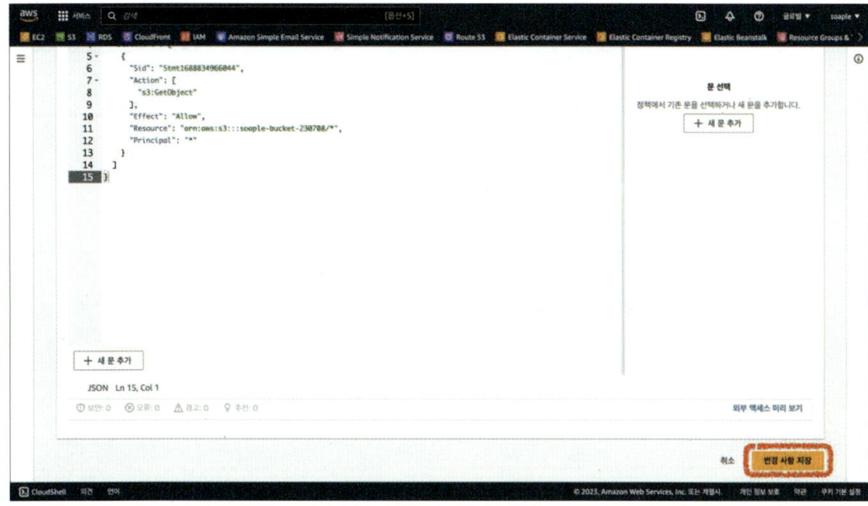

이제 우리가 만든 정책이 버킷에 적용되었습니다.

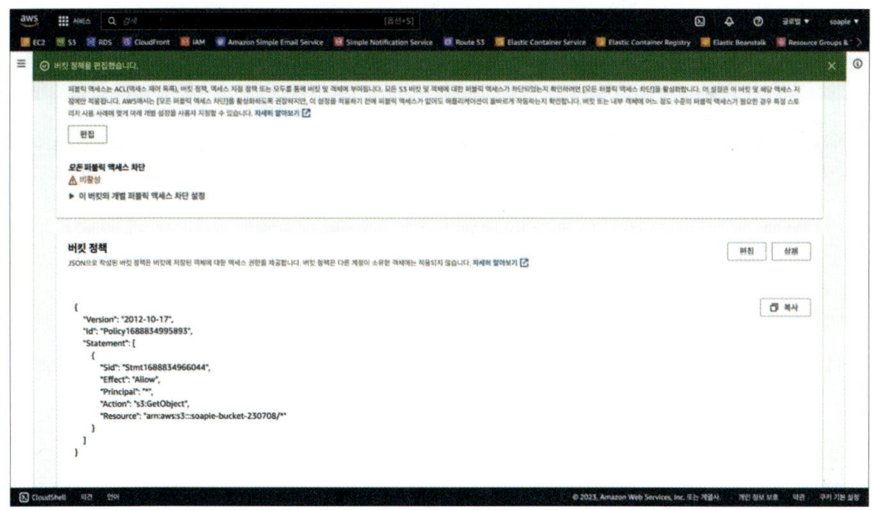

다음으로 버킷의 **속성** 탭을 클릭합니다.

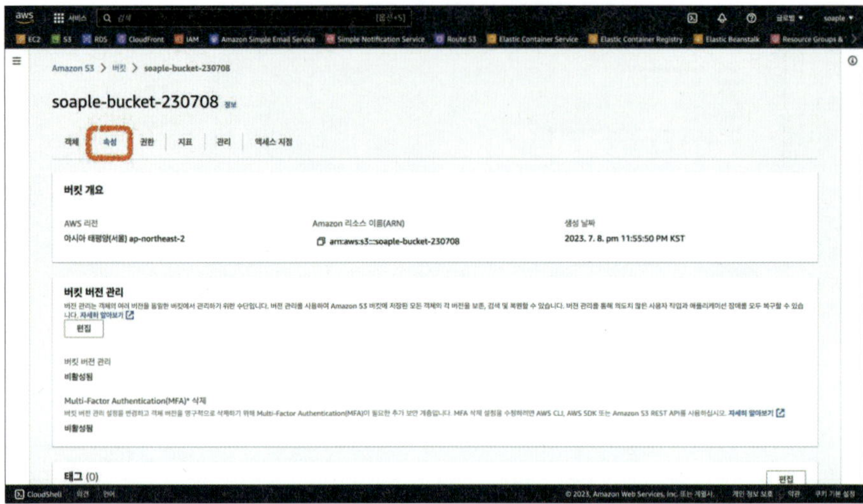

그리고 다음 화면과 같이 **정적 웹사이트 호스팅** 옵션에 있는 웹사이트 엔드포인트를 복사
합니다.

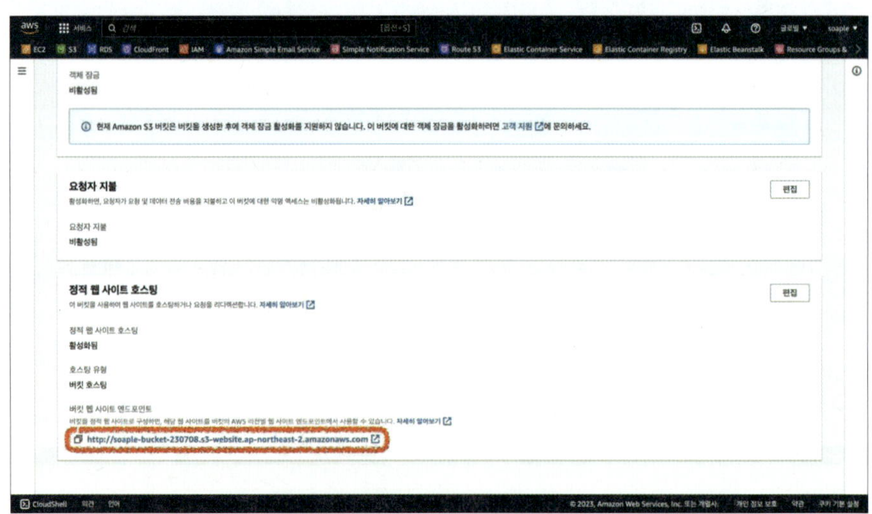

이후 브라우저에서 해당 주소로 접속하면 우리가 작성한 index.html 파일이 정상적으로 나오는 것을 볼 수 있습니다. 이처럼 S3를 사용하면 정적 웹사이트를 편리하게 호스팅할 수 있습니다.

Hello, S3!

정적 웹 호스팅 성공!

8.11 실습 S3 버킷 삭제

이번 실습에서는 S3 버킷을 삭제해보겠습니다. 한 가지 기억해야 할 점은 버킷을 삭제하려면 먼저 버킷이 비어 있어야 한다는 것입니다. 그래서 먼저 버킷을 비우기 위해 아래 화면과 같이 버킷 목록에서 버킷을 선택합니다.

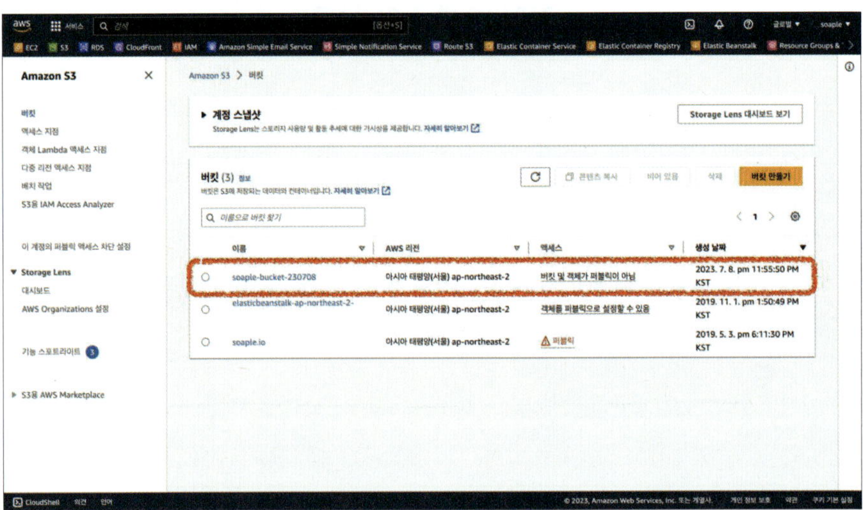

그리고 **비어 있음** 버튼을 클릭합니다. 이 부분은 한국어 번역이 조금 이상하게 되어 있는데 **버킷 비우기** 버튼이라고 보면 됩니다.

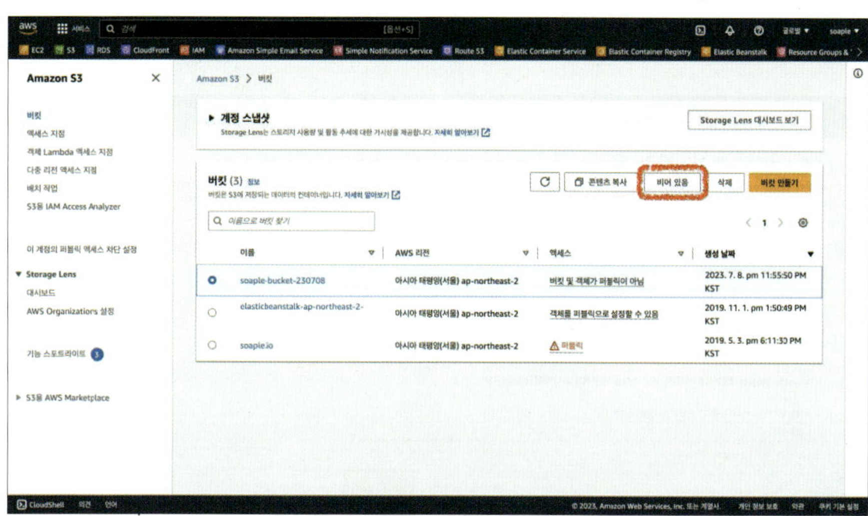

비어 있음 버튼을 클릭하면 다음처럼 **버킷 비우기** 화면이 나옵니다. 버킷을 비우는 것은 꽤 중요한 작업이기 때문에 이렇게 한 번 더 확인을 거치는 것입니다. 여기서 표시된 부분에 영구 삭제라고 입력합니다. 참고로 입력해야 하는 확인 문구는 언어나 환경에 따라 달라질 수 있으니 각자 자신의 화면에 나타난 문구를 입력하면 됩니다.

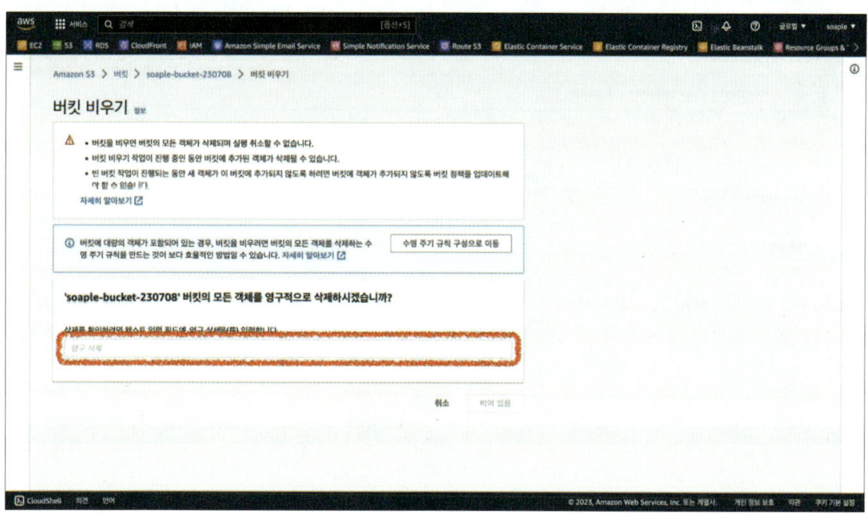

이후 아래 화면과 같이 **비어 있음** 버튼을 클릭합니다.

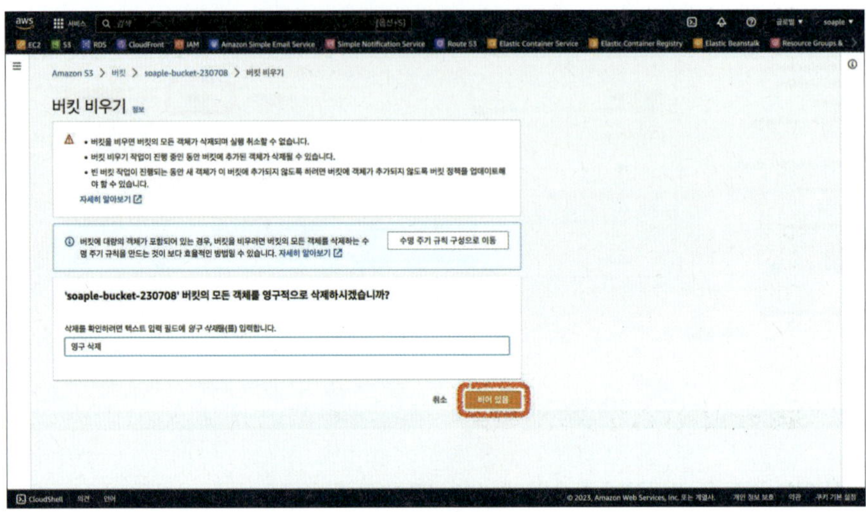

그러면 버킷이 비워집니다. 여기서 **종료** 버튼을 클릭합니다.

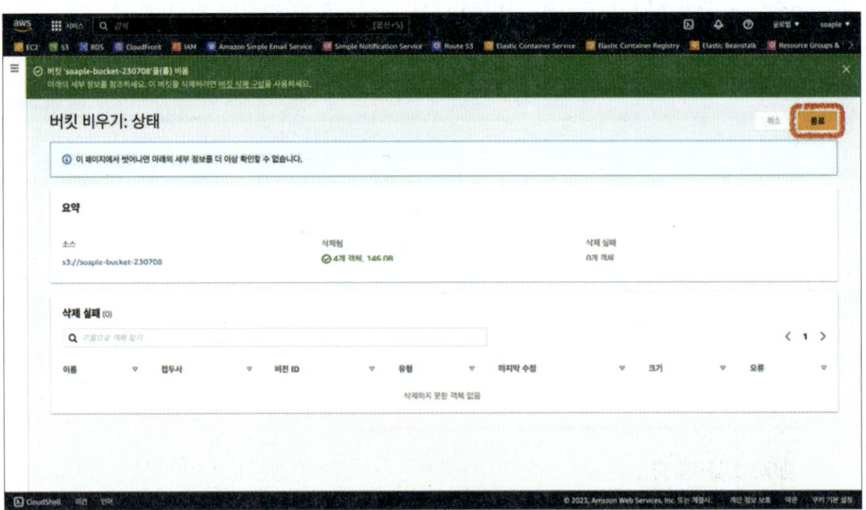

이번에는 버킷을 삭제하기 위해 다시 버킷을 선택하고 **삭제** 버튼을 클릭합니다.

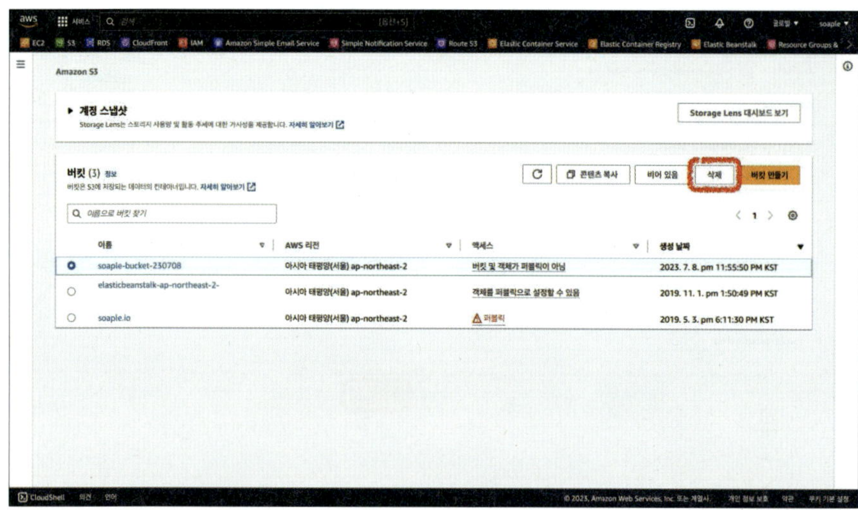

그러면 다음과 같이 **버킷 삭제** 화면이 나오고 여기서 표시된 부분에 버킷의 이름을 그대로 입력합니다.

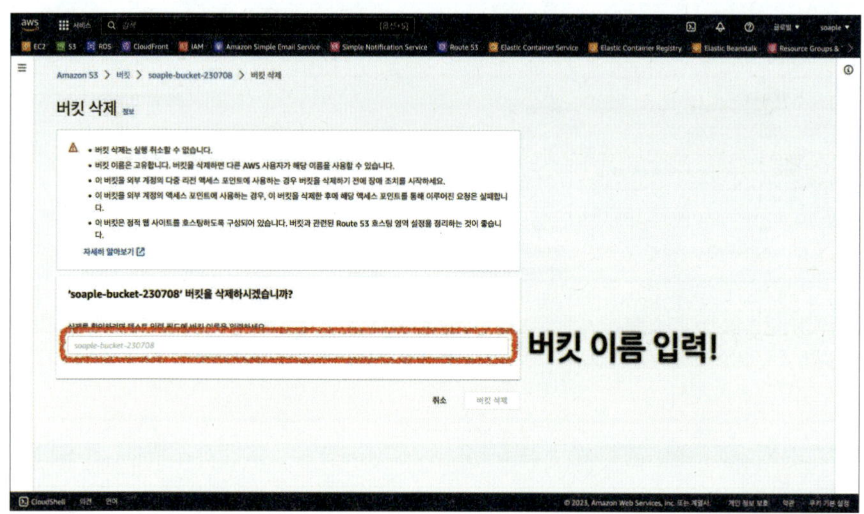

이후 **버킷 삭제** 버튼을 클릭하여 버킷을 삭제합니다.

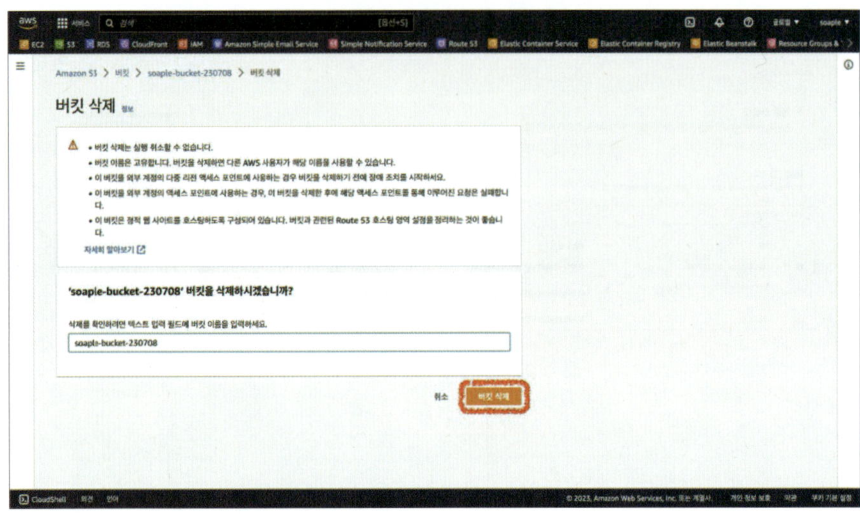

그러면 화면과 같이 버킷 삭제가 완료됩니다.

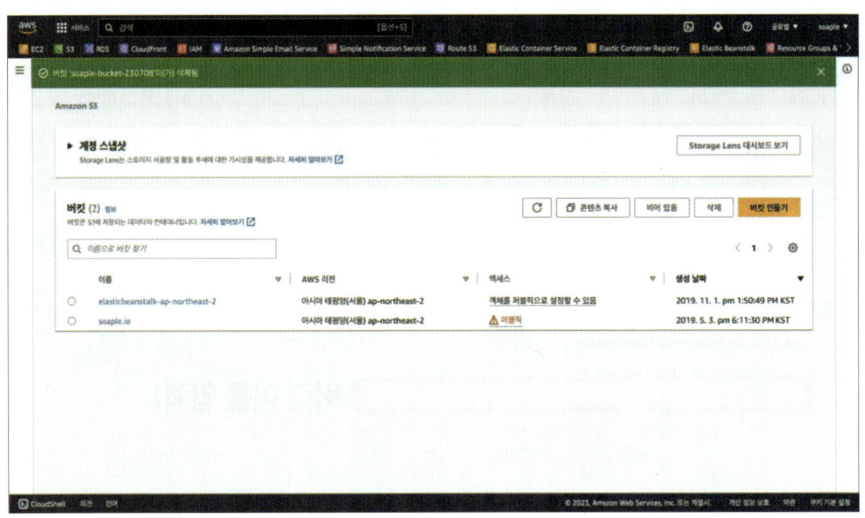

앞에서 설명했던 것처럼 버킷 이름은 DNS 형식으로 전 세계에서 유일해야 한다는 것을 기억하기 바랍니다. 버킷을 삭제하면 곧바로 같은 이름으로 버킷을 만들기 어려울 수 있으므로 내가 꼭 사용해야 할 버킷 이름이 있다면 만들어두고 삭제하지 않는 것이 좋습니다.

 8장 요약

- **객체 스토리지**
  - 데이터를 객체로 관리
  - 방대한 확장성 및 메타데이터
  - 규모와 유연성이 필요한 애플리케이션을 구축하는 데 적합
  - 파일의 일부분만 수정 불가(전체를 덮어 써야 함)

- **파일 스토리지**
  - 데이터를 파일로 관리
  - 파일 시스템이 존재
  - 파일의 일부분만 수정 가능

- **블록 스토리지**
  - 데이터를 블록으로 관리
  - 블록은 저장 공간을 나누는 단위
  - 엄청나게 낮은 지연 시간을 제공
  - DBMS나 Virtual Machine에 사용하기 적합

- **파일 스토리지 vs 객체 스토리지**
  - 파일의 일부만 수정 가능 여부
  - 운영체제에서 직접 접근 가능 여부

- **S3(Simple Storage Service)**
  - 객체 기반의 무제한 파일 저장 스토리지
  - URL을 통해 손쉽게 파일 공유 가능
  - 정적 웹사이트 호스팅 가능

- **S3 관련 용어**

  – Bucket, Object, Metadata, Policy

- **S3 스토리지 클래스**

  – Standard, Standard –IA, One Zone –IA, Glacier

CloudFront

Preview

이번 장에서는 CloudFront를 학습합니다. 먼저 CloudFront라는 서비스에 대해서 소개하고,
실습을 통해 실제로 S3와 CloudFront를 연동해서 사용해보도록 하겠습니다.

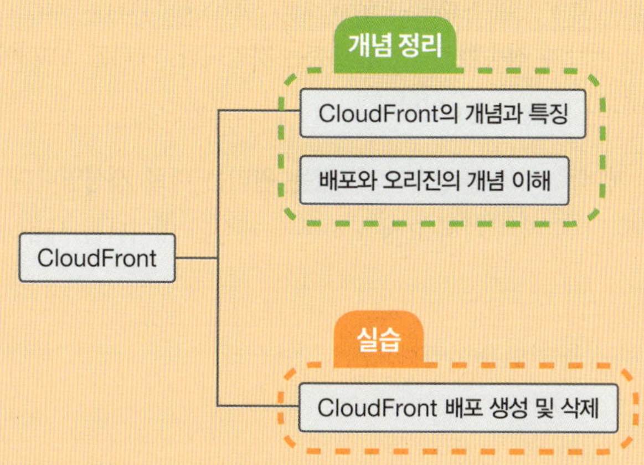

9.1 CloudFront

CloudFront는 어떤 서비스일까요? 결론부터 말하면 CloudFront는 CDN 서비스입니다.

CDN이라는 단어를 처음 들어본 분도 있을 텐데, CDN은 Content Delivery Network의 약자로 우리말로는 콘텐츠 전송 네트워크라고 부릅니다. CDN의 역할은 이름이 가진 의미 그대로 콘텐츠를 전 세계로 빠르게 전송할 수 있게 해주는 것입니다. 그리고 AWS에서 이 CDN 역할을 하는 서비스가 바로 CloudFront입니다.

CDN이 콘텐츠를 전 세계로 빠르게 전송할 수 있는 원리는 바로 캐싱입니다. 원본 데이터를 전 세계 곳곳에 캐싱해둠으로써 어디서 요청을 하든지 캐싱된 데이터를 사용하여 빠르게 전송할 수 있는 것입니다.

그럼 CloudFront의 특징을 한번 알아볼까요?

- 콘텐츠 전송 네트워크(CDN)
- 콘텐츠(이미지, HTML)를 캐싱하여 성능 가속
- 전 세계 수많은 엣지 로케이션
- 글로벌 고속 백본 네트워크 확보
- AWS 서비스 ↔ CloudFront 데이터 전송 무료
- DDoS 방어 무료 제공(AWS Shield Standard)

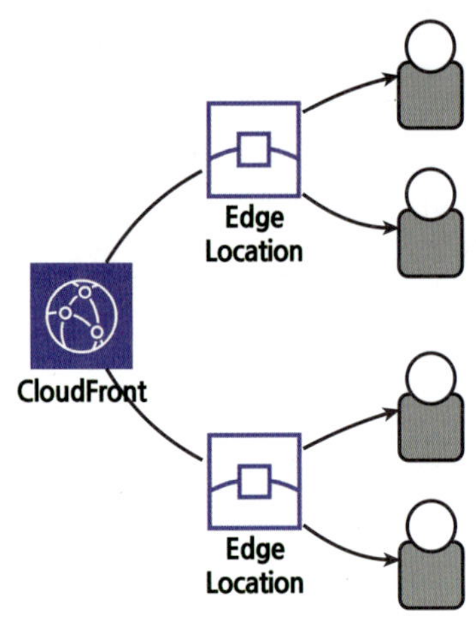

▶ CloudFront

CloudFront는 CDN서비스이며 이미지, HTML 등의 콘텐츠를 캐싱하여 성능을 가속시킵니다. 또한 전 세계 수많은 Edge Location을 통해 콘텐츠를 빠르게 전 세계로 전송할 수 있으며, 글로벌 고속 백본 네트워크를 확보하고 있습니다. 그리고 AWS 서비스와 CloudFront 사

이의 데이터 전송은 무료이며 DDoS 방어 또한 무료로 제공됩니다.

참고로 그림에 나와 있는 AWS Shield Standard는 AWS에서 실행되는 애플리케이션을 보호하는 DDoS 보호 서비스입니다. 그리고 CloudFront에서는 AWS Shield Standard에 의한 L3/L4 DDoS 보호는 추가 비용 없이 포함됩니다.

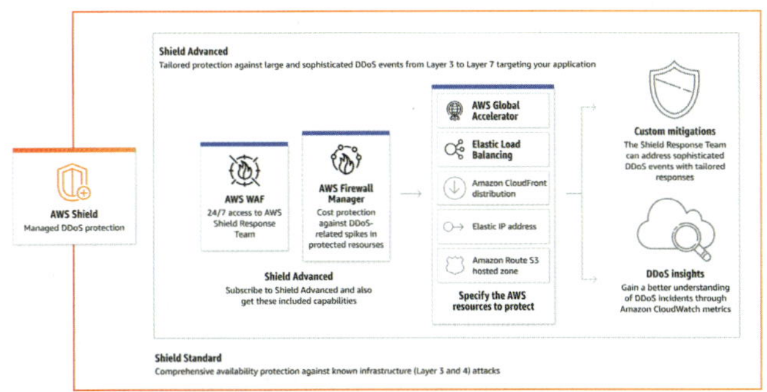

AWS Shield Standard에 의한 L3/L4 DDoS 보호는 추가 비용 없이 포함

▶ AWS Shield Standard

앞에서 언급했듯이 AWS는 글로벌 인프라가 굉장히 잘 갖춰져 있습니다. 여기서 현재 전 세계 400개 이상의 엣지 로케이션이 존재한다고 나와 있는데, 이 엣지 로케이션이 바로 Cloud Front 같은 CDN 서비스를 제공하기 위한 목적으로 사용된다고 보면 됩니다. 즉, 원본 데이터가 캐싱되는 서버가 존재하는 곳입니다.

- **31**개 리전
  (Region)

- **99**개 가용 영역
  (Availability Zone)

- **400**개 이상의 엣지 로케이션
  (Edge Location)

▶ AWS 글로벌 인프라

그럼 CloudFront의 기본 용어를 알아보겠습니다.

- **배포(Distribution)**
  - CloudFront의 가장 기본적인 단위
  - 각 배포는 고유의 도메인을 가지게 됨
    - Route 53을 사용해서 자신이 구입한 도메인에 연결 가능
- **오리진(Origin)**
  - 원본 파일을 가져오는 위치
    - 기본 설정: S3
    - 커스텀 설정: EC2, ELB, 외부 서버

먼저 배포가 있습니다. 배포는 영어로 Distribution이며 CloudFront의 가장 기본적인 단위입니다. 각 배포는 고유의 도메인을 가지게 되며, Route 53이라는 AWS의 DNS 서비스를 사용해서 자신이 구입한 도메인에 연결할 수도 있습니다.

다음으로 오리진은 CloudFront에서 원본 파일을 가져오는 위치를 의미합니다. 기본 설정은 S3로 되어 있으며 EC2, ELB, 외부 서버 등으로 커스텀 설정도 가능합니다.

9.2 실습 S3 버킷 생성 및 파일 업로드

먼저 이번 실습을 통해 우리가 만들려는 구조는 다음 그림과 같습니다. 클라이언트가 S3에 직접 접근해서 파일을 가져오는 것이 아닌, S3를 Origin으로 하는 CloudFront 를 통해서 파일을 가져오는 것입니다. 그리고 이 구조를 만들기 위해서 먼저 Origin이 될 S3 버킷이 필요합니다.

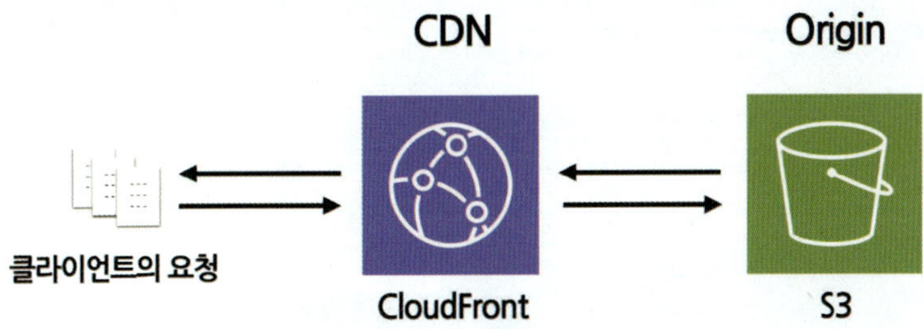

그래서 CloudFront를 사용하기 전에 먼저 S3 버킷을 생성하고 간단한 내용의 파일을 버킷에 업로드해야 합니다. S3 버킷을 생성하고 hello.txt 파일을 업로드하는 과정은 8 장의 실습 부분을 참고하여 진행하기 바랍니다. 버킷 생성 및 hello.txt 파일 업로드까지 완료한 후에 이어서 실습을 진행하면 됩니다.

 9.3 실습 CloudFront 배포 생성

이번 실습에서는 실제로 CloudFront 배포를 생성해보도록 하겠습니다.

먼저 AWS 콘솔에 접속하여 상단 검색창에 'CloudFront'라고 검색합니다. 그러면 아래 화면과 같이 검색 결과가 나오고, 여기서 **CloudFront**를 클릭합니다.

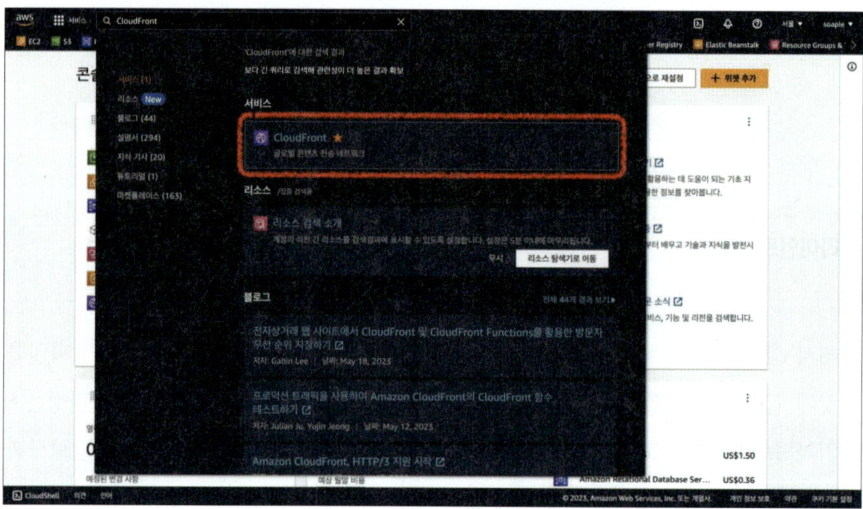

다음 화면과 같이 CloudFront 페이지를 볼 수 있습니다. 여기서 **CloudFront 배포 생성** 버튼을 클릭합니다.

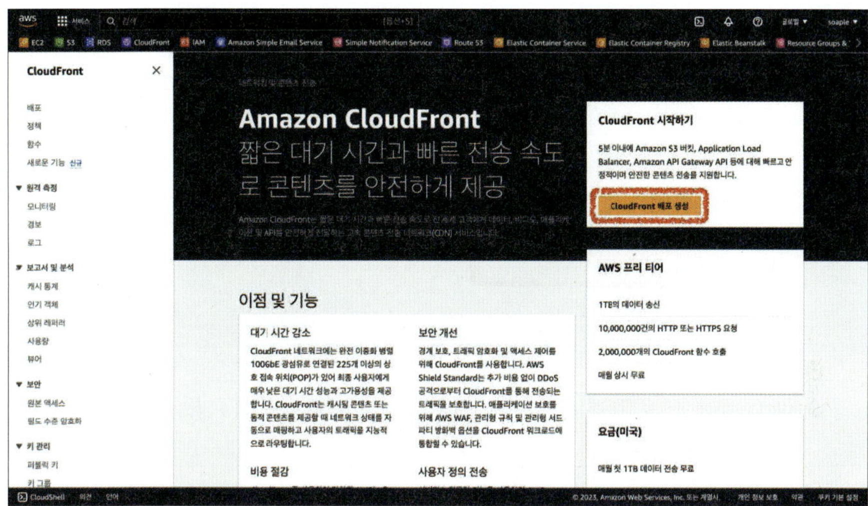

그러면 **배포 생성** 페이지가 나오고, 여기서 **원본 도메인 선택** 메뉴를 클릭합니다.

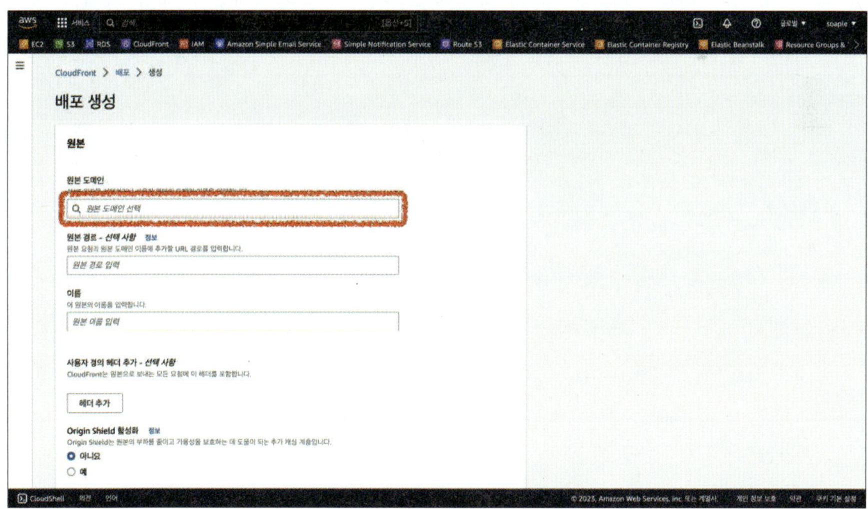

그럼 목록에 아래 화면과 같이 다양한 종류의 Origin들이 나오게 됩니다. 여기서 앞에서 미리 만들어둔 S3 버킷을 선택합니다.

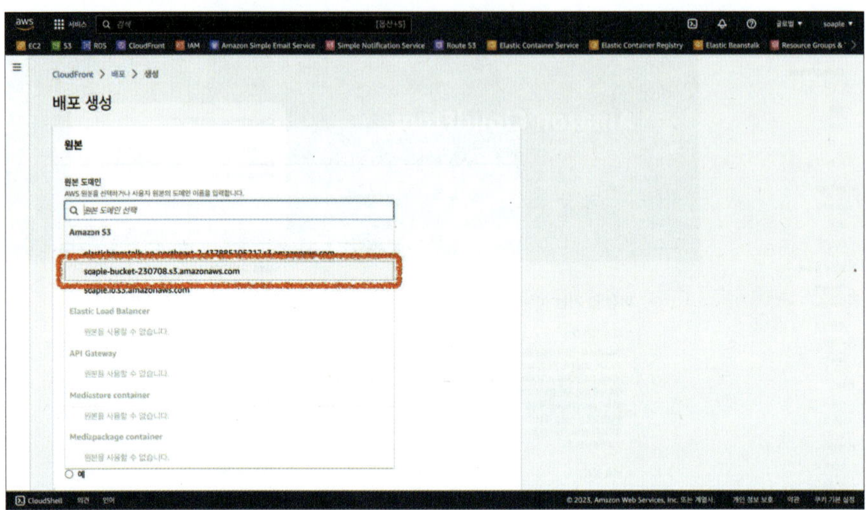

화면과 같이 원본이 선택되었습니다. 이렇게 하면 사용자가 CloudFront를 통해 버킷에 있는 객체를 가져오려고 할 때 전 세계에 분포한 엣지 로케이션에 해당 객체가 캐싱이 되고 빠르게 전송할 수 있게 되는 것입니다.

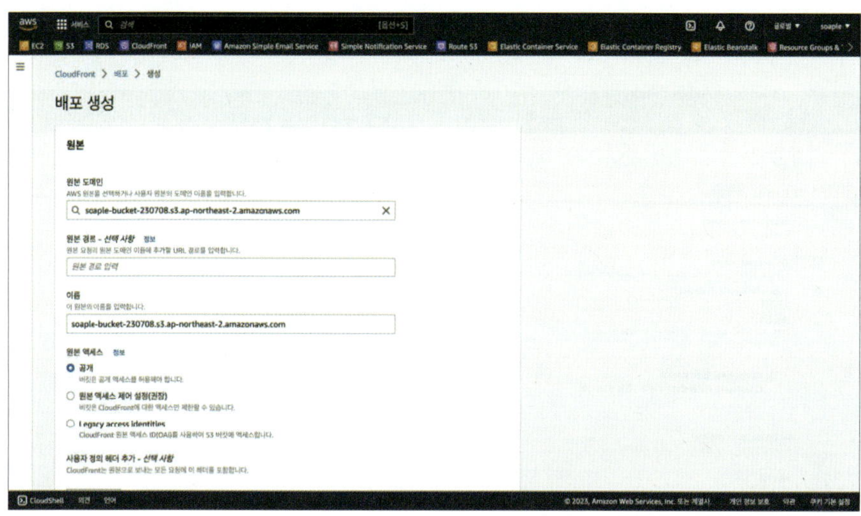

화면을 아래로 내려서 원본 액세스를 설정해야 합니다. 이것은 원본에 접근할 수 있는 권한을 설정하는 것이라고 보면 됩니다. 여기서 권장이라고 되어 있는 **원본 액세스 제어 설정**을 선택합니다.

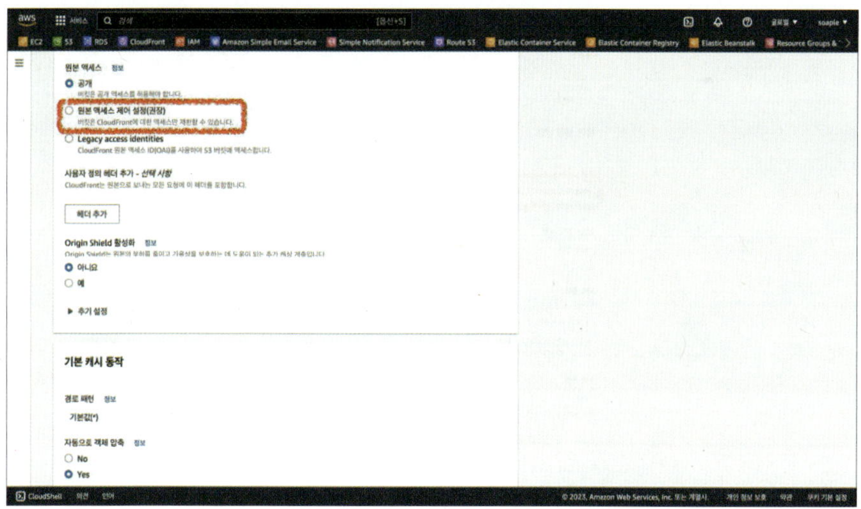

그럼 옵션이 화면처럼 바뀌는데 여기서 **제어 설정 생성** 버튼을 클릭합니다.

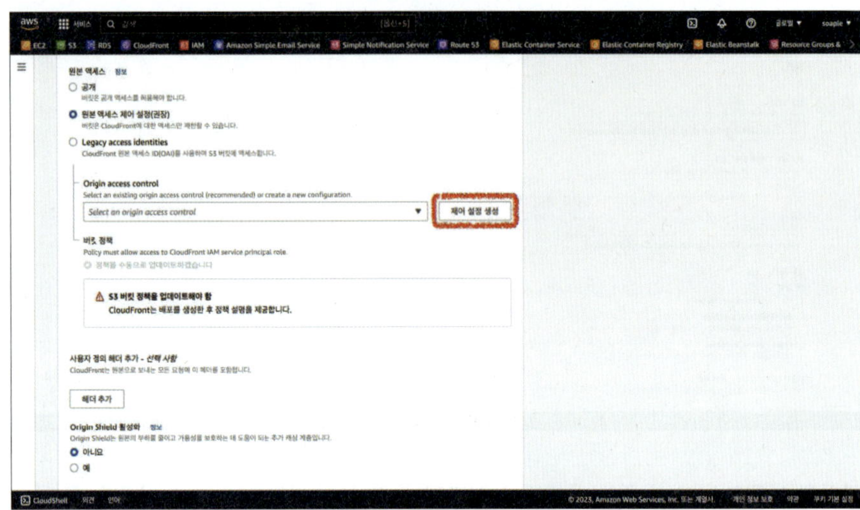

그러면 아래 화면과 같이 제어 설정을 생성할 수 있는 확인 문구가 나오게 됩니다. 먼저 **이름**을 변경하도록 하겠습니다.

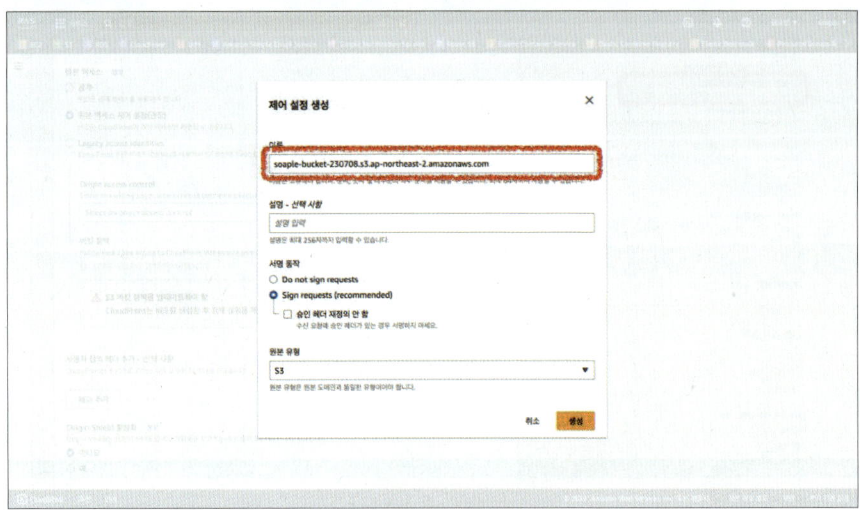

저는 'MyOriginAccess'라고 이름을 변경했습니다. 이후 하단에 있는 **생성** 버튼을 클릭합니다.

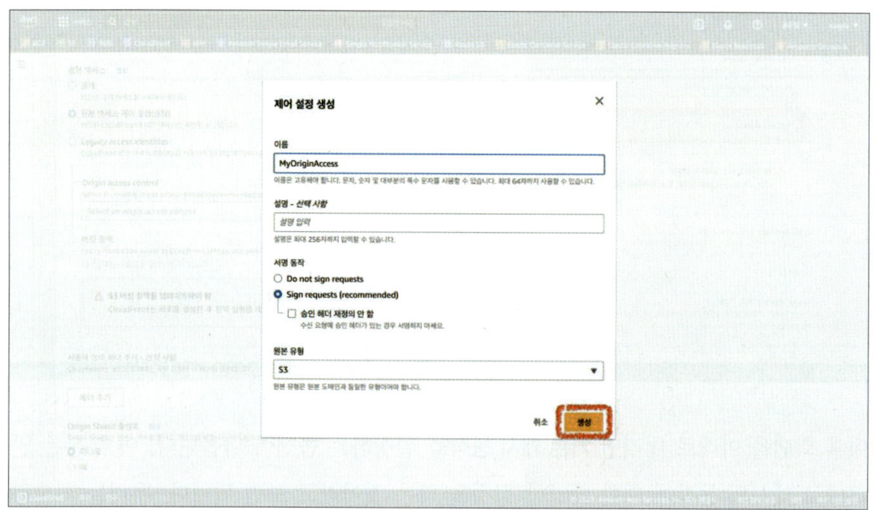

제어 설정을 생성한 이후에 아래 화면과 같이 목록에서 방금 만든 제어 설정을 선택합니다.

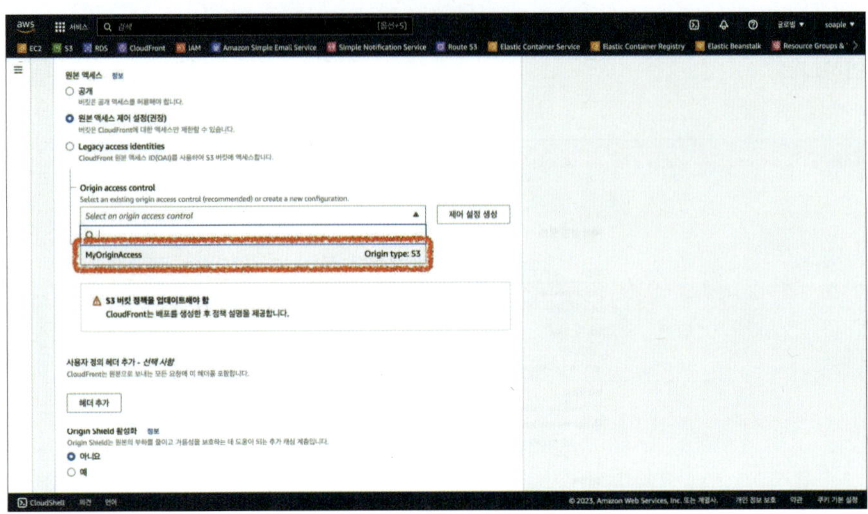

이후 화면을 아래로 내리면 **기본 캐시 동작**을 설정하는 옵션이 나옵니다. 이 부분은 말 그대로 캐시의 동작에 대한 다양한 설정을 하는 것이라고 보면 됩니다. 우리는 기본값 을 그대로 사용하겠습니다.

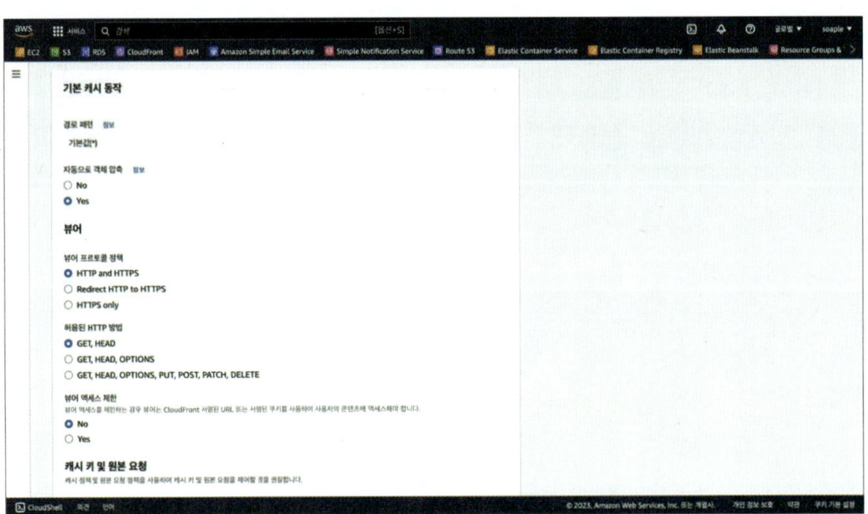

다음은 **함수 연결** 옵션이 나오는데, 이 부분은 캐시 동작이 발생했을 때 CloudFront의 함수나 Lambda@Edge 등의 함수를 호출할 수 있는 기능입니다. 여기서는 따로 사용하지 않겠습니다.

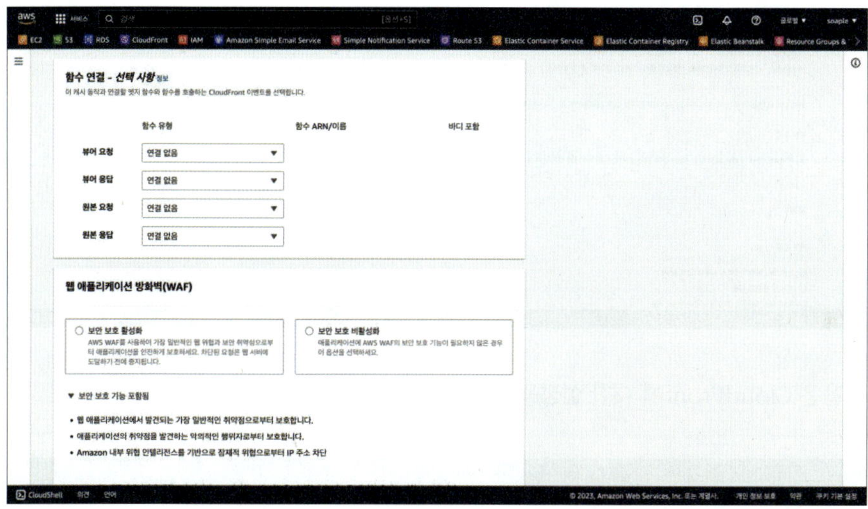

다음으로는 **웹 애플리케이션 방화벽(WAF)**을 설정하는 옵션이 나옵니다. 보안 보호 활성화를 사용하게 되면 여러 가지 취약점으로부터 웹 애플리케이션을 보호할 수 있는데, 유료로 제공되는 기능이기 때문에 비활성화하도록 하겠습니다. **보안 보호 비활성화**를 선택합니다.

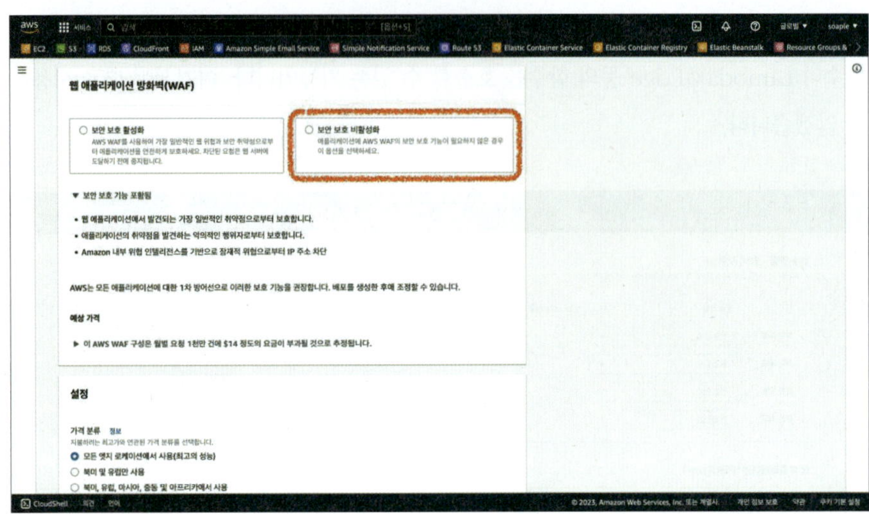

다음은 CloudFront에 대한 **설정**을 하는 부분이 나옵니다.

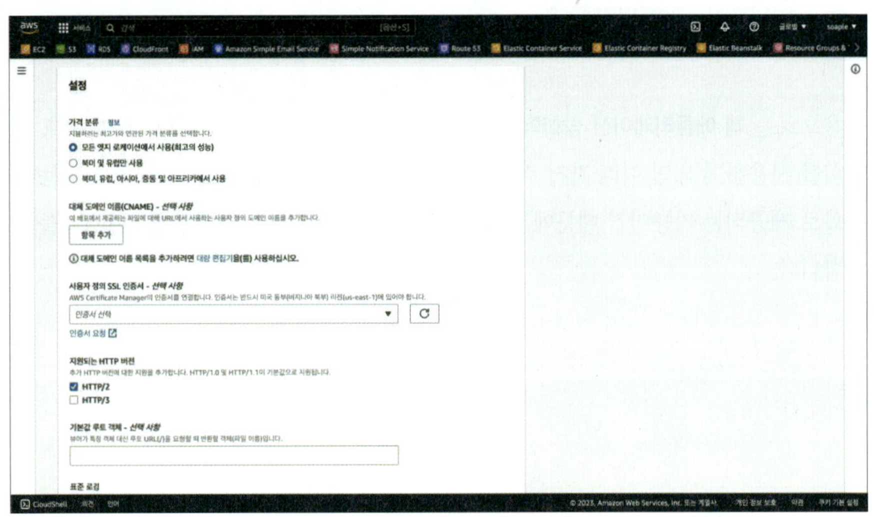

여기서 다른 설정들은 그대로 사용하고 **기본값 루트 객체**만 설정하겠습니다.

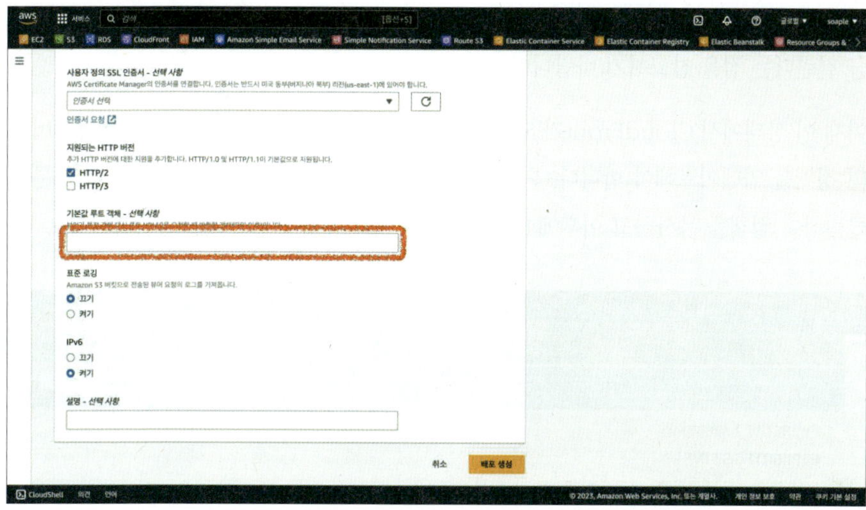

저는 버킷의 최상위 경로에 업로드한 hello.txt 파일 이름을 입력했습니다. 이 기본값 루트 객체는 CloudFront 배포의 URL로 접속할 경우에 기본적으로 나오게 될 객체를 의미한다고 보면 됩니다.

기본값 루트 객체를 설정했다면 이제 **배포 생성** 버튼을 클릭합니다.

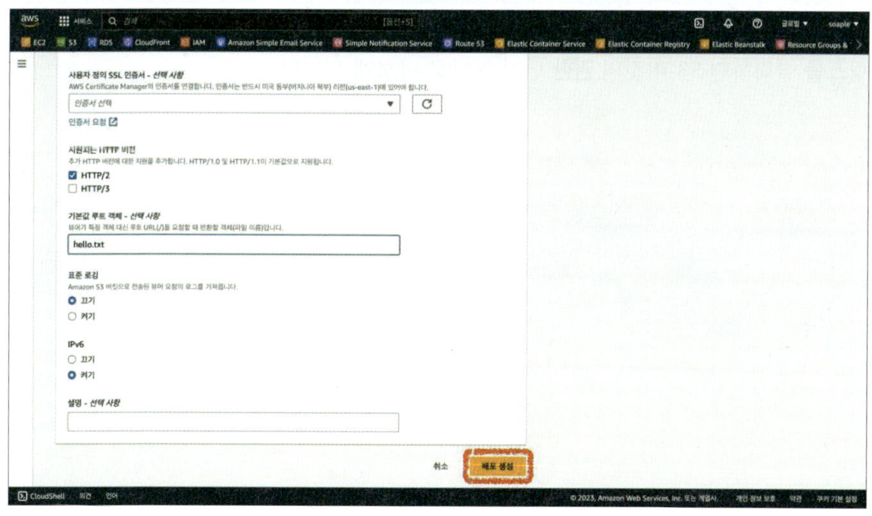

그러면 다음 화면과 같이 배포 생성이 시작됩니다. CloudFront 배포 생성은 시간이 조금 걸린다는 점을 참고하기 바랍니다.

이제 이 상태에서 CloudFront가 S3 버킷으로부터 객체들에 접근할 수 있도록 S3 버킷의 정책을 업데이트해야 합니다. 화면의 파란색 창을 닫지 말고, 먼저 **정책 복사** 버튼을 클릭하여 정책을 복사하고 이후에 S3 버킷 권한으로 이동하는 링크를 클릭합니다.

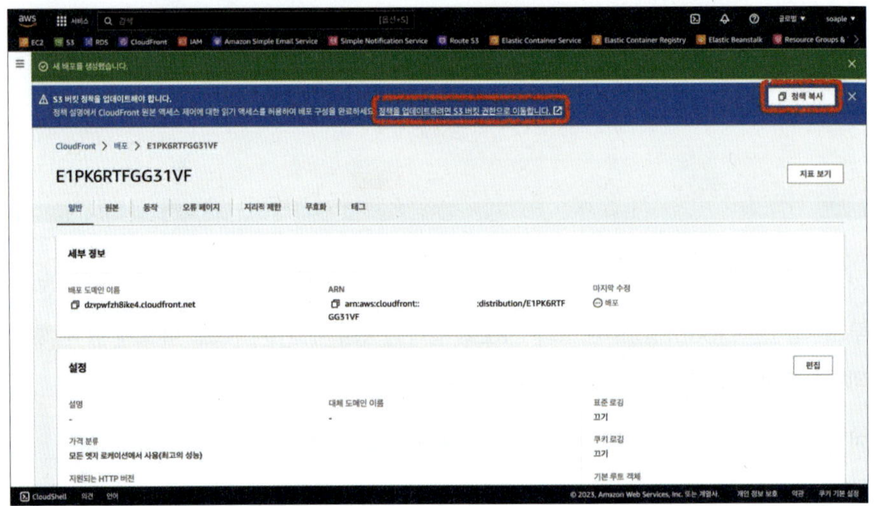

링크를 클릭하면 S3 버킷의 **권한** 탭이 곧바로 나오게 됩니다.

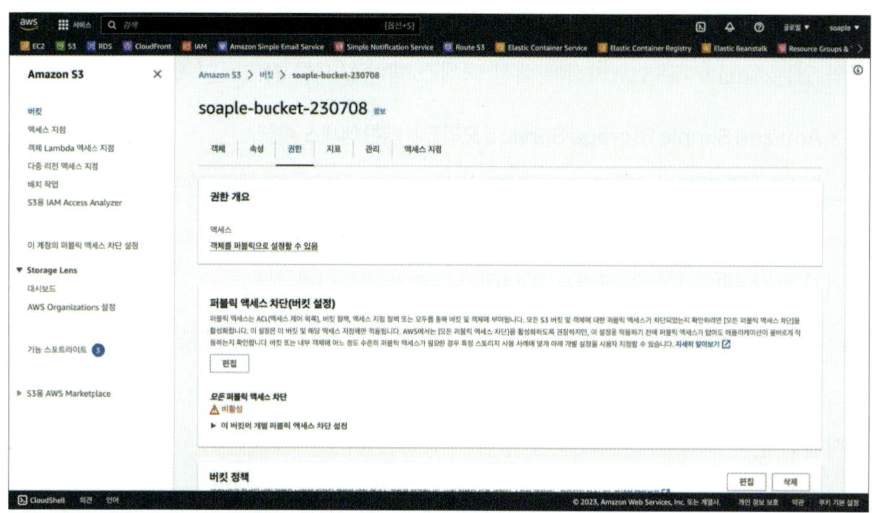

화면을 아래로 내리면 버킷 정책을 설정할 수 있는 옵션이 나오는데, 여기서 **편집** 버튼
을 누른 이후에 정책 편집기에서 아까 복사해둔 정책을 붙여 넣으면 됩니다.

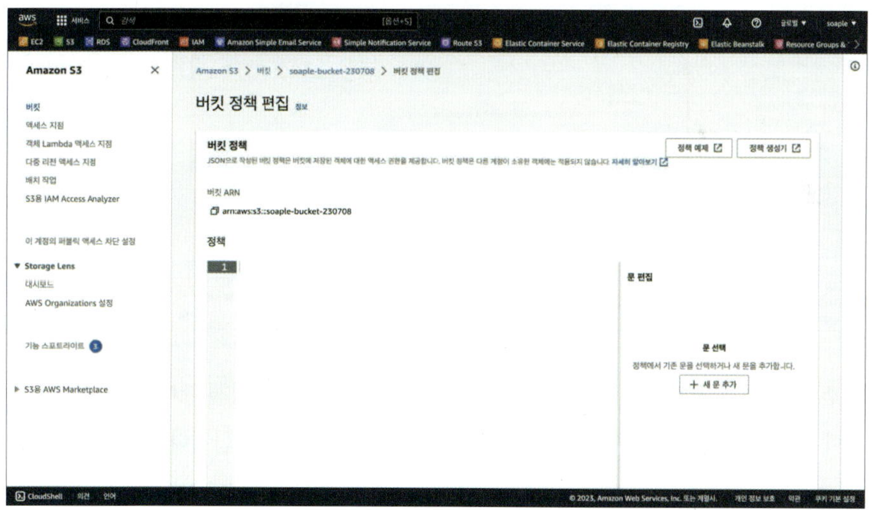

만약 파란색 창을 닫아버렸거나 나중에 정책을 직접 만들고 싶은 분들은 아래 링크에 나와 있는 Amazon S3 오리진에 대한 액세스 제한 문서를 참고하면 됩니다.

- **Amazon Simple Storage Service 오리진에 대한 액세스 제한**

  https://docs.aws.amazon.com/ko_kr/AmazonCloudFront/latest/DeveloperGuide/private-content-restricting-access-to-s3.html

여기서 잠시 해당 과정을 살펴보고 넘어가도록 하겠습니다.

해당 문서의 내용 중간에는 CloudFront OAC에 대한 읽기 전용 액세스를 허용하는 S3 버킷 정책이 나와 있습니다. 오른쪽 상단에 있는 복사 버튼을 클릭하여 이 정책을 복사합니다.

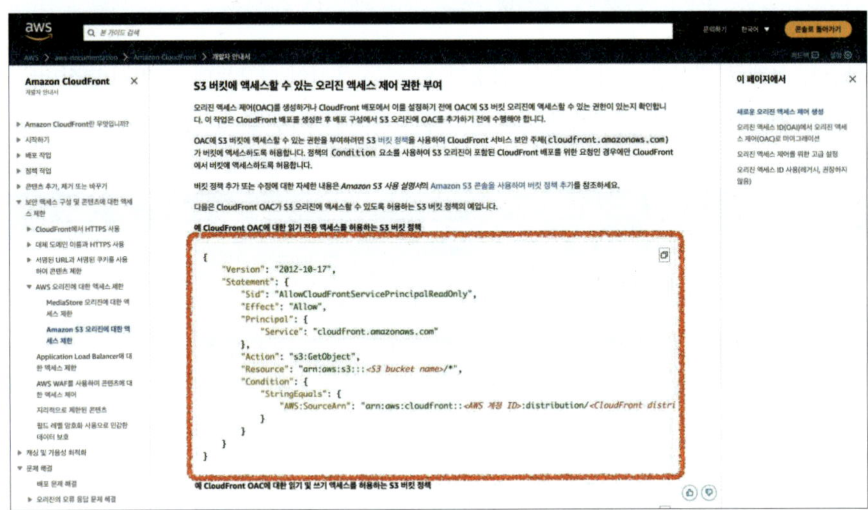

이후 버킷 정책 편집기에 실습 화면과 같이 붙여 넣습니다. 이 정책은 예시 정책이기 때문에 내용을 약간 수정해야 합니다. 먼저 **버킷 ARN**을 복사해야 합니다.

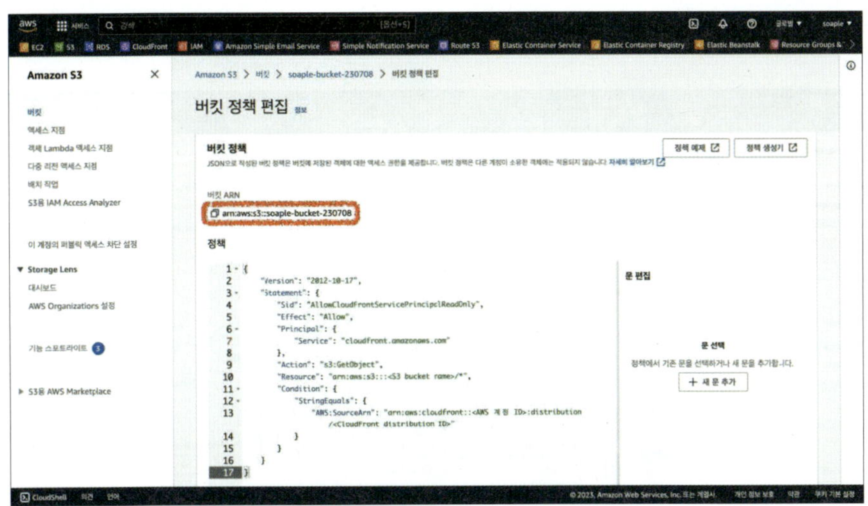

화면과 같이 버킷 ARN을 복사했습니다.

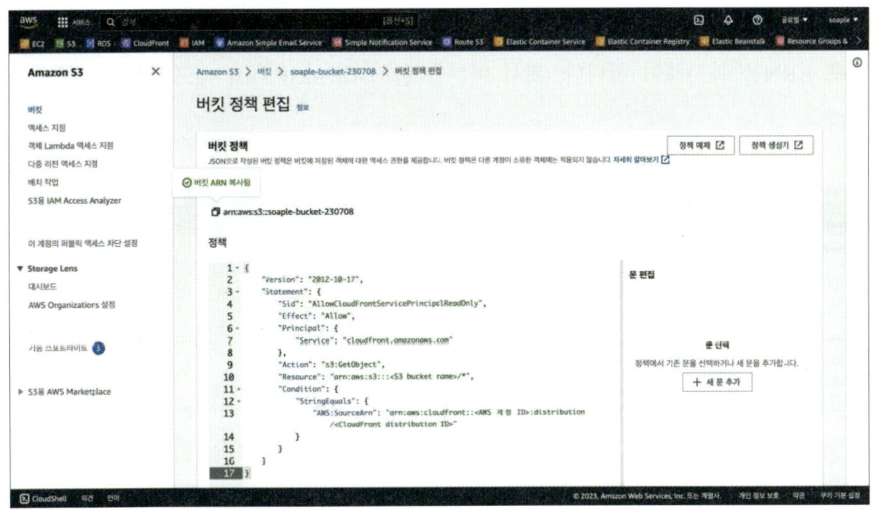

이후 정책의 중간 부분에 있는 Resource의 값에 복사한 버킷 ARN을 붙여 넣습니다.
참고로 여기서 버킷 ARN 뒤에 있는 /* 표기는 삭제하면 안 됩니다. 버킷 내에 있는 모

든 객체들에 대해 정책을 적용해야 하기 때문입니다.

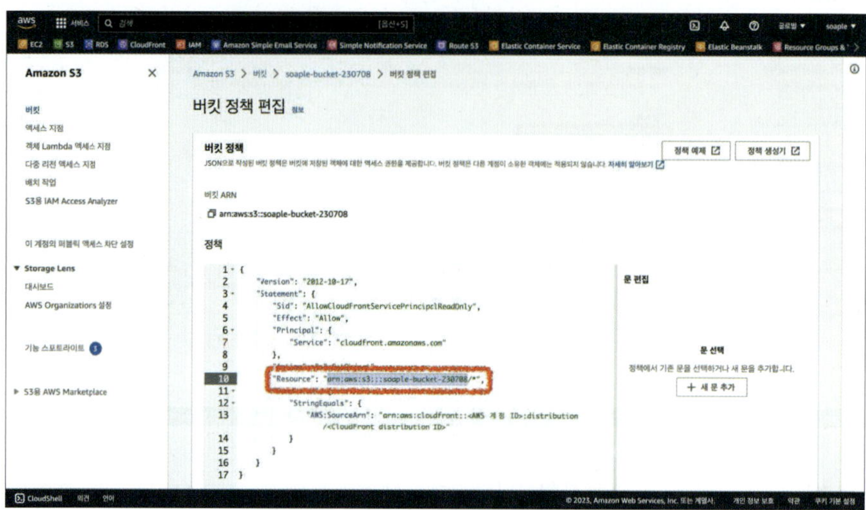

이후 CloudFront **배포** 상세 정보에 들어가서 화면에 표시된 것과 같이 CloudFront **배포** ARN을 복사해야 합니다. **복사** 버튼을 눌러 CloudFront 배포 ARN을 복사합니다.

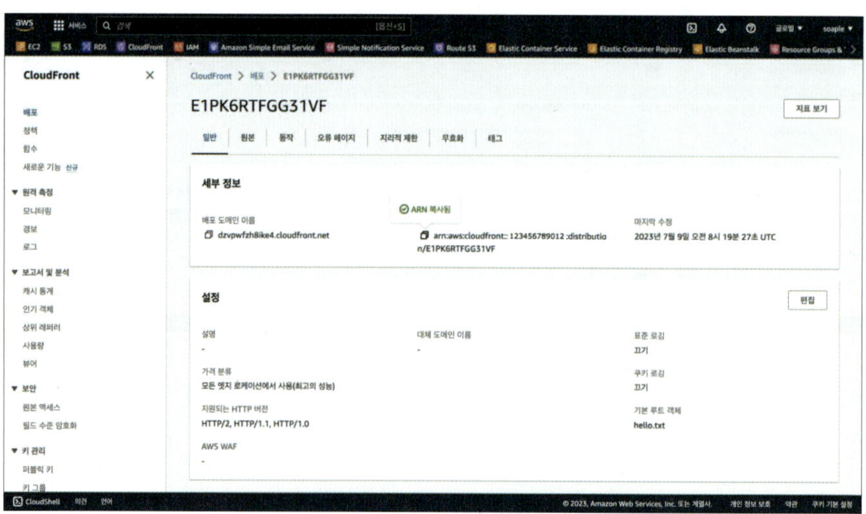

이후 다시 S3 정책 편집기로 돌아와서 CloudFront ARN에 붙여 넣습니다. 이렇게 하면 CloudFront 배포에서 S3버킷의 모든 객체에 대해 접근할 수 있게 됩니다.

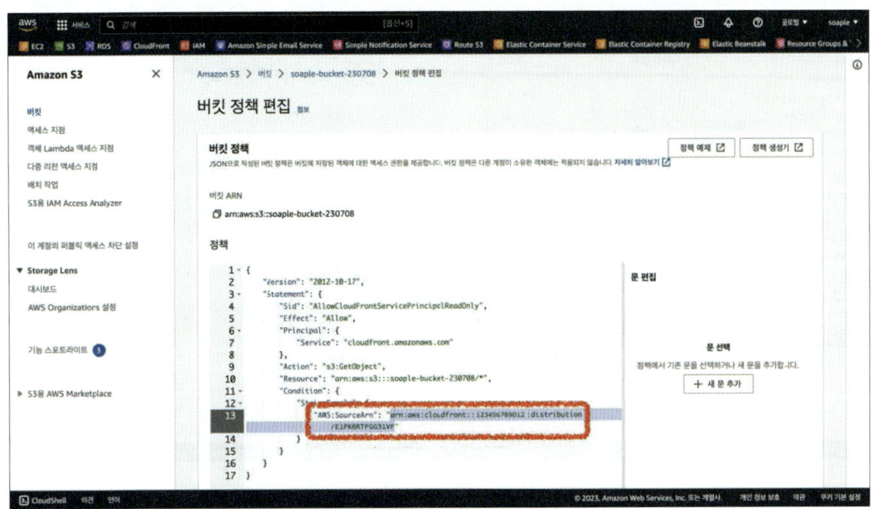

하단에 있는 **변경 사항 저장** 버튼을 클릭합니다.

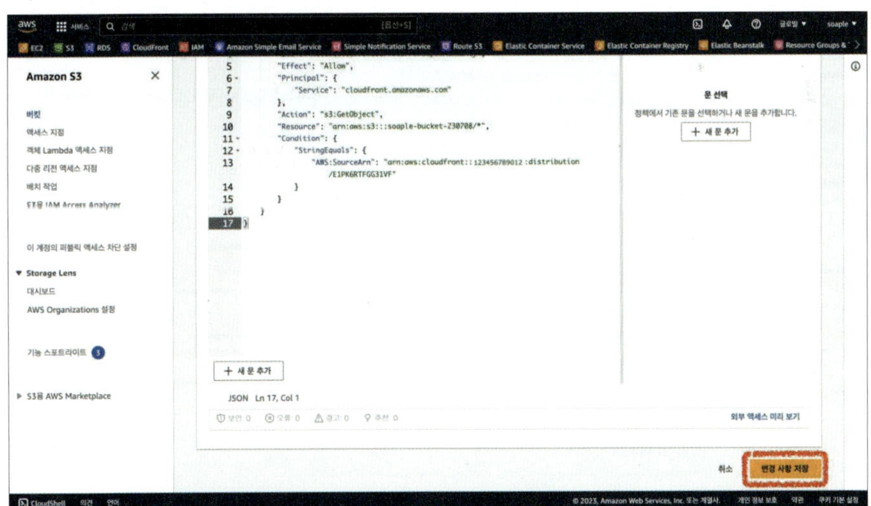

아래 화면과 같이 새로운 정책이 적용되었습니다.

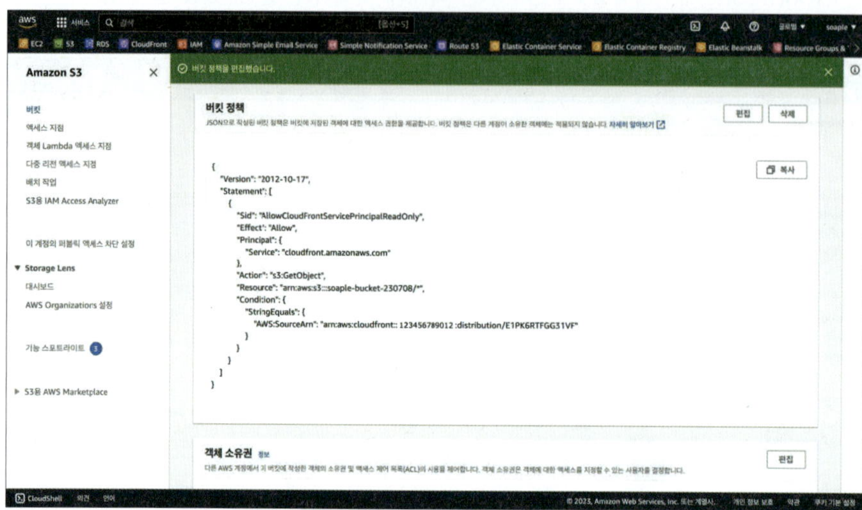

이제 화면과 같이 아까 업로드한 hello.txt 파일의 상세 정보에서 **객체 URL**을 복사해
서 접속해보겠습니다.

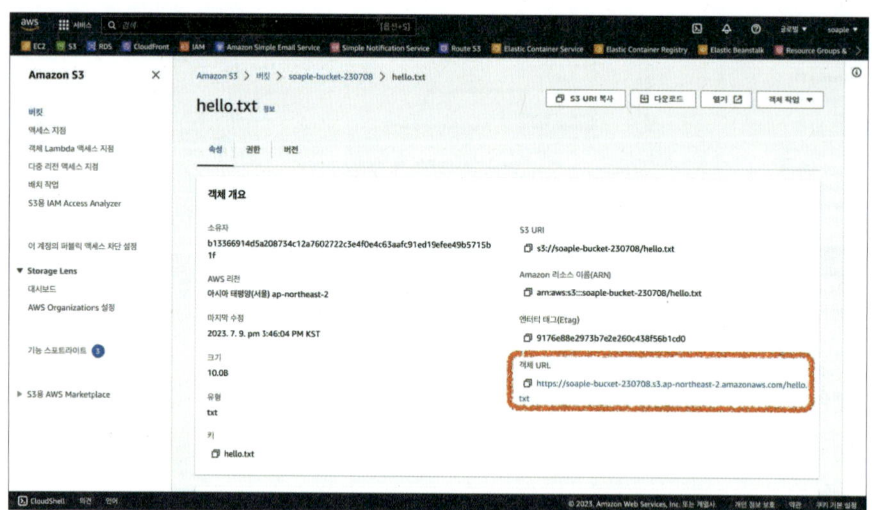

접속하면 AccessDenied 에러 메시지가 나오게 됩니다. 실습 화면처럼 되는 이유는 현재 정책에서는 hello.txt 객체의 S3 URL로 곧바로 접근할 수 있는 권한이 없기 때문입니다.

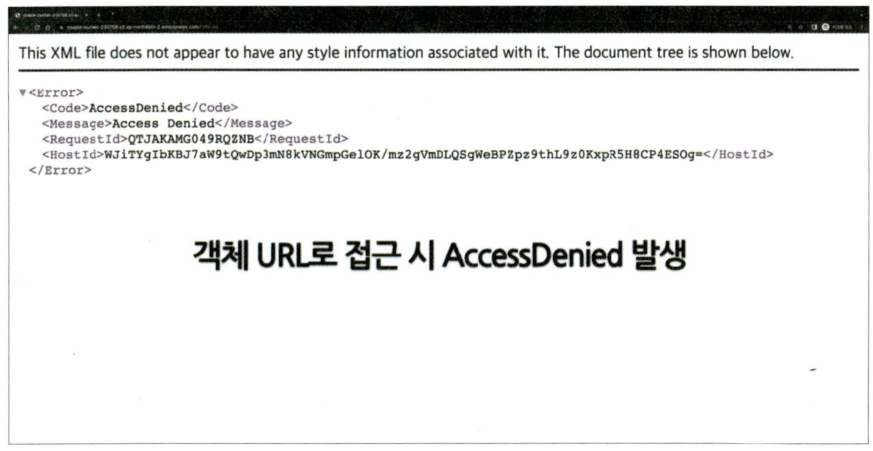

그렇다면 이번에는 CloudFront를 통해서 접속해보도록 하겠습니다. 먼저 CloudFront **배포**를 클릭합니다.

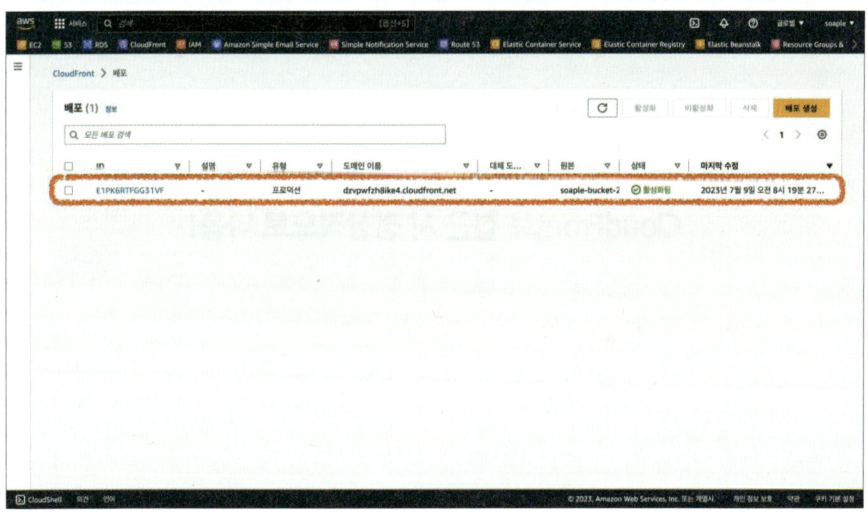

이후 배포 상세 페이지에서 배포 도메인 이름을 복사합니다.

이후 복사한 주소로 브라우저에서 접속하면 루트 객체로 지정한 hello.txt가 정상적으
로 나오는 것을 볼 수 있습니다.

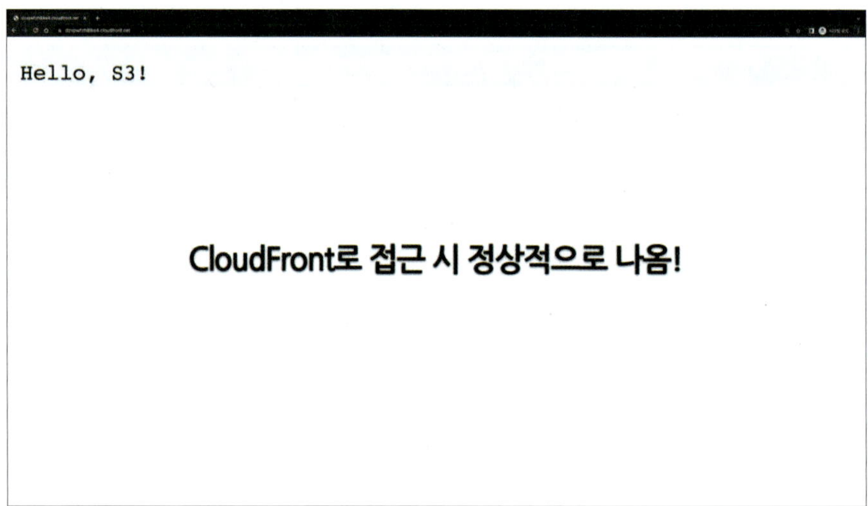

이 상태에서 크롬 개발자 도구를 열어서 **Network** 탭에서 **Doc**를 클릭하고 페이지를 한 번 새로고침 합니다. 그러면 실습 화면처럼 CloudFront 주소가 적힌 문서가 하나 나오는데 이걸 클릭합니다.

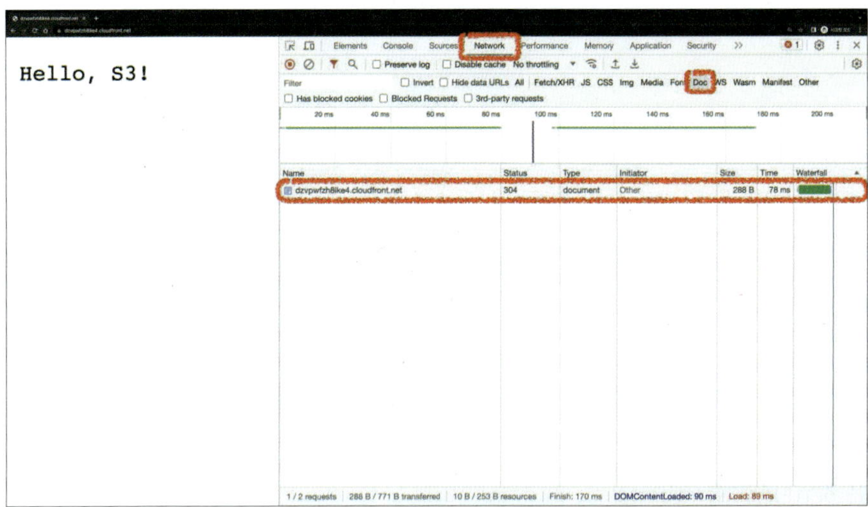

그러면 다음 실습 화면과 같이 오른쪽에 상세 정보가 나오는데, 화면에 표시된 부분을 보면 **X-Cache**라고 되어 있는 Response Header의 값에 **Miss from cloudfront**라고 되어 있는 것을 볼 수 있습니다. 참고로 캐시에는 Miss와 Hit라는 용어가 있는데, 캐시에서 가져올 경우 Hit로 표시하고 캐시에 없을 경우 Miss라고 표시합니다. 지금은 CloudFront에 캐싱이 되지 않았기 때문에 Miss라고 나오는 것입니다.

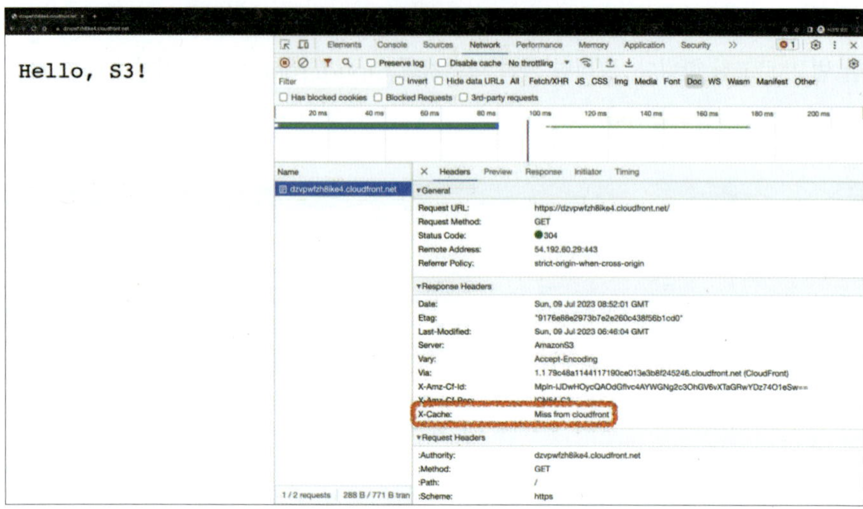

이 상태에서 계속 새로고침 하다 보면 화면처럼 **Hit from cloudfront**라고 바뀌는 것을 볼 수 있습니다. CloudFront를 사용하여 엣지 로케이션을 통해 캐싱된 데이터를 가져온 것입니다.

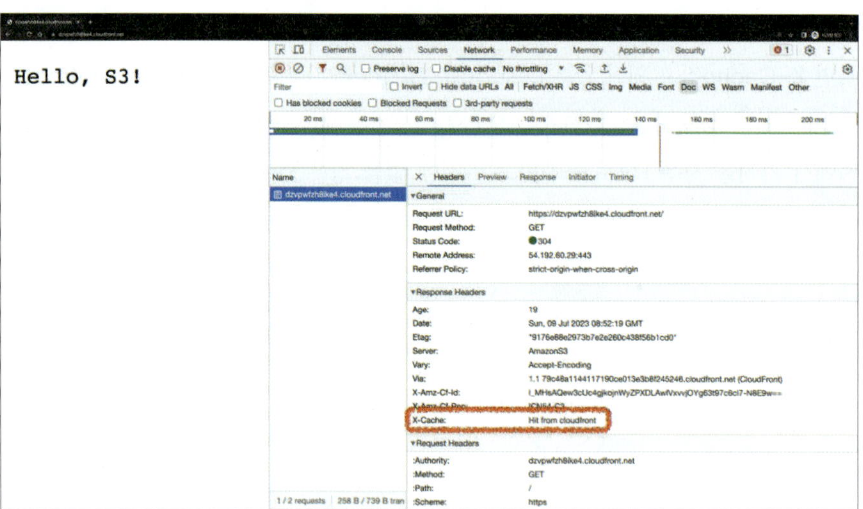

9.4 실습 CloudFront 배포 삭제

이번 실습에서는 CloudFront 배포를 삭제해보겠습니다. 배포를 삭제하기 위해서는 먼저 비활성화해야 합니다. 목록에서 CloudFront 배포를 선택합니다.

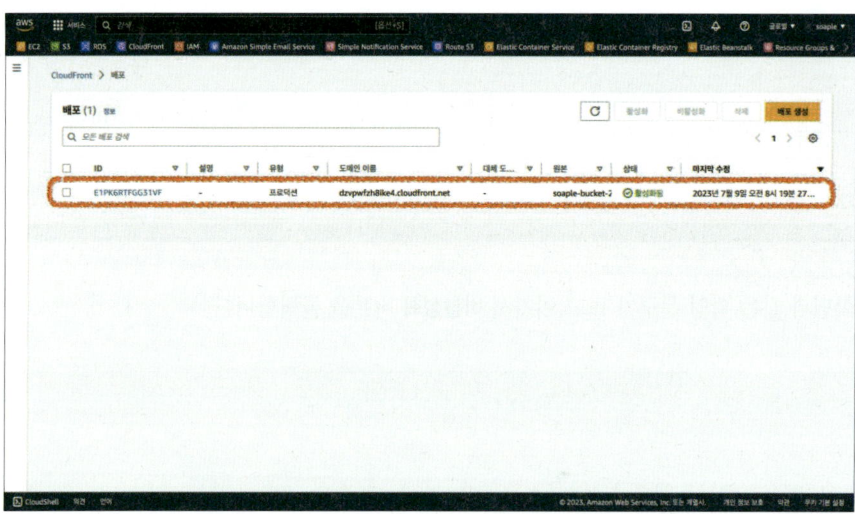

배포 화면에서처럼 선택한 후에 **비활성화** 버튼을 클릭합니다.

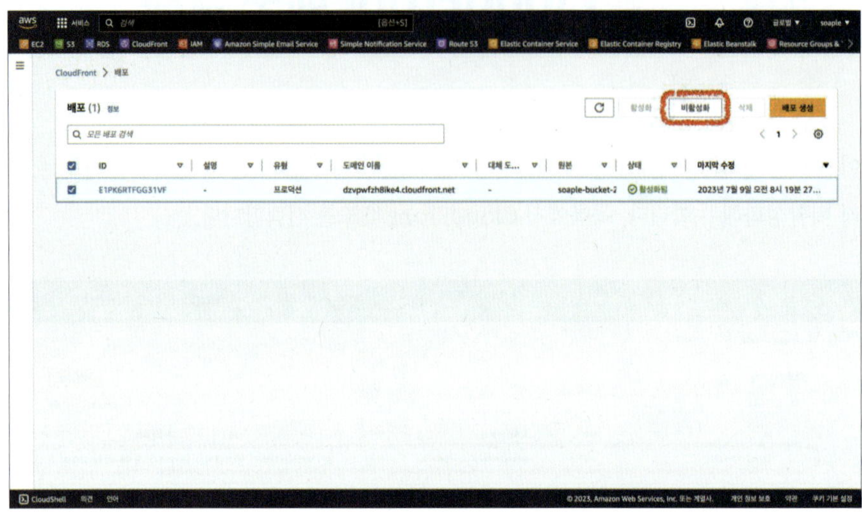

화면과 같은 확인 문구가 뜨고 여기서 **비활성화** 버튼을 클릭합니다.

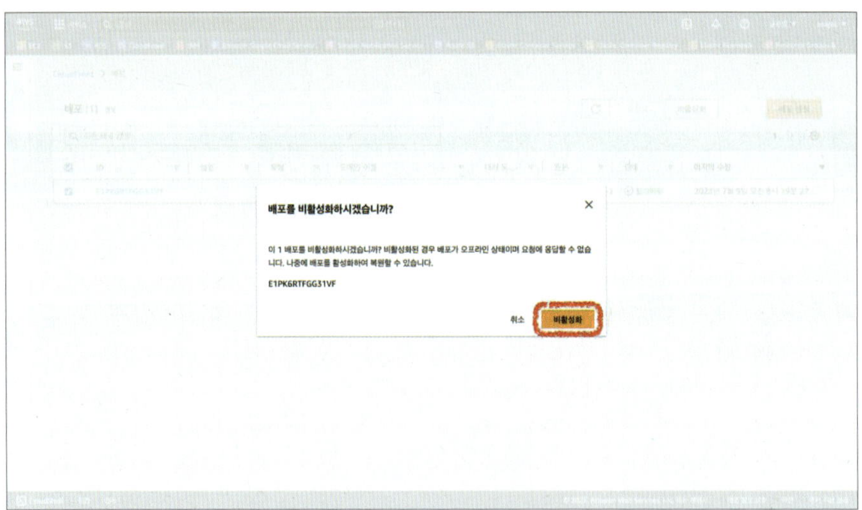

이제 비활성화가 시작되는데 이 작업에 약간 시간이 소요됩니다.

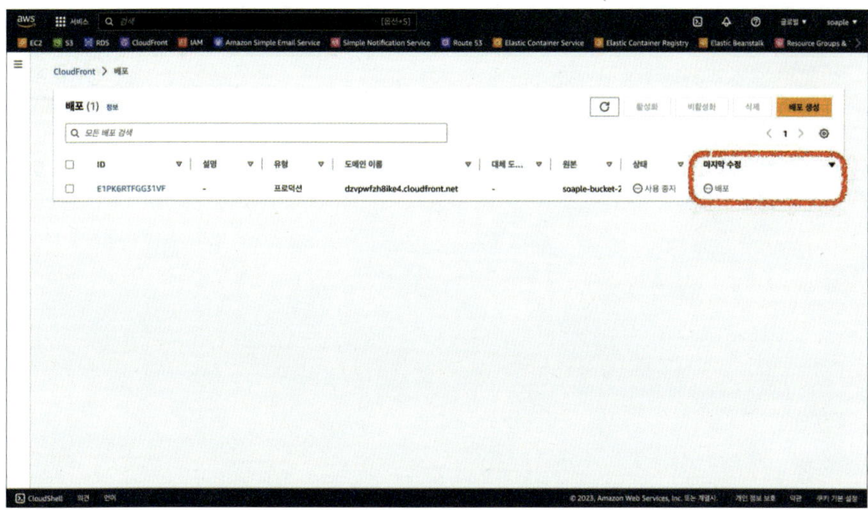

어느 정도 시간이 지나면 화면과 같이 비활성화가 완료되고 이 상태에서 배포를 다시
한번 선택합니다.

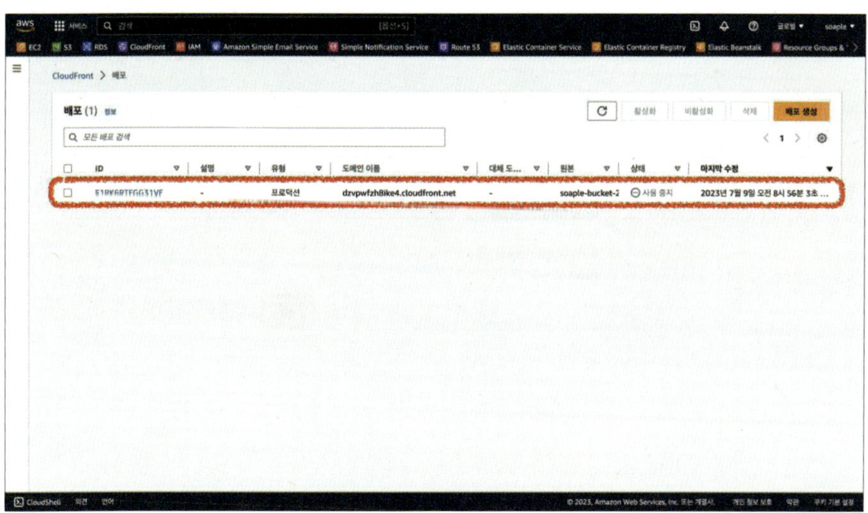

선택한 다음 오른쪽 위에 있는 **삭제** 버튼을 클릭합니다.

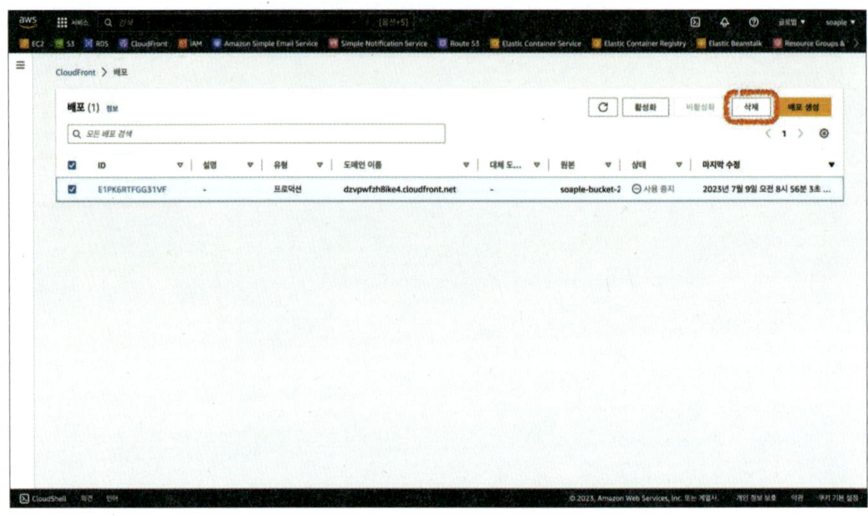

그러면 배포를 정말 삭제할 것인지 묻는 안내 문구가 나오고 여기서 **삭제** 버튼을 클릭
하여 삭제합니다.

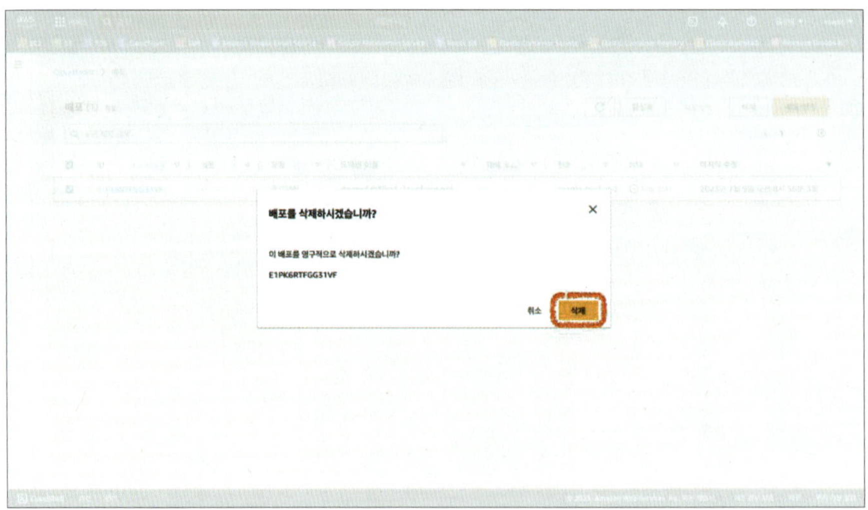

CloudFront 배포가 정상적으로 삭제되었습니다.

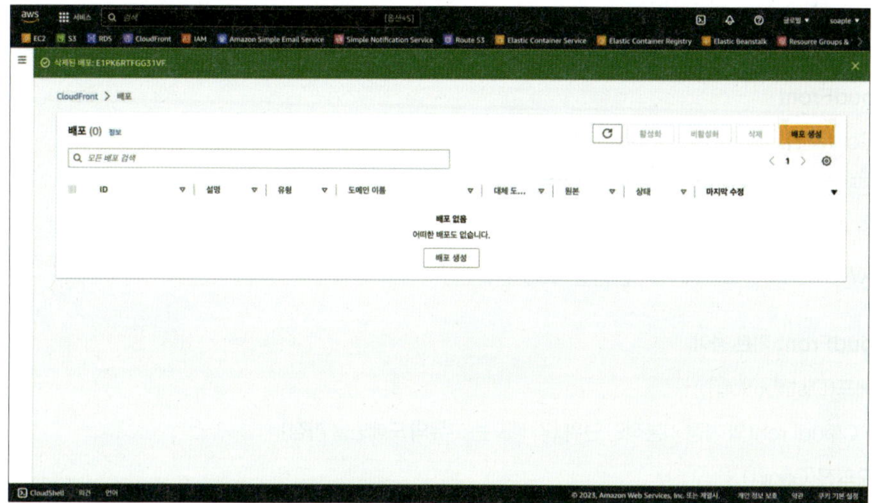

9.5 9장 요약

- **CloudFront**
  - Content Delivery Network(CDN)
  - 콘텐츠(이미지, HTML)를 캐싱하여 성능 가속
  - 전 세계 수많은 Edge Location
  - AWS 서비스 ↔ CloudFront 데이터 전송 무료

- **CloudFront 기본 용어**
  - 배포(Distribution)
    - CloudFront의 가장 기본적인 단위 (각 배포는 고유의 도메인을 가짐)
  - 오리진(Origin)
    - 원본 파일을 가져오는 위치

Preview

이번 장에서는 Route 53에 대해서 배워보겠습니다. 먼저 DNS의 개념을 익히고 Route 53 서비스에 대해서 알아보겠습니다.

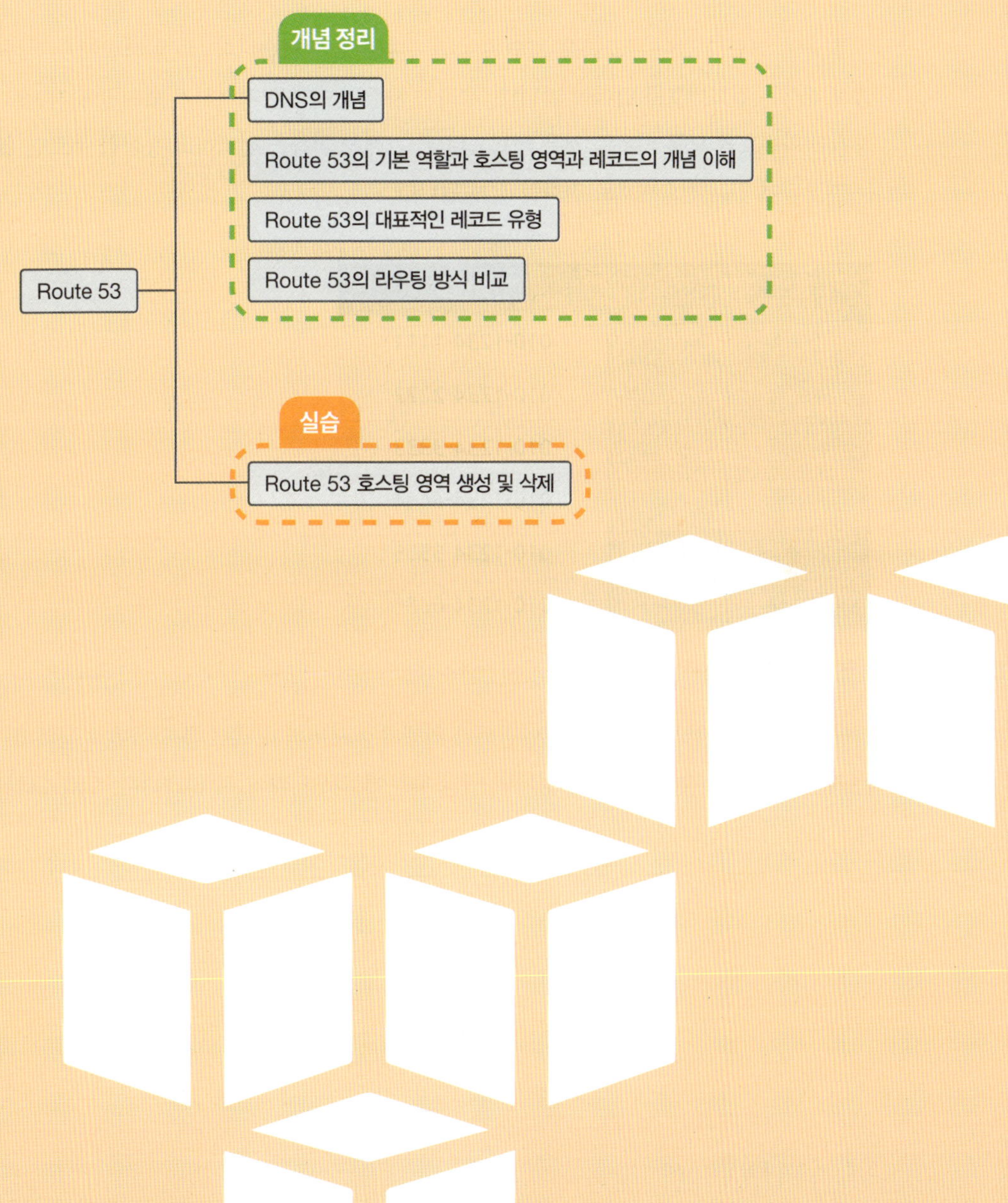

10.1 DNS

DNS는 Domain Name System의 약자이며 도메인 이름을 IP 주소로 바꿔주는 시스템입니다. 우리가 흔히 사용하는 웹사이트 주소는 IP 주소로 변환되어 서버로 연결되기 때문에 DNS가 필요합니다.

예를 들어 그림과 같이 주소록을 보면 이름과 전화번호가 있습니다. 특정 사람에게 전화를 걸기 위해서는 전화번호를 알아야 합니다. 우리가 사람의 이름은 기억하기 쉽지만 숫자만으로 구성된 전화번호를 모두 외우는 것은 어렵습니다. 그래서 이름을 선택하고 통화를 누르면 실제로는 저장되어 있는 전화번호로 전화를 걸게 됩니다.

이름	전화번호
김태희	010-1234-1111
전지현	010-1234-2222
김사랑	010-1234-3333
장동건	010-1234-4444
원빈	010-1234-5555
조인성	010-1234-6666

▶ 주소록 예시

인터넷도 마찬가지입니다. 서버에 연결하기 위해서는 서버의 IP 주소를 알아야 하는데 IP 주소는 자릿수도 길고 숫자만으로 구성되어 있기 때문에 외우기가 쉽지 않습니다. 아래 그림은 도메인 이름과 실제 IP 주소를 매핑해놓은 것입니다.

도메인 이름	IP 주소
google.com	172.217.31.174
amazon.com	176.32.103.205
naver.com	125.209.222.141
facebook.com	31.13.82.36
youtube.com	172.217.25.206
github.com	192.30.255.112

레코드

▶ DNS 테이블

그림 왼쪽에 있는 도메인 이름을 통해 접속하면 DNS는 이를 IP 주소로 바꿔서 서버에 연결해 줍니다. 그리고 이렇게 도메인 이름과 IP 주소가 매핑된 것을 레코드라고 부릅니다.

이러한 DNS의 역할을 잘 기억하면서 다음으로 넘어가겠습니다.

10.2 Route 53

지금부터는 Route 53 서비스에 대해서 알아보겠습니다.

1 Route 53 소개

Route 53은 Cloud에서 사용하는 DNS입니다. AWS 서비스들과 쉽게 연동하여 사용할 수 있는 DNS라고 보면 됩니다.

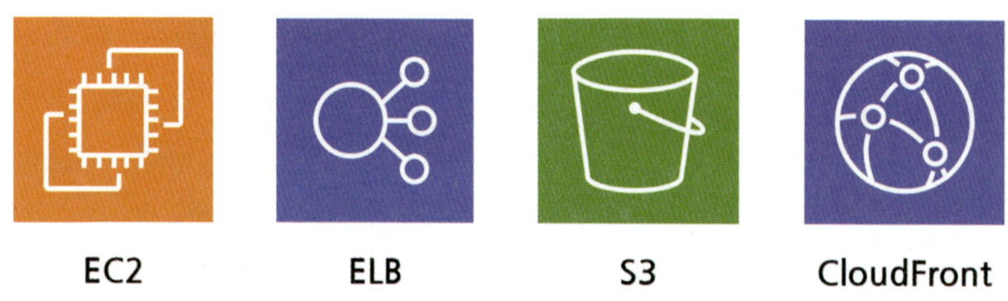

EC2　　ELB　　S3　　CloudFront

▶ Route 53과 연동 가능

Route 53은 클라이언트의 요청을 EC2 인스턴스, ELB 로드 밸런서, S3 버킷, CloudFront 배포 등 AWS에서 실행되는 인프라에 효과적으로 연결해서 사용할 수 있습니다. 또한 AWS 외부의 인프라로 라우팅하는 데도 Route 53을 사용할 수 있습니다.

그럼 Route 53의 기본 개념부터 알아보겠습니다.

먼저 호스팅 영역이 있습니다. 영어로는 Hosted Zone이라고 하며 레코드의 컨테이너로서 두 가지 유형이 존재합니다. 퍼블릭 호스팅 영역은 인터넷에서 트래픽을 라우팅하고자 하는 방법을 지정하는 레코드를 포함하는 것이며, 프라이빗 호스팅 영역은 VPC에서 트래픽을 라우팅하고자 하는 방법을 지정하는 레코드를 포함하는 것입니다.

그리고 레코드는 도메인과 연결된 IP 주소를 의미합니다. 레코드는 특정 도메인(예: example.com)과 그 하위 도메인(예: apex.example.com)의 트래픽을 라우팅하는 방식에 대한 정보를 담고 있습니다. 참고로 호스팅 영역과 해당 도메인의 이름은 동일합니다.

AWS 콘솔에서 Route 53에 접속하면 다음과 같이 호스팅 영역을 볼 수 있습니다.

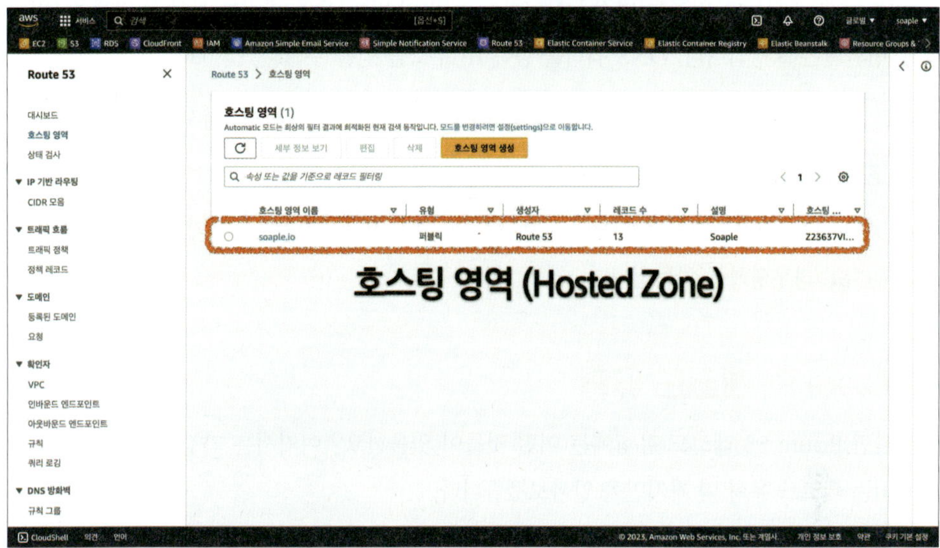

▶ 호스트 영역

그리고 호스팅 영역을 눌러서 들어가면 여러 개의 레코드가 있는 것을 볼 수 있습니다.

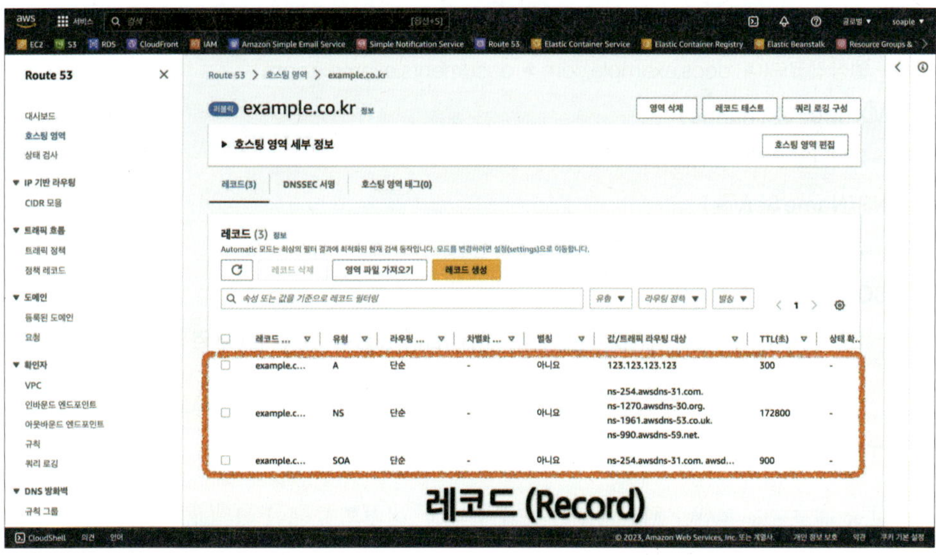

▶ 레코드

② Route 53 관련 용어

Route 53과 관련된 용어로는 먼저 DNS 쿼리가 있습니다. DNS 쿼리는 도메인 이름을 IP 주소로 변환하는 요청입니다. DNS 쿼리를 통해 IP 주소를 얻을 수 있는 것이죠.

그리고 A 레코드는 도메인 이름과 IP 주소를 매핑하는 레코드입니다. 여기서 A는 주소를 나타내는 영어 단어 Address를 의미합니다.

마지막으로 DNS 장애 조치는 Route 53에 연결된 서버 또는 ELB에 장애가 발생할 경우 다른 대체 위치로 라우팅하는 기능입니다.

③ Route 53 레코드 유형

그렇다면 Route 53 레코드 유형에는 어떤 것들이 있을까요? 여기서는 가장 대표적이고 많이 사용되는 레코드 유형 몇 가지만을 알아보겠습니다.

- **A(Address)**
  - IPv4 주소
- **AAAA(Address)**
  - IPv6 주소
- **CNAME(Canonical Name)**
  - 별칭 레코드(예: docs.example.com ▶ documents.example.com)
- **MX(Mail eXchange)**
  - 이메일을 전달하기 위한 레코드
- **NS(Name Server)**
  - 네임서버 주소를 담고 있는 레코드(자동 생성, 함부로 변경하면 안 됨)
- **SOA(Start of Authority)**
  - 권한 시작 레코드. 도메인에 대한 기본 DNS 정보 식별(자동 생성, 함부로 변경하면 안 됨)

먼저 앞에서 나왔던 A 레코드가 있습니다. A 레코드는 도메인 이름과 IPv4 주소를 매핑하는 레코드입니다.

그리고 A 레코드와 유사한 AAAA 레코드가 있는데, 이것은 도메인 이름과 IPv6 주소를 매핑하는 레코드입니다.

다음 CNAME 레코드는 Canonical Name을 의미하는 레코드이며, 우리말로는 별칭 레코드라고 합니다. CNAME은 현재 레코드의 이름에 대한 DNS 쿼리를 다른 도메인 또는 하위 도메인으로 매핑합니다.

MX 레코드는 Mail eXchange를 의미하며, 이메일을 전달하기 위한 레코드입니다.

그리고 NS 레코드는 Name Server를 의미하며 네임서버 주소를 담고 있는 레코드입니다.

마지막으로 SOA 레코드는 Start of Authority를 의미하며 우리 말로는 권한 시작 레코드라고 부릅니다. SOA 레코드는 도메인에 대한 기본 DNS 정보 식별을 위한 레코드입니다.

여기서 마지막에 나온 NS 레코드와 SOA 레코드 두 가지는 호스팅 영역을 생성할 때 자동으로 생성되며, 함부로 변경하면 안 된다는 점을 꼭 기억하기 바랍니다.

Route 53 라우팅 방식

이번에는 Route 53의 라우팅 방식에 대해 살펴보겠습니다. Route 53의 라우팅 방식으로는 다음과 같은 것이 있습니다.

- **지연 시간 기반 라우팅(Latency based Routing)**
  - 지연 시간(latency)이 가장 낮은 리전의 IP 주소로 라우팅하는 방식
- **가중치 기반 라우팅(Weighted based Routing)**
  - IP 주소나 ELB DNS주소에 각각 가중치(weight)를 부여하여 가중치에 따라서 라우팅하는 방식
- **지역 기반 라우팅(Geo Routing)**
  - 지역에 따라서 각기 다른 IP 주소로 라우팅하는 방식

먼저 지연 시간 기반 라우팅은 영어로 Latency based Routing이라고 하며, 지연 시간이 가장 낮은 리전의 IP 주소로 라우팅하는 방식입니다.

다음으로 가중치 기반 라우팅은 Weighted based Routing이라고 하며, IP 주소나 ELB DNS주소에 각각 가중치를 부여하고, 이 가중치에 따라서 라우팅하는 방식입니다.

마지막으로 지역 기반 라우팅은 Geo Routing이라고 하며, 지역에 따라서 각기 다른 IP 주소로 라우팅하는 방식입니다.

그림 이러한 각 라우팅 방식을 그림으로 살펴보겠습니다.

먼저 지연 시간 기반 라우팅입니다. 지연 시간 기반 라우팅에서는 지연 시간이 가장 낮은 리전의 IP 주소로 라우팅하게 되는데, 아래 그림과 같은 경우에는 12ms가 나오는 2번 리전으로 라우팅됩니다.

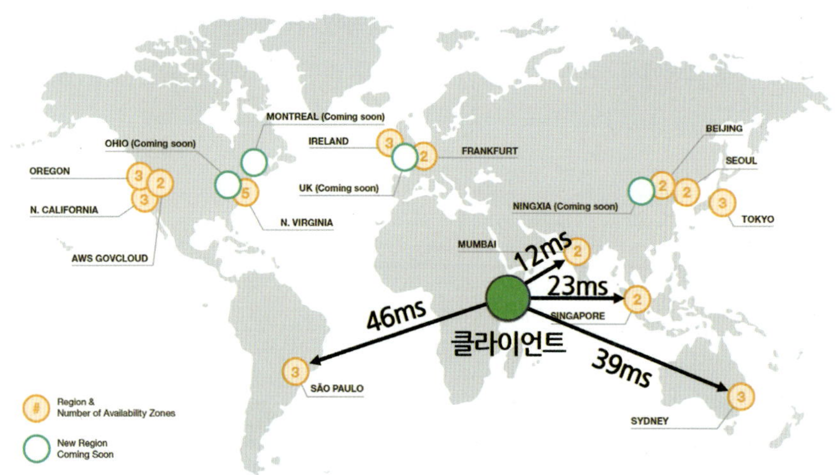

▶ 지연 시간 기반 라우팅(Latency based Routing)[1]

다음 가중치 기반 라우팅에서는 IP 주소나 ELB DNS 주소에 각각 가중치를 부여하고, 이 가중치에 따라서 라우팅하게 됩니다. 아래 그림에서는 2번 리전에 가중치를 70, 3번 리전에 가중치를 30을 줘서 라우팅하는 것을 볼 수 있습니다.

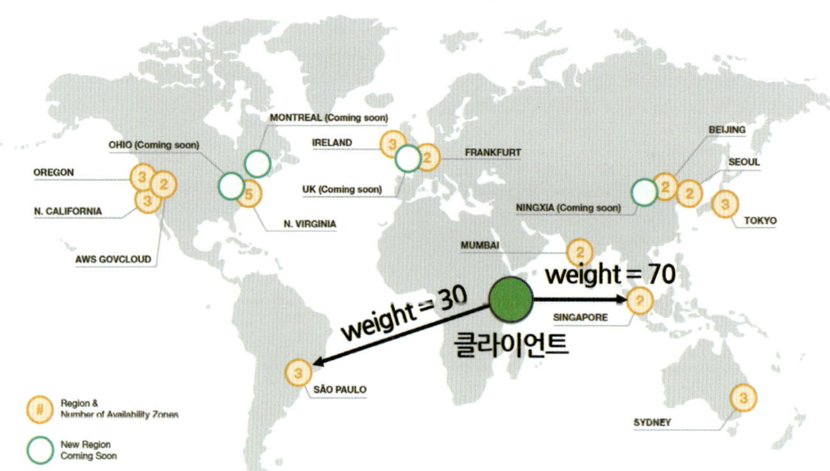

▶ 가중치 기반 라우팅(Weighted based Routing)[2]

---

1 https://www.awsforbusiness.com/regions-ec2-available/
2 https://www.awsforbusiness.com/regions-ec2-available/

마지막으로 지역 기반 라우팅은 클라이언트가 위치한 지역에 따라서 각기 다른 IP 주소로 라우팅하게 됩니다. 아래 그림에서 클라이언트들이 각기 다른 리전으로 라우팅되는 것을 볼 수 있습니다.

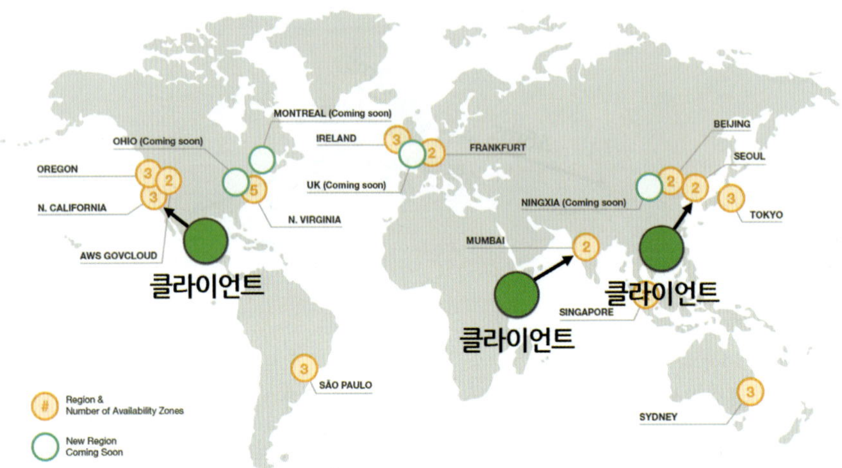

▶ 지역 기반 라우팅(Geo Routing)[3]

---

[3] https://www.awsforbusiness.com/regions-ec2-available/

10.4 실습 호스팅 영역 생성

이번 실습에서는 Route 53 호스팅 영역을 생성해보겠습니다.

먼저 AWS콘솔에서 상단 검색창에 'Route 53'이라고 검색합니다. 그러면 화면과 같이
서비스 목록이 나오는데 여기서 **Route 53**을 선택합니다.

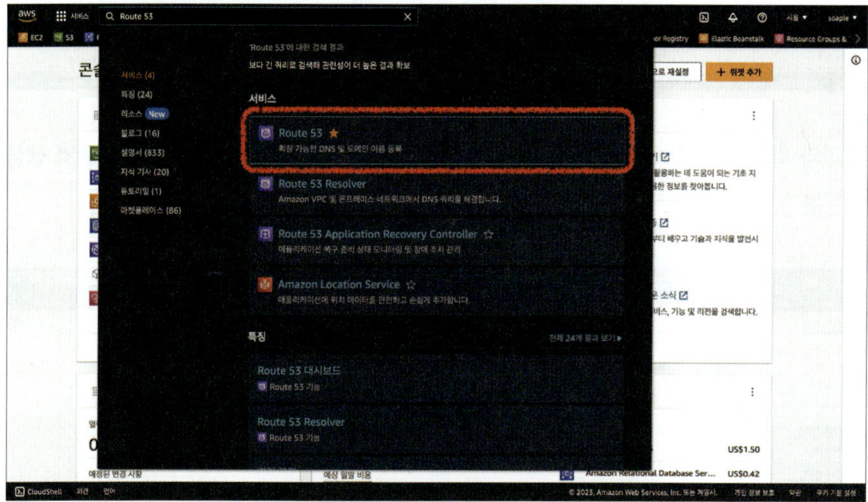

그러면 **Route 53 대시보드** 화면이 나옵니다. 여기서 왼쪽에 있는 **호스팅 영역** 메뉴를
클릭합니다.

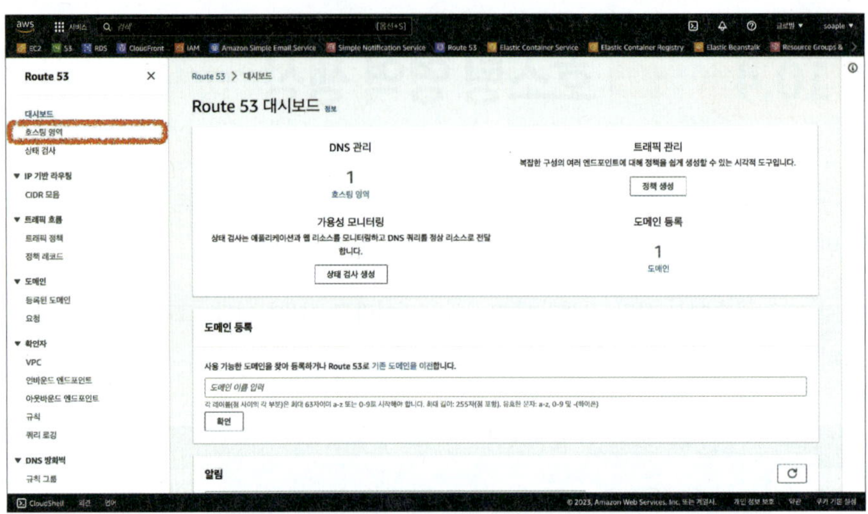

화면과 같이 호스팅 영역 목록이 나오는 것을 볼 수 있습니다. 여기서 **호스팅 영역 생성** 버튼을 눌러서 새로운 호스팅 영역을 하나 생성하겠습니다.

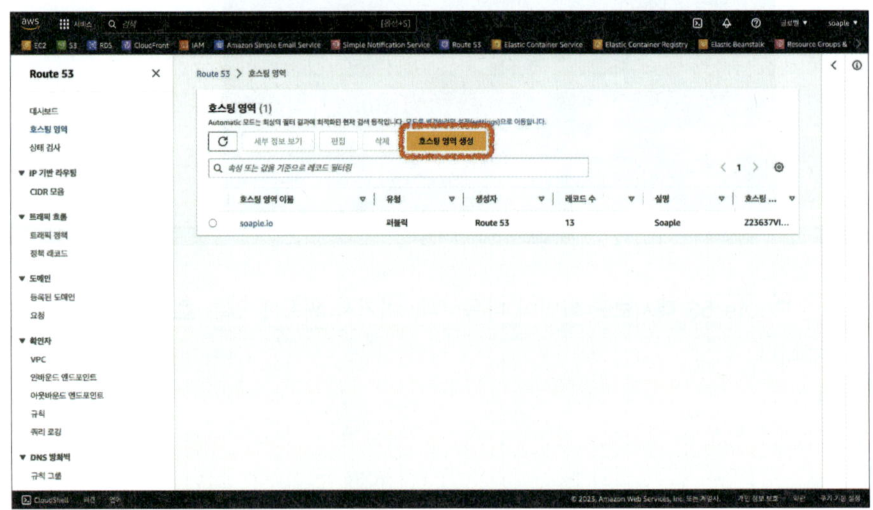

버튼을 클릭하면 **호스팅 영역 생성** 화면이 나오는데 먼저 **도메인 이름**을 입력해야 합니다.

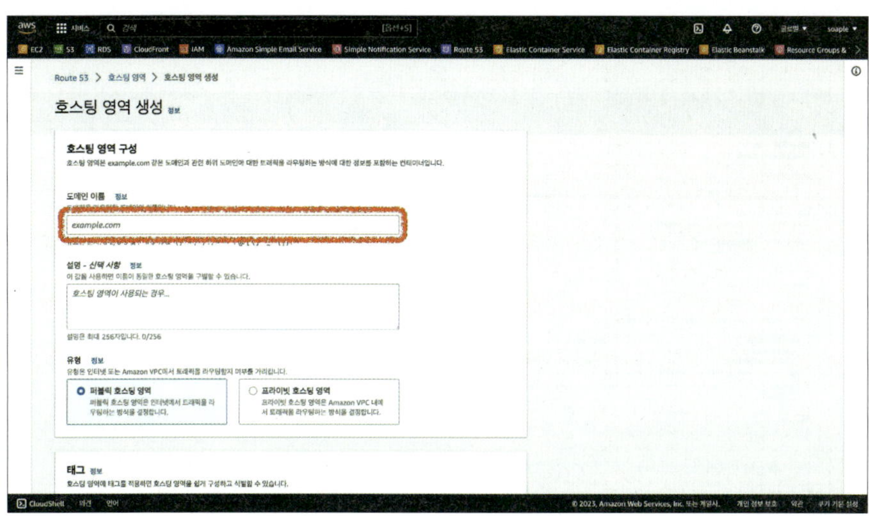

아래 화면처럼 example.co.kr을 입력합니다. 지금은 우리가 소유한 도메인이 없기 때문에 그냥 예시 도메인을 사용해서 실습만 진행한 것이라고 보면 됩니다. 그러므로 우리가 만드는 호스팅 영역이 실제로 작동하는 것은 아닙니다.

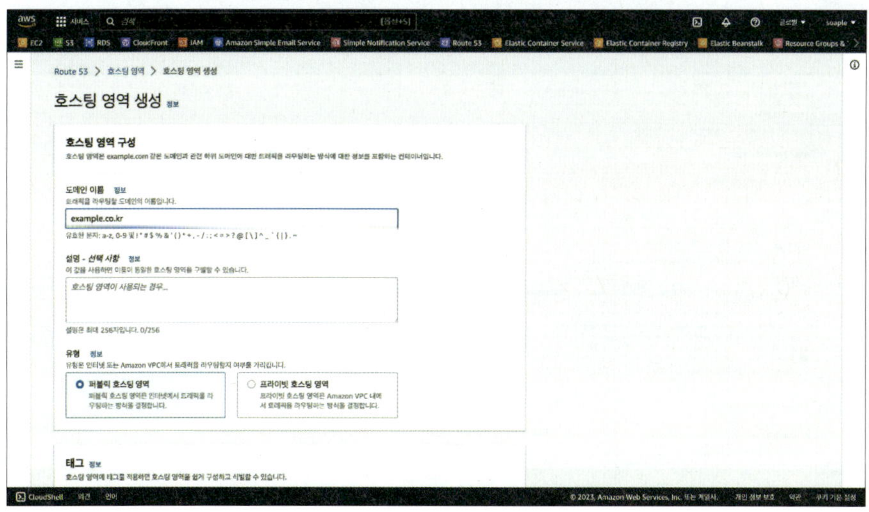

이제 화면을 아래로 내려서 **호스팅 영역 생성** 버튼을 클릭합니다.

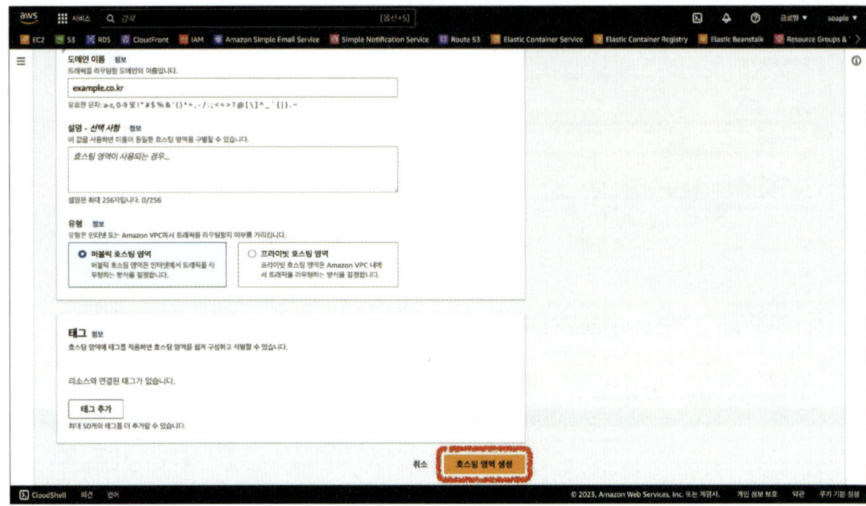

그럼 다음과 같은 호스팅 영역이 생성됩니다.

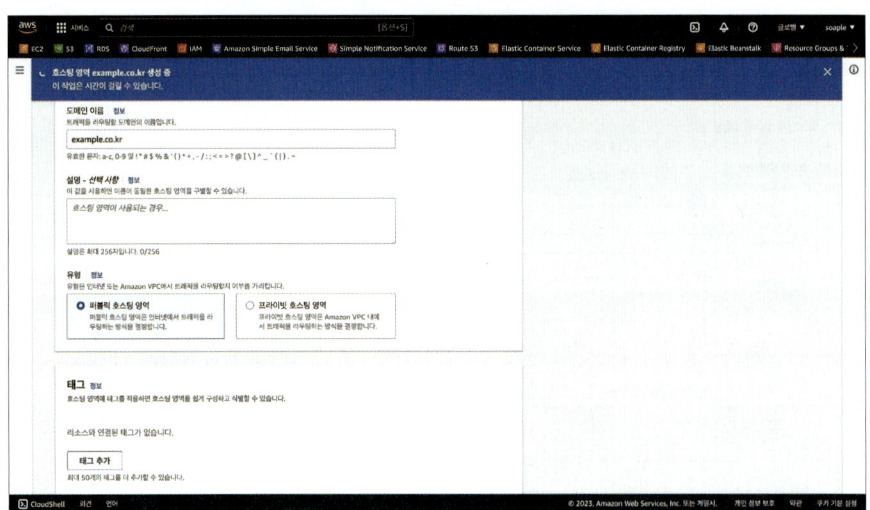

호스팅 영역이 생성된 이후에 클릭해서 들어가면 레코드 목록이 나오는 것을 볼 수 있습니다. 그리고 자동으로 생성된 NS 레코드와 SOA 레코드를 볼 수 있습니다.

이번에는 **레코드 생성** 버튼을 클릭해서 새로운 레코드를 만들어보겠습니다.

레코드 생성 화면에서는 먼저 **레코드 유형**을 선택해야 합니다. 우리는 기본으로 선택되어 있는 **A 레코드**를 사용하도록 하겠습니다.

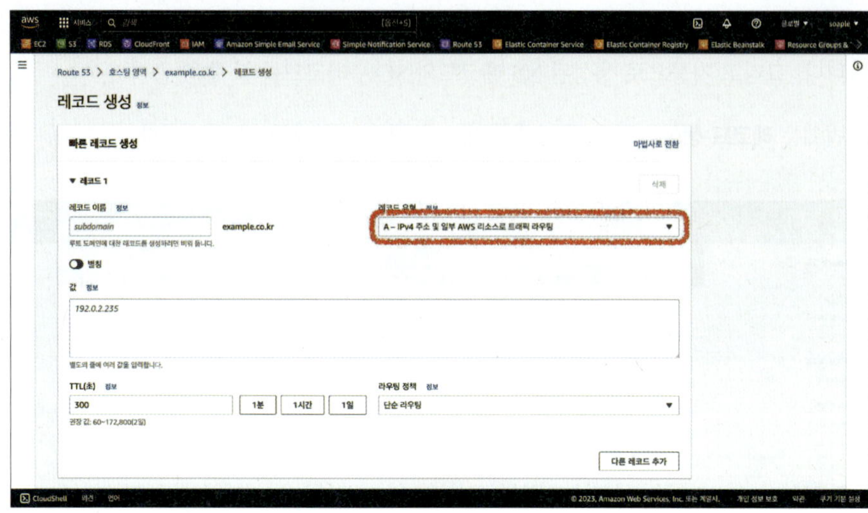

그리고 **값** 부분에 매핑시킬 IP 주소를 넣으면 됩니다.

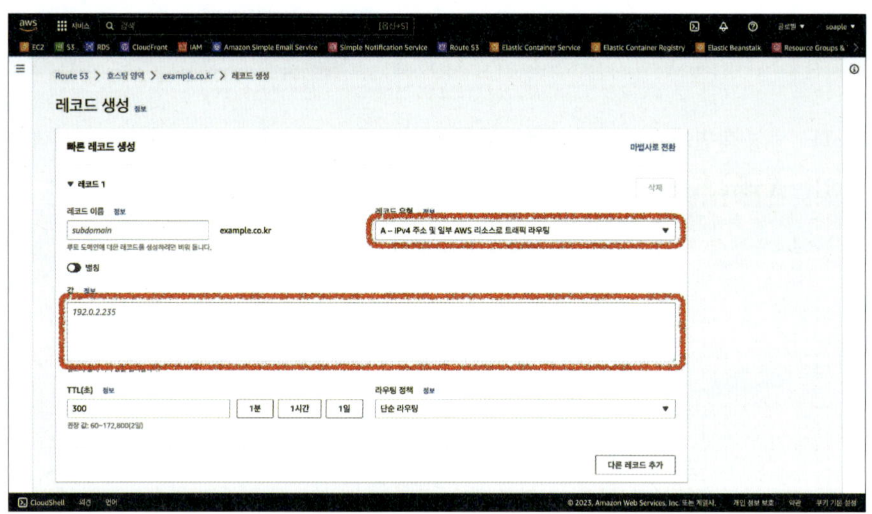

저는 임의로 값을 입력해보았습니다. 앞에서 말한 것처럼 실제로 작동하는 호스팅 영역
은 아니기 때문에 아무 값이나 입력해도 됩니다.

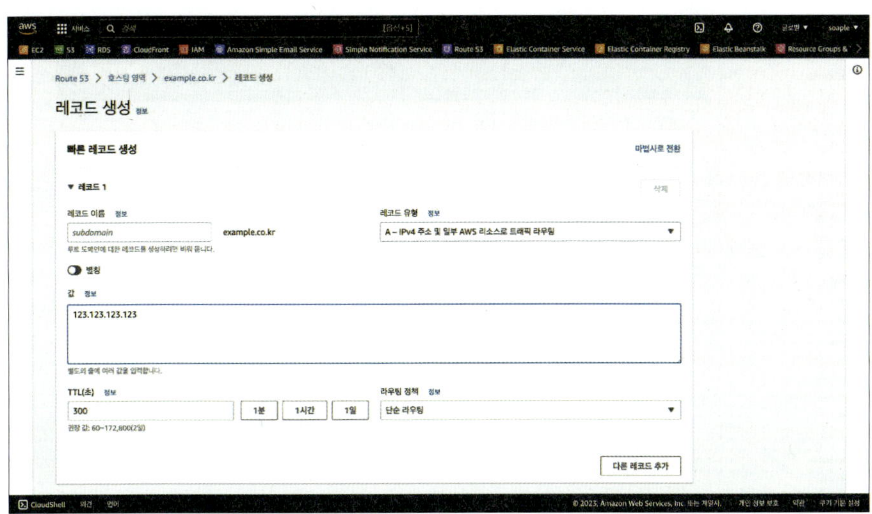

이후 화면 하단에 있는 **레코드 생성** 버튼을 클릭합니다.

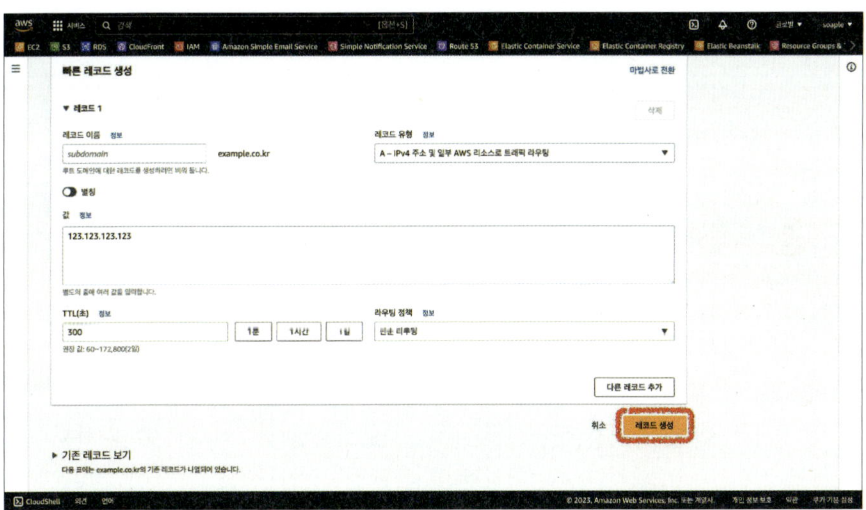

그러면 레코드 목록에 새로운 A 레코드가 추가된 것을 볼 수 있습니다.

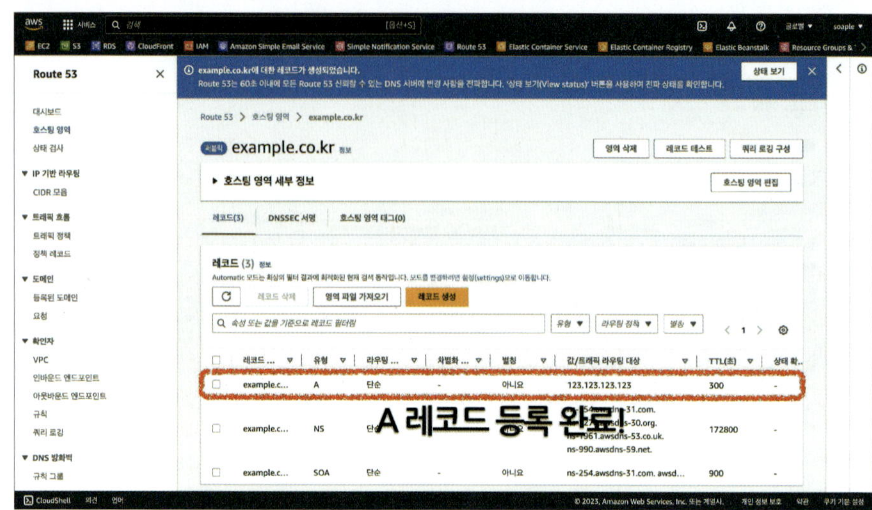

A 레코드 등록 완료!

10.5 실습 호스팅 영역 삭제

이번 실습에서는 호스팅 영역을 삭제해보도록 하겠습니다.

먼저 아래 화면과 같이 호스팅 영역 상세 페이지에서 **영역 삭제** 버튼을 클릭합니다.

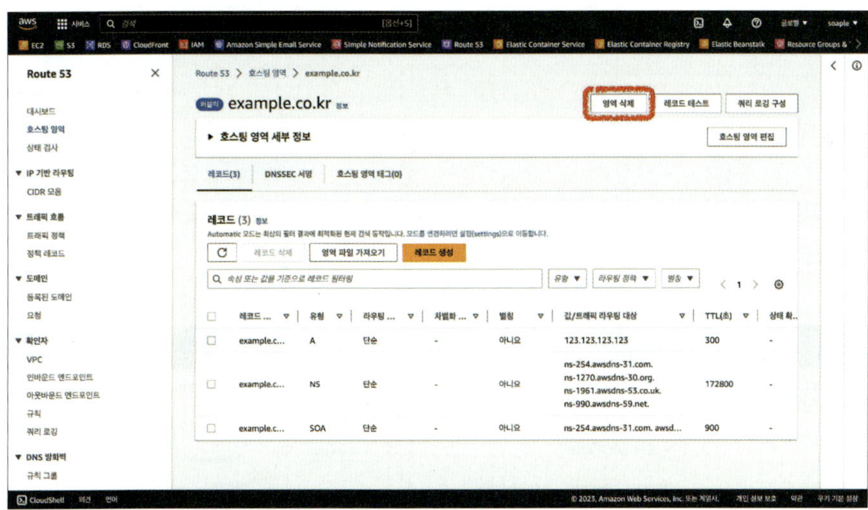

그러면 다이얼로그가 나오게 되는데 이 부분을 자세히 보면 호스팅 영역을 삭제하기 위해서는 NS 및 SOA 레코드를 제외한 모든 레코드를 삭제해야 한다고 나와 있습니다. 우선 취소 버튼을 눌러서 다이얼로그를 닫습니다.

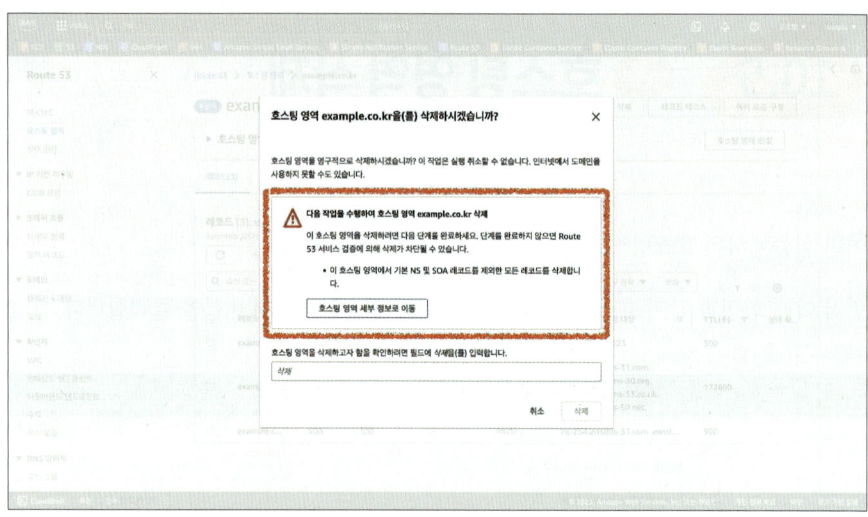

그리고 이전 실습에서 생성했던 **A 레코드**를 선택합니다. 이후 **레코드 삭제** 버튼을 클릭합니다.

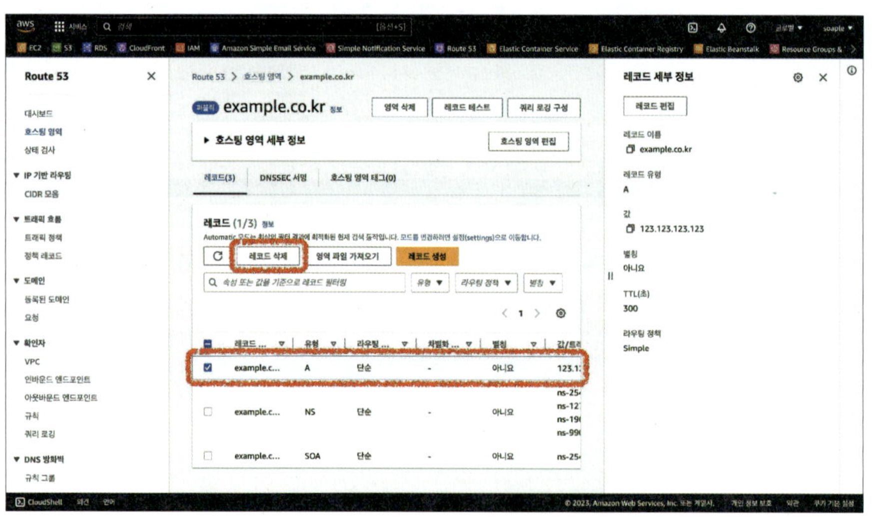

레코드 삭제 확인 다이얼로그가 나오면 **삭제** 버튼을 눌러서 레코드를 삭제합니다.

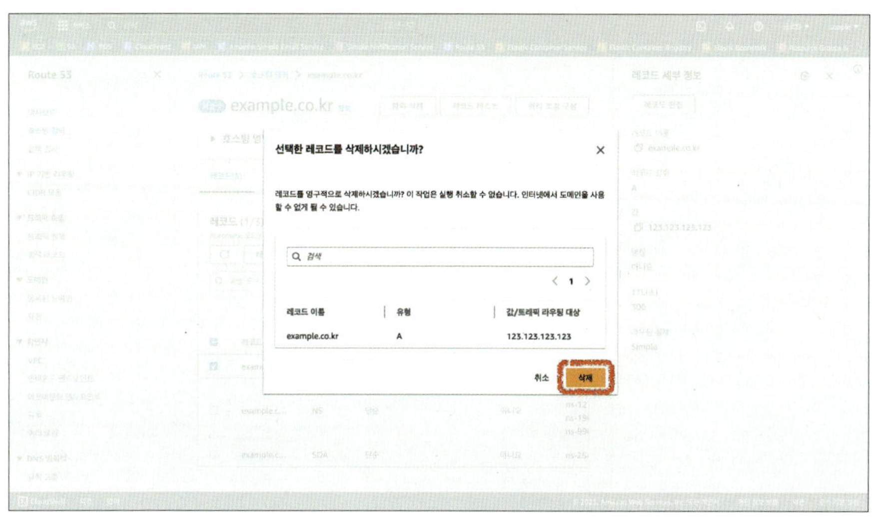

아래 화면과 같이 NS와 SOA레코드를 제외한 모든 레코드를 삭제했다면 다시 **영역 삭제** 버튼을 클릭합니다.

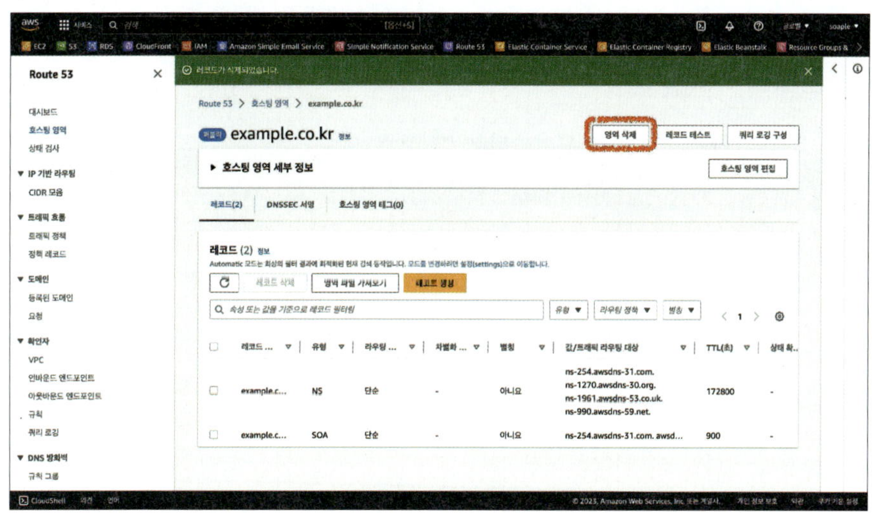

삭제 확인 다이얼로그가 나오면 입력 필드에 '삭제'라고 입력합니다.

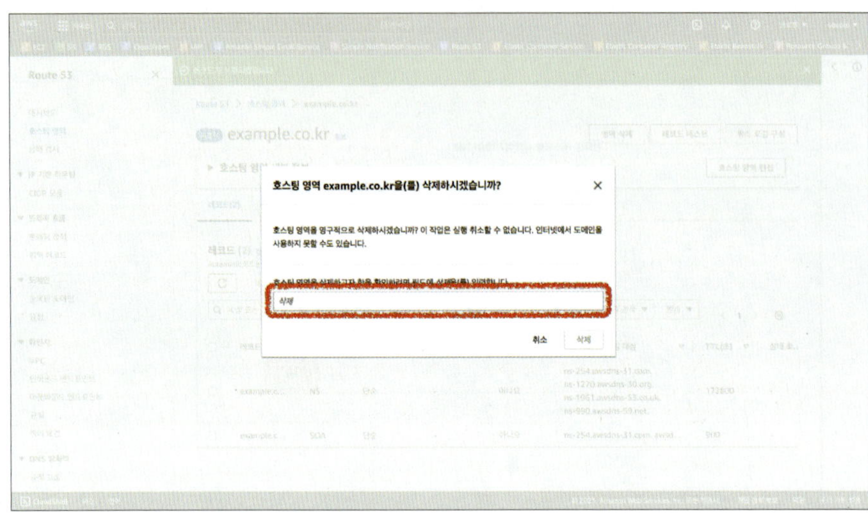

이후 **삭제** 버튼을 클릭합니다.

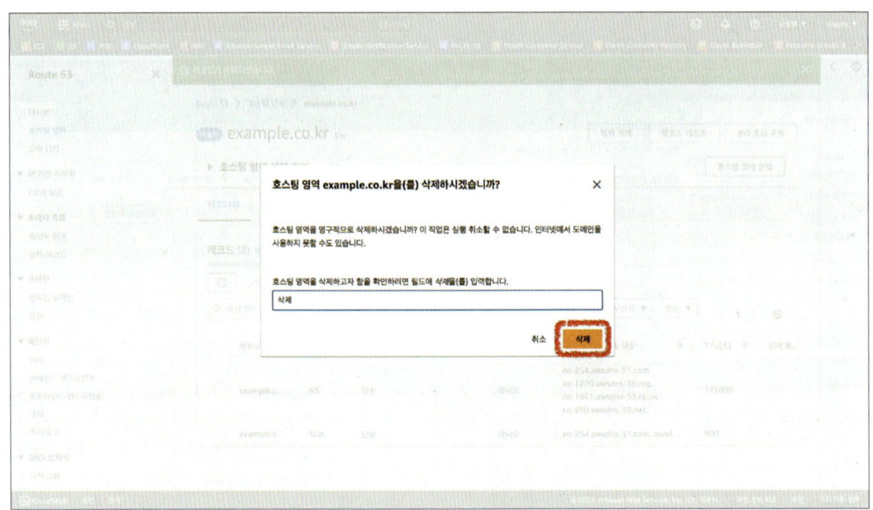

다음 화면과 같이 호스팅 영역이 정상적으로 삭제되었습니다.

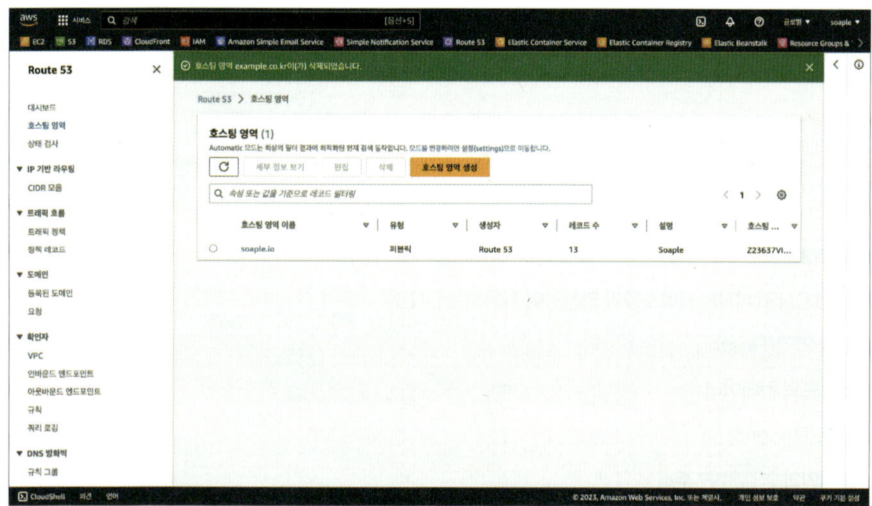

참고로 다음 화면처럼 리눅스나 macOS에서 DNS 서버 정보를 조회하는 **dig**라는 명령어가 있으니 필요한 경우 사용하기 바랍니다.

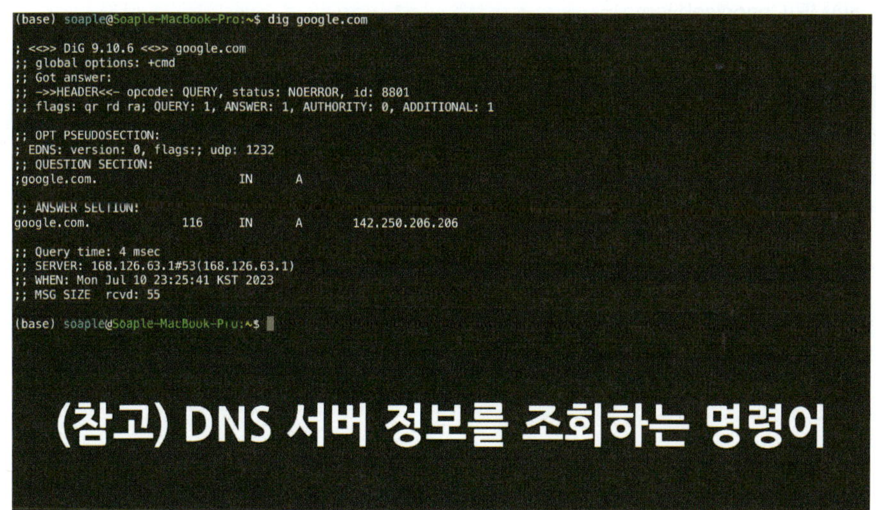

10.6 10장 요약

- **DNS**
    - Domain Name System
    - 도메인 이름을 IP 주소로 바꿔주는 시스템

- **Route 53**
    - Cloud DNS(AWS 서비스들과 연동하여 사용하는 DNS)
    - 호스팅 영역(Hosted Zone)
        - 레코드의 컨테이너
    - 레코드(Record)
        - 도메인과 연결된 IP 주소

- **Route 53** 대표 레코드 유형
    - A(Address)
    - AAAA(Address)
    - CNAME(Canonical Name)

- **Route 53** 라우팅 방식
    - 지연 시간 기반 라우팅(Latency based Routing)
    - 가중치 기반 라우팅(Weighted based Routing)
    - 지역 기반 라우팅(Geo Routing)

Identity and Access Management (IAM)

Preview

이번 장에서는 IAM에 대해서 배워보겠습니다. IAM 서비스는 AWS에서 보안과 관련하여 굉장히 중요한 역할을 담당하는 서비스입니다. 그렇기 때문에 이번 장에서 IAM에 대한 역할과 사용 방법을 잘 익혀두기 바랍니다.

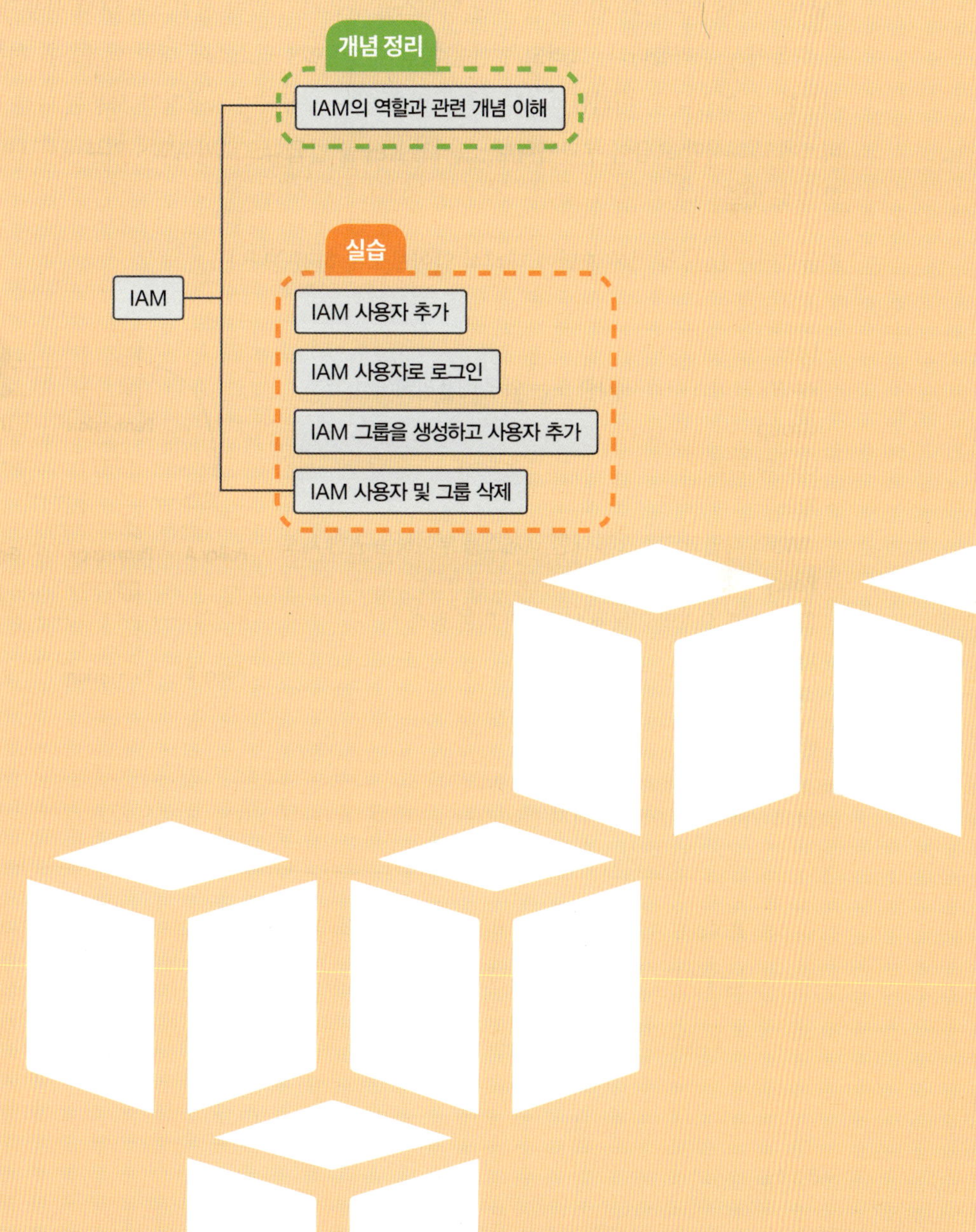

 **IAM**

IAM은 어떤 서비스일까요? IAM은 Identity and Access Management의 약자이며 이름이 가진 의미처럼 AWS 리소스에 대한 권한을 관리하는 서비스입니다.

IAM은 AWS 서비스와 리소스에 대한 액세스를 관리하기 위한 서비스로 IAM 사용자 및 그룹을 만들어서 관리합니다. 그리고 권한을 사용해서 AWS 리소스에 대한 액세스를 허용하거나 거부할 수 있습니다. 이러한 IAM은 추가 비용 없이 제공되며 사용자가 사용한 다른 AWS 서비스에 대해서만 요금이 부과됩니다. 그리고 Key를 발급함으로써 AWS 외부에서 API로 접근할 수도 있습니다.

지금부터는 IAM의 기본 개념에 대해서 알아보도록 하겠습니다.

- **User**
  - AWS 서비스 사용자(사람 또는 외부 애플리케이션)
- **Group**
  User의 집합
- **Role**
  AWS의 작업과 리소스에 대한 액세스를 부여하는 권한 세트
- **Policy**
  특정 AWS 요소의 기능을 사용하기 위한 정책
- **Permission**
  Policy의 집합

▶ IAM 기본 개념

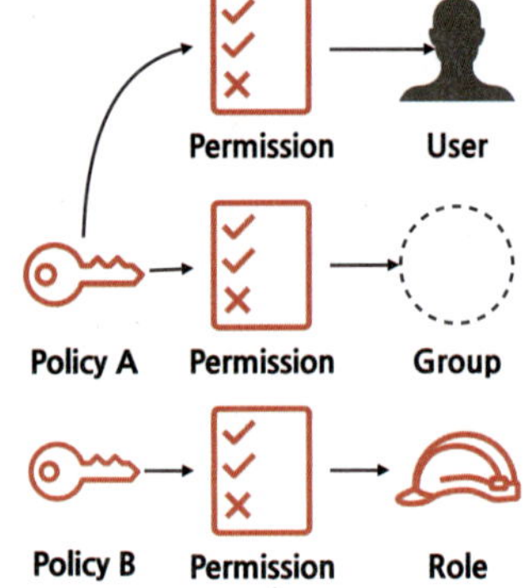

IAM의 기본 개념으로는 먼저 User가 있습니다. User는 AWS 서비스 사용자를 의미하는데, 사람 또는 외부 애플리케이션이 User가 됩니다. 그리고 Group은 User의 집합을 의미합니다.

다음으로 Role은 AWS의 작업과 리소스에 대한 액세스를 부여하는 권한 세트를 의미합니다. Role이라는 단어의 뜻처럼 어떤 역할을 부여하는 것이죠.

마지막으로 Policy는 특정 AWS 요소의 특정 기능을 사용하기 위한 정책을 의미하며, Permi

ssion은 Policy들의 집합을 의미합니다.

그림과 함께 IAM의 이러한 기본 개념을 잘 익혀두기 바랍니다. 그렇다면 IAM은 어떻게 사용하면 될까요?

IAM은 Root 계정 노출 없이 사용자에게 제한적인 권한Role을 부여하고 싶을 때 사용합니다. 사용하는 방식에는 크게 Programmatic Access와 Management Console Access 두 가지가 있습니다.

먼저 Programmatic Access는 AWS SDK 등을 이용하여 AWS 서비스에 API로 접근하는 방식입니다. Access key ID, Secret access key로 구성된 키가 발급되며 일반적으로 많이 사용하는 방법입니다. 그리고 AWS Management Console Access는 브라우저를 통해 전용 Console login link로 접속하는 방식입니다. Management Console Access 방식은 AWS Management Console에 제한된 로그인이 필요할 때 사용한다고 보면 됩니다.

아래 그림은 IAM 사용 형태를 나타낸 것입니다.

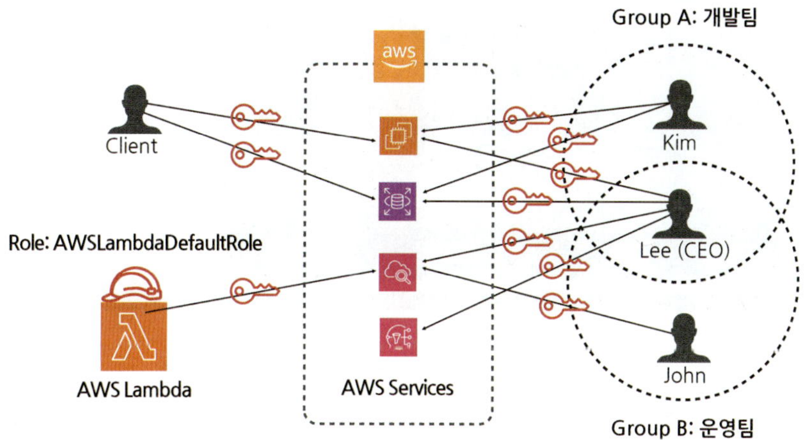

▶ IAM 사용 형태

먼저 AWS의 리소스와 서비스에 접근하려고 하는 사용자 및 그룹이 있으며, 각 사용자와 그룹은 필요한 Policy를 갖고 있습니다. 그리고 AWS Lambda 같은 다른 서비스가 AWS의 서비스에 접근할 수 있도록 하기 위해서 Role을 부여한 것도 볼 수 있습니다.

IAM은 이처럼 다양한 형태로 AWS의 리소스와 서비스에 대한 권한을 관리할 수 있게 해주는 서비스라고 보면 됩니다.

11.2 실습 IAM 사용자 추가

이번 실습에서는 IAM 사용자를 추가해보겠습니다.

먼저 다음 화면과 같이 AWS 콘솔에서 상단 검색창에 'IAM'으로 검색한 뒤에 결과에서 **IAM**을 클릭합니다.

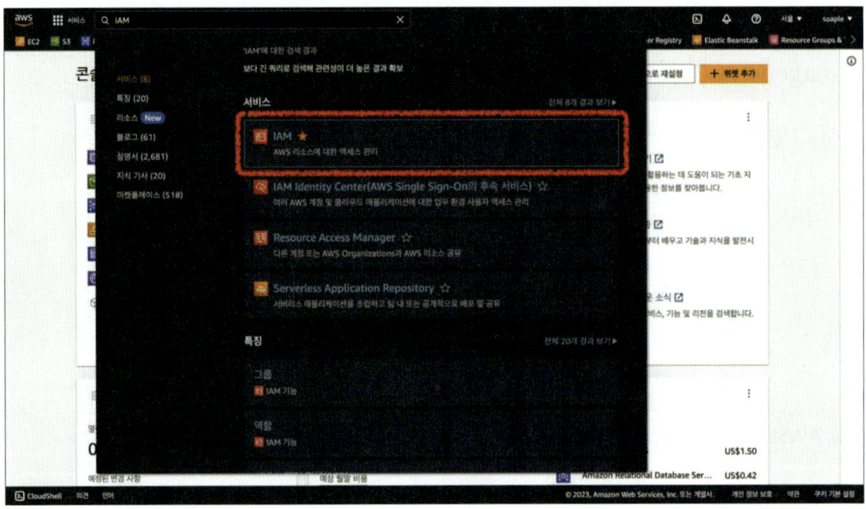

그러면 IAM 대시보드가 나오게 됩니다. 여기서 IAM 그룹, 사용자, 역할, 정책 등의 전체 현황을 한눈에 볼 수 있습니다. 여기서 왼쪽에 있는 **사용자** 메뉴를 클릭해서 들어가보겠습니다.

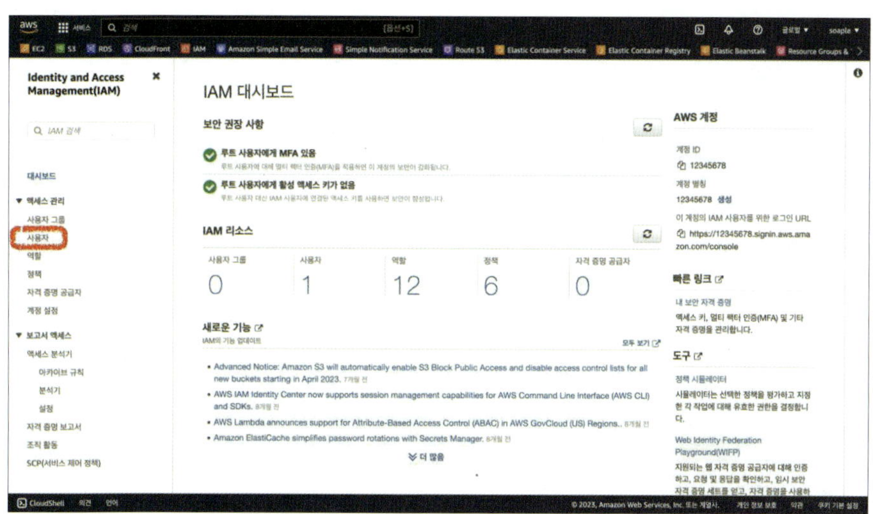

화면과 같이 IAM 사용자 목록이 나옵니다. 여기서 오른쪽 상단에 있는 **사용자 추가** 버튼을 클릭해서 새로운 사용자를 추가해보겠습니다.

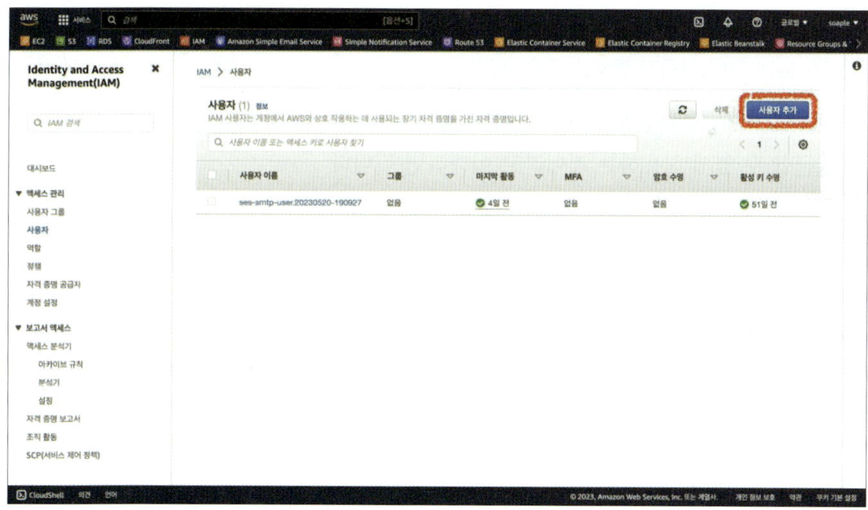

사용자 추가 화면에서는 먼저 사용자 이름을 입력해야 합니다. **사용자 세부 정보 지정** 화면에서 **사용자 이름** 항목에 사용자 이름을 입력합니다.

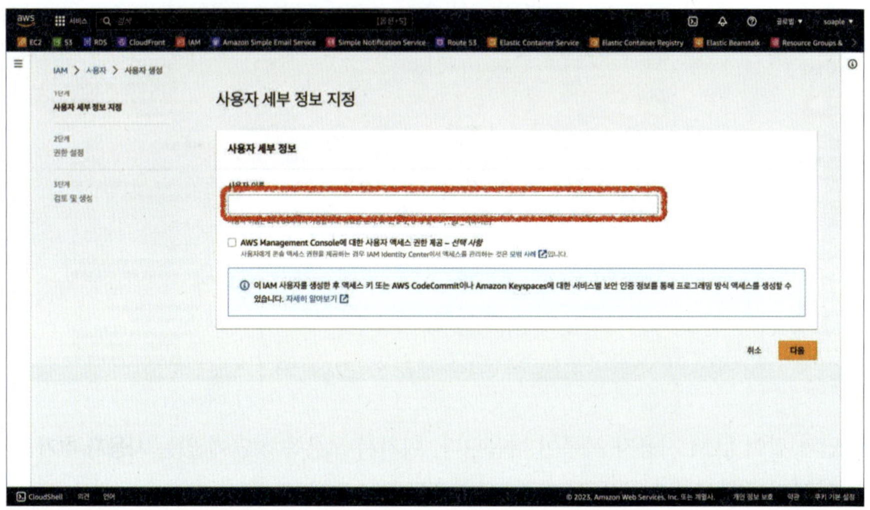

저는 'test-iam-user'라고 입력했습니다. 이후 바로 밑에 있는 **AWS Management Console에 대한 사용자 액세스 권한 제공**을 체크합니다. 이것은 말 그대로 IAM 사용자가 우리가 지금 사용하고 있는 방식처럼 웹 브라우저를 통해 Management Console에 접근할 수 있게 허용하는 것이라고 이해하면 됩니다.

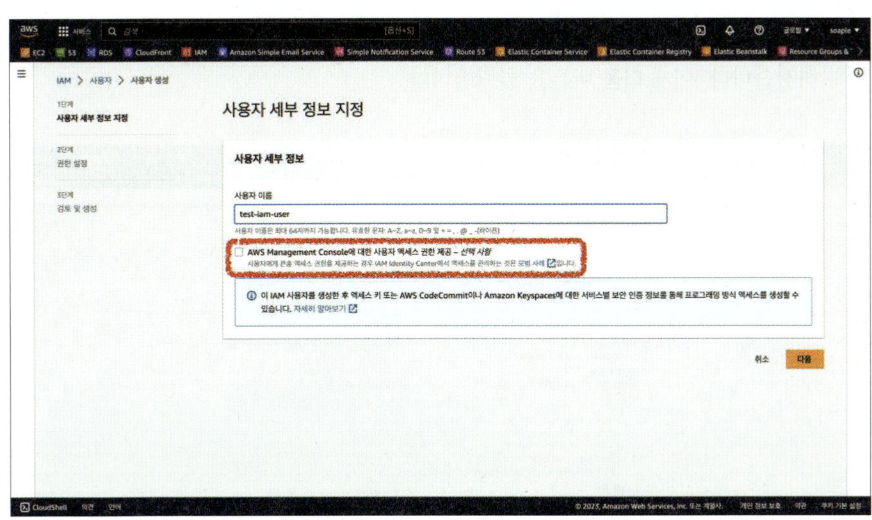

해당 옵션을 체크하면 사용자 유형을 선택할 수 있는 옵션이 나옵니다. 여기서 **IAM 사용자를 생성하고 싶음**을 선택해보겠습니다.

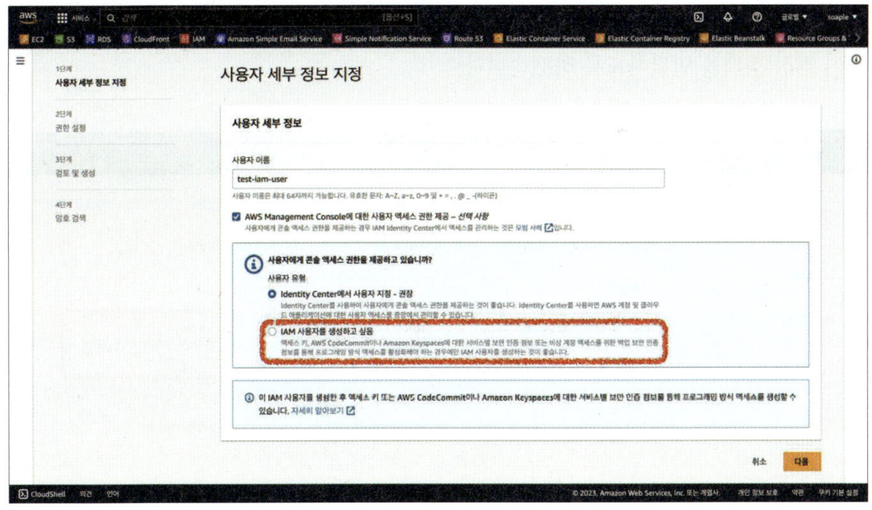

그러면 암호를 어떻게 할지 선택하는 옵션이 나오는데 우리는 자동 생성된 암호를 사용

하되, 화면에 표시된 체크 박스를 체크해서 사용자가 로그인 시 새로운 암호를 생성하도록 하겠습니다. 이제 **다음** 버튼을 클릭합니다.

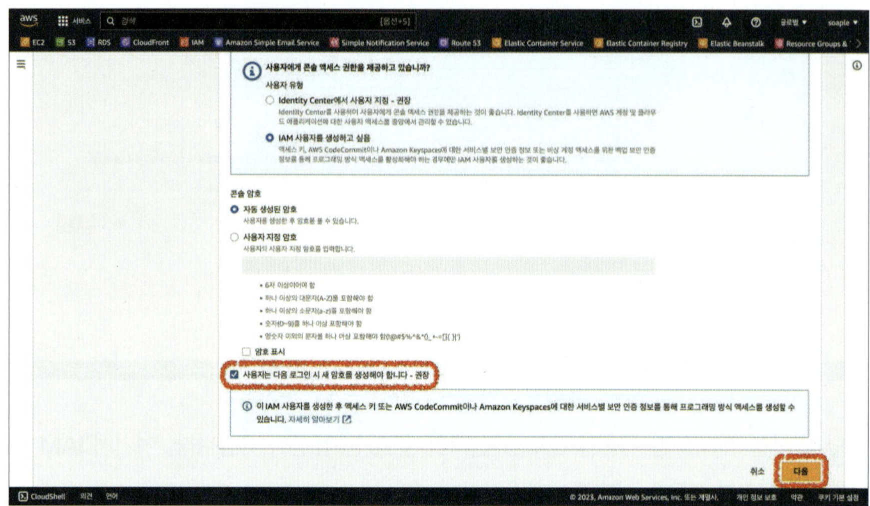

다음 단계는 사용자에게 권한을 설정하는 단계입니다. 여기서는 **직접 정책 연결**을 선택하여 직접 정책을 연결하도록 하겠습니다.

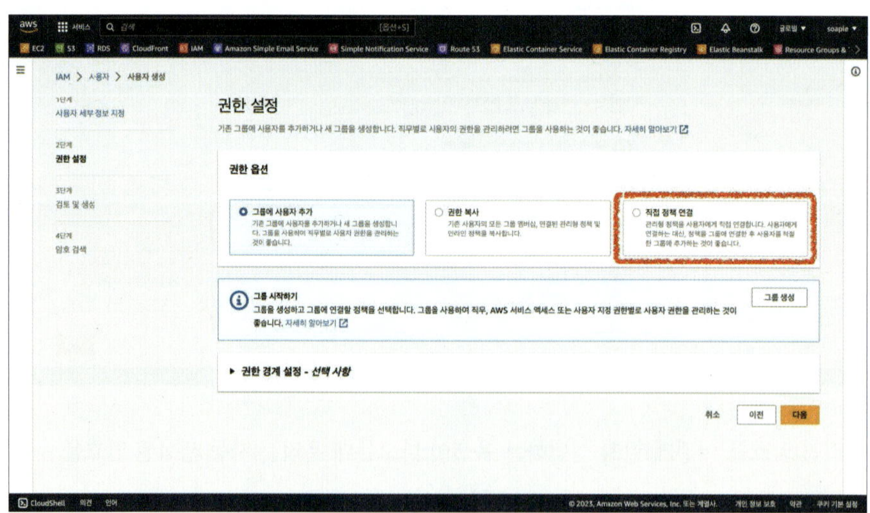

직접 정책 연결을 선택하면 화면과 같이 미리 정의된 정책들을 검색할 수 있는 화면이
나옵니다. 여기서 검색창에 원하는 권한을 검색할 수 있습니다.

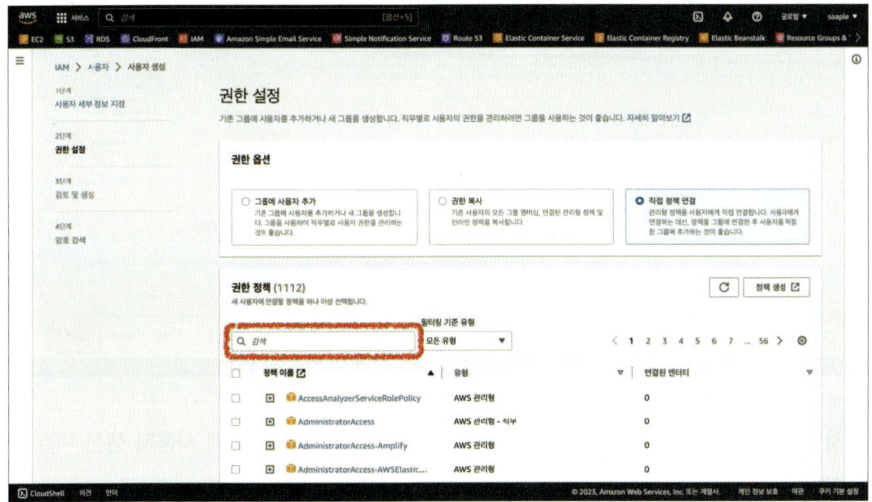

검색창에 'ec2readonly'라고 검색한 뒤에 나오는 결과에서 **AmazonEC2ReadOnly
Access**를 선택합니다. 이 정책은 EC2의 리소스들을 생성할 수는 없고 읽을 수만 있는
권한이라고 보면 됩니다. 해당 정책을 선택한 뒤 **다음** 버튼을 클릭합니다.

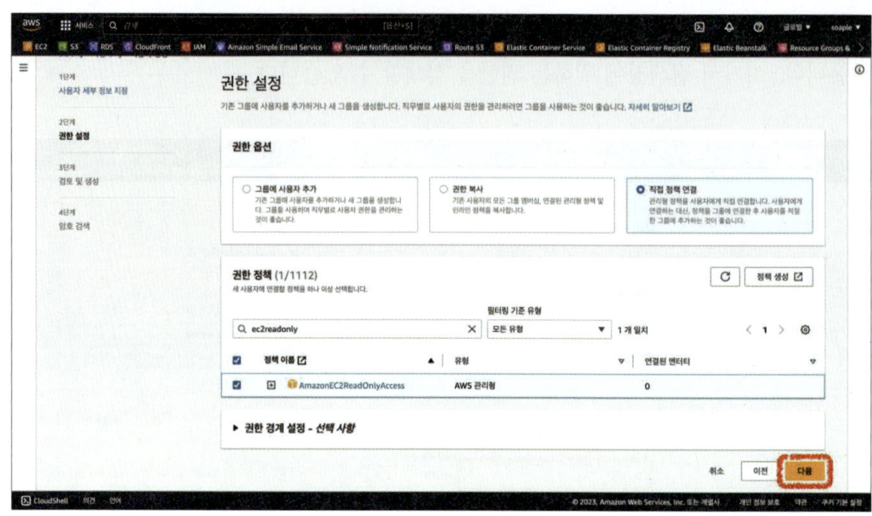

마지막 단계에서는 이전에 설정한 내용이 맞는지 검토하고 이후에 **사용자 생성** 버튼을 클릭합니다.

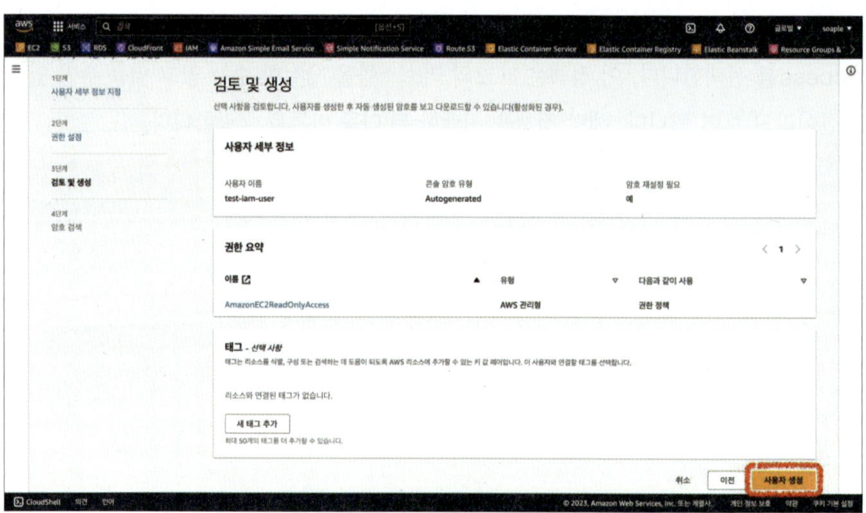

그러면 아래 화면과 같이 IAM 사용자가 성공적으로 생성됩니다. 이때 중요한 것은 사용자 이름과 암호가 있는 CSV 파일을 다운로드할 수 있는 유일한 기회라는 것입니다. 그래서 **.csv 파일 다운로드** 버튼을 클릭해서 파일을 다운로드하고 다음 실습을 이어서 진행하기 바랍니다.

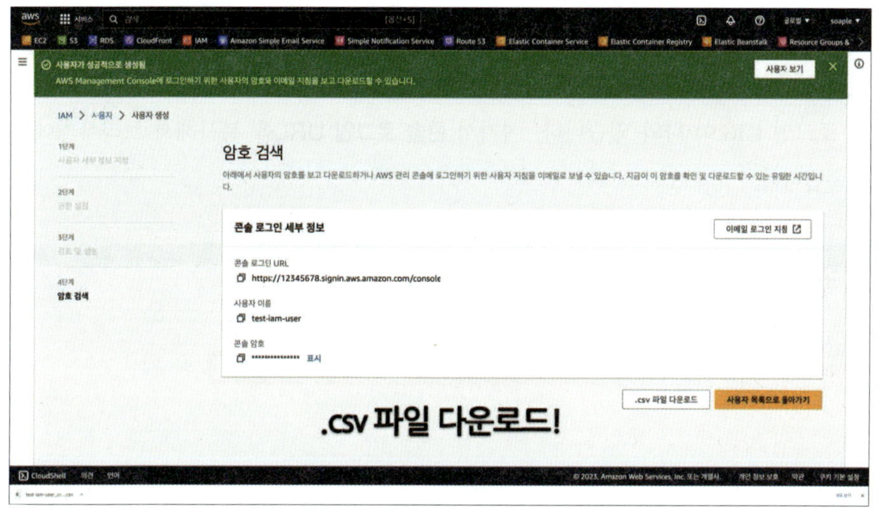

11.3 실습 IAM 사용자로 로그인

이번 실습에서는 IAM 사용자로 로그인해보겠습니다.

먼저 앞에서 다운로드한 CSV 파일을 엽니다. 열면 화면과 같이 사용자 이름과 암호, 콘솔 로그인 URL이 나와 있습니다. 여기서 **콘솔 로그인 URL**을 복사해서 브라우저에서 접속합니다.

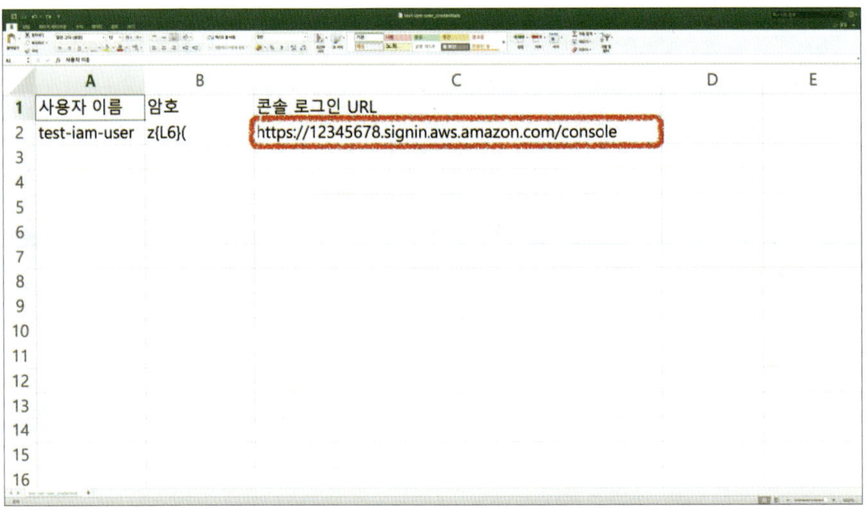

이때 기존 브라우저는 루트 계정으로 AWS 콘솔에 로그인되어 있을 것이므로 새로 시크릿 창에서 접속하기 바랍니다.

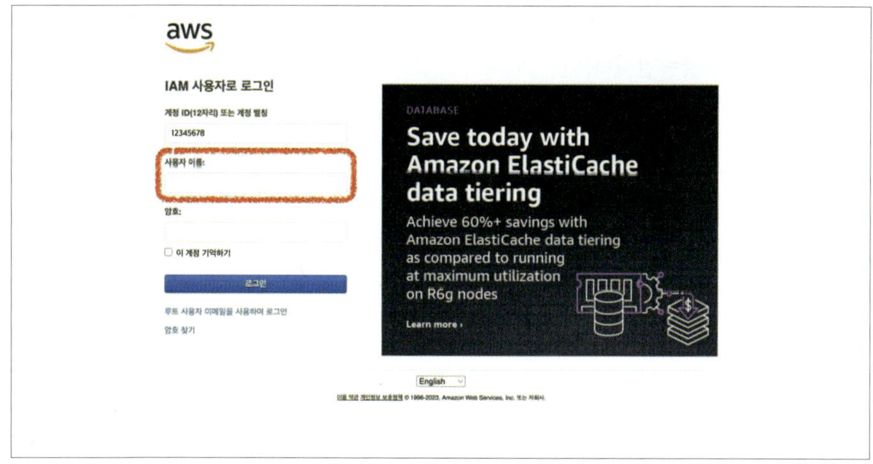

접속하면 AWS 콘솔 로그인 화면이 나오는데 기존 로그인 화면과 조금 다른 것을 볼 수 있습니다. 우선 제목에 **IAM 사용자로 로그인**이라고 되어 있고 이 부분에 계정 ID가 별도로 들어가 있는 것을 볼 수 있습니다.

이제 여기에 CSV 파일에 있는 사용자 이름과 암호를 입력해서 로그인하면 됩니다. 먼저 **사용자 이름**을 입력합니다.

CSV 파일에서 **암호**를 복사해서 붙여 넣고 **로그인** 버튼을 클릭합니다.

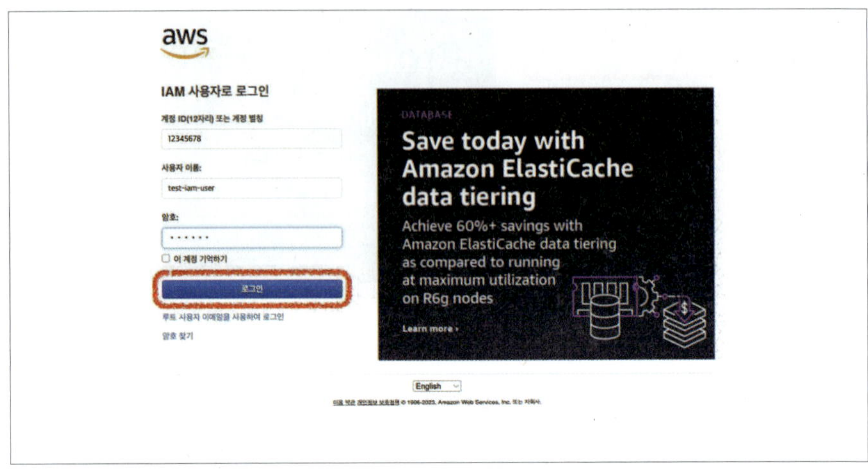

로그인이 성공하면 화면과 같이 비밀번호를 변경하는 화면이 나옵니다. 앞에서 처음 로그인 시 비밀번호를 변경하도록 설정했기 때문입니다.

여기에 이전 비밀번호와 다른 새로운 비밀번호를 입력합니다. 한 가지 유의할 점은 새 비밀번호에 특수문자, 숫자, 그리고 대소문자를 넣어야 한다는 점입니다. 그렇지 않으면 비밀번호가 제대로 변경되지 않을 수 있습니다. 비밀번호를 모두 입력하고 **비밀번호 변경 확인** 버튼을 클릭합니다.

이제 IAM 사용자로 AWS 콘솔에 정상적으로 로그인되었습니다. 아래 화면은 루트 사용자와 비슷해 보이지만 오른쪽 상단을 보면 IAM 사용자의 이름이 있는 것을 볼 수 있습니다.

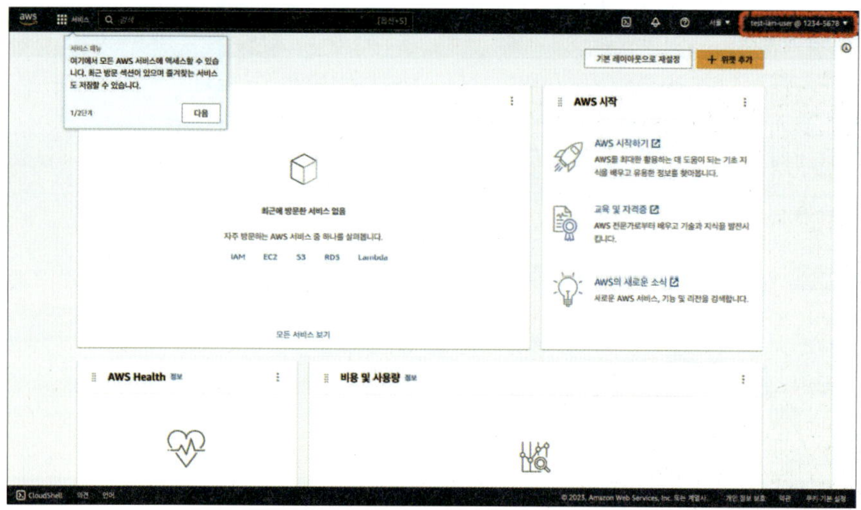

이제 상단 검색창에 'EC2'를 검색해서 EC2 페이지에 접속해보겠습니다.

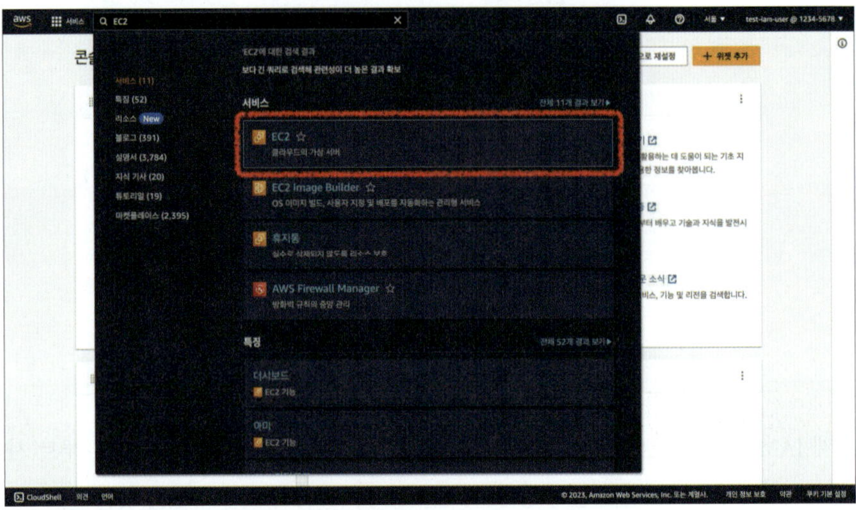

EC2 페이지에 접속한 뒤에 **인스턴스 시작** 버튼을 클릭합니다.

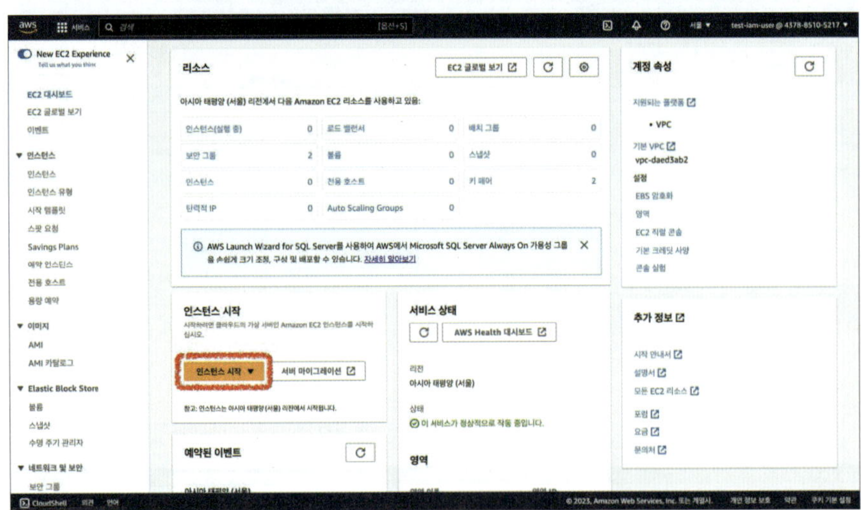

먼저 인스턴스 이름을 입력합니다. 여기서는 'MyInstance'라고 입력했습니다.

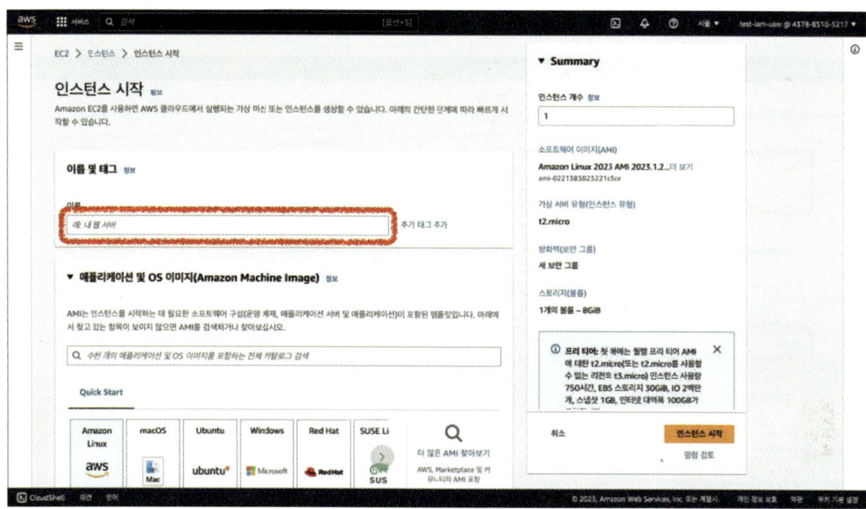

다음은 AMI를 선택해야 합니다. 기본으로 선택되어 있는 **Ubuntu**를 선택합니다.

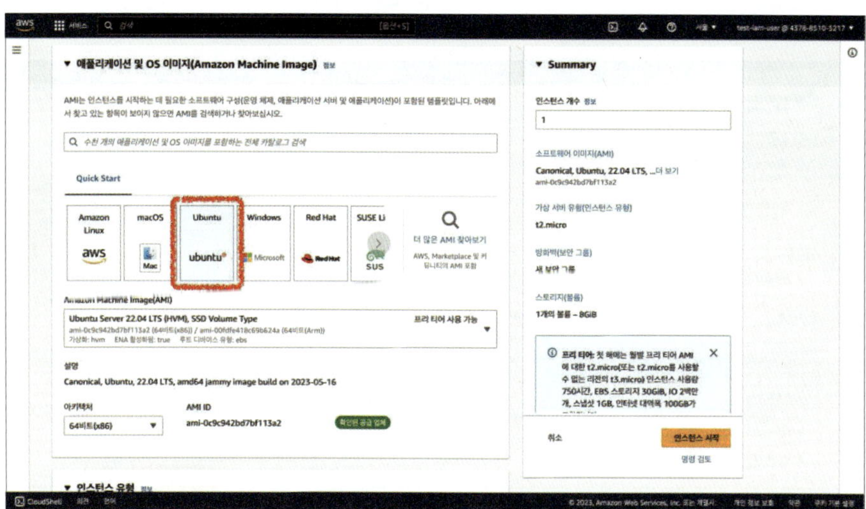

이후 프리티어 사용 가능한 인스턴스 유형인 **t2.micro**를 선택하고, 키 페어도 기존에
사용하던 키 페어를 선택합니다.

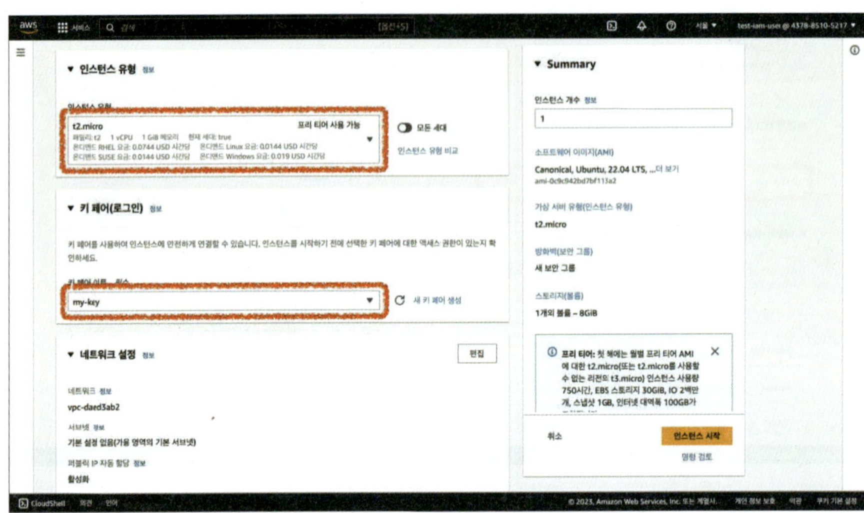

모든 설정을 마쳤다면 오른쪽 하단에 있는 **인스턴스 시작** 버튼을 클릭합니다.

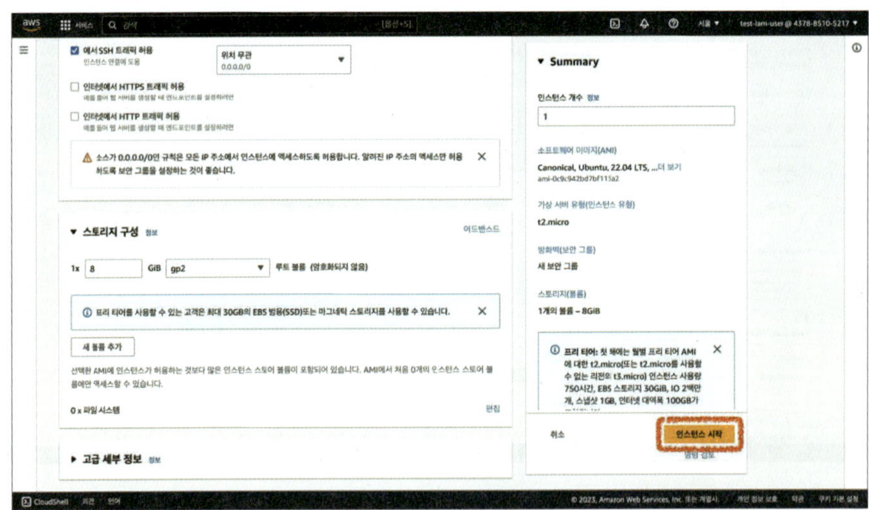

그러면 인스턴스 시작이 실패하는 것을 볼 수 있을 겁니다. 현재 IAM 사용자는 EC2ReadOnly 권한만 있기 때문입니다.

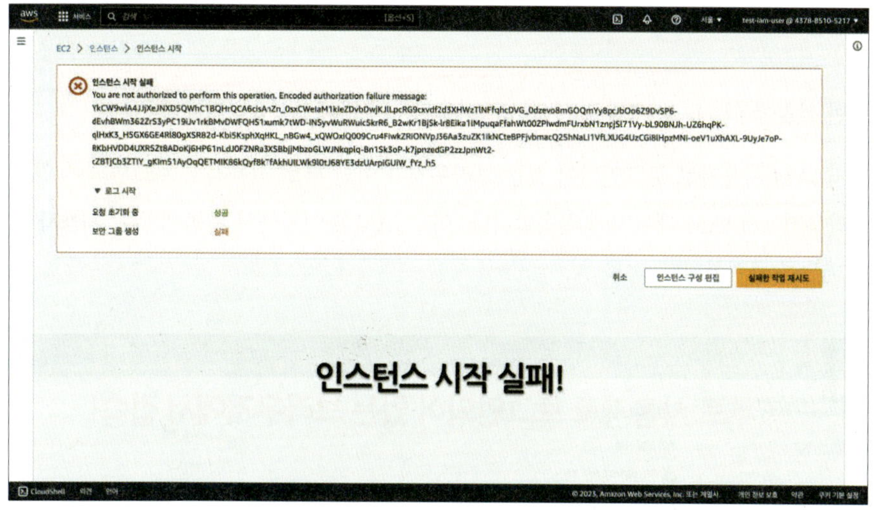

인스턴스 시작이 실패한 것을 확인했다면 다음 실습으로 넘어가기 바랍니다.

11.4 실습 IAM 그룹 생성 및 사용자 추가

이번 실습에서는 IAM 그룹을 생성하고 사용자를 추가해보겠습니다.

먼저 IAM 사용자로 로그인되어 있는 브라우저가 아닌 루트 사용자로 로그인되어 있는 브라우저에서 IAM 페이지에 접속합니다. 이후 IAM 페이지에서 왼쪽에 있는 **사용자 그룹** 메뉴를 클릭합니다.

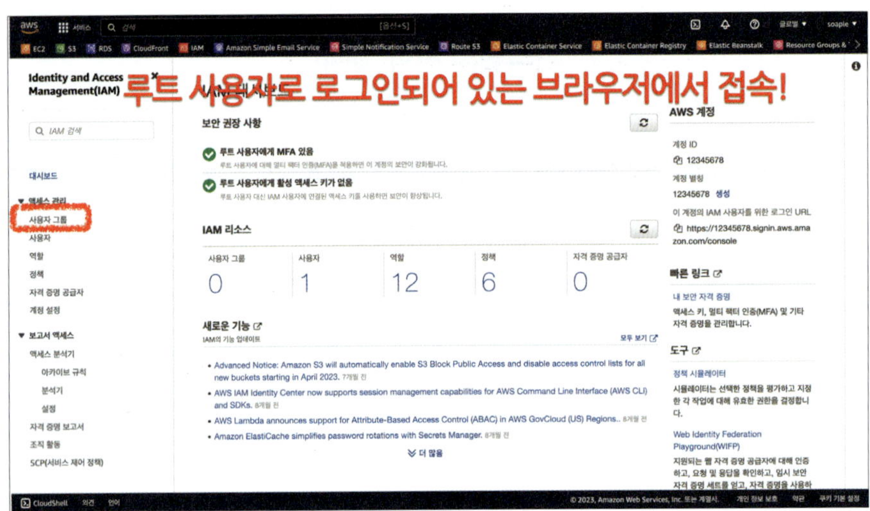

그러면 그룹 목록 화면이 나옵니다. 여기서 **그룹 생성** 버튼을 클릭합니다.

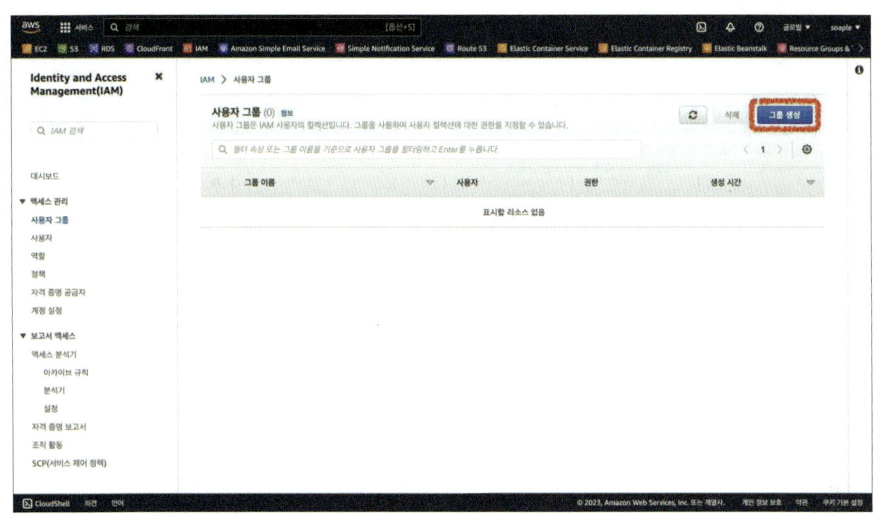

사용자 그룹 생성 화면이 나오면 먼저 그룹 이름을 입력합니다. 저는 'test-group'이라고 입력했습니다.

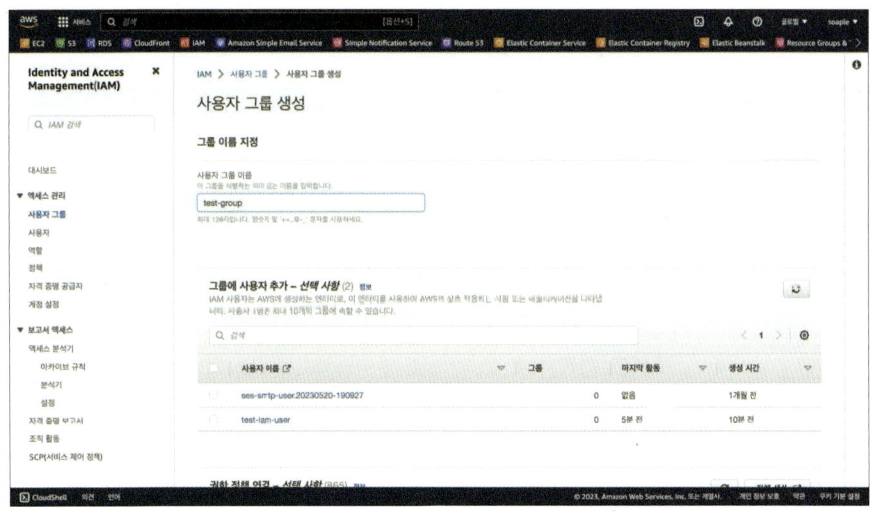

이후 아래로 내려오면 그룹에 사용자를 추가할 수 있는 옵션이 있습니다. 여기서 기존

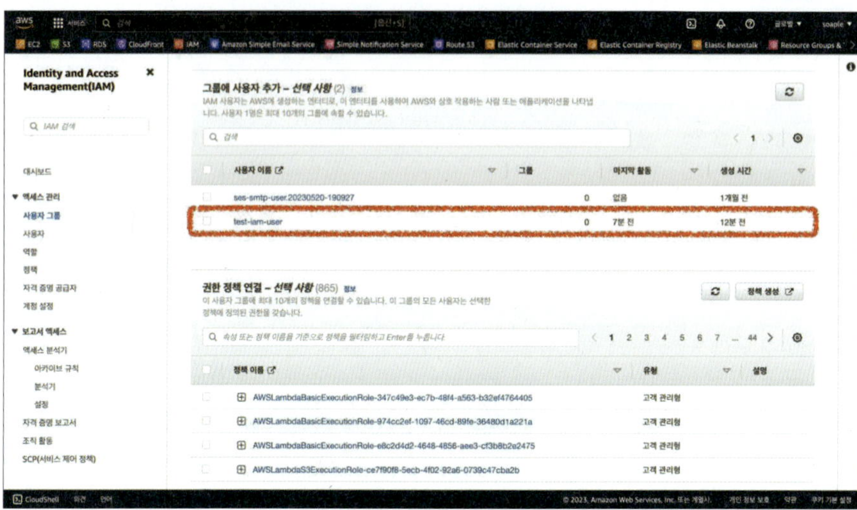

이후 밑에서는 그룹에 권한 정책을 연결할 수 있습니다. 여기서 검색창에 'EC2Full'이
라고 입력하고 검색합니다.

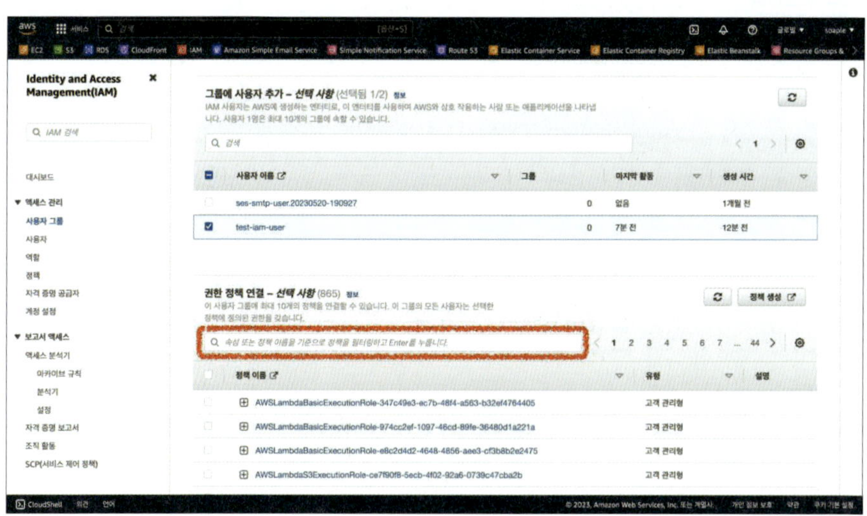

그러면 다음 화면처럼 필터가 걸리고 **AmazonEC2FullAccess** 정책이 나오는 것을 볼 수 있습니다. 이 정책을 선택합니다.

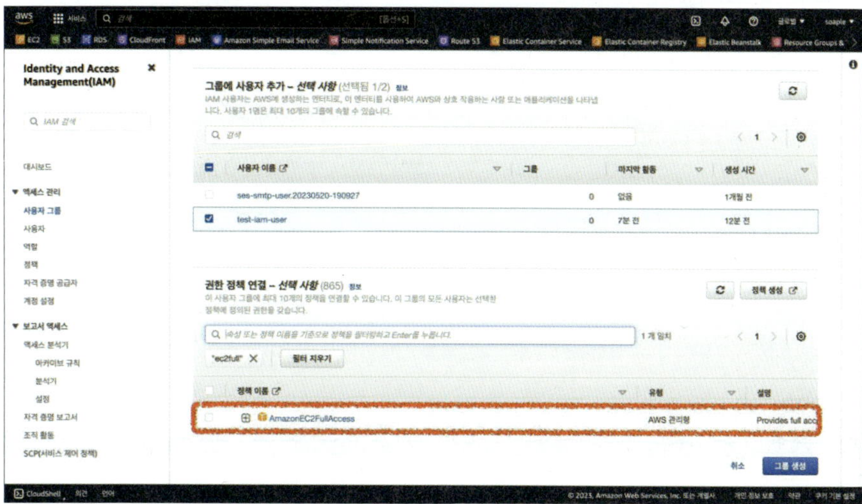

여기까지 모든 설정을 마쳤으면 **그룹 생성** 버튼을 클릭합니다.

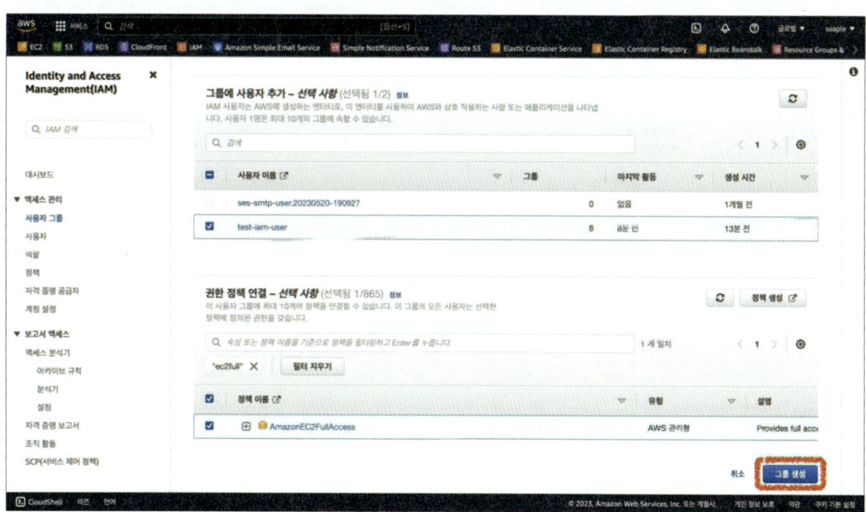

그러면 그룹이 생성됩니다. 여기서 그룹을 클릭해서 상세 정보를 확인해보겠습니다.

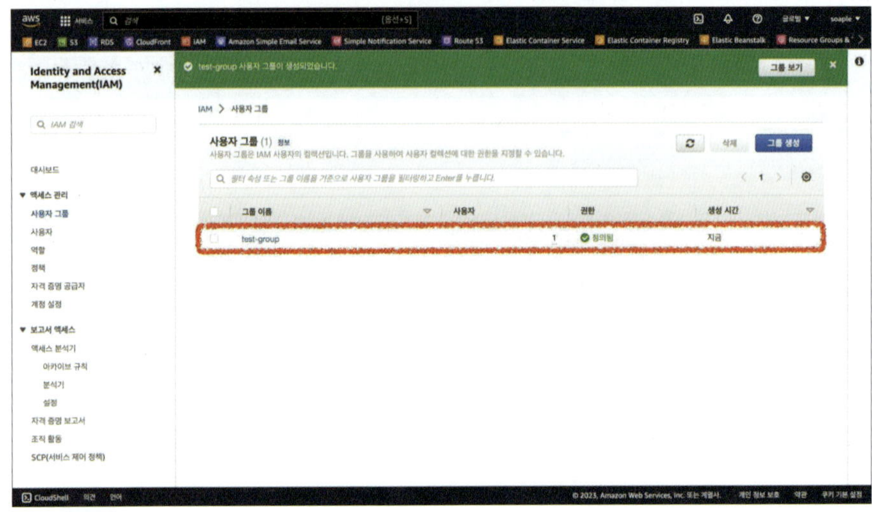

그룹 상세 정보 페이지에서 **권한** 탭을 클릭해보겠습니다.

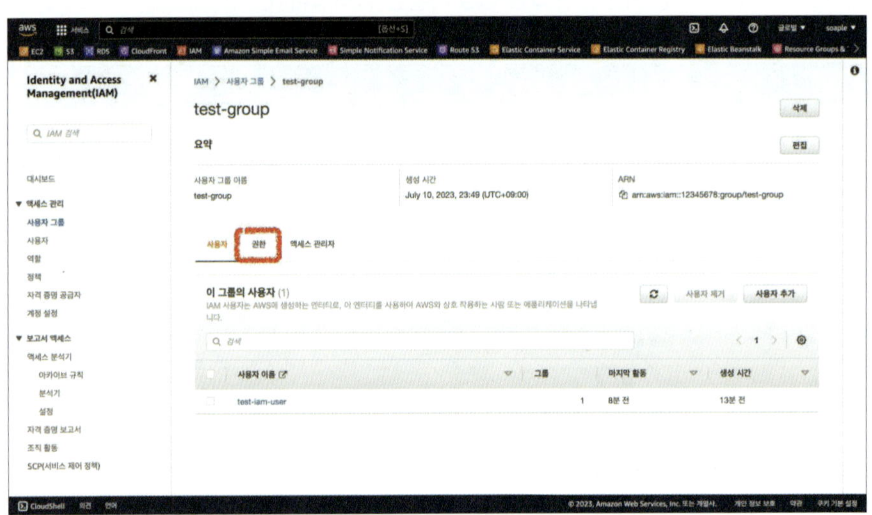

그럼 현재 이 그룹이 갖고 있는 권한 정책들이 나오게 됩니다. 이 그룹에 속한 사용자는 이 그룹의 권한을 모두 갖게 된다고 보면 됩니다.

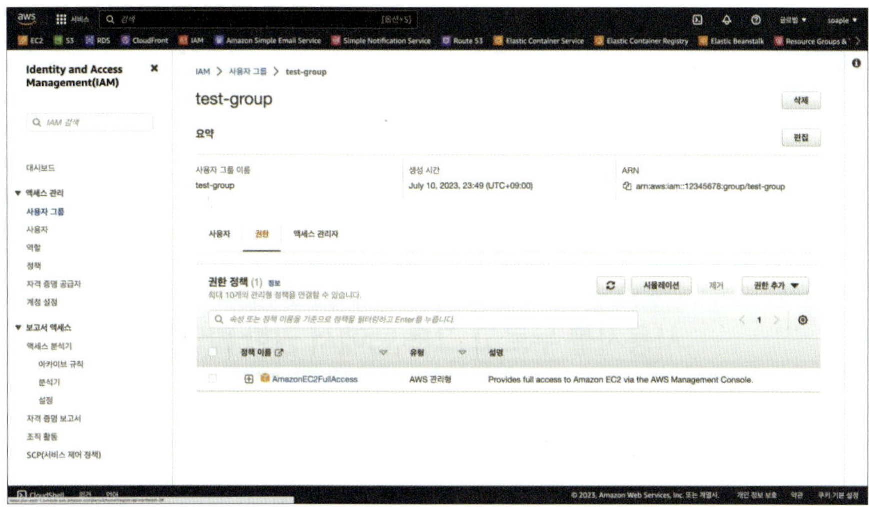

이번에는 IAM 사용자 목록에서 우리가 생성한 사용자를 클릭해서 상세 정보 페이지로 이동한 뒤에 **그룹** 탭에서 권한을 확인하기 바랍니다. 현재 이 사용자에게도 AmazonEC2FullAccess 정책이 연결된 것을 볼 수 있습니다.

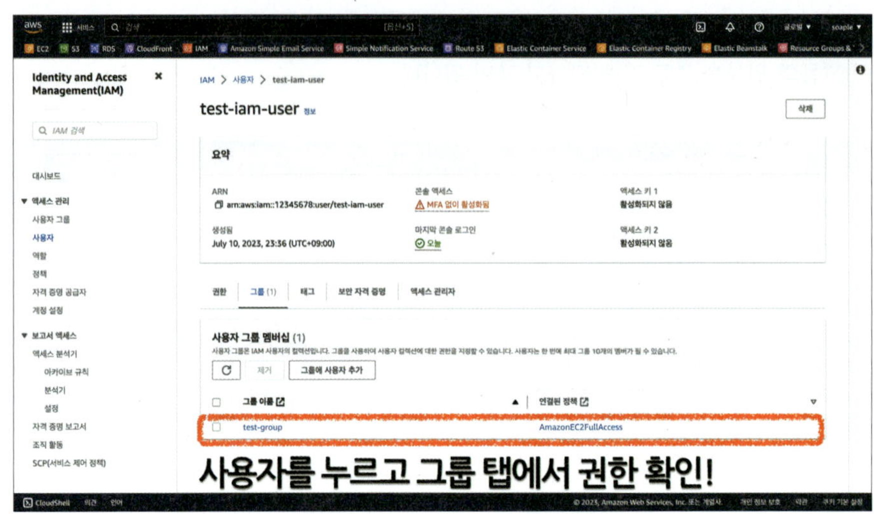

이제 다시 IAM 사용자로 로그인되어 있는 브라우저로 돌아와서 **실패한 작업 재시도** 버튼을 클릭합니다.

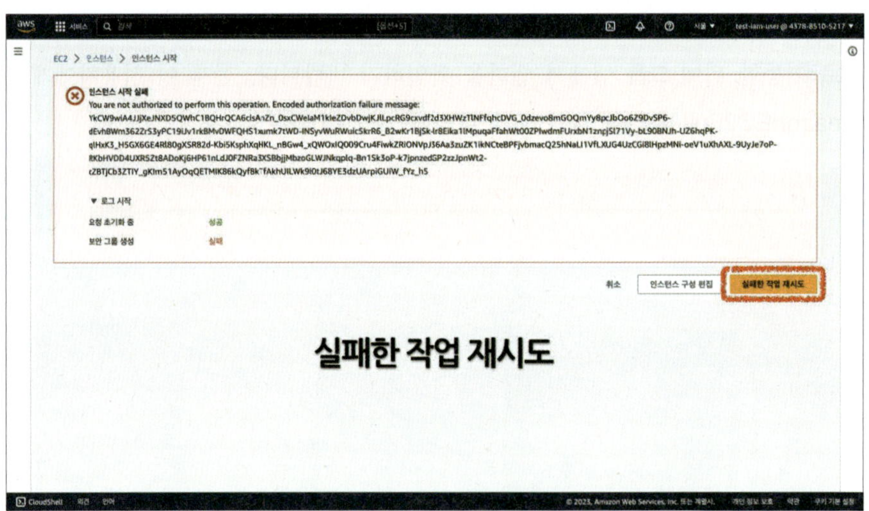

그러면 다음 화면과 같이 정상적으로 인스턴스가 생성되는 것을 볼 수 있습니다.

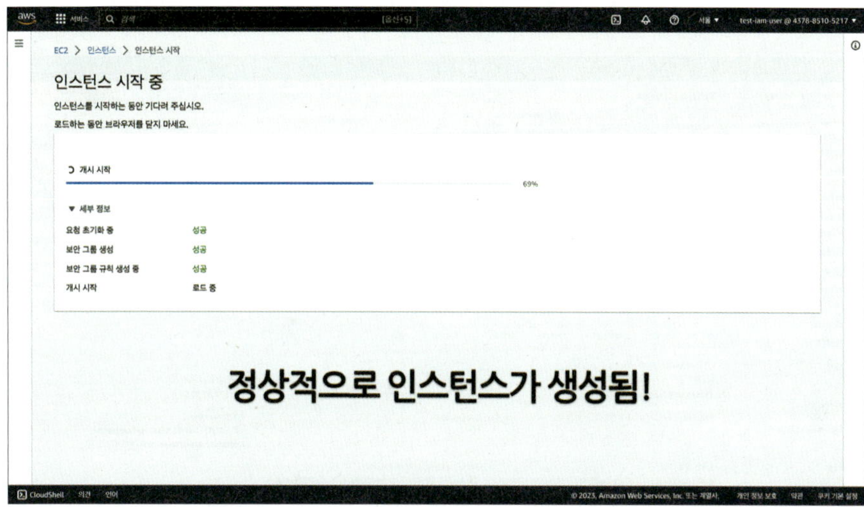

인스턴스 생성이 성공한 이후에 밑에 **모든 인스턴스 보기** 버튼을 눌러서 EC2 인스턴스
페이지로 이동합니다.

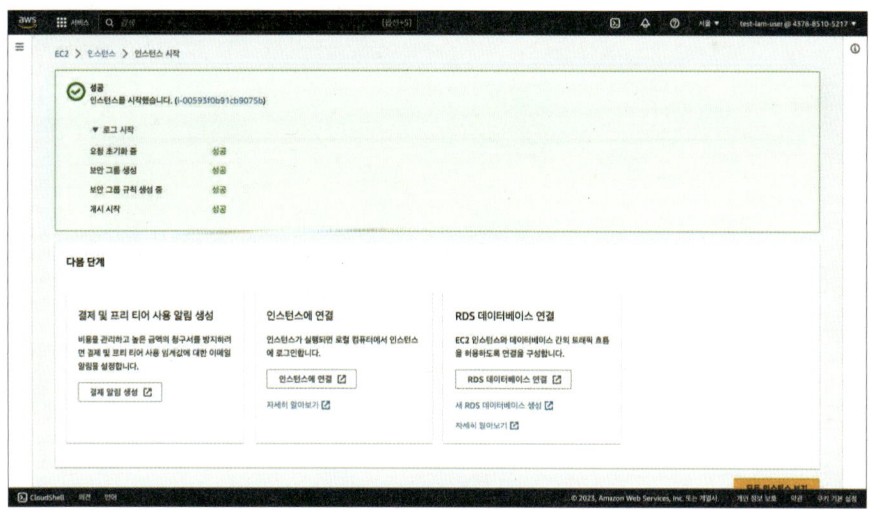

이제 정상적으로 인스턴스가 생성된 것을 볼 수 있습니다. 이처럼 IAM 사용자는 자신이 속한 그룹이 갖고 있는 권한을 모두 갖게 된다고 이해하면 됩니다.

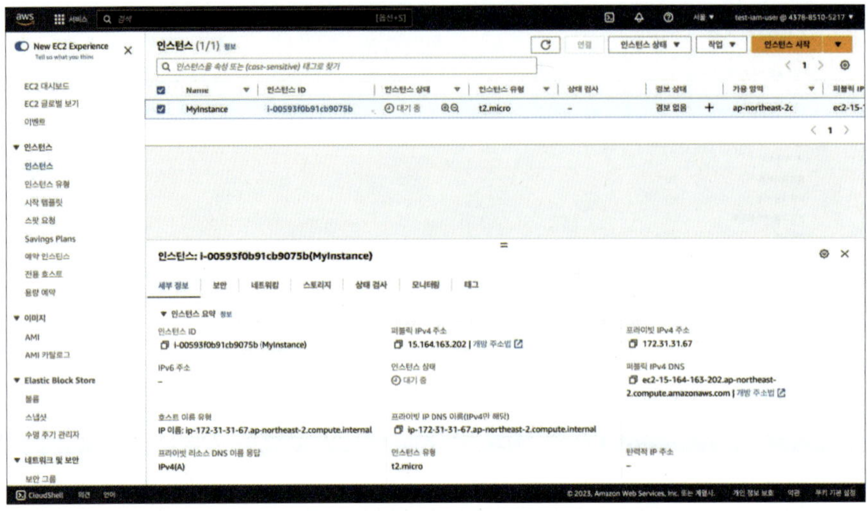

11.5 실습 IAM 사용자 및 그룹 삭제

이번 실습에서는 IAM 사용자 및 그룹을 삭제해보겠습니다.

먼저 IAM 사용자 목록에서 우리가 생성한 사용자를 선택합니다.

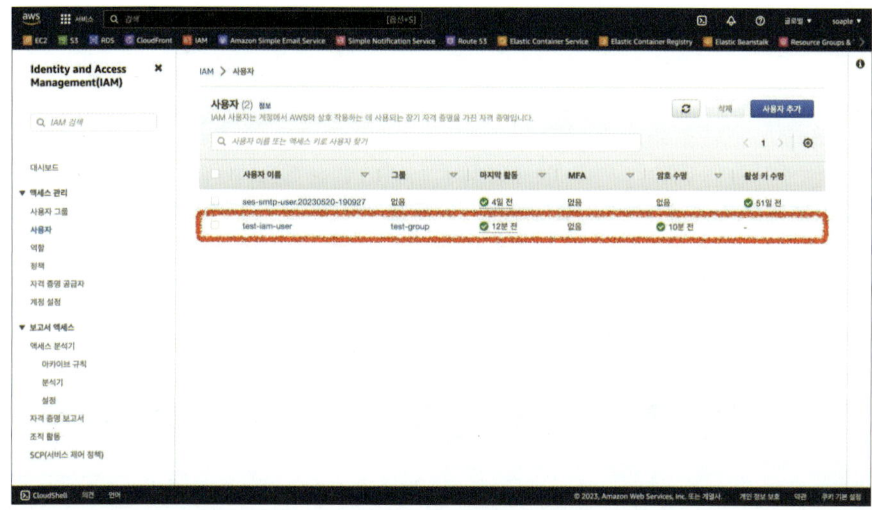

이후 오른쪽 상단 **삭제** 버튼을 클릭합니다.

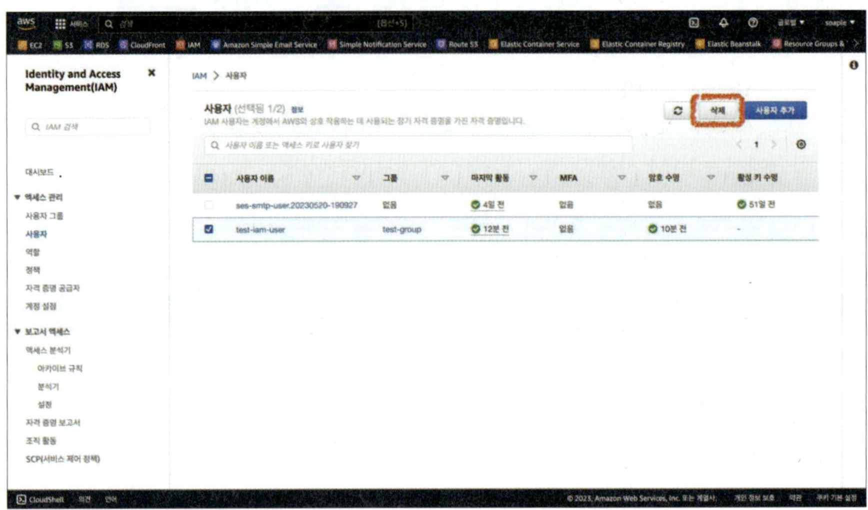

삭제 여부를 묻는 확인 문구가 나오고 여기에 사용자 이름을 입력합니다. 이후 **삭제** 버튼을 클릭하여 IAM 사용자를 삭제합니다.

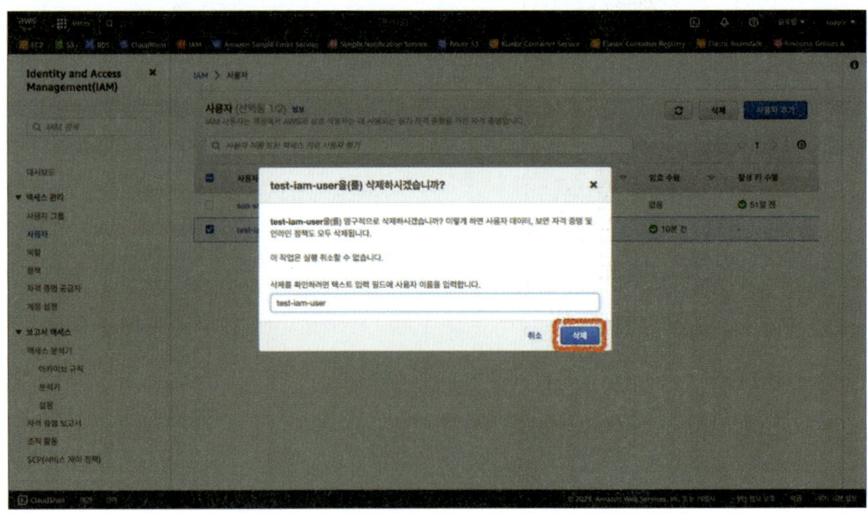

버튼을 누르면 사용자 삭제가 진행되고 시간이 지나면 삭제가 완료됩니다.

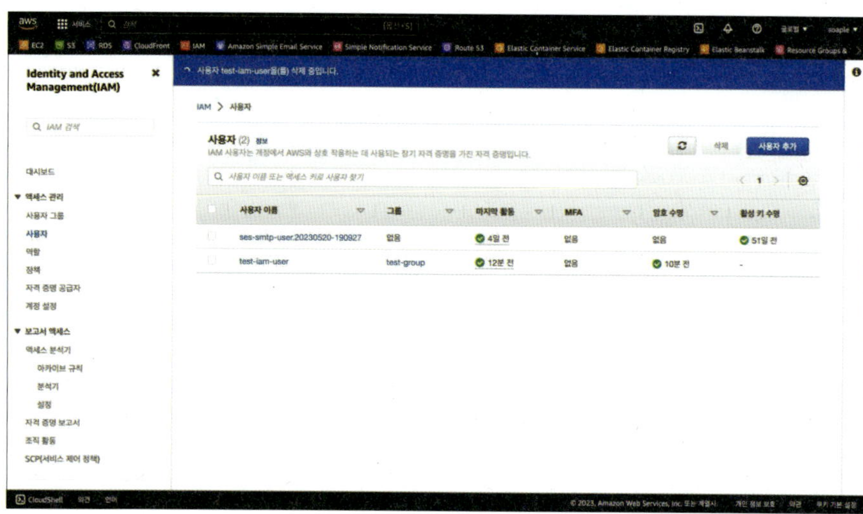

이번에는 그룹을 삭제하기 위해서 **사용자 그룹** 메뉴를 클릭합니다.

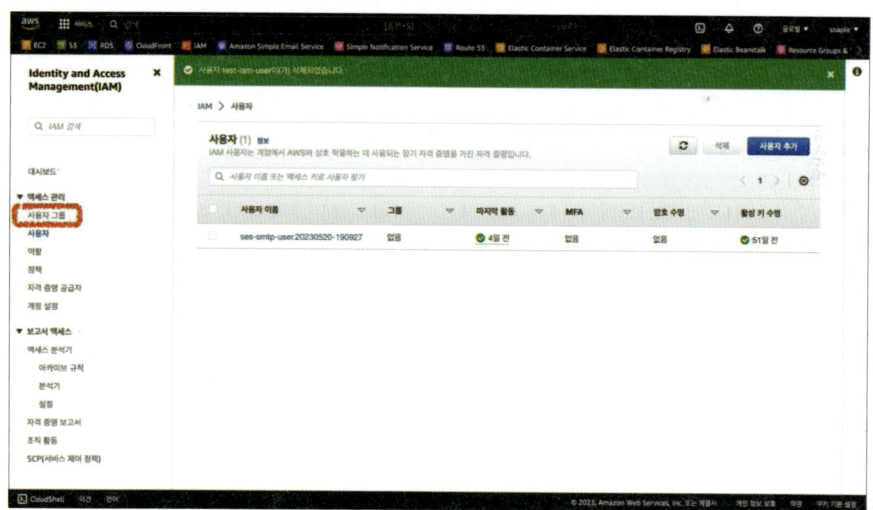

그룹 목록에서 우리가 생성한 그룹을 선택합니다.

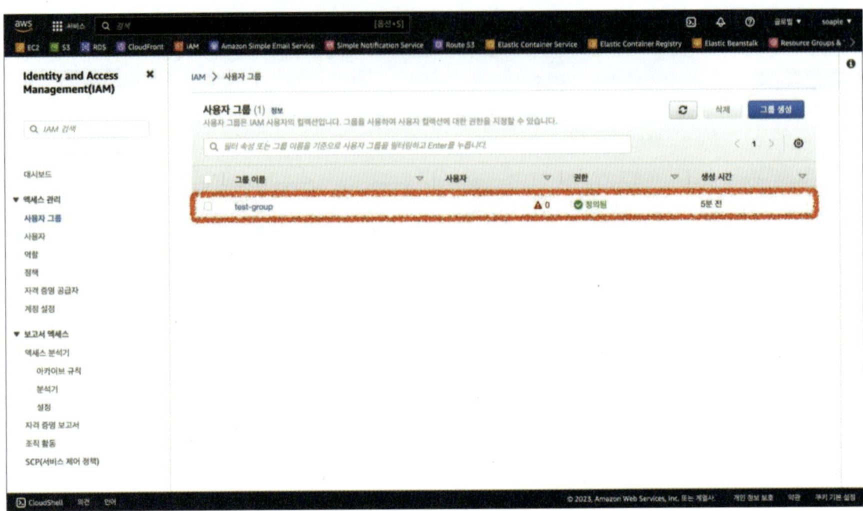

이후 **삭제** 버튼을 클릭합니다.

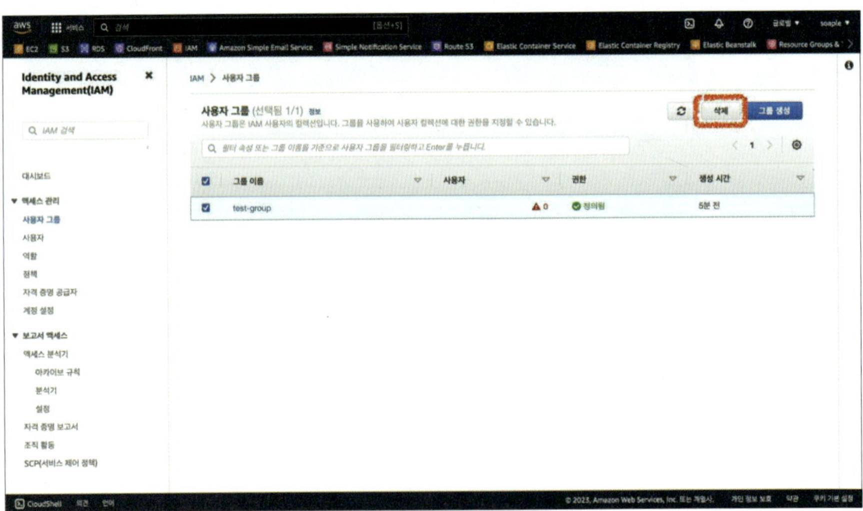

그룹 삭제도 마찬가지로 삭제 확인 문구가 나오는데 여기에 그룹 이름을 입력하고 이후 **삭제** 버튼을 클릭합니다.

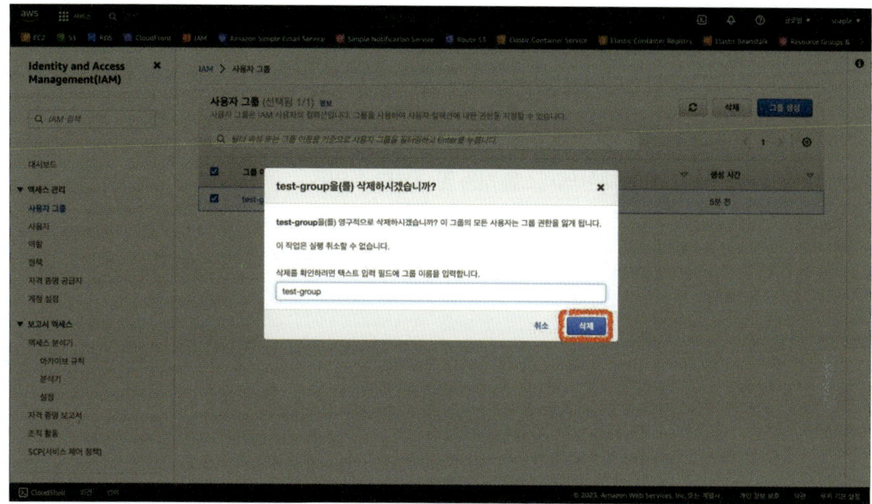

그러면 그룹 삭제가 진행되고 시간이 지나면 아래 화면과 같이 그룹 삭제가 완료됩니다.

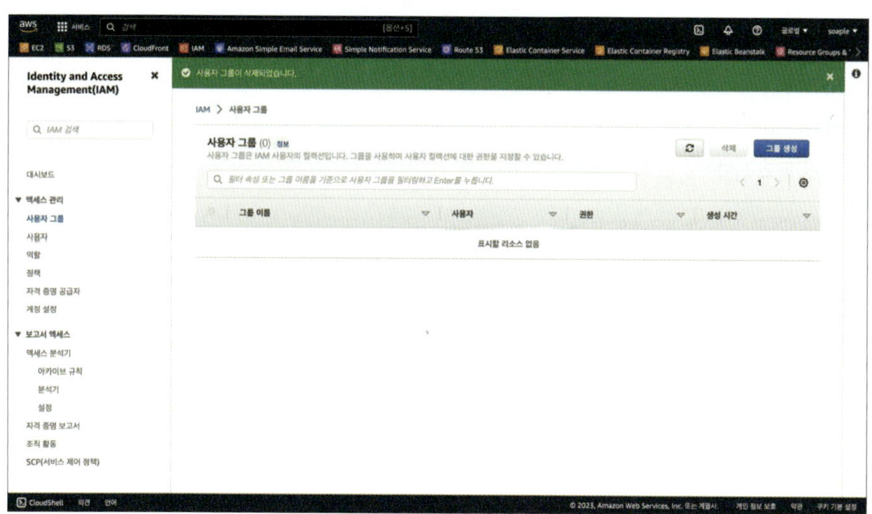

11.6 11장 요약

- **IAM (Identity and Access Management)**
  - AWS 리소스에 대한 권한을 관리하는 서비스
    - IAM 사용자 및 그룹을 만들어서 사용
  - 권한을 사용해 AWS 리소스에 대한 액세스를 허용 및 거부할 수 있음
  - 추가 비용 없이 제공
  - Key를 발급함으로써 AWS 외부에서 API로 접근할 수 있음

- **IAM 기본 개념**
  - User
    - AWS 서비스 사용자(사람 또는 외부 애플리케이션)
  - Group
    - User들의 집합
  - Role
    - AWS의 작업과 리소스에 대한 액세스를 부여하는 권한 세트
  - Policy
    - 특정 AWS 요소의 특정 기능을 사용하기 위한 정책
  - Permission
    - Policy들의 집합

CloudWatch

Preview

이번 장에서는 CloudWatch를 다룹니다. 먼저 CloudWatch 서비스에 대해서 소개하고, 이후에 직접 실습을 통해 CloudWatch 경보를 생성하고 알림을 받아보도록 하겠습니다.

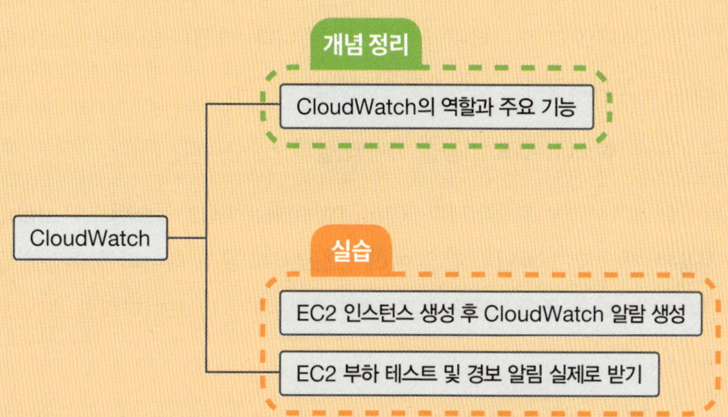

12.1 CloudWatch

CloudWatch는 어떤 서비스일까요? CloudWatch라는 이름의 의미만을 해석해보면 클라우드를 지켜본다는 뜻이 됩니다. 이러한 이름처럼 CloudWatch는 클라우드 모니터링 서비스를 의미합니다. 클라우드에서는 수많은 자원들이 사용되고 시시각각 다양한 이벤트가 발생하기 때문에 이러한 것을 체계적으로 모니터링할 필요가 있습니다. 그래서 CloudWatch 같은 서비스를 통해 클라우드를 모니터링하는 것이라고 이해하면 됩니다.

그럼 지금부터는 CloudWatch 주요 기능을 하나씩 살펴보겠습니다.

먼저 로그 모니터링Log Monitoring 기능입니다. CloudWatch는 EC2 인스턴스, Lambda 함수, CloudTrail, 사용자 지정 로그 파일과 같은 여러 소스로부터 로그 데이터를 수집할 수 있습니다. 이를 통해 로그 데이터를 중앙 집중식으로 모아 검색, 분석 및 모니터링할 수 있도록 제공합니다.

또한 지표Metrics 수집 및 모니터링 기능도 제공합니다. 다양한 AWS 서비스에서 지표들을 수집하고 이를 시각화하여 사용자에게 제공합니다. 예를 들어 EC2 인스턴스의 CPU 사용률, 네트워크 입출력 등의 지표를 모니터링할 수 있습니다. 이전 장에서 실습을 하면서 EC2 인스턴스의 CPU 사용률 등을 이미 살펴봤던 것을 기억할 겁니다. 그게 바로 CloudWatch에서 제공하는 지표 수집 및 모니터링 기능입니다.

알람Alarms 기능은 사전에 정해진 조건에 따라 알람을 발송해주는 기능입니다. 뒤에 나오는 실습에서 실제로 사용해볼 기능인데, 지정된 지표에 대한 임곗값을 설정하고 이를 기반으로 알람을 생성할 수 있습니다. 예를 들어, CPU 사용률이 특정 임곗값을 초과하면 경보를 발생시켜 이메일 등으로 알림을 받아볼 수 있습니다.

이벤트Event 모니터링 기능은 AWS 리소스에서 발생하는 이벤트에 대한 모니터링 기능입니다. 이를테면 EC2 인스턴스의 시작 또는 중지와 같은 이벤트를 감지하고 이에 대한 자동화된 작업을 트리거할 수 있습니다. 그리고 이렇게 자동으로 트리거시키는 기능을 자동 대응Automated Responses 기능이라고 부릅니다. CloudWatch에서는 알람과 이벤트를 기반으로 자동화된 대응 작업을 수행할 수 있습니다. 예를 들면, AWS Lambda 함수를 실행하거나 EC2 인스턴스의 상태를 변경할 수 있습니다. 그리고 우리가 앞에서 실습했던 것처럼 이벤트를 기반으로 ASG^{Auto Scaling Group}의 크기를 조정할 수도 있습니다.

이처럼 CloudWatch는 AWS의 다른 서비스들과 쉽게 통합해서 사용할 수 있으며, 클라우드 환경에서 시스템 및 애플리케이션의 모니터링과 관리를 간편하게 할 수 있게 해줍니다. 그래서 CloudWatch를 사용하면 더 빠르게 장애 상황을 인지할 수 있으며, 빠르게 문제를 파악하고 대응하여 시스템의 고가용성을 달성할 수 있는 것입니다.

 12.2 · 실습 EC2 인스턴스 생성

이번 실습에서는 먼저 EC2 인스턴스를 생성해야 합니다. EC2 인스턴스를 생성하는 과정은 3장 실습 부분을 참고하여 동일하게 Ubuntu 인스턴스를 생성하면 됩니다. EC2 인스턴스를 생성한 이후에 다음 실습을 이어서 진행하기 바랍니다.

12.3 실습 CloudWatch 알람 생성

CloudWatch 알람을 생성해보도록 하겠습니다.

먼저 앞에서 생성한 EC2 인스턴스를 선택하고 **모니터링** 탭을 클릭합니다.

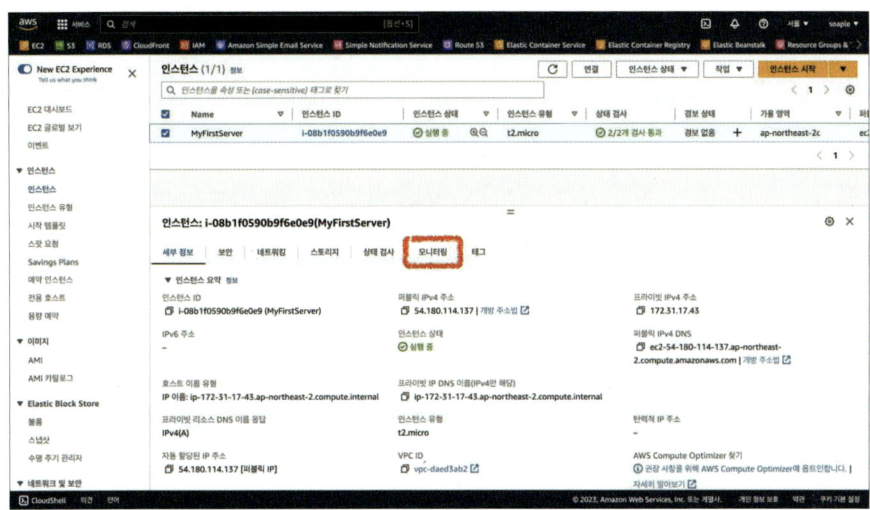

그러면 아래 화면과 같이 다양한 지표들이 나옵니다. 여기서 아래에 표시된 것처럼
CPU 사용률의 더 보기 메뉴(⋮)를 클릭합니다.

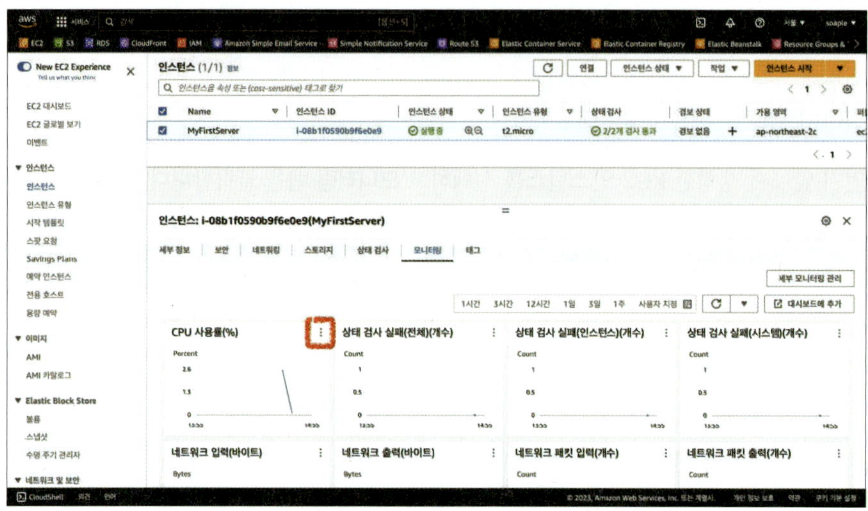

이후 나오는 하위 메뉴에서 **지표에서 보기** 버튼을 클릭합니다.

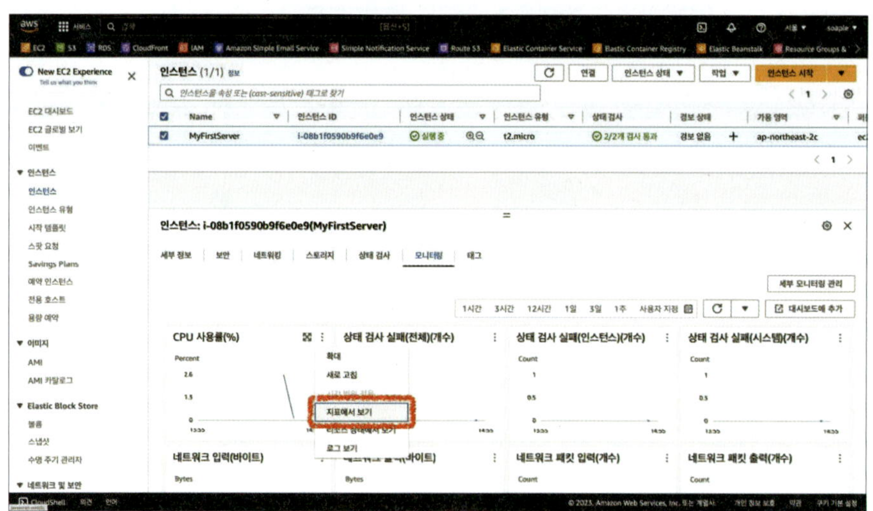

그러면 실습 화면과 같이 CloudWatch 페이지에서 해당 지표에 대한 상세 정보가 나오는 것을 볼 수 있습니다. 여기서 알람을 생성하기 위해 지표의 오른쪽에 있는 ==종 모양의 아이콘==(♤)을 클릭합니다.

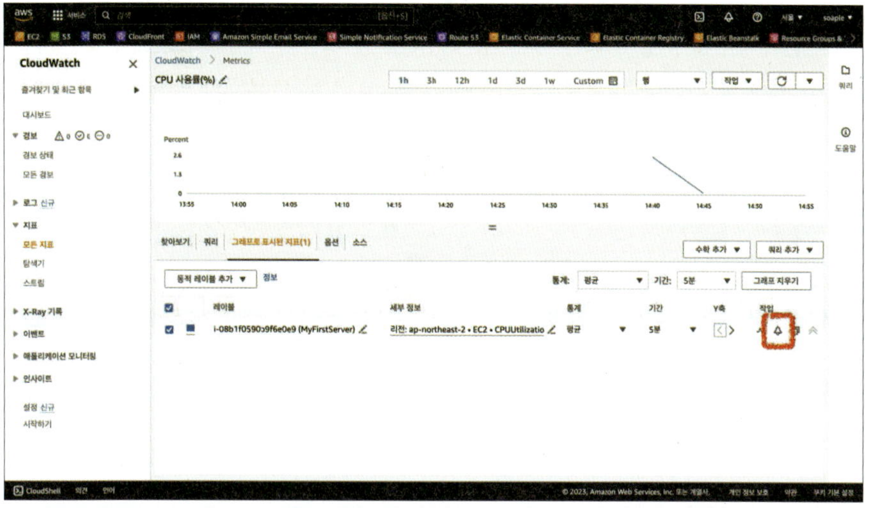

그러면 경보를 생성할 수 있는 화면이 나옵니다. 현재 지표는 ==CPU 사용률==이며 평균 값이 5분 동안 우리가 정한 임곗값을 넘으면 경보가 발생한다고 보면 됩니다.

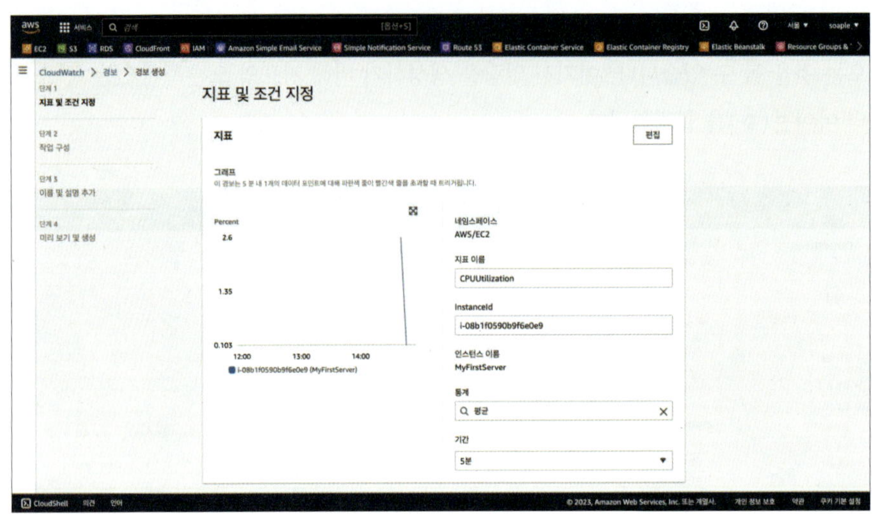

이제 화면을 밑으로 내려서 임곗값을 설정해야 합니다. 임곗값 유형과 조건은 그대로 두고 실제 임곗값 부분에 '80'을 입력합니다.

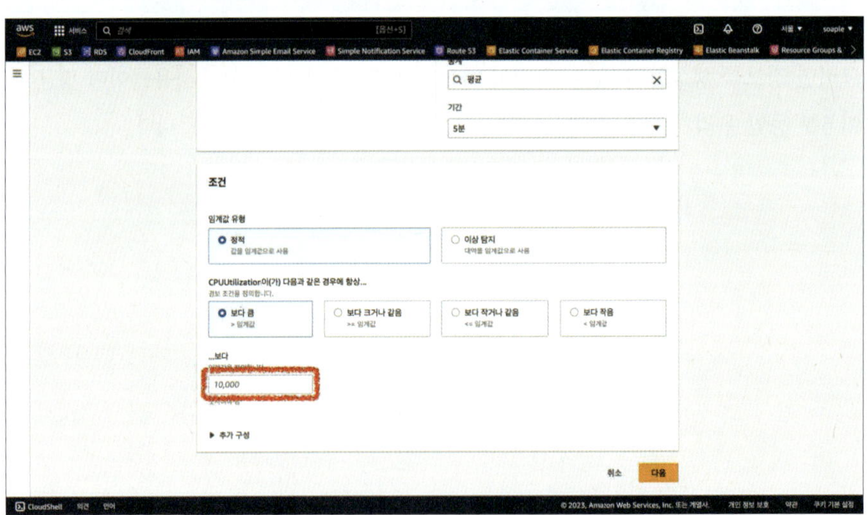

이렇게 하면 평균 CPU 사용률이 5분 이상 80%를 넘으면 경보가 발생한다고 보면 됩니다. 이제 **다음** 버튼을 클릭합니다.

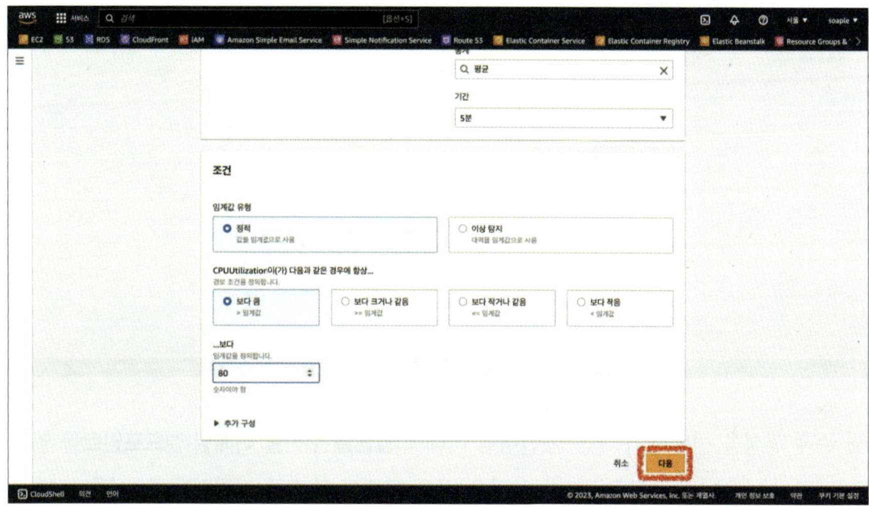

다음 단계에서는 알림을 설정하거나 Auto Scaling 작업, EC2 작업 등을 설정할 수 있습니다. 여기서는 경보가 발생하면 알림을 받을 수 있도록 알림을 구성해보겠습니다. 먼저 **새 주제 생성** 옵션을 선택합니다. 참고로 기존에 생성해둔 SNS 주제가 있는 분들은 그 주제를 선택하고 넘어가면 됩니다.

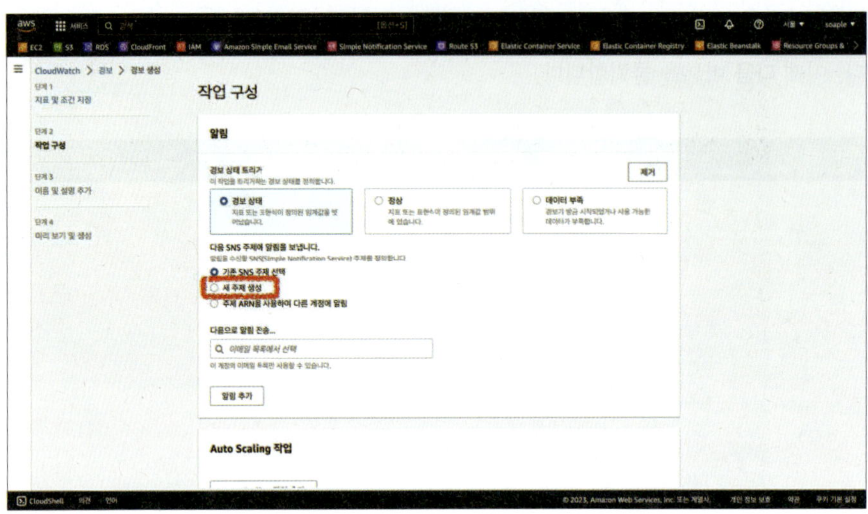

새 주제 생성을 선택하면 다음 화면처럼 아래에 **알림을 수신할 이메일 엔드포인트**를 입력하는 곳이 나옵니다. 여기에 각자 알림을 받을 이메일 주소를 입력합니다. 이후 **주제 생성** 버튼을 클릭하여 주제를 생성합니다.

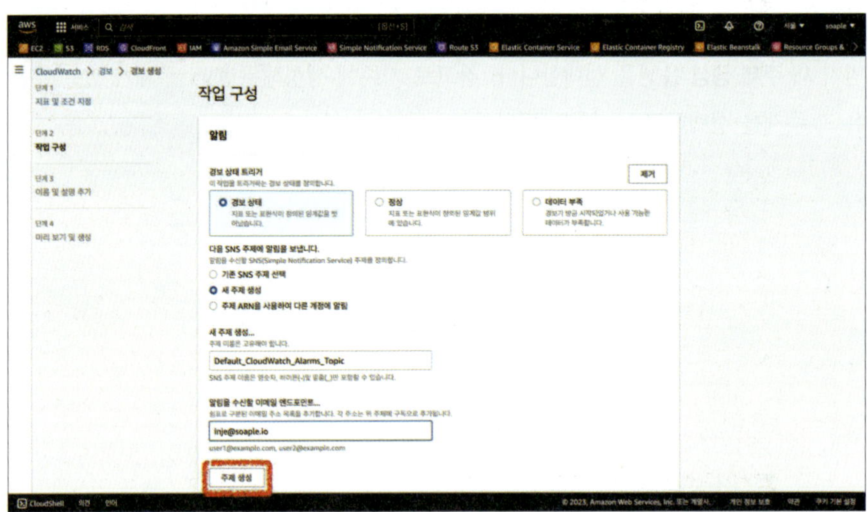

그러면 주제가 생성되고 이메일 엔드포인트가 선택됩니다.

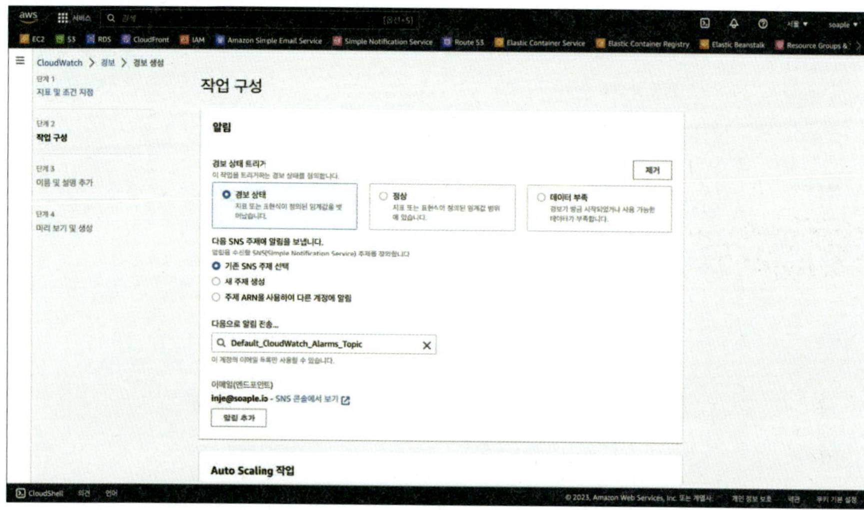

이제 화면을 제일 하단으로 내려서 **다음** 버튼을 클릭합니다.

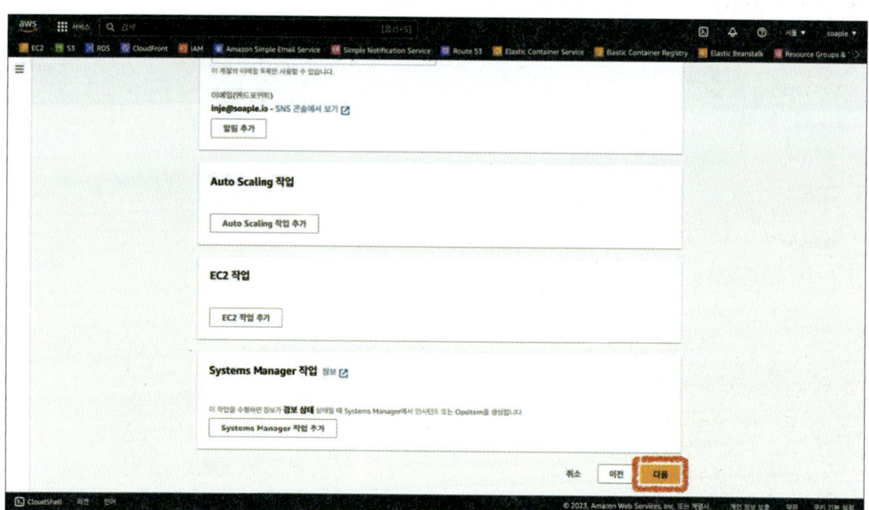

다음으로는 경보 이름을 입력해야 합니다. **경보 이름**을 입력합니다.

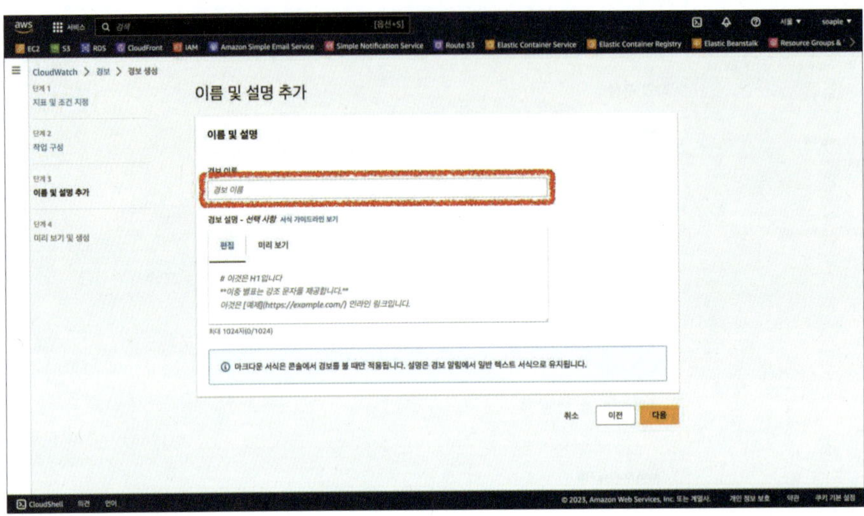

저는 아래 화면과 같이 'TestAlert'라고 입력했습니다. 그리고 그 아래에는 경보에 대한
설명을 마크다운markdown 형식으로 작성할 수 있습니다.

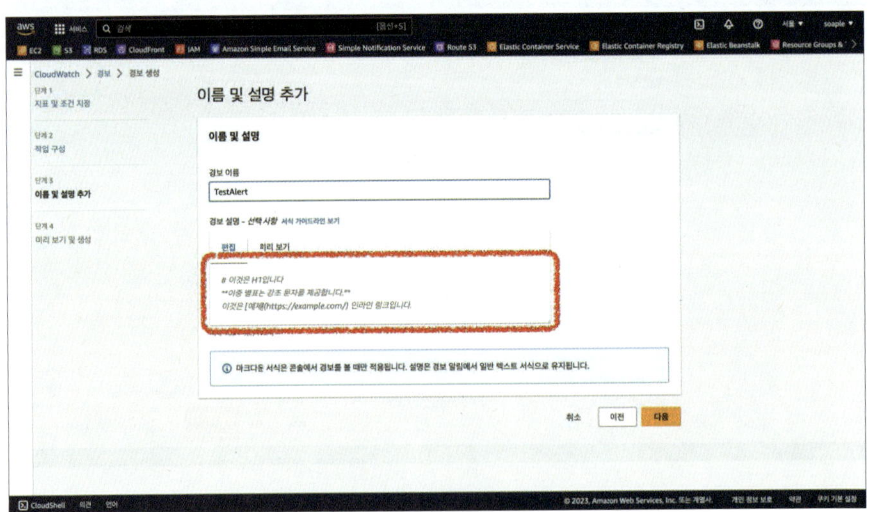

경보 이름은 '# 테스트 경보입니다.'라고 간단하게 작성했습니다. 이후 **미리 보기** 탭을
클릭합니다.

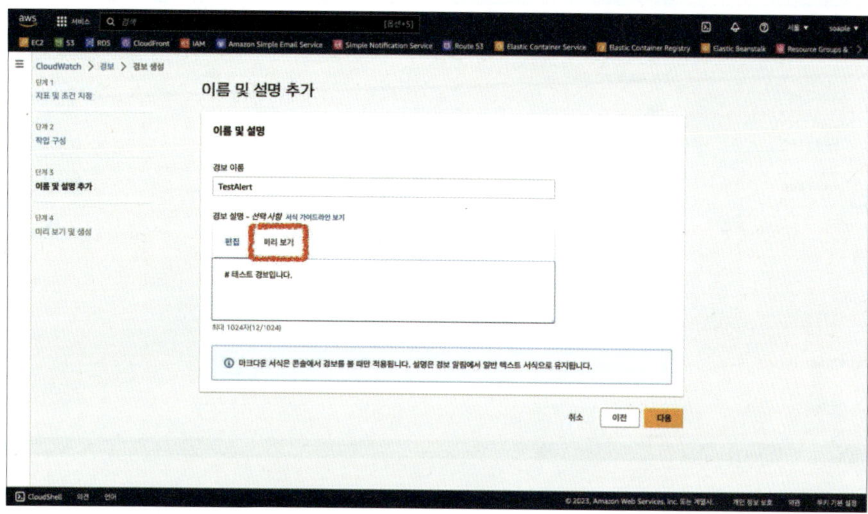

그러면 아래 화면에서 보는 것처럼 작성한 마크다운 텍스트가 렌더링되어 나오는 것을
볼 수 있습니다. 이제 **다음** 버튼을 클릭합니다.

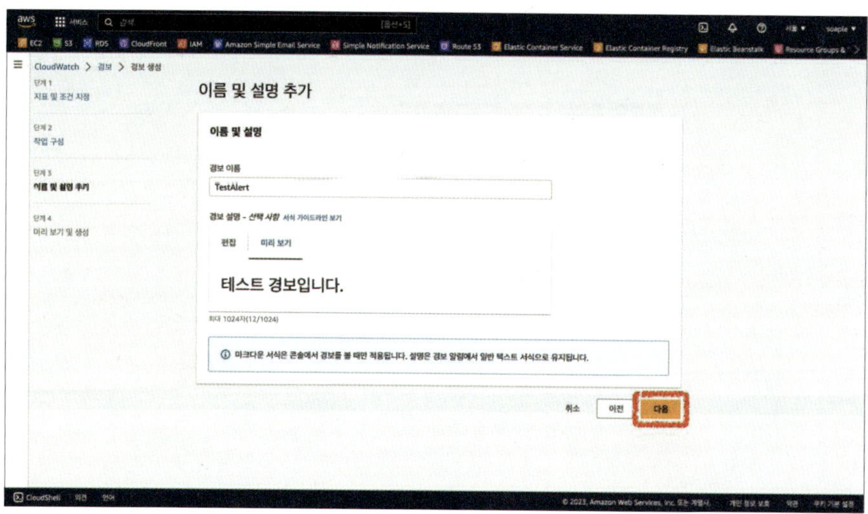

마지막 단계는 앞에서 설정한 내용을 전체적으로 확인하는 단계입니다.

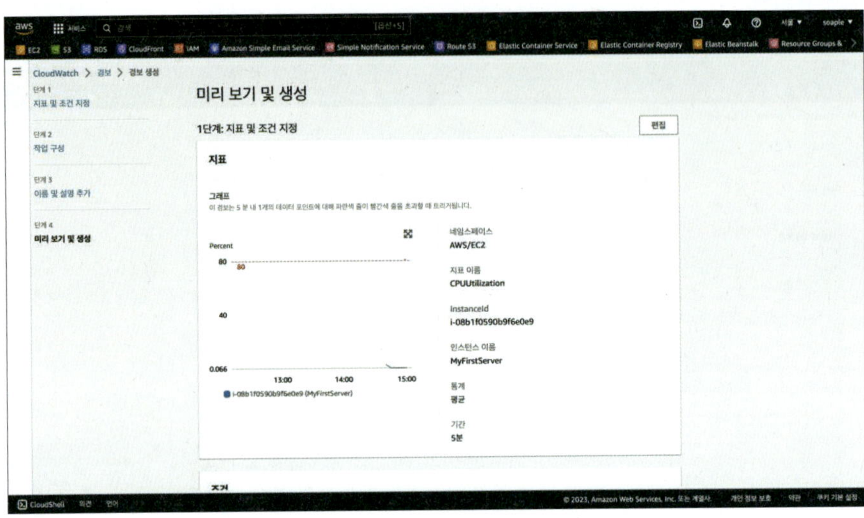

모든 내용을 확인한 후 **경보 생성** 버튼을 클릭합니다.

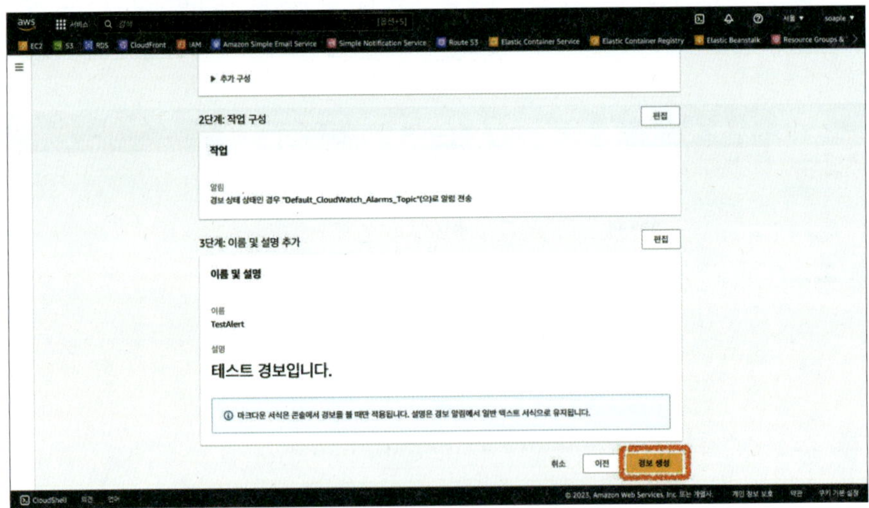

실습 화면과 같이 경보가 생성됩니다. 여기서 먼저 **경보 보기** 버튼을 클릭합니다.

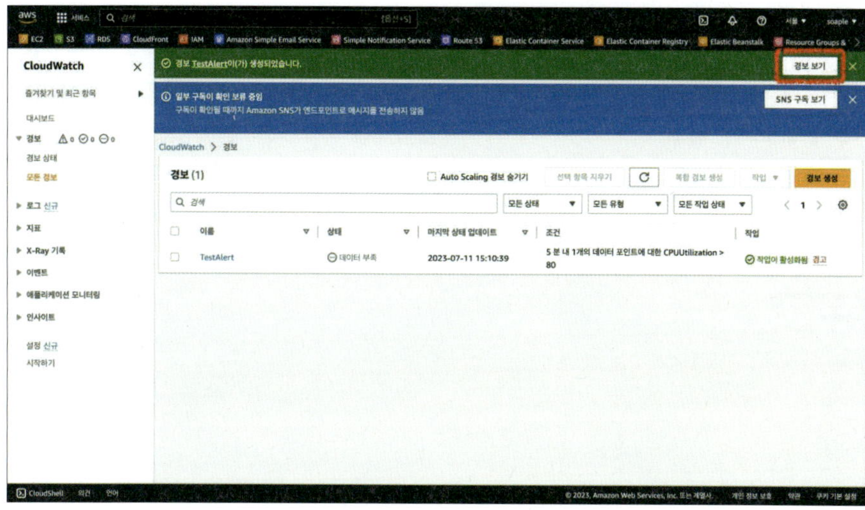

그러면 다음 화면처럼 경보에 대한 상세 내용과 현재 지표를 볼 수 있습니다.

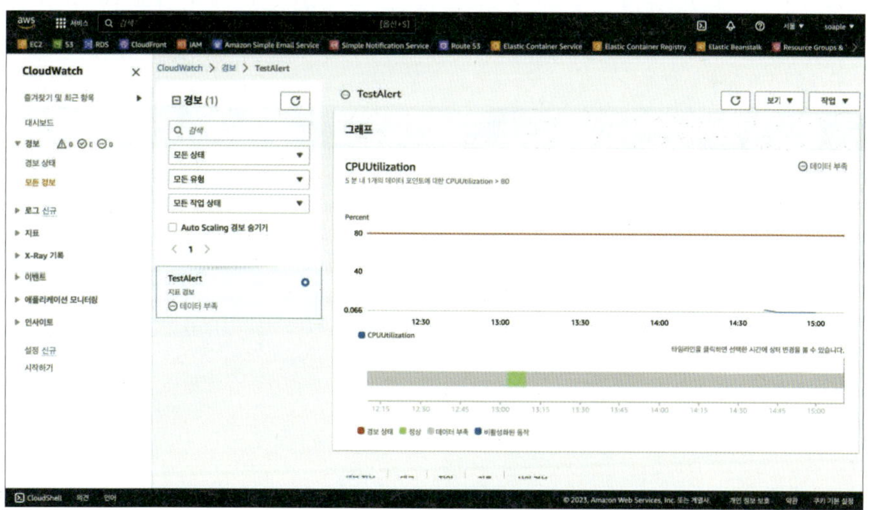

다시 뒤로 와서 이번에는 **SNS 구독 보기** 버튼을 클릭해보겠습니다.

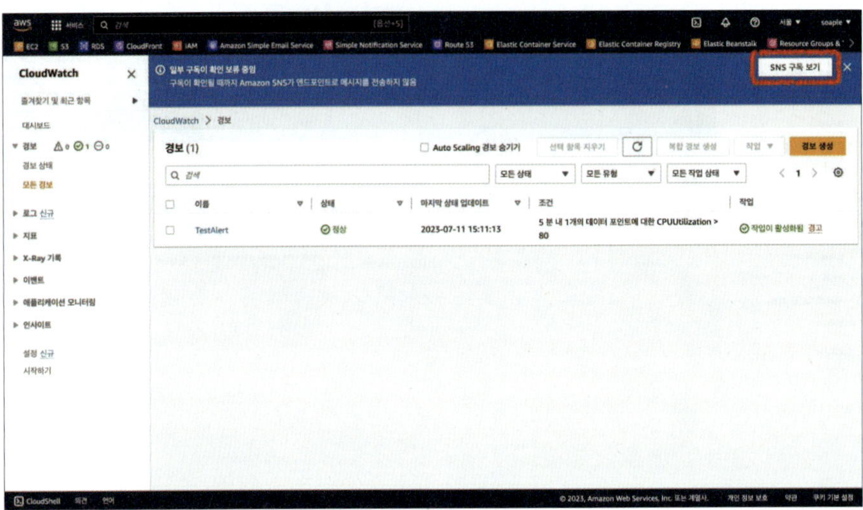

그러면 SNS 페이지가 나오고, 이메일 주소가 아직 **확인 대기 중**인 것을 볼 수 있습니다.
메일함에 가보면 AWS에서 발송한 확인 메일이 있을 것입니다. 해당 이메일을 통해 이
메일 주소를 확인해줍니다.

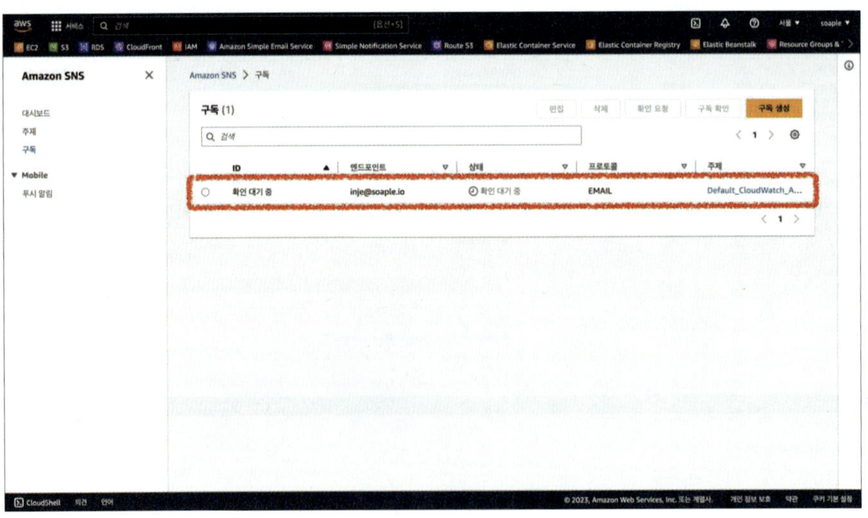

이메일 주소가 확인되면 아래 화면과 같이 상태가 **확인됨**으로 나오게 됩니다. 이제 해당 이메일 주소로 알림을 받을 수 있는 상태가 된 것입니다.

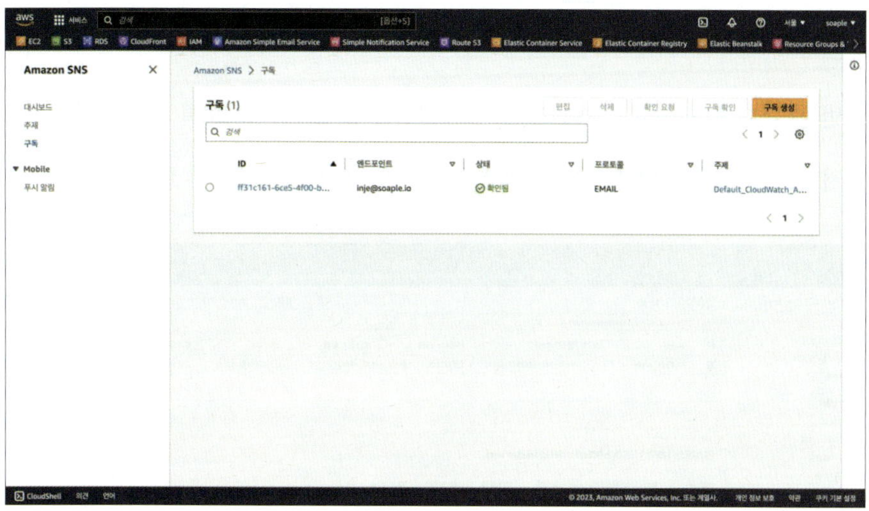

12.4 실습 EC2 부하 테스트 및 경보 알림 받기

이번 실습에서는 EC2 부하 테스트 및 경보 알림을 실제로 받아보도록 하겠습니다.

먼저 EC2 인스턴스의 **퍼블릭 IPv4 주소**를 복사해서 SSH로 접속해야 합니다.

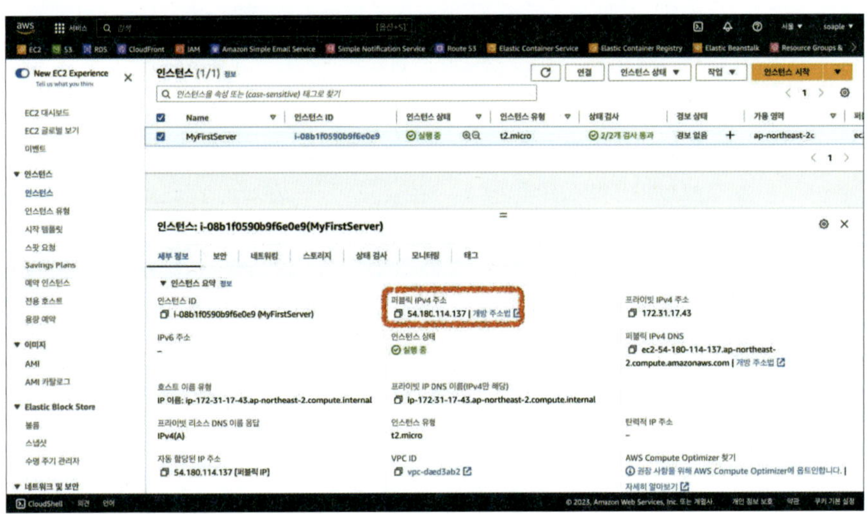

아래 화면과 같이 퍼블릭 IPv4 주소를 복사합니다.

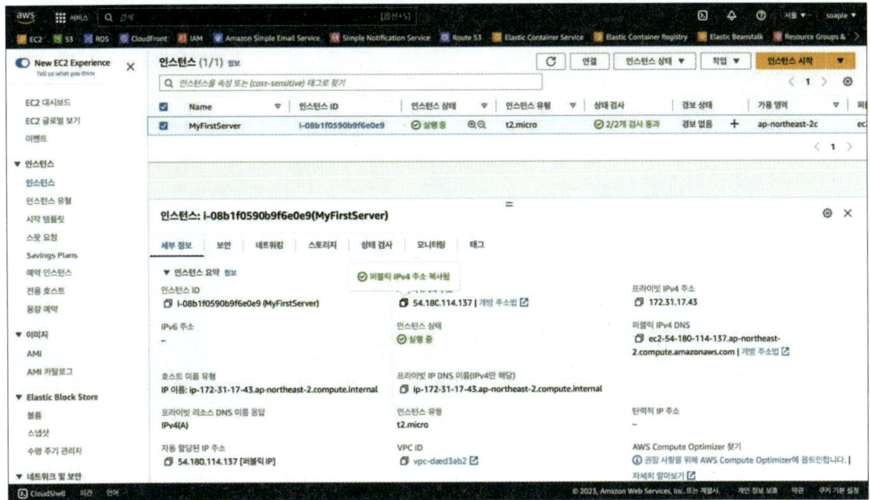

이후 터미널에서 다음 ssh 명령어를 사용해서 해당 EC2 인스턴스에 접속합니다.

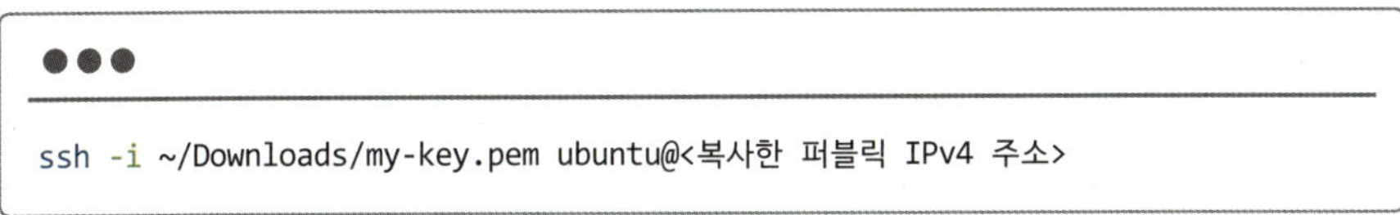

```
ssh -i ~/Downloads/my-key.pem ubuntu@<복사한 퍼블릭 IPv4 주소>
```

접속을 시도하면 ssh를 통해 EC2 인스턴스에 정상적으로 접속되는 것을 볼 수 있습니다.

```
 * Documentation:  https://help.ubuntu.com
 * Management:      https://landscape.canonical.com
 * Support:         https://ubuntu.com/advantage

  System information as of Tue Jul 11 15:30:14 UTC 2023

  System load:  0.0                Processes:              96
  Usage of /:   20.6% of 7.57GB    Users logged in:        0
  Memory usage: 23%                IPv4 address for eth0: 172.31.17.43
  Swap usage:   0%

Expanded Security Maintenance for Applications is not enabled.

0 updates can be applied immediately.

Enable ESM Apps to receive additional future security updates.
See https://ubuntu.com/esm or run: sudo pro status


The list of available updates is more than a week old.
To check for new updates run: sudo apt update


The programs included with the Ubuntu system are free software;
the exact distribution terms for each program are described in the
individual files in /usr/share/doc/*/copyright.

Ubuntu comes with ABSOLUTELY NO WARRANTY, to the extent permitted by
applicable law.

To run a command as administrator (user "root"), use "sudo <command>".
See "man sudo_root" for details.

ubuntu@ip-172-31-17-43:~$
```

다음으로는 먼저 **sudo apt-get update** 명령어를 사용해서 패키지 목록을 업데이트합니다.

```
sudo apt-get update
```

이후 **sudo apt-get install** 명령어를 사용해서 stress 프로그램을 설치합니다. stress는 앞에서 Auto Scaling 실습에서도 사용했는데, 말 그대로 컴퓨터에 스트레스를 주는 프로그램입니다. 컴퓨터 사용량을 계속 늘려서 부하를 주는 프로그램이라고 생각하면 됩니다.

```
sudo apt-get install stress
```

install 명령을 실행하면 stress가 설치됩니다.

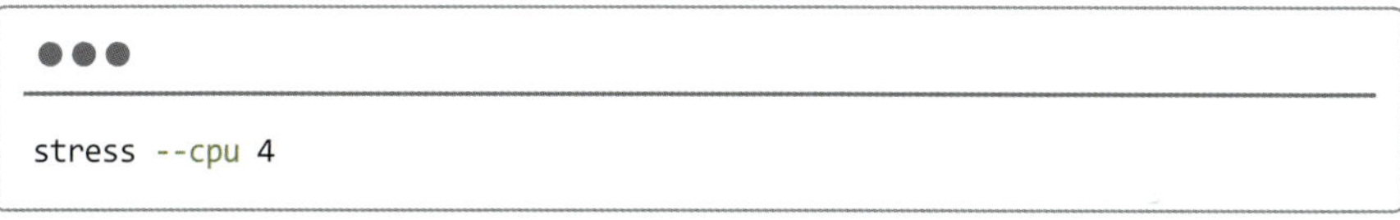

```
ubuntu@ip-172-31-17-43:~$ sudo apt-get install stress
Reading package lists... Done
Building dependency tree... Done
Reading state information... Done
The following NEW packages will be installed:
  stress
0 upgraded, 1 newly installed, 0 to remove and 77 not upgraded.
Need to get 18.4 kB of archives.
After this operation, 52.2 kB of additional disk space will be used.
Get:1 http://ap-northeast-2.ec2.archive.ubuntu.com/ubuntu jammy/universe amd64 stress amd64 1.0.5-1 [18.4 kB]
Fetched 18.4 kB in 0s (1210 kB/s)
Selecting previously unselected package stress.
(Reading database ... 64295 files and directories currently installed.)
Preparing to unpack .../stress_1.0.5-1_amd64.deb ...
Unpacking stress (1.0.5-1) ...
Setting up stress (1.0.5-1) ...
Processing triggers for man-db (2.10.2-1) ...
Scanning processes...
Scanning linux images...

Running kernel seems to be up-to-date.

No services need to be restarted.

No containers need to be restarted.

No user sessions are running outdated binaries.

No VM guests are running outdated hypervisor (qemu) binaries on this host.
ubuntu@ip-172-31-17-43:~$
```

stress를 모두 설치한 후에 다음 명령어를 사용하여 stress를 실행합니다. 그러면 이제 EC2 인스턴스에 부하가 걸리기 시작합니다. 이 상태로 5분 이상 둡니다.

```
stress --cpu 4
```

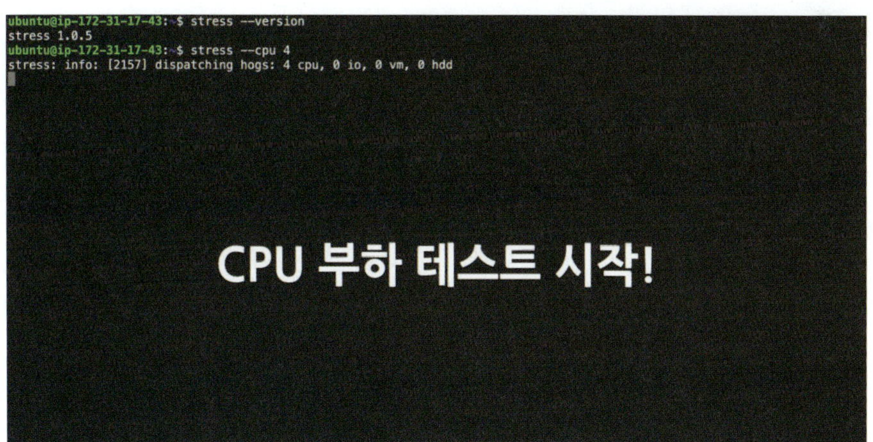

```
ubuntu@ip-172-31-17-43:~$ stress --version
stress 1.0.5
ubuntu@ip-172-31-17-43:~$ stress --cpu 4
stress: info: [2157] dispatching hogs: 4 cpu, 0 io, 0 vm, 0 hdd
```

시간이 어느 정도 지난 이후에 EC2 인스턴스의 모니터링 탭을 확인해보면 CPU 사용률 그래프가 치솟은 것을 볼 수 있습니다. **CPU 사용률**을 눌러서 크게 확대하겠습니다.

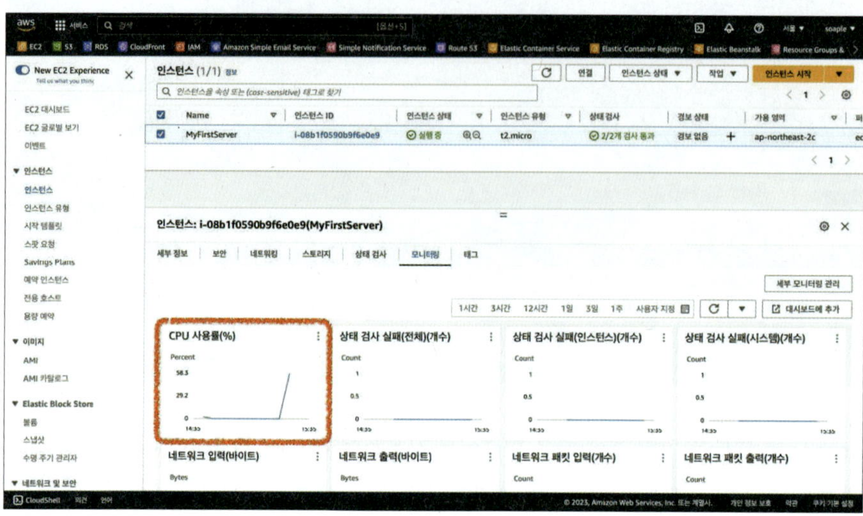

확대해서 보면 현재 CPU 사용률이 58%까지 올라간 것을 볼 수 있습니다. 이 상태에서 시간을 조금 기다려보겠습니다.

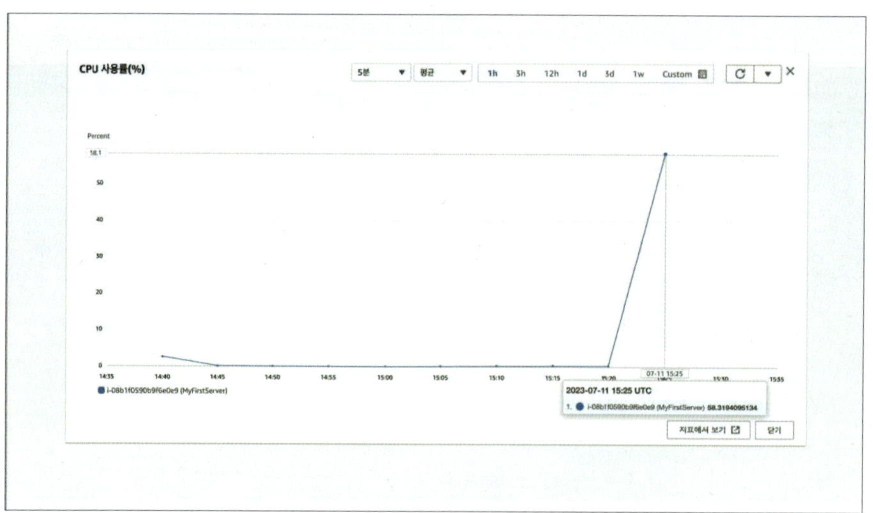

시간이 조금 더 지나면 실습 화면에서 보듯이 CPU 사용률이 99%까지 올라가게 됩니다. 그리고 우리가 설정한 대로 평균 CPU 사용률 80%가 5분 이상 지속되면 경보 알림이 발송됩니다.

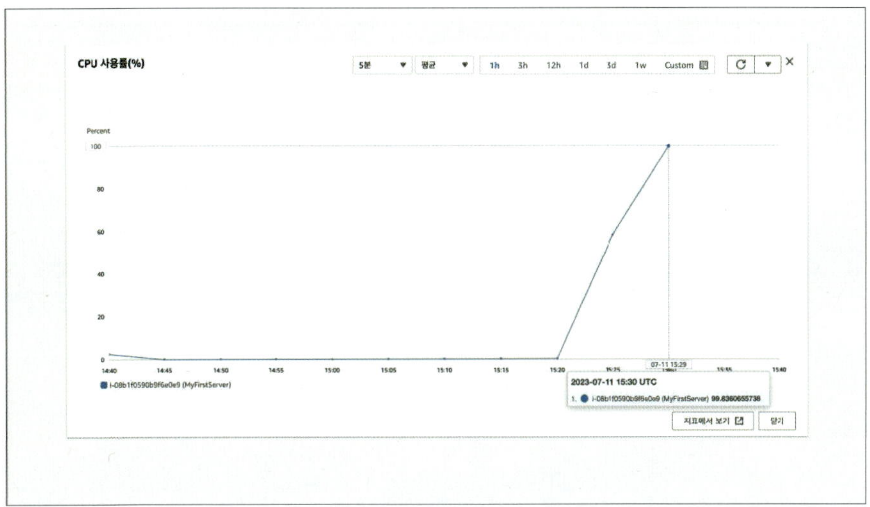

다음 화면에서처럼 이메일로 우리가 생성한 경보와 관련된 내용을 받아볼 수 있습니다.

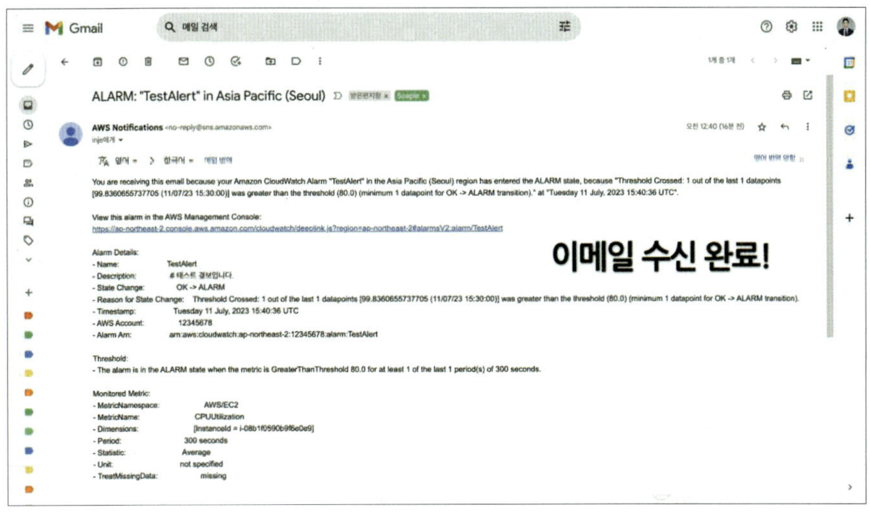

이렇듯 CloudWatch를 사용하면 알림을 통해 클라우드의 장애 상황을 빠르게 파악하고 대응할 수 있습니다.

12.5 12장 요약

- **CloudWatch**
  - AWS 리소스 및 애플리케이션 모니터링 서비스
  - 강력한 시각화 도구 제공
  - 사전에 지정된 값에 따라 알림 발송 기능 제공
  - 로그 및 지표에서 도출된 인사이트를 통해 운영 문제 해결

DynamoDB

Preview

이번 장에서는 DynamoDB에 대해 알아보겠습니다. 먼저 NoSQL 개념과 특징을 살펴보고, 이후에 DynamoDB에 대해서 학습합니다. 이어서 DynamoDB의 데이터 타입과 파티션 및 키의 개념, 그리고 보조 인덱스와 데이터를 조회하는 방법까지 순서대로 배워보겠습니다. 다루는 내용이 많아 부담일 수 있지만 DynamoDB는 배워두면 굉장히 유용하게 사용할 수 있는 서비스이기 때문에 집중해서 학습하기 바랍니다.

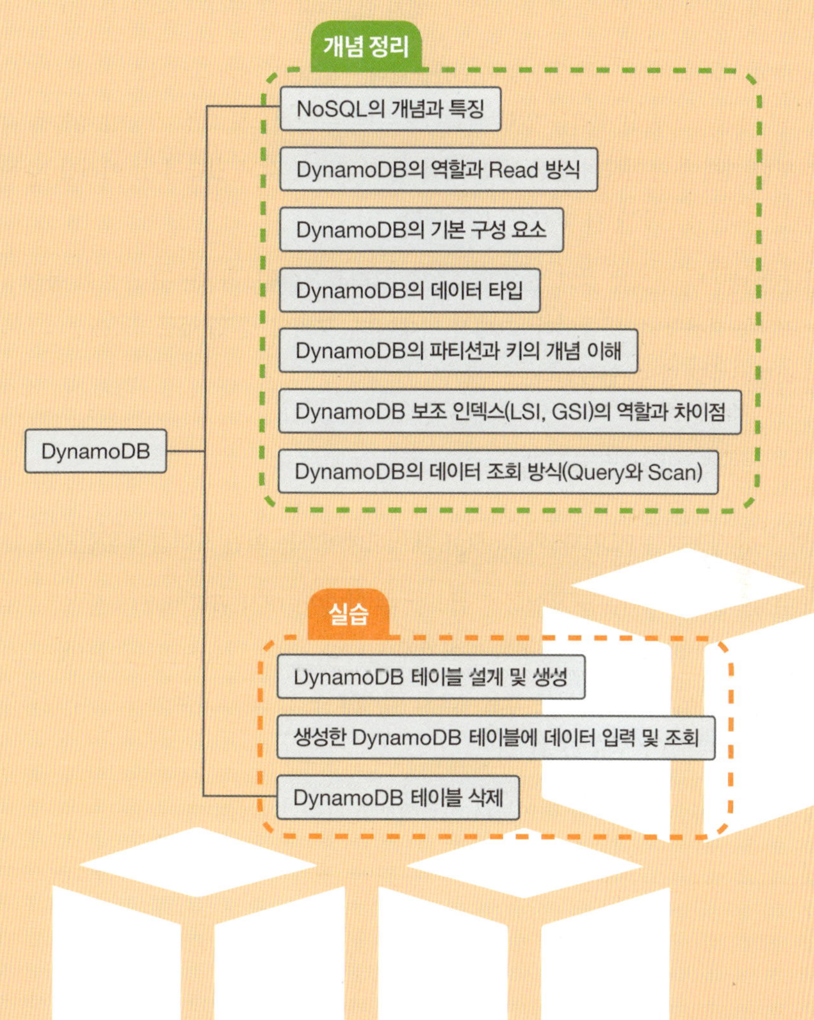

 **NoSQL**

1 NoSQL이란?

DynamoDB를 배우기 앞서 NoSQL의 개념부터 짚어보겠습니다. NoSQL은 Non SQL 또는 Non relational을 나타내는 말입니다. 즉, 관계가 없는 형태의 데이터베이스를 의미합니다.

그럼 NoSQL 데이터베이스 특징을 알아보겠습니다. NoSQL 데이터베이스 먼저 관계형 데이터베이스의 데이터 일관성 제약을 일부 완화함으로써, 수평적으로 확장 가능한 성능을 갖고 있습니다. 또한 개발에 용이하며 짧은 지연 시간 및 복원력을 갖고 있습니다. 이러한 NoSQL은 스키마 없는 데이터 모델에 최적화되어 있습니다.

또한 간단한 데이터 구조를 갖고 있어 열, 문서, 그래프, 인메모리 키-값 스토어 등의 다양한 데이터 모델을 사용할 수 있습니다. 그래서 빅데이터, 모바일 및 웹 애플리케이션에 사용하기에 매우 적합하다고 할 수 있습니다.

2 RDBMS vs NoSQL

그렇다면 흔히 사용하는 RDBMS와 NoSQL 데이터베이스는 어떤 차이점이 있을까요.

먼저 RDBMS에서는 데이터를 유연하게 쿼리할 수 있지만, 대신 쿼리 비용이 상대적으로 높으며 트래픽이 많은 상황에서는 확장성이 떨어지게 됩니다. 반대로 NoSQL 데이터베이스에서는 몇 가지 제한된 방법으로 데이터를 효율적으로 쿼리할 수 있으며 그 외에는 쿼리 비용이 높고 속도가 느리다는 특징을 갖고 있습니다.

두 가지 종류의 데이터베이스를 테이블로 비교해보면 다음과 같습니다.

	관계형 데이터베이스	NoSQL 데이터베이스
데이터 모델	스키마 강제 적용 (행과 열로 구성된 테이블로 정규화)	스키마 강제 적용하지 않음
ACID 속성	ACID 속성을 지원 (원자성, 일관성, 격리성, 내구성)	일부 ACID 속성을 지원
성능	디스크 하위 시스템에 따라 다름 (쿼리, 인덱스 및 테이블 구조 최적화 필요)	기본 하드웨어 클러스터 크기, 네트워크 지연 시간 등에 따라 다름
확장 가능	더 빠른 하드웨어 사용	하드웨어의 분산 클러스터 사용
API	SQL을 준수하는 쿼리 사용	객체 기반 API (인 메모리 데이터 구조를 쉽게 저장 및 검색)
도구	다양한 도구 세트 제공	클러스터 관리 및 조정을 위한 도구 제공

▶ RDBMS vs NoSQL

관계형 데이터베이스는 스키마를 강제로 적용하지만 NoSQL 데이터베이스는 스키마를 강제로 적용하지 않습니다. 그리고 관계형 데이터베이스는 ACID 속성을 모두 지원하지만 NoSQL 데이터베이스는 일부만 지원합니다.

> **NOTE**
>
> **ACID 속성이란?**
>
> - **원자성(Atomicity)**: 트랜잭션이 완전히 실행되거나 전혀 실행되지 않는 '모두 실행 또는 전혀 실행되지 않음'을 의미
> - **일관성(Consistency)**: 트랜잭션이 커밋되면 데이터가 데이터베이스 스키마를 준수해야 함을 의미
> - **격리성(Isolation)**: 동시에 일어나는 트랜잭션들이 각기 별도로 실행되어야 함을 의미
> - **내구성(Durability)**: 예기치 못한 시스템 장애 또는 정전 시 마지막으로 알려진 상태로 복구하는 기능

성능은 관계형 데이터베이스는 디스크 하위 시스템에 따라 다르며 NoSQL 데이터베이스는 기본 하드웨어 클러스터 크기, 네트워크 지연 시간 등에 따라 다릅니다. 확장을 위해서는 관계형 데이터베이스는 더 빠른 하드웨어를 사용하고 NoSQL 데이터베이스는 하드웨어의 분산 클러스터를 사용합니다. 그리고 데이터를 조회하기 위해서 관계형 데이터베이스는 SQL을 준수하는 쿼리를 사용하며 NoSQL 데이터베이스는 객체 기반 API를 사용합니다. 마지막으로 두 종류의 데이터베이스 모두 각 목적에 맞는 다양한 도구들을 제공합니다.

이처럼 RDBMS와 NoSQL의 차이점을 잘 이해하고 필요에 맞게 적합한 데이터베이스를 사용하는 것이 중요합니다.

③ NoSQL 데이터베이스 유형

지금부터는 NoSQL 데이터베이스의 각 유형에 대해 알아보겠습니다.

NoSQL 데이터베이스에는 열 기반, 문서, 그래프, 인 메모리 키-값이라는 주로 사용되는 네 가지 유형이 있습니다. 일반적으로 이들 데이터베이스는 데이터가 저장되고, 액세스되고, 구조화되는 방식이 다르며 서로 다른 사용 사례 및 애플리케이션에 최적화되어 있습니다.

먼저 열 기반 데이터베이스는 데이터의 행이 아닌 데이터의 열을 읽고 쓰는 데 최적화되어 있습니다. 그리고 문서 데이터베이스는 JSON 또는 XML 형식의 문서와 같은 반정형 데이터를 저장하도록 설계되어 있습니다. 문서별로 다른 스키마를 적용할 수 있으며, 유연하게 애플리케이션 데이터를 구성 및 저장할 수 있습니다. 그리고 그래프 데이터베이스는 간선이라고 부르는 방향 링크와 정점을 저장하는 형태의 데이터베이스입니다. 마지막으로 인 메모리 키-값 스토어는 읽기 중심의 애플리케이션 워크로드 또는 컴퓨팅 집약적 워크로드에 최적화되어 있습니다. 그리고 인 메모리 캐싱은 핵심 데이터 조각을 메모리에 저장해 액세스 지연 시간을 줄여주므로 애플리케이션 성능이 향상됩니다.

13.2 DynamoDB

지금부터는 DynamoDB에 대해서 배워보도록 하겠습니다.

DynamoDB는 AWS에서 제공하는 매우 빠르고 확장 가능한 완전 관리형 클라우드 NoSQL 데이터베이스입니다. 규모와 관계없이 10ms 미만의 지연 시간을 보장하며 유연한 데이터 모델을 사용할 수 있고 용량에 제한이 없습니다. 또한 안정적인 성능 및 처리 용량 자동 조정 기능을 통해 안정적이고 확장 가능한 서비스를 제공할 수 있으며 스토리지 용량과 읽기/쓰기 유닛에 대해 과금됩니다.

그리고 DynamoDB에는 DAX Amazon DynamoDB Accelerator라는 것이 있는데 이것은 가용성이 뛰어난 완전 관리형 인 메모리 캐시입니다. DynamoDB 자체로도 이미 빠르지만 DAX를 사용하면 초당 수백만 개의 요청에도 DynamoDB 응답 시간을 밀리초에서 마이크로초로 단축할 수 있습니다.

그럼 DynamoDB의 Read 방식에 대해서 살펴보겠습니다.

DynamoDB의 Read 방식은 두 가지로 나뉩니다. 먼저 Eventually Consistent Read는 기본으로 사용되는 방식인데 최근 완료된 쓰기 작업의 결과를 반영하지 않을 수 있기 때문에 부실 데이터가 일부 포함될 수 있는 방식입니다. 하지만 잠시 후에 읽기 요청을 반복하면 응답이 최신 데이터를 반환하게 됩니다. 그리고 Strongly Consistent Read는 성공한 모든 이전 쓰기 작업의 업데이트를 반영하여 가장 최신 데이터로 응답을 반환하는 방식입니다. 이 방식은 네드워크 지연 또는 중단이 발생한 경우에 사용이 어려울 수 있습니다.

다음으로 DynamoDB의 과금 방식은 크게 스토리지 요금과 읽기/쓰기 용량 유닛에 대한 요금으로 나뉩니다. 데이터 스토리지 요금은 테이블에서 사용한 디스크 공간(GB)에 따른 시간당 요금을 부과하게 됩니다. 그리고 읽기 용량 유닛과 쓰기 용량 유닛 요금이 있는데, 1 읽기 용량 유닛은 초당 최대 2건의 읽기 작업을 제공하며, 1 쓰기 용량 유닛은 초당 최대 1건의 쓰기 작업을 제공합니다. 참고로 프리 티어에서는 매월 25GB 스토리지 및 읽기/쓰기 용량 유닛이 각 25 개씩 제공됩니다.

지금부터는 DynamoDB의 기본 구성에 대해 살펴보겠습니다. 다음 그림은 DynamoDB의
기본 구성을 나타낸 것입니다.

- **Table:**
  Item의 집합
- **Item:**
  Attribute의 집합
- **Attribute:**
  Key-Value 방식의 데이터(Key는 문자열)

▶ DynamoDB 기본 구성

다른 데이터베이스와 마찬가지로 DynamoDB에도 테이블이 존재합니다. 테이블은 Item의
집합이며, Item은 Attribute의 집합니다. 여기서 Attribute는 Key-Value 방식의 데이터를
의미하며 Key는 문자열입니다. 쉽게 말해서 여러 개의 Key-Value 방식의 데이터를 모아놓
은 것이 DynamoDB 테이블이라고 이해하면 됩니다. 위 그림을 머릿속에 잘 기억하면서 다음
으로 넘어가기 바랍니다.

DynamoDB 데이터 타입

지금부터는 DynamoDB의 데이터 타입에 대해 알아보겠습니다.

먼저 하나의 값만을 표현할 수 있는 스칼라 데이터 형식이 있습니다.

- 스칼라 데이터 형식(하나의 값만 표현)
  - Number(N)
    - 양수, 음수 또는 0. 최대 38자리까지 지원
  - String(S)
    - UTF-8 이진 인코딩을 사용하는 유니코드
  - Binary(B)
    - 압축 텍스트, 암호화 데이터, 또는 이미지 같은 모든 이진수 데이터 저장 가능
  - Boolean(S, 0 또는 1)
    - true 또는 false를 저장할 수 있음
  - Null(NULL)
    - 알려지지 않았거나 정의되지 않은 상태의 속성

DynamoDB의 스칼라 데이터 형식으로는 먼저 양수, 음수 또는 0을 표현할 수 있는 Number가 있습니다. 그리고 문자열을 위한 String, 압축 텍스트를 위한 Binary가 있으며, Boolean을 위한 Boolean 타입, null값을 위한 Null 타입도 있습니다.

다음으로 내포 속성이 있는 복잡한 구조를 표현하기 위한 문서 형식이 있습니다.

- 문서 형식(내포 속성이 있는 복잡한 구조를 표현)
  - List(L)
    - 순서가 지정된 값 모음을 저장할 수 있음
  - Map(M)
    - 정렬되지 않은 이름-값 쌍의 모음을 저장할 수 있음

문서 형식으로는 순서가 지정된 값 모음을 저장할 수 있는 List 타입과 정렬되지 않은 이름–값 쌍의 모음을 저장할 수 있는 Map 타입이 있습니다.

마지막으로 여러 스칼라 값을 표현할 수 있는 다중 값 형식이 있습니다.

- 다중 값 형식(여러 스칼라 값을 표현)
  - String Set(SS)
    - 문자열 집합
  - Number Set(NS)
    - 숫자 집합
  - Binary Set(BS)
    - 이진 집합

다중 값 형식으로는 문자열 집합을 위한 String Set와 숫자 집합을 위한 Number Set, 그리고 이진 집합을 위한 Binary Set가 있습니다.

DynamoDB를 사용할 때는 이러한 여러 가지 데이터 타입에 대해서 잘 이해하고 사용하는 것이 중요합니다.

13.4 DynamoDB 파티션 및 키

지금부터는 DynamoDB의 파티션과 키에 대해서 배워보도록 하겠습니다.

먼저 DynamoDB의 파티션은 DynamoDB가 데이터를 저장하는 곳입니다. SSD$^{Solid\ State\ Drive}$로 백업되는 테이블용 스토리지 할당을 의미하며, 하나의 AWS 리전 내의 여러 가용 영역에 자동으로 복제됩니다. 이 파티션은 사용자가 직접 관리할 필요 없이 전적으로 DynamoDB에서 처리하게 됩니다. 그리고 DynamoDB는 기존 파티션이 지원할 수 있는 한도를 초과하여 테이블의 할당된 처리량 설정을 늘리는 경우와 기존 파티션 용량이 다 차서 추가 스토리지 공간이 필요한 경우에 테이블에 추가 파티션을 할당하게 됩니다.

이제 DynamoDB의 키에 대해서 알아보겠습니다.

보통 데이터베이스에서 키라고 하면 Table 내에서 각 Item을 구분하는 고유 식별자를 의미합니다. 그리고 테이블에서 기본이 되는 키를 영어로는 Primary Key라고 부릅니다.

- **기본키(Primary Key)**
  - Table 내에서 각 Item을 구분하는 고유 식별자
  - 단순 기본 키: 파티션 키만 사용
  - 복합 기본 키: 파티션 키와 정렬 키를 함께 사용
- **파티션 키(Partition Key)**
  - 내부 해시 함수에 대한 입력으로 파티션 키 값을 사용
  - 출력에 따라 항목을 저장할 파티션이 결정됨
- **정렬 키(Sort Key)**
  - 파티션 키가 동일한 모든 항목들을 정렬하는 키 값

DynamoDB의 기본 키로는 파티션 키만 사용하는 단순 기본 키 방식과 파티션 키와 정렬 키를 함께 사용하는 복합 기본 키 방식이 있습니다. 먼저 파티션 키는 데이터가 저장되어 있는 파티션을 결정하기 위한 키입니다. 내부 해시 함수에 대한 입력으로 파티션 키 값을 사용하며 출력에 따라 항목을 저장할 파티션이 결정됩니다. 그리고 정렬 키는 파티션 키가 동일한 모든 항목들을 정렬하는 키 값입니다.

이처럼 DynamoDB에서는 파티션 키만 사용하거나 파티션 키와 정렬 키를 함께 사용하는 형태로 테이블의 기본 키를 설정할 수 있습니다. 글로만 보면 이해하기 어려울 수 있으니 키의 개념을 그림으로 살펴보겠습니다.

먼저 기본 키로 파티션 키만 사용하는 경우입니다. 아래 그림에서는 Name을 파티션 키로 사용한 것을 볼 수 있으며 이렇게 파티션 키를 통해서 Item을 찾을 수 있습니다.

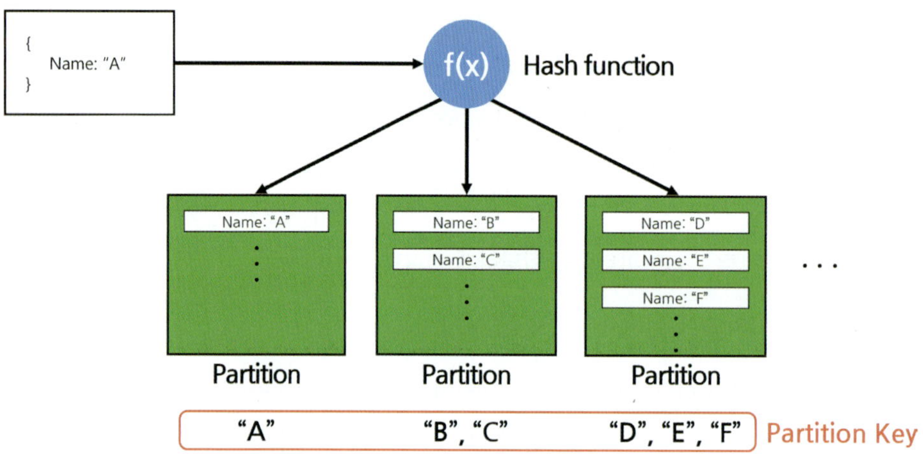

▶ 기본 키로 파티션 키만 사용하는 경우

그리고 다음은 기본 키로 파티션 키와 정렬 키를 함께 사용하는 경우입니다.

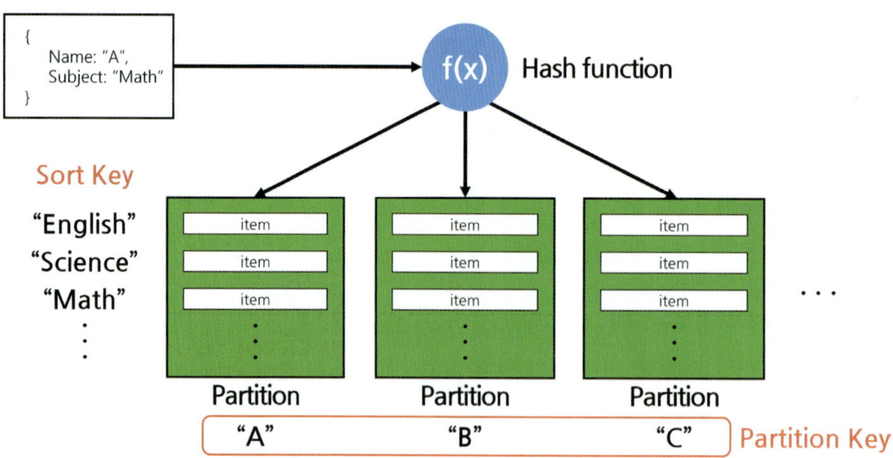

▶ 기본 키로 파티션 키와 정렬키를 함께 사용하는 경우

이 경우에는 먼저 파티션 키를 해시 함수의 입력으로 전달하여 Item이 저장되어 있는 파티션을 찾고, 이후에 해당 파티션 내에서 정렬 키를 사용하여 Item을 찾게 됩니다.

DynamoDB의 두 가지 기본 키 방식을 위 그림과 함께 잘 기억해두기 바랍니다.

13.5 DynamoDB 보조 인덱스

지금부터는 DynamoDB의 보조 인덱스에 대해서 배워보겠습니다.

DynamoDB의 테이블에서는 하나 이상의 보조 인덱스를 생성할 수 있습니다. 보조 인덱스는 파티션 키에 대한 쿼리는 물론이고 정렬 키를 사용하여 테이블 데이터에 대한 쿼리까지 실행할 수 있습니다. DynamoDB는 인덱스를 사용하도록 요구하지는 않으면서도 데이터를 쿼리할 때 애플리케이션에 보다 많은 유연성을 제공합니다. 테이블에서 보조 인덱스를 생성한 후에는 테이블에서 데이터를 읽는 것과 같은 방식으로 인덱스에서 데이터를 읽을 수 있습니다.

DynamoDB의 보조 인덱스에는 로컬 보조 인덱스와 글로벌 보조 인덱스가 있습니다.

로컬 보조 인덱스는 Local Secondary Index의 약자로 LSI라고 부르고, 테이블과 파티션 키는 동일하지만 정렬 키는 다른 인덱스입니다. 그래서 테이블에 정렬 키Sort Key를 추가로 더 만든다고 생각하면 됩니다.

글로벌 보조 인덱스는 Global Secondary Index의 약자로 GSI라고 부르며 파티션 키 및 정렬 키가 테이블의 파티션 키 및 정렬 키와 다를 수 있는 인덱스입니다. DynamoDB에서는 테이블당 최대 20개의 GSI 및 5개의 LSI를 정의할 수 있습니다.

이번에는 글로벌 보조 인덱스와 로컬 보조 인덱스의 차이점을 표로 비교해보겠습니다.

특성	글로벌 보조 인덱스	로컬 보조 인덱스
키 스키마	단순 기본키(파티션 키) 또는 복합 기본키(파티션 키 및 정렬 키)	기본 키는 반드시 복합 기본 키(파티션 키 및 정렬 키)여야 함
키 속성	문자열, 숫자 또는 이진수 형식의 기본 테이블 속성	기본 테이블의 파티션 키와 동일한 속성
파티션 키 값당 크기 제한	크기 제한이 없음	파티션 키 값마다 인덱싱된 모든 항목의 전체 크기가 10GB 이하여야 함
온라인 인덱스 작업	테이블을 생성할 때 동시에 GSI를 생성할 수 있음. 기존 테이블에 새 GSI를 추가하거나, 기존 GSI를 삭제할 수도 있음	테이블을 생성할 때 동시에 LSI가 생성됨. 기존 테이블에 LSI를 추가할 수도 없고, 기존 LSI를 삭제할 수도 없음
쿼리 및 파티션	전체 테이블의 모든 파티션에 대해 쿼리 가능	파티션키가 같은 단일 파티션에 대해 쿼리 가능

읽기 일관성	최종 일관성만 지원	최종 일관성 또는 강력한 일관성 선택 가능
할당된 처리량 소비	자체 할당 처리량 설정이 있음 GSI의 용량 단위를 소비	기본 테이블의 읽기/쓰기 용량 단위를 소비 테이블에 쓸 때 해당 LSI도 업데이트됨
프로젝션 속성	인덱스로 프로젝션되는 속성만 요청할 수 있음	인덱스로 프로젝션되지 않는 속성도 요청할 수 있음

▶ GSI vs LSI

먼저 키 스키마는 글로벌 보조 인덱스에서는 단순 기본 키 또는 복합 기본 키가 될 수 있으며, 로컬 보조 인덱스에서는 기본 키는 반드시 복합 기본 키여야 합니다. 그리고 키 속성은 글로벌 보조 인덱스에서는 문자열, 숫자 또는 이진수 형식의 기본 테이블 속성이고, 로컬 보조 인덱스에서는 기본 테이블의 파티션 키와 동일한 속성이 됩니다. 파티션 키 값당 크기 제한과 관련해서는 글로벌 보조 인덱스는 크기 제한이 없으며, 로컬 보조 인덱스는 파티션 키 값마다 인덱싱된 모든 항목의 전체 크기가 10GB 이하여야 합니다. 그리고 온라인 인덱스 작업과 관련해서는 글로벌 보조 인덱스는 테이블을 생성할 때 동시에 GSI를 생성할 수 있으며 기존 테이블에 새 GSI를 추가하거나 기존 GSI를 삭제할 수도 있습니다. 하지만 로컬 보조 인덱스는 테이블을 생성할 때 동시에 LSI가 생성되며 기존 테이블에 LSI를 추가할 수도 없고 기존 LSI를 삭제할 수도 없습니다.

그리고 쿼리 및 파티션과 관련해서는 글로벌 보조 인덱스는 전체 테이블의 모든 파티션에 대해 쿼리가 가능하며, 로컬 보조 인덱스는 파티션키가 같은 단일 파티션에 대해서만 쿼리가 가능합니다. 그리고 읽기 일관성에서는 글로벌 보조 인덱스는 최종 일관성만 지원하며, 로컬 보조 인덱스는 최종 일관성 또는 강력한 일관성 선택 가능합니다. 할당된 처리량 소비 측면에서는 글로벌 보조 인덱스는 자체 할당 처리량 설정이 있어서 GSI의 용량 단위를 소비하며, 로컬 보조 인덱스는 기본 테이블의 읽기/쓰기 용량 단위를 소비합니다. 마지막으로 프로젝션 속성에서는 글로벌 보조 인덱스는 인덱스로 프로젝션되는 속성만 요청할 수 있으며, 로컬 보조 인덱스는 인덱스로 프로젝션되지 않는 속성도 요청할 수 있습니다.

이러한 두 가지 보조 인덱스의 차이점을 지금 모두 다 이해할 필요는 없습니다. 다만, 보조 인덱스를 사용할 때는 각각의 특징을 꼭 잘 확인하고 사용하는 것이 중요합니다.

지금부터는 두 가지 보조 인덱스를 그림으로 살펴보겠습니다. 다음 그림은 로컬 보조 인덱스를 나타낸 것입니다.

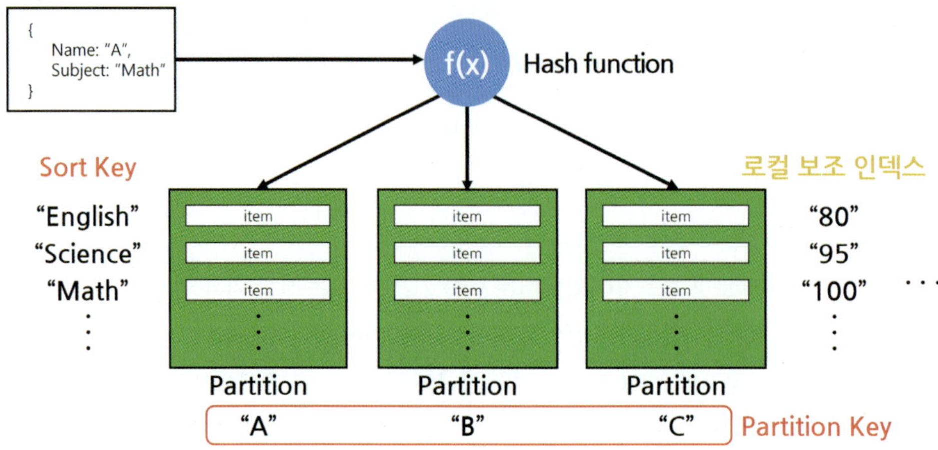

▶ 로컬 보조 인덱스(LSI) 예시

먼저 지금 테이블의 파티션 키는 Name이고 정렬 키는 Subject입니다. 그리고 로컬 보조 인덱스는 테이블과 파티션 키는 동일하지만 정렬 키는 다른 인덱스입니다. 그래서 그림처럼 로컬 보조 인덱스의 파티션 키는 Name으로 테이블과 동일하며, 정렬 키는 Score로 테이블과 다른 것을 볼 수 있습니다. 이렇게 로컬 보조 인덱스를 만들어서 사용하게 되면 Name과 Score 값을 이용해서 테이블 내에서 아이템을 찾을 수 있는 것입니다.

이번에는 글로벌 보조 인덱스를 살펴보겠습니다. 다음 그림은 글로벌 보조 인덱스를 나타낸 것입니다.

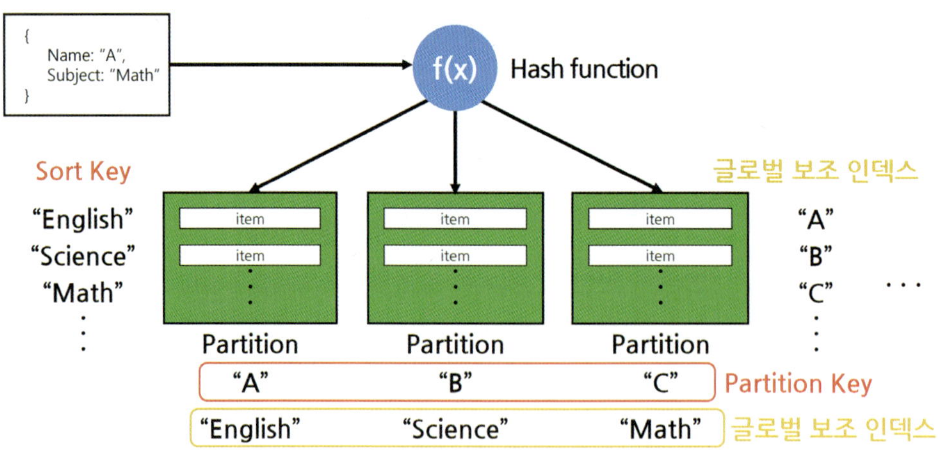

▶ 글로벌 보조 인덱스(GSI) 예시

글로벌 보조 인덱스는 파티션 키 및 정렬 키가 테이블의 파티션 키 및 정렬 키와 다를 수 있는 인덱스입니다. 그래서 그림처럼 글로벌 보조 인덱스의 파티션 키는 Subject가 되고 정렬 키는 Name이 됩니다. 이렇게 글로벌 보조 인덱스를 사용하면 다른 값으로 파티션을 나눌 수 있고 해당 파티션 내에서 아이템들을 정렬할 수 있습니다.

13.6 DynamoDB 데이터 조회

지금부터는 DynamoDB의 데이터 조회에 대해서 배워보겠습니다.

DynamoDB의 데이터 조회 방식에는 크게 Query와 Scan이 있습니다. 먼저 Query는 기본 키 값을 기반으로 항목을 찾는 방식입니다. Query에서는 복합 기본 키가 있는 테이블 또는 보조 인덱스를 쿼리할 수 있습니다. 파티션 키 속성의 이름과 해당 속성의 단일 값을 제공해야 하며 해당 파티션 키 값을 갖는 모든 항목을 반환하게 됩니다. 그리고 선택적으로 정렬 키 속성을 제공하고 비교 연산자를 사용하여 검색 결과의 범위를 좁힐 수 있습니다.

반면에 Scan은 테이블 또는 보조 인덱스의 모든 항목을 읽어옵니다. 그래서 기본적으로 테이블이나 인덱스에 속한 항목의 데이터 속성을 모두 반환하게 됩니다. 여기서 Projection Expression 파라미터를 사용하면 일부 속성만 가져올 수 있습니다. Scan은 항상 결과 집합을 반환하는데, 만약 일치하는 항목이 없다면 비어 있는 결과 집합이 반환됩니다. 그리고 단일 Scan 요청은 최대 1MB까지 데이터를 가져올 수 있습니다. 이때 옵션으로 필터 표현식을 적용하면 반환되는 결과의 범위를 좁힐 수도 있습니다.

이러한 내용을 정리하면 Query는 키 값으로 찾는 것이고, Scan은 전체 데이터를 가져와서 필터링 하는 것이라고 할 수 있습니다.

그렇다면 DynamoDB에서 데이터를 조회하기 위해서 어떤 방식을 쓰는 것이 나을까요. 바로 Query입니다.

대학교에서 학생을 찾는 것을 예시로 들면 Query는 학번으로 곧바로 부르는 것이고 Scan은 한 명씩 불러서 학번이 일치하는지 확인하는 것입니다. 누가 봐도 Scan 방식이 학생을 찾기까지 더 오래 걸립니다. 그래서 데이터를 조회할 때는 되도록이면 Query를 사용하는 것이 좋고, Scan은 속도도 느리고 비싸므로 웬만하면 사용하지 않는 것이 좋습니다.

 **13.7** 실습 **DynamoDB 테이블 설계**

이번 실습에서는 DynamoDB 테이블을 설계해보겠습니다. DynamoDB의 테이블 설계는 일반적인 DB와는 조금 다르기 때문에 테이블을 설계할 때 주의가 필요합니다.

이번 실습에서는 전교생의 시험 점수를 DynamoDB에 넣어서 관리하려고 합니다. 다음과 같은 조건이 있다고 가정하겠습니다.

- 학생들은 저마다 고유의 학번을 갖고 있음
- 시험 과목은 영어, 과학, 수학 총 3과목
- 아래와 같은 데이터 조회가 가능해야 함
  - 한 학생의 영어, 과학, 수학 점수를 다 가져오기
  - 각 과목별 점수로 정렬하여 학생 목록 가져오기

이러한 요구사항이 있을 때 어떻게 테이블을 설계해야 할까요? 먼저 기본 키 구성부터 고민해야 합니다.

파티션 키만 사용하는 단순 기본 키로 할 경우 학생의 학번을 파티션 키로 사용하면 좋을 것 같습니다. 학번은 고유한 값이기 때문에 그렇습니다. 그리고 각 과목을 테이블의 속성으로 넣어서 관리할 수 있습니다. 하지만 이렇게 하게 되면 요구사항에 있던 것처럼 각 과목별 점수로 정렬하여 학생 목록을 가져올 수 없습니다.

그래서 조건을 만족시키려면 복합 기본 키를 사용하고 보조 인덱스를 추가해야 합니다. 먼저 복합 기본 키에서 파티션 키는 학생의 학번이고 정렬 키는 과목명으로 하게 되면 한 학생의 영어, 과학, 수학 점수를 다 가져올 수 있습니다.

기본 키를 어떻게 구성해야 할까?

- **기본 키 (Primary Key)**
  - 단순 기본 키로 할 경우
    - 파티션 키: 학생의 학번

학번	영어	과학	수학
12093	80	92	95

  - 복합 기본 키로 할 경우
    - 파티션 키: 학생의 학번
    - 정렬 키: 과목명

학번	과목	점수
12093	영어	80
	과학	92
	수학	95

그리고 여기에 보조 인덱스를 추가해야 합니다. 여기서는 로컬 보조 인덱스가 아닌 글로벌 보조 인덱스가 필요합니다. 파티션 키를 과목명으로 하고 정렬 키를 점수로 해서 글로벌 보조 인덱스를 하나 생성하면 됩니다. 그러면 오른쪽 표와 같이 과목명으로 파티션을 나누고 파티션 내에서 점수를 기준으로 정렬할 수 있습니다.

보조 인덱스 추가하기

- **로컬 보조 인덱스**
  - 여기서는 굳이 필요 없음

- **글로벌 보조 인덱스**
  - 복합 기본 키
    - 파티션 키: 과목명
    - 정렬 키: 점수

과목	점수	학번
영어	100	12103
	98	12119
	96	12067
과학	100	12048
	99	12091
	93	12758
수학	96	12746
	90	12342
	88	12473

 13.8 실습 DynamoDB 테이블 생성

이번 실습에서는 실제로 DynamoDB 테이블을 생성하겠습니다.

먼저 AWS 콘솔 상단의 검색창에 'DynamoDB'를 입력합니다. 그리고 나오는 결과에서 **DynamoDB**를 클릭합니다.

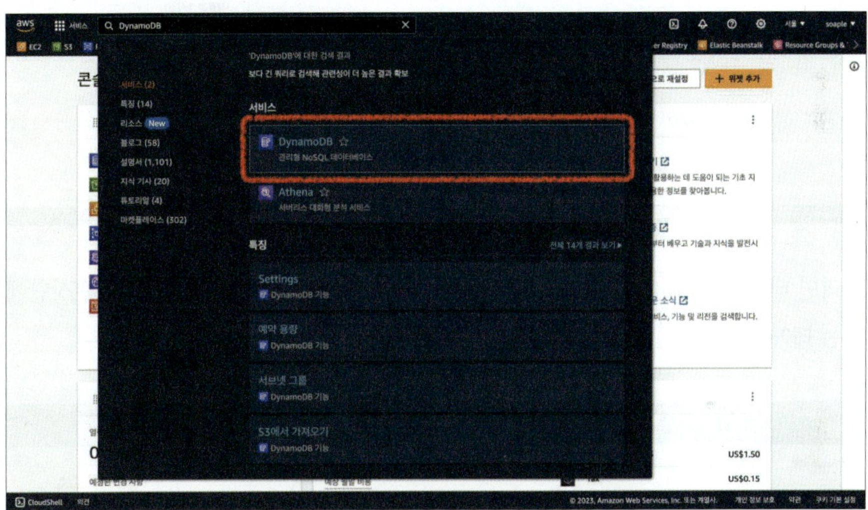

다음 화면처럼 DynamoDB 대시보드가 나오게 됩니다. 먼저 테이블을 생성하기 위해서 왼쪽 메뉴에서 **테이블** 메뉴를 클릭합니다.

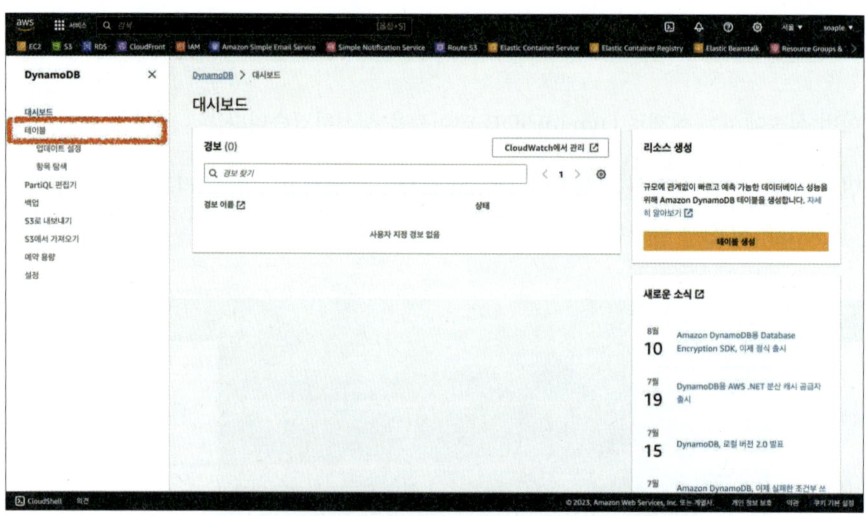

그러면 테이블 목록이 나오는데 지금은 아무 테이블도 없는 상태입니다. 오른쪽 상단에 있는 **테이블 생성** 버튼을 클릭합니다.

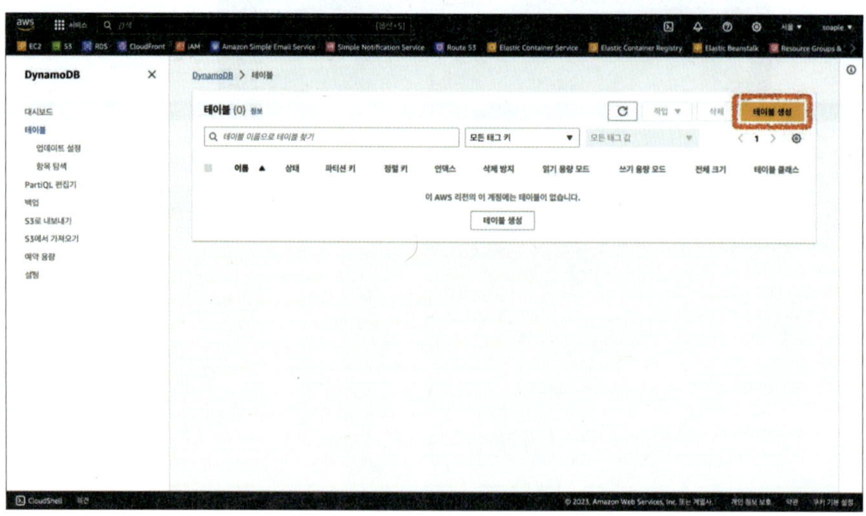

테이블 생성 화면이 나오면 테이블의 이름을 입력합니다. 학생의 점수를 저장할 것이기 때문에 테이블 이름을 'StudentScore'라고 입력했습니다.

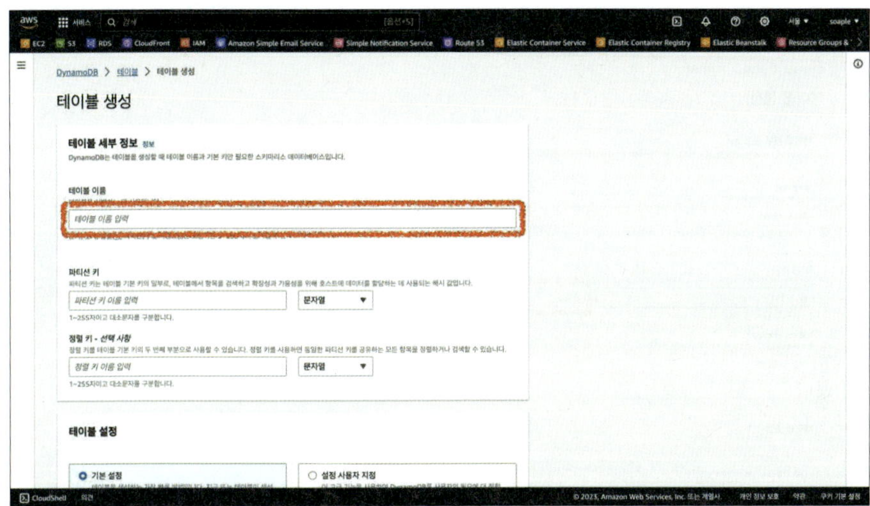

다음으로는 **파티션 키** 이름을 입력해야 합니다.

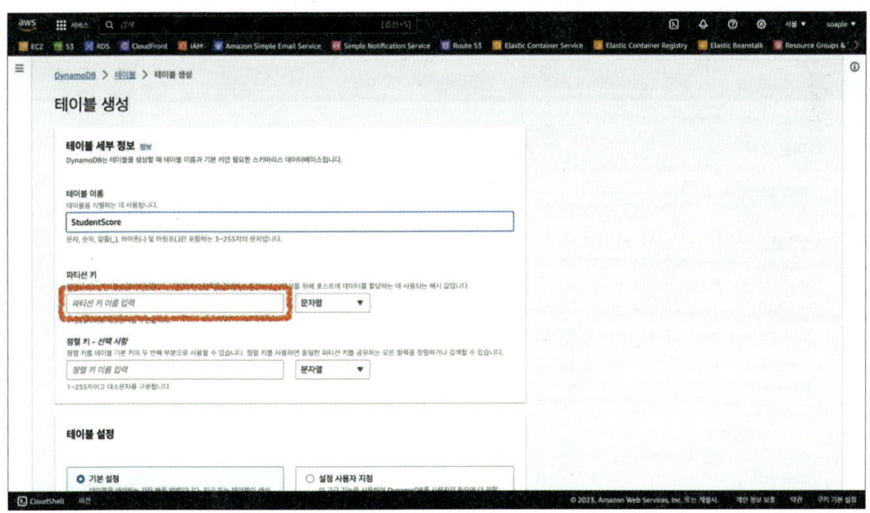

학생의 학번을 파티션 키로 쓸 것이므로 id라고 입력합니다. 그리고 키의 데이터 유형
을 변경하기 위해서 오른쪽 메뉴를 클릭합니다.

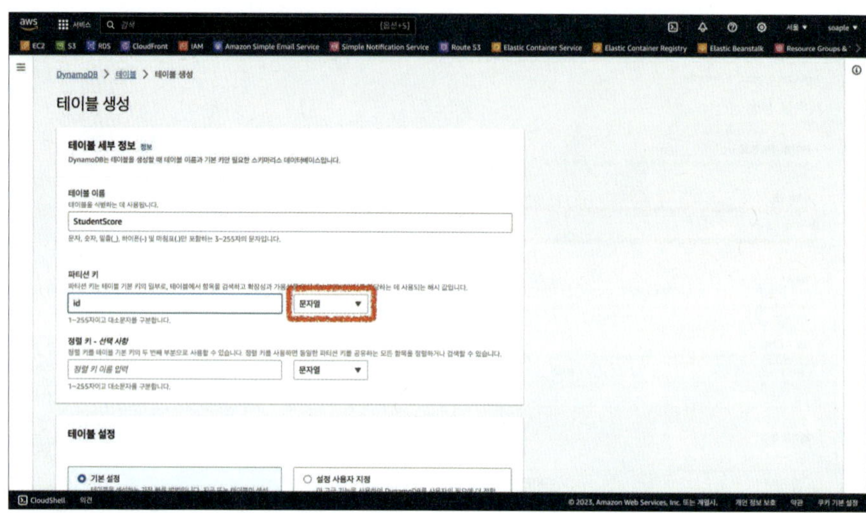

이후 목록에서 **숫자**를 선택해줍니다. 학생의 학번은 숫자 형식이기 때문에 데이터 유형
을 화면과 같이 숫자로 선택하는 것입니다.

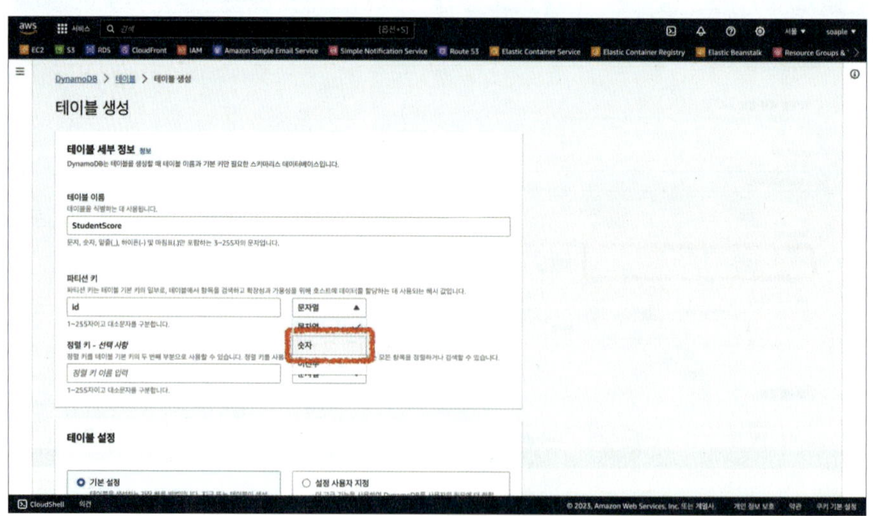

다음은 **정렬 키** 이름을 입력해야 합니다.

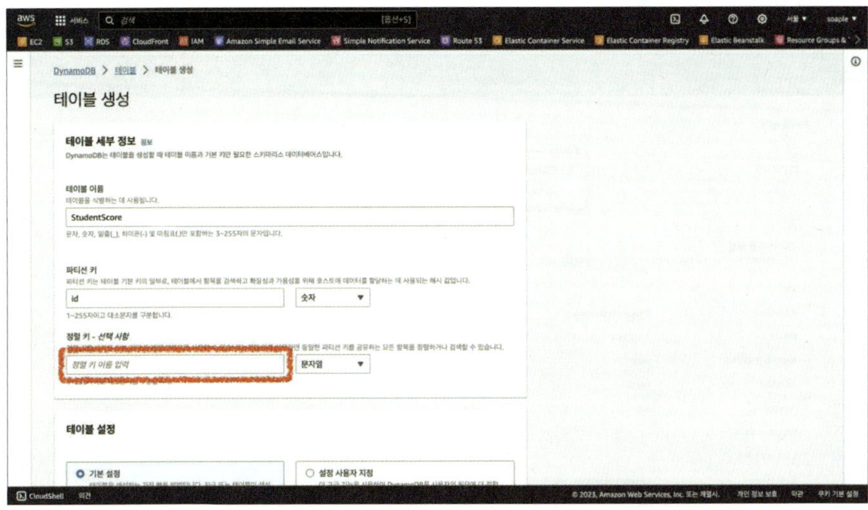

과목명으로 정렬할 것이기 때문에 subject라고 입력합니다. 과목명은 문자열이므로 데
이터 유형은 따로 변경하지 않아도 됩니다.

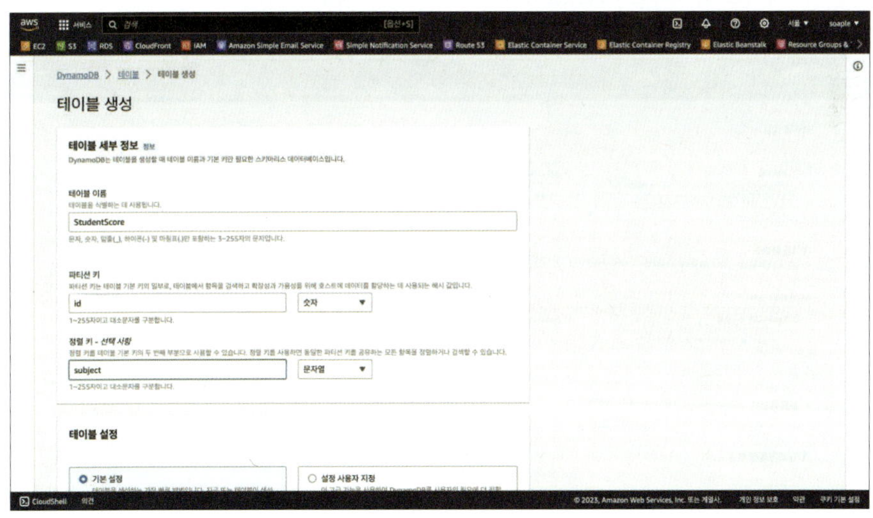

이제 화면을 아래로 내려서 테이블을 설정해야 합니다. 기본 설정이 선택되어 있는데 우리는 **설정 사용자 지정**을 선택하도록 하겠습니다.

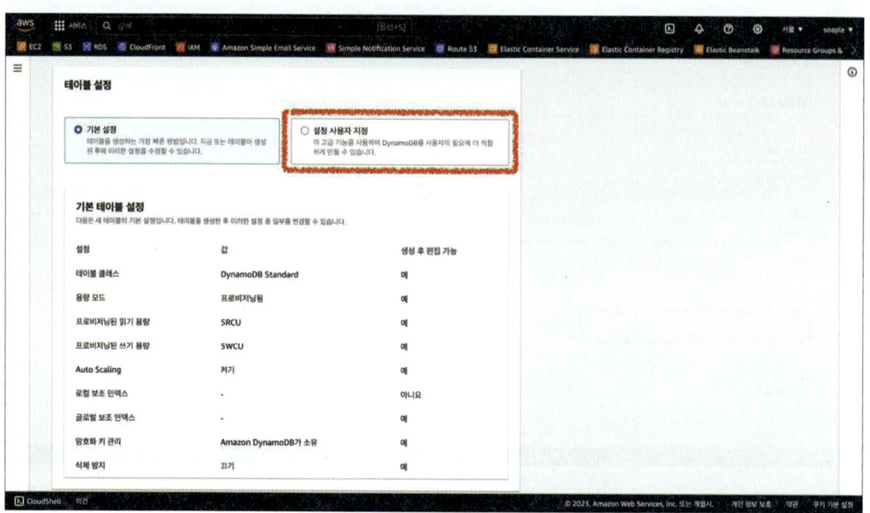

선택하면 아래 옵션들이 화면과 같이 변경됩니다. 테이블 클래스, 용량 계산기 등이 나옵니다. 테이블 클래스는 기본 설정을 그대로 사용하겠습니다.

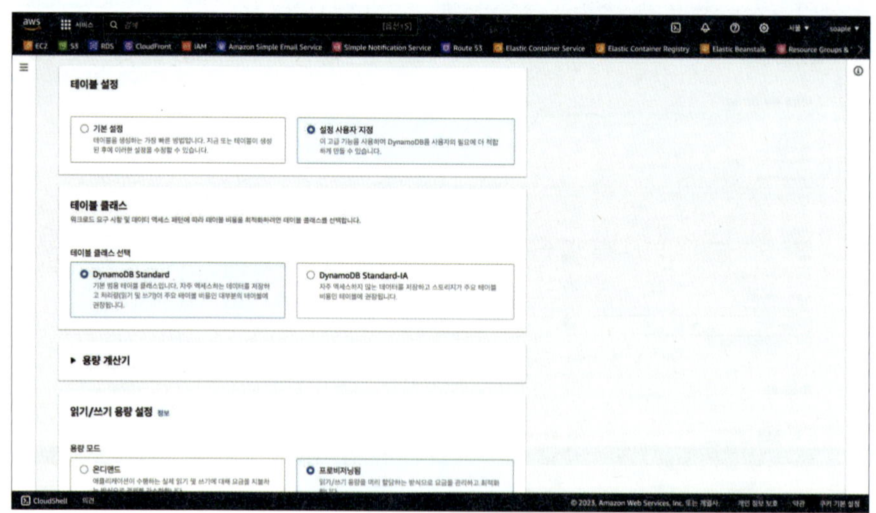

그리고 그 아래로는 읽기/쓰기 용량을 설정할 수 있으며, 읽기/쓰기 용량에 대한 Auto Scaling도 설정할 수 있습니다. 이것도 기본 설정 그대로 사용하겠습니다.

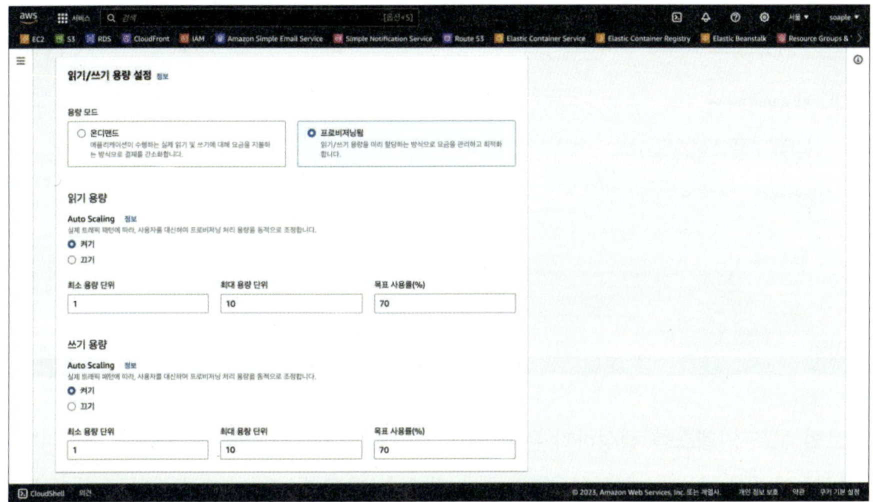

이번에는 화면을 조금 더 아래로 내려서 보조 인덱스를 생성해보겠습니다. 앞에서 테이블을 설계할 때 로컬 인덱스는 필요 없었기 때문에 여기서는 **글로벌 인덱스 생성** 버튼을 클릭해서 글로벌 보조 인덱스만 하나 생성하도록 하겠습니다.

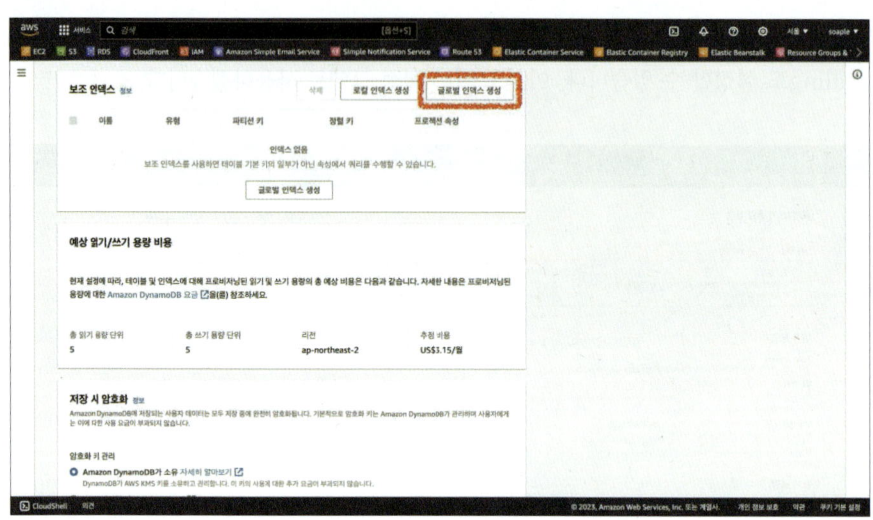

글로벌 보조 인덱스를 생성하기 위한 안내 문구입니다. 먼저 **파티션 키**를 입력합니다.
여기서 파티션 키는 id가 아닌 subject가 됩니다. 과목명으로 파티션을 나눌 것이라서
그렇습니다 .

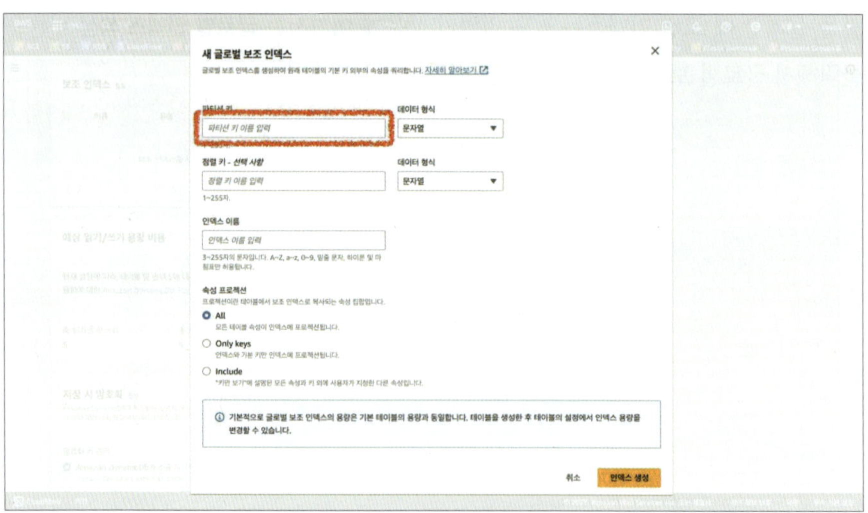

다음으로는 정렬 키를 입력해야 합니다. 정렬 키는 score라고 입력합니다. 과목별로 파티션을 나누고 점수로 정렬하기 때문입니다.

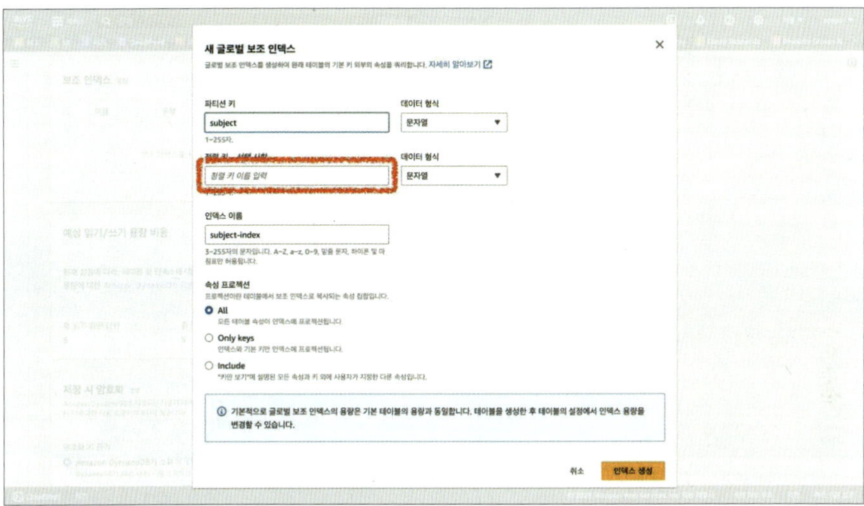

그리고 점수는 숫자이므로 데이터 형식을 숫자로 변경해야 합니다. 다음 화면에 표시된 것처럼 **데이터 형식** 메뉴를 클릭합니다.

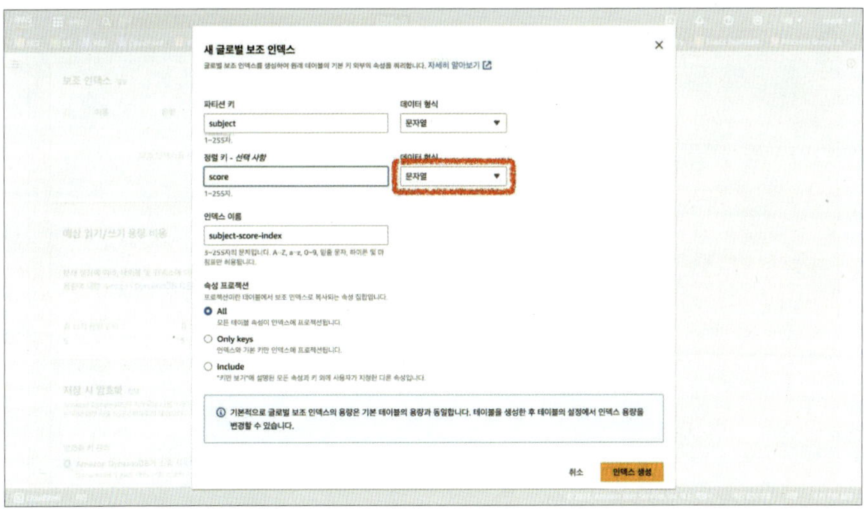

이후 목록에서 **숫자**를 클릭합니다.

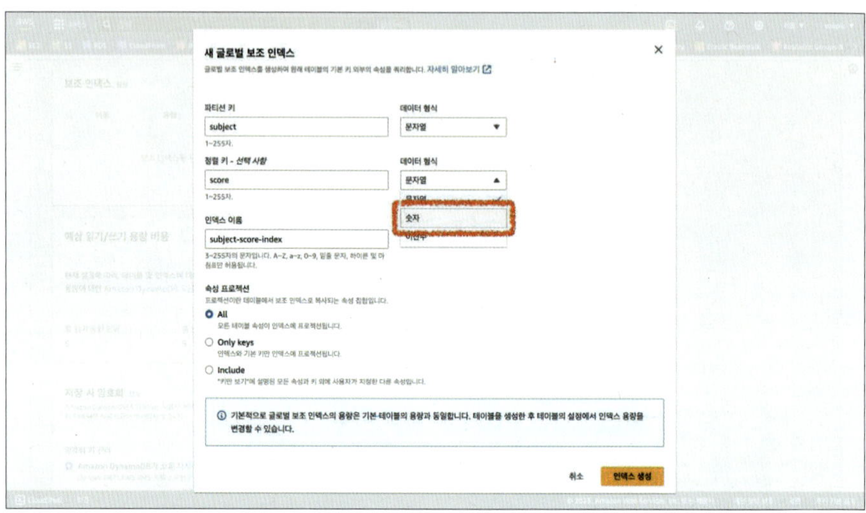

이제 글로벌 보조 인덱스를 생성하기 위한 모든 설정을 마쳤습니다. 하단에 있는 **인덱스 생성** 버튼을 클릭합니다.

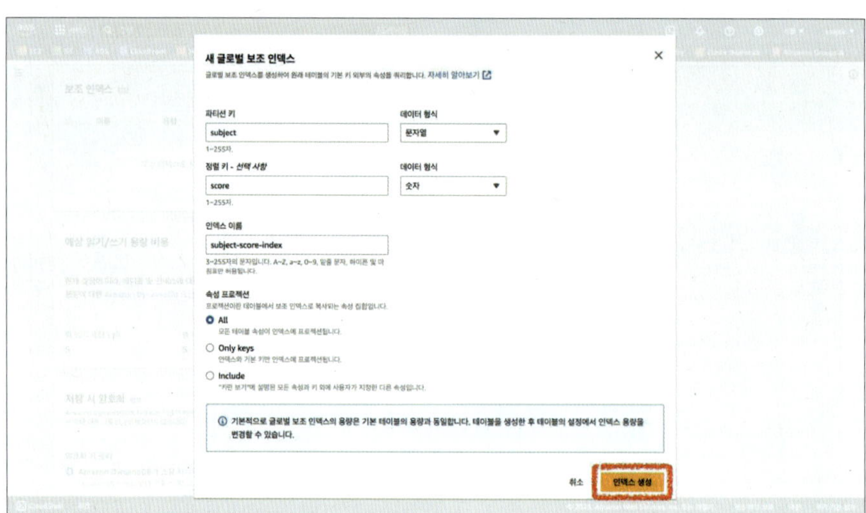

다음 화면과 같이 보조 인덱스가 목록에 추가된 것을 볼 수 있습니다.

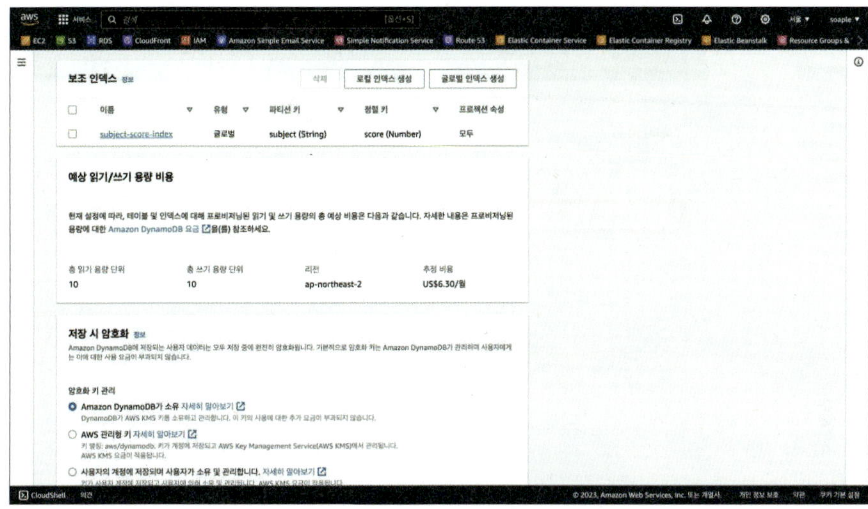

이제 화면을 제일 하단으로 내려서 **테이블 생성** 버튼을 클릭합니다.

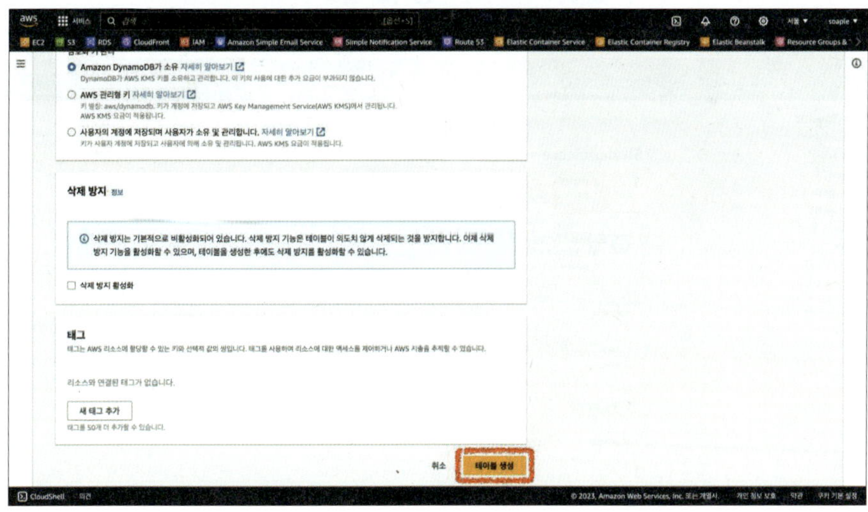

테이블 생성이 시작되고 시간이 조금 지나면 화면과 같이 테이블 생성이 완료됩니다.

여기서 생성된 테이블을 클릭해서 상세 정보를 보겠습니다.

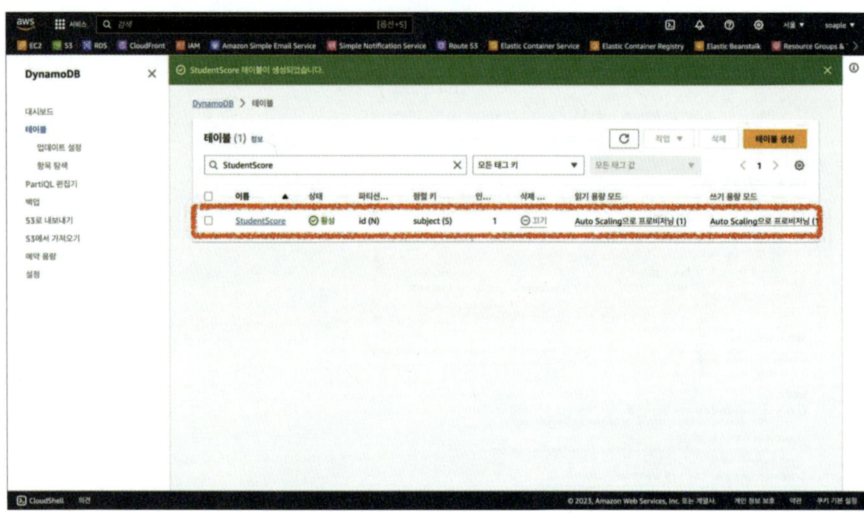

그러면 다음 화면과 같이 테이블에 대한 상세 정보가 나옵니다. 상세 정보에서 파티션 키와 정렬 키도 확인할 수 있습니다. 여기서 **인덱스** 탭을 클릭해보겠습니다.

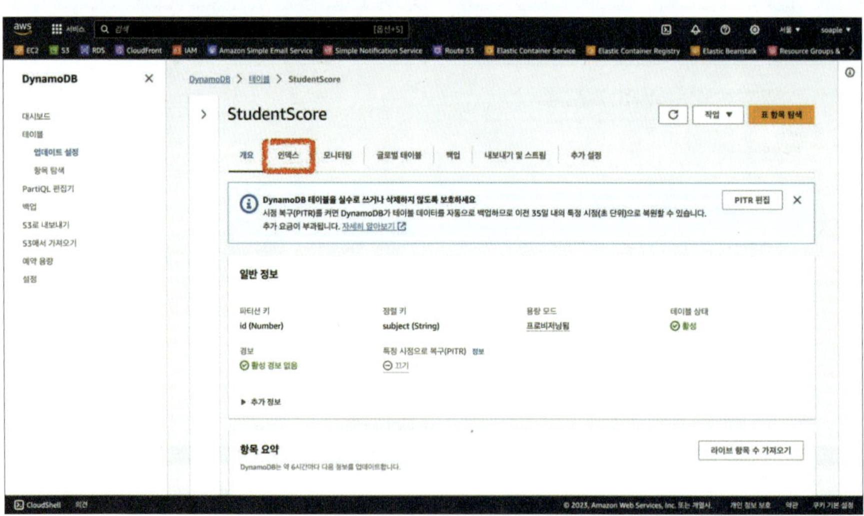

그러면 아까 생성한 글로벌 보조 인덱스가 화면과 같이 목록에 나오는 것을 볼 수 있습
니다.

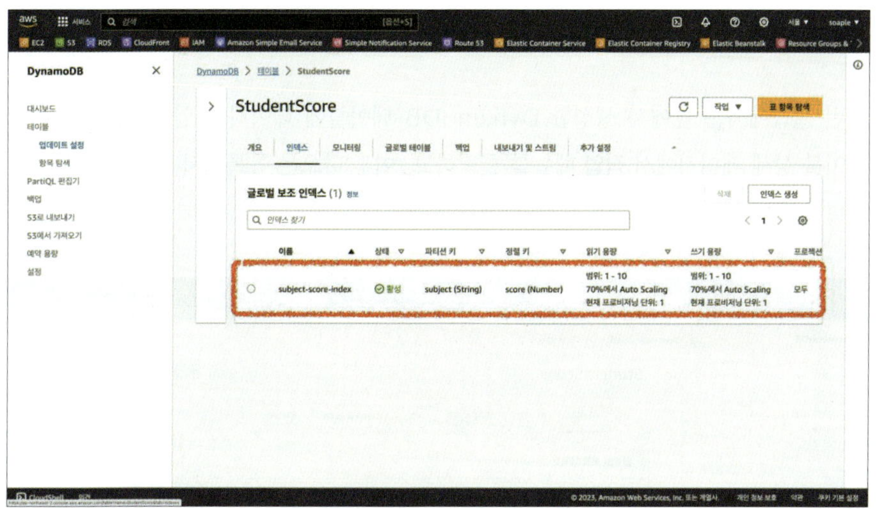

13.9 실습 DynamoDB 데이터 입력

이번 실습에서는 앞에서 생성한 DynamoDB 테이블에 데이터를 입력해보겠습니다. 테이블 상세 페이지에서 **작업** 메뉴를 클릭하고, 이후 나오는 목록에서 **항목 생성**을 클릭합니다.

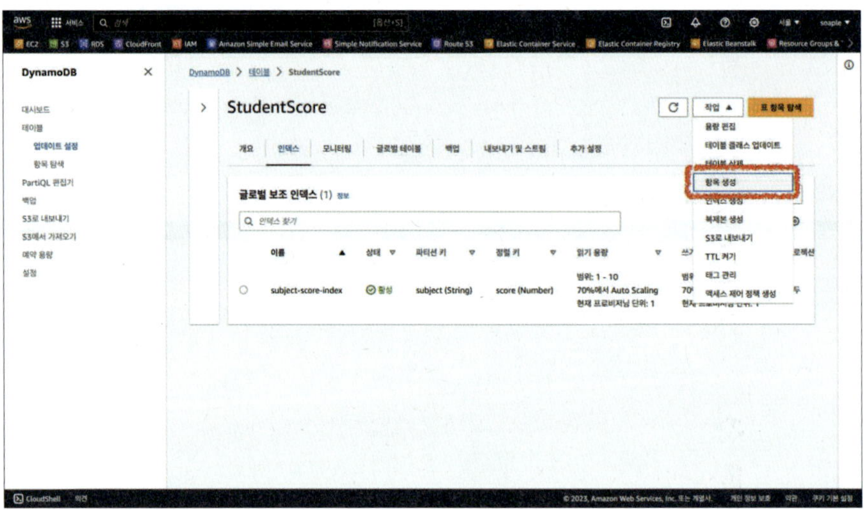

아래 화면과 같이 항목을 생성할 수 있는 화면이 나옵니다. 먼저 **파티션 키**의 값을 입력해야 합니다. 파티션 키인 id의 값에 1을 입력합니다.

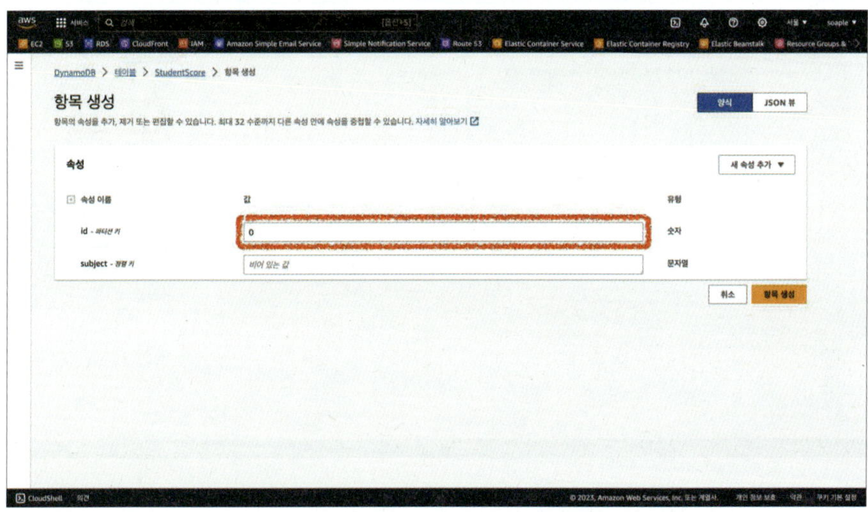

이후 **정렬 키**를 입력해야 합니다. 정렬 키는 Math라고 입력합니다.

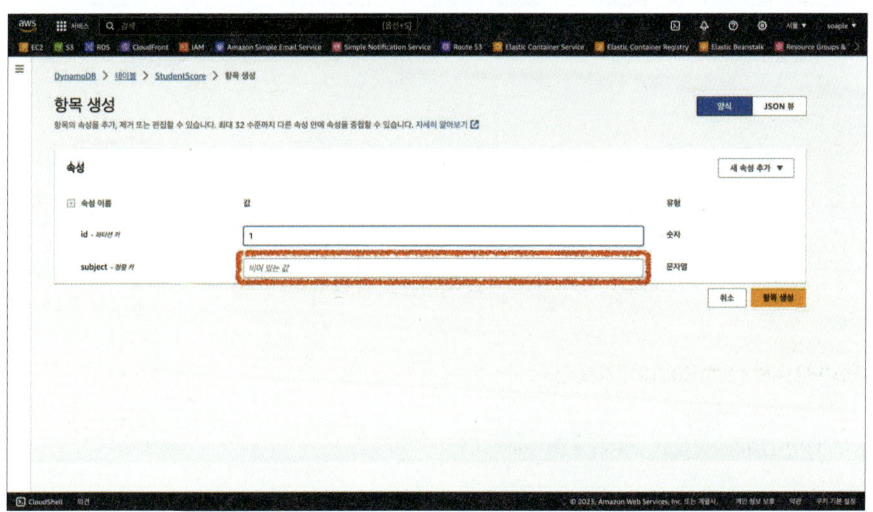

그리고 점수를 추가하기 위해서 **새 속성 추가** 버튼을 클릭합니다.

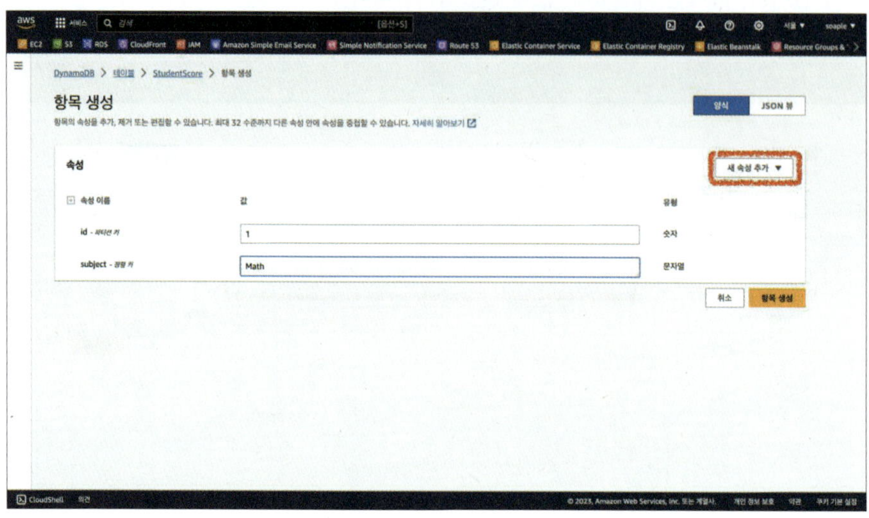

점수는 숫자이기 때문에 목록에서 **숫자**를 클릭합니다.

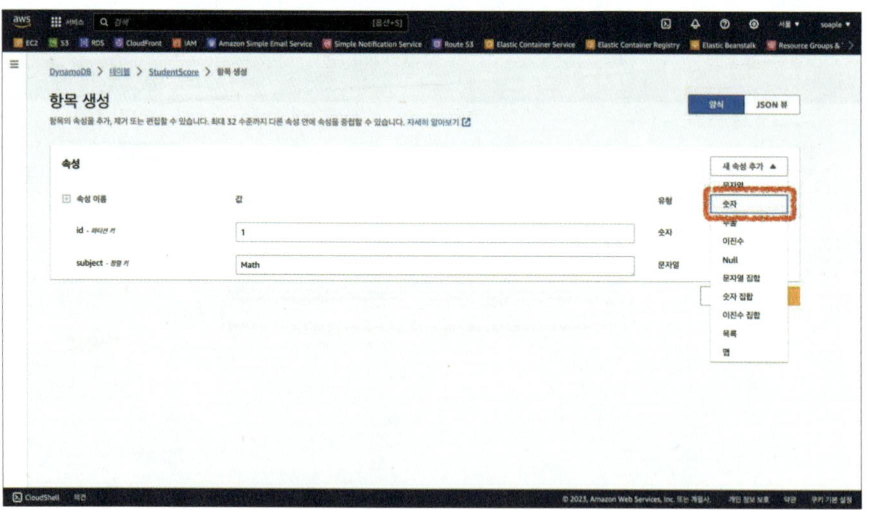

그러면 다음 화면처럼 새로운 속성이 하나 추가됩니다. 여기서 속성의 이름을 입력합니다. 점수를 나타내는 속성이므로 score라고 입력하겠습니다.

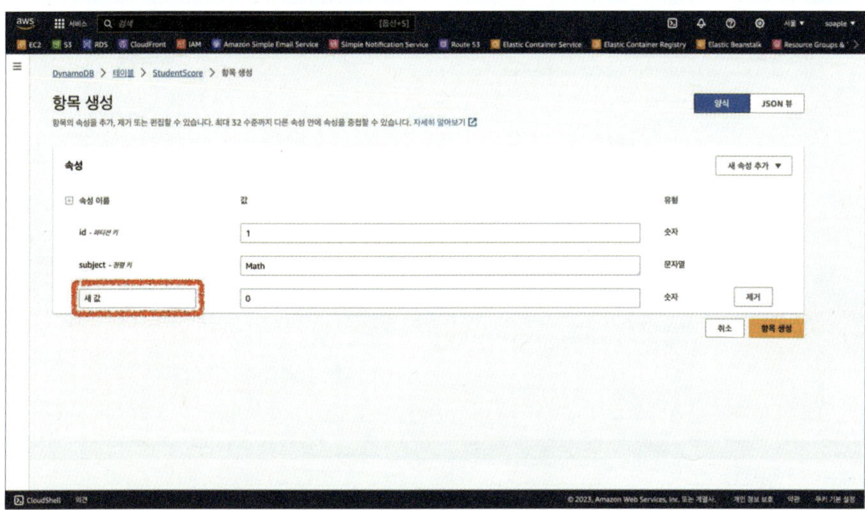

다음으로는 값을 입력해야 합니다. 값에는 95를 입력합니다.

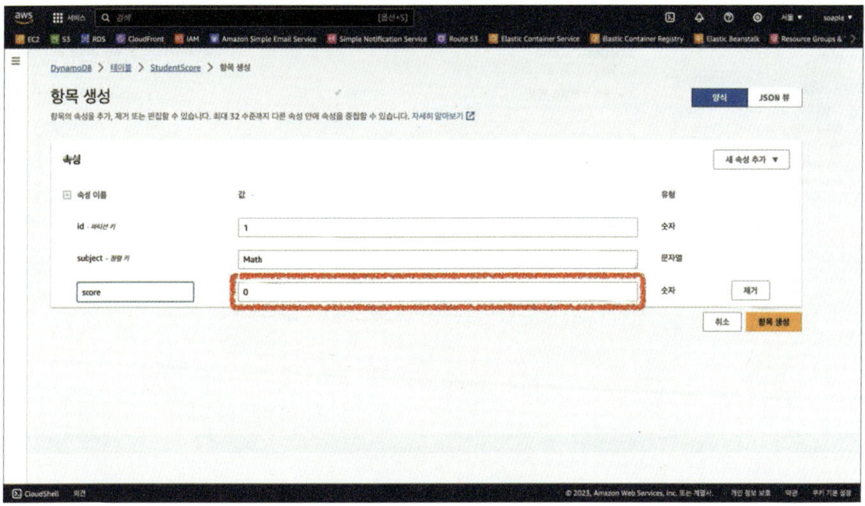

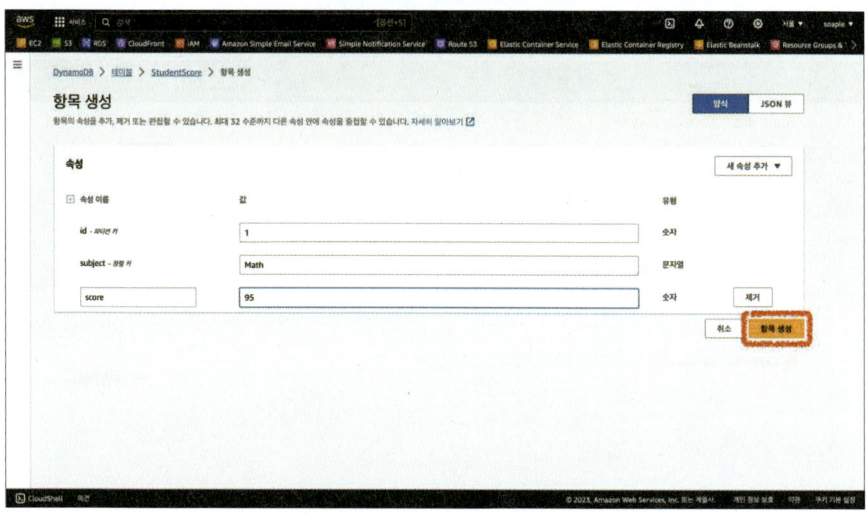

이렇게 모든 속성 값을 입력했다면 **항목 생성** 버튼을 클릭합니다.

다음 화면처럼 테이블에 항목이 추가된 것을 볼 수 있습니다.

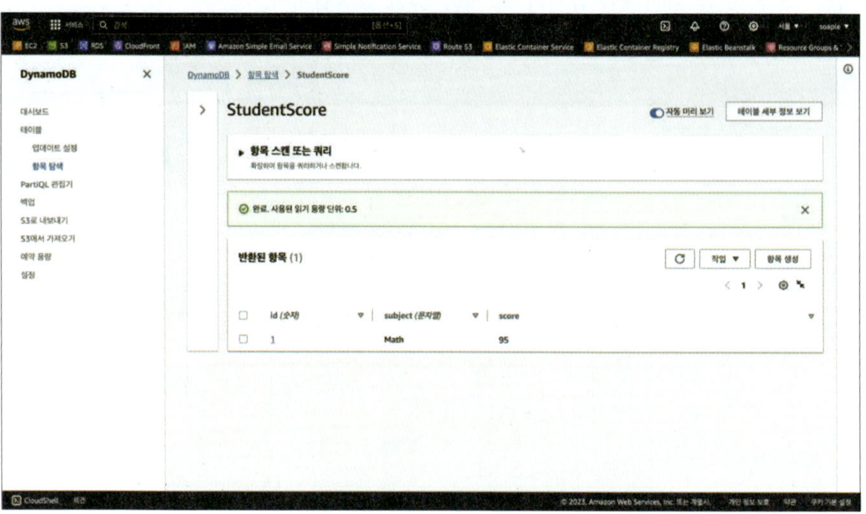

동일한 과정을 총 9번 반복하여 아래 화면에 있는 데이터를 모두 입력하고 다음 실습을
이어서 진행하기 바랍니다.

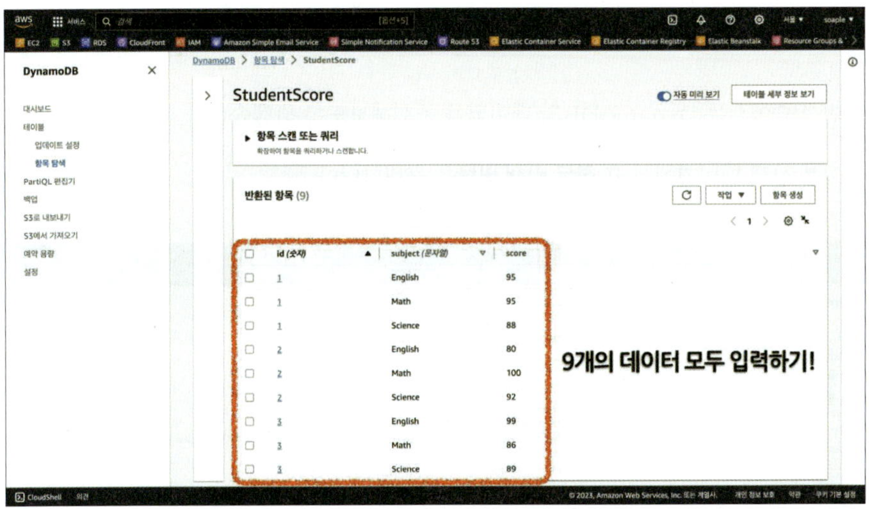

 13.10 실습 DynamoDB 데이터 조회

이번 실습에서는 DynamoDB의 데이터를 조회해보도록 하겠습니다.

테이블 상세 페이지에서 **표 항목 탐색 버튼**을 클릭합니다.

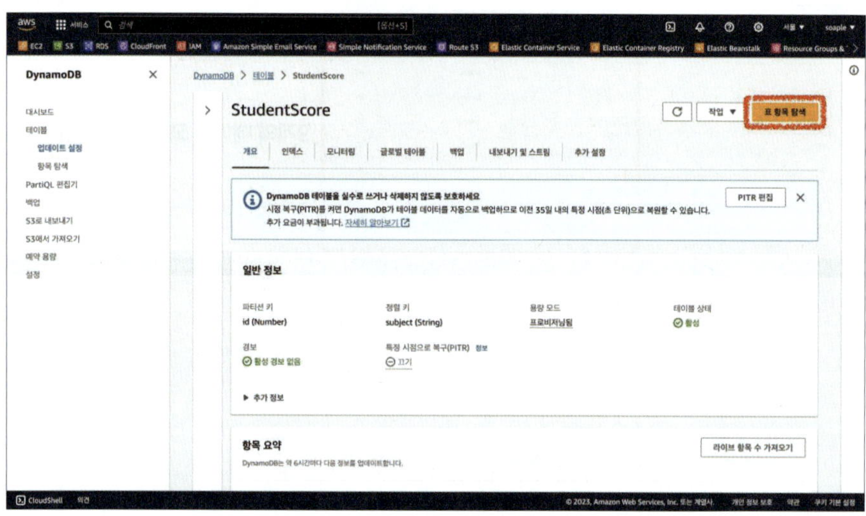

그럼 아래 화면과 같이 스캔 또는 쿼리 방식으로 테이블의 항목을 탐색할 수 있습니다.
먼저 **쿼리**를 선택하여 쿼리 방식으로 항목을 탐색해보겠습니다.

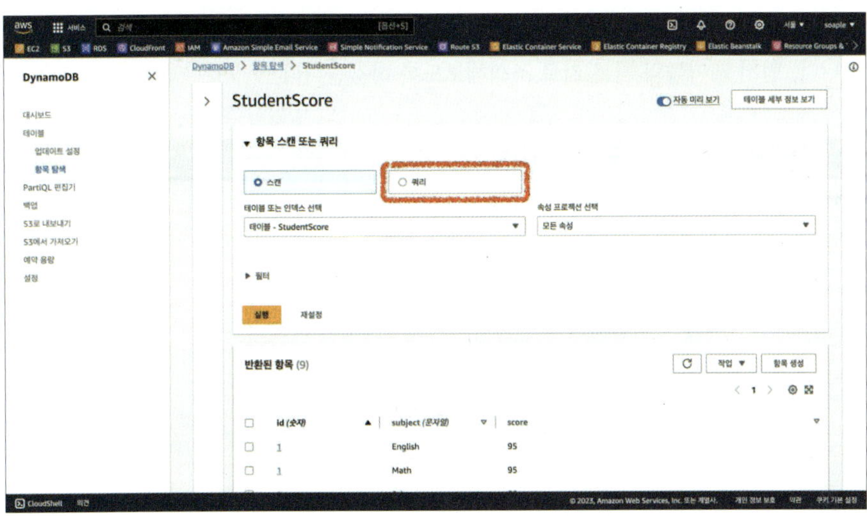

쿼리는 테이블의 키를 이용해서 항목을 탐색하는 방식이므로 쿼리를 선택하면 다음 화면과 같이 인덱스를 선택하는 옵션이 나옵니다. 여기서 **테이블 또는 인덱스 선택** 메뉴를 펼쳐보겠습니다.

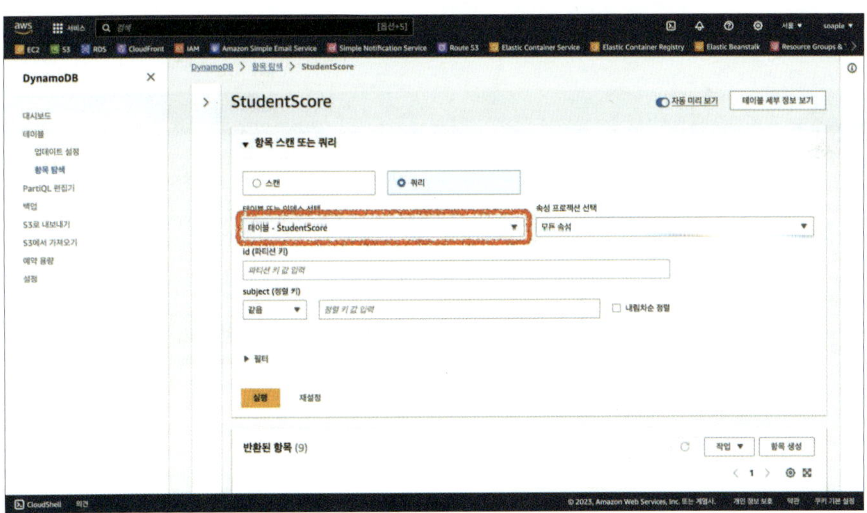

그러면 테이블의 기본 키로 조회할 것인지 보조 인덱스로 조회할 것인지 선택할 수 있습니다. 먼저 테이블의 기본 키로 조회해보도록 하겠습니다.

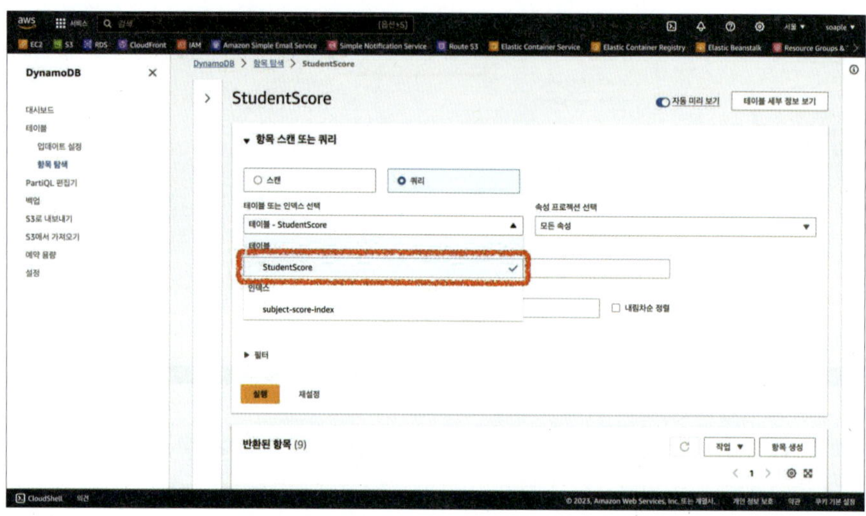

먼저 1번 학생의 전과목 점수를 가져오기 위해서 id에 1을 입력합니다. 그리고 이후 **실행** 버튼을 클릭하여 쿼리를 실행합니다.

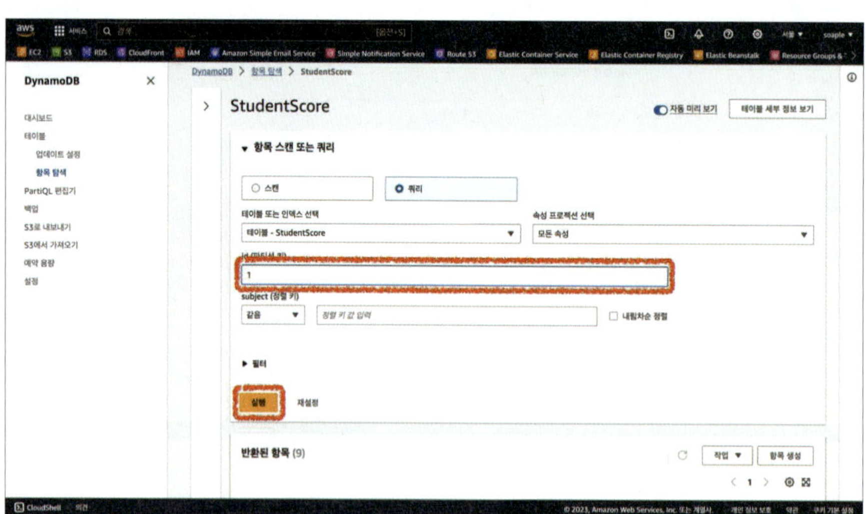

1번 학생의 모든 과목에 대한 정보가 나오는 것을 볼 수 있습니다. 그리고 쿼리에 사용
된 읽기 용량 단위도 나오는 것을 볼 수 있습니다.

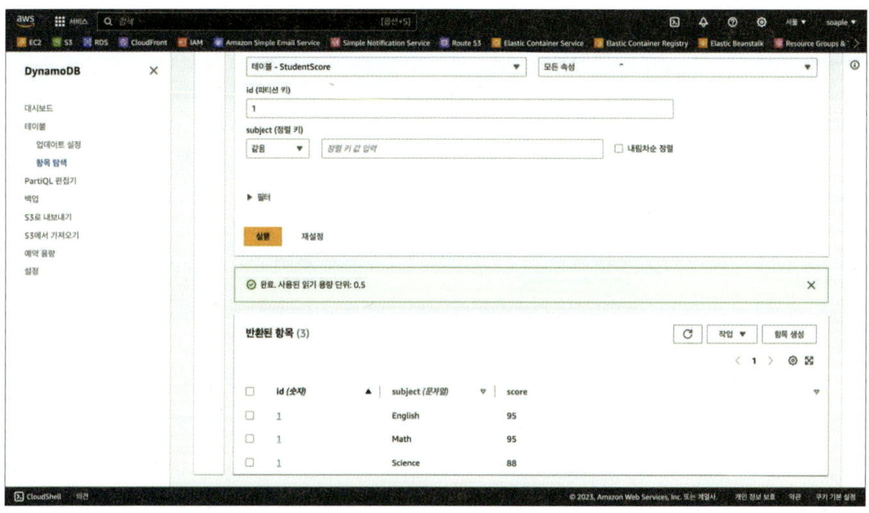

이번에는 과목으로 조회하기 위해서 우리가 만든 **글로벌 보조 인덱스**를 선택합니다.

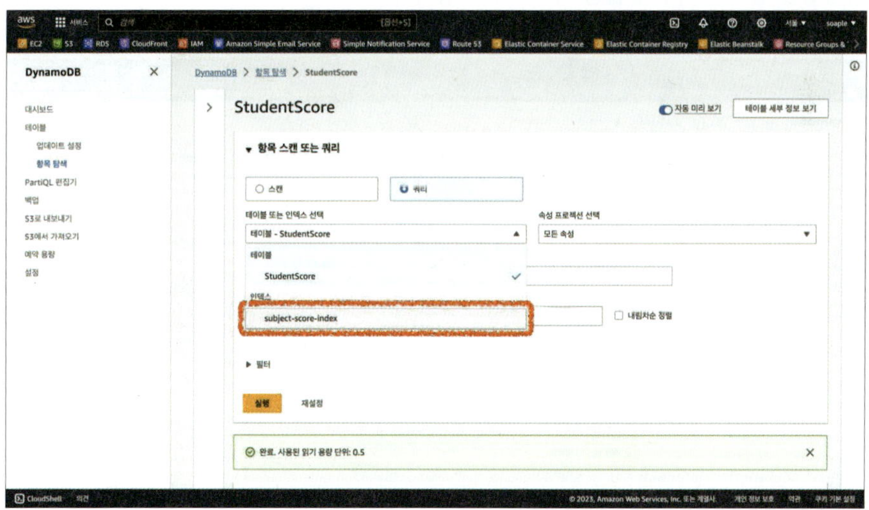

글로벌 보조 인덱스를 선택하면 다음 화면과 같이 파티션 키가 id가 아닌 subject로 바뀌게 됩니다. 여기에 과목명을 입력하면 됩니다. 수학 과목의 학생 목록을 가져오기 위해서 Math라고 입력하겠습니다.

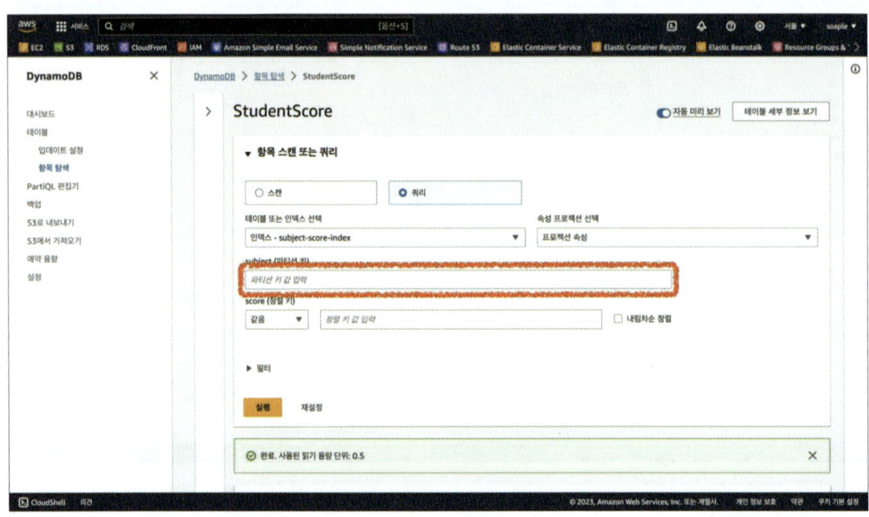

과목명을 입력한 이후에 **실행** 버튼을 클릭합니다.

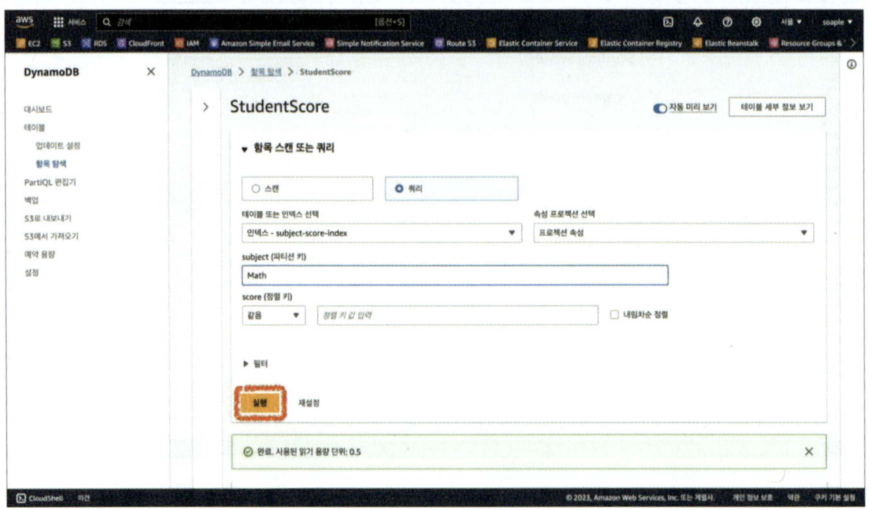

그러면 화면과 같이 모든 학생들의 수학 과목 정보가 나오게 됩니다.

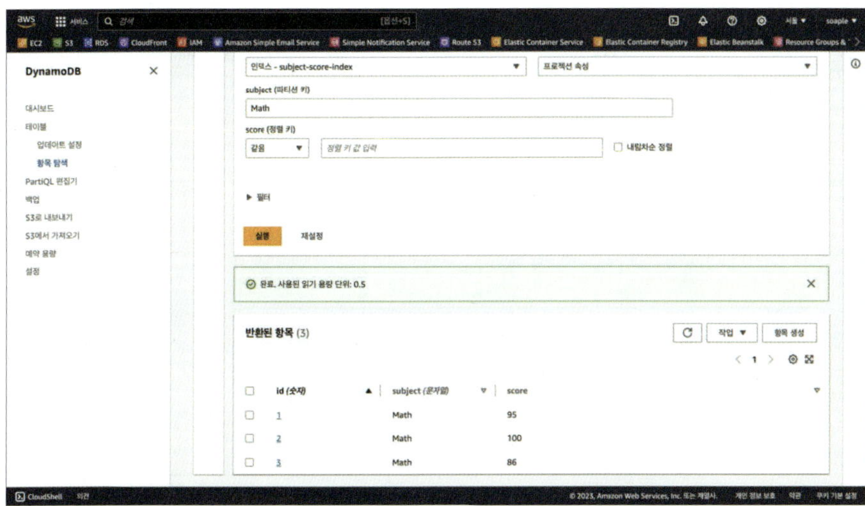

이번에는 스캔 방식으로 전체 데이터를 가져오도록 하겠습니다. **스캔**을 선택한 이후에
실행 버튼을 클릭합니다.

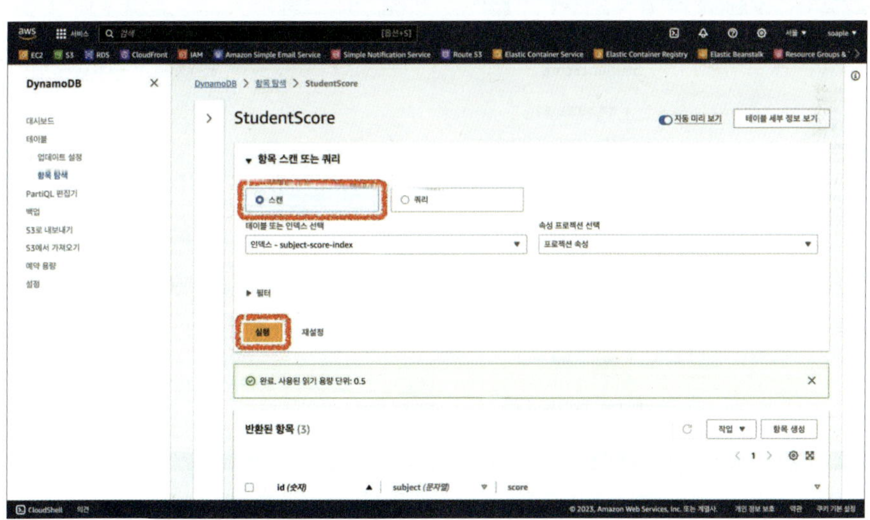

화면처럼 모든 데이터가 나오는 것을 볼 수 있습니다.

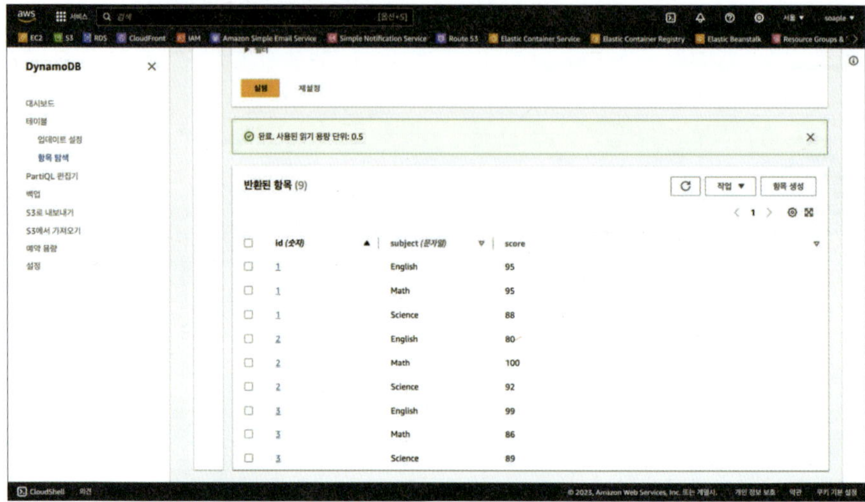

이번에는 스캔에 필터를 추가해보겠습니다. 먼저 **속성의 이름**을 입력해야 합니다.

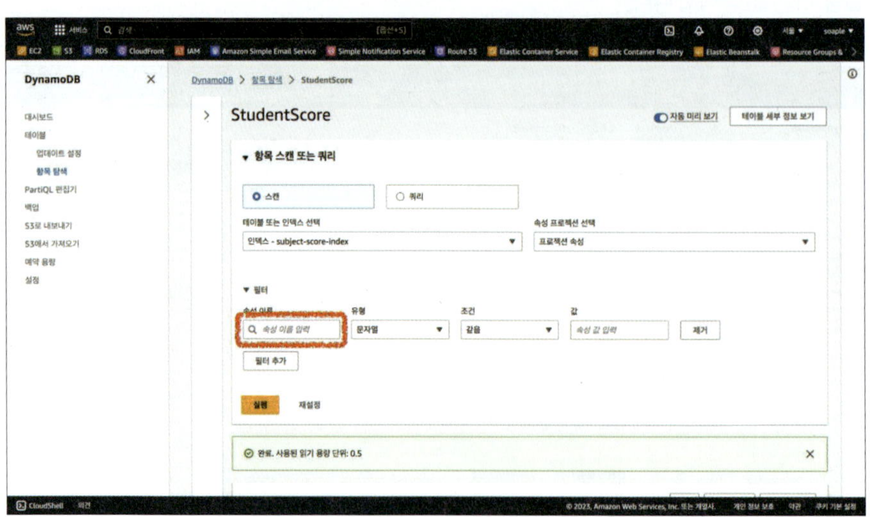

1번 학생의 모든 과목 점수를 가져오기 위해서 id를 선택합니다.

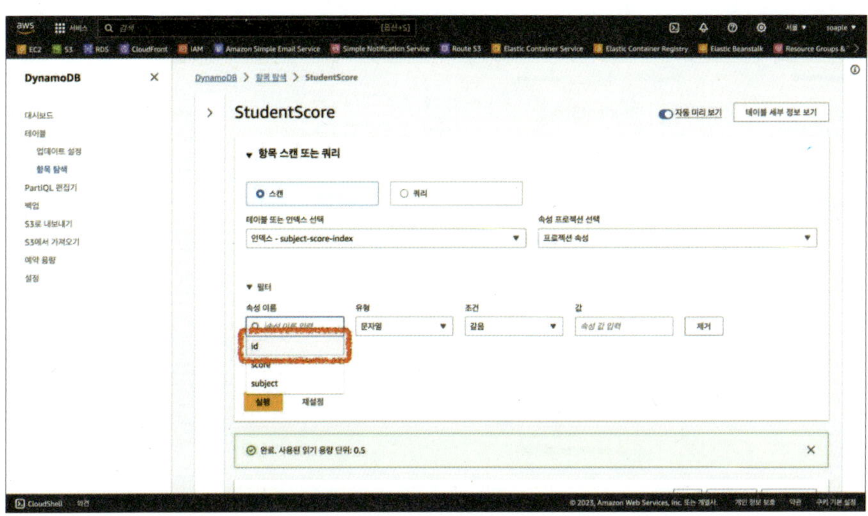

id 값은 숫자이므로 유형을 클릭해서 숫자로 변경해야 합니다. 다음 화면과 같이 **유형**
을 클릭합니다.

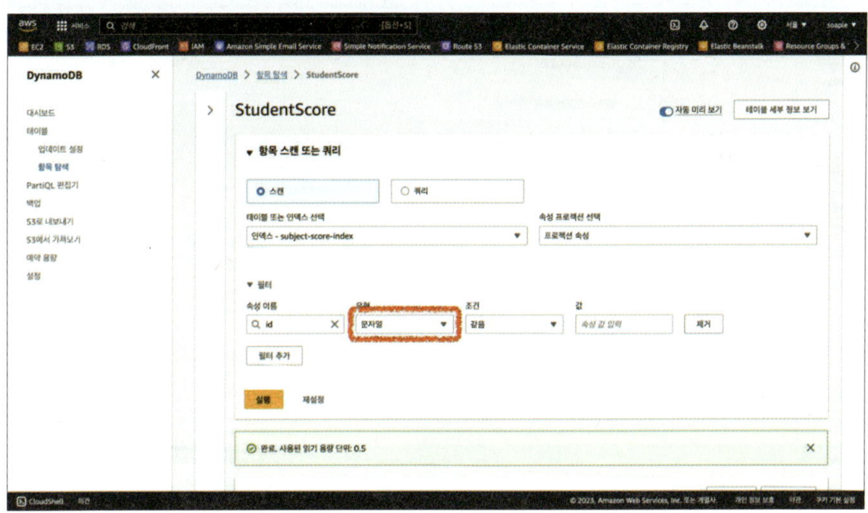

이후 나오는 목록에서 **숫자**를 클릭합니다.

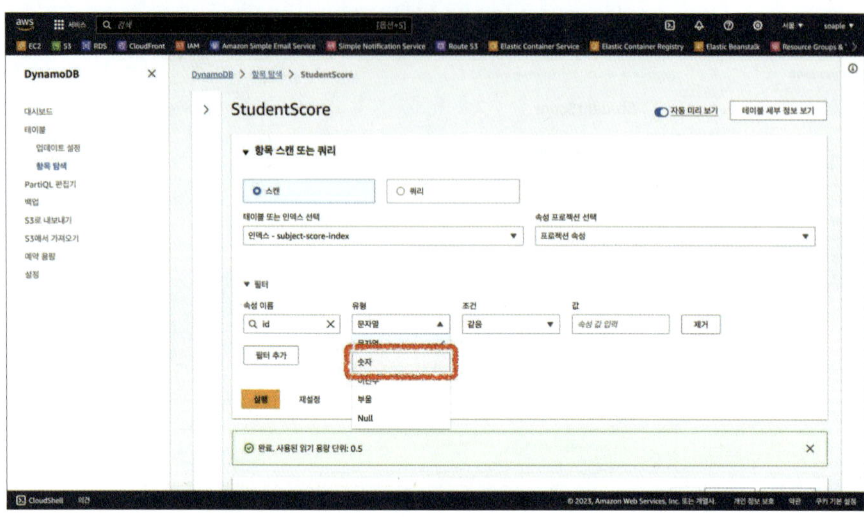

그리고 값에는 1을 입력합니다.

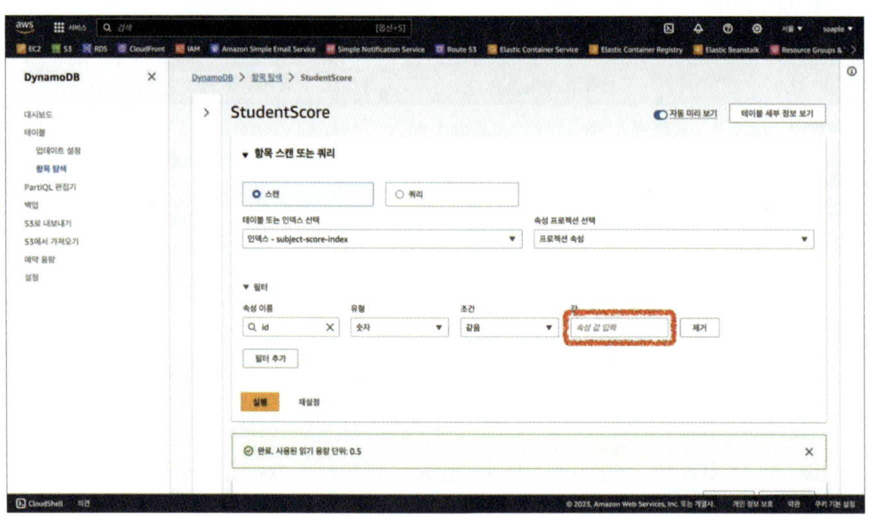

필터 값을 입력했다면 **실행** 버튼을 클릭합니다.

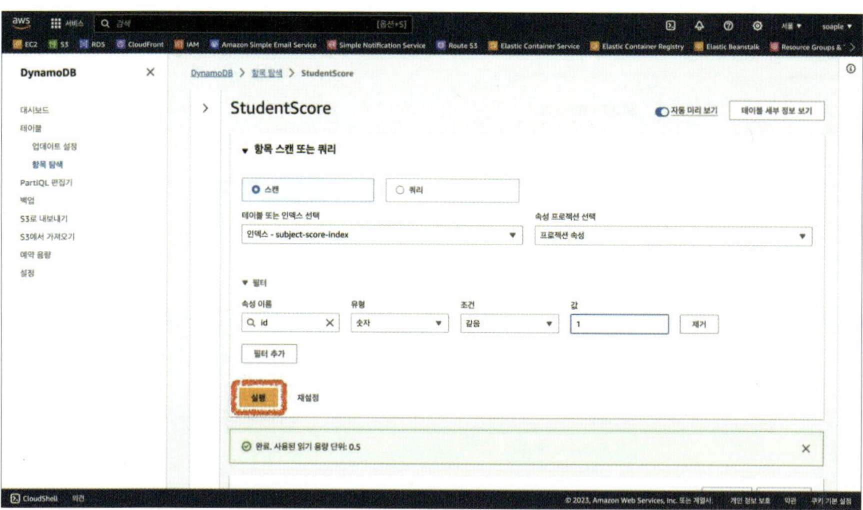

그러면 화면처럼 1번 학생의 모든 과목 정보가 나오게 됩니다.

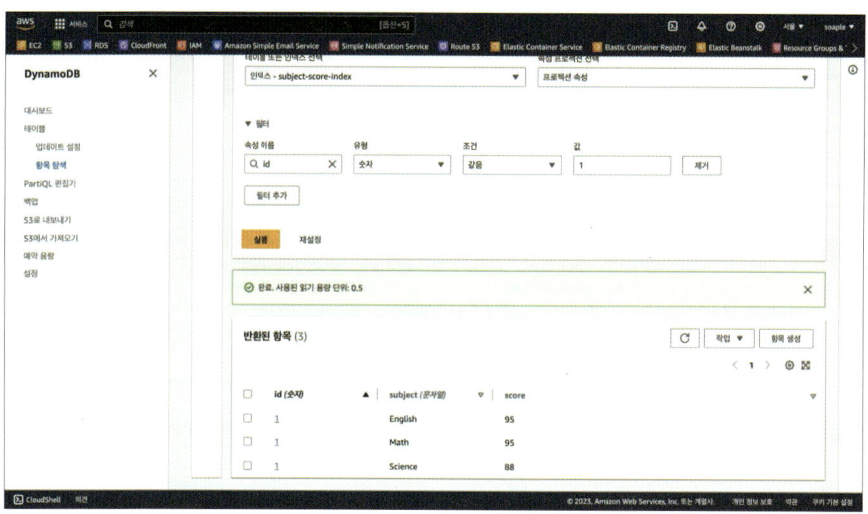

이번에는 Scan으로 수학 과목의 학생 목록을 가져오기 위해서 다음 화면과 같이 필터를 변경하고 실행 버튼을 클릭합니다.

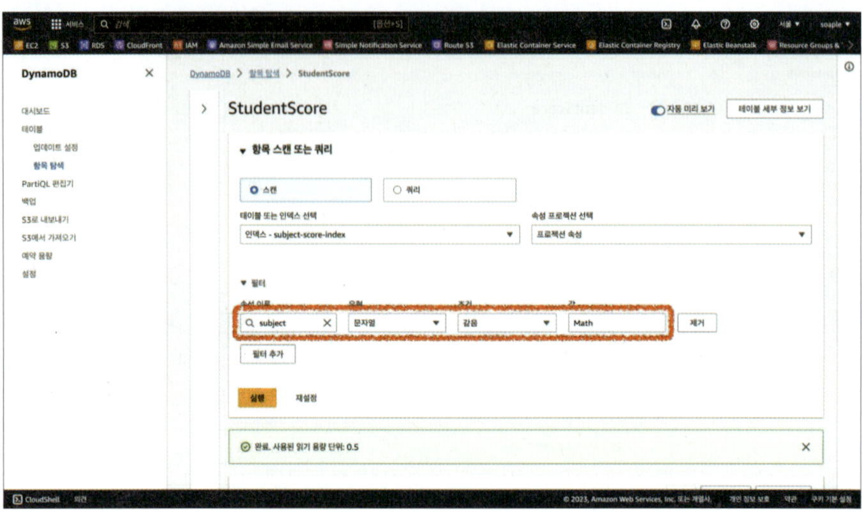

그러면 모든 학생의 수학 과목 정보가 나오게 됩니다.

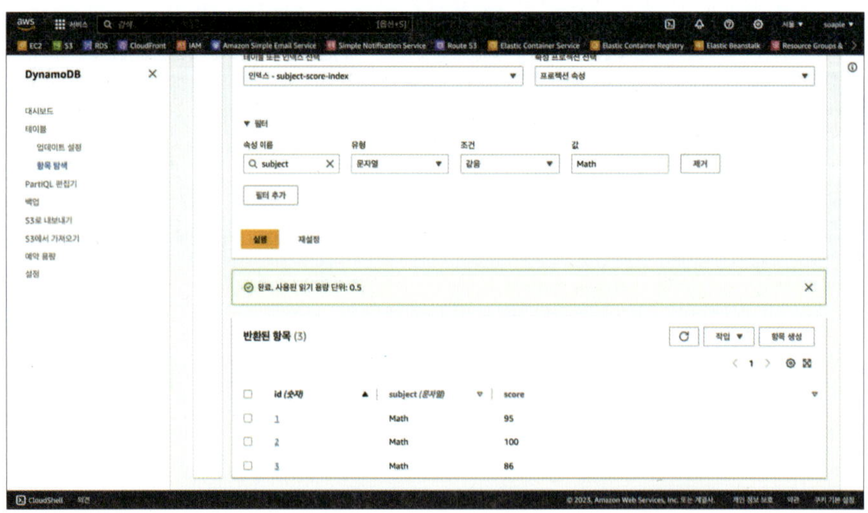

지금까지 실습한 것처럼 스캔과 쿼리의 결과는 동일하지만 스캔은 전체 데이터를 가져 온 이후에 필터링 하는 방식이고 쿼리는 키 값을 이용해서 데이터를 찾는 방식이라는 것을 꼭 기억하기 바랍니다.

13.11  실습 DynamoDB 테이블 삭제

이번 실습에서는 DynamoDB 테이블을 삭제해보겠습니다.

먼저 테이블 상세 페이지에서 **작업** 메뉴를 클릭합니다.

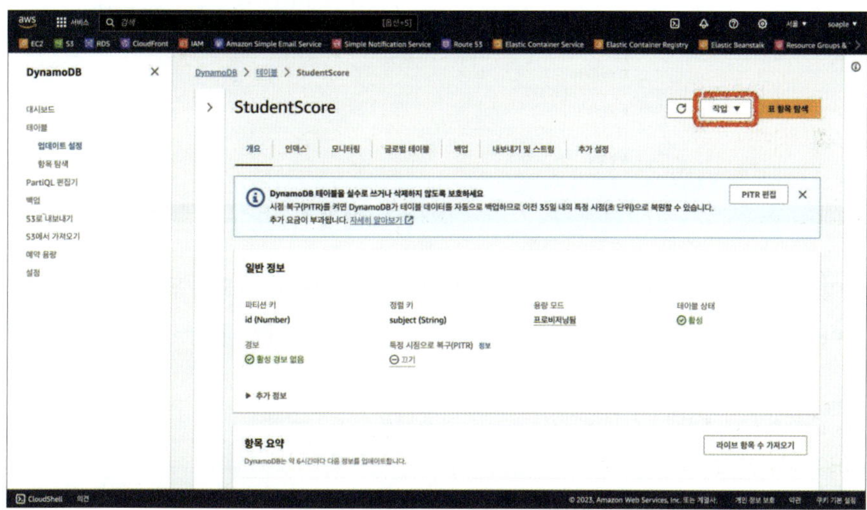

이후 **테이블 삭제**를 클릭합니다.

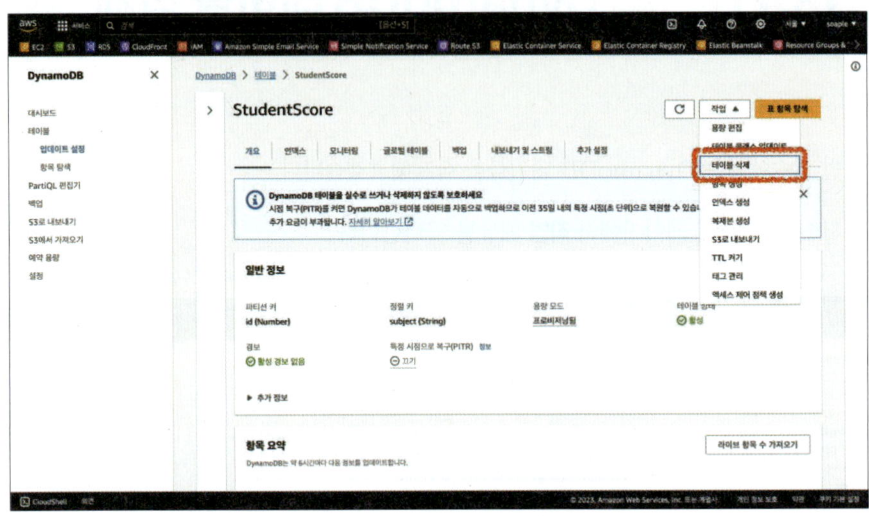

테이블을 삭제하기 전에 한 번 더 확인하기 위한 안내 문구가 나오게 됩니다. 여기에 확인이라고 입력하고 이후 **삭제** 버튼을 클릭하여 테이블을 삭제합니다.

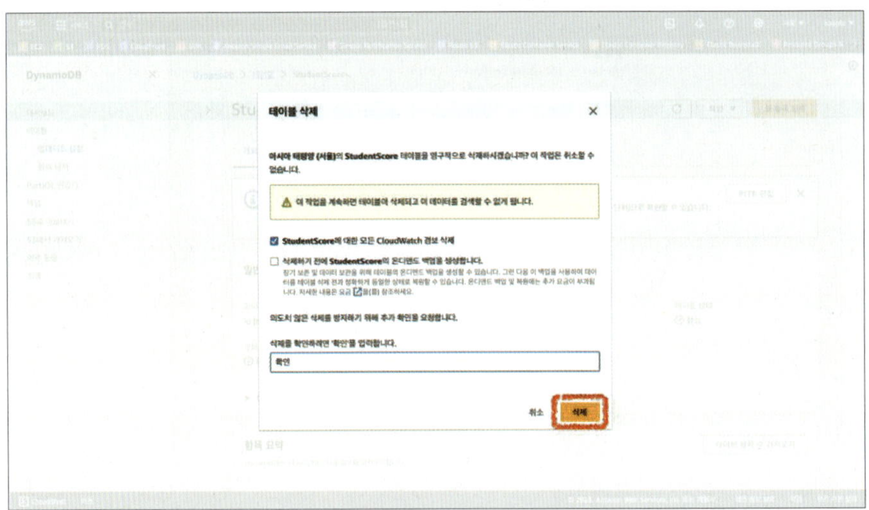

그럼 테이블 삭제가 진행되고 시간이 조금 지나면 테이블 삭제가 완료됩니다.

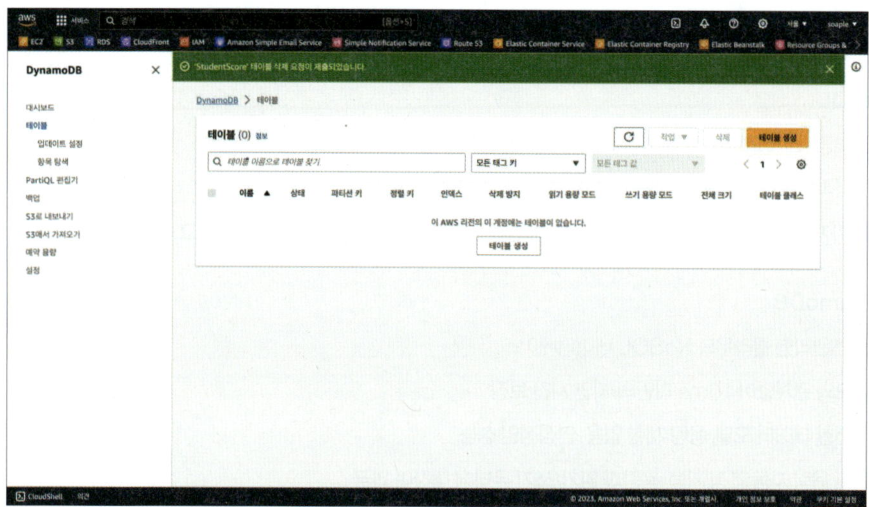

13.12 13장 요약

- **NoSQL**
  - 관계형 데이터베이스의 데이터 일관성 제약을 일부 완화
  - 수평적으로 확장 가능한 성능, 스키마 없는 데이터 모델에 최적화
  - 몇 가지 방법으로 데이터를 효율적으로 쿼리할 수 있으며, 그 외에는 쿼리 비용이 높고 속도가 느림

- **DynamoDB**
  - 완전 관리형 클라우드 NoSQL 데이터베이스
  - 규모와 관계없이 10ms 미만의 지연 시간 보장
  - 유연한 데이터 모델, 용량 제한 없음, 안정적인 성능
  - 처리 용량 자동 조정 기능, 용량과 읽기/쓰기 유닛에 대하여 과금

- **DynamoDB 데이터 타입**
  - 스칼라 데이터 형식
    - Number, String, Binary, Boolean, Null
  - 문서 형식
    - List, Map
  - 다중 값 형식
    - String Set, Number Set, Binary Set

- **DynamoDB 파티션 및 키**
  - 파티션
    - DynamoDB가 데이터를 저장하는 곳
  - 기본 키(Primary Key)
    - Table 내에서 각 Item을 구분하는 고유 식별자
    - 단순 기본 키: 파티션 키만 사용
    - 복합 기본 키: 파티션 키와 정렬 키를 함께 사용

– 파티션 키(Partition Key)

  ▪ 내부 해시 함수에 대한 입력으로 파티션 키 값을 사용

– 정렬 키(Sort Key)

  ▪ 파티션 키가 동일한 모든 항목들을 정렬하는 키 값

- **DynamoDB 보조 인덱스**

  – 로컬 보조 인덱스(Local Secondary Index, LSI)

    ▪ 테이블과 파티션 키는 동일하지만 정렬 키는 다른 인덱스

  – 글로벌 보조 인덱스(Global Secondary Index, GSI)

    ▪ 파티션 키 및 정렬 키가 테이블의 파티션 키 및 정렬 키와 다를 수 있는 인덱스

- **DynamoDB 데이터 조회**

  – Query : 키 값으로 찾는 것

  – Scan : 전체 데이터를 가져와서 필터링하는 것

Lambda

이번 장에서는 Lambda에 대해서 배워봅니다. 먼저 Serverless라는 개념에 대해서 살펴보고 이후에 Lambda 서비스를 다루겠습니다. Lambda라는 서비스는 제대로 다루기에는 분량이 너무 많고 입문자에게 어려울 수 있어 이번 장은 Lambda에 대해서 간단한 소개 정도로 생각하고 편한 마음으로 학습하기 바랍니다.

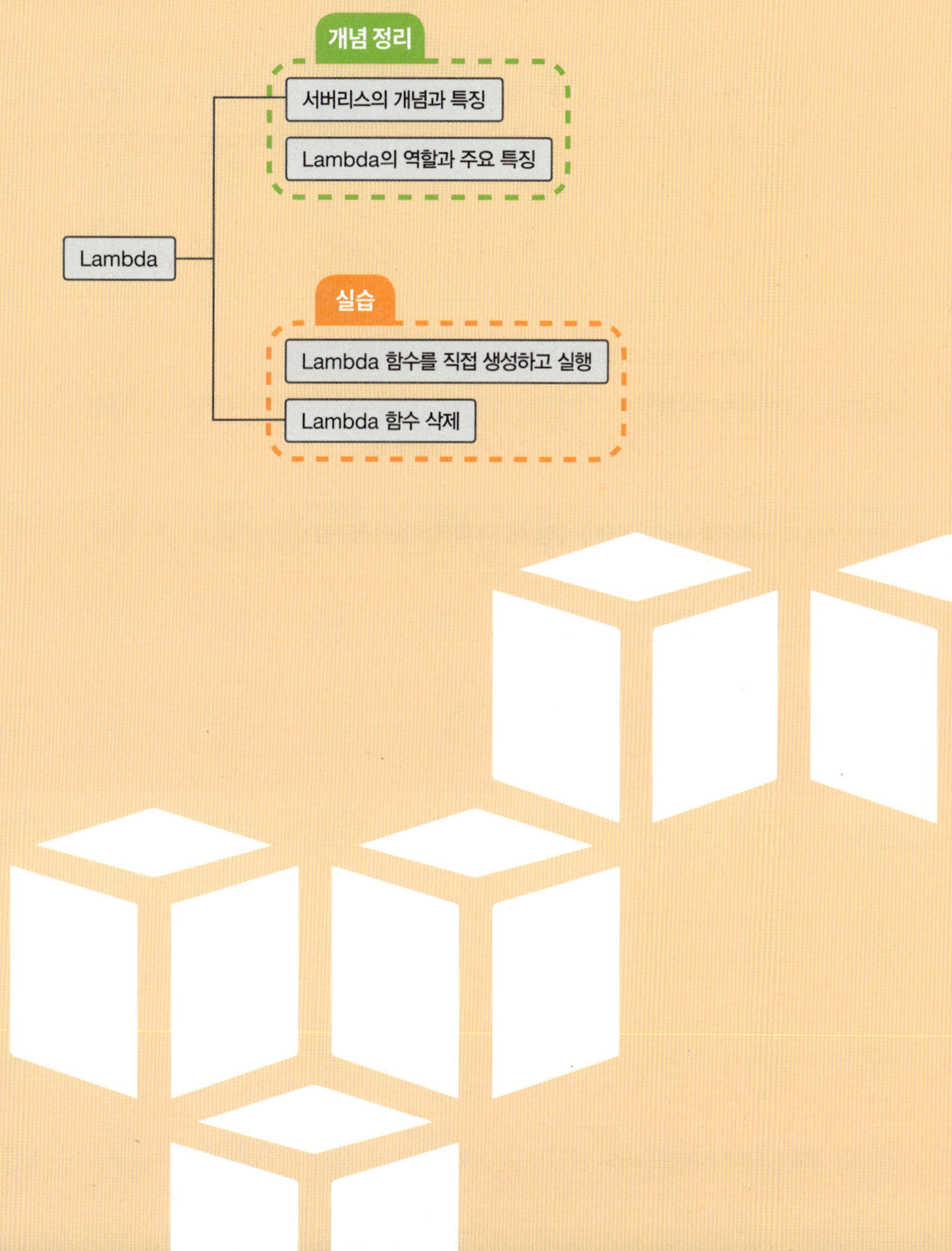

14.1 Serverless

먼저 Serverless 개념에 대해 알아봅시다. 서버리스가 도대체 뭘까요?

서버리스는 서버리스 컴퓨팅을 줄여서 부르는 말입니다. 그리고 서버리스 컴퓨팅은 서버가 없는 컴퓨팅이라고 해석할 수 있습니다. 그럼 여기서 '아니 서버가 없는데 어떻게 작동하지?'라는 생각을 할 수 있습니다. 서버리스 컴퓨팅은 엄밀히 말하면 내가 관리할 서버가 없다는 말입니다. 그래서 서버에 대해 생각하지 않고도 애플리케이션과 서비스를 구축하고 실행할 수 있게 해주는 것입니다. 이러한 서버리스는 전통적인 서버 관리에 대한 개념을 변화시키는 새로운 컴퓨팅 패러다임이라고 할 수 있습니다.

그럼 서버리스 특징을 살펴보겠습니다. 아래는 서버리스의 특징을 나타낸 것입니다.

- 서버 관리 부담 없음
  - 개발자는 코드 작성에만 집중
- 이벤트 기반 실행
  - HTTP 요청, 데이터베이스 변경, 파일 업로드 등
- 비용 효율적
  - 필요할 때만 실행되며, 실행 시간에 따라 비용이 청구됨
- 순간적 확장성
- 작은 코드 단위
- 다양한 클라우드 서비스와 통합
  - 데이터베이스, 스토리지, 메시징, AI 등

서버리스에서는 서버의 프로비저닝, 관리, 확장 등과 관련된 일련의 작업을 서버리스 플랫폼에서 처리하기 때문에 서버 관리에 대한 부담이 없습니다. 그래서 개발자는 코드 작성에만 집중하고 인프라 관리는 AWS Lambda, Azure Functions, Google Cloud Functions 등의 서버리스 플랫폼에 맡기면 됩니다.

서버리스 함수는 주로 이벤트 기반으로 실행되는데 예를 들어 HTTP 요청, 데이터베이스 변경, 파일 업로드 등의 이벤트에 대한 리액션을 정의할 수 있습니다.

서버리스는 비용 효율적인데 서버리스 함수가 필요할 때만 실행되며 실행 시간에 따라 비용이 청구되기 때문입니다. 그래서 트래픽이 자주 변하는 애플리케이션에 이상적입니다.

또한 서버리스에서는 자동으로 함수 인스턴스를 생성하고 관리하여 트래픽 증가에 대응합니다. 그래서 개발자가 별도로 Auto Scaling 등의 확장성을 위한 설정을 하지 않아도 됩니다.

그리고 서버리스 함수는 작은 단위의 코드로 분할되기 때문에 모듈화가 쉽고 테스트가 편리합니다. 이로 인해 개발 생산성도 함께 향상됩니다.

마지막으로 서버리스 애플리케이션은 클라우드 서비스를 통합하여 다양한 기능을 활용할 수 있습니다. 예를 들어 데이터베이스, 스토리지, 메시징, AI 서비스 등을 통합할 수 있습니다.

14.2 Lambda

지금부터는 AWS Lambda에 대해서 알아보겠습니다. 아래는 Lambda의 특징을 나타낸 것입니다.

- 서버리스 컴퓨팅 서비스
- 이벤트 기반 실행
  - HTTP 요청, 데이터베이스 변경, 메시지 큐 메시지
- 다양한 프로그래밍 언어 지원
  - 코드 버전 관리
- 자동 확장
- 초당 실행 시간에 따라 비용 청구
- 다른 AWS 서비스와 쉽게 통합
  - S3, DynamoDB, SNS, API Gateway, CloudWatch 등
- 실행 역할(Role)을 통한 액세스 권한 관리

AWS Lambda는 서버리스 컴퓨팅 서비스로 다양한 애플리케이션을 실행하고 관리하는 데 사용됩니다. 서버를 관리하지 않고 코드 실행 환경을 자동으로 관리하는 서버리스 아키텍처를 제공하므로 개발자는 코드 작성에만 집중할 수 있으며 인프라 관리에 대한 걱정을 줄일 수 있습니다.

그리고 Lambda 함수는 다양한 이벤트 소스에서 트리거됩니다. 이를테면 HTTP 요청, 데이터베이스 변경, 메시지 큐 메시지 등의 이벤트에 반응하여 실행됩니다.

Lambda는 Node.js, Python, Java, Go, Ruby, .NET 등의 다양한 프로그래밍 언어를 지원합니다. 그리고 코드의 여러 버전을 관리하고, 특정 버전을 배포하거나 롤백할 수 있는 기능도 제공합니다.

Lambda 함수는 자동으로 스케일링 되므로 트래픽 증가에 따라 함수 인스턴스가 생성되고 관리됩니다. 이로써 애플리케이션의 확장성이 향상됩니다. 또한 초당 실행 시간을 기반으로 비용이 청구되어 비용 측면에서도 굉장히 효율적입니다.

그리고 Lambda는 다른 AWS 서비스와 쉽게 통합할 수 있습니다. 대표적으로 S3, Dynamo DB, SNS, API Gateway, CloudWatch 등이 있습니다. 예를 들어 CloudWatch와 통합하게 되면 Lambda 함수의 실행을 모니터링하고 로깅할 수 있습니다. 이를 통해 디버깅 및 성능 최적화가 가능합니다.

마지막으로 Lambda는 실행 역할을 통해 액세스 권한을 관리하고, 이를 통해 함수가 다른 AWS 리소스와 안전하게 상호작용하도록 만들 수 있습니다. 그래서 보안 측면에서도 강점을 갖고 있다고 할 수 있습니다.

이러한 Lambda를 잘 활용하면 확장성에 대한 고민 없이 비용 효율적으로 서버를 운영할 수 있습니다.

14.3 실습 Lambda 함수 생성 및 실행

이번 실습에서는 Lambda 함수를 직접 생성하고 실행해보도록 하겠습니다.

먼저 AWS 콘솔 상단의 검색창에 'Lambda'라고 검색한 뒤에 목록에서 **Lambda**를 선택합니다.

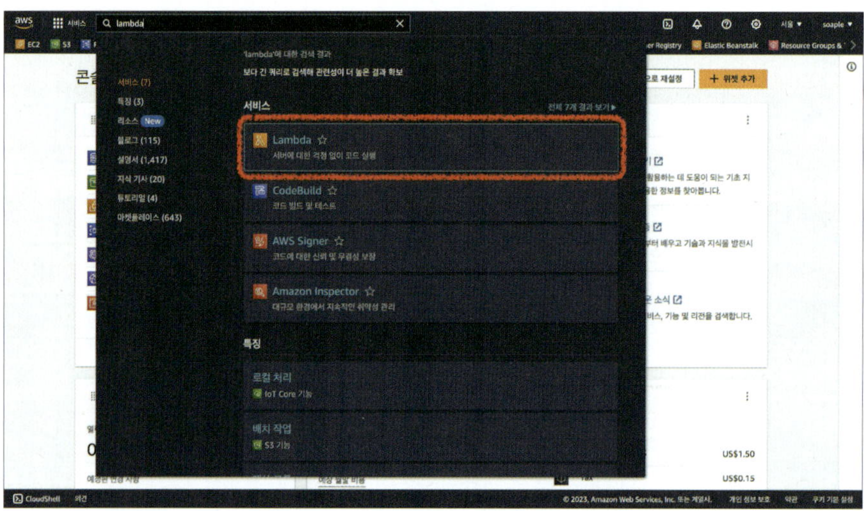

그럼 아래 실습 화면과 같이 Lambda의 첫 화면이 나오게 됩니다. 여기서 **함수 생성** 버튼을 클릭합니다.

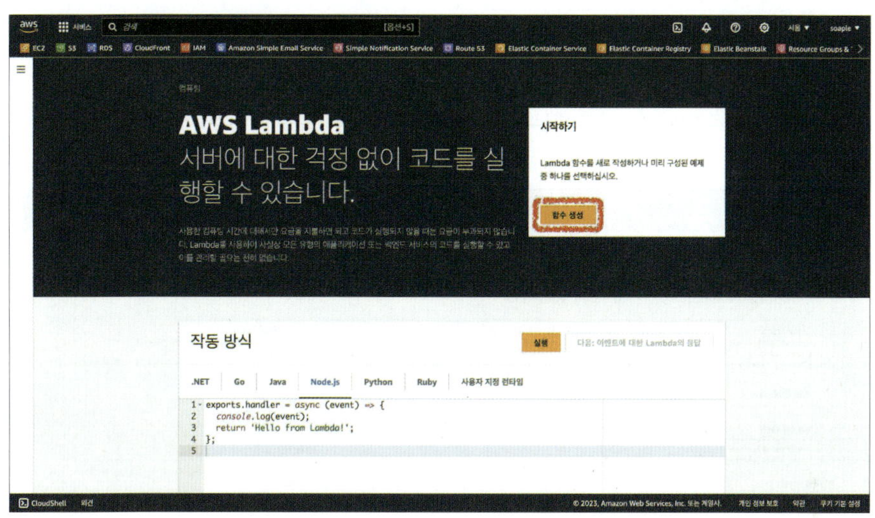

그러면 함수를 생성하는 페이지가 나오게 됩니다. Lambda 함수를 실행해보는 것이 이번 실습의 목표이므로 여기서는 직접 함수를 작성하지 않고 블루프린트 사용 옵션을 선택합니다. 블루프린트는 쉽게 말해서 AWS에서 제공하는 샘플 코드로 구성되어 있는 Lambda 함수의 사전 설정이라고 보면 됩니다.

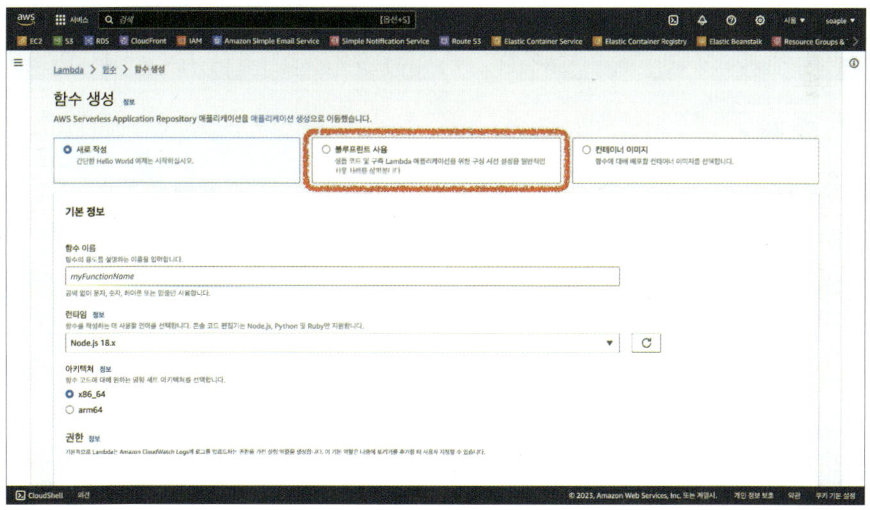

블루프린트 사용을 선택하면 아래에 블루프린트를 선택할 수 있는 옵션이 나옵니다. 여기서 Hello world function을 그대로 사용하겠습니다. 참고로 이것은 Node.js 18에서 작동하는 함수입니다. 이후에는 바로 아래에 함수 이름을 입력합니다.

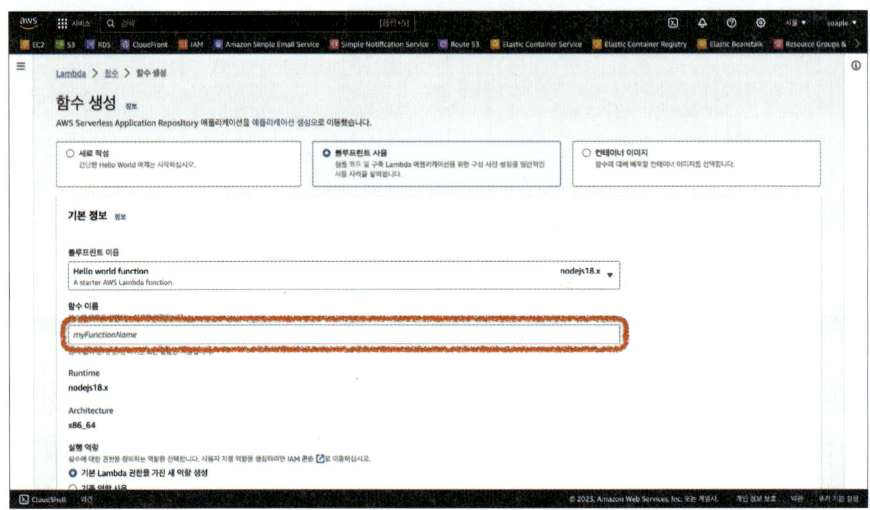

저는 'myFunction'이라고 입력했습니다.

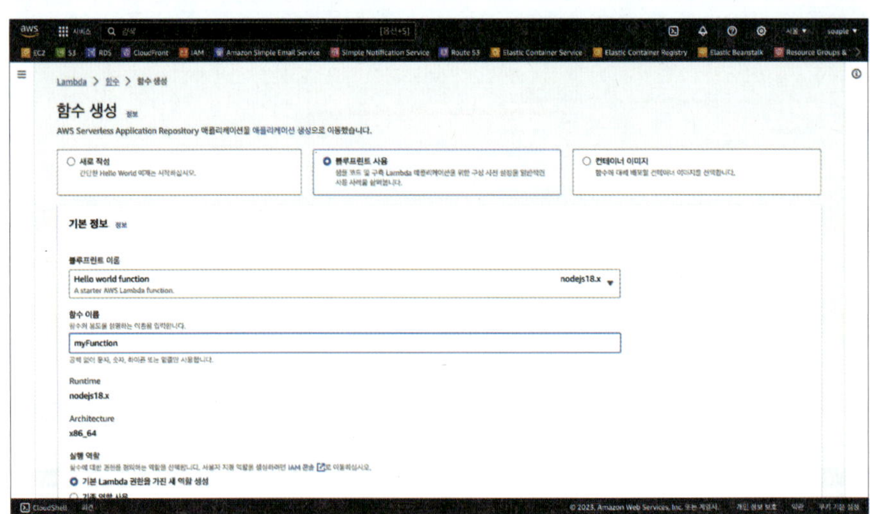

그리고 화면을 내려보면 함수 코드가 실습 화면처럼 작성되어 있는 것을 볼 수 있습니다. Node.js에서 돌아가는 함수라서 코드가 자바스크립트로 작성된 것을 볼 수 있습니다. 이 함수는 이벤트를 받아서 키를 출력하고 첫 번째 키를 리턴하는 간단한 함수입니다. 이제 오른쪽 아래에 있는 **함수 생성** 버튼을 클릭해서 함수를 생성합니다.

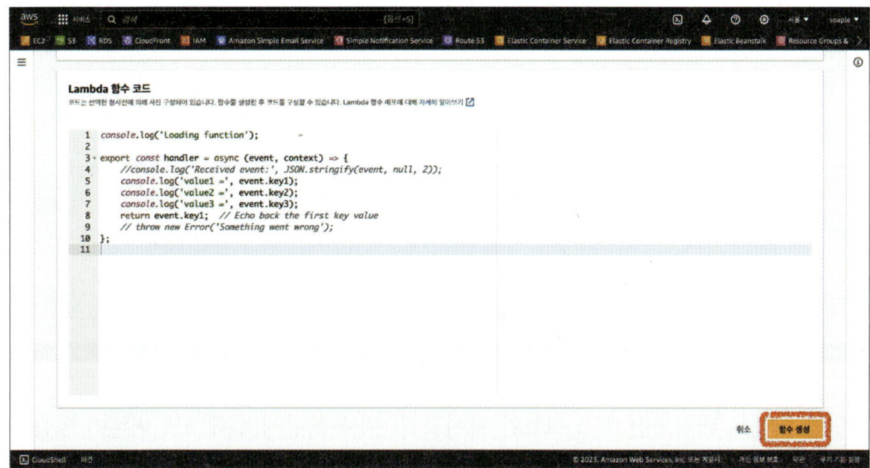

버튼을 클릭하면 함수 생성이 시작됩니다. 함수 생성은 약 1~2분 정도 소요됩니다.

일정 시간이 지나면 화면과 같이 함수가 생성됩니다.

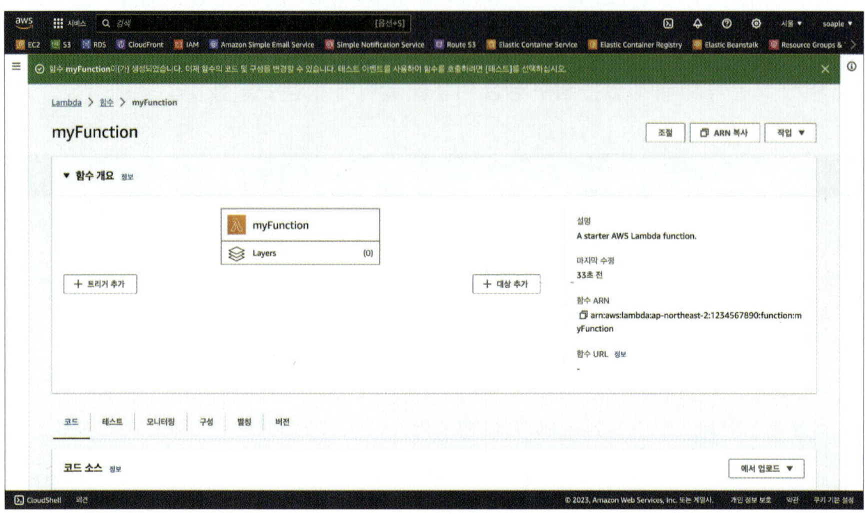

화면을 아래로 내려보면 소스 코드가 보이고 그 위에 파란색의 테스트 버튼이 있습니다. **테스트** 버튼을 클릭해보겠습니다.

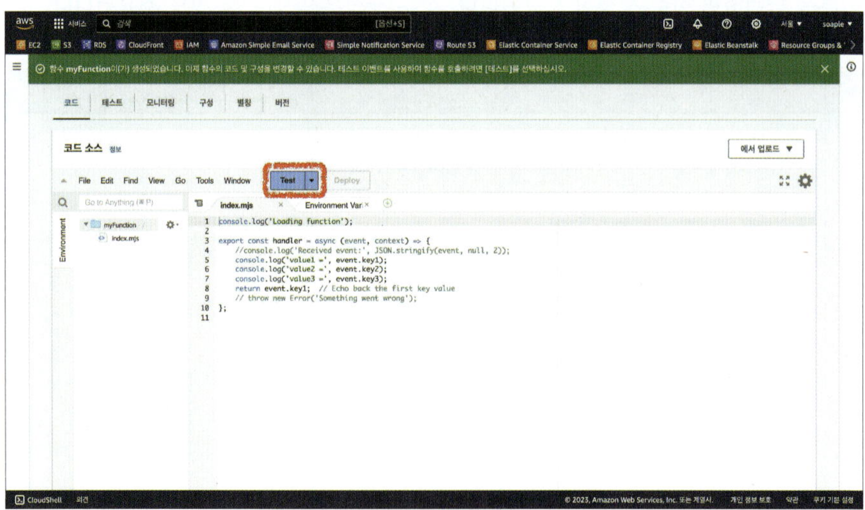

지금은 아무런 테스트 이벤트가 없기 때문에 먼저 테스트 이벤트를 구성하는 안내 문구가 나오게 됩니다. 참고로 이벤트는 Lambda 함수에 전달될 JSON 객체라고 보면 됩니다. 함수의 입력으로 들어가는 일종의 매개변수라고 할 수 있습니다.

이벤트를 생성하기 위해서 먼저 이벤트 이름을 입력합니다.

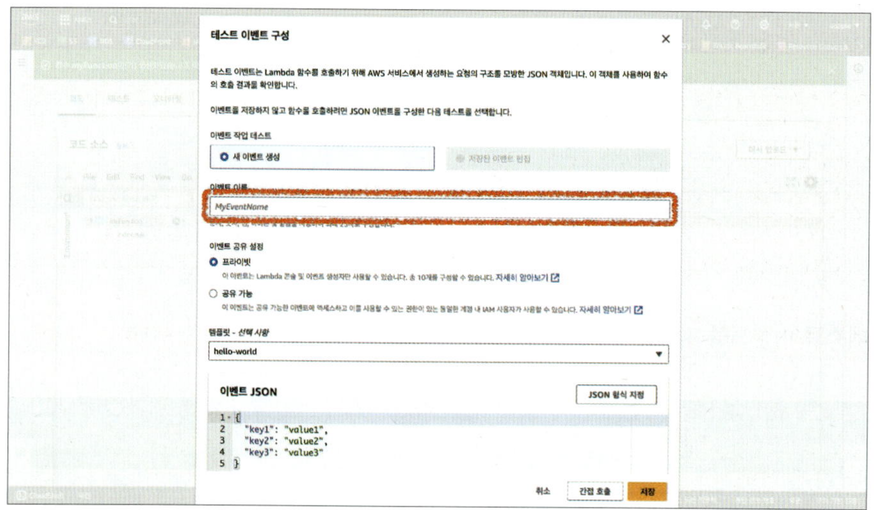

저는 화면과 같이 'MyEvent'라고 입력했습니다. 그리고 밑에서는 이벤트로 전달될 JSON 객체를 편집할 수 있습니다. 우리는 그냥 이 값을 그대로 사용하겠습니다. 이제 **저장** 버튼을 클릭합니다.

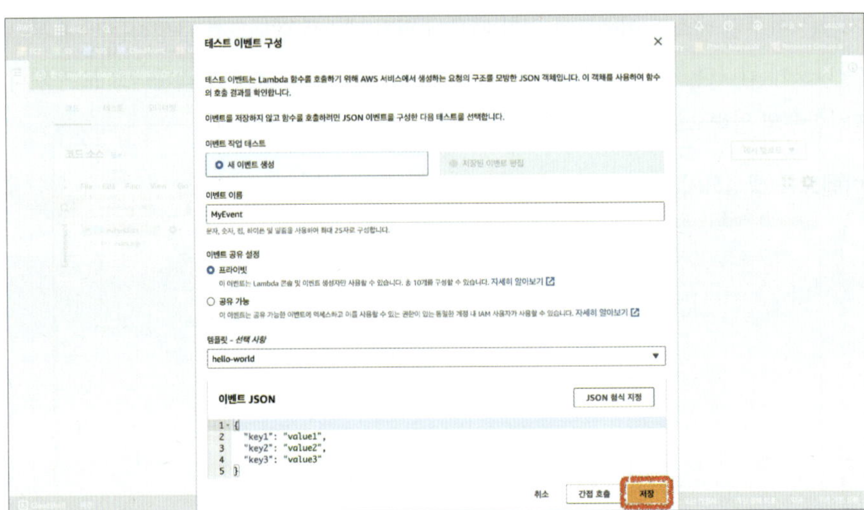

테스트 이벤트를 저장한 후에 다시 **테스트** 버튼을 클릭합니다.

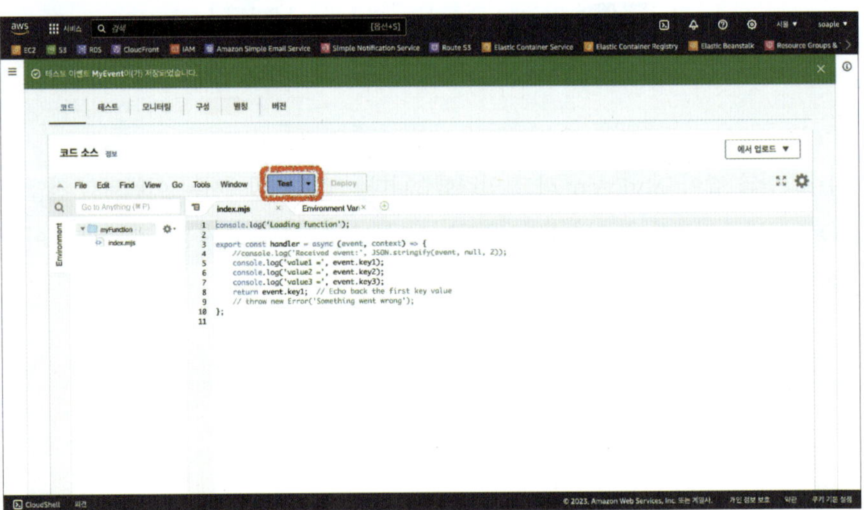

그러면 Lambda 함수가 실행되고 로그와 응답이 아래 화면과 같이 출력되는 것을 볼
수 있습니다. 우리가 작성한 이벤트 객체가 Lambda 함수로 전달되었고 그 값들이 로
그로 출력된 것을 볼 수 있습니다.

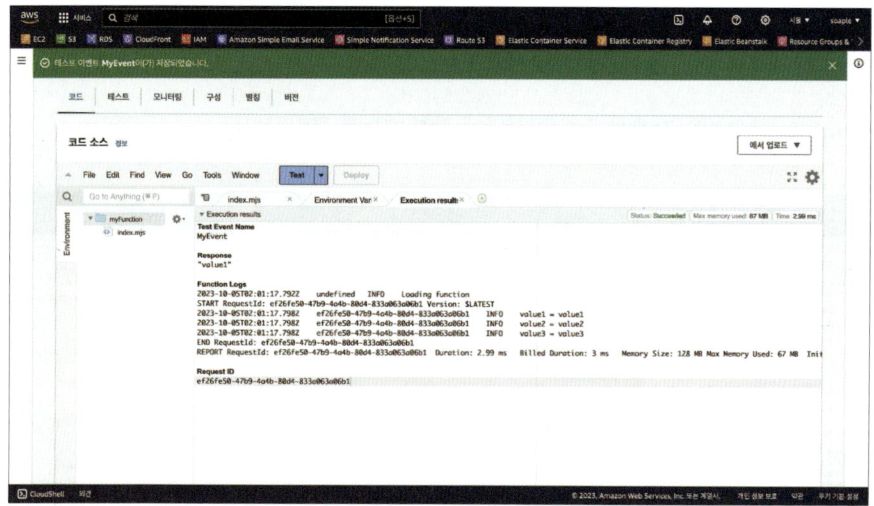

이처럼 Lambda는 용도에 따라 함수를 만들고 필요할 때만 호출해서 사용하는 형태의
서버리스 서비스라고 이해하면 됩니다.

14.4 실습 Lambda 함수 삭제

이번 실습에서는 Lambda 함수를 삭제해보도록 하겠습니다.

Lambda 함수 페이지에서 오른쪽 상단에 **작업** 메뉴를 클릭합니다.

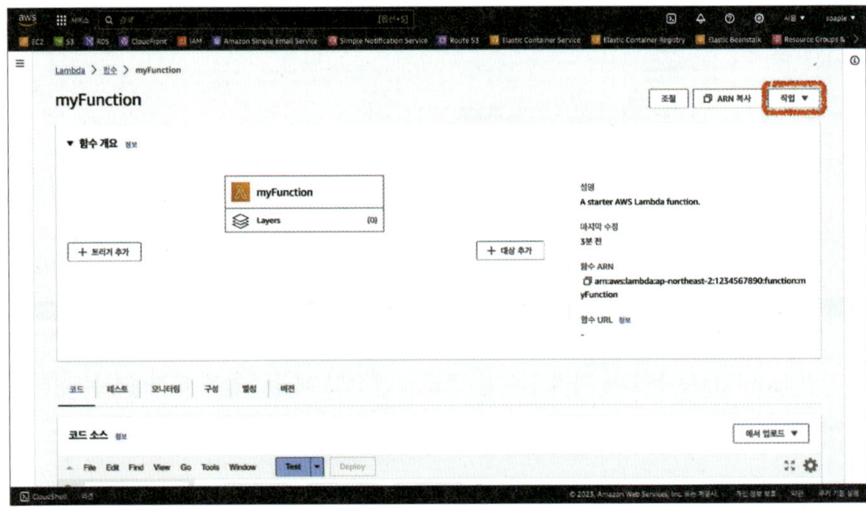

그리고 하위 메뉴에서 **함수 삭제**를 클릭합니다.

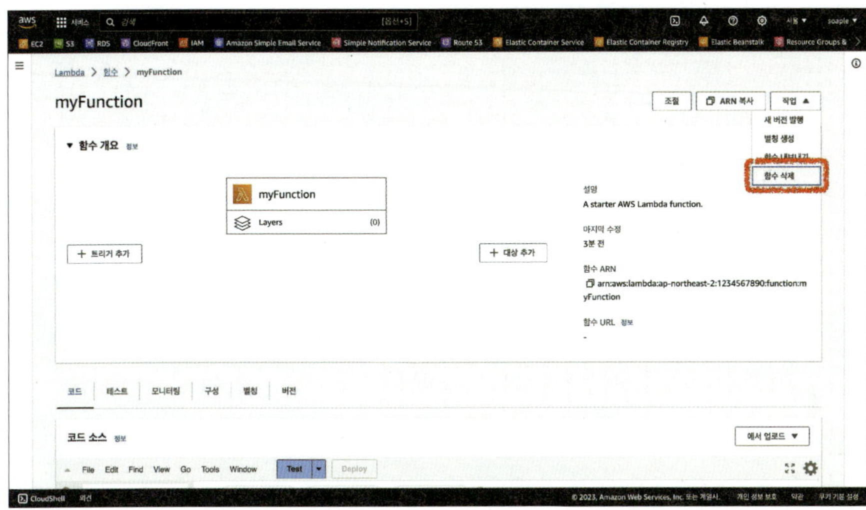

그러면 화면처럼 확인 문구가 나오는데 여기서 **삭제** 버튼을 클릭합니다.

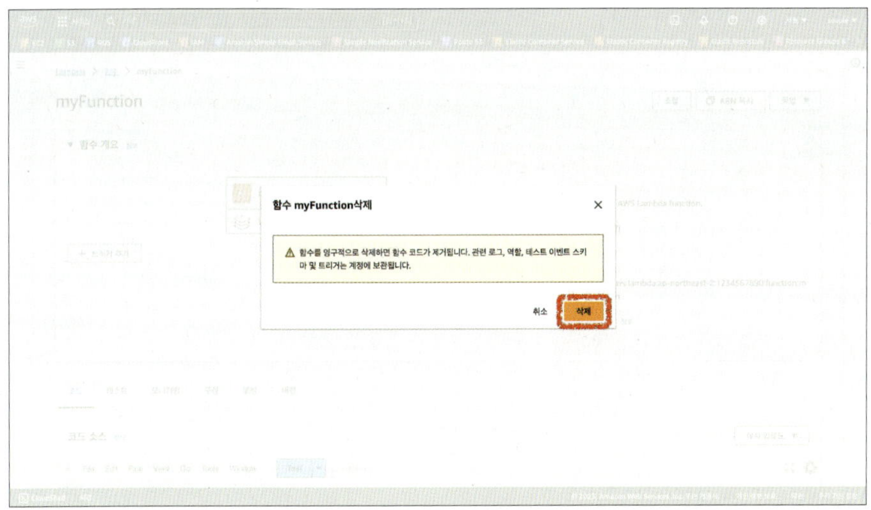

아래 화면과 같이 함수 삭제가 완료되었습니다.

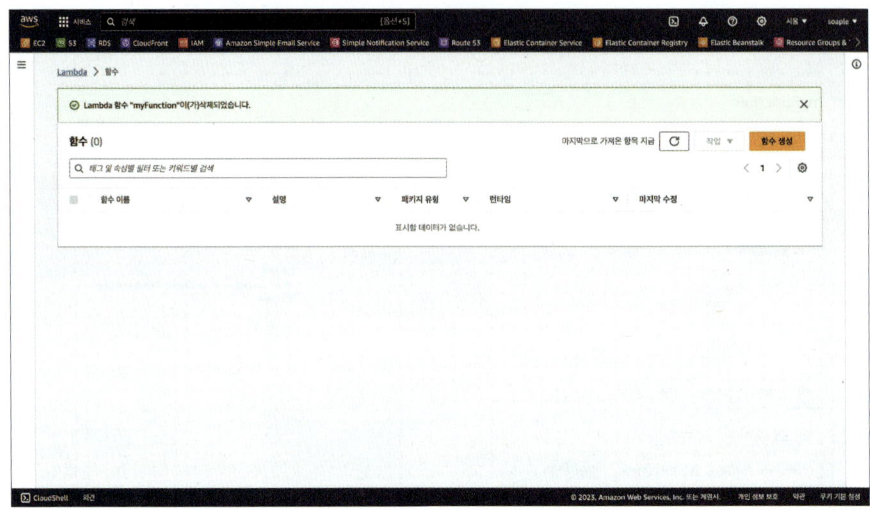

14.5 14장 요약

- **Serverless**
  - 전통적인 서버 관리에 대한 개념을 변화시키는 새로운 컴퓨팅 패러다임
  - 서버에 대해 생각하지 않고도 애플리케이션과 서비스를 구축하고 실행할 수 있음

- **AWS Lambda**
  - 서버리스 컴퓨팅 서비스
  - 이벤트 기반 실행
  - 다양한 프로그래밍 언어 지원
  - 자동 확장 및 초당 실행 시간에 따라 비용 청구
  - 다른 AWS 서비스와 쉽게 통합

15

AWS SDK, CLI

이번 장에서는 AWS SDK와 CLI에 대해서 다룹니다. 먼저 AWS 기반 애플리케이션 개발을 위해 필요한 AWS SDK에 대해서 살펴보고, 그다음에 명령행 도구인 AWS CLI를 살펴보겠습니다.

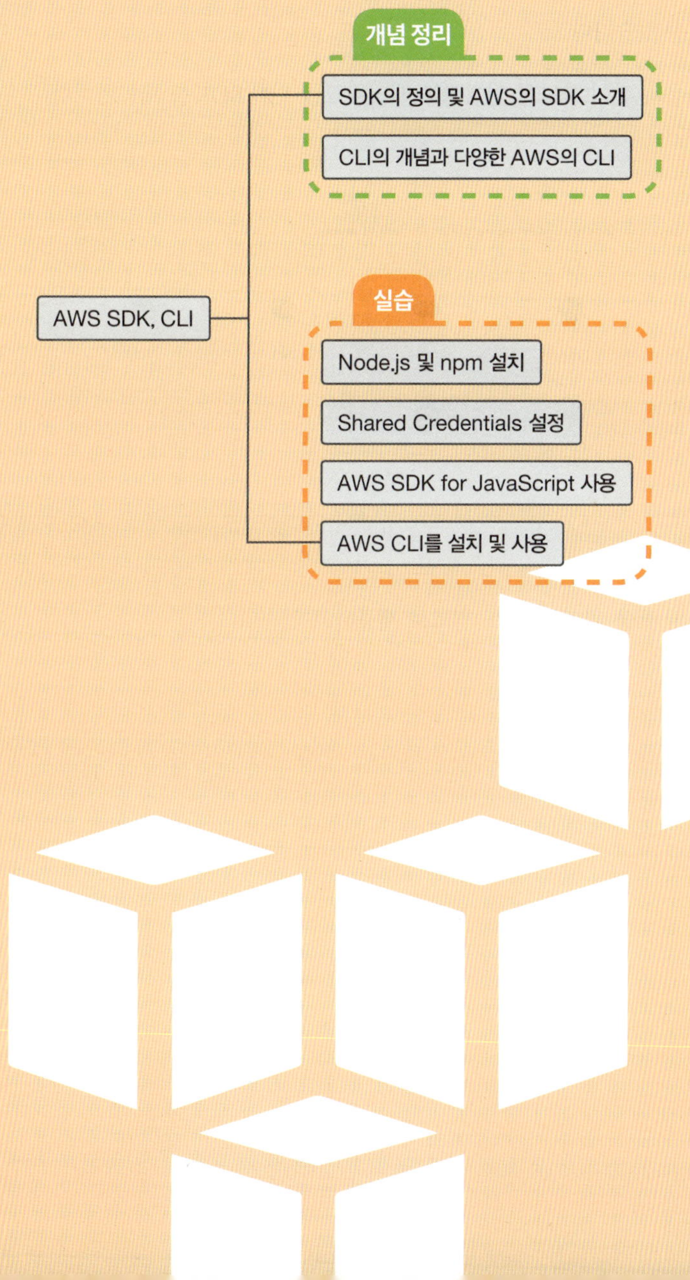

15.1 SDK

SDK는 Software Development Kit의 약자로 우리말로 하면 소프트웨어 개발 키트라고 할 수 있습니다. SDK는 애플리케이션을 만들기 위한 소프트웨어 개발 도구의 집합이라고 이해하면 됩니다. AWS의 SDK는 내가 만드는 애플리케이션에 AWS를 연동하기 위한 개발 도구의 집합이라고 할 수 있습니다.

AWS에서는 다음과 같이 다양한 언어와 프레임워크를 위한 SDK를 제공합니다.

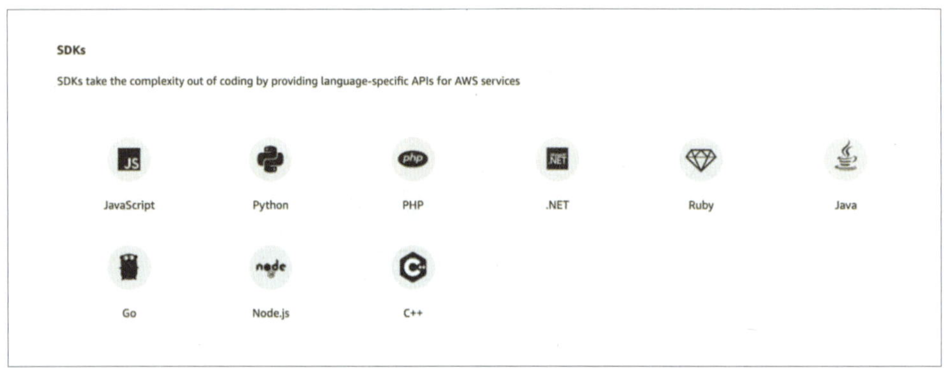

▶ SDK 1[1]

또한 웹과 모바일 앱을 위한 SDK도 별도로 제공하고 있습니다.

---

[1] https://aws.amazon.com/ko/developer/tools/

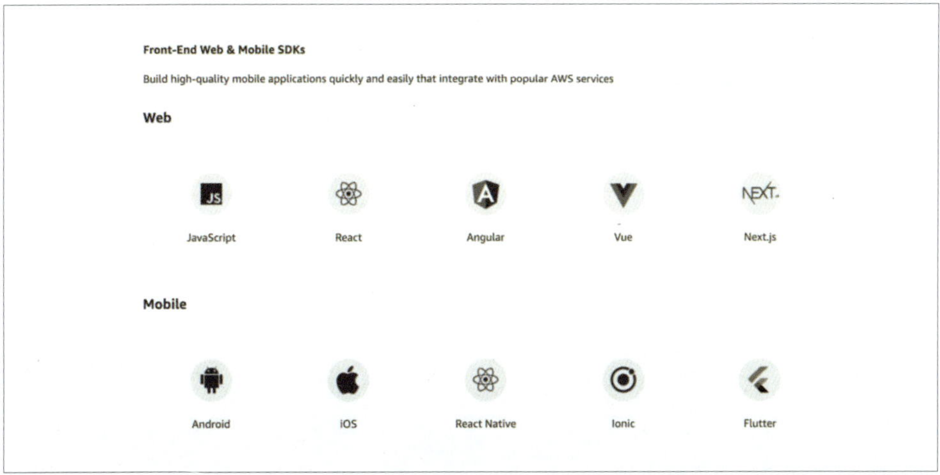

▶ SDK 2[2]

개발하려는 플랫폼에 맞는 SDK를 선택해서 사용하면 됩니다. 참고로 뒤에서 나올 실습에서는 JavaScript SDK를 사용합니다.

---

2 https://aws.amazon.com/ko/developer/tools/

15.2 CLI

CLI는 Command Line Interface의 약자로 우리말로는 명령행 도구라고 부릅니다. 쉽게 말해서 다음 그림처럼 터미널을 통해 명령을 실행할 수 있게 해주는 도구라고 이해하면 됩니다.

▶ 터미널

AWS에는 아래와 같이 여러 종류의 CLI가 있습니다.

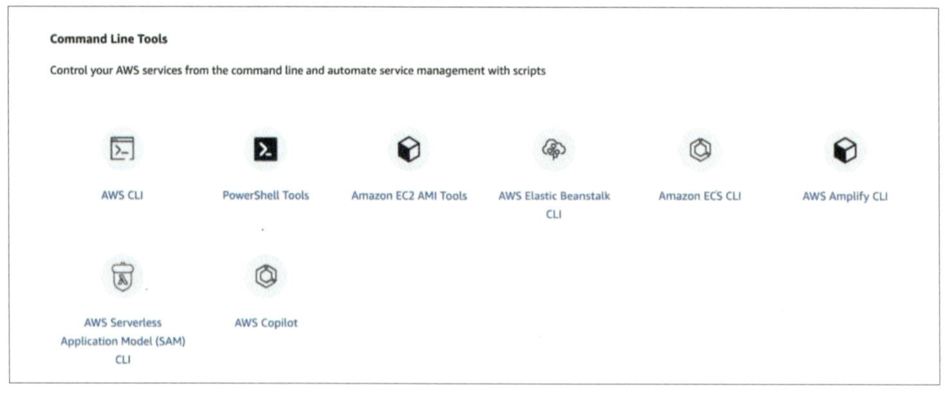

▶ CLI[3]

뒤에 나올 실습에서는 기본 AWS CLI를 사용합니다.

---

3 https://aws.amazon.com/ko/developer/tools/

15.3 실습 Node.js와 npm 설치하기

AWS SDK 실습을 위해 먼저 Node.js와 npm을 설치하겠습니다.

Node.js는 자바스크립트로 네트워크 애플리케이션을 개발할 수 있게 해주는 환경이라고 생각하면 됩니다. 그리고 npm은 node package manager 약자로 Node.js를 위한 패키지 매니저입니다. 패키지 매니저는 역할은 프로젝트에서 필요로 하는 다양한 외부 패키지들의 버전과 의존성을 관리하고 편하게 설치하고 삭제할 수 있게 도와주는 역할을 합니다. 참고로 npm은 Node.js를 설치하면 자동으로 함께 설치됩니다.

Node.js 설치를 위해 브라우저에서 https://nodejs.org/ 주소로 접속합니다. 접속하면 다음과 같은 화면이 나옵니다.

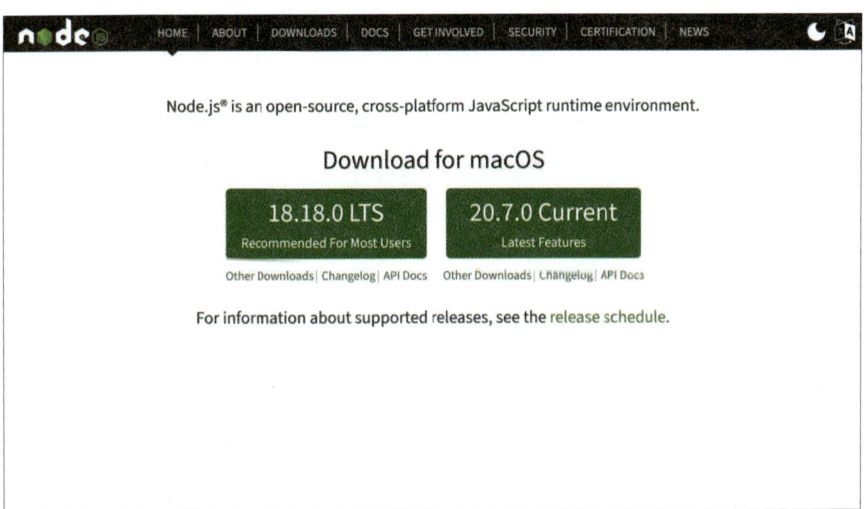

여기에서 왼쪽 버튼은 안정화된 버전이고, 오른쪽 버튼은 가장 최신 버전입니다. 우리

는 실습을 진행하는 데 왼쪽에 있는 18번대 버전을 사용하겠습니다. 반드시 18번대 버전을 사용해야 하는 것은 아니지만 원활한 실습 진행을 위해 Node.js 버전은 최소 14.0.0 이상이어야 하고 npm 버전은 6.14.0 이상이어야 합니다. 만약 자신의 운영체제에 맞는 것이 없다면 메뉴에서 **DOWNLOADS**를 눌러 나오는 페이지에서 각 운영체제에 맞는 설치 파일을 선택하여 다운로드하기 바랍니다.

Node.js가 모두 다 설치되었다면 macOS의 터미널 또는 윈도우의 파워셸^{PowerShell}을 열어서 아래 명령어를 입력하고 엔터키를 누릅니다. 그러면 설치된 Node.js 버전이 출력되는 것을 볼 수 있습니다.

```
node --version
v18.18.0
```

앞서 Node.js를 설치하면 npm이 함께 설치된다고 언급했습니다. 방금 전과 동일하게 설치된 npm 버전을 확인하기 위해서 아래 명령어를 입력하고 엔터키를 누르면 설치된 npm 버전이 출력되는 것을 볼 수 있습니다. Node.js와 npm이 모두 설치된 것을 확인했다면 다음으로 넘어갑니다.

```
npm --version
9.8.1
```

15.4 실습 Shared Credentials 설정

이번 실습에서는 Shared Credentials을 설정해보겠습니다.

Shared Credentials은 우리말로 공유 자격 증명이라고 부릅니다. 공유 자격 증명은 내가 사용하는 컴퓨터에 AWS 자격 증명을 설정함으로써, 해당 컴퓨터를 사용하는 사람은 별도의 설정 없이 SDK나 CLI를 사용하여 AWS 서비스를 사용할 수 있습니다.

이러한 공유 자격 증명은 AWS를 사용해서 서비스를 개발하는 경우에 거의 필수적으로 설정해야 하기 때문에 설정 과정을 잘 익혀두는 것이 중요합니다. 아래 링크에 접속하면 공유 자격 증명 생성을 위한 AWS 공식 문서가 나옵니다. 해당 문서를 참고해서 공유 자격 증명 생성 과정을 따라오기 바랍니다.

- **공유 config 및 credentials 파일**

  https://docs.aws.amazon.com/ko_kr/sdkref/latest/guide/file-format.html

먼저 공유 자격 증명을 위한 IAM 사용자를 생성해야 합니다. AWS 콘솔 상단의 검색 창에 'IAM'으로 검색하여 검색 결과에서 **IAM**을 클릭해서 들어갑니다.

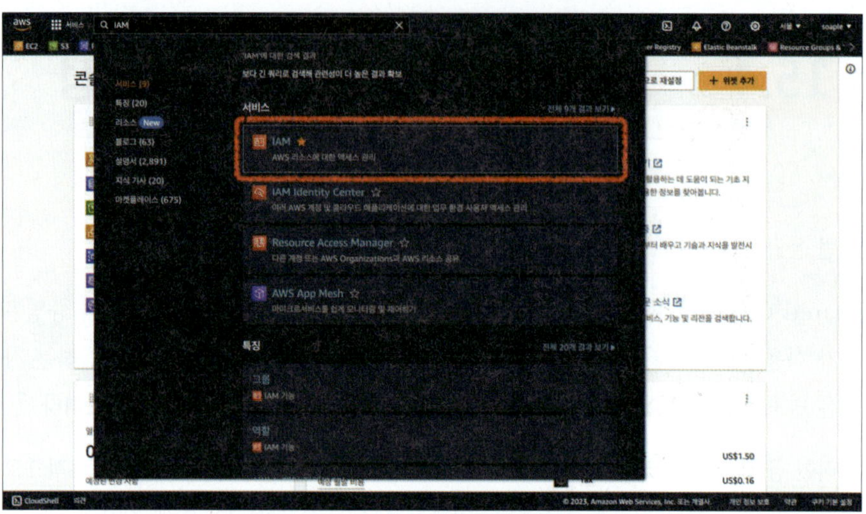

그러면 다음 실습 화면처럼 IAM 대시보드가 나옵니다. 여기서 왼쪽 메뉴에 있는 **사용자**를 클릭합니다.

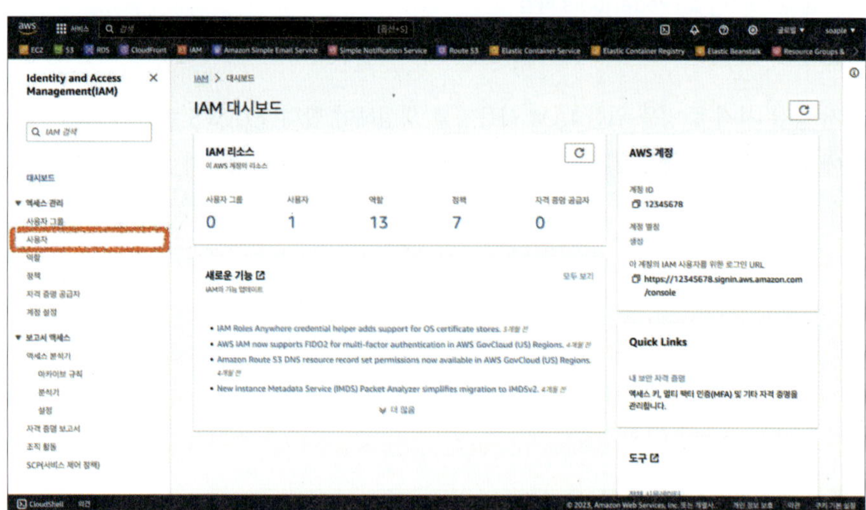

아래 화면과 같이 IAM 사용자 목록이 나오게 되고, 여기서 오른쪽 위에 있는 **사용자 생성** 버튼을 클릭합니다.

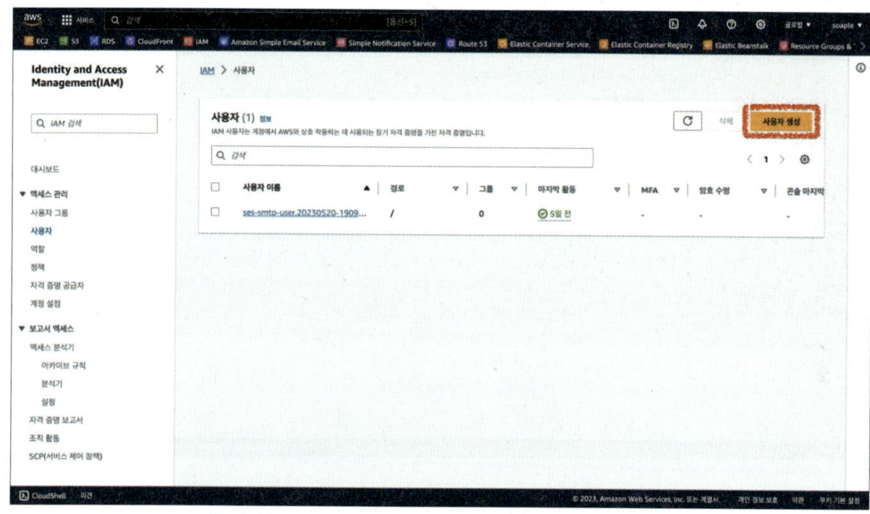

사용자 생성 페이지에서는 먼저 **사용자 이름**을 입력해야 합니다.

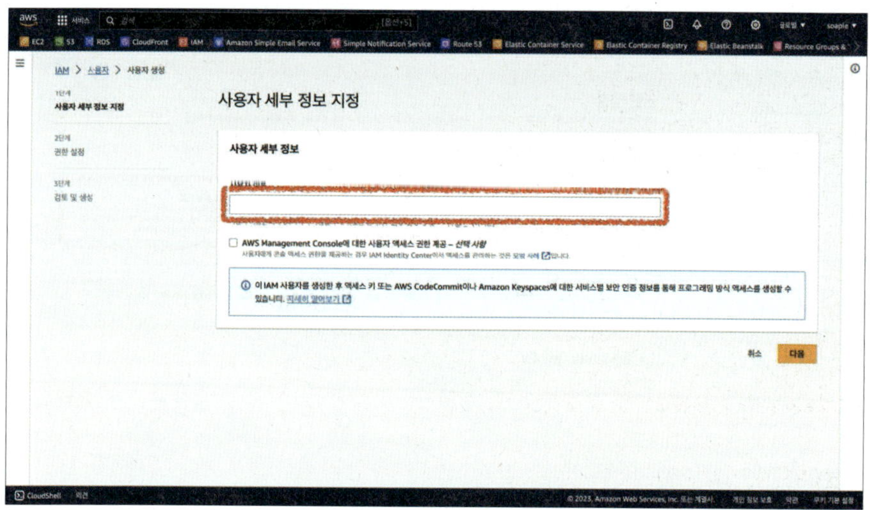

저는 사용자 이름을 'admin'이라고 입력했습니다. 이후 **다음** 버튼을 클릭합니다.

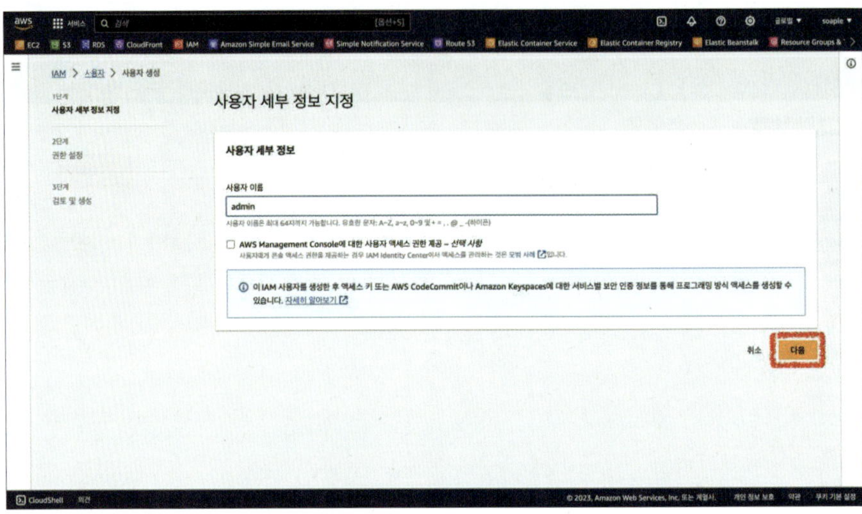

다음 단계는 권한을 설정하는 단계입니다. 여기서 우리는 **직접 정책 연결** 옵션을 선택하겠습니다.

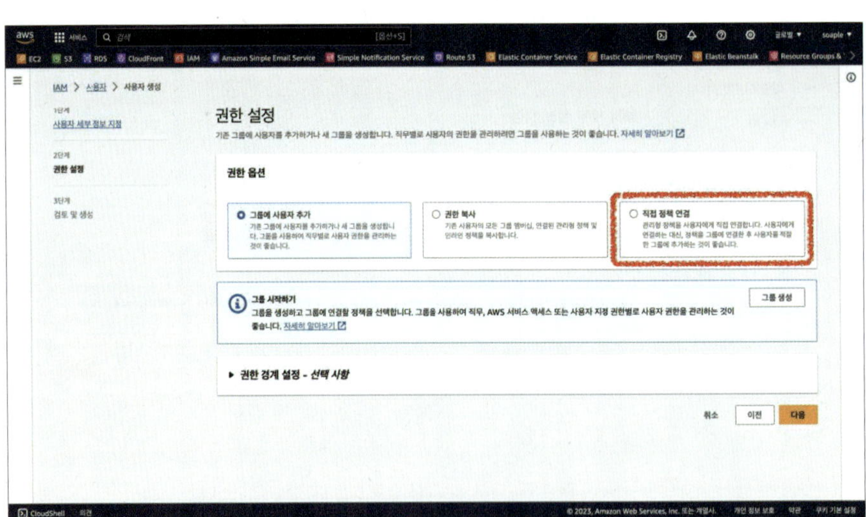

그러면 아래 화면과 같이 하단에 권한 정책 목록이 나오는데, 여기 검색창에 's3full'이라고 검색합니다.

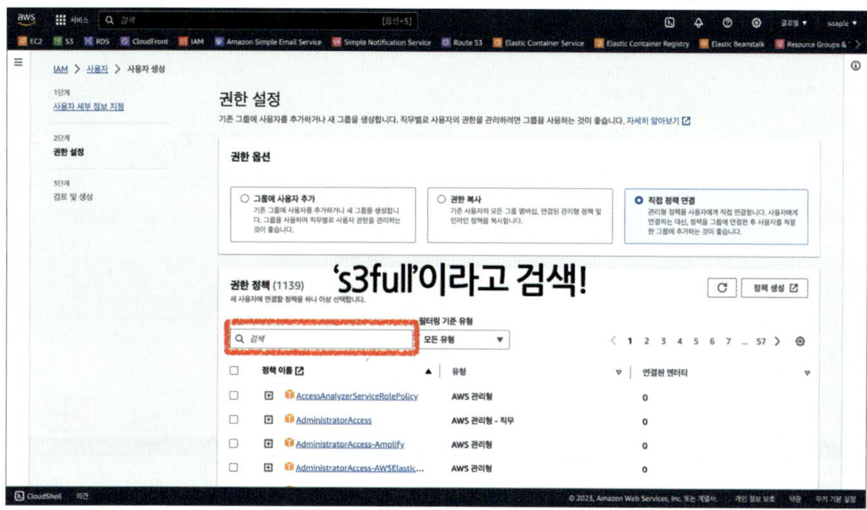

그럼 아래 화면과 같이 **AmazonS3FullAccess** 정책이 나옵니다. 이 정책을 선택해줍니다.

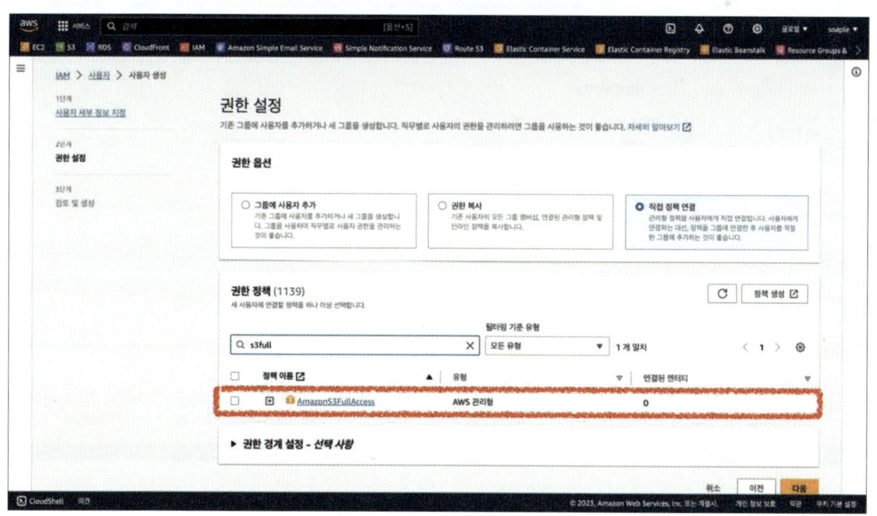

체크한 이후에 **다음** 버튼을 클릭합니다.

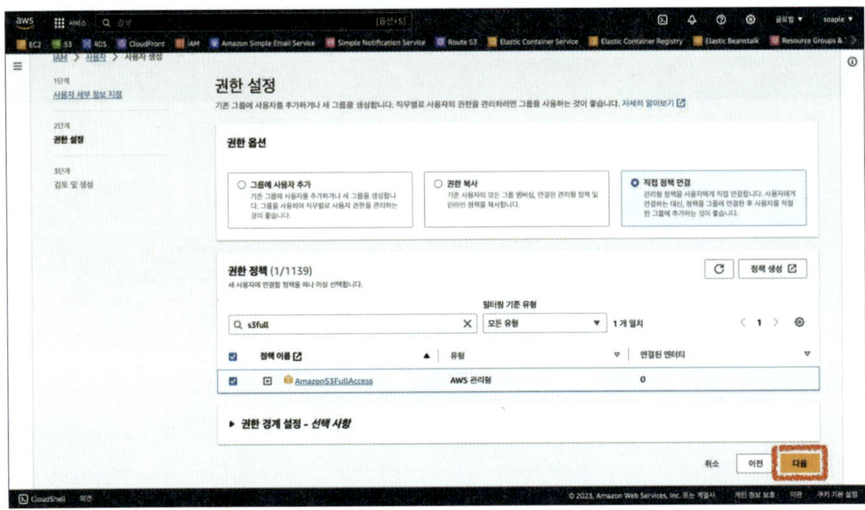

마지막 단계에서는 앞에서 설정한 정보를 한 번 더 확인하게 됩니다. 이상이 없다면 **사용자 생성** 버튼을 클릭하여 사용자를 생성합니다.

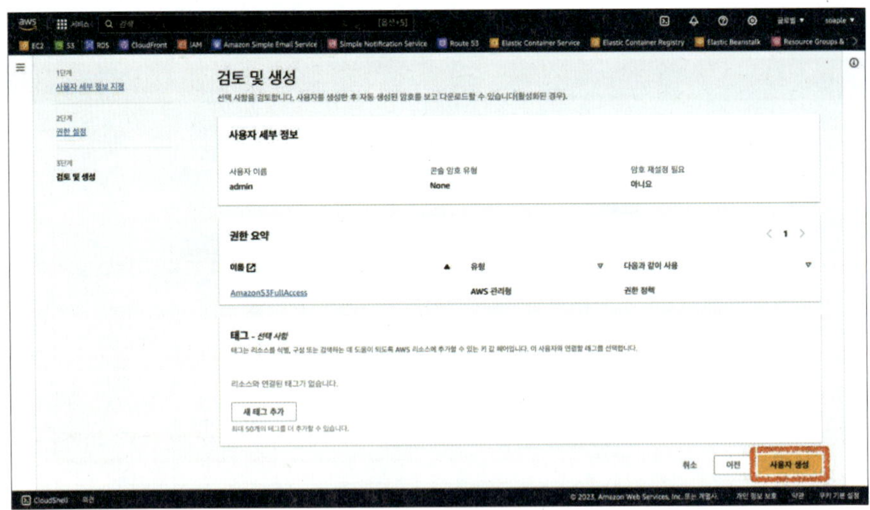

아래 화면과 같이 IAM 사용자가 정상적으로 생성되었습니다. 상단의 **사용자 보기** 버튼
을 클릭하여 생성된 사용자의 상세 정보를 보도록 하겠습니다.

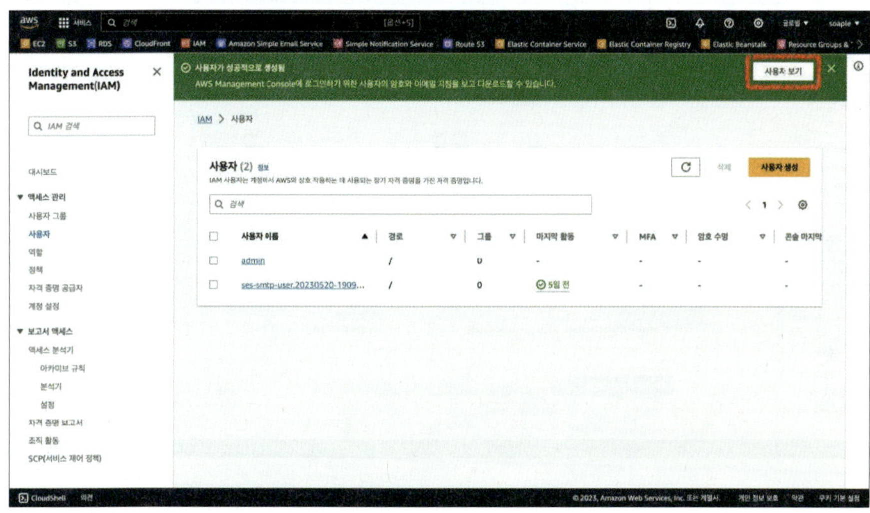

클릭하면 아래 화면과 같이 상세 정보가 나오게 됩니다. 여기서 새로운 액세스 키를 생
성하기 위해 **보안 자격 증명** 탭을 클릭합니다.

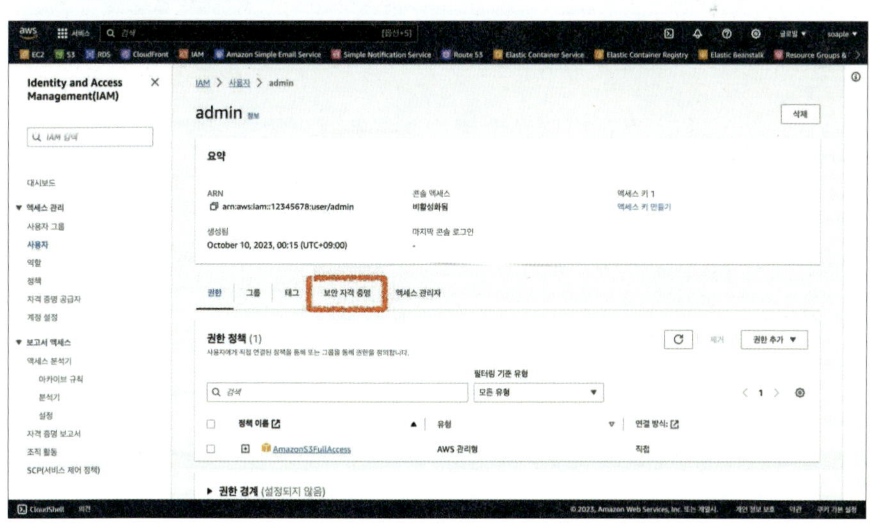

보안 자격 증명 탭에서 화면을 아래로 내려보겠습니다.

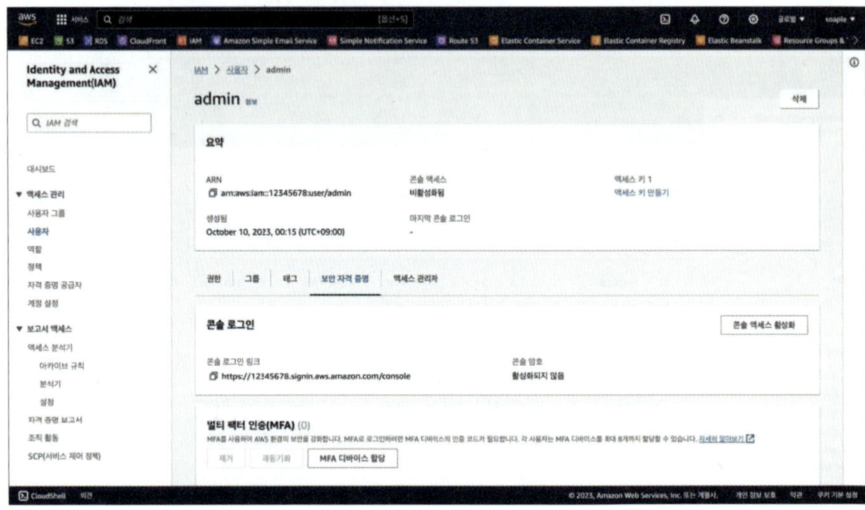

그러면 아래 화면과 같이 액세스 키 목록이 나오게 됩니다. 지금은 액세스 키가 하나도 없는 상태입니다. **액세스 키 만들기** 버튼을 클릭합니다.

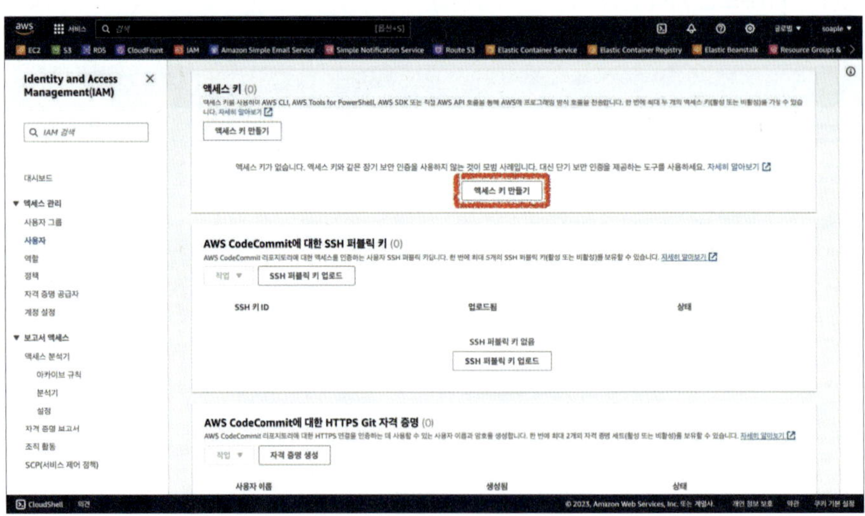

그러면 아래 화면과 같이 액세스 키 생성 페이지가 나오게 됩니다. 사용 사례에서
Command Line Interface를 선택합니다.

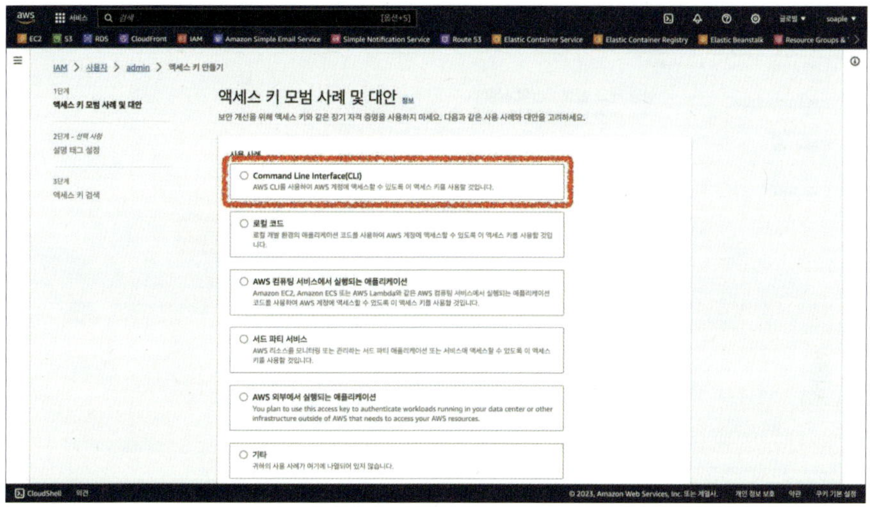

그리고 화면 하단에 나오는 권장 사항을 이해했다는 **확인** 체크 박스를 체크하고, **다음**
버튼을 클릭합니다.

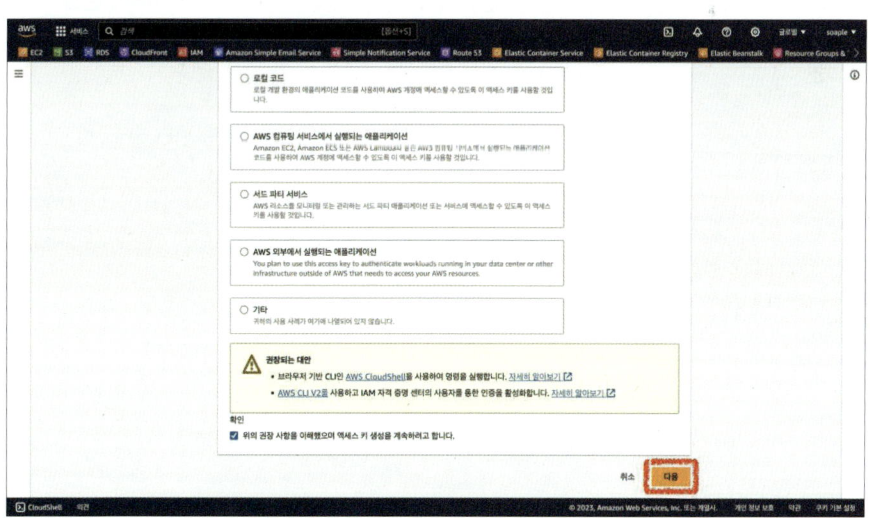

그러면 태그를 설정하는 단계인데 여기서는 건너뛰고 **액세스 키 만들기** 버튼을 클릭합
니다.

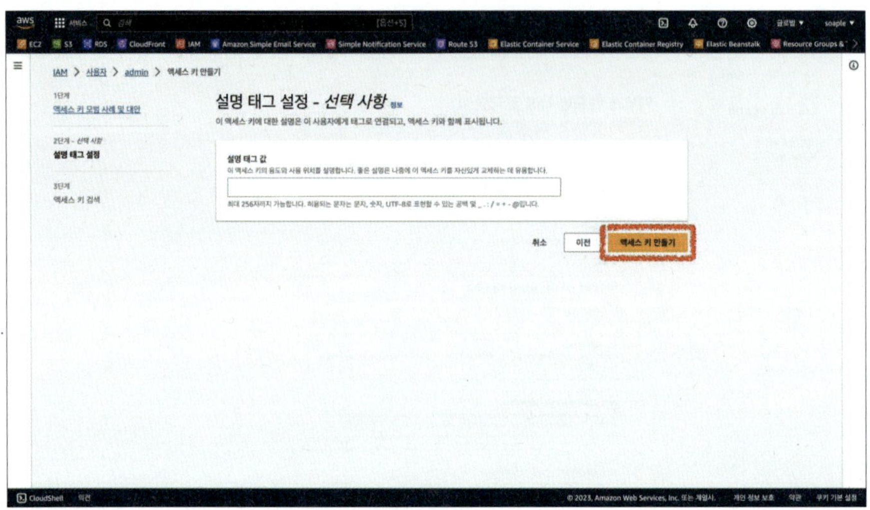

그러면 실습 화면과 같이 액세스 키 생성이 완료됩니다. 앞에서도 여러 번 강조했지만
액세스 키는 처음 만드는 시점에만 키를 다운로드할 수 있습니다. 그래서 **.csv 파일 다
운로드** 버튼을 클릭해서 키 파일을 다운받아 둡니다. 키를 다운로드한 이후에 **완료** 버튼
을 클릭합니다.

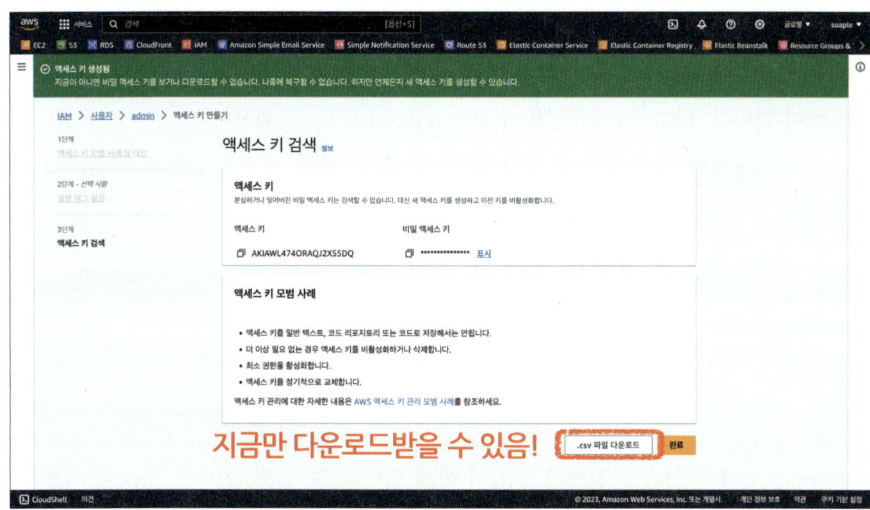

이후 IAM 사용자의 액세스 키 목록을 보면 아래 화면처럼 액세스 키가 생성된 것을 확인할 수 있습니다.

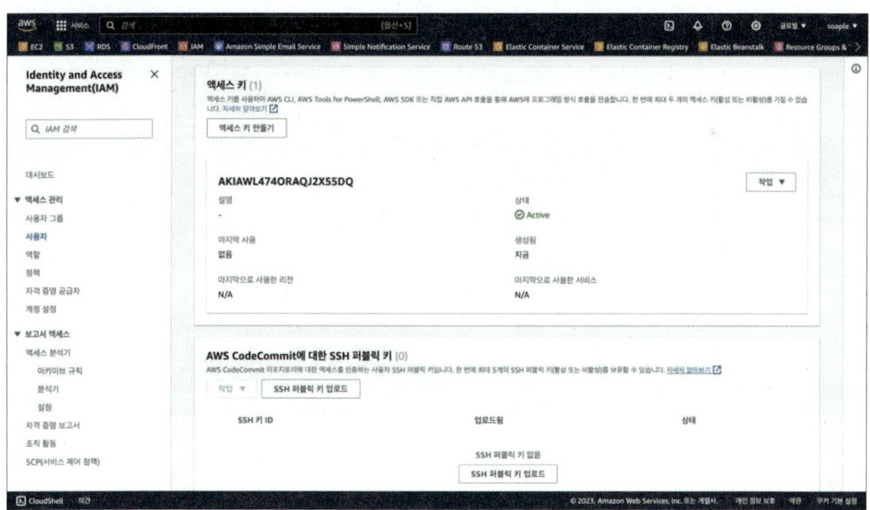

이제 새로 생성한 액세스 키를 이용해서 공유 자격 증명을 설정해야 합니다. 공유 자격 증명은 아래 표에 나와 있는 것처럼 운영체제별로 사전에 정해진 위치에 파일 형태로 만들어야 합니다. 참고로 config와 credentials 파일 둘 다 생성할 필요는 없고 하나만 생성해서 사용하면 됩니다. 각자 실습 환경에 따라서 해당 경로에 파일을 만들어서 실습을 진행하기 바랍니다.

운영체제	기본 위치 및 파일 이름
Linux 및 macOS	~/.aws/config 또는 ~/.aws/credentials
Windows	%USERPROFILE%₩.aws₩config 또는 %USERPROFILE%₩.aws₩credentials

저는 macOS에서 실습을 진행하고 있어 아래 화면과 같이 홈 폴더에 .aws 폴더를 만들고 Vim 편집기를 이용해서 .aws 폴더 내에 credentials 파일을 만들었습니다.

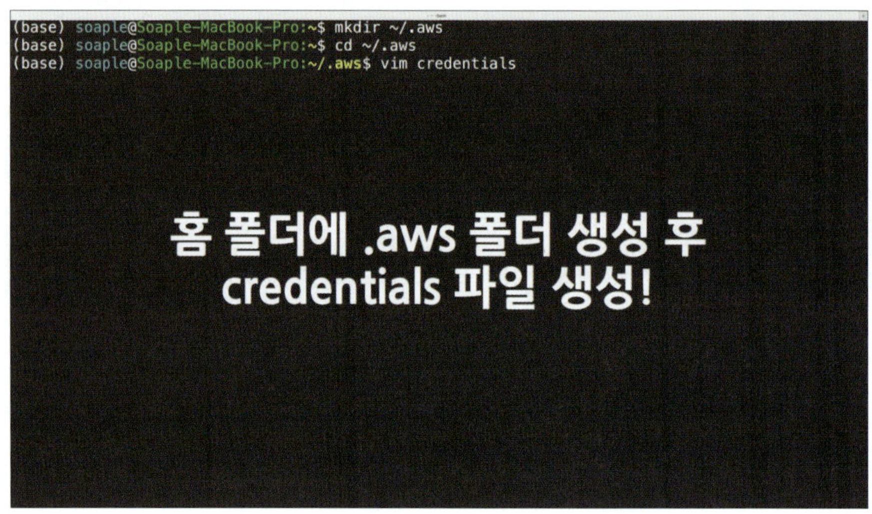

이후 credentials 파일에는 아래와 같은 형태로 공유 자격 증명을 작성하면 됩니다. region, access key, secret access key를 각각 입력합니다.

```
1 [default]
2 region = ap-northeast-2
3 aws_access_key_id = YOUR_AWS_ACCESS_KEY
4 aws_secret_access_key = YOUR_AWS_SECRET_KEY
```

region에는 서울 리전을 의미하는 ap-northeast-2를 입력하고, 아까 IAM 사용자
의 액세스 키를 생성하면서 다운로드한 CSV 파일을 열어서, Access key ID와 Secret
access key를 복사해서 붙여 넣습니다.

	A	B	C	D
1	Access key ID	Secret access key		
2	AKIAWL474ORAQJ2X55DQ	5BW359CE9Ka0Q0+ikUxaHYr7ZsTH2eW5SLBtMwzU		
3				
4				
5				
6				
7				
8				
9				
10				
11				
12				
13				
14				
15				
16				

Credentials 파일을 모두 작성하면 최종 모습은 다음 실습 화면과 같이 됩니다.

```
1 [default]
2 region = ap-northeast-2
3 aws_access_key_id = AKIAWL4740RAQJ2X55DQ
4 aws_secret_access_key = 5BW359CE9Ka0Q0+ikUxaHYr7ZsTH2eW5SLBtMwzU
```

파일을 모두 작성했다면 이후 명령 모드에서 :wq를 입력하여 저장하고 나갑니다.

```
1 [default]
2 region = ap-northeast-2
3 aws_access_key_id = AKIAWL4740RAQJ2X55DQ
4 aws_secret_access_key = 5BW359CE9Ka0Q0+ikUxaHYr7ZsTH2eW5SLBtMwzU
```


이렇게 공유 자격 증명 설정이 완료되었습니다.

15.5 실습 AWS SDK for JavaScript

이번 실습에서는 AWS SDK for JavaScript를 사용해보겠습니다.

먼저 실습을 위해서 폴더를 하나 생성합니다. 저는 AWS라는 폴더를 만들었습니다. 만든 폴더 내에서 아래 명령어를 실행합니다. 참고로 이 명령어는 프로젝트를 초기화하기 위한 명령어라고 보면 됩니다.

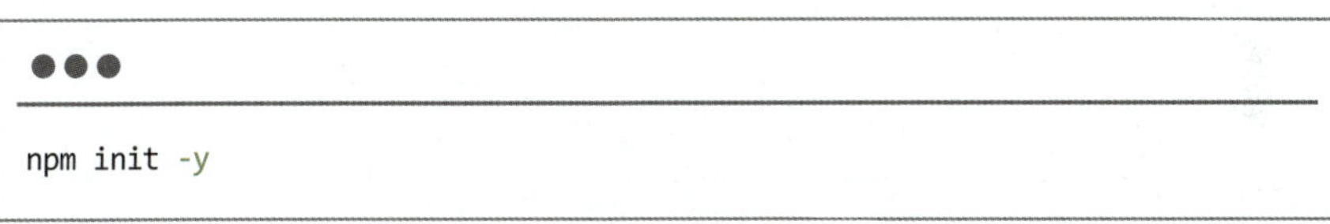

```
npm init -y
```

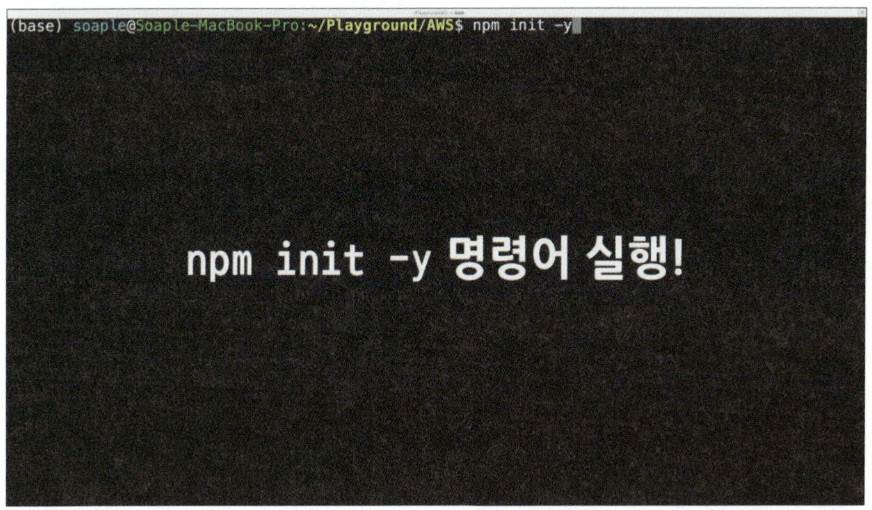

명령어를 실행하면 아래 화면과 같이 해당 폴더 내에 package.json 파일이 생성됩니다.

```
(base) soaple@Soaple-MacBook-Pro:~/Playground/AWS$ npm init -y
Wrote to /Users/soaple/Playground/AWS/package.json:

{
  "name": "aws",
  "version": "1.0.0",
  "description": "",
  "main": "index.js",
  "scripts": {
    "test": "echo \"Error: no test specified\" && exit 1"
  },
  "keywords": [],
  "author": "",
  "license": "ISC"
}


(base) soaple@Soaple-MacBook-Pro:~/Playground/AWS$
```

이 상태에서 ls 명령어를 실행해보면 package.json 파일이 하나 생긴 것을 볼 수 있습니다.

```
(base) soaple@Soaple-MacBook-Pro:~/Playground/AWS$ npm init -y
Wrote to /Users/soaple/Playground/AWS/package.json:

{
  "name": "aws",
  "version": "1.0.0",
  "description": "",
  "main": "index.js",
  "scripts": {
    "test": "echo \"Error: no test specified\" && exit 1"
  },
  "keywords": [],
  "author": "",
  "license": "ISC"
}

(base) soaple@Soaple-MacBook-Pro:~/Playground/AWS$ ls
package.json
(base) soaple@Soaple-MacBook-Pro:~/Playground/AWS$
```

이제 아래 npm install 명령어를 사용해서 S3를 사용하기 위한 AWS SDK 패키지를 설치합니다.

```
npm install --save @aws-sdk/client-s3
```

패키지 설치가 완료되면 아래 실습 화면을 볼 수 있습니다.

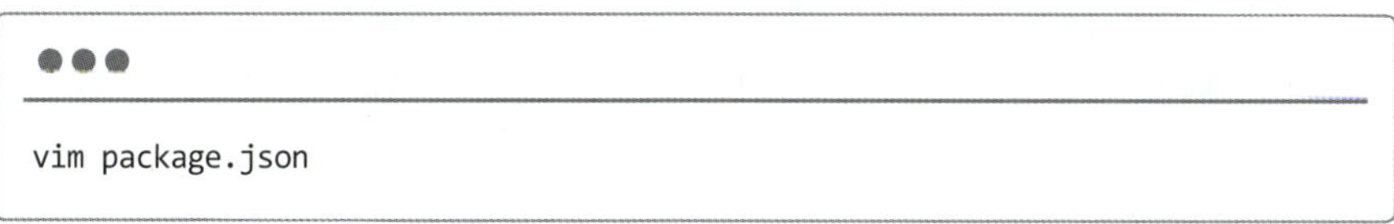

이 상태에서 Vim 편집기를 이용해서 package.json 파일을 엽니다.

```
vim package.json
```

```
(base) soaple@Soaple-MacBook-Pro:~/Playground/AWS$ npm install --save @aws-sdk/client-s3

added 101 packages, and audited 102 packages in 761ms

1 package is looking for funding
  run `npm fund` for details

found 0 vulnerabilities
(base) soaple@Soaple-MacBook-Pro:~/Playground/AWS$ vim package.json
```

그러면 다음 화면과 같이 package.json 파일의 내용이 나오는데, 의존성 패키지 목록인 dependencies 항목을 보면 방금 설치한 AWS SDK 패키지가 목록에 추가되어 있는 것을 볼 수 있습니다.

```
 1 {
 2   "name": "aws",
 3   "version": "1.0.0",
 4   "description": "",
 5   "main": "index.js",
 6   "scripts": {
 7     "test": "echo \"Error: no test specified\" && exit 1"
 8   },
 9   "keywords": [],
10   "author": "",
11   "license": "ISC",
12   "dependencies": {
13     "@aws-sdk/client-s3": "^3.427.0"
14   }
15 }
"package.json" 15L, 279B
```

이 상태에서 i 키를 눌러 편집 모드로 전환한 다음 마지막 줄에 **"type": "module"**을 추가합니다. 이렇게 type을 module로 하면 Node.js에서 ECMAScript(ESM) 문법을 사용할 수 있습니다. 작성할 때 주의할 점은 JSON 포맷이 깨지지 않도록 마지막 줄에 콤마를 넣은 이후에 작성해야 한다는 점입니다.

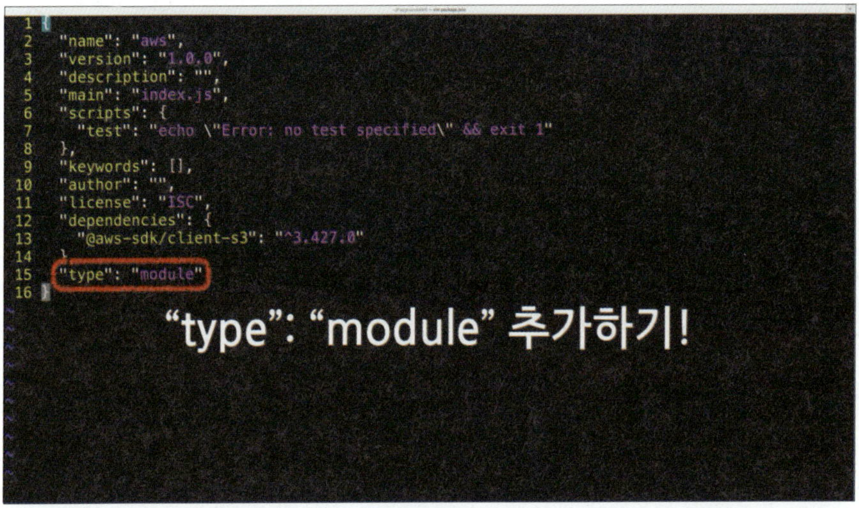

```json
{
  "name": "aws",
  "version": "1.0.0",
  "description": "",
  "main": "index.js",
  "scripts": {
    "test": "echo \"Error: no test specified\" && exit 1"
  },
  "keywords": [],
  "author": "",
  "license": "ISC",
  "dependencies": {
    "@aws-sdk/client-s3": "^3.427.0"
  },
  "type": "module"
}
```


모두 작성했다면 명령 모드에서 :wq를 입력해서 저장하고 나갑니다.

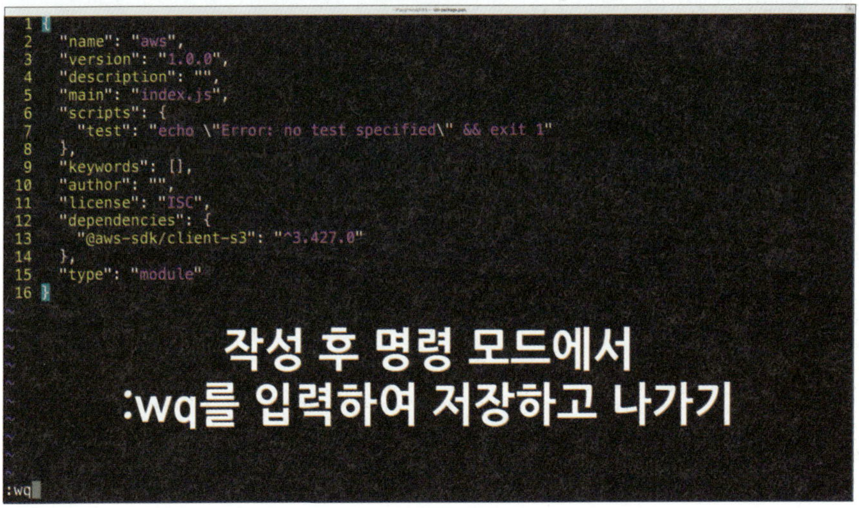

```json
{
  "name": "aws",
  "version": "1.0.0",
  "description": "",
  "main": "index.js",
  "scripts": {
    "test": "echo \"Error: no test specified\" && exit 1"
  },
  "keywords": [],
  "author": "",
  "license": "ISC",
  "dependencies": {
    "@aws-sdk/client-s3": "^3.427.0"
  },
  "type": "module"
}
```

이제 실제로 AWS SDK를 사용하는 코드를 작성해보겠습니다. 아래 명령어를 통해
Vim 편집기로 index.js라는 파일을 하나 생성합니다.

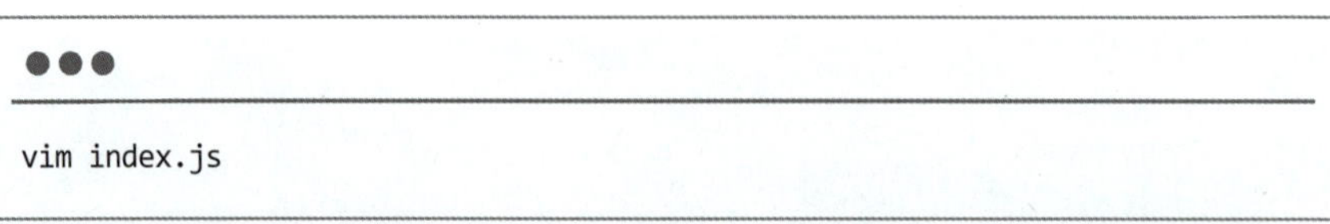

```
vim index.js
```

그러면 다음 화면과 같이 빈 파일이 나오게 되고 이제 여기에 코드를 작성하면 됩니다.

다음과 같이 코드를 작성하기 바랍니다. 이 코드는 AWS SDK를 사용해서 S3 버킷을 생성하고 버킷에 파일을 업로드하는 코드입니다. 여기서 버킷 이름을 입력하는 부분에는 각자 자신의 버킷 이름을 입력해야 합니다. 대소문자와 오타에 신경 쓰면서 코드를 작성하기 바랍니다.

```js
import {
    S3Client,
    CreateBucketCommand,
    PutObjectCommand,
} from '@aws-sdk/client-s3';

export async function main() {
    const s3Client = new S3Client({});

    // S3 버킷 생성
```

```javascript
  const bucketName = 'soaple-bucket-20231010-1';  // 각자 자신의 버킷 이름 입
력하기!
  await s3Client.send(
    new CreateBucketCommand({
      Bucket: bucketName,
    })
  );

  // S3 버킷에 파일 업로드
  await s3Client.send(
    new PutObjectCommand({
      Bucket: bucketName,
      Key: 'hello.txt',
      Body: 'Hello, JavaScript SDK!',
    })
  );
}

main();
```

코드를 모두 작성했다면 명령 모드에서 :wq를 입력, 저장하고 나갑니다.

이제 작성한 코드를 실제로 실행해보겠습니다. 터미널에서 아래 명령어를 실행합니다.

```
node index.js
```

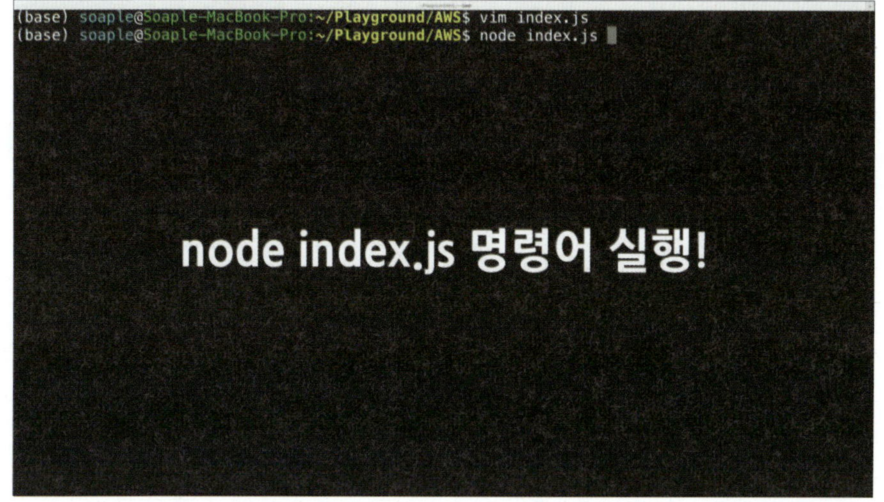

그러면 다음 화면과 같이 명령 실행이 완료됩니다. 이때 에러 메시지가 나온다면 공유 자격 증명이 제대로 설정되지 않았거나 코드상 오류가 있을 수 있으니 다시 한번 확인해 보기 바랍니다.

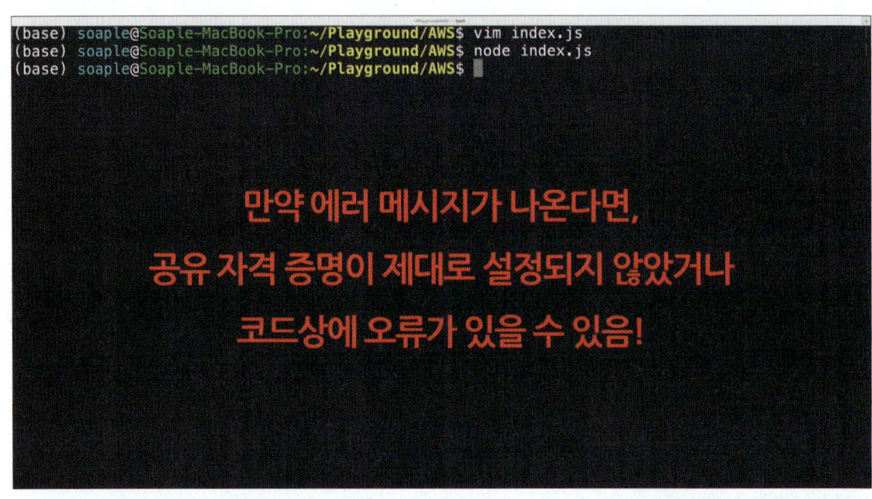

코드가 정상적으로 실행되었다면 AWS 콘솔의 S3 페이지에서 실습 화면과 같이 새로 생성된 버킷을 볼 수 있습니다. 여기서 버킷을 클릭해서 들어가보겠습니다.

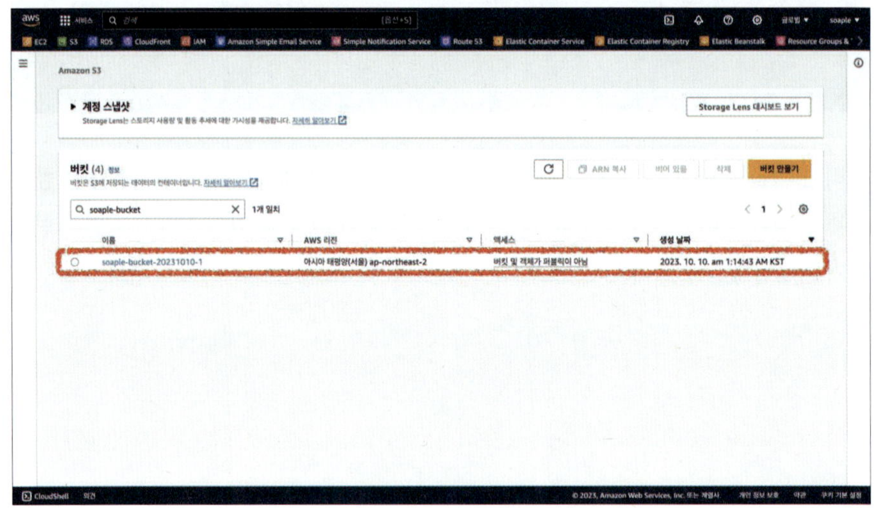

그러면 버킷 내부에 hello.txt라는 객체가 존재하는 것을 볼 수 있습니다. 아까 우리가 작성한 코드를 통해 업로드된 객체입니다. 이 객체를 클릭해보겠습니다.

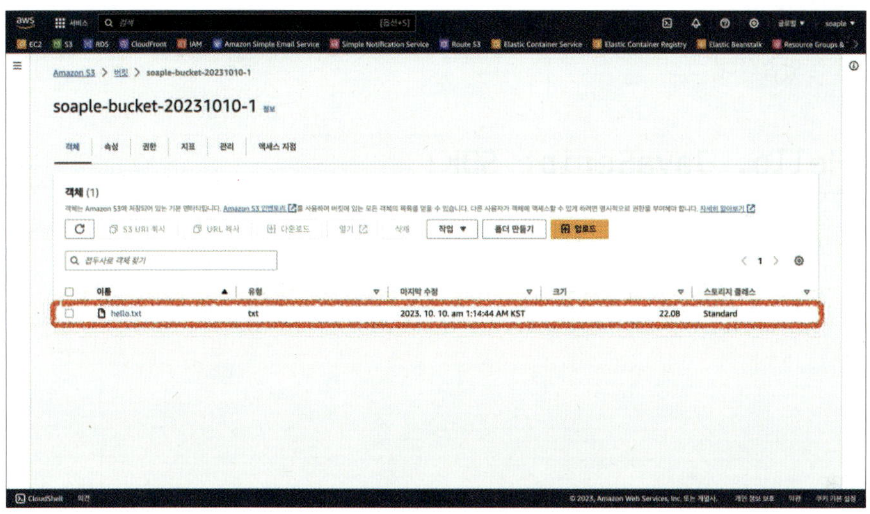

그러면 다음 화면과 같이 객체의 상세 정보가 나옵니다. 여기서 **다운로드** 버튼을 눌러서
파일을 다운로드합니다.

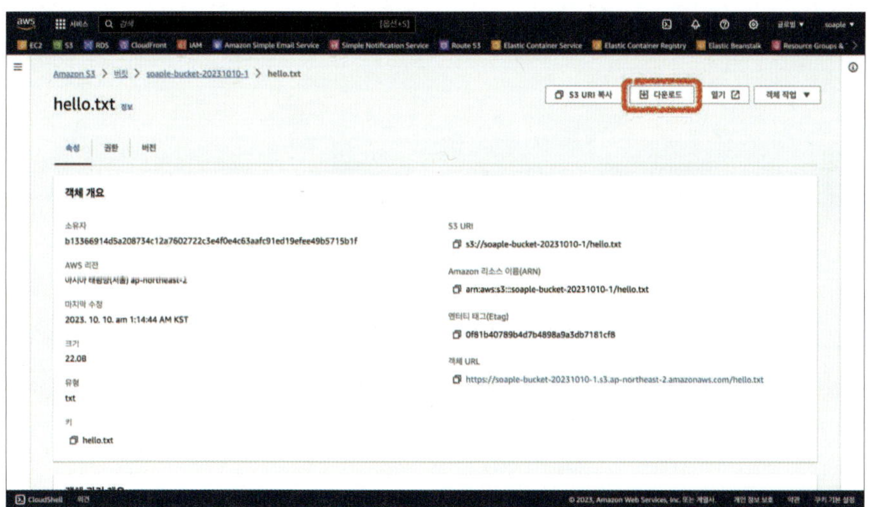

다운받은 파일을 열어보면 실습 화면과 같이 코드에서 작성한 내용이 잘 나오는 것을
볼 수 있습니다.

```
Hello, JavaScript SDK!
```

이렇게 AWS SDK를 사용하면 코드를 이용하여 버킷에 객체를 업로드할 수 있습니다.

15.6 실습 AWS CLI 설치 및 사용

이번 실습에서는 AWS CLI를 설치하고 사용해보겠습니다.

먼저 아래 링크에 접속하여 AWS 공식 CLI 설치 가이드 문서를 참고하여 CLI를 설치해야 합니다.

- **최신 버전의 AWS CLI 설치 또는 업데이트**
  https://docs.aws.amazon.com/ko_kr/cli/latest/userguide/getting-started-install.html

링크에 접속하면 실습 화면과 같이 운영체제별 AWS CLI를 설치하는 방법이 자세하게 나와 있습니다. 자신의 운영체제에 맞는 방법으로 AWS CLI를 설치합니다.

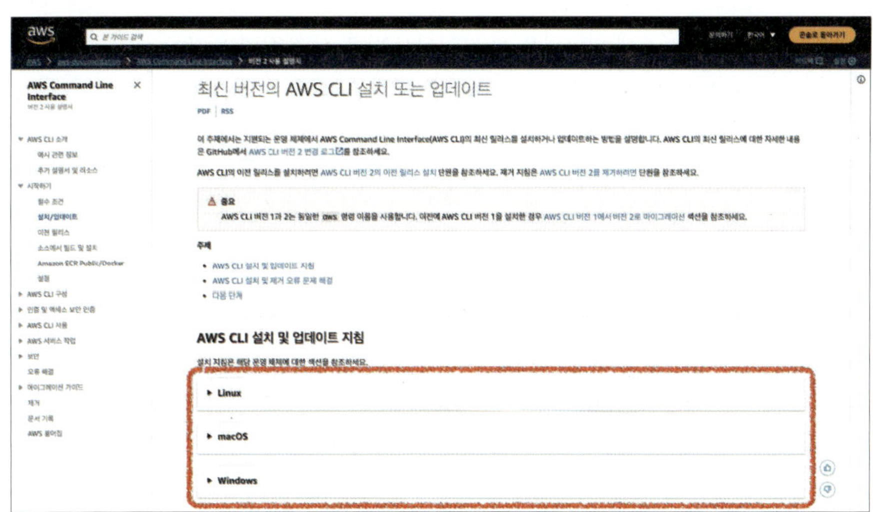

저는 macOS에서 설치 파일을 다운로드 받아서 설치하는 방법으로 진행했습니다.

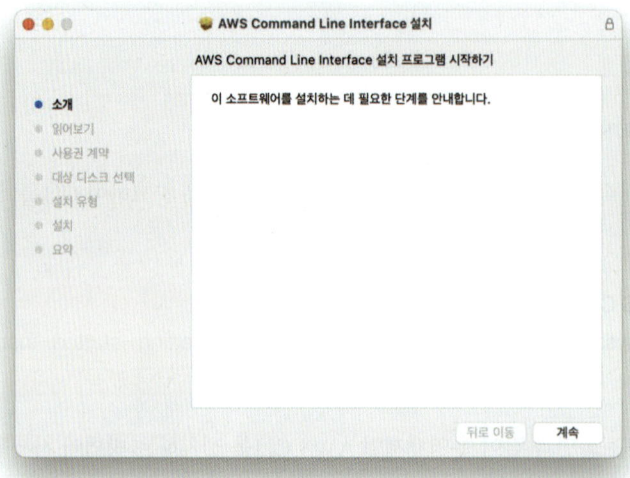

AWS CLI 설치 완료 후에 터미널을 새로 열어서 다음 실습 화면과 같이 **aws —version** 명령어를 실행하면 정상적으로 버전이 출력되는 것을 볼 수 있습니다.

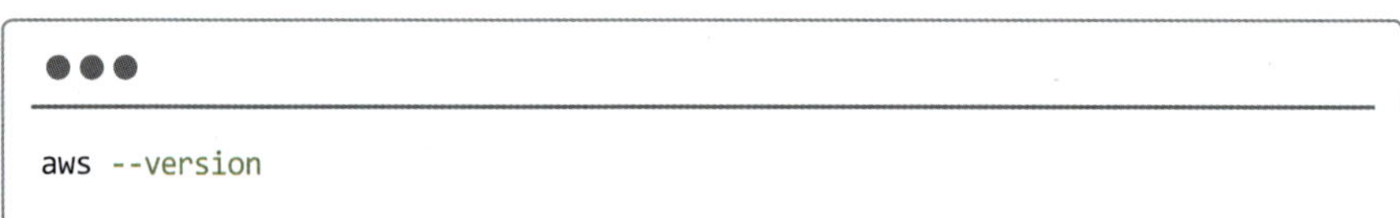

```
aws --version
```

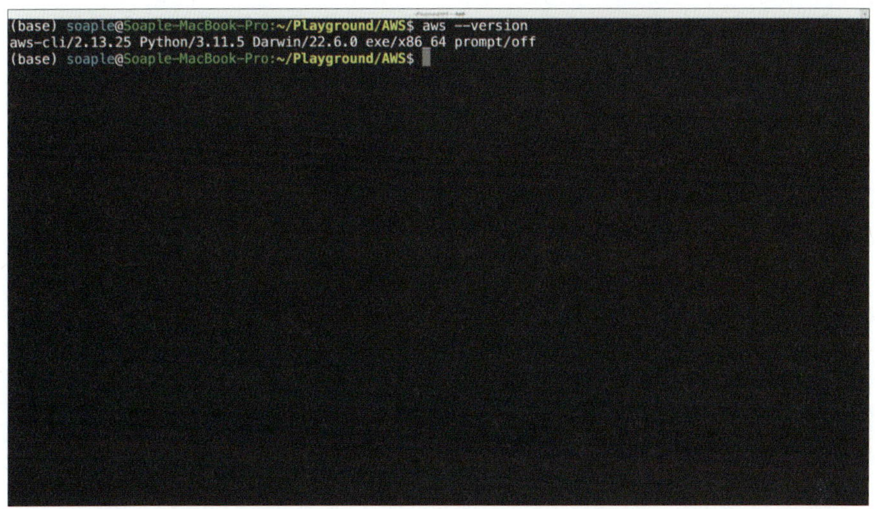

이제 AWS CLI 명령어를 하나씩 사용해보겠습니다. 먼저 aws s3 ls 명령을 사용해서 S3 버킷 목록을 출력해보겠습니다. 실행하면 화면처럼 현재 존재하는 버킷이 나오는 것을 볼 수 있습니다.

```
aws s3 ls
```

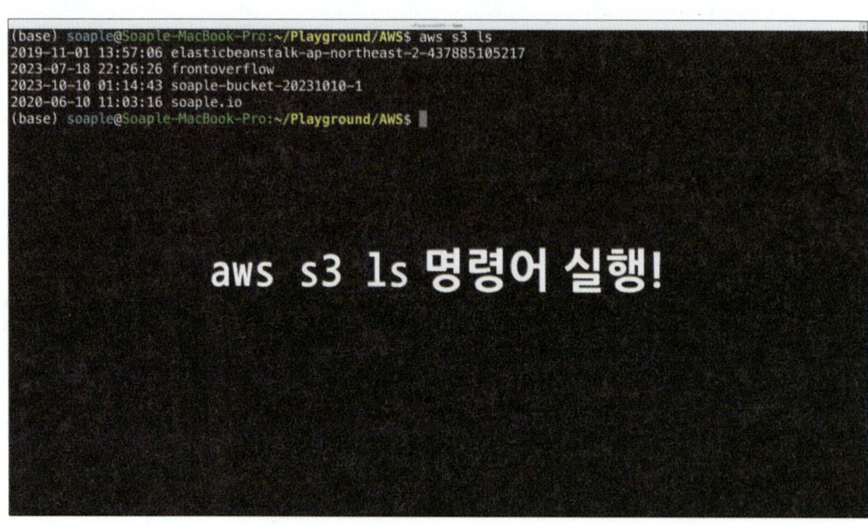

다음으로는 make bucket 명령을 사용해서 새로운 버킷을 생성해보겠습니다. aws s3 mb 명령어 다음에 새로 생성할 버킷의 이름을 화면과 같이 입력하면 됩니다. 이때 이미 존재하는 버킷 이름을 입력하면 버킷이 제대로 생성되지 않으니 각자 고유한 버킷 이름을 입력하기 바랍니다.

```
aws s3 mb s3://<버킷 이름>
```

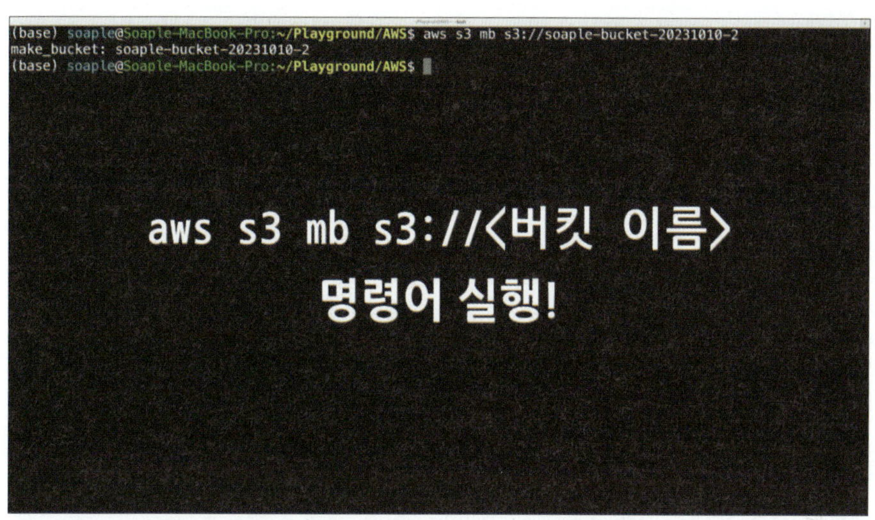

make bucket 명령을 실행한 이후 AWS 콘솔에서 S3의 버킷 목록을 확인해보면 아래 실습 화면처럼 새로운 버킷이 생성된 것을 볼 수 있습니다.

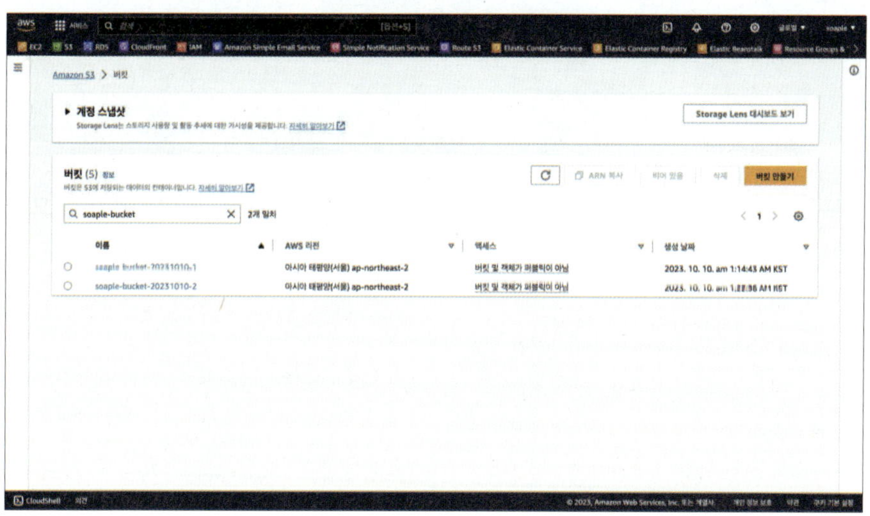

이번에는 AWS CLI를 사용해서 버킷에 파일을 업로드해보겠습니다. 먼저 Vim 편집기를 사용해서 hello.txt 파일을 생성합니다.

```
vim hello.txt
```

새로운 파일이 생성되면 아래 화면과 같이 간단한 내용을 작성하고, 이후에 명령 모드에서 :wq 입력하여 저장하고 나갑니다.

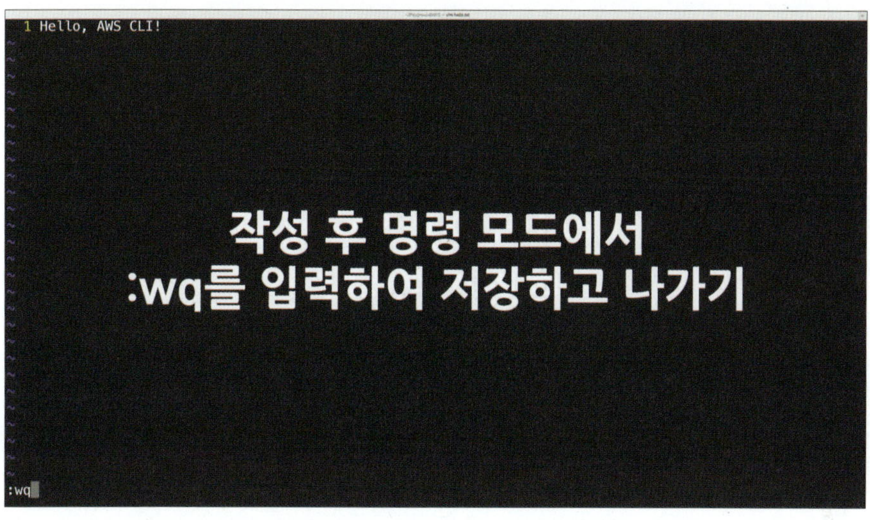#

이제 만든 파일을 S3 버킷에 업로드해보겠습니다. copy를 의미하는 **cp** 명령어를 사용해서 아래처럼 명령어를 실행합니다.

```
aws s3 cp hello.txt s3://<버킷 이름>
```

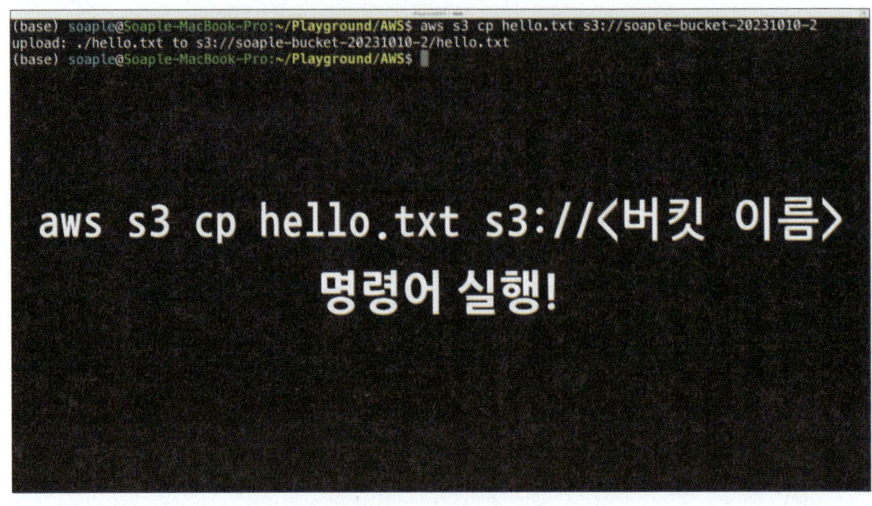

명령을 실행한 이후에 AWS 콘솔에서 S3 버킷 내부에 접속해보면 다음과 같이 hello.txt 파일이 나오는 것을 볼 수 있습니다. 이 객체를 클릭해보겠습니다.

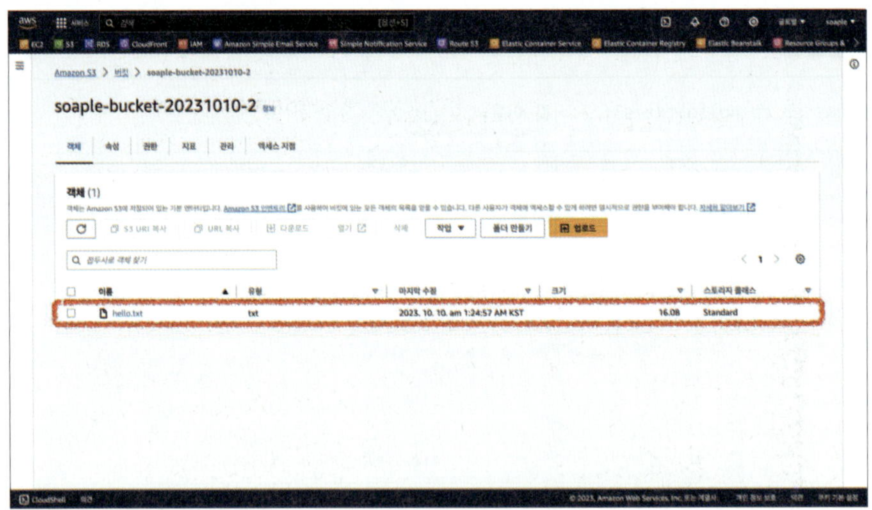

그러면 객체의 상세 정보가 나오게 됩니다. 여기서 **다운로드** 버튼을 눌러 파일을 다운로드합니다.

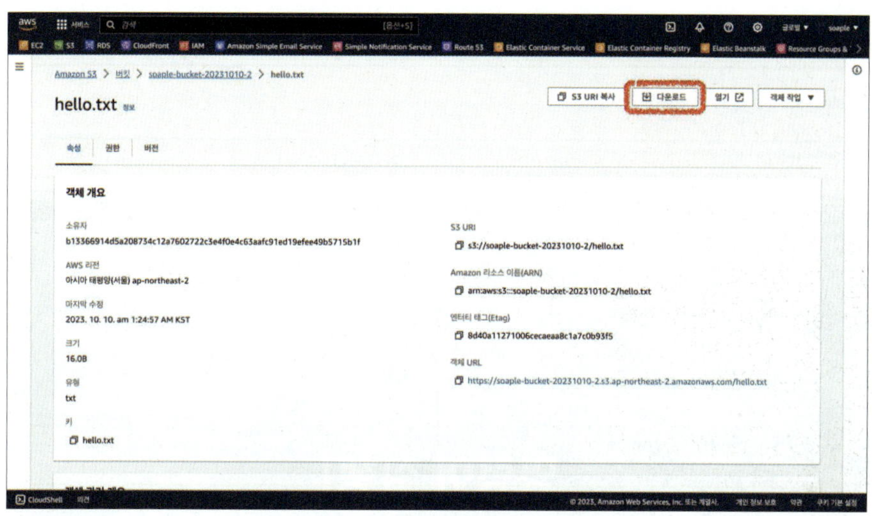

다운받은 파일을 열어 보면 실습 화면처럼 작성한 내용이 잘 나오는 것을 볼 수 있습니다.

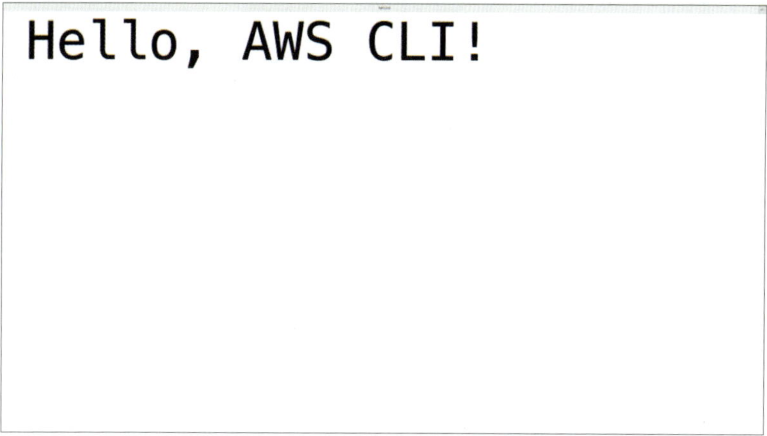

이번에는 버킷을 삭제하기 위해서 remove bucket을 의미하는 **rb** 명령어를 사용해보겠습니다. 아래와 같이 명령어를 실행합니다.

```
aws s3 rb s3://<버킷 이름>
```

```
(base) soaple@Soaple-MacBook-Pro:~/Playground/AWS$ aws s3 rb s3://soaple-bucket-20231010-2
remove_bucket failed: s3://soaple-bucket-20231010-2 An error occurred (BucketNotEmpty) when calling the De
leteBucket operation: The bucket you tried to delete is not empty
(base) soaple@Soaple-MacBook-Pro:~/Playground/AWS$
```


실행하게 되면 다음 실습 화면에 나온 것처럼 에러가 발생하게 됩니다. 우리가 앞에서
S3에 대해서 배울 때 버킷을 삭제하기 전에 버킷을 비워야 한다고 했습니다. 그런데 지
금 버킷이 비어 있지 않기 때문에 에러가 발생하는 것입니다.

그래서 버킷을 비운 이후에 삭제해야 하는데, 여기서는 --force 옵션을 사용해서 강
제로 버킷을 삭제하도록 하겠습니다. 그러면 내부에 있는 객체와 버킷이 모두 삭제됩
니다.

```
aws s3 rb --force s3://<버킷 이름>
```

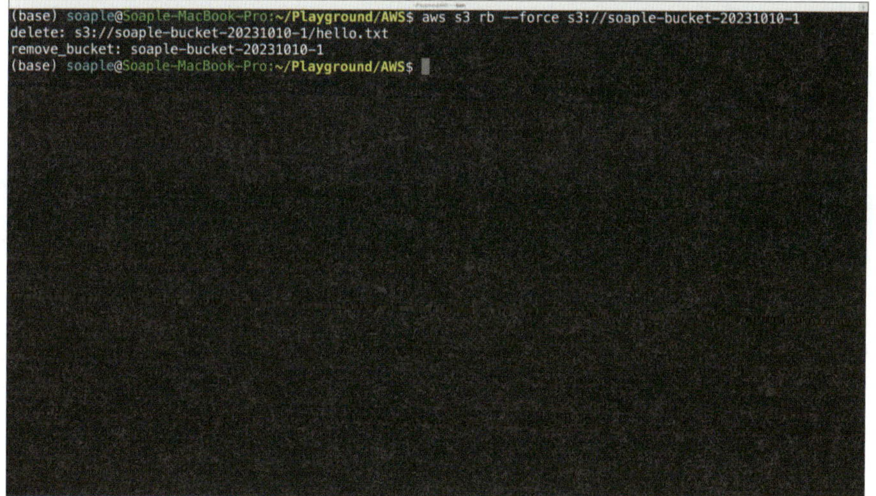

추가로 앞에서 생성한 또 다른 버킷도 아래 화면과 같이 삭제하도록 하겠습니다.

모든 버킷을 삭제한 이후에 AWS 콘솔의 S3 페이지에 가보면, 아래 화면과 같이 버킷
이 모두 삭제된 것을 볼 수 있습니다.

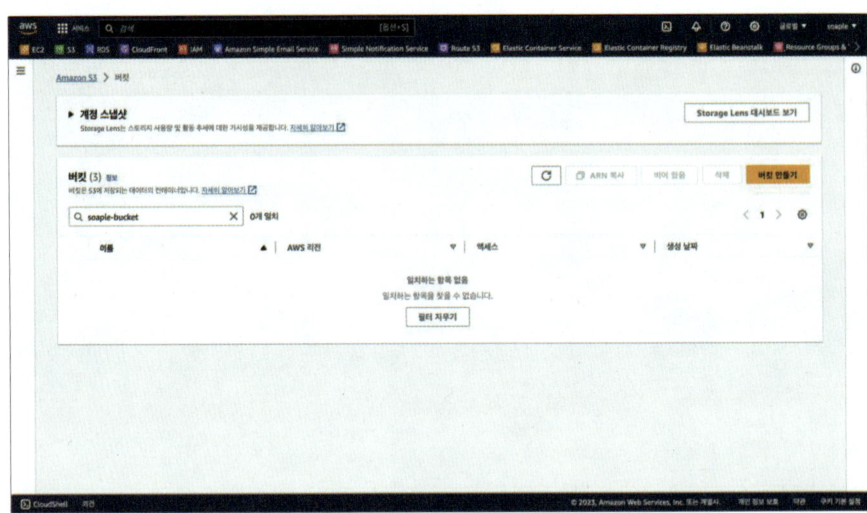

지금까지 AWS CLI를 사용해보았습니다. 특별히 S3에 대한 명령어들만 사용했는데, AWS SDK와 CLI를 사용할 때 유의해야 할 점은 명령을 실행하려는 서비스에 대한 권한이 공유 자격 증명에 설정되어 있어야 한다는 점입니다.

예를 들어, 우리가 설정한 공유 자격 증명의 IAM 사용자는 S3FullAccess 권한만 있기 때문에 SDK나 CLI를 통해 EC2 인스턴스를 생성할 수는 없습니다. 그래서 이 점을 유의하면서 사용하기 바랍니다.

다음 링크는 AWS CLI의 다양한 명령어가 나와 있는 문서 링크입니다. AWS CLI에는 서비스별로 수많은 명령어가 있기 때문에 모두 외워서 사용하기는 힘듭니다. 필요할 때마다 문서를 보고 명령어를 찾아서 사용하기 바랍니다.

- **AWS CLI 명령어 문서**

  https://awscli.amazonaws.com/v2/documentation/api/latest/reference/index.html

15장 요약

- **SDK**
  - Software Development Kit
  - 애플리케이션을 만들기 위한 소프트웨어 개발 도구의 집합
  - AWS에서는 다양한 언어와 플랫폼을 위한 SDK를 제공

- **CLI**
  - Command Line Interface
  - 명령행 도구
  - 터미널, 셀 등을 통해서 명령을 실행할 수 있게 하는 도구
  - AWS에서는 다양한 종류의 CLI를 제공

Chapter 16

미니 프로젝트

Preview

이번 장에서는 그동안 배운 내용을 토대로 미니 프로젝트를 수행합니다. 지금까지 배운 내용을 다시 한번 되새기면서 단계별로 천천히 따라오기 바랍니다.

- 미니 프로젝트 예제 소스 https://github.com/soaple/first-met-aws-image-gallery

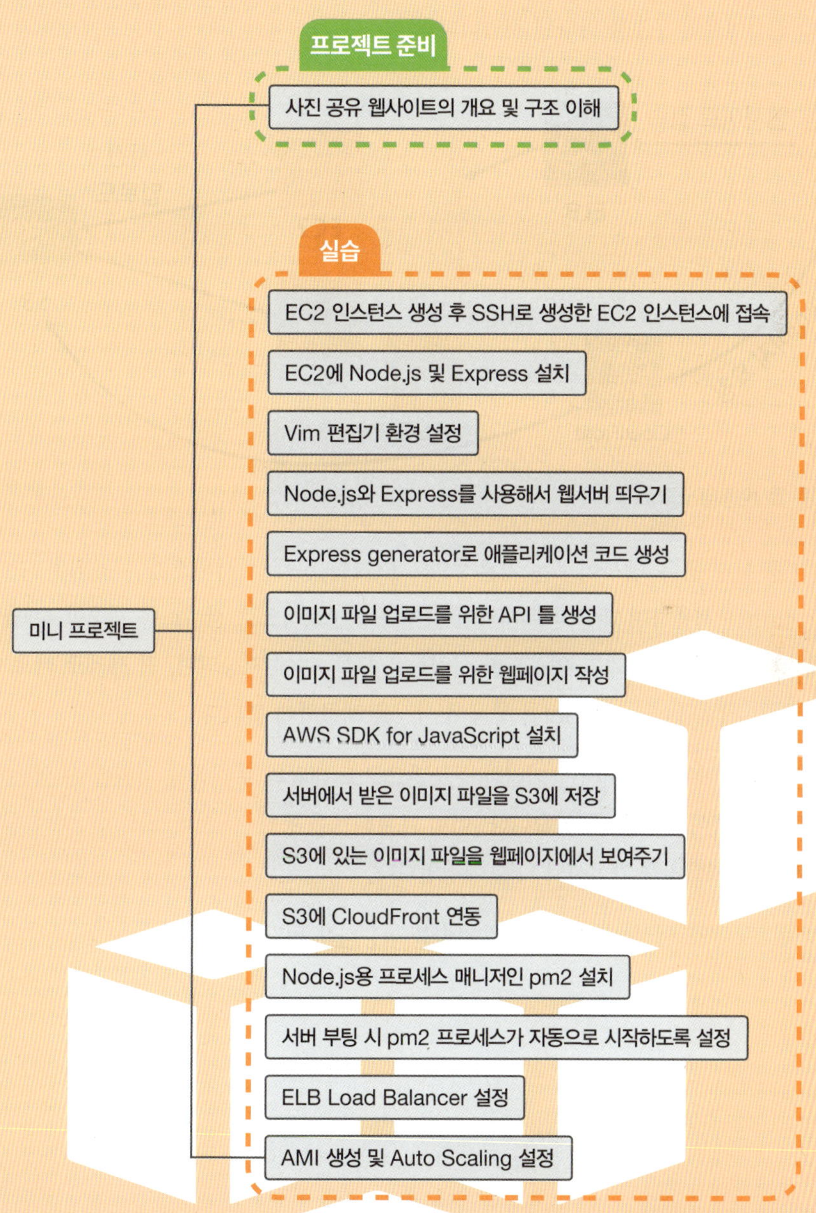

이번에 함께 만들어볼 프로젝트는 바로 사진 공유 웹사이트입니다. 아래 그림은 이번에 만들 사진 공유 웹사이트의 구조를 나타낸 것입니다.

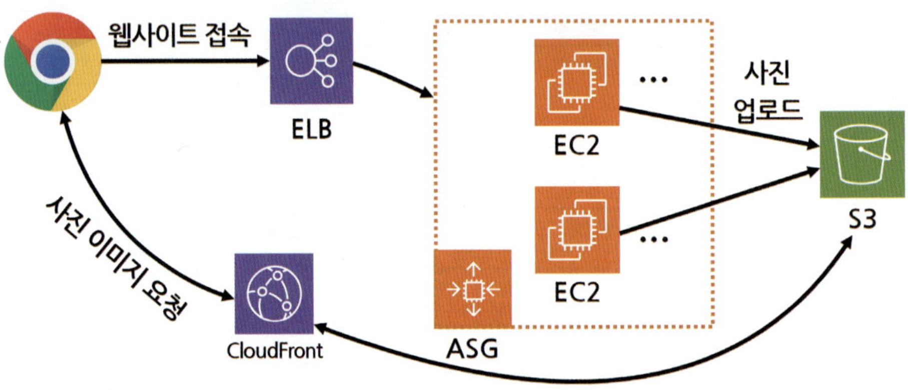

▶ 사진 공유 웹사이트의 구조

우리가 만들 사진 공유 웹사이트는 기본적으로 EC2를 통해서 서비스가 제공되며, ELB와 Auto Scaling을 적용하여 대량의 트래픽이 들어와도 안정적으로 서비스를 제공할 수 있도록 구성했습니다. 그리고 사용자가 업로드한 사진들은 모두 S3에 저장되며, 전 세계로 빠르게 사진을 전달하기 위해서 CloudFront를 통해서 사진을 제공하게 됩니다.

굉장히 간단해 보이는 구조이지만 이러한 구조만으로도 대량의 트래픽을 처리할 수 있는 글로벌 사진 공유 웹사이트가 될 수 있습니다. 이번 프로젝트를 통해 각 서비스를 하나하나 실제로 구현해보면서 아키텍처를 완성시켜 나갈 예정입니다.

그리고 이번 프로젝트에서는 다음과 같은 기술을 사용하게 됩니다.

▶ 구현을 위해 사용할 기술

먼저 백엔드에서는 Node.js와 express를 사용하고, 프론트엔드에서는 jQuery와 Bootstrap을 사용합니다. jQuery처럼 유행이 지난 기술이 아닌 최근에 많이 사용하는 React나 Next.js를 사용해서 개발할 수도 있지만, 그럴 경우 일부 독자에게는 학습에 있어 또 다른 장벽이 될 수 있어 jQuery로 정하게 되었습니다. 이 책은 AWS 학습이 목적이므로 AWS 서비스를 구현하고 개발하는 데 초점을 맞춰 진행하는 것을 이해하고 시작하겠습니다.

16.2 실습 EC2 인스턴스 생성하기

이번 실습에서는 먼저 EC2 인스턴스를 생성해야 합니다. EC2 인스턴스를 생성하는 과정은 3장 실습 부분을 참고하여 동일하게 우분투 인스턴스를 생성하면 됩니다. EC2 인스턴스를 생성한 이후에 다음 실습을 이어서 진행하기 바랍니다.

16.3 실습 SSH로 EC2 인스턴스 접속하기

EC2 인스턴스를 생성했다면 다음으로는 SSH로 생성한 EC2 인스턴스에 접속해야 합니다. SSH로 EC2 인스턴스에 접속하는 과정은 3장 실습 부분을 참고하여 동일하게 진행하면 됩니다. 이후 이어지는 실습은 모두 EC2 인스턴스에 SSH로 접속한 상태에서 진행된다는 점을 기억하기를 바랍니다.

 **16.4** 실습 # EC2에 Node.js 설치하기

이번 실습에서는 EC2에 Node.js를 설치해보겠습니다.

- https://github.com/nodesource/distributions#nodejs

위 링크는 우분투 같은 리눅스에 Node.js를 직접 설치하기 위한 안내 링크입니다. 해당 링크에 접속하면 아래 화면과 같이 설치 가이드가 자세하게 나와 있습니다. 여기 있는 각 단계를 하나씩 따라가면서 Node.js를 설치하겠습니다.

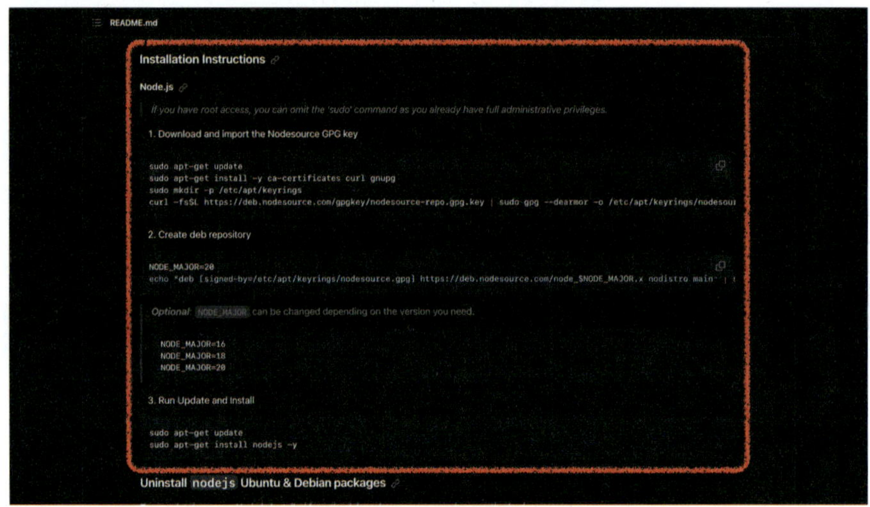

먼저 패키지 목록을 업데이트하기 위해 아래 명령어를 실행합니다.

```
sudo apt-get update
```

그러면 패키지 목록이 업데이트됩니다.

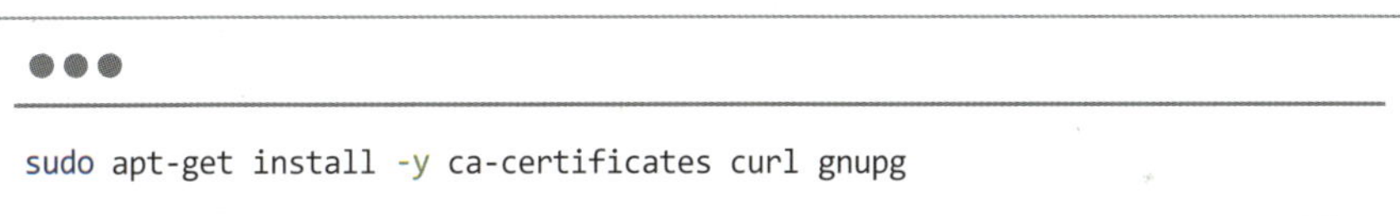

다음으로는 아래 명령어를 사용해서 필요한 패키지들을 설치합니다.

```
sudo apt-get install -y ca-certificates curl gnupg
```

다음 화면과 같이 패키지 설치가 완료되었습니다.

```
Preparing to unpack .../curl_7.81.0-1ubuntu1.14_amd64.deb ...
Unpacking curl (7.81.0-1ubuntu1.14) over (7.81.0-1ubuntu1.10) ...
Preparing to unpack .../libcurl4_7.81.0-1ubuntu1.14_amd64.deb ...
Unpacking libcurl4:amd64 (7.81.0-1ubuntu1.14) over (7.81.0-1ubuntu1.10) ...
Setting up ca-certificates (20230311ubuntu0.22.04.1) ...
Updating certificates in /etc/ssl/certs...
rehash: warning: skipping ca-certificates.crt,it does not contain exactly one certificate or CRL
19 added, 6 removed; done.
Setting up libcurl4:amd64 (7.81.0-1ubuntu1.14) ...
Setting up curl (7.81.0-1ubuntu1.14) ...
Processing triggers for man-db (2.10.2-1) ...
Processing triggers for libc-bin (2.35-0ubuntu3.1) ...
Processing triggers for ca-certificates (20230311ubuntu0.22.04.1) ...
Updating certificates in /etc/ssl/certs...
0 added, 0 removed; done.
Running hooks in /etc/ca-certificates/update.d...
done.
Scanning processes...
Scanning linux images...

Running kernel seems to be up-to-date.

No services need to be restarted.

No containers need to be restarted.

No user sessions are running outdated binaries.

No VM guests are running outdated hypervisor (qemu) binaries on this host.
ubuntu@ip-172-31-16-41:~$
```

이제 아래 명령어를 사용해서 디렉터리를 생성합니다.

```
sudo mkdir -p /etc/apt/keyrings
```

이후 curl 명령어를 사용해서 해당 디렉터리에 .gpg 파일을 다운로드합니다.

```
curl -fsSL https://deb.nodesource.com/gpgkey/nodesource-repo.gpg.key | sudo
gpg --dearmor -o /etc/apt/keyrings/nodesource.gpg
```

이후 NODE_MAJOR=20이라는 명령어를 사용해서 설치할 Node.js 버전을 정의합니다.

```
NODE_MAJOR=20
```

이제 다시 한번 아래 업데이트 명령어를 실행해줍니다.

```
sudo apt-get update
```

화면과 같이 패키지 목록 업데이트가 완료되었습니다.

```
ubuntu@ip-172-31-16-41:~$ sudo apt-get update
Hit:1 http://ap-northeast-2.ec2.archive.ubuntu.com/ubuntu jammy InRelease
Get:2 http://ap-northeast-2.ec2.archive.ubuntu.com/ubuntu jammy-updates InRelease [119 kB]
Hit:3 http://ap-northeast-2.ec2.archive.ubuntu.com/ubuntu jammy-backports InRelease
Get:4 https://deb.nodesource.com/node_20.x nodistro InRelease [12.1 kB]
Get:5 http://ap-northeast-2.ec2.archive.ubuntu.com/ubuntu jammy-updates/main amd64 Packages [1062 kB]
Get:6 http://ap-northeast-2.ec2.archive.ubuntu.com/ubuntu jammy-updates/universe amd64 Packages [991 kB]
Hit:7 http://security.ubuntu.com/ubuntu jammy-security InRelease
Get:8 https://deb.nodesource.com/node_20.x nodistro/main amd64 Packages [3278 B]
Fetched 2188 kB in 1s (2070 kB/s)
Reading package lists... Done
ubuntu@ip-172-31-16-41:~$
```

이제 다음 명령어를 사용해서 실제로 Node.js를 설치해줍니다.

```
sudo apt-get install nodejs -y
```

명령어를 실행하면 설치가 진행되고 시간이 조금 지나면 설치가 완료됩니다.

```
ubuntu@ip-172-31-16-41:~$ sudo apt-get update
Hit:1 http://ap-northeast-2.ec2.archive.ubuntu.com/ubuntu jammy InRelease
Get:2 http://ap-northeast-2.ec2.archive.ubuntu.com/ubuntu jammy-updates InRelease [119 kB]
Hit:3 http://ap-northeast-2.ec2.archive.ubuntu.com/ubuntu jammy-backports InRelease
Get:4 https://deb.nodesource.com/node_20.x nodistro InRelease [12.1 kB]
Get:5 http://ap-northeast-2.ec2.archive.ubuntu.com/ubuntu jammy-updates/main amd64 Packages [1062 kB]
Get:6 http://ap-northeast-2.ec2.archive.ubuntu.com/ubuntu jammy-updates/universe amd64 Packages [991 kB]
Hit:7 http://security.ubuntu.com/ubuntu jammy-security InRelease
Get:8 https://deb.nodesource.com/node_20.x nodistro/main amd64 Packages [3278 B]
Fetched 2188 kB in 1s (2070 kB/s)
Reading package lists... Done
ubuntu@ip-172-31-16-41:~$ sudo apt-get install nodejs -y
Reading package lists... Done
Building dependency tree... Done
Reading state information... Done
The following NEW packages will be installed:
  nodejs
0 upgraded, 1 newly installed, 0 to remove and 131 not upgraded.
Need to get 31.1 MB of archives.
After this operation, 195 MB of additional disk space will be used.
Get:1 https://deb.nodesource.com/node_20.x nodistro/main amd64 nodejs amd64 20.8.0-1nodesource1 [31.1 MB]
Fetched 31.1 MB in 1s (39.4 MB/s)
Selecting previously unselected package nodejs.
(Reading database ... 64308 files and directories currently installed.)
Preparing to unpack .../nodejs_20.8.0-1nodesource1_amd64.deb ...
Unpacking nodejs (20.8.0-1nodesource1) ...
```

설치가 완료된 이후 **node --version**명령어를 사용해서 Node.js 버전을 확인해보면
버전 20.8.0이 정상적으로 나오는 것을 볼 수 있습니다.

```
node --version
```

그리고 **npm --version** 명령어를 사용해서 Node.js와 함께 설치된 npm의 버전도 확
인해보면 10.1.0으로 나오는 것을 볼 수 있습니다.

```
npm --version
```

이렇게 Node.js와 npm의 버전이 모두 나오면 정상적으로 Node.js 설치된 것입니다.
설치가 됐으면 다음으로 넘어갑니다.

16.5 실습 Express 설치하기

이번 실습에서는 Express를 설치해보겠습니다. 여기서 사용할 Express는 Node.js용 Web Application Framework입니다. Node.js를 사용해서 개발할 때 많이 사용하는 대표 프레임워크 중 하나라고 생각하면 됩니다.

먼저 아래 화면에 보이는 명령어들을 순서대로 사용해서 /home 폴더로 이동한 뒤에 project 폴더를 만들고, 해당 폴더의 소유자를 root에서 ubuntu로 변경합니다.

```
# 경로를 잘 확인하고, /home 디렉터리에서 아래 명령어들을 실행해야 합니다.
sudo mkdir project
sudo chown ubuntu:ubuntu project/
```

```
ubuntu@ip-172-31-16-41:~$ cd ..
ubuntu@ip-172-31-16-41:/home$ ls
ubuntu
ubuntu@ip-172-31-16-41:/home$ sudo mkdir project
ubuntu@ip-172-31-16-41:/home$ ls
project  ubuntu
ubuntu@ip-172-31-16-41:/home$ ls -al
total 16
drwxr-xr-x  4 root   root   4096 Oct 12 04:11 .
drwxr-xr-x 19 root   root   4096 Oct 12 03:31 ..
drwxr-xr-x  2 root   root   4096 Oct 12 04:11 project
drwxr-x---  5 ubuntu ubuntu 4096 Oct 12 04:06 ubuntu
ubuntu@ip-172-31-16-41:/home$ sudo chown ubuntu:ubuntu project/
ubuntu@ip-172-31-16-41:/home$ ls -al
total 16
drwxr-xr-x  4 root   root   4096 Oct 12 04:11 .
drwxr-xr-x 19 root   root   4096 Oct 12 03:31 ..
drwxr-xr-x  2 ubuntu ubuntu 4096 Oct 12 04:11 project
drwxr-x---  5 ubuntu ubuntu 4096 Oct 12 04:06 ubuntu
ubuntu@ip-172-31-16-41:/home$
```

다음으로는 새로 만든 **project** 폴더에 들어가서 아래 명령어를 실행합니다. 이 명령어
는 말 그대로 초기화를 위한 명령어이고 `package.json` 파일을 생성해줍니다.

```
npm init -y
```


이후 **cat** 명령어를 사용해서 생성된 `package.json` 파일의 내용을 확인해보기 바랍
니다.

```
ubuntu@ip-172-31-16-41:/home/project$ ls
package.json
ubuntu@ip-172-31-16-41:/home/project$ cat package.json
{
  "name": "project",
  "version": "1.0.0",
  "description": "",
  "main": "index.js",
  "scripts": {
    "test": "echo \"Error: no test specified\" && exit 1"
  },
  "keywords": [],
  "author": "",
  "license": "ISC"
}
ubuntu@ip-172-31-16-41:/home/project$
```


다음으로는 Express를 설치해야 합니다. 설치는 간단하지만 더 자세한 내용이 궁금한 분들은 아래 링크를 참고하기 바랍니다.

- https://expressjs.com/en/starter/installing.html

링크에 접속하면 다음 화면과 같이 설치 가이드가 나옵니다.

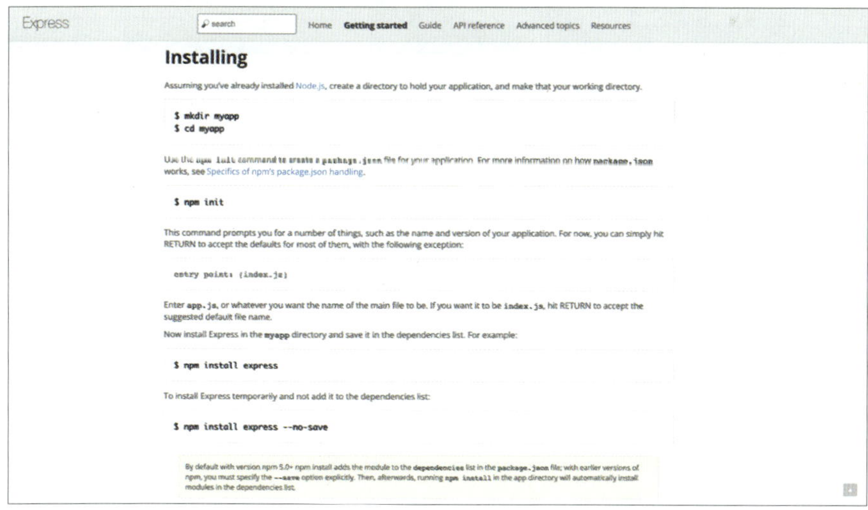

Express   search   Home   **Getting started**   Guide   API reference   Advanced topics   Resources

Installing

Assuming you've already installed Node.js, create a directory to hold your application, and make that your working directory.

```
$ mkdir myapp
$ cd myapp
```

Use the `npm init` command to create a `package.json` file for your application. For more information on how `package.json` works, see Specifics of npm's package.json handling.

```
$ npm init
```

This command prompts you for a number of things, such as the name and version of your application. For now, you can simply hit RETURN to accept the defaults for most of them, with the following exception:

```
entry point: (index.js)
```

Enter `app.js`, or whatever you want the name of the main file to be. If you want it to be `index.js`, hit RETURN to accept the suggested default file name.

Now install Express in the `myapp` directory and save it in the dependencies list. For example:

```
$ npm install express
```

To install Express temporarily and not add it to the dependencies list:

```
$ npm install express --no-save
```

By default with version npm 5.0+ npm install adds the module to the **dependencies** list in the `package.json` file; with earlier versions of npm, you must specify the `--save` option explicitly. Then, afterwards, running `npm install` in the app directory will automatically install modules in the dependencies list.

아래 명령어를 사용해서 Express를 설치하도록 하겠습니다.

```
npm install express
```

화면과 같이 express 설치가 완료되었습니다.

express를 설치한 이후에 `package.json` 파일을 확인해보면 `package.json` 파일에 dependency가 추가된 것을 볼 수 있습니다.

```
ubuntu@ip-172-31-16-41:/home/project$ npm install express

added 58 packages, and audited 59 packages in 4s

8 packages are looking for funding
  run `npm fund` for details

found 0 vulnerabilities
npm notice
npm notice New minor version of npm available! 10.1.0 -> 10.2.0
npm notice Changelog: https://github.com/npm/cli/releases/tag/v10.2.0
npm notice Run npm install -g npm@10.2.0 to update!
npm notice
ubuntu@ip-172-31-16-41:/home/project$ cat package.json
{
  "name": "project",
  "version": "1.0.0",
  "description": "",
  "main": "index.js",
  "scripts": {
    "test": "echo \"Error: no test specified\" && exit 1"
  },
  "keywords": [],
  "author": "",
  "license": "ISC",
  "dependencies": {
    "express": "^4.18.2"
  }
}
ubuntu@ip-172-31-16-41:/home/project$
```

package.json 파일에 dependency 추가됨!

16.6 실습 Vim 환경 설정하기

이번 실습에서는 Vim 편집기를 편하게 사용할 수 있도록 하기 위해서 Vim 편집기 환경을 설정하겠습니다.

아래 명령어를 실행해서 새로운 vim 설정 파일을 작성하겠습니다. 이 파일은 Vim 편집기를 실행할 때 기본적으로 실행되는 명령어를 작성하는 파일입니다.

```
vim ~/.vimrc
```

명령어를 실행하면 화면과 같이 빈 파일이 나오게 됩니다.

여기에 i 키를 눌러서 입력 모드로 변경한 뒤에 아래와 같이 코드를 작성합니다. 순서대로 자동 들여쓰기, 탭 사이즈 설정, 들여쓰기 사이즈 설정, 줄번호 표시를 위한 옵션입니다.

```
set autoindent
set ts=4
set shiftwidth=4
set nu
```

모두 작성했다면 ESC 키를 눌러서 명령 모드로 변경한 뒤에 :wq 명령을 실행하여 저장하고 나갑니다.

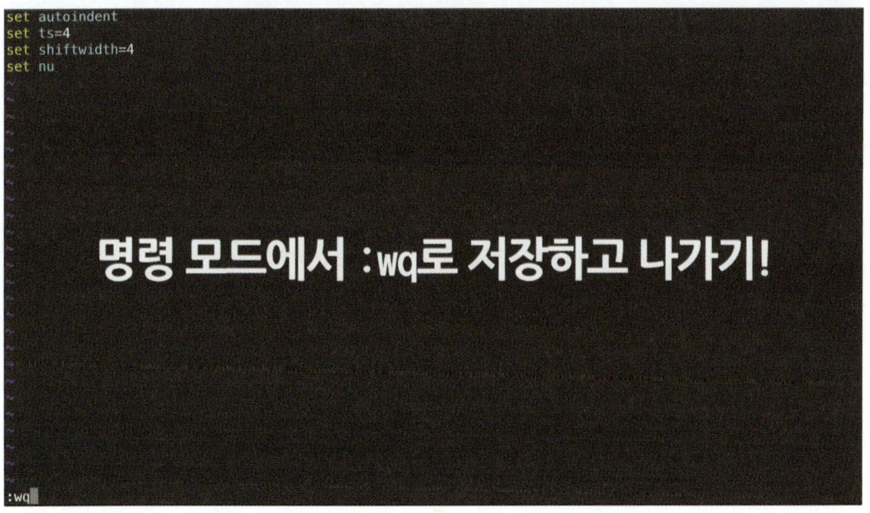

저장하고 나온 뒤에 설정이 잘 되었는지 확인하기 위해 vim ~/.vimrc 명령어를 사용해서 다시 설정 파일을 열어보겠습니다. 그러면 아래 화면과 같이 줄번호가 기본적으로 나오는 것을 볼 수 있습니다. Vim 편집기의 환경이 잘 설정된 것입니다.

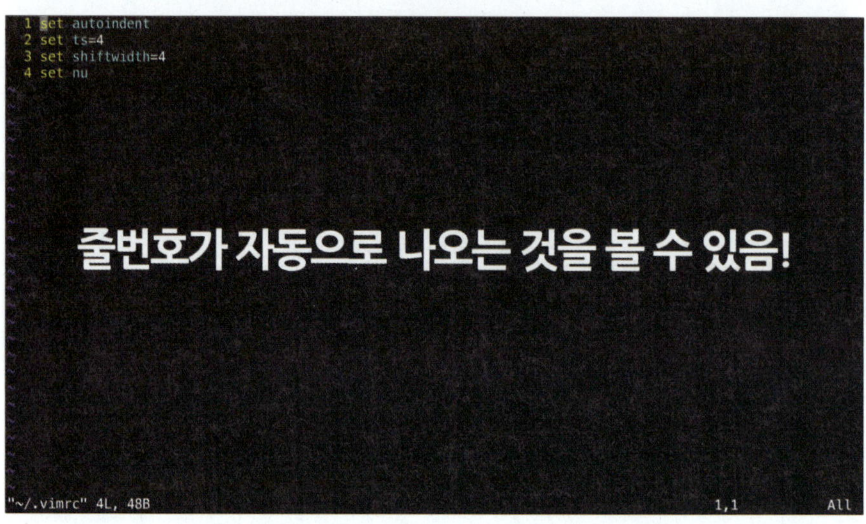

ubuntu@ip-172-31-16-41:/home/project$ vim ~/.vimrc
ubuntu@ip-172-31-16-41:/home/project$ vim ~/.vimrc

1 set autoindent
2 set ts=4
3 set shiftwidth=4
4 set nu
줄번호가 자동으로 나오는 것을 볼 수 있음!
"~/.vimrc" 4L, 48B   1,1   All

16.7 실습 Node.js와 Express를 사용해서 웹서버 띄우기

이번 실습에서는 Node.js와 Express를 사용해서 웹서버를 띄워보도록 하겠습니다. 이번에 실습할 내용은 Express의 'Hello world example'이며 아래 링크를 참고하면서 함께 따라오기 바랍니다.

- https://expressjs.com/en/starter/hello-world.html

링크에 접속하면 아래 화면과 같이 예시 코드가 나와 있습니다. 이 코드를 선택해서 복사합니다.

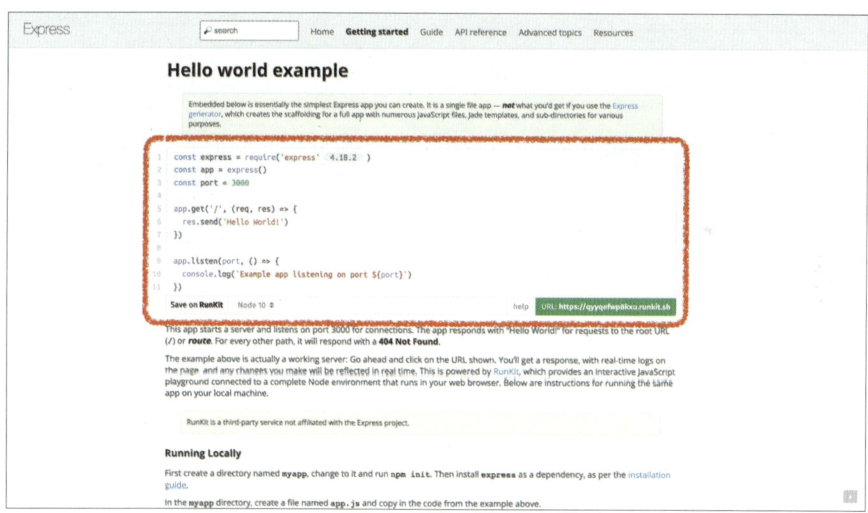

앞에서 만들어둔 `project` 폴더에서 아래 명령어를 통해 `index.js`라는 이름의 새로운 파일을 하나 작성합니다.

```
vim index.js
```

명령어를 실행하면 빈 파일이 나오는데 여기에 복사한 코드를 붙여 넣습니다. 이 코드
는 3000번 포트에서 웹서버를 실행하는 간단한 코드입니다.

```
1 const express = require('express')
2 const app = express()
3 const port = 3000
4
5 app.get('/', (req, res) => {
6   res.send('Hello World!')
7 })
8
9 app.listen(port, () => {
10   console.log(`Example app listening on port ${port}`)
11 })
```


코드 작성이 완료되었다면 명령 모드에서 :wq를 실행하여 저장하고 나갑니다. 이후 아래 명령어를 실행해서 웹서버를 실행합니다.

```
node index.js
```

실행하면 다음과 같이 3000번 포트에서 예제 앱이 실행되고 있다고 메시지가 출력됩니다.

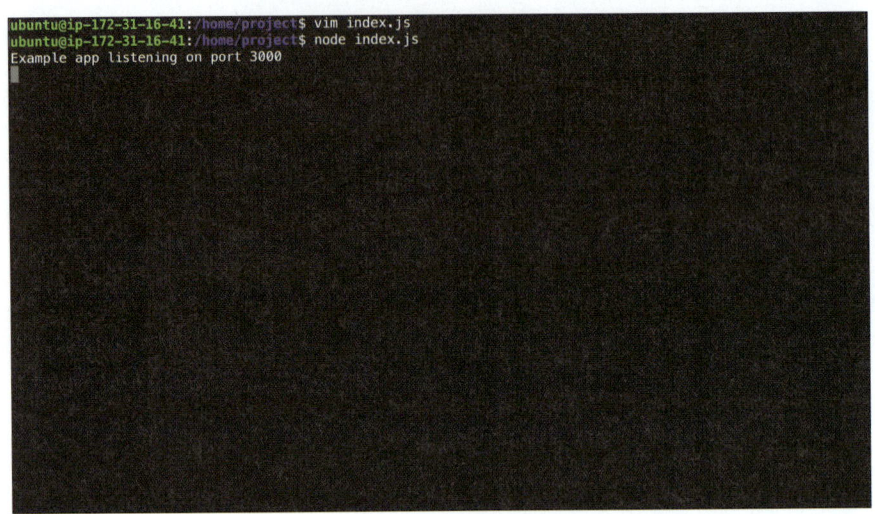

이제 서버가 제대로 작동하는지 실제로 접속해봐야겠죠? 그 전에 먼저 3000번 포트를 외부에서 접속할 수 있게 보안 그룹의 인바운드 규칙을 변경해야 합니다. EC2 인스턴스의 상세 정보에서 **보안** 탭을 클릭합니다.

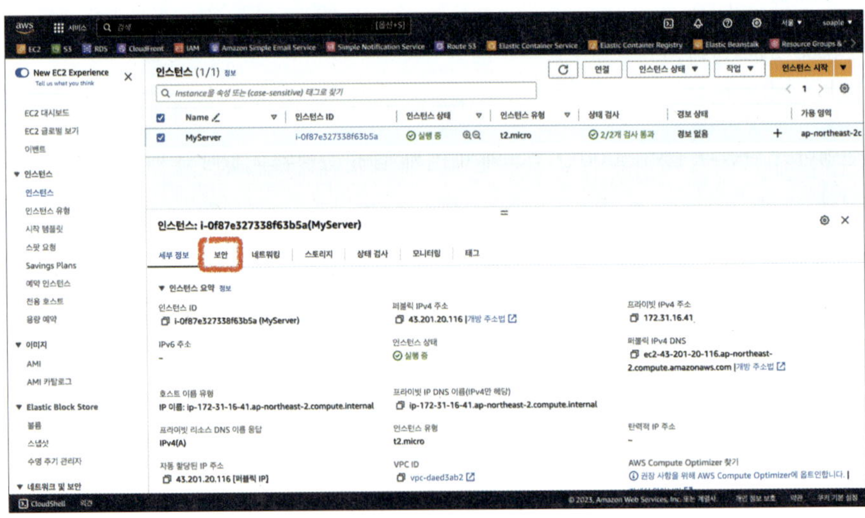

그리고 보안 탭에서 **보안 그룹 링크**를 클릭합니다.

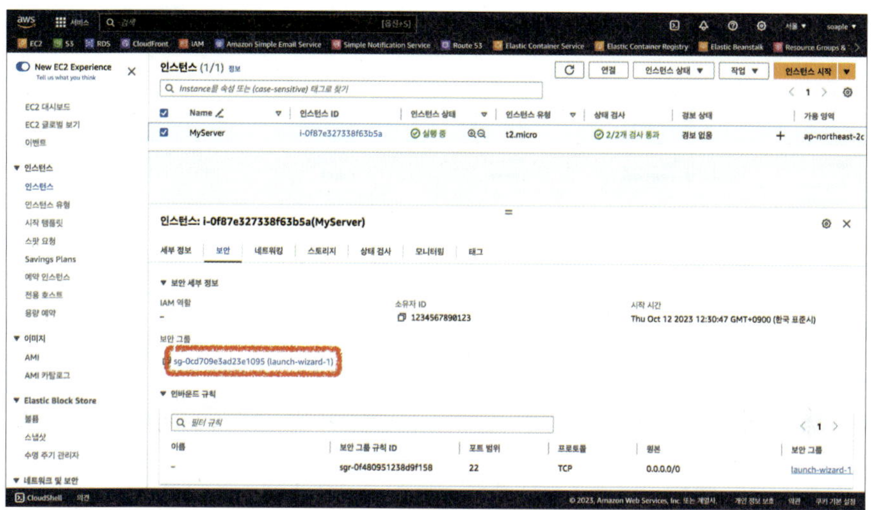

그러면 현재 인스턴스에 적용된 보안 그룹이 나오게 되고 여기서 **인바운드 규칙 편집** 버튼을 클릭합니다. 참고로 외부에서 서버로 들어오는 트래픽이므로 인바운드 규칙을 편집하는 것입니다. 그리고 앞에서도 배웠지만 기본적으로 보안 그룹은 모든 아웃바운드 트래픽을 허용하게 됩니다.

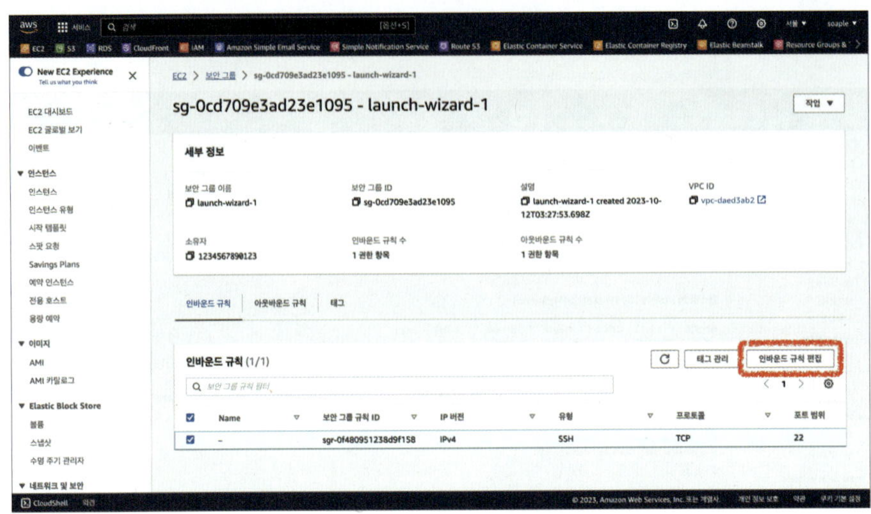

인바운드 규칙 편집 화면에서 **규칙 추가** 버튼을 클릭하여 새로운 규칙을 하나 추가합니다.

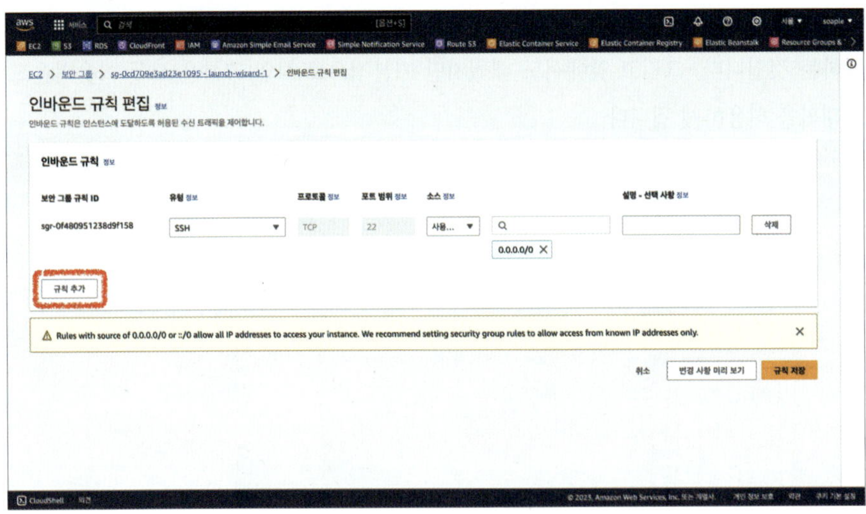

다음 화면과 같이 규칙이 추가되면 포트 범위에 3000을 입력합니다.

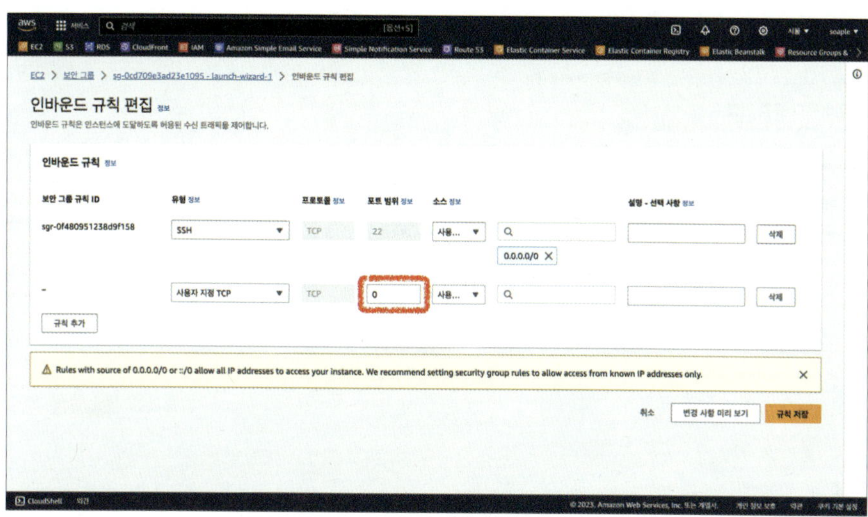

포트 번호를 입력한 이후에는 소스를 선택해야 합니다.

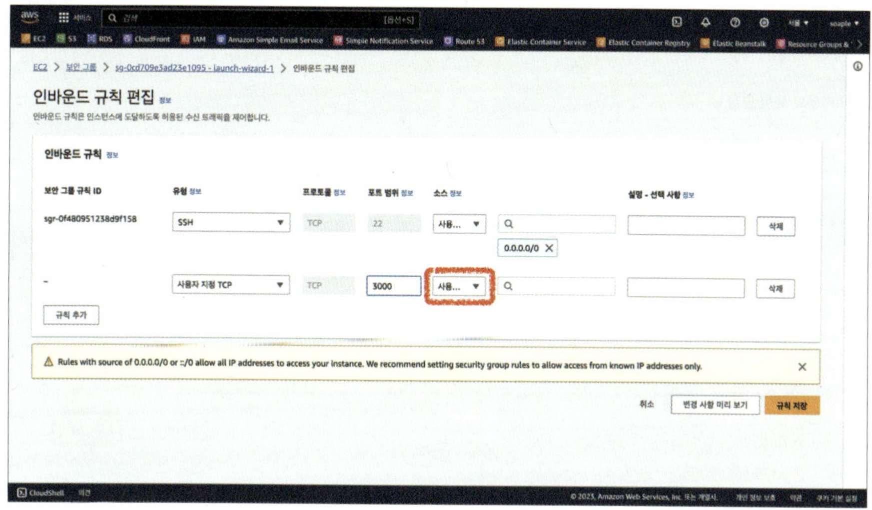

우리는 누구나 3000번 포트로 접속할 수 있도록 허용할 것이므로 **Anywhere-IPv4**를
선택합니다.

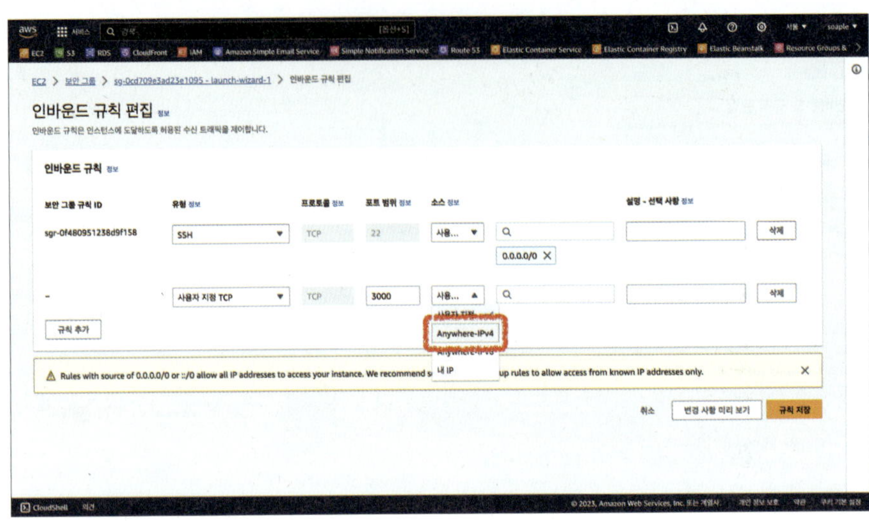

새로운 규칙을 모두 작성했다면 **규칙 저장** 버튼을 클릭합니다.

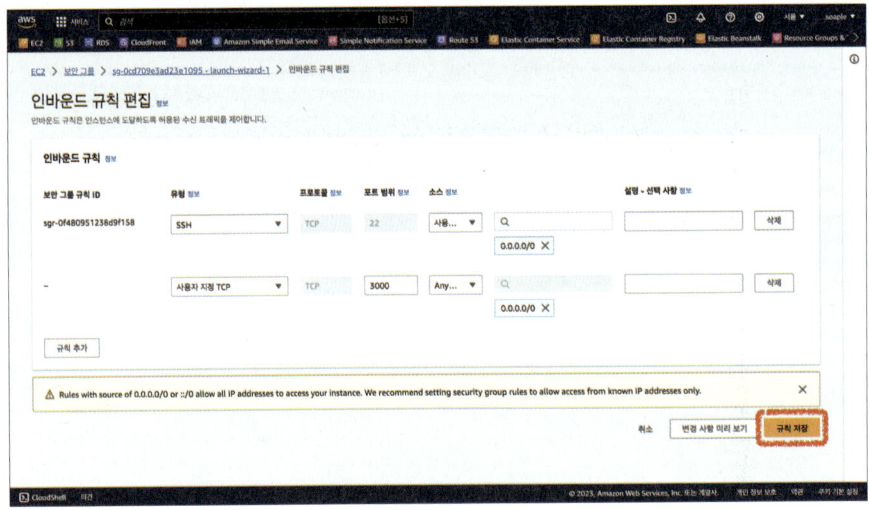

그러면 다음 화면과 같이 인바운드 보안 규칙이 수정됩니다.

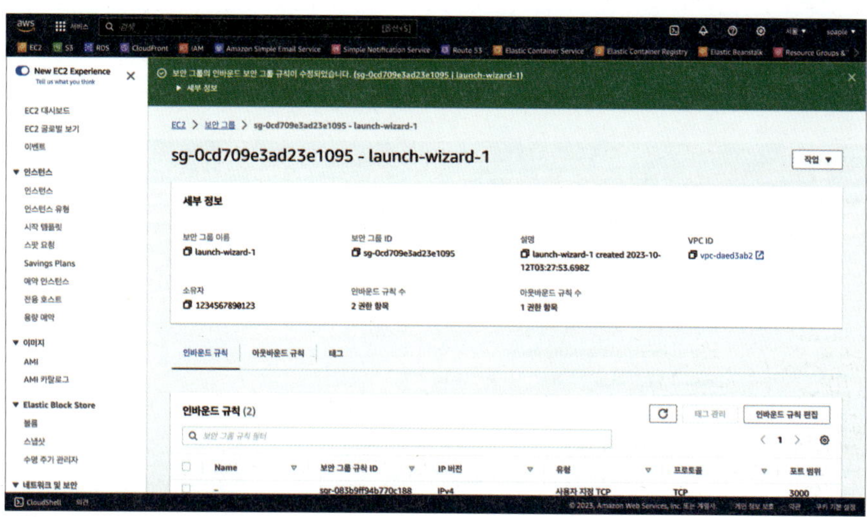

화면을 아래로 내려서 인바운드 규칙 목록을 확인해보면 새로 추가한 규칙이 나오는 것을 볼 수 있습니다.

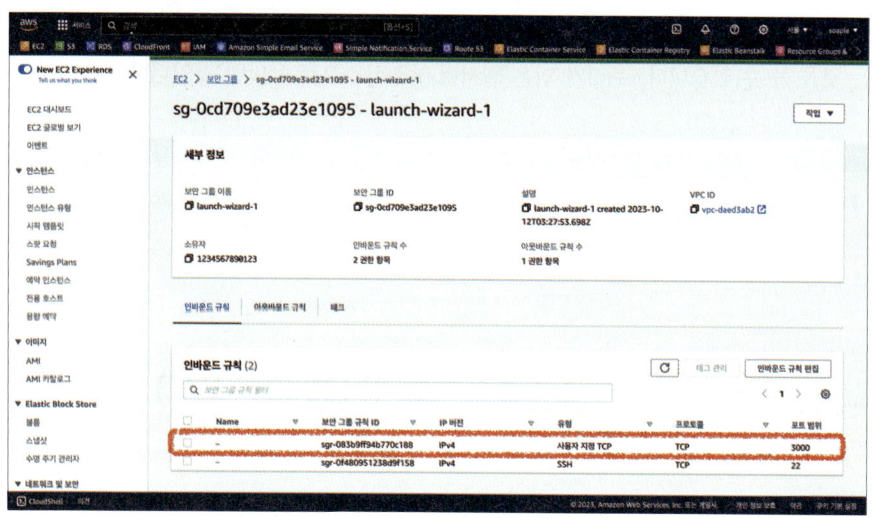

이제 다시 EC2 인스턴스의 상세 정보로 돌아와서 인스턴스의 퍼블릭 IPv4 주소를 복사합니다.

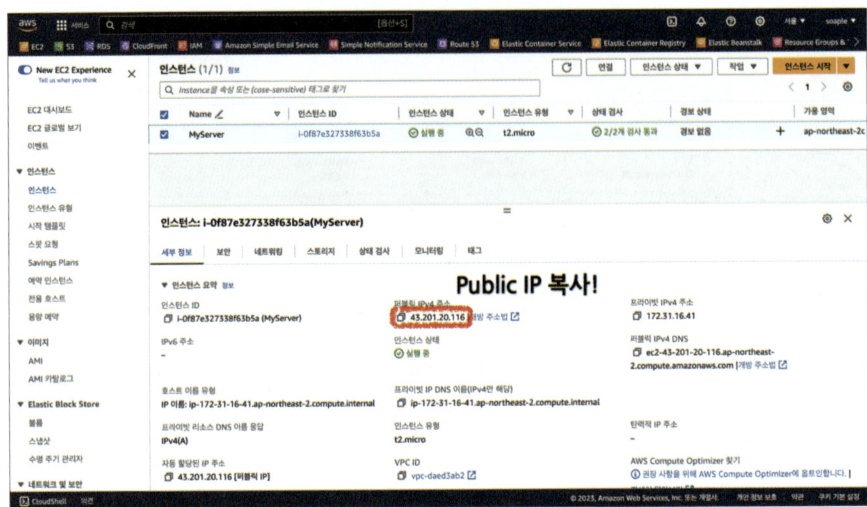

이후 브라우저에서 복사한 주소의 3000번 포트로 접속해보면 'Hello World!'가 나오는 것을 볼 수 있습니다. 우리가 띄운 웹서버가 정상적으로 응답한 것입니다.

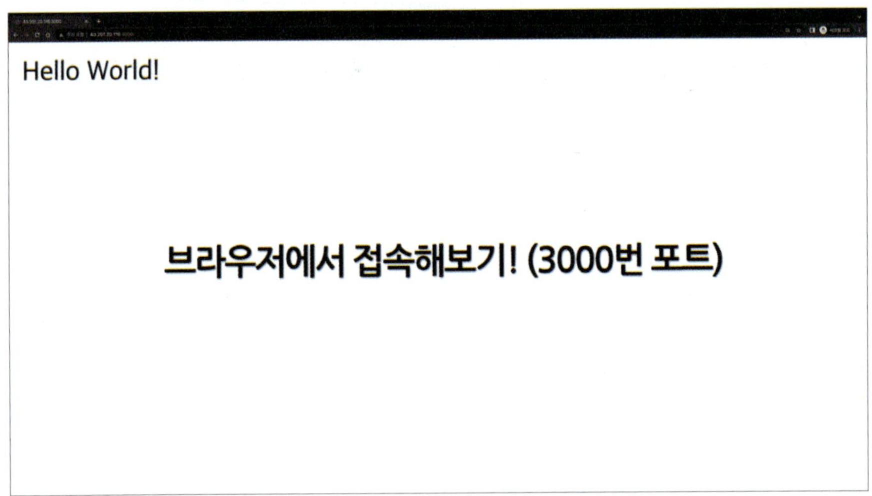

웹서버가 정상적으로 작동하는 것을 확인했다면 터미널에서 Ctrl + C를 눌러서 애플리
케이션을 종료하고, 아래 명령어를 사용해서 project 폴더를 삭제해줍니다. 이 예제는
간단한 웹서버 작동 실습만을 위한 것이기 때문에 삭제하는 것입니다.

```
# 이 명령어는 폴더를 통째로 삭제하는 명령어이기 때문에, 경로와 대상을 꼭 잘 확인하고 실행
하기 바랍니다.
sudo rm -rf project/
```

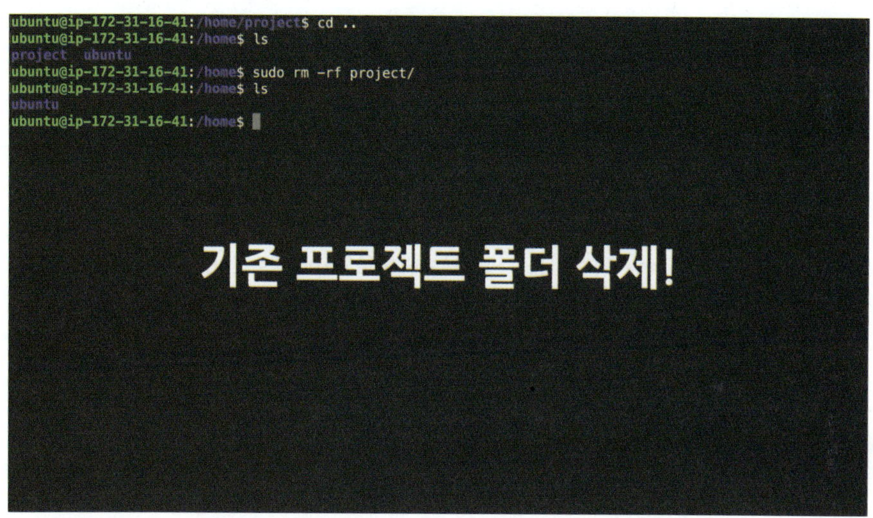

 **16.8** 실습 **Express generator로 애플리케이션 코드 생성**

이번 실습에서는 Express generator로 애플리케이션 코드를 생성해보겠습니다. 참고로 Express generator는 Node.js 애플리케이션의 기본 구조를 생성해주는 도구입니다. 앞에서처럼 일일이 폴더를 만들고 코드를 작성해도 되지만, 그렇게 하려면 시간이 오래 걸리고 입문자에게는 어려울 수 있어 Express generator를 사용하는 것입니다.

아래 링크는 Express generator 사용법이 나와 있는 링크입니다. 자세한 내용이 궁금한 분들은 링크를 참고하기 바랍니다.

• https://expressjs.com/en/starter/generator.html#express−application−generator

링크에 접속하면 아래 화면과 같이 Express generator를 사용하는 방법이 나와 있습니다. 여기서 우리는 npx 명령어를 사용하는 형태로 **express-generator**를 사용하면 됩니다.

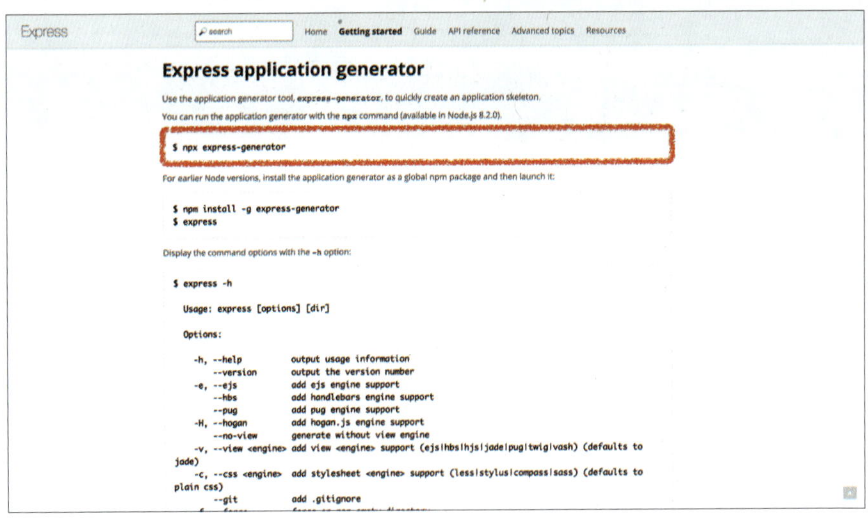

먼저 home 폴더에서 아래 명령어를 실행합니다.

```
sudo npx express-generator --view=ejs project
```

그러면 다음 화면처럼 계속 진행할 것인지 묻는데 여기서 y를 입력해서 계속 진행합니다.

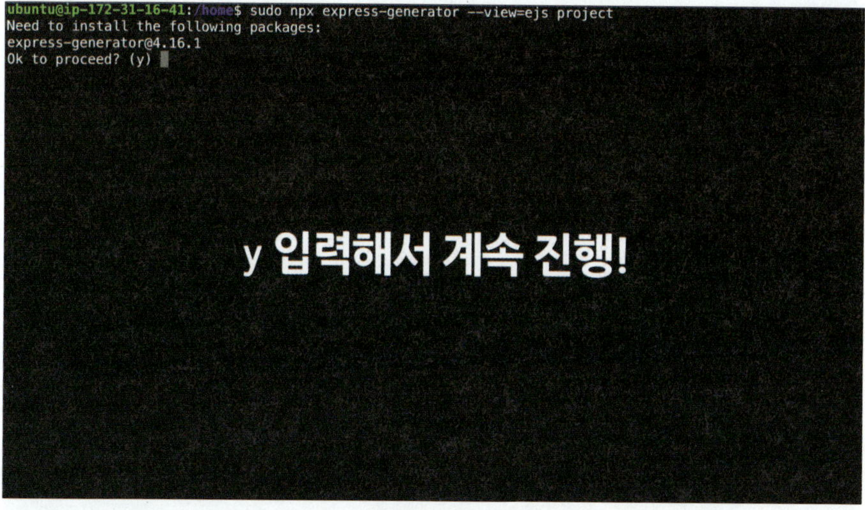

그러면 자동으로 프로젝트 기본 구조가 만들어집니다.

```
  create : project/public/javascripts/
  create : project/public/images/
  create : project/public/stylesheets/
  create : project/public/stylesheets/style.css
  create : project/routes/
  create : project/routes/index.js
  create : project/routes/users.js
  create : project/views/
  create : project/views/error.ejs
  create : project/views/index.ejs
  create : project/app.js
  create : project/package.json
  create : project/bin/
  create : project/bin/www

  change directory:
    $ cd project

  install dependencies:
    $ npm install

  run the app:
    $ DEBUG=project:* npm start

npm notice
npm notice New minor version of npm available! 10.1.0 -> 10.2.0
npm notice Changelog: https://github.com/npm/cli/releases/tag/v10.2.0
npm notice Run npm install -g npm@10.2.0 to update!
npm notice
ubuntu@ip-172-31-16-41:/home$
```

이후 `cd project/` 명령어를 사용해서 `project` 폴더로 이동합니다. 그다음 `ls -al`
명령어를 사용해서 폴더의 내용을 출력하면 다음과 같이 다양한 파일과 폴더를 확인할
수 있습니다.

```
ubuntu@ip-172-31-16-41:/home$ cd project/
ubuntu@ip-172-31-16-41:/home/project$ ls -al
total 32
drwxr-xr-x 6 root root 4096 Oct 12 04:31 .
drwxr-xr-x 4 root root 4096 Oct 12 04:31 ..
-rw-r--r-- 1 root root 1074 Oct 12 04:31 app.js
drwxr-xr-x 2 root root 4096 Oct 12 04:31 bin
-rw-r--r-- 1 root root  293 Oct 12 04:31 package.json
drwxr-xr-x 5 root root 4096 Oct 12 04:31 public
drwxr-xr-x 2 root root 4096 Oct 12 04:31 routes
drwxr-xr-x 2 root root 4096 Oct 12 04:31 views
ubuntu@ip-172-31-16-41:/home/project$
```

지금 생성된 구조는 다음 화면과 같은 구조입니다. `app.js` 파일이 메인 파일이며 `bin`, `public`, `routes`, `views` 등의 폴더에 각각의 파일들이 나눠져 있는 것을 볼 수 있습니다. 이제 여기에 살을 붙여 애플리케이션을 완성해 나간다고 보면 됩니다.

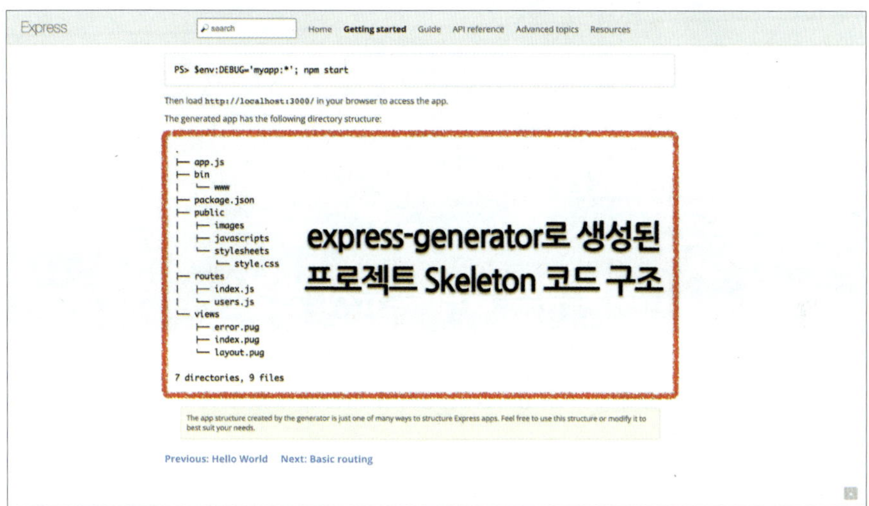

살을 붙이기 전에 먼저 프로젝트 폴더의 소유자를 변경해야 합니다. 앞에서 했던 것과 동일하게 chown 명령어를 사용해서 project 폴더의 소유자를 root에서 ubuntu로 변경합니다.

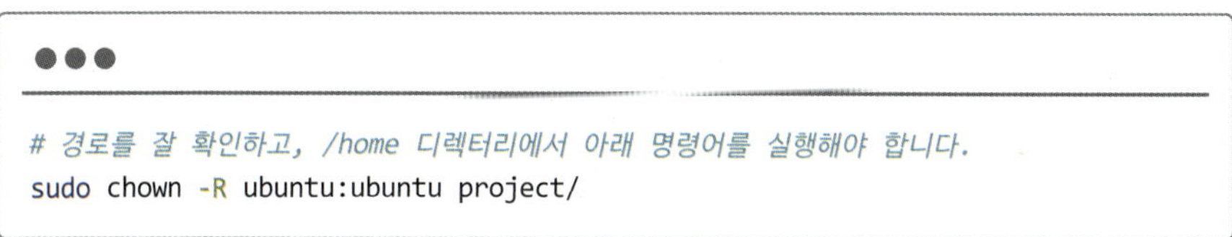

```
# 경로를 잘 확인하고, /home 디렉터리에서 아래 명령어를 실행해야 합니다.
sudo chown -R ubuntu:ubuntu project/
```

```
ubuntu@ip-172-31-16-41:/home/project$ cd ..
ubuntu@ip-172-31-16-41:/home$ ls -al
total 16
drwxr-xr-x  4 root   root   4096 Oct 12 04:31 .
drwxr-xr-x 19 root   root   4096 Oct 12 03:31 ..
drwxr-xr-x  6 root   root   4096 Oct 12 04:31 project
drwxr-x---  5 ubuntu ubuntu 4096 Oct 12 04:21 ubuntu
ubuntu@ip-172-31-16-41:/home$ sudo chown -R ubuntu:ubuntu project/
ubuntu@ip-172-31-16-41:/home$ ls -al
total 16
drwxr-xr-x  4 root   root   4096 Oct 12 04:31 .
drwxr-xr-x 19 root   root   4096 Oct 12 03:31 ..
drwxr-xr-x  6 ubuntu ubuntu 4096 Oct 12 04:31 project
drwxr-x---  5 ubuntu ubuntu 4096 Oct 12 04:21 ubuntu
ubuntu@ip-172-31-16-41:/home$ cd project/
ubuntu@ip-172-31-16-41:/home/project$ ls -al
total 32
drwxr-xr-x 6 ubuntu ubuntu 4096 Oct 12 04:31 .
drwxr-xr-x 4 root   root   4096 Oct 12 04:31 ..
-rw-r--r-- 1 ubuntu ubuntu 1074 Oct 12 04:31 app.js
drwxr-xr-x 2 ubuntu ubuntu 4096 Oct 12 04:31 bin
-rw-r--r-- 1 ubuntu ubuntu  293 Oct 12 04:31 package.json
drwxr-xr-x 5 ubuntu ubuntu 4096 Oct 12 04:31 public
drwxr-xr-x 2 ubuntu ubuntu 4096 Oct 12 04:31 routes
drwxr-xr-x 2 ubuntu ubuntu 4096 Oct 12 04:31 views
ubuntu@ip-172-31-16-41:/home/project$
```


이후 **project** 폴더 내에서 다음 명령을 실행하여 의존성이 있는 패키지들을 모두 설치
해줍니다.

```
npm install
```

화면과 같이 패키지 설치가 완료되었습니다.

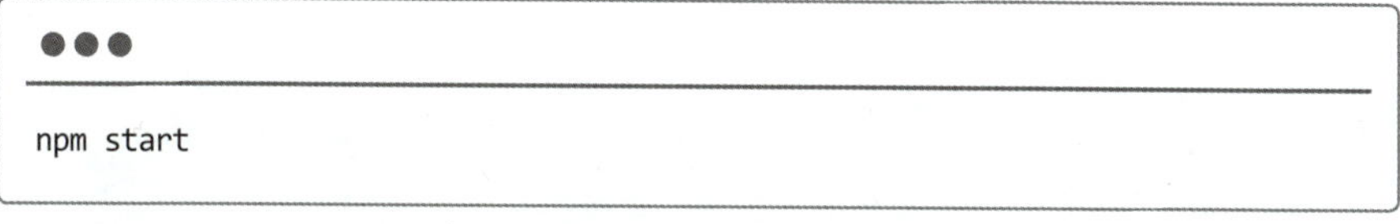

패키지 설치를 완료한 이후에 다음 명령어를 사용해서 실제로 서버를 시작합니다.

```
npm start
```

그리고 앞에서 했던 것처럼 EC2 인스턴스의 Public IPv4 주소의 3000번 포트로 접속 해보면 Express 페이지가 나오는 것을 볼 수 있습니다.

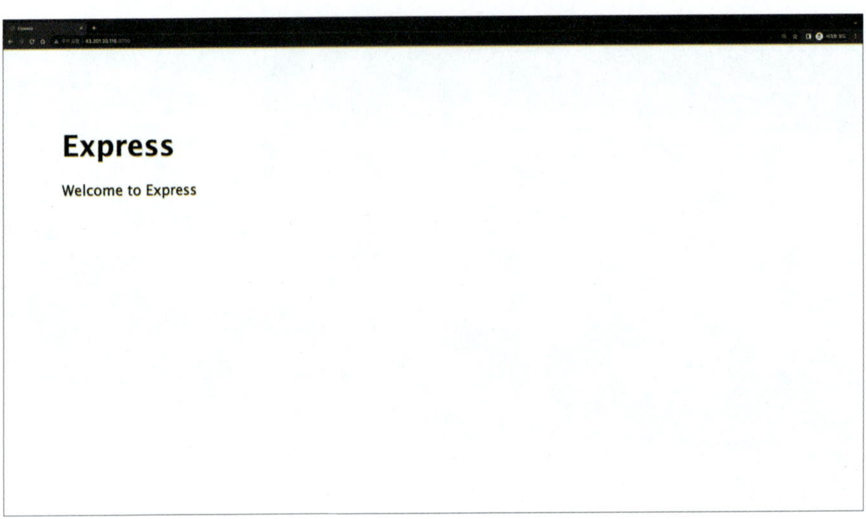

그리고 터미널을 확인해보면 아래 화면과 같이 접속 기록도 출력되는 것을 볼 수 있습니다.

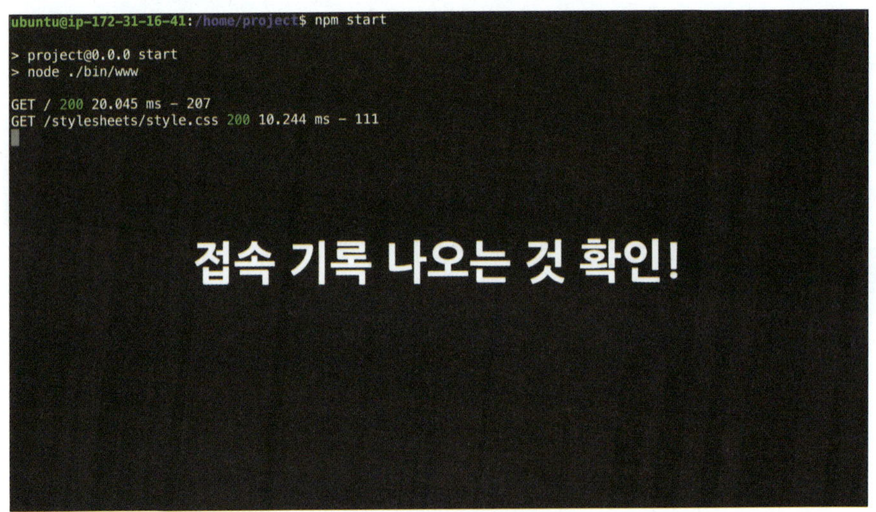

16.9 실습 이미지 파일 업로드를 위한 API 틀 만들기

이번 실습에서는 이미지 파일 업로드를 위한 API 틀을 만들어보도록 하겠습니다. 먼저 아래 명령어를 사용해서 multer를 설치합니다.

```
npm install multer
```

아래 화면과 같이 설치가 완료되었습니다.

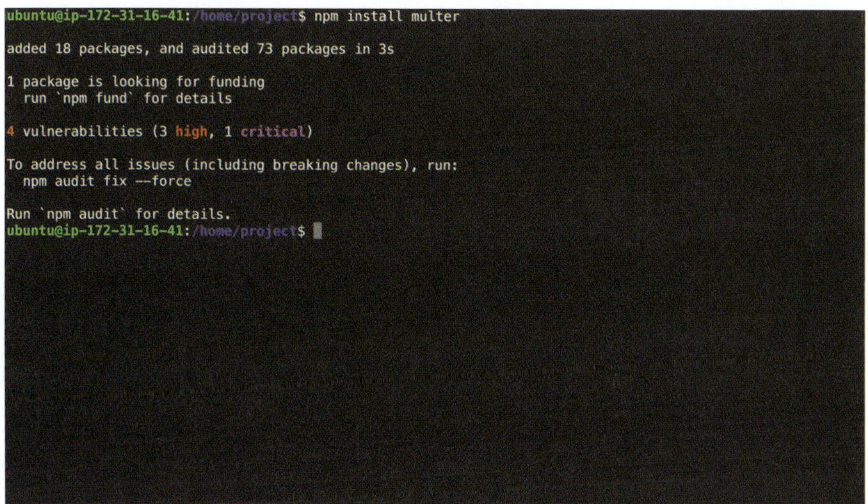

설치 이후에 cat 명령어를 사용해서 package.json 파일을 확인해보면 다음과 같이 multer가 dependencies에 추가된 것을 볼 수 있습니다.

```
ubuntu@ip-172-31-16-41:/home/project$ cat package.json
{
  "name": "project",
  "version": "0.0.0",
  "private": true,
  "scripts": {
    "start": "node ./bin/www"
  },
  "dependencies": {
    "cookie-parser": "~1.4.4",
    "debug": "~2.6.9",
    "ejs": "~2.6.1",
    "express": "~4.16.1",
    "http-errors": "~1.6.3",
    "morgan": "~1.9.1",
    "multer": "^1.4.5-lts.1"
  }
}
ubuntu@ip-172-31-16-41:/home/project$
```


다음으로는 routes 폴더로 이동한 뒤에 파일 복사를 위한 cp 명령어를 사용해서 이미
만들어져 있는 users.js 파일을 복사해서 images.js 파일을 생성합니다.

```
# 경로를 잘 확인하고, /home/project/routes 디렉터리에서 아래 명령어를 실행해야 합니다.
cp users.js images.js
```

```
ubuntu@ip-172-31-16-41:/home/project$ cd routes/
ubuntu@ip-172-31-16-41:/home/project/routes$ ls
index.js  users.js
ubuntu@ip-172-31-16-41:/home/project/routes$ cp users.js images.js
ubuntu@ip-172-31-16-41:/home/project/routes$ ls
images.js  index.js  users.js
ubuntu@ip-172-31-16-41:/home/project/routes$
```

그리고 이후에 다음처럼 Vim 편집기로 `images.js` 파일을 엽니다.

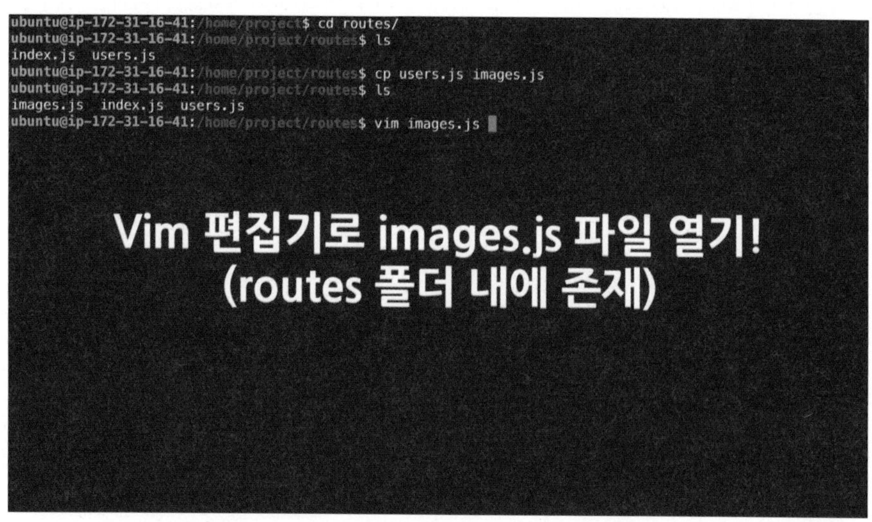

`users.js` 파일을 복사한 것이기 때문에 `images.js` 파일을 열면 화면과 같이 `users.js` 파일과 동일한 내용이 나오게 됩니다.

```
1 var express = require('express');
2 var router = express.Router();
3
4 /* GET users listing. */
5 router.get('/', function(req, res, next) {
6   res.send('respond with a resource');
7 });
8
9 module.exports = router;



"images.js" 9L, 203B                                    1,1           All
```

이 상태에서 다음과 같은 post 요청을 처리하기 위한 함수를 작성합니다. 새로 추가된 코드는 fs, path, multer 모듈을 import하고 multer로 upload를 처리하는 함수를 생성한 뒤에 router.post에 넣어주는 코드입니다. 현재 코드에서는 새로 업로드된 이미지를 프로젝트 폴더 내에 uploads라는 폴더에 저장하게 됩니다.

```javascript
var express = require('express');
var router = express.Router();
var fs = require('fs');
var path = require('path');
var multer = require('multer');
var upload = multer({ dest: path.join(__dirname, '..', 'uploads') });

router.get('/', function (req, res, next) {
    res.send('respond with a resource');
});

router.post('/', upload.single('new-image'), function (req, res, next) {
    console.dir(req.file);

    res.send();
});

module.exports = router;
```

```
 1 var express = require('express');
 2 var router = express.Router();
 3 var fs = require('fs');
 4 var path = require('path');
 5 var multer = require('multer');
 6 var upload = multer({ dest: path.join(__dirname, '..', 'uploads') });
 7
 8 router.get('/', function(req, res, next) {
 9     res.send('respond with a resource');
10 });
11
12 router.post('/', upload.single('new-image'), function(req, res, next) {
13     console.dir(req.file);
14
15     res.send();
16 });
17
18 module.exports = router;
```


코드를 모두 작성했다면 ESC 키를 눌러서 명령 모드로 변경한 뒤에 :wq 명령을 실행해서 저장하고 나갑니다.

```
 1 var express = require('express');
 2 var router = express.Router();
 3 var fs = require('fs');
 4 var path = require('path');
 5 var multer = require('multer');
 6 var upload = multer({ dest: path.join(__dirname, '..', 'uploads') });
 7
 8 router.get('/', function(req, res, next) {
 9     res.send('respond with a resource');
10 });
11
12 router.post('/', upload.single('new-image'), function(req, res, next) {
13     console.dir(req.file);
14
15     res.send();
16 });
17
18 module.exports = router;
```


이후에 Vim 편집기로 project 폴더에 있는 app.js 파일을 엽니다.

```
vim app.js
```

파일을 열면 화면처럼 기본 서버 코드가 나와 있습니다.

```
 1 var createError = require('http-errors');
 2 var express = require('express');
 3 var path = require('path');
 4 var cookieParser = require('cookie-parser');
 5 var logger = require('morgan');
 6
 7 var indexRouter = require('./routes/index');
 8 var usersRouter = require('./routes/users');
 9
10 var app = express();
11
12 // view engine setup
13 app.set('views', path.join(__dirname, 'views'));
14 app.set('view engine', 'ejs');
15
16 app.use(logger('dev'));
17 app.use(express.json());
18 app.use(express.urlencoded({ extended: false }));
19 app.use(cookieParser());
20 app.use(express.static(path.join(__dirname, 'public')));
21
22 app.use('/', indexRouter);
23 app.use('/users', usersRouter);
24
25 // catch 404 and forward to error handler
26 app.use(function(req, res, next) {
27   next(createError(404));
28 });
29
"app.js" 41L, 1074B                                    1,1            Top
```

여기서 i 키를 눌러 입력 모드로 변경한 뒤에 다음과 같이 **images** 라우팅을 위한 코드를 추가해줍니다. 이 코드는 앞에서 작성한 **images.js** 파일을 **import**해서 **/images** 라는 **path**에 매핑시켜주는 코드입니다.

```
var createError = require('http-errors');
var express = require('express');
var path = require('path');
var cookieParser = require('cookie-parser');
var logger = require('morgan');
```

```javascript
var indexRouter = require('./routes/index');
var usersRouter = require('./routes/users');
var imagesRouter = require('./routes/images');

var app = express();

// view engine setup
app.set('views', path.join(__dirname, 'views'));
app.set('view engine', 'ejs');

app.use(logger('dev'));
app.use(express.json());
app.use(express.urlencoded({ extended: false }));
app.use(cookieParser());
app.use(express.static(path.join(__dirname, 'public')));

app.use('/', indexRouter);
app.use('/users', usersRouter);
app.use('/images', imagesRouter);

// catch 404 and forward to error handler
app.use(function (req, res, next) {
    next(createError(404));
});

// error handler
app.use(function (err, req, res, next) {
    // set locals, only providing error in development
    res.locals.message = err.message;
    res.locals.error = req.app.get('env') === 'development' ? err : {};

    // render the error page
    res.status(err.status || 500);
    res.render('error');
});

module.exports = app;
```

```
 1 var createError = require('http-errors');
 2 var express = require('express');
 3 var path = require('path');
 4 var cookieParser = require('cookie-parser');
 5 var logger = require('morgan');
 6
 7 var indexRouter = require('./routes/index');
 8 var usersRouter = require('./routes/users');
 9 var imagesRouter = require('./routes/images');
10
11 var app = express();
12
13 // view engine setup
14 app.set('views', path.join(__dirname, 'views'));
15 app.set('view engine', 'ejs');
16
17 app.use(logger('dev'));
18 app.use(express.json());
19 app.use(express.urlencoded({ extended: false }));
20 app.use(cookieParser());
21 app.use(express.static(path.join(__dirname, 'public')));
22
23 app.use('/', indexRouter);
24 app.use('/users', usersRouter);
25 app.use('/images', imagesRouter);
26
27 // catch 404 and forward to error handler
28 app.use(function(req, res, next) {
29   next(createError(404));
                                        29,25        Top
```


코드를 모두 작성했다면 ESC 키를 눌러 명령 모드로 변경한 뒤에 :wq 명령을 실행해서
저장하고 나갑니다.

 16.10 실습 # 이미지 파일 업로드를 위한 웹페이지 작성

이번 실습에서는 이미지 파일 업로드를 위한 웹페이지를 작성해보겠습니다. 여기서는 웹페이지를 만들기 위해서 Bootstrap을 사용할 예정입니다. 아래 링크는 Bootstrap 웹사이트 링크입니다.

- https://getbootstrap.com/

웹사이트에 접속하면 아래 화면과 같이 Bootstrap 홈페이지가 나오게 됩니다. Bootstrap은 트위터Twitter(현 X)에서 만든 UI 라이브러리입니다. 먼저 여기 **Read the docs** 버튼을 클릭합니다.

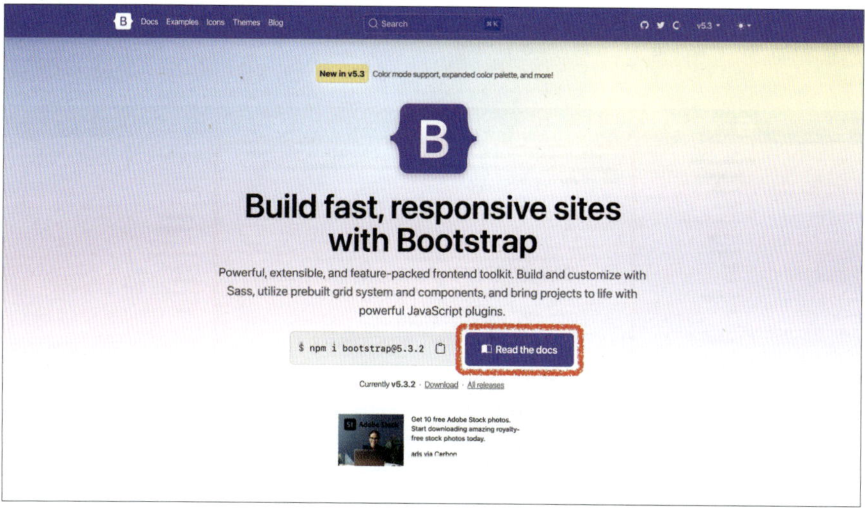

그러면 다음과 같이 Bootstrap을 사용하기 위한 방법이 자세히 나와 있습니다. 여기서 Quick start의 2번을 참고하면 됩니다.

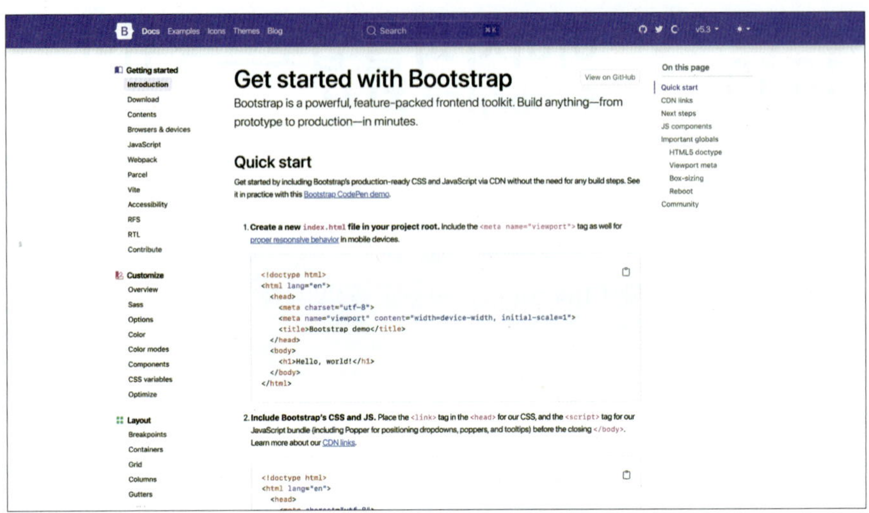

화면을 아래로 내리면 나오는 2번 항목을 참고해서 Bootstrap을 연동합니다. 여기서 위쪽 코드의 head 태그에 나오는 link 태그와 아래쪽 body 태그에 나오는 script 태그를 각각 복사해서 붙여 넣을 예정입니다.

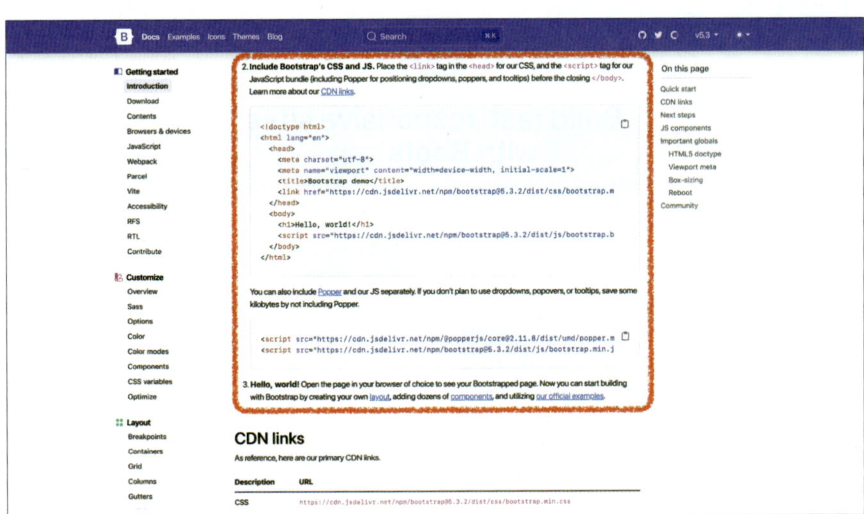

먼저 Vim 편집기로 **views** 폴더 내에 있는 `index.ejs` 파일을 엽니다.

```
vim index.ejs
```

```
ubuntu@ip-172-31-16-41:/home/project$ cd views/
ubuntu@ip-172-31-16-41:/home/project/views$ vim index.ejs
```


그러면 화면과 같이 간단한 형태의 **ejs** 파일이 나오게 됩니다. 얼핏 보면 **html** 파일처럼 생겼는데, 자세히 보면 **title**을 넣어준 부분에 특이한 문법이 사용된 것을 볼 수 있습니다. 이것은 **ejs**의 문법인데, **ejs** 파일은 쉽게 말해서 **html**과 자바스크립트를 함께 사용할 수 있게 해주는 기술이라고 이해하면 됩니다.

```
  1 <!DOCTYPE html>
  2 <html>
  3   <head>
  4     <title><%= title %></title>
  5     <link rel='stylesheet' href='/stylesheets/style.css' />
  6   </head>
  7   <body>
  8     <h1><%= title %></h1>
  9     <p>Welcome to <%= title %></p>
 10   </body>
 11 </html>
~
~
~
~
~
~
~
~
~
~
~
~
~
~
~
"index.ejs" 11L, 222B                                          1,1            All
```

먼저 다음처럼 Bootstrap 페이지의 위쪽 **head** 태그 내에 있는 **link** 태그를 복사합니다.

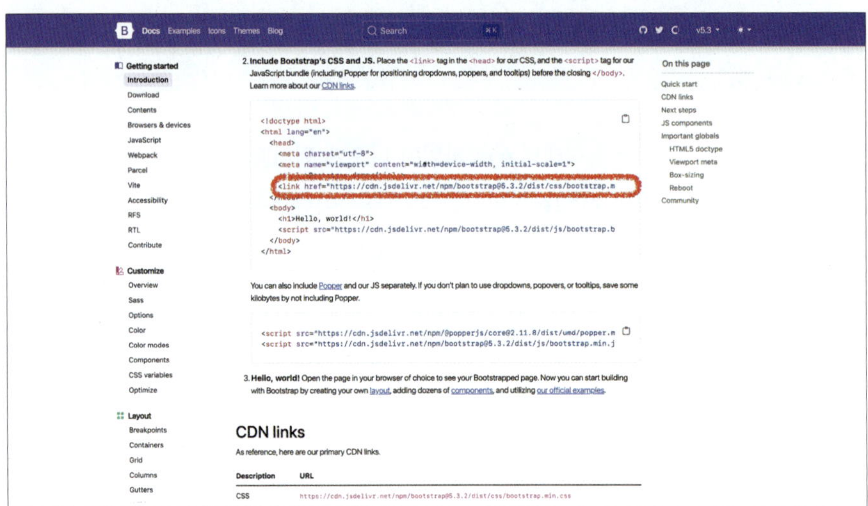

그다음 복사한 bootstrap.min.css 링크를 붙여 넣습니다.

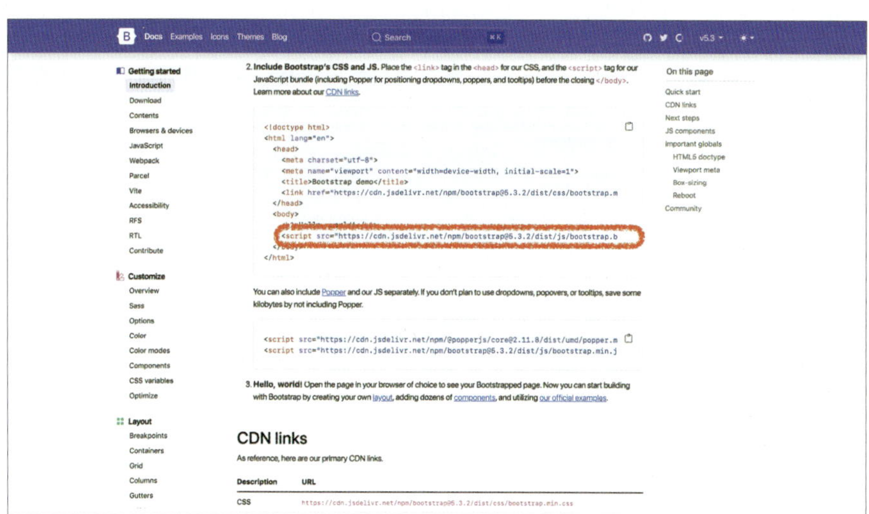

그다음 body 태그의 제일 하단에 있는 script 태그를 복사합니다.

그다음 body 태그의 제일 하단에 아래 화면과 같이 복사한 `bootstrap.bundle.min.js`를 가져오는 `script` 태그를 붙여 넣습니다.

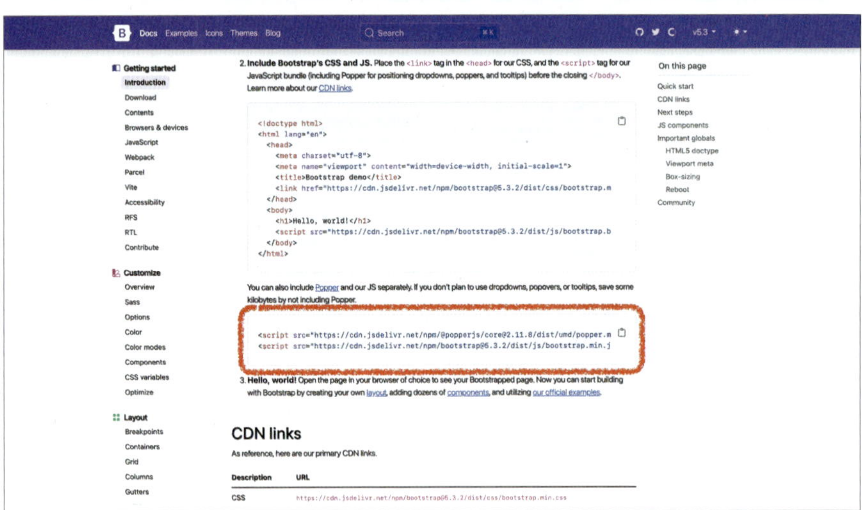

마지막으로 다음 화면에 표시되어 있는 Popper 코드 2줄을 모두 복사합니다.

그다음 `bootstrap.bundle.min.js`의 밑에 아래 화면과 같이 붙여 넣습니다.

```
1 <!DOCTYPE html>
2 <html>
3   <head>
4     <title><%= title %></title>
5     <link rel='stylesheet' href='/stylesheets/style.css' />
6     <link href="https://cdn.jsdelivr.net/npm/bootstrap@5.3.2/dist/css/bootstrap.min.css" rel="styleshe
     et" integrity="sha384-T3c6CoIi6uLrA9TneNEoa7RxnatzjcDSCmG1MXxSR1GAsXEV/Dwwykc2MPK8M2HN" crossorigin="a
     nonymous">
7   </head>
8   <body>
9     <h1><%= title %></h1>
10    <p>Welcome to <%= title %></p>
11
12    <script src="https://cdn.jsdelivr.net/npm/bootstrap@5.3.2/dist/js/bootstrap.bundle.min.js" integri
     ty="sha384-C6RzsynM9kWDrMNeT87bh95OGNyZPhcTNXj1NW7RuBCsyN/o0jlpcV8Qyq46cOfL" crossorigin="anonymous"><
     /script>
13    <script src="https://cdn.jsdelivr.net/npm/@popperjs/core@2.11.8/dist/umd/popper.min.js" integrity=
     "sha384-I7E8VVD/ismYTF4hNIPjVp/Zjvgyol6VFvRkX/vR+Vc4jQkC+hVqc2pM8ODewa9r" crossorigin="anonymous"></sc
     ript>
14    <script src="https://cdn.jsdelivr.net/npm/bootstrap@5.3.2/dist/js/bootstrap.min.js" integrity="sha384-
     BBtl+eGJRgqQAUMxJ7pMwbEyER4llg+O15P+16Ep7Q9Q+zqX6gSbd85u4mG4QzX+" crossorigin="anonymous"></script>
15  </body>
16 </html>
```


여기까지 작성한 코드는 아래와 같습니다.

```
<!DOCTYPE html>
<html>
    <head>
        <title><%= title %></title>
        <link
            rel="stylesheet"
            href="/stylesheets/style.css" />
        <link
            href="https://cdn.jsdelivr.net/npm/bootstrap@5.3.2/dist/css/
bootstrap.min.css"
            rel="stylesheet"
            integrity="sha384-T3c6CoIi6uLrA9TneNEoa7RxnatzjcDSCmG1MXxSR1GAsX
EV/Dwwykc2MPK8M2HN"
            crossorigin="anonymous" />
    </head>
    <body>
```

```html
        <h1><%= title %></h1>
        <p>Welcome to <%= title %></p>

        <script
            src="https://cdn.jsdelivr.net/npm/bootstrap@5.3.2/dist/js/
bootstrap.bundle.min.js"
            integrity="sha384-C6RzsynM9kWDrMNeT87bh95OGNyZPhcTNXj1NW7RuBCs
yN/o0jlpcV8Qyq46cDfL"
            crossorigin="anonymous"></script>
        <script
            src="https://cdn.jsdelivr.net/npm/@popperjs/core@2.11.8/dist/
umd/popper.min.js"
            integrity="sha384-I7E8VVD/ismYTF4hNIPjVp/Zjvgyol6VFvRkX/
vR+Vc4jQkC+hVqc2pM8ODewa9r"
            crossorigin="anonymous"></script>
        <script
            src="https://cdn.jsdelivr.net/npm/bootstrap@5.3.2/dist/js/
bootstrap.min.js"
            integrity="sha384-BBtl+eGJRgqQAUMxJ7pMwbEyER4l1g+O15P+16Ep7Q9Q+z
qX6gSbd85u4mG4QzX+"
            crossorigin="anonymous"></script>
    </body>
</html>
```

다음으로는 Bootstrap 웹사이트의 왼쪽 메뉴에서 **Forms** 밑에 있는 **Input Group**을 클릭합니다. 이후 Input Group 컴포넌트 페이지가 나오면 거기서 오른쪽 항목 중에 **Custom file input**을 클릭합니다.

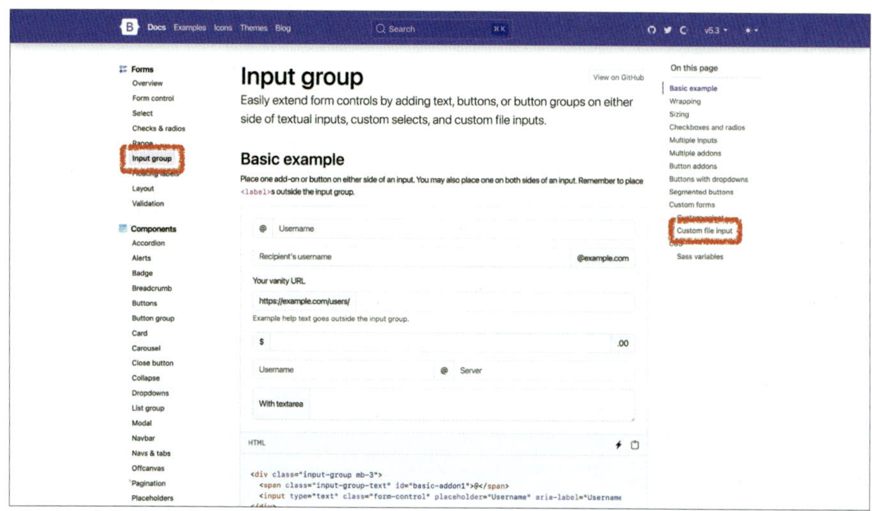

다음 화면과 같이 파일을 선택할 수 있는 다양한 컴포넌트들이 나오게 됩니다. 여기서 제일 위에 있는 컴포넌트를 복사해서 사용하도록 하겠습니다. 해당 부분의 코드만 선택한 뒤에 복사합니다.

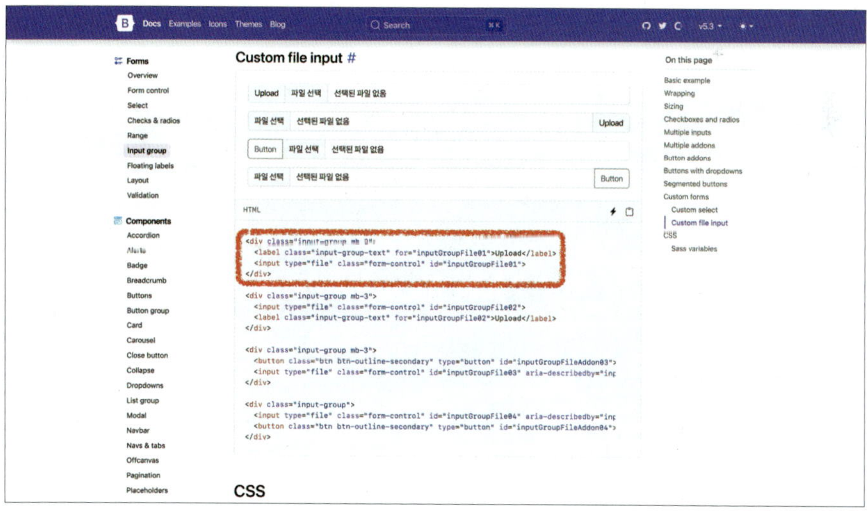

그리고 다음처럼 **body** 태그 중간에 붙여 넣습니다. 이때 붙여 넣은 위치가 약간 헷갈릴
수도 있는데 앞서 작성한 **script** 태그의 위쪽에 붙여 넣으면 됩니다.

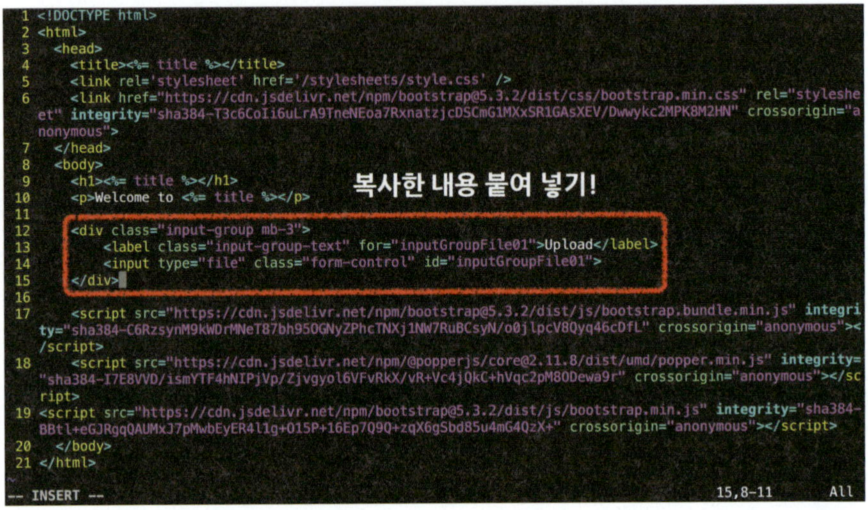

```html
1 <!DOCTYPE html>
2 <html>
3   <head>
4     <title><%= title %></title>
5     <link rel='stylesheet' href='/stylesheets/style.css' />
6     <link href="https://cdn.jsdelivr.net/npm/bootstrap@5.3.2/dist/css/bootstrap.min.css" rel="styleshe
   et" integrity="sha384-T3c6CoIi6uLrA9TneNEoa7Rxnatzjc DSCmG1MXxSR1GAsXEV/Dwwykc2MPK8M2HN" crossorigin="a
   nonymous">
7   </head>
8   <body>
9     <h1><%= title %></h1>
10    <p>Welcome to <%= title %></p>
11
12    <div class="input-group mb-3">
13        <label class="input-group-text" for="inputGroupFile01">Upload</label>
14        <input type="file" class="form-control" id="inputGroupFile01">
15    </div>
16
17        <script src="https://cdn.jsdelivr.net/npm/bootstrap@5.3.2/dist/js/bootstrap.bundle.min.js" integri
   ty="sha384-C6RzsynM9kWDrMNeT87bh95OGNyZPhcTNXj1NW7RuBCsyN/o0jlpcV8Qyq46cDfL" crossorigin="anonymous"><
   /script>
18        <script src="https://cdn.jsdelivr.net/npm/@popperjs/core@2.11.8/dist/umd/popper.min.js" integrity=
   "sha384-I7E8VVD/ismYTF4hNIPjVp/Zjvgyol6VFvRkX/vR+Vc4jQkC+hVqc2pM80Dewa9r" crossorigin="anonymous"></sc
   ript>
19 <script src="https://cdn.jsdelivr.net/npm/bootstrap@5.3.2/dist/js/bootstrap.min.js" integrity="sha384-
   BBtl+eGJRgqQAUMxJ7pMwbEyER4l1g+O15P+16Ep7Q9Q+zqX6gSbd85u4mG4QzX+" crossorigin="anonymous"></script>
20   </body>
21 </html>
-- INSERT --                                                                           15,8-11        All
```


붙여 넣은 다음에는 화면과 같이 **label** 태그의 **for** 속성과 input 태그의 **id** 속성의 값
을 "file-upload"로 변경해줍니다.

```html
1 <!DOCTYPE html>
2 <html>
3   <head>
4     <title><%= title %></title>
5     <link rel='stylesheet' href='/stylesheets/style.css' />
6     <link href="https://cdn.jsdelivr.net/npm/bootstrap@5.3.2/dist/css/bootstrap.min.css" rel="styleshe
   et" integrity="sha384-T3c6CoIi6uLrA9TneNEoa7Rxnatzjc DSCmG1MXxSR1GAsXEV/Dwwykc2MPK8M2HN" crossorigin="a
   nonymous">
7   </head>
8   <body>
9     <h1><%= title %></h1>
10    <p>Welcome to <%= title %></p>
11
12    <div class="input-group mb-3">
13        <label class="input-group-text" for="file-upload">Upload</label>
14        <input type="file" class="form-control" id="file-upload">
15    </div>
16
17        <script src="https://cdn.jsdelivr.net/npm/bootstrap@5.3.2/dist/js/bootstrap.bundle.min.js" integri
   ty="sha384-C6RzsynM9kWDrMNeT87bh95OGNyZPhcTNXj1NW7RuBCsyN/o0jlpcV8Qyq46cDfL" crossorigin="anonymous"><
   /script>
18        <script src="https://cdn.jsdelivr.net/npm/@popperjs/core@2.11.8/dist/umd/popper.min.js" integrity=
   "sha384-I7E8VVD/ismYTF4hNIPjVp/Zjvgyol6VFvRkX/vR+Vc4jQkC+hVqc2pM80Dewa9r" crossorigin="anonymous"></sc
   ript>
19 <script src="https://cdn.jsdelivr.net/npm/bootstrap@5.3.2/dist/js/bootstrap.min.js" integrity="sha384-
   BBtl+eGJRgqQAUMxJ7pMwbEyER4l1g+O15P+16Ep7Q9Q+zqX6gSbd85u4mG4QzX+" crossorigin="anonymous"></script>
20   </body>
21 </html>
-- INSERT --                                                                           14,60-64       All
```

다음으로는 업로드 상태를 알려주기 위한 Progress 컴포넌트를 추가하겠습니다. 왼쪽 컴포넌트 목록에서 **Progress**를 클릭합니다. 이후 Progress 컴포넌트 페이지가 나오면 오른쪽 항목에서 **Animated stripes**를 클릭합니다.

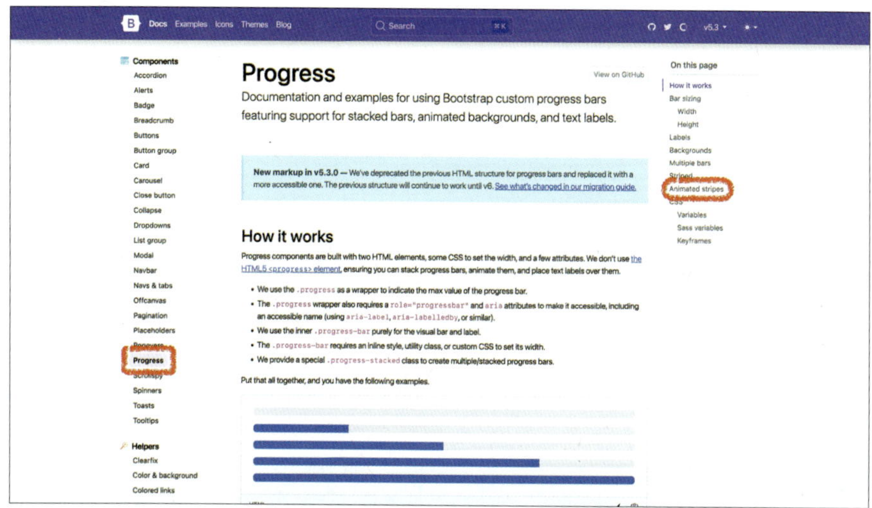

다음처럼 Animated stripes 컴포넌트가 나오게 됩니다. 여기서 **복사** 버튼을 눌러서 컴포넌트 코드를 복사합니다.

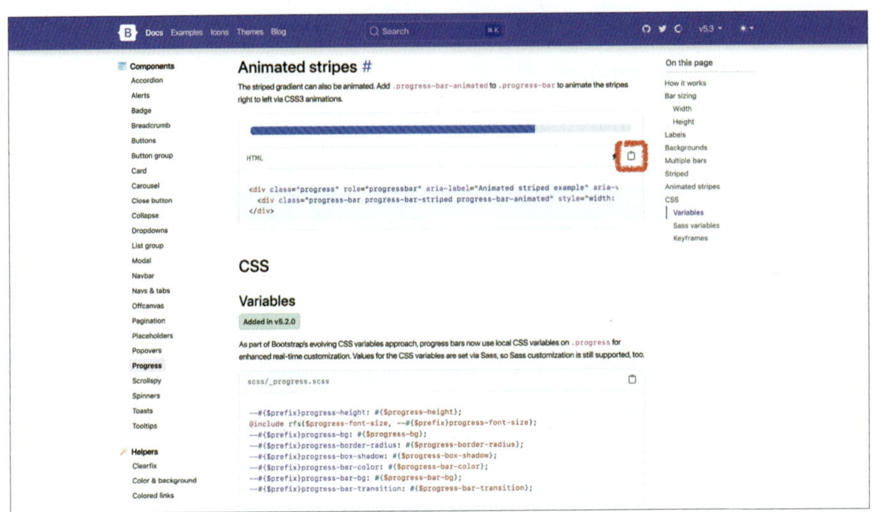

코드를 복사한 이후에 아까 작성한 코드 바로 밑에 화면과 같이 붙여 넣습니다.

```html
1 <!DOCTYPE html>
2 <html>
3   <head>
4     <title><%= title %></title>
5     <link rel='stylesheet' href='/stylesheets/style.css' />
6     <link href="https://cdn.jsdelivr.net/npm/bootstrap@5.3.2/dist/css/bootstrap.min.css" rel="styleshe
et" integrity="sha384-T3c6CoIi6uLrA9TneNEoa7RxnatzjcDSCmG1MXxSR1GAsXEV/Dwwykc2MPK8M2HN" crossorigin="a
nonymous">
7   </head>
8   <body>
9     <h1><%= title %></h1>
10    <p>Welcome to <%= title %></p>
11
12    <div class="input-group mb-3">
13        <label class="input-group-text" for="file-upload">Upload</label>
14        <input type="file" class="form-control" id="file-upload">
15    </div>
16
17    <div class="progress" role="progressbar" aria-label="Animated striped example" aria-valuenow="75"
aria-valuemin="0" aria-valuemax="100">
18        <div class="progress-bar progress-bar-striped progress-bar-animated" style="width: 75%"></div>
19    </div>
20
21    <script src="https://cdn.jsdelivr.net/npm/bootstrap@5.3.2/dist/js/bootstrap.bundle.min.js" integri
ty="sha384-C6RzsynM9kWDrMNeT87bh95OGNyZPhcTNXj1NW7RuBCsyN/o0jlpcV8Qyq46cDfL" crossorigin="anonymous"><
/script>
22    <script src="https://cdn.jsdelivr.net/npm/@popperjs/core@2.11.8/dist/umd/popper.min.js" integrity=
"sha384-I7E8VVD/ismYTF4hNIPjVp/Zjvgyol6VFvRkX/vR+Vc4jQkC+hVqc2pM8ODewa9r" crossorigin="anonymous"></sc
ript>
-- INSERT (paste) --                                                                 19,8-11        Top
```


다음으로는 Progress를 코드상으로 업데이트하기 위해서 먼저 id="progress" 속성을 추가합니다. 그리고 aria-valuenow 속성의 값을 0으로 변경하고, 하위 div 태그의 **style** 속성의 **width** 값을 0%로 변경합니다. 이렇게 하면 처음 **progress**의 값이 0
이 되어 진행 상태 막대가 비어 있는 상태로 나오게 됩니다.

```html
1  <!DOCTYPE html>
2  <html>
3    <head>
4      <title><%= title %></title>
5      <link rel='stylesheet' href='/stylesheets/style.css' />
6      <link href="https://cdn.jsdelivr.net/npm/bootstrap@5.3.2/dist/css/bootstrap.min.css" rel="stylesheet" integrity="sha384-T3c6CoIi6uLrA9TneNEoa7RxnatzjcDSCmG1MXxSR1GAsXEV/Dwwykc2MPK8M2HN" crossorigin="anonymous">
7    </head>
8    <body>
9      <h1><%= title %></h1>
10     <p>Welcome to <%= title %></p>
11
12     <div class="input-group mb-3">
13         <label class="input-group-text" for="file-upload">Upload</label>
14         <input type="file" class="form-control" id="file-upload">
15     </div>
16                                                                                         
17     <div id="progress" class="progress" role="progressbar" aria-label="Animated striped example" aria-valuenow="0" aria-valuemin="0" aria-valuemax="100">
18         <div class="progress-bar progress-bar-striped progress-bar-animated" style="width: 0%"></div>
19     </div>
20
21     <script src="https://cdn.jsdelivr.net/npm/bootstrap@5.3.2/dist/js/bootstrap.bundle.min.js" integrity="sha384-C6RzsynM9kWDrMNeT87bh950GNyZPhcTNXj1NW7RuBCsyN/o0jlpcV8Qyq46cDfL" crossorigin="anonymous"></script>
22     <script src="https://cdn.jsdelivr.net/npm/@popperjs/core@2.11.8/dist/umd/popper.min.js" integrity="sha384-I7E8VVD/ismYTF4hNIPjVp/Zjvgyol6VFvRkX/vR+Vc4jQkC+hVqc2pM80Dewa9r" crossorigin="anonymous"></script>
-- INSERT --                                                                    18,88-94     Top
```


이제 다음으로는 jQuery를 연동하겠습니다. 아래는 jQuery 웹사이트 링크입니다.

- https://code.jquery.com/

웹사이트에 접속하면 jQuery를 버전별로 다운로드할 수 있는 링크가 있습니다. 여기
서 jQuery Core 3.7.1의 minified 버전을 사용하도록 하겠습니다. 해당 링크를 클릭
합니다.

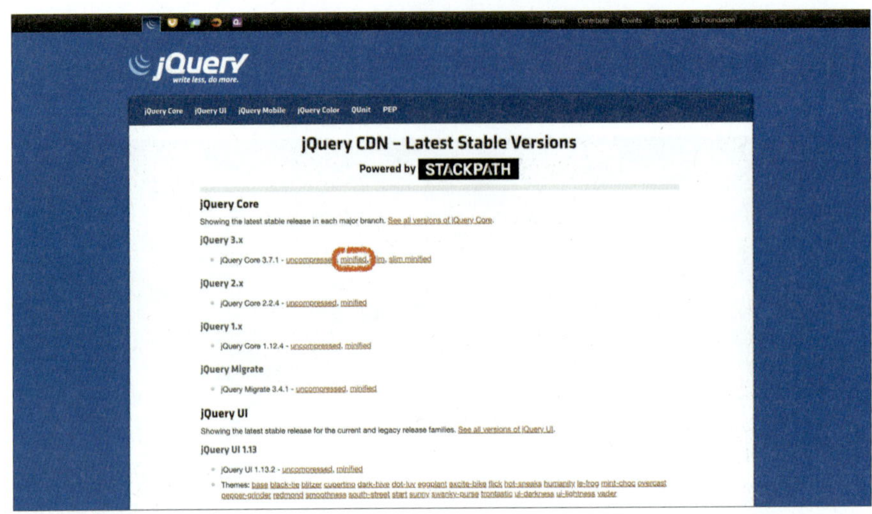

jQuery를 연동하기 위한 **script** 태그 코드가 나오면 **복사** 버튼을 클릭합니다.

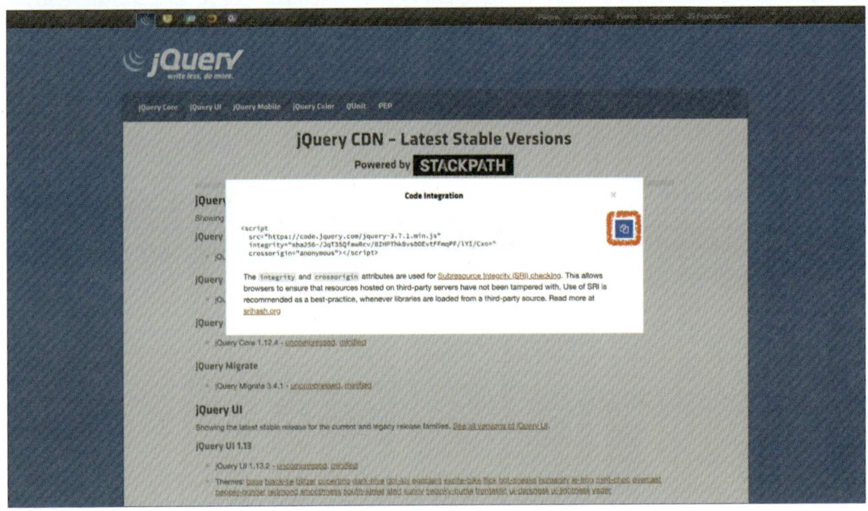

코드를 복사한 뒤에 화면과 같이 붙여 넣습니다. 여기서 붙여 넣은 위치가 bootstrap.
bundle.min.js의 상단이라는 것을 유의하기 바랍니다.

```
 5        <link rel='stylesheet' href='/stylesheets/style.css' />
 6        <link href="https://cdn.jsdelivr.net/npm/bootstrap@5.3.2/dist/css/bootstrap.min.css" rel="styleshe
   et" integrity="sha384-T3c6CoIi6uLrA9TneNEoa7RxnatzjcDSCmG1MXxSR1GAsXEV/Dwwykc2MPK8M2HN" crossorigin="a
   nonymous">
 7      </head>
 8      <body>
 9        <h1><%= title %></h1>
10        <p>Welcome to <%= title %></p>
11
12        <div class="input-group mb-3">
13            <label class="input-group-text" for="file-upload">Upload</label>
14            <input type="file" class="form-control" id="file-upload">
15        </div>
16
17        <div id="progress" class="progress" role="progressbar" aria-label="Animated striped example" aria-
   valuenow="0" aria-valuemin="0" aria-valuemax="100">
18            <div class="progress-bar progress-bar-striped progress-bar-animated" style="width: 0%"></div>
19        </div>
20
21        <script src="https://code.jquery.com/jquery-3.7.1.min.js" integrity="sha256-/JqT3SQfawRcv/BIHPThkB
   vs00EvtFFmqPF/lYI/Cxo=" crossorigin="anonymous"></script>
22
23        <script src="https://cdn.jsdelivr.net/npm/bootstrap@5.3.2/dist/js/bootstrap.bundle.min.js" integri
   ty="sha384-C6RzsynM9kWDrMNeT87bh950GNyZPhcTNXj1NW7RuBCsyN/o0jlpcV8Qyq46cDfL" crossorigin="anonymous"><
   /script>
24        <script src="https://cdn.jsdelivr.net/npm/@popperjs/core@2.11.8/dist/umd/popper.min.js" integrity=
   "sha384-I7E8VVD/ismYTF4hNIPjVp/Zjvgyol6VFvRkX/vR+Vc4jQkC+hVqc2pM80Dewa9r" crossorigin="anonymous"></sc
   ript>
   @
-- INSERT --                                                                              21,156-159    57%
```


다음으로는 jQuery UI를 연동하도록 하겠습니다. 다음은 jQuery UI 웹사이트 링크입니다.

- https://code.jquery.com/ui/

접속하면 jQuery UI를 버전별로 다운로드할 수 있는 링크가 나옵니다. 여기서 jQuery UI 1.13의 minified 버전을 사용하도록 하겠습니다. 해당 링크를 클릭합니다.

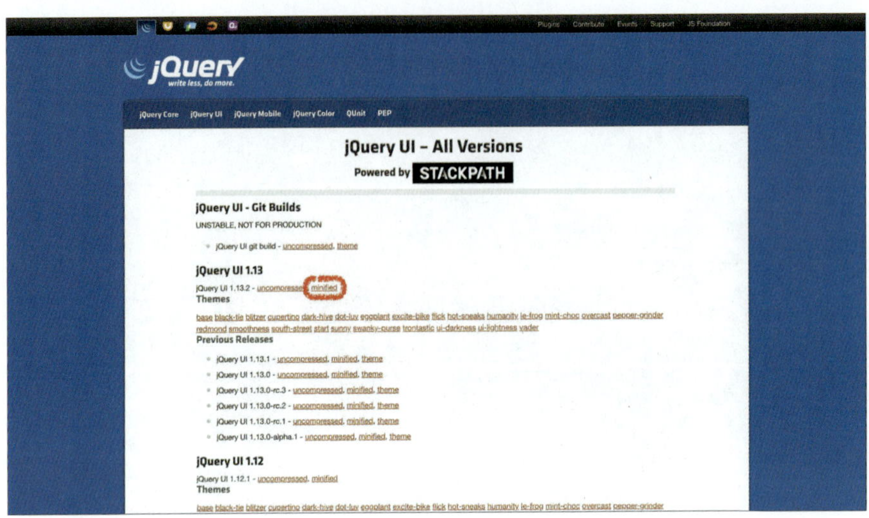

jQuery UI를 연동할 수 있는 **script** 태그가 나오면 복사 버튼을 클릭합니다.

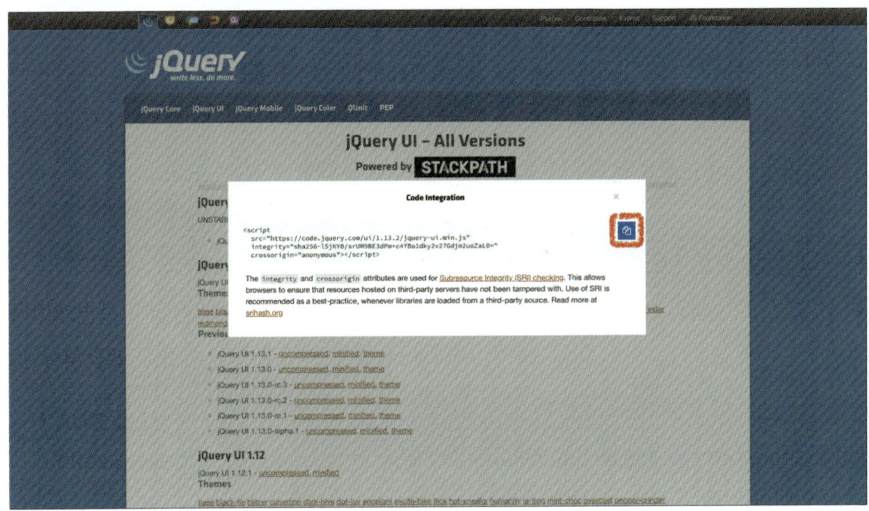

복사한 코드를 화면과 같이 붙여 넣습니다. 여기서 **script** 태그를 붙여 넣은 위치는 앞
에서 작성한 jQuery의 script 태그 바로 밑입니다.

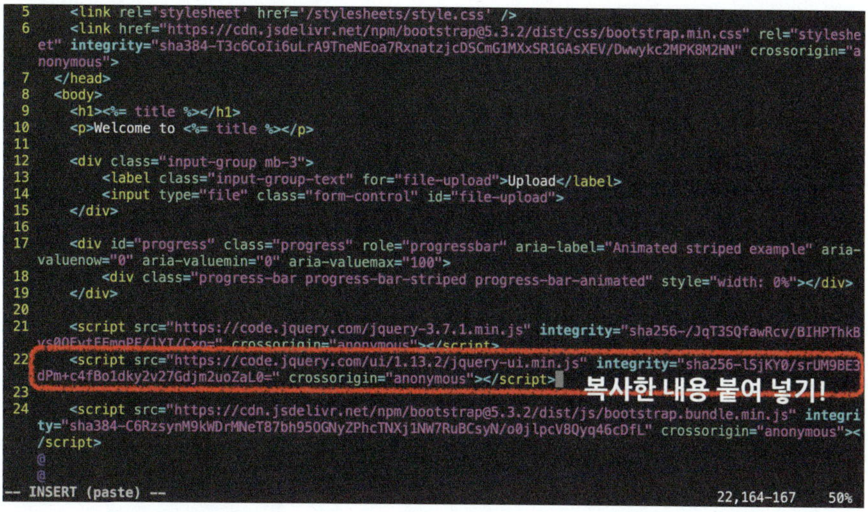

```
 5        <link rel='stylesheet' href='/stylesheets/style.css' />
 6        <link href="https://cdn.jsdelivr.net/npm/bootstrap@5.3.2/dist/css/bootstrap.min.css" rel="styleshe
   et" integrity="sha384-T3c6CoIi6uLrA9TneNEoa7RxnatzjcDSCmG1MXxSR1GAsXEV/Dwwykc2MPK8M2HN" crossorigin="a
   nonymous">
 7      </head>
 8      <body>
 9        <h1><%= title %></h1>
10        <p>Welcome to <%= title %></p>
11
12        <div class="input-group mb-3">
13            <label class="input-group-text" for="file-upload">Upload</label>
14            <input type="file" class="form-control" id="file-upload">
15        </div>
16
17        <div id="progress" class="progress" role="progressbar" aria-label="Animated striped example" aria-
   valuenow="0" aria-valuemin="0" aria-valuemax="100">
18            <div class="progress-bar progress-bar-striped progress-bar-animated" style="width: 0%"></div>
19        </div>
20
21        <script src="https://code.jquery.com/jquery-3.7.1.min.js" integrity="sha256-/JqT3SQfawRcv/BIHPThkB
   vs00EvtFFmqPF/lYI/Cxo=" crossorigin="anonymous"></script>
22        <script src="https://code.jquery.com/ui/1.13.2/jquery-ui.min.js" integrity="sha256-lSjKY0/srUM9BE3
   dPm+c4fBo1dky2v27Gdjm2uoZaL0=" crossorigin="anonymous"></script>
23
24        <script src="https://cdn.jsdelivr.net/npm/bootstrap@5.3.2/dist/js/bootstrap.bundle.min.js" integri
   ty="sha384-C6RzsynM9kWDrMNeT87bh950GNyZPhcTNXj1NW7RuBCsyN/o0jlpcV8Qyq46cDfL" crossorigin="anonymous"><
   /script>
   @
   @
-- INSERT (paste) --                                                                 22,164-167      50%
```


모든 코드를 작성했다면 ESC 키를 눌러 명령 모드로 변경한 뒤에 :wq를 입력하여 저장
하고 나갑니다.

```
 5        <link rel='stylesheet' href='/stylesheets/style.css' />
 6        <link href="https://cdn.jsdelivr.net/npm/bootstrap@5.3.2/dist/css/bootstrap.min.css" rel="styleshe
   et" integrity="sha384-T3c6CoIi6uLrA9TneNEoa7RxnatzjcDSCmG1MXxSR1GAsXEV/Dwwykc2MPK8M2HN" crossorigin="a
   nonymous">
 7      </head>
 8      <body>
 9        <h1><%= title %></h1>
10        <p>Welcome to <%= title %></p>
11
12        <div class="input-group mb-3">
13            <label class="input-group-text" for="file-upload">Upload</label>
14            <input type="file" class="form-control" id="file-upload">
15        </div>
16
17        <div id="progress" class="progress" role="progressbar" aria-label="Animated striped example" aria-
   valuenow="0" aria-valuemin="0" aria-valuemax="100">
18            <div class="progress-bar progress-bar-striped progress-bar-animated" style="width: 0%"></div>
19        </div>
20
21        <script src="https://code.jquery.com/jquery-3.7.1.min.js" integrity="sha256-/JqT3SQfawRcv/BIHPThkB
   vs00EvtFFmqPF/lYI/Cxo=" crossorigin="anonymous"></script>
22        <script src="https://code.jquery.com/ui/1.13.2/jquery-ui.min.js" integrity="sha256-lSjKY0/srUM9BE3
   dPm+c4fBo1dky2v27Gdjm2uoZaL0=" crossorigin="anonymous"></script>
23
24        <script src="https://cdn.jsdelivr.net/npm/bootstrap@5.3.2/dist/js/bootstrap.bundle.min.js" integri
   ty="sha384-C6RzsynM9kWDrMNeT87bh950GNyZPhcTNXj1NW7RuBCsyN/o0jlpcV8Qyq46cDfL" crossorigin="anonymous"><
   /script>
   @
   @
:wq
```

다음으로는 Blueimp jQuery File Upload라는 별도의 라이브러리를 연동해야 합니다. 이 라이브러리는 jQuery와 연동해서 파일을 업로드하기 위해 사용한다고 보면 됩니다. 아래 링크는 Blueimp jQuery File Upload의 깃허브 저장소 링크입니다. 이 링크는 꼭 접속해야 하는 것은 아니니 필요한 분들만 참고하기 바랍니다.

- https://github.com/blueimp/jQuery-File-Upload

앞에서 저장했던 `index.ejs` 파일을 Vim 편집기로 다시 엽니다.

```
vim views/index.ejs
```


그리고 다음과 같이 Blueimp jQuery file upload를 연동하기 위한 **script** 태그를 작성해줍니다. 오타가 없도록 유의해서 작성하기 바랍니다.

```html
<script src="https://blueimp.github.io/jQuery-File-Upload/js/jquery.
fileupload.js" crossorigin="anonymous"></script>
```

```
12        <div class="input-group mb-3">
13            <label class="input-group-text" for="file-upload">Upload</label>
14            <input type="file" class="form-control" id="file-upload">
15        </div>
16
17        <div id="progress" class="progress" role="progressbar" aria-label="Animated striped example" aria-
   valuenow="0" aria-valuemin="0" aria-valuemax="100">
18            <div class="progress-bar progress-bar-striped progress-bar-animated" style="width: 0%"></div>
19        </div>
20
21        <script src="https://code.jquery.com/jquery-3.7.1.min.js" integrity="sha256-/JqT3SQfawRcv/BIHPThkB
   vs00EvtFFmqPF/lYI/Cxo=" crossorigin="anonymous"></script>
22        <script src="https://code.jquery.com/ui/1.13.2/jquery-ui.min.js" integrity="sha256-lSjKY0/srUM9BE3
   dPm+c4fBo1dky2v27Gdjm2uoZaL0=" crossorigin="anonymous"></script>
23
24        <script src="https://cdn.jsdelivr.net/npm/bootstrap@5.3.2/dist/js/bootstrap.bundle.min.js" integri
   ty="sha384-C6RzsynM9kWDrMNeT87bh950GNyZPhcTNXj1NW7RuBCsyN/o0jlpcV8Qyq46cDfL" crossorigin="anonymous"><
   /script>
25        <script src="https://cdn.jsdelivr.net/npm/@popperjs/core@2.11.8/dist/umd/popper.min.js" integrity=
   "sha384-I7E8VVD/ismYTF4hNIPjVp/Zjvgyol6VFvRkX/vR+Vc4jQkC+hVqc2pM80Dewa9r" crossorigin="anonymous"></sc
   ript>
26        <script src="https://cdn.jsdelivr.net/npm/bootstrap@5.3.2/dist/js/bootstrap.min.js" integrity="sha
   384-BBtl+eGJRgqQAUMxJ7pMwbEyER4l1g+015P+16Ep7Q9Q+zqX6gSbd85u4mG4QzX+" crossorigin="anonymous"></script
   >
27
28        <script src="https://blueimp.github.io/jQuery-File-Upload/js/jquery.fileupload.js" crossorigin="an
   onymous"></script>
29    </body>
30 </html>
-- INSERT --                                                                          28,118-121      Bot
```


script 태그를 모두 작성하고 위쪽에 있는 input 태그에 다음과 같이 name 속성을 추
가해줍니다. 그리고 name 속성의 값은 new-image로 합니다.

```
12        <div class="input-group mb-3">
13            <label class="input-group-text" for="file-upload">Upload</label>
14            <input type="file" class="form-control" id="file-upload" name="new-image">
15        </div>
16
17        <div id="progress" class="progress" role="progressbar" aria-label="Animated striped example" aria-
   valuenow="0" aria-valuemin="0" aria-valuemax="100">
18            <div class="progress-bar progress-bar-striped progress-bar-animated" style="width: 0%"></div>
19        </div>
20
21        <script src="https://code.jquery.com/jquery-3.7.1.min.js" integrity="sha256-/JqT3SQfawRcv/BIHPThkB
   vs00EvtFFmqPF/lYI/Cxo=" crossorigin="anonymous"></script>
22        <script src="https://code.jquery.com/ui/1.13.2/jquery-ui.min.js" integrity="sha256-lSjKY0/srUM9BE3
   dPm+c4fBo1dky2v27Gdjm2uoZaL0=" crossorigin="anonymous"></script>
23
24        <script src="https://cdn.jsdelivr.net/npm/bootstrap@5.3.2/dist/js/bootstrap.bundle.min.js" integri
   ty="sha384-C6RzsynM9kWDrMNeT87bh950GNyZPhcTNXj1NW7RuBCsyN/o0jlpcV8Qyq46cDfL" crossorigin="anonymous"><
   /script>
25        <script src="https://cdn.jsdelivr.net/npm/@popperjs/core@2.11.8/dist/umd/popper.min.js" integrity=
   "sha384-I7E8VVD/ismYTF4hNIPjVp/Zjvgyol6VFvRkX/vR+Vc4jQkC+hVqc2pM80Dewa9r" crossorigin="anonymous"></sc
   ript>
26        <script src="https://cdn.jsdelivr.net/npm/bootstrap@5.3.2/dist/js/bootstrap.min.js" integrity="sha
   384-BBtl+eGJRgqQAUMxJ7pMwbEyER4l1g+015P+16Ep7Q9Q+zqX6gSbd85u4mG4QzX+" crossorigin="anonymous"></script
   >
27
28        <script src="https://blueimp.github.io/jQuery-File-Upload/js/jquery.fileupload.js" crossorigin="an
   onymous"></script>
29    </body>
30 </html>
-- INSERT --                                                                          14,78-82        Bot
```


여기까지 작성한 코드는 아래와 같습니다.

```html
<!DOCTYPE html>
<html>
    <head>
        <title><%= title %></title>
        <link
            rel="stylesheet"
            href="/stylesheets/style.css" />
        <link
            href="https://cdn.jsdelivr.net/npm/bootstrap@5.3.2/dist/css/
bootstrap.min.css"
            rel="stylesheet"
            integrity="sha384-T3c6CoIi6uLrA9TneNEoa7RxnatzjcDSCmG1MXxSR1GAsX
EV/Dwwykc2MPK8M2HN"
            crossorigin="anonymous" />
    </head>
    <body>
        <h1><%= title %></h1>
        <p>Welcome to <%= title %></p>

        <div class="input-group mb-3">
            <label
                class="input-group-text"
                for="file-upload">
                Upload
            </label>
            <input
                type="file"
                class="form-control"
                id="file-upload"
                name="new-image" />
        </div>

        <div
            id="progress"
            class="progress"
            role="progressbar"
            aria-label="Animated striped example"
            aria-valuenow="0"
            aria-valuemin="0"
```

```html
                aria-valuemax="100">
            <div
                class="progress-bar progress-bar-striped progress-bar-
animated"
                style="width: 0%"></div>
        </div>

        <script
            src="https://code.jquery.com/jquery-3.7.1.min.js"
            integrity="sha256-/JqT3SQfawRcv/BIHPThkBvs0OEvtFFmqPF/lYI/Cxo="
            crossorigin="anonymous"></script>
        <script
            src="https://code.jquery.com/ui/1.13.2/jquery-ui.min.js"
            integrity="sha256-lSjKY0/srUM9BE3dPm+c4fBo1dky2v27Gdjm2uoZaL0="
            crossorigin="anonymous"></script>

        <script
            src="https://cdn.jsdelivr.net/npm/bootstrap@5.3.2/dist/js/
bootstrap.bundle.min.js"
            integrity="sha384-C6RzsynM9kWDrMNeT87bh95OGNyZPhcTNXj1NW7RuBCs
yN/o0jlpcV8Qyq46cDfL"
            crossorigin="anonymous"></script>
        <script
            src="https://cdn.jsdelivr.net/npm/@popperjs/core@2.11.8/dist/
umd/popper.min.js"
            integrity="sha384-I7E8VVD/ismYTF4hNIPjVp/Zjvgyol6VFvRkX/
vR+Vc4jQkC+hVqc2pM8ODewa9r"
            crossorigin="anonymous"></script>
        <script
            src="https://cdn.jsdelivr.net/npm/bootstrap@5.3.2/dist/js/
bootstrap.min.js"
            integrity="sha384-BBtl+eGJRgqQAUMxJ7pMwbEyER4l1g+O15P+16Ep7Q9Q+z
qX6gSbd85u4mG4QzX+"
            crossorigin="anonymous"></script>

        <script
            src="https://blueimp.github.io/jQuery-File-Upload/js/jquery.
fileupload.js"
            crossorigin="anonymous"></script>
    </body>
</html>
```

다음으로는 **body** 태그의 제일 하단에 다음처럼 파일을 업로드하는 코드를 작성합니다. 이 책은 AWS 학습을 위한 책이므로 이 코드의 문법을 모두 이해할 필요는 없습니다. jQuery를 사용해서 파일을 업로드하는 코드라고만 이해하면 됩니다. 그리고 추가로 파일 업로드 진행 상태에 따라서 **progress bar**의 **width**를 업데이트하는 코드도 들어 있습니다.

```
<script>
    $(function () {
        $('#file-upload').fileupload({
            url: '/images',
            dataType: 'json',
            progressall: function (e, data) {
                var progress = parseInt(
                    (data.loaded / data.total) * 100,
                    10
                );
                $('#progress .progress-bar').css(
                    'width',
                    progress + '%'
                );
            },
        });
    });
</script>
```

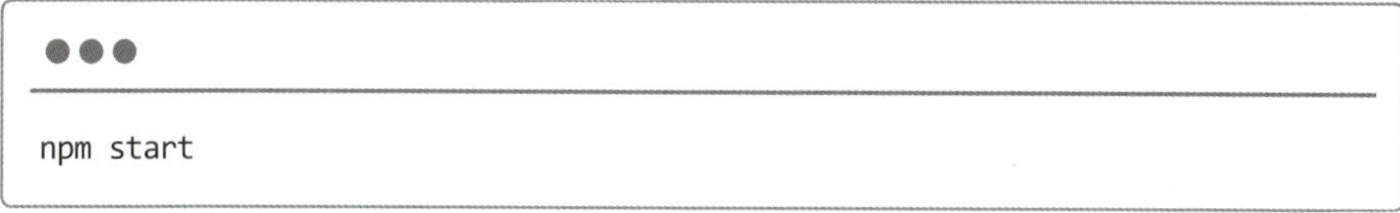

이제 모든 코드를 작성했다면 ESC 키를 눌러서 명령 모드로 변경한 뒤에 `:wq`를 입력하여 저장하고 나갑니다.

이후 project 폴더에서 `npm start` 명령을 실행하여 서버를 시작합니다.

```
npm start
```

```
ubuntu@ip-172-31-16-41:/home/project$ npm start

> project@0.0.0 start
> node ./bin/www
```

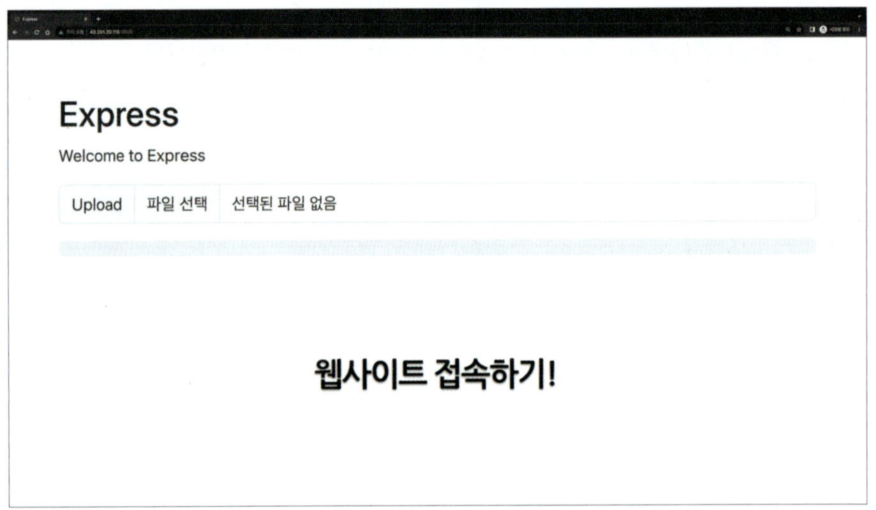

서버의 3000번 포트로 접속하면 우리가 작성한 UI가 잘 나오는 것을 볼 수 있습니다.

여기서 파일 선택을 클릭하여 이미지를 업로드해보기 바랍니다. 그럼 다음 화면과 같이
progress bar가 올라가는 것을 볼 수 있습니다.

그리고 터미널에서 로그를 확인해보면 업로드된 이미지 파일의 정보가 나오는 것을 볼 수 있습니다. 여기서 path 부분을 보면 project 폴더 내에 있는 uploads 폴더에 이미지가 업로드된 것으로 나옵니다.

```
ubuntu@ip-172-31-16-41:/home/project$ npm start

> project@0.0.0 start
> node ./bin/www

GET / 304 27.413 ms - -
GET /stylesheets/style.css 304 6.733 ms - -
{
  fieldname: 'new-image',
  originalname: 'car-1.jpg',
  encoding: '7bit',
  mimetype: 'image/jpeg',
  destination: '/home/project/uploads',
  filename: '8724f654eb3813a3b7b79f3748c7fe79',
  path: '/home/project/uploads/8724f654eb3813a3b7b79f3748c7fe79',
  size: 177030
}
POST /images 200 180.833 ms - -
```

실제로 **uploads** 폴더에서 **ls** 명령어로 파일 목록을 출력하면 아래 화면처럼 업로드된
파일이 잘 나오는 것을 볼 수 있습니다.

16.11 실습 AWS SDK for JavaScript 설치하기

이번 실습에서는 AWS SDK for JavaScript를 설치하도록 하겠습니다. 아래는 AWS SDK for JavaScript 링크입니다. 해당 링크는 꼭 접속할 필요는 없고 자세한 내용이 궁금한 분들만 참고하기 바랍니다.

- https://aws.amazon.com/sdk-for-javascript/

AWS SDK를 설치하기 위해서 **project** 폴더에서 아래 명령어를 사용해서 S3 SDK를 설치합니다.

```
npm install @aws-sdk/client-s3
```

아래 화면과 같이 S3를 위한 AWS JavaScript SDK가 설치되었습니다.

```
ubuntu@ip-172-31-16-41:/home/project$ npm install @aws-sdk/client-s3

added 101 packages, and audited 174 packages in 14s

2 packages are looking for funding
  run `npm fund` for details

4 vulnerabilities (3 high, 1 critical)

To address all issues (including breaking changes), run:
  npm audit fix --force

Run `npm audit` for details.
ubuntu@ip-172-31-16-41:/home/project$
```

이후 cat 명령어를 사용해서 package.json 파일의 내용을 출력해보면 화면처럼 의존
성 패키지 목록에 AWS S3 SDK가 추가된 것을 볼 수 있습니다.

```
ubuntu@ip-172-31-16-41:/home/project$ cat package.json
{
  "name": "project",
  "version": "0.0.0",
  "private": true,
  "scripts": {
    "start": "node ./bin/www"
  },
  "dependencies": {
    "@aws-sdk/client-s3": "^3.427.0",
    "cookie-parser": "~1.4.4",
    "debug": "~2.6.9",
    "ejs": "~2.6.1",
    "express": "~4.16.1",
    "http-errors": "~1.6.3",
    "morgan": "~1.9.1",
    "multer": "^1.4.5-lts.1"
  }
}
ubuntu@ip-172-31-16-41:/home/project$
```

실습 서버에서 받은 이미지 파일을 S3에 저장하기

이번 실습에서는 서버에서 받은 이미지 파일을 서버가 아닌 S3에 저장하도록 해보겠습니다. 먼저 이미지 업로드 API 수정을 위해 Vim 편집기로 routes 폴더 내에 있는 `images.js` 파일을 엽니다.

```
vim images.js
```

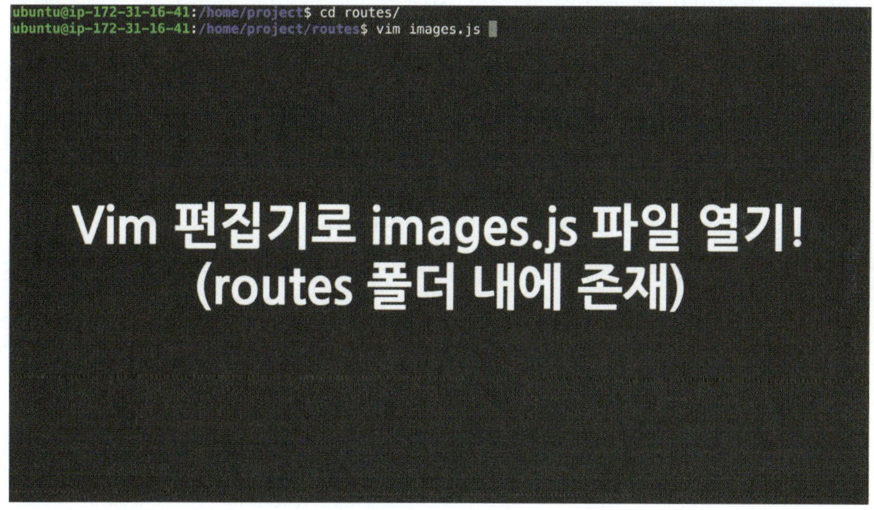

그러면 다음처럼 앞에서 작성해놓은 코드가 나오게 됩니다.

```
 1 var express = require('express');
 2 var router = express.Router();
 3 var fs = require('fs');
 4 var path = require('path');
 5 var multer = require('multer');
 6 var upload = multer({ dest: path.join(__dirname, '..', 'uploads') });
 7
 8 router.get('/', function(req, res, next) {
 9     res.send('respond with a resource');
10 });
11
12 router.post('/', upload.single('new-image'), function(req, res, next) {
13     console.dir(req.file);
14
15     res.send();
16 });
17
18 module.exports = router;
```
`"images.js" 18L, 446B`   `1,1`   `All`

여기서 먼저 아래와 같이 AWS SDK로부터 **S3Client**와 **PutObjectCommand**를 **import**하고, 새로운 **S3Client** 인스턴스를 생성하는 코드를 작성합니다.

```
var { S3Client, PutObjectCommand } = require('@aws-sdk/client-s3');
const s3Client = new S3Client({ region: 'ap-northeast-2' });
```

```
 1 var express = require('express');
 2 var router = express.Router();
 3 var fs = require('fs');
 4 var path = require('path');
 5 var multer = require('multer');
 6 var upload = multer({ dest: path.join(__dirname, '..', 'uploads') });
 7 var { S3Client, PutObjectCommand } = require("@aws-sdk/client-s3");
 8 const s3Client = new S3Client({ region: 'ap-northeast-2' });
 9
10 router.get('/', function(req, res, next) {
11     res.send('respond with a resource');
12 });
13
14 router.post('/', upload.single('new-image'), function(req, res, next) {
15     console.dir(req.file);
16
17     res.send();
18 });
19
20 module.exports = router;
-- INSERT --                                                      8,68          All
```

S3Client import해서
인스턴스 생성하는 코드 작성!

다음으로는 image 업로드 API 코드를 수정해야 합니다. 다음과 같이 파일을 읽고
s3Client의 send() 함수를 사용해서 버킷에 파일을 업로드하는 코드를 작성합니다.
여기서 버킷의 이름은 각자 고유한 이름으로 작성해야 하며 작성한 버킷의 이름을 잘
기억해두기 바랍니다.

```
router.post('/', upload.single('new-image'), function (req, res, next) {
    console.dir(req.file);

    fs.readFile(req.file.path, function (err, data) {
        s3Client
            .send(
                new PutObjectCommand({
                    Bucket: 'soaple-bucket-20231012',
                    Key: req.file.filename,
                    Body: data,
                    ContentType: req.file.mimetype,
                })
            )
            .then((data) => {
```

```javascript
                console.log(data);
                res.send(data);
            })
            .catch((error) => {
                console.log(error);
            });
    });
});
```

```
 6 var upload = multer({ dest: path.join(__dirname, '..', 'uploads') });
 7 var { S3Client, PutObjectCommand } = require("@aws-sdk/client-s3");
 8 const s3Client = new S3Client({ region: 'ap-northeast-2' });
 9
10 router.get('/', function(req, res, next) {
11     res.send('respond with a resource');
12 });
13
14 router.post('/', upload.single('new-image'), function(req, res, next) {
15     console.dir(req.file);
16
17     fs.readFile(req.file.path, function (err, data) {
18         s3Client.send(
19             new PutObjectCommand({
20                 Bucket: "soaple-bucket-20231012",
21                 Key: req.file.filename,
22                 Body: data,
23                 ContentType: req.file.mimetype,
24             })
25         ).then((data) => {
26             console.log(data);
27         })
28         .catch((error) => {
29             console.log(error);
30         });
31     });
32 });
33
34 module.exports = router;
-- INSERT --                                              30,8-12        Bot
```


모든 코드를 작성했다면 명령 모드에서 :wq를 입력하여 저장하고 나갑니다.

```javascript
 6  var upload = multer({ dest: path.join(__dirname, '..', 'uploads') });
 7  var { S3Client, PutObjectCommand } = require("@aws-sdk/client-s3");
 8  const s3Client = new S3Client({ region: 'ap-northeast-2' });
 9
10  router.get('/', function(req, res, next) {
11      res.send('respond with a resource');
12  });
13
14  router.post('/', upload.single('new-image'), function(req, res, next) {
15      console.dir(req.file);
16
17      fs.readFile(req.file.path, function (err, data) {
18          s3Client.send(
19              new PutObjectCommand({
20                  Bucket: "soaple-bucket-20231012",
21                  Key: req.file.filename,
22                  Body: data,
23                  ContentType: req.file.mimetype,
24              })
25          ).then((data) => {
26              console.log(data);
27          })
28          .catch((error) => {
29              console.log(error);
30          });
31      });
32  });
33
34  module.exports = router;
:wq
```


이후 project 폴더 에서 npm start 명령을 실행하여 서버를 시작합니다.

```
● ● ●

npm start
```

서버를 시작한 이후 Public IPv4 주소의 3000번 포트로 웹사이트에 접속하고 다음과
같이 새로운 이미지 파일을 업로드해보기 바랍니다.

파일을 업로드한 이후에 터미널의 로그를 확인해보면 화면처럼 credentials 에러가 발생한 것을 볼 수 있습니다. 에러가 발생한 이유는 현재 EC2 인스턴스가 S3에 파일을 업로드할 권한이 없기 때문입니다. 그래서 EC2 인스턴스가 S3에 파일을 업로드할 수 있도록 권한을 부여해야 합니다.

우리가 사용하는 컴퓨터에서 AWS SDK나 CLI를 사용하기 위해서는 공유 자격 증명을 설정했었습니다. 하지만 EC2 같은 AWS 서비스에는 별도로 공유 자격 증명을 설정할 필요 없이 Role을 부여하면 됩니다.

Role은 앞에서 IAM을 배울 때 나왔던 개념인데 AWS의 작업과 리소스에 대한 액세스를 부여하는 권한 세트입니다. 그리고 Role은 다음 그림처럼 AWS의 서비스에 부여해서 사용하게 됩니다. 공사장에 출입하려면 안전모를 써야 하는 것처럼 한 AWS 서비스가 다른 AWS 서비스에 접근하려면 필요한 권한을 가진 Role을 받아야 하는 것입니다.

EC2 인스턴스에 Role을 설정하기 위해서 AWS 콘솔에서 EC2 인스턴스를 선택하고, **작업** 메뉴의 하위 메뉴에서 **보안** 메뉴에 있는 **IAM 역할 수정**을 클릭합니다.

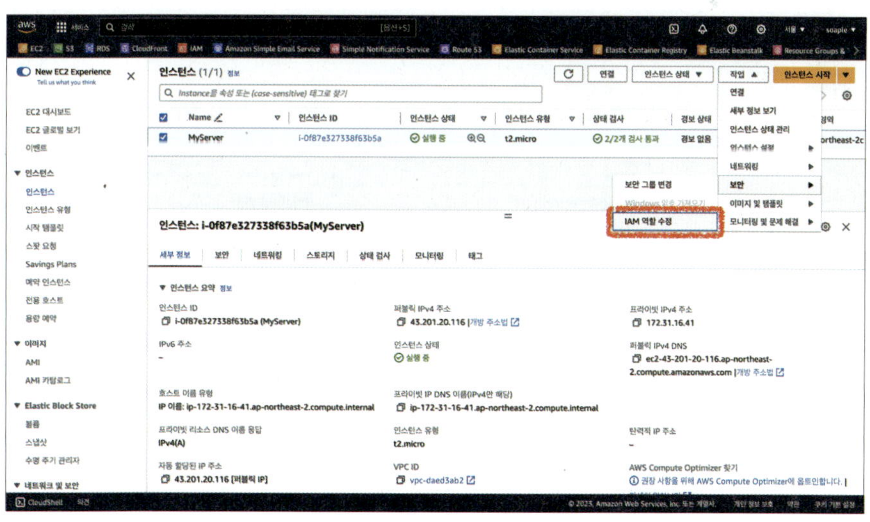

그러면 다음 화면과 같이 IAM 역할을 수정할 수 있는 화면이 나오게 됩니다. 지금은
IAM 역할이 없기 때문에 화면에 표시된 **새 IAM 역할 생성**을 클릭합니다.

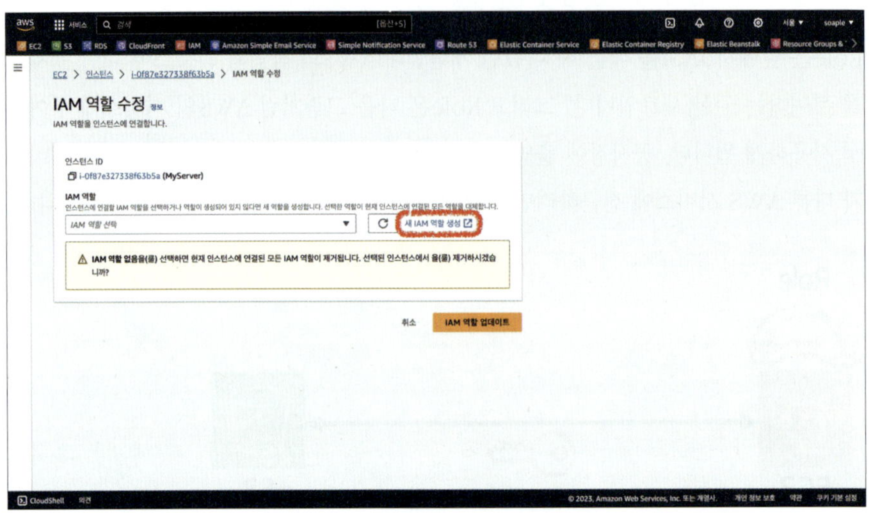

새 탭에서 다음처럼 IAM 역할 목록 페이지가 나오게 됩니다. 여기서 **역할 만들기** 버튼
을 클릭합니다.

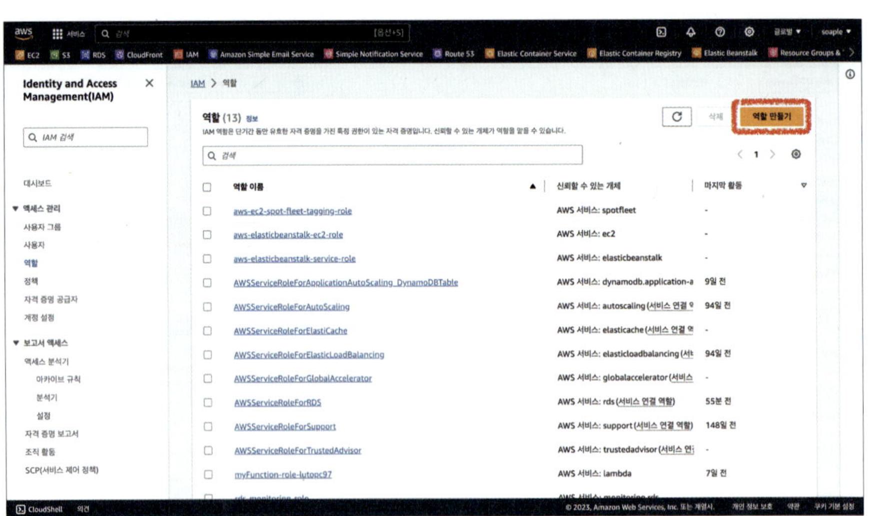

역할을 생성하기 위한 화면이 나오면 **서비스 또는 사용 사례 선택** 메뉴를 클릭합니다.

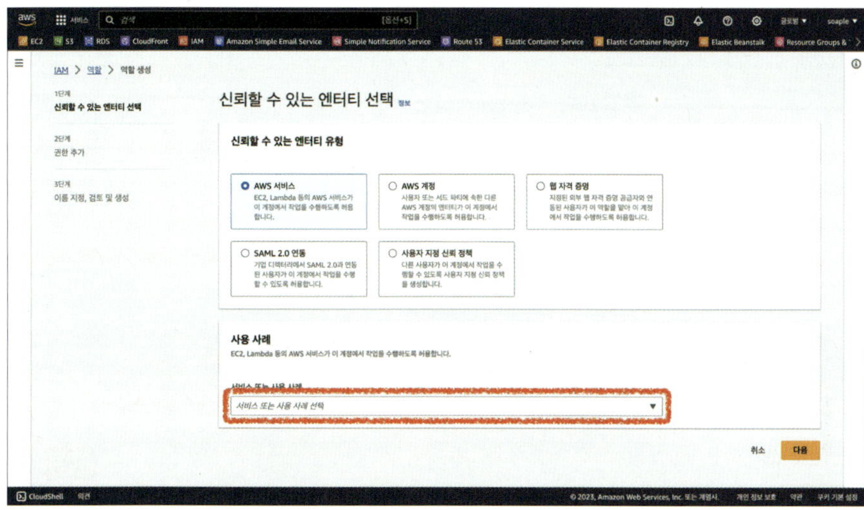

이후 목록에서 **EC2**를 선택합니다.

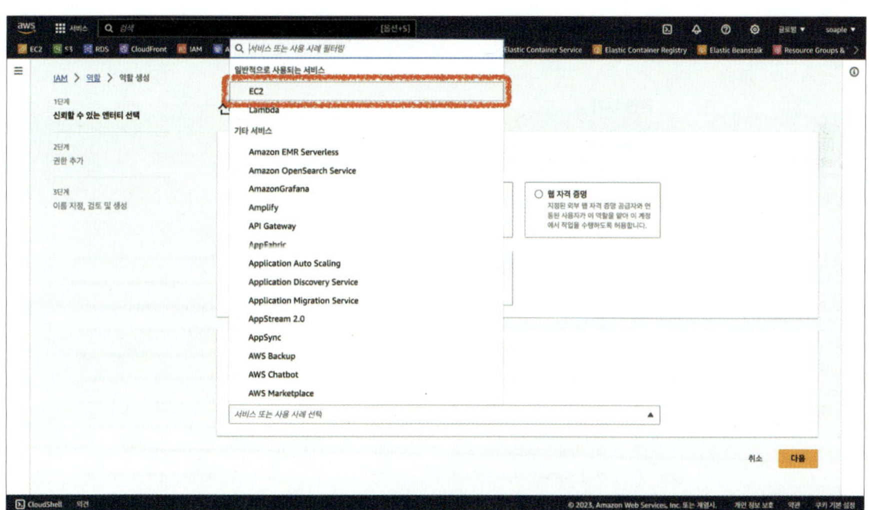

화면을 아래로 내려서 **다음** 버튼을 클릭합니다.

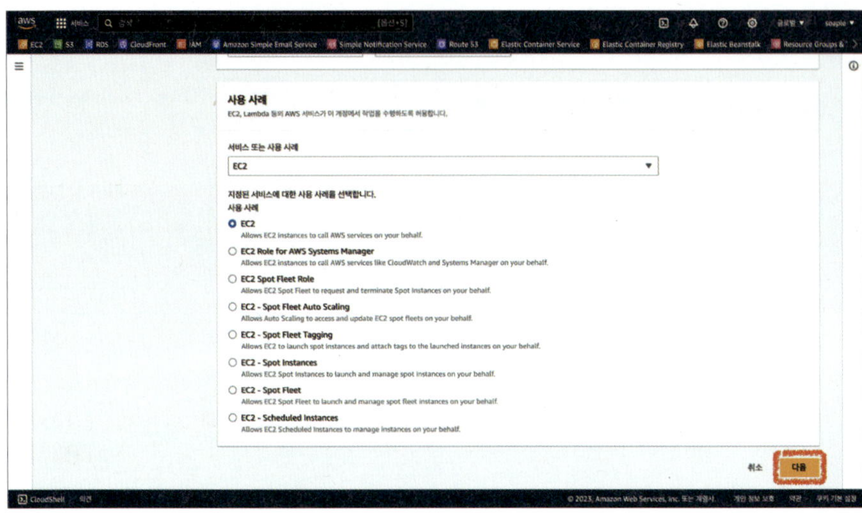

그다음 단계는 역할에 권한을 추가하는 단계입니다. 검색창에 's3full'을 검색합니다.

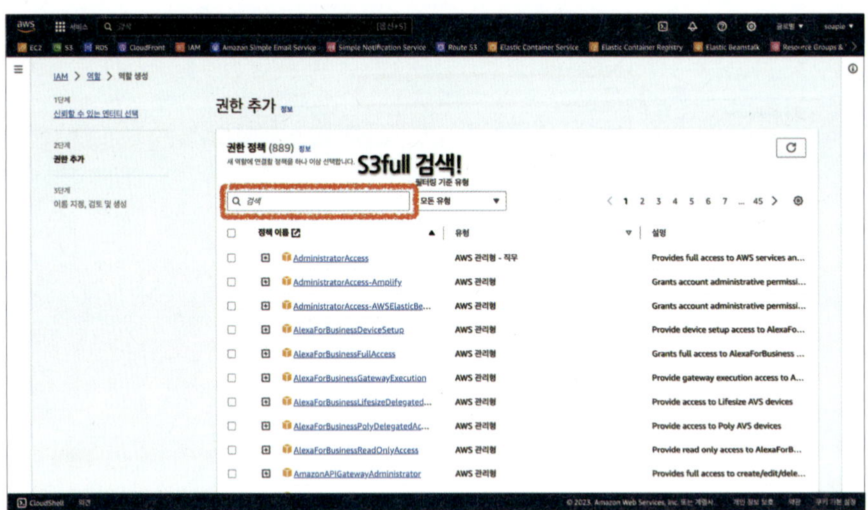

화면처럼 AmazonS3FullAccess 권한이 나오게 됩니다. 이 권한을 선택한 이후에 **다음** 버튼을 클릭합니다.

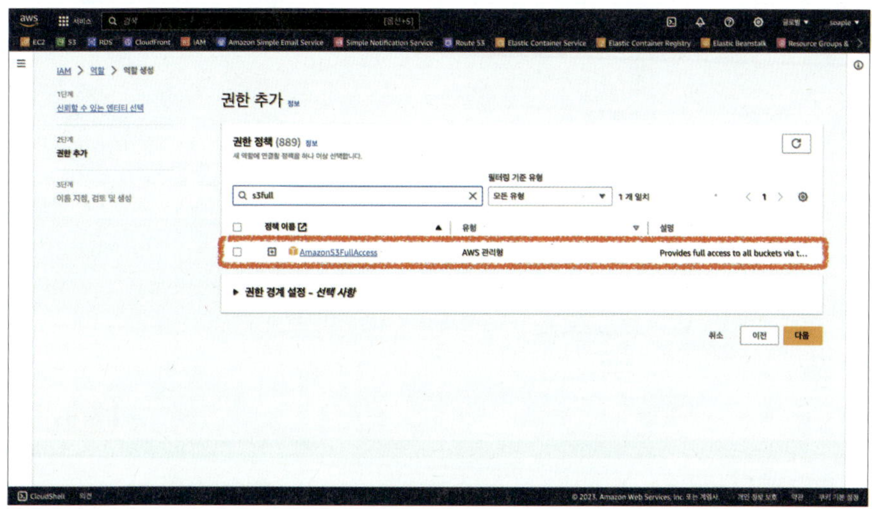

마지막 단계는 역할의 이름을 설정하고 검토하는 단계입니다. 먼저 **역할 이름**을 입력해야 합니다. 여기서는 'mini-project-role'이라고 입력했습니다.

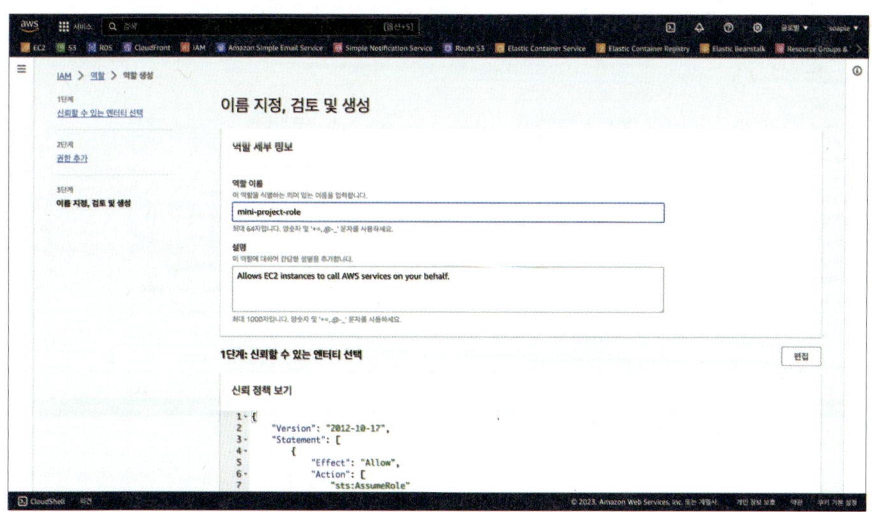

이제 모든 설정을 마쳤으면 화면을 제일 아래로 내려서 **역할 생성** 버튼을 클릭합니다.

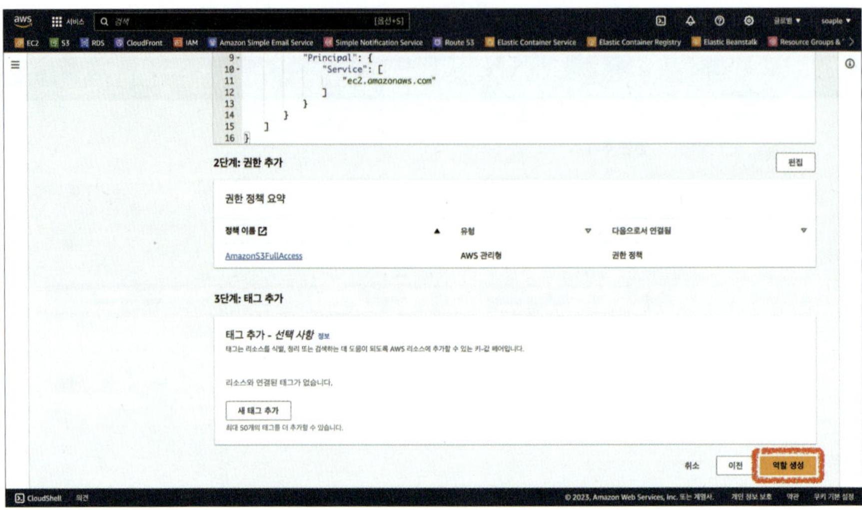

화면과 같이 새로운 역할이 생성됩니다.

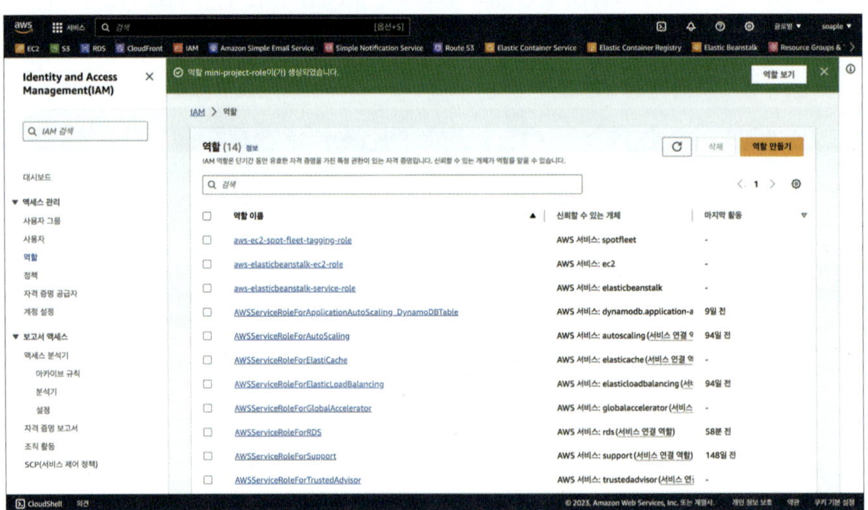

이제 다시 EC2의 IAM 역할 수정 페이지로 돌아와서 **새로고침** 버튼을 누른 뒤 목록에서
다음과 같이 방금 만든 역할을 선택합니다.

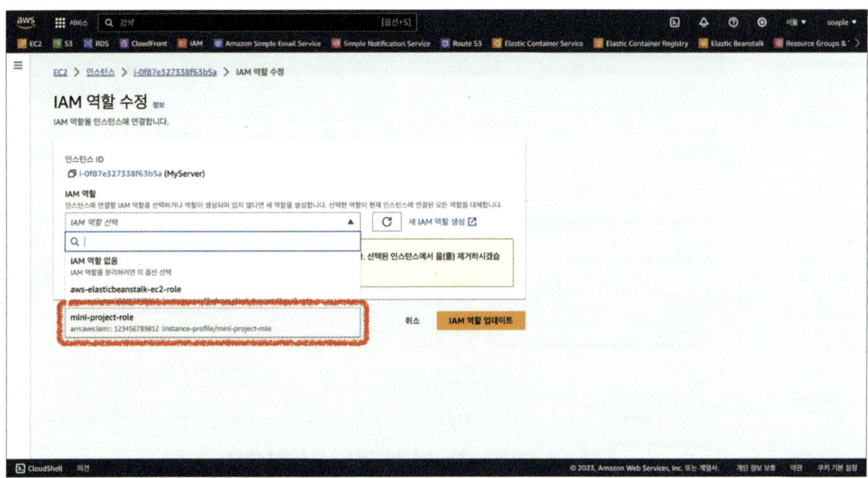

역할이 잘 선택되었다면 **IAM 역할 업데이트** 버튼을 클릭합니다.

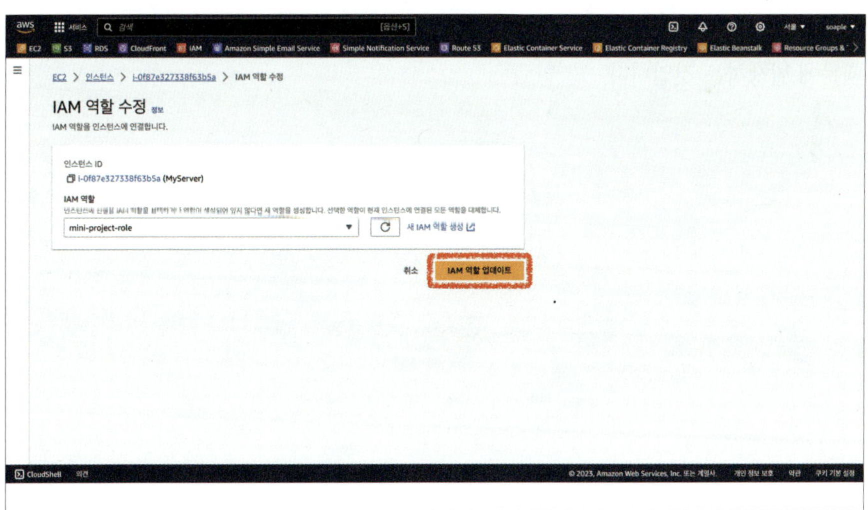

그러면 EC2 인스턴스에 새로운 역할이 연결되고 인스턴스를 클릭해보면 상세 정보 하단에 우리가 설정한 **IAM 역할**이 잘 나오는 것을 볼 수 있습니다.

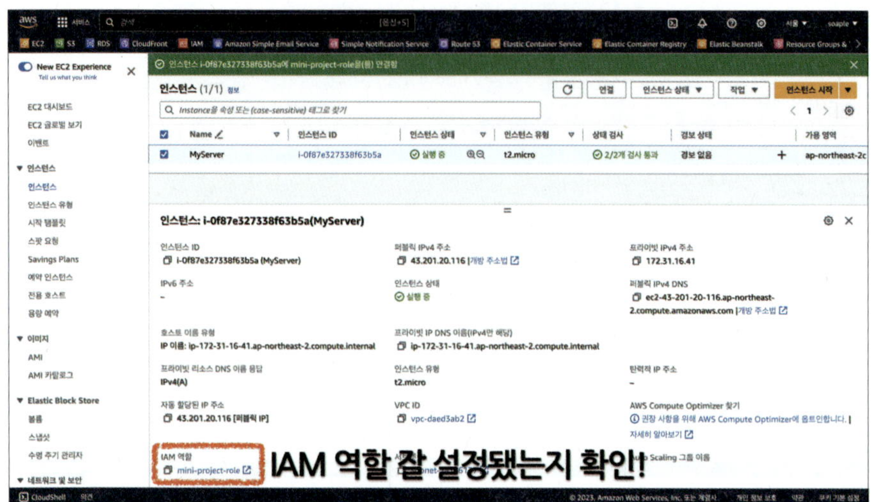

이후 웹사이트에 접속해서 다시 이미지 업로드를 시도해보면 이번에는 NoSuch Bucket 에러가 발생합니다. 이 에러는 말 그대로 우리가 설정한 이름의 버킷이 없기 때문에 발생하는 것입니다.

```
    at throwDefaultError (/home/project/node_modules/@smithy/smithy-client/dist-cjs/default-error-handler.
js:8:22)
    at /home/project/node_modules/@smithy/smithy-client/dist-cjs/default-error-handler.js:18:39
    at de_PutObjectCommandError (/home/project/node_modules/@aws-sdk/client-s3/dist-cjs/protocols/Aws_rest
Xml.js:5721:12)
    at process.processTicksAndRejections (node:internal/process/task_queues:95:5)
    at async /home/project/node_modules/@smithy/middleware-serde/dist-cjs/deserializerMiddleware.js:7:24
    at async /home/project/node_modules/@aws-sdk/middleware-signing/dist-cjs/awsAuthMiddleware.js:14:20
    at async /home/project/node_modules/@smithy/middleware-retry/dist-cjs/retryMiddleware.js:27:46
    at async /home/project/node_modules/@aws-sdk/middleware-flexible-checksums/dist-cjs/flexibleChecksumsM
iddleware.js:57:20
    at async /home/project/node_modules/@aws-sdk/middleware-sdk-s3/dist-cjs/region-redirect-endpoint-middl
eware.js:14:24
    at async /home/project/node_modules/@aws-sdk/middleware-sdk-s3/dist-cjs/region-redirect-middleware.js:
9:20 {
  '$fault': 'client',
  '$metadata': {
    httpStatusCode: 404,
    requestId: '1951VR3KGBHD2BDH',
    extendedRequestId: '7/gNAJawvD39lAziHUl8wkyTUlBCxJOMVpz0MYTK3IdJ8SKR71zBpWMqxtr5t9wGZNNJWdgtA20=',
    cfId: undefined,
    attempts: 1,
    totalRetryDelay: 0
  },
  Code: 'NoSuchBucket',
  BucketName: 'soaple-bucket-20231012',
  RequestId: '1951VR3KGBHD2BDH',
  HostId: '7/gNAJawvD39lAziHUl8wkyTUlBCxJOMVpz0MYTK3IdJ8SKR71zBpWMqxtr5t9wGZNNJWdgtA20='
}
```


버킷을 생성해주기 위해서 AWS 콘솔에서 S3 페이지에 접속합니다. 이후 **버킷 만들기** 버튼을 클릭합니다.

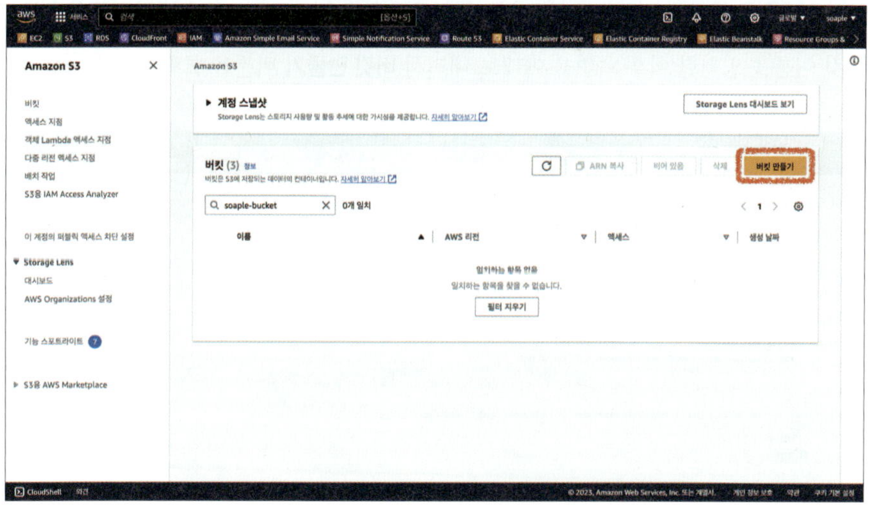

버킷 만들기 페이지가 나오면 먼저 **버킷의 이름**을 입력합니다. 버킷의 이름은 우리가 앞에서 코드에 작성한 이름을 그대로 입력하면 됩니다. 버킷 이름을 다르게 입력하지 않도록 유의하기 바랍니다.

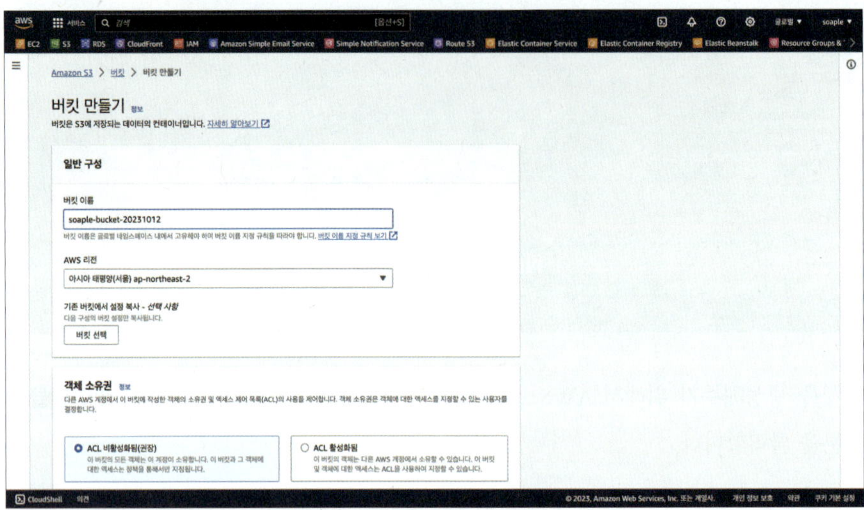

버킷 이름을 입력한 이후 화면을 아래로 내려서 **버킷 만들기** 버튼을 클릭합니다.

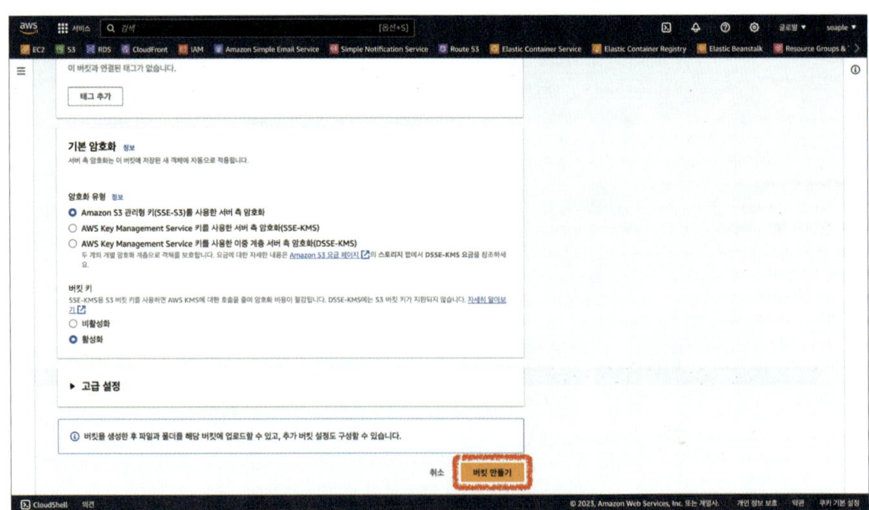

화면과 같이 새로운 버킷이 생성됩니다. 버킷을 클릭해서 상세 정보를 보도록 하겠습니다.

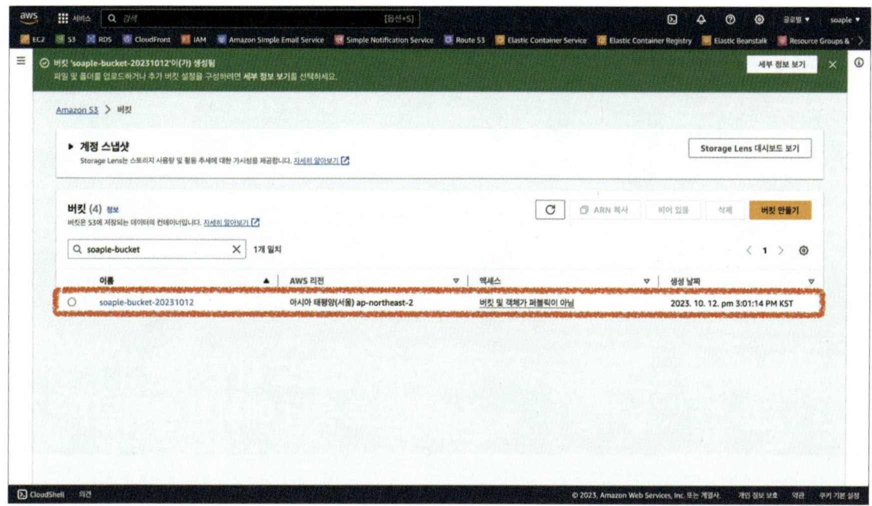

버킷을 클릭하면 지금은 아무런 객체도 없고 비어 있는 것을 볼 수 있습니다.

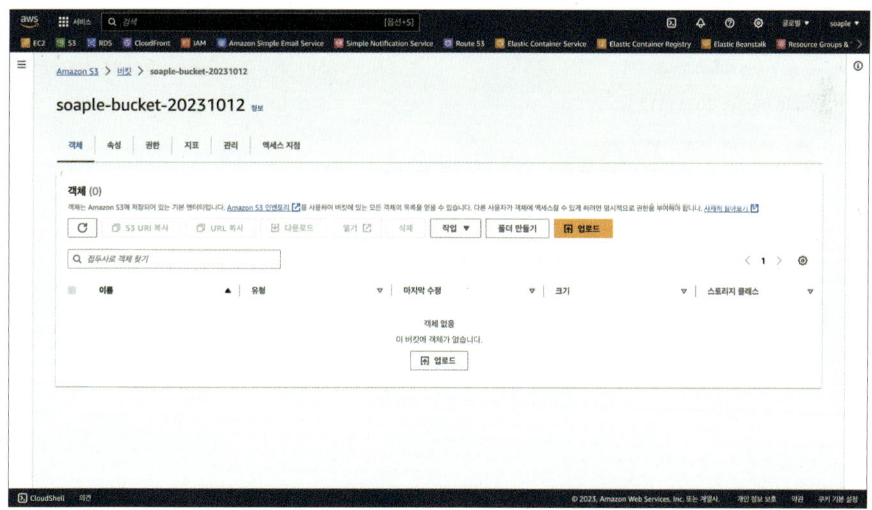

이제 다시 이미지 업로드를 시도해보면 정상적으로 업로드되었다는 로그를 확인할 수 있습니다.

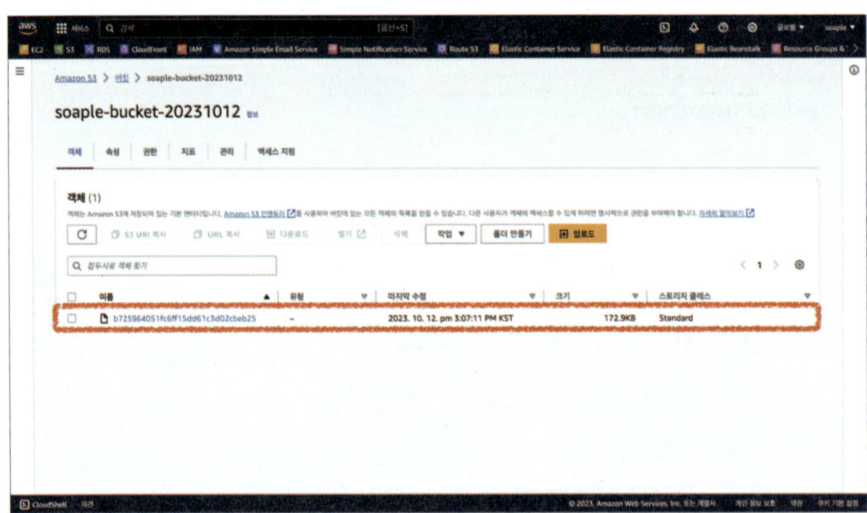

그리고 버킷을 새로고침 하면 내부에 새로운 객체가 생성된 것도 볼 수 있습니다. 이 객체를 클릭해보겠습니다.

그러면 다음 화면과 같이 객체의 상세 정보가 나옵니다.

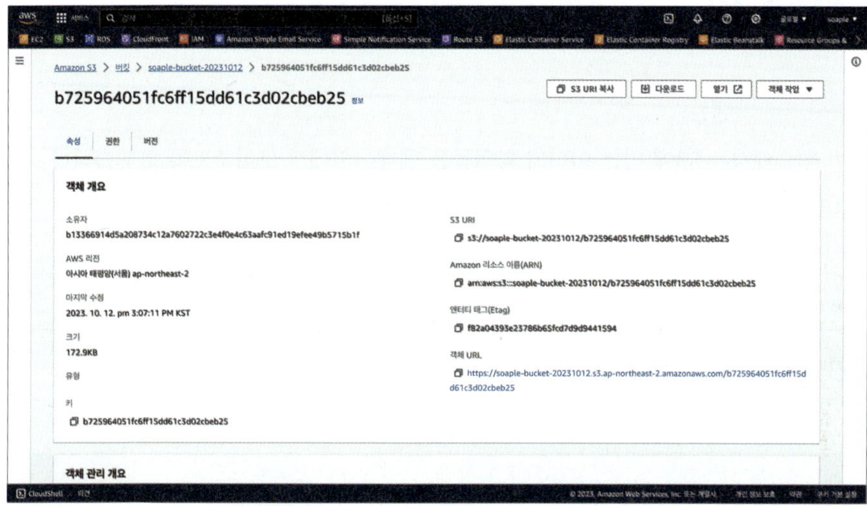

상세 정보 하단에는 **메타데이터**가 나오게 되는데, 아래 화면과 같이 **Content-Type**이 **image/png**라고 되어 있는 것도 확인할 수 있습니다. 업로드한 이미지가 S3에 정상적으로 업로드된 것입니다.

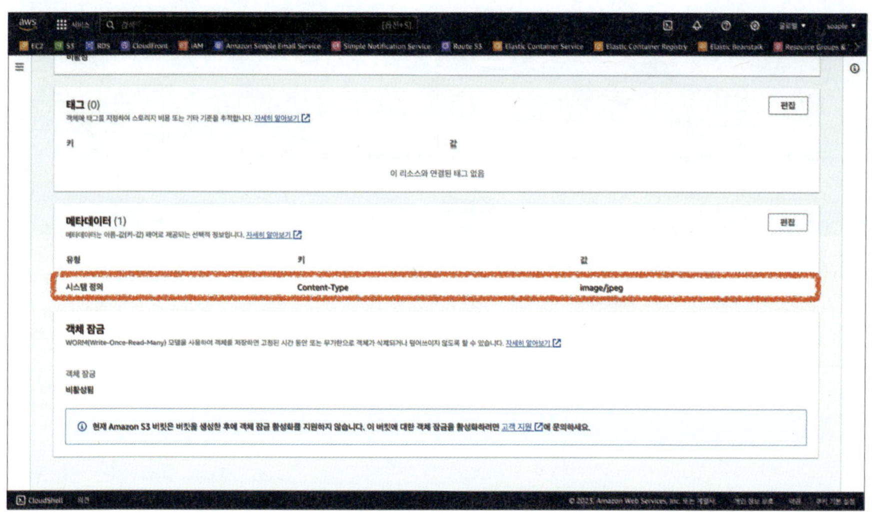

16.13 [실습] S3에 있는 이미지 파일들을 웹페이지에서 보여주기

이번 실습에서는 S3에 있는 이미지 파일들을 웹페이지에서 보여주도록 하겠습니다. 먼저 Vim 편집기로 routes 폴더 내에 존재하는 images.js 파일을 엽니다.

```
vim images.js
```

그럼 아래 화면과 같이 우리가 작성한 코드가 나옵니다.

```
 1 var express = require('express');
 2 var router = express.Router();
 3 var fs = require('fs');
 4 var path = require('path');
 5 var multer = require('multer');
 6 var upload = multer({ dest: path.join(__dirname, '..', 'uploads') });
 7 var { S3Client, PutObjectCommand } = require("@aws-sdk/client-s3");
 8 const s3Client = new S3Client({ region: 'ap-northeast-2' });
 9
10 router.get('/', function(req, res, next) {
11     res.send('respond with a resource');
12 });
13
14 router.post('/', upload.single('new-image'), function(req, res, next) {
15     console.dir(req.file);
16
17     fs.readFile(req.file.path, function (err, data) {
18         s3Client.send(
19             new PutObjectCommand({
20                 Bucket: "soaple-bucket-20231012",
21                 Key: req.file.filename,
22                 Body: data,
23                 ContentType: req.file.mimetype,
24             })
25         ).then((data) => {
26             console.log(data);
27         })
28         .catch((error) => {
29             console.log(error);
"images.js" 34L, 914B                                          1,1          Top
```

여기에 다음과 같이 `ListObjectsV2Command`를 import하고, router의 **get** 요청을
처리하는 함수의 내용을 수정합니다. 참고로 이 코드는 버킷에 있는 객체를 최대 50개
까지 읽어오는 코드입니다.

```
var { S3Client, PutObjectCommand, ListObjectsV2Command } = require('@aws-
sdk/client-s3');
const s3Client = new S3Client({ region: 'ap-northeast-2' });

router.get('/', function (req, res, next) {
    s3Client
        .send(
            new ListObjectsV2Command({
                Bucket: 'soaple-bucket-20231012',   // 각자 자신의 버킷 이름을 입
력

                MaxKeys: 50,
            })
        )
```

```javascript
        .then((data) => {
            res.send(data.Contents);
        })
        .catch((error) => {
            console.log(error);
        });
});
```

```javascript
 1 var express = require('express');
 2 var router = express.Router();
 3 var fs = require('fs');
 4 var path = require('path');
 5 var multer = require('multer');
 6 var upload = multer({ dest: path.join(__dirname, '..', 'uploads') });
 7 var { S3Client, PutObjectCommand, ListObjectsV2Command } = require("@aws-sdk/client-s3");
 8 const s3Client = new S3Client({ region: "ap-northeast-2" });
 9
10 router.get('/', function(req, res, next) {
11     s3Client.send(
12         new ListObjectsV2Command({
13             Bucket: "soaple-bucket-20231012",
14             MaxKeys: 50,
15         })
16     ).then((data) => {
17         res.send(data.Contents);
18     })
19     .catch((error) => {
20         console.log(error);
21     });
22 });
23
24 router.post('/', upload.single('new-image'), function(req, res, next) {
25     console.dir(req.file);
26
27     fs.readFile(req.file.path, function (err, data) {
28         s3Client.send(
29             new PutObjectCommand({
-- INSERT --                                              21,7-8        Top
```


코드를 모두 다 작성했다면 명령 모드에서 :wq를 입력하여 저장하고 나갑니다. 이후 project 폴더에서 npm start 명령을 실행하여 서버를 시작합니다.

```
npm start
```

그리고 웹브라우저에서 서버 주소 뒤에 /images를 붙여서 호출하면 다음처럼 정상적으로 응답이 오는 것을 확인할 수 있습니다. 우리가 만든 API가 정상적으로 작동하는 것입니다.

```
# API 호출 주소 예시
http://<Public IPv4 주소>:3000/images
```

그리고 서버의 로그를 확인해보면 다음 화면과 같이 GET 요청이 잘 들어온 것도 볼 수
있습니다.

이번에는 웹사이트에서 방금 만든 images API를 호출해서 이미지 목록을 화면에 보여주도록 수정해보겠습니다. Vim 편집기로 views 폴더 내에 존재하는 index.ejs 파일을 엽니다.

```
vim index.ejs
```

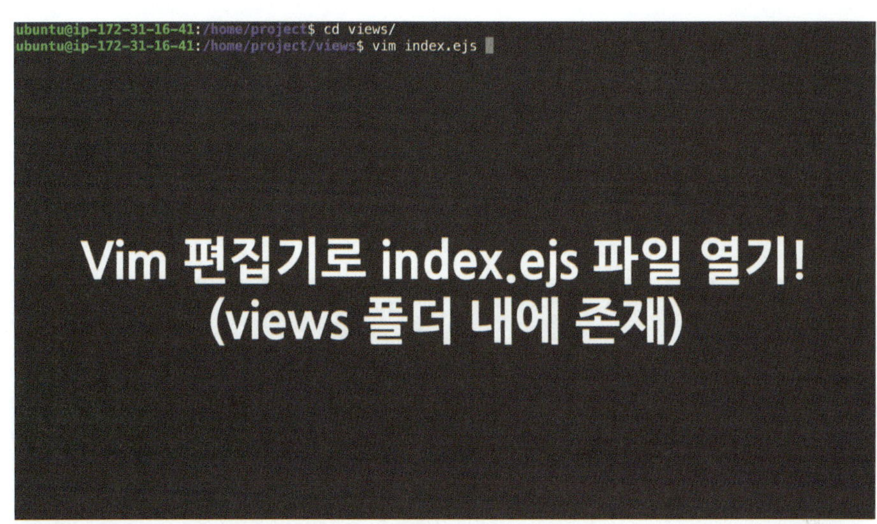

그럼 아래 화면과 같이 우리가 작성한 코드가 나옵니다.

```
 1 <!DOCTYPE html>
 2 <html>
 3   <head>
 4     <title><%= title %></title>
 5     <link rel='stylesheet' href='/stylesheets/style.css' />
 6     <link href="https://cdn.jsdelivr.net/npm/bootstrap@5.3.2/dist/css/bootstrap.min.css" rel="styleshe
et" integrity="sha384-T3c6CoIi6uLrA9TneNEoa7RxnatzjcDSCmG1MXx5R1GAsXEV/Dwwykc2MPK8M2HN" crossorigin="a
nonymous">
 7   </head>
 8   <body>
 9     <h1><%= title %></h1>
10     <p>Welcome to <%= title %></p>
11
12     <div class="input-group mb-3">
13       <label class="input-group-text" for="file-upload">Upload</label>
14       <input type="file" class="form-control" id="file-upload" name="new-image">
15     </div>
16
17     <div id="progress" class="progress" role="progressbar" aria-label="Animated striped example" aria-
valuenow="0" aria-valuemin="0" aria-valuemax="100">
18       <div class="progress-bar progress-bar-striped progress-bar-animated" style="width: 0%"></div>
19     </div>
20
21     <script src="https://code.jquery.com/jquery-3.7.1.min.js" integrity="sha256-/JqT3SQfawRcv/BIHPThkB
vs00EvtFFmqPF/LYI/Cxo=" crossorigin="anonymous"></script>
22     <script src="https://code.jquery.com/ui/1.13.2/jquery-ui.min.js" integrity="sha256-lSjKY0/srUM9BE3
dPm+c4fBo1dky2v27Gdjm2uoZaL0=" crossorigin="anonymous"></script>
23
       @
"index.ejs" 43L, 2242B                                                              1,1          Top
```

파일을 열고 **progress bar**의 바로 밑에 다음과 같이 이미지 목록을 렌더링하기 위한 **div** 태그를 하나 추가합니다. 여기서 id 속성의 값은 **image-list**로 해주었습니다. 참고로 이 값은 바로 뒤에서 **element**를 가져올 때 사용하게 됩니다.

```html
<div id="image-list"></div>
```

```
1 <!DOCTYPE html>
2 <html>
3   <head>
4     <title><%= title %></title>
5     <link rel='stylesheet' href='/stylesheets/style.css' />
6     <link href="https://cdn.jsdelivr.net/npm/bootstrap@5.3.2/dist/css/bootstrap.min.css" rel="stylesh
  et" integrity="sha384-T3c6CoIi6uLrA9TneNEoa7RxnatzjcDSCmG1MXxSR1GAsXEV/Dwwykc2MPK8M2HN" crossorigin="a
  nonymous">
7   </head>
8   <body>
9     <h1><%= title %></h1>
10    <p>Welcome to <%= title %></p>
11
12    <div class="input-group mb-3">
13        <label class="input-group-text" for="file-upload">Upload</label>
14        <input type="file" class="form-control" id="file-upload" name="new-image">
15    </div>
16
17    <div id="progress" class="progress" role="progressbar" aria-label="Animated striped example" aria-
  valuenow="0" aria-valuemin="0" aria-valuemax="100">
18        <div class="progress-bar progress-bar-striped progress-bar-animated" style="width: 0%"></div>
19    </div>
20
21    <div id="image-list"></div>          이미지 목록을 렌더링하기 위한 div 태그 추가!
22
23    <script src="https://code.jquery.com/jquery-3.7.1.min.js" integrity="sha256-/JqT3SQfawRcv/BIHPThkB
  vs0OEvtFFmqPF/lYI/Cxo=" crossorigin="anonymous"></script>
24    <script src="https://code.jquery.com/ui/1.13.2/jquery-ui.min.js" integrity="sha256-lSjKY0/srUM9BE3
  dPm+c4fBo1dky2v27Gdjm2uoZaL0=" crossorigin="anonymous"></script>
-- INSERT --                                                            21,29-32          Top
```

다음으로는 제일 하단에 있는 **script** 태그에 아래와 같이 images API를 호출하고 결과를 받아 이미지를 렌더링하는 코드를 작성합니다. 여기서 버킷 이름 부분에는 각자 자신의 버킷 주소를 넣어야 한다는 점을 유의하기 바랍니다.

```javascript
$.getJSON('/images', function (data) {
    $.each(data, function (i, e) {
        var img = $('<img>');
        img.attr(
            'src',
            'https://soaple-bucket-20231012.s3.ap-northeast-2.amazonaws.com/'
+ e.Key
        )
        .attr({ width: '200px', height: '200px' })
        .addClass('img-thumbnail');

        $('#image-list').append(img);
    });
});
```

```
30      <script src="https://blueimp.github.io/jQuery-File-Upload/js/jquery.fileupload.js" crossorigin="an
onymous"></script>
31
32      <script>
33          $(function() {
34              $('#file-upload').fileupload({
35                  url: '/images',
36                  dataType: 'json',
37                  progressall: function (e, data) {
38                      var progress = parseInt(data.loaded / data.total * 100, 10);
39                      $('#progress .progress-bar').css('width', progress + '%');
40                  }
41              });
42          });

        /images 호출 결과를 사용해 이미지 렌더링하는 코드 작성!

44          $.getJSON('/images', function (data) {
45              $.each(data, function (i, e) {
46                  var img = $('<img>');
47                  img.attr('src', 'https://soaple-bucket-20231012.s3.ap-northeast-2.amazonaws.com/' + e.
Key)
                                                                      * 각자 자신의 버킷 주소 넣기!
48                  .attr({ width: '200px', height: '200px' })
49                  .addClass('img-thumbnail');
50
51                  $('#image-list').append(img);
52              });
53          });
54      </script>
55  </body>
56 </html>
-- INSERT --                                                            53,6-12        Bot
```

코드를 모두 다 작성했다면 명령 모드에서 :wq를 입력하여 저장하고 나갑니다. 이후 project 폴더에서 npm start 명령을 입력하여 서버를 시작합니다.

```
npm start
```

그리고 웹사이트 접속하면 화면과 같이 이미지가 정상적으로 표시되지 않는 것을 볼 수 있습니다.

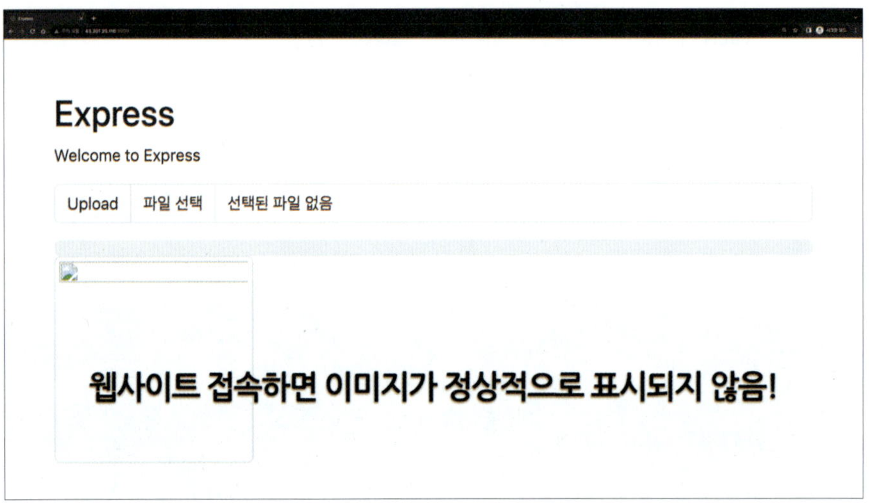

크롬 개발자 도구를 열어서 **Console** 탭을 확인해보면 403 에러 메시지가 나오는 것을 볼 수 있습니다.

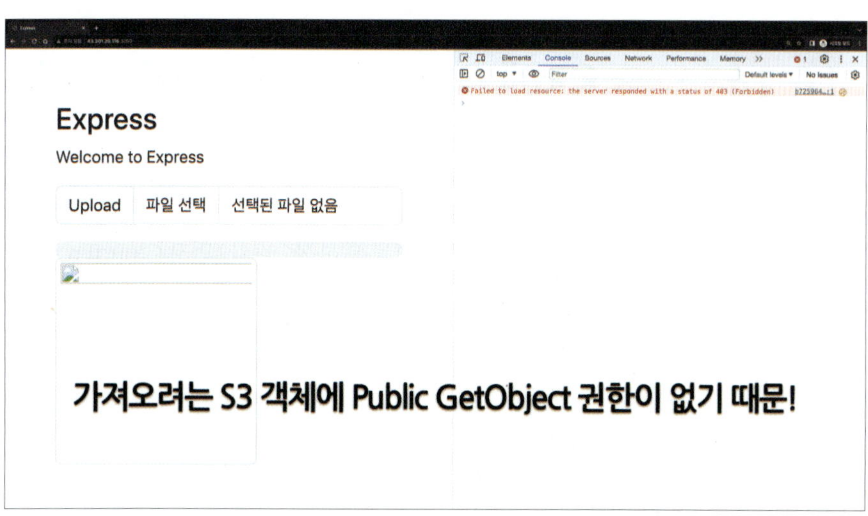

에러가 발생하는 이유는 가져오려는 S3 객체에 Public GetObject 권한이 없기 때문입니다. 이어지는 실습에서 CloudFront를 연동하면서 이 문제를 해결해보겠습니다.

이번 실습에서는 S3에 CloudFront를 연동해보도록 하겠습니다. 먼저 CloudFront 배포를 생성하는 부분은 9장의 실습 부분을 참고해서 진행하기 바랍니다. 우리가 현재 만든 S3 버킷을 Origin으로 하는 CloudFront 배포를 생성하면 되고, CloudFront를 통해서 외부에서 S3 버킷의 모든 객체에 접근할 수 있도록(GetObject) 버킷 정책을 편집하는 것도 잊지 말기 바랍니다.

CloudFront 배포를 생성한 이후 상세 정보에서 **배포 도메인 이름**을 복사합니다.

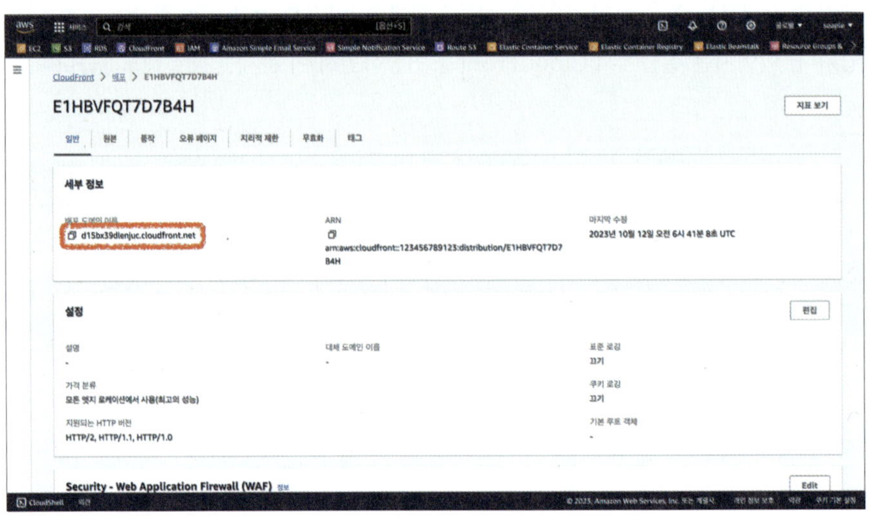

CloudFront 배포 도메인 이름을 복사한 다음 Vim 편집기로 `views` 폴더 내에 존재하는 `index.ejs` 파일을 엽니다.

```
vim index.ejs
```

```
ubuntu@ip-172-31-16-41:/home/project$ cd views/
ubuntu@ip-172-31-16-41:/home/project/views$ vim index.ejs
```


그럼 아래 화면과 같은 코드가 나옵니다.

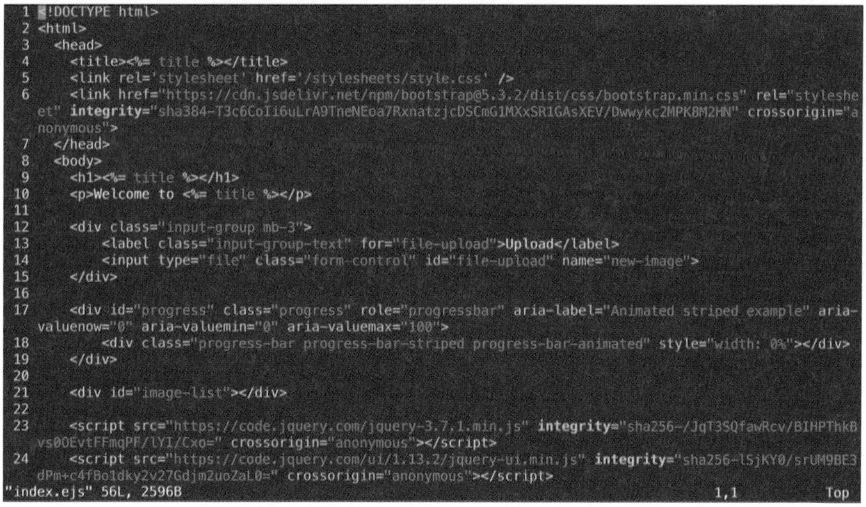

```
 1 <!DOCTYPE html>
 2 <html>
 3   <head>
 4     <title><%= title %></title>
 5     <link rel='stylesheet' href='/stylesheets/style.css' />
 6     <link href="https://cdn.jsdelivr.net/npm/bootstrap@5.3.2/dist/css/bootstrap.min.css" rel="styleshe
et" integrity="sha384-T3c6CoIi6uLrA9TneNEoa7RxnatzjcD5CmG1MXxSR1GAsXEV/Dwwykc2MPK8M2HN" crossorigin="a
nonymous">
 7   </head>
 8   <body>
 9     <h1><%= title %></h1>
10     <p>Welcome to <%= title %></p>
11
12     <div class="input-group mb-3">
13         <label class="input-group-text" for="file-upload">Upload</label>
14         <input type="file" class="form-control" id="file-upload" name="new-image">
15     </div>
16
17     <div id="progress" class="progress" role="progressbar" aria-label="Animated striped example" aria-
valuenow="0" aria-valuemin="0" aria-valuemax="100">
18         <div class="progress-bar progress-bar-striped progress-bar-animated" style="width: 0%"></div>
19     </div>
20
21     <div id="image-list"></div>
22
23     <script src="https://code.jquery.com/jquery-3.7.1.min.js" integrity="sha256-/JqT3SQfawRcv/BIHPThkB
vs0OEvtFFmqPF/lYI/Cxo=" crossorigin="anonymous"></script>
24         <script src="https://code.jquery.com/ui/1.13.2/jquery-ui.min.js" integrity="sha256-lSjKY0/srUM9BE3
dPm+c4fBo1dky2v27Gdjm2uoZaL0=" crossorigin="anonymous"></script>
"index.ejs" 56L, 2596B                                                          1,1            Top
```

코드가 나오면 제일 밑으로 내려서 이미지를 렌더링하는 코드를 수정해야 합니다. 이전에 S3 버킷의 주소로 되어 있는 부분을 다음 화면과 같이 ==복사한 CloudFront 배포 도메인==으로 수정합니다. 이렇게 하면 이미지를 모두 CloudFront를 통해서 가져오게 됩니다. 여기서 주소의 가장 뒤에 나오는 슬래시(/)를 빠뜨리지 않도록 주의하기 바랍니다.

```
30      <script src="https://blueimp.github.io/jQuery-File-Upload/js/jquery.fileupload.js" crossorigin="an
onymous"></script>
31
32      <script>
33          $(function() {
34              $('#file-upload').fileupload({
35                  url: '/images',
36                  dataType: 'json',
37                  progressall: function (e, data) {
38                      var progress = parseInt(data.loaded / data.total * 100, 10);
39                      $('#progress .progress-bar').css('width', progress + '%');
40                  }
41              });
42          });
43
44          $.getJSON('/images', function (data) {
45              $.each(data, function (i, e) {
46                  var img = $('<img>')
47                  img.attr('src', 'https://d15bx39dlenjuc.cloudfront.net/' + e.Key)
48                  .attr({ width: '200px', height: '200px' })
49                  .addClass('img-thumbnail');
50
51                  $('#image-list').append(img);
52              });
53          });
54      </script>
55  </body>
56 </html>
-- INSERT --                                                                    47,60-72          Bot
```


코드를 모두 수정했다면 명령 모드에서 `:wq`를 입력하여 저장하고 나갑니다. 이후 `project` 폴더에서 `npm start`를 입력하여 서버를 시작합니다.

```
npm start
```

그리고 웹사이트에 접속해보면 화면과 같이 이미지가 잘 나오는 것을 볼 수 있습니다.

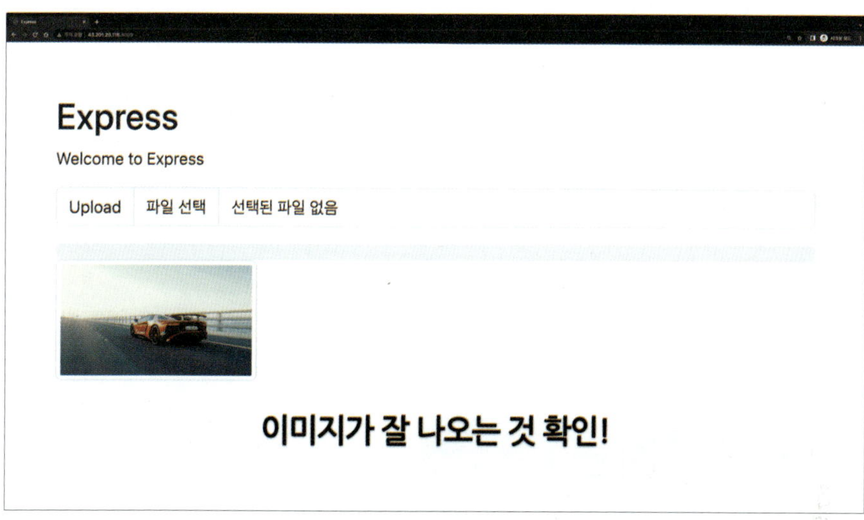

그리고 크롬 개발자 도구를 열어서 **Network** 탭을 확인해보면 화면처럼 이미지가 CloudFront를 통해 전달되는 것을 볼 수 있습니다.

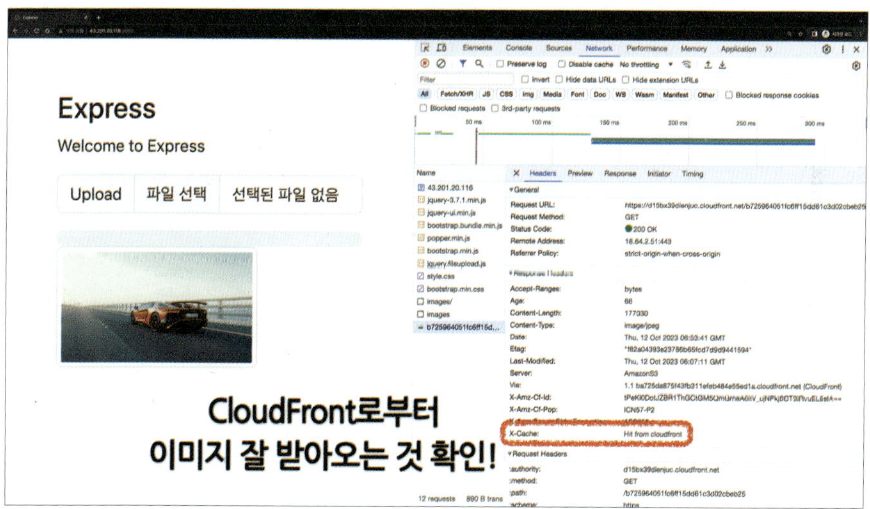

이후 이미지를 추가로 업로드해보기 바랍니다.

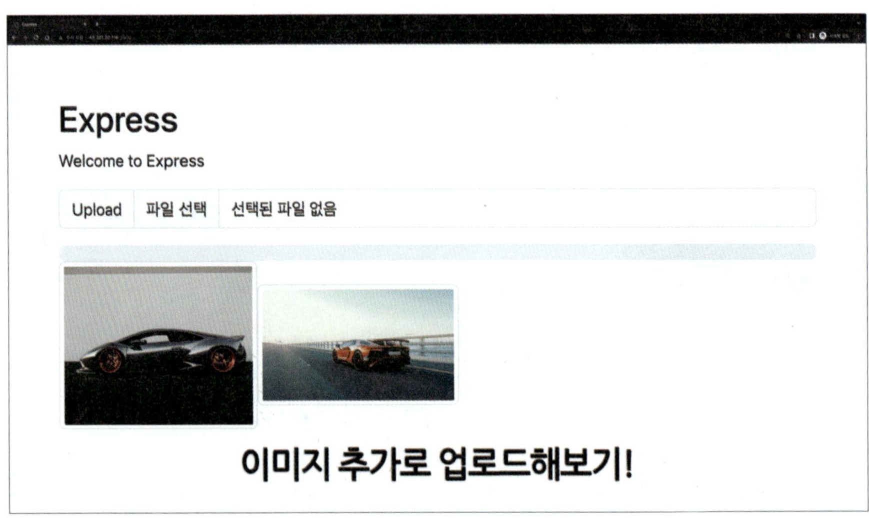

16.15 실습 Node.js용 프로세스 매니저 pm2 설치

이번 실습에서는 Node.js용 프로세스 매니저인 pm2를 설치해보겠습니다. 아래는 pm2 웹사이트 링크입니다.

- https://pm2.keymetrics.io/

접속해보면 pm2를 설치하기 위한 명령어가 나오는 것을 볼 수 있습니다.

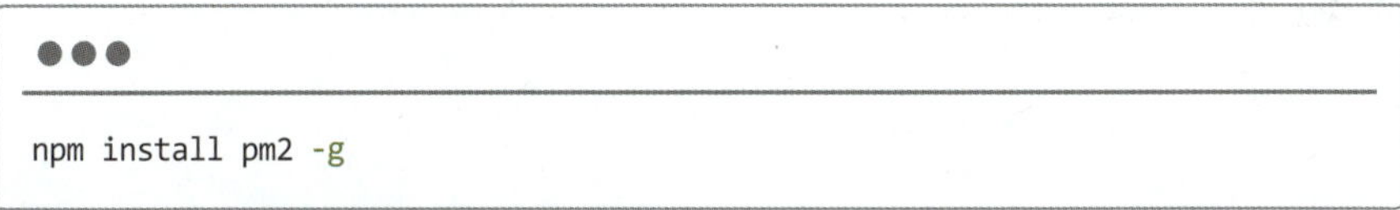

```
npm install pm2 -g
```

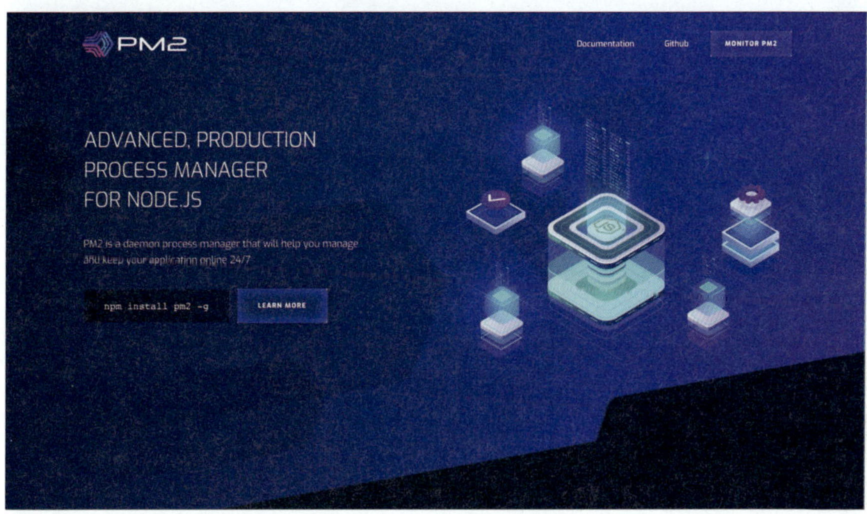

해당 명령어를 사용해서 다음 화면과 같이 EC2 인스턴스에 pm2를 설치합니다. 참고로 여기서 **-g** 옵션은 global로 설치하는 옵션으로 설치 이후 해당 명령어를 EC2 인스턴스 내에서 언제든지 사용 가능하게 됩니다.

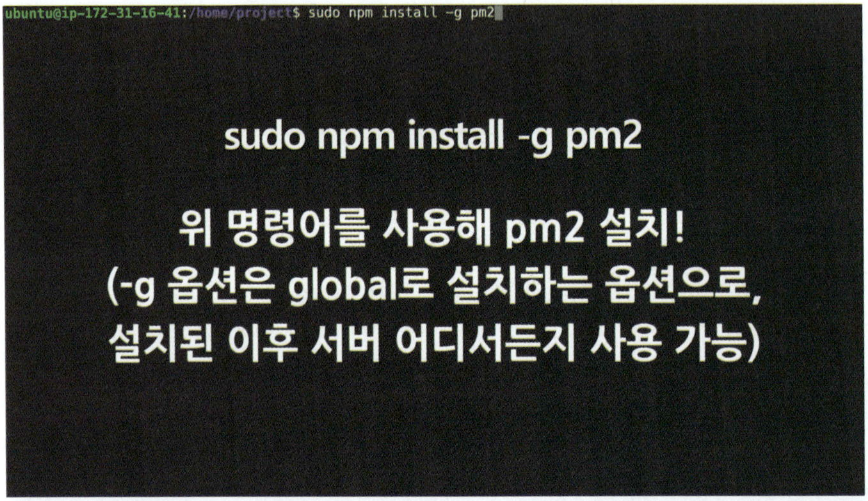

pm2 설치가 완료되었습니다.

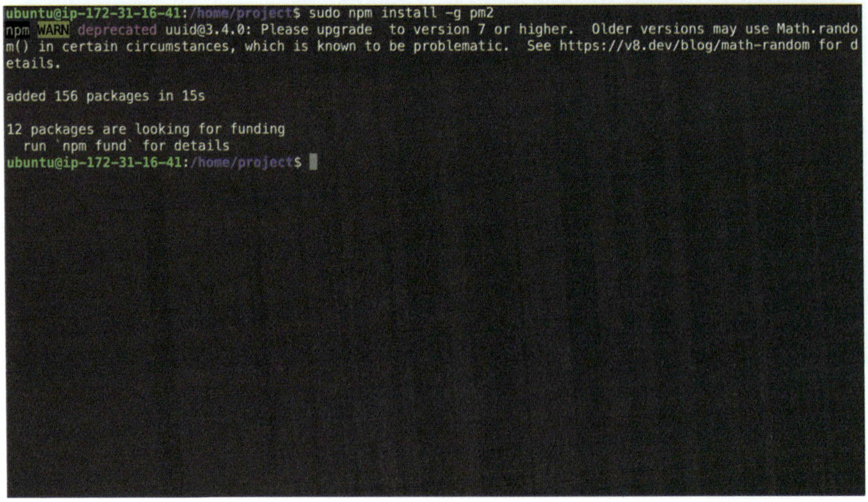

이후 아래 명령어를 사용해서 pm2로 애플리케이션을 시작합니다.

```
pm2 start ./bin/www
```


그러면 www라는 이름의 애플리케이션이 하나 실행되는 것을 볼 수 있습니다.

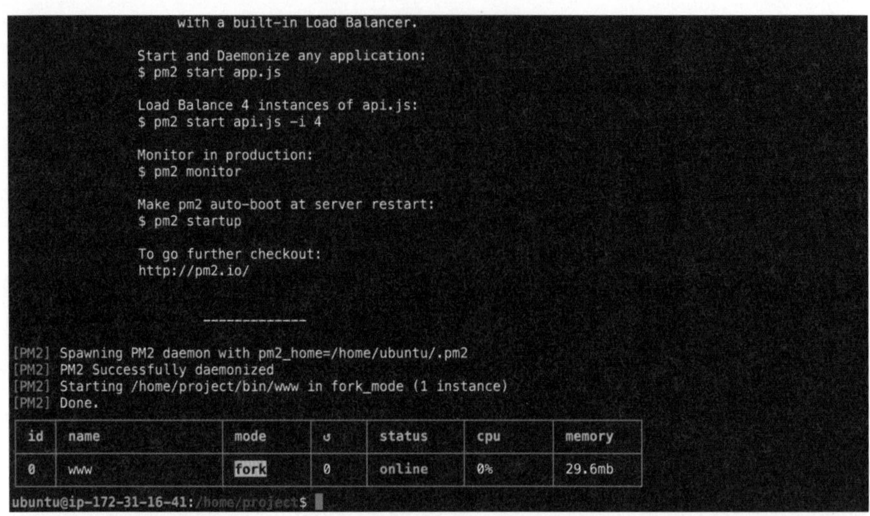

id	name	mode	↺	status	cpu	memory
0	www	fork	0	online	0%	29.6mb

애플리케이션을 실행한 이후에 **pm2 show** 명령어를 이용해서 애플리케이션 상태를 확인해보면 화면처럼 자세한 정보를 볼 수도 있습니다.

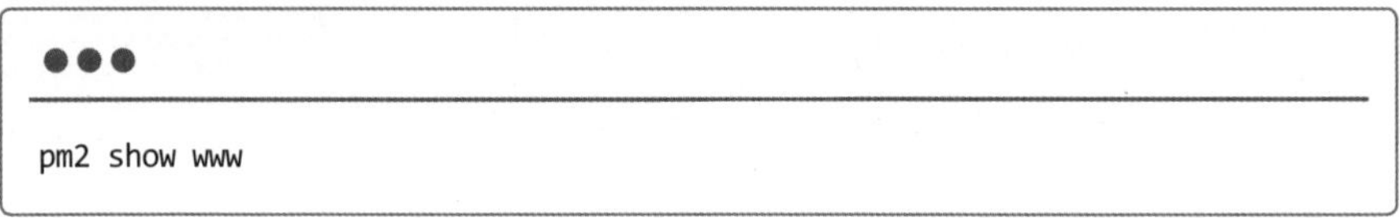

```
pm2 show www
```

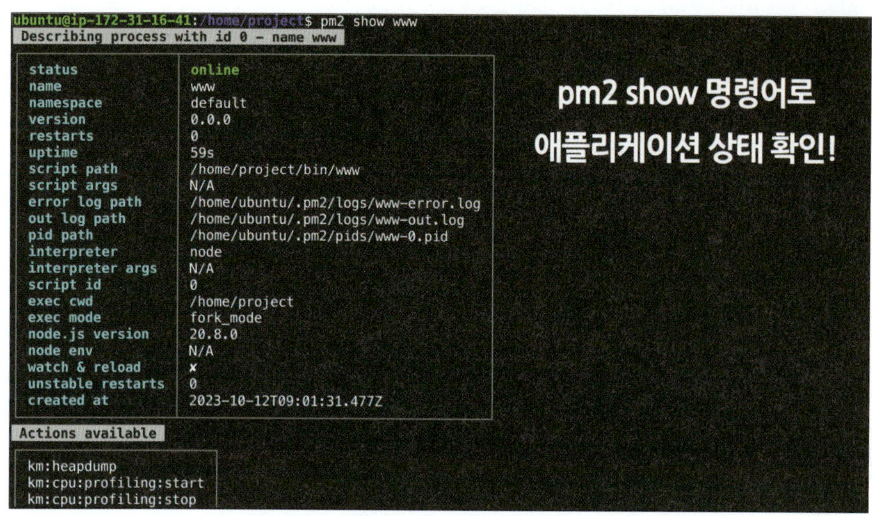

pm2를 사용해서 애플리케이션을 실행한 이후에 웹페이지에 접속되는지 확인해보기
바랍니다.

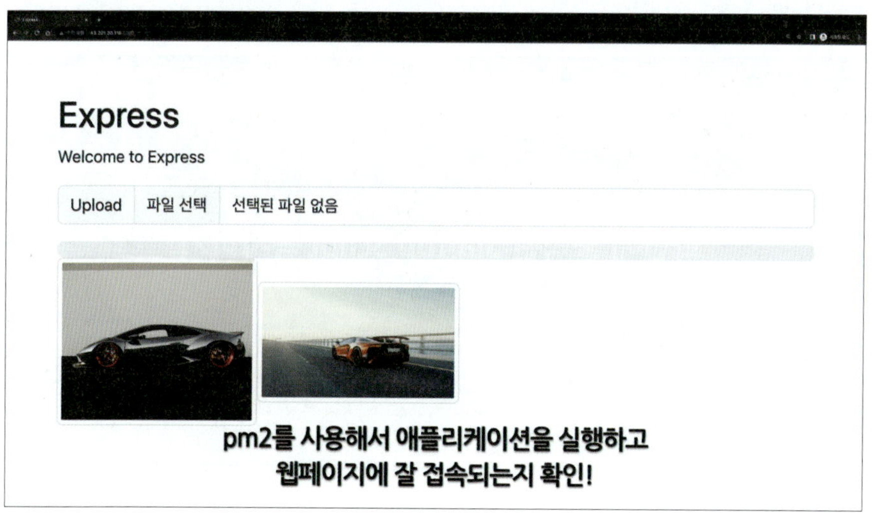

실습 서버 부팅 시 pm2 프로세스 자동으로 시작하도록 만들기

이번 실습에서는 서버 부팅 시 pm2 프로세스를 자동으로 시작하도록 만들어보겠습니다. 먼저 아래 명령어를 사용해서 Startup Script를 설정합니다.

```
pm2 startup
```

그러면 화면과 같이 설정에 필요한 스크립트가 화면에 출력됩니다. 여기서 화면에 출력된 Startup Script를 복사합니다.

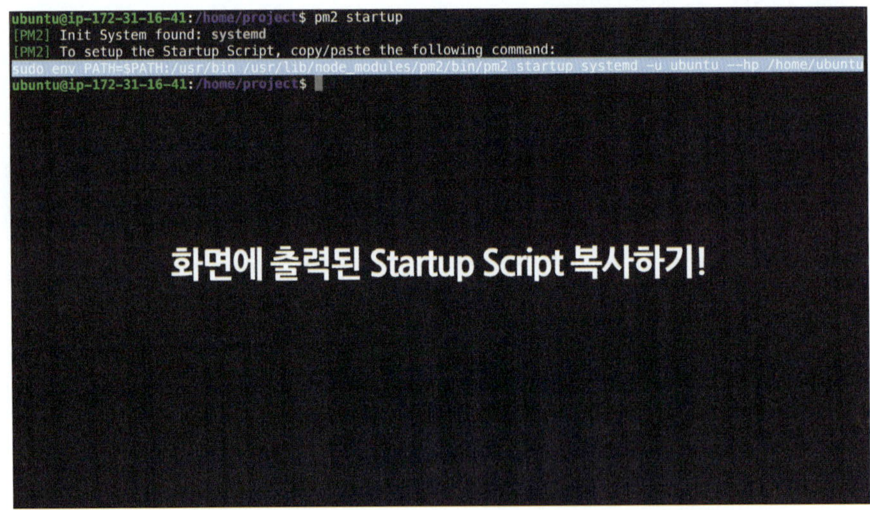

이후 복사한 Startup Script를 실행합니다.

```
ubuntu@ip-172-31-16-41:/home/project$ pm2 startup
[PM2] Init System found: systemd
[PM2] To setup the Startup Script, copy/paste the following command:
sudo env PATH=$PATH:/usr/bin /usr/lib/node_modules/pm2/bin/pm2 startup systemd -u ubuntu --hp /home/ubuntu
ubuntu@ip-172-31-16-41:/home/project$ sudo env PATH=$PATH:/usr/bin /usr/lib/node_modules/pm2/bin/pm2 start
up systemd -u ubuntu --hp /home/ubuntu
```


Startup Script를 실행하면 다음 화면과 같이 됩니다.

```
Environment=PATH=/usr/local/sbin:/usr/local/bin:/usr/sbin:/usr/bin:/sbin:/bin:/usr/games:/usr/local/games:
/snap/bin:/usr/bin:/bin:/usr/local/sbin:/usr/local/bin:/usr/sbin:/usr/bin
Environment=PM2_HOME=/home/ubuntu/.pm2
PIDFile=/home/ubuntu/.pm2/pm2.pid
Restart=on-failure

ExecStart=/usr/lib/node_modules/pm2/bin/pm2 resurrect
ExecReload=/usr/lib/node_modules/pm2/bin/pm2 reload all
ExecStop=/usr/lib/node_modules/pm2/bin/pm2 kill

[Install]
WantedBy=multi-user.target

Target path
/etc/systemd/system/pm2-ubuntu.service
Command list
[ 'systemctl enable pm2-ubuntu' ]
[PM2] Writing init configuration in /etc/systemd/system/pm2-ubuntu.service
[PM2] Making script booting at startup...
[PM2] [-] Executing: systemctl enable pm2-ubuntu...
Created symlink /etc/systemd/system/multi-user.target.wants/pm2-ubuntu.service → /etc/systemd/system/pm2-u
buntu.service.
[PM2] [v] Command successfully executed.
+---------------------------------------+
[PM2] Freeze a process list on reboot via:
$ pm2 save

[PM2] Remove init script via:
$ pm2 unstartup systemd
ubuntu@ip-172-31-16-41:/home/project$
```

이후 **pm2 start** 명령어를 사용해서 애플리케이션을 시작합니다. 이전 실습에서 이미
애플리케이션을 실행했다면 이미 실행 중이라는 에러 메시지가 나오게 됩니다. 참고로
이미 실행 중인 경우 다시 시작할 필요는 없습니다.

```
pm2 start ./bin/www
```

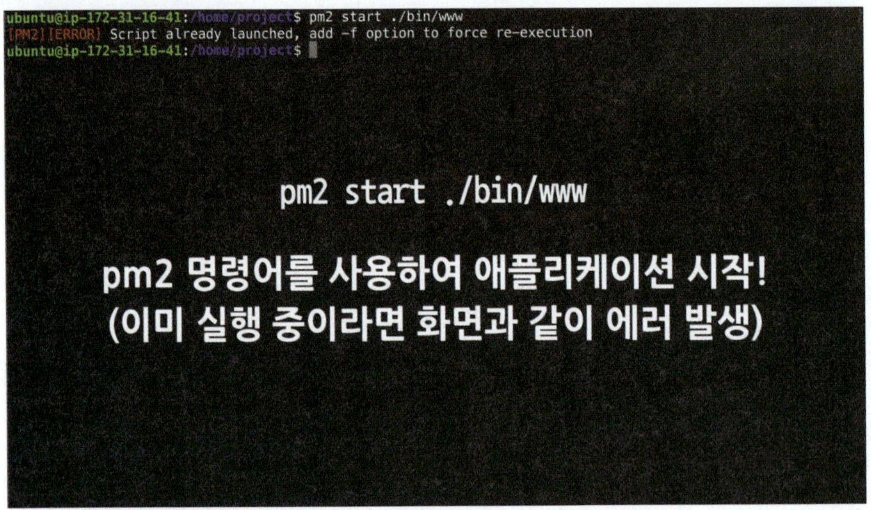

pm2 start 명령어로 애플리케이션을 시작했다면 다음으로는 **pm2 save** 명령어를 사용
해서 프로세스 목록을 저장합니다.

```
pm2 save
```

이후 cat 명령어를 사용해서 아래와 같이 pm2 dump 파일의 내용을 확인합니다.

```
cat ~/.pm2/dump.pm2
```

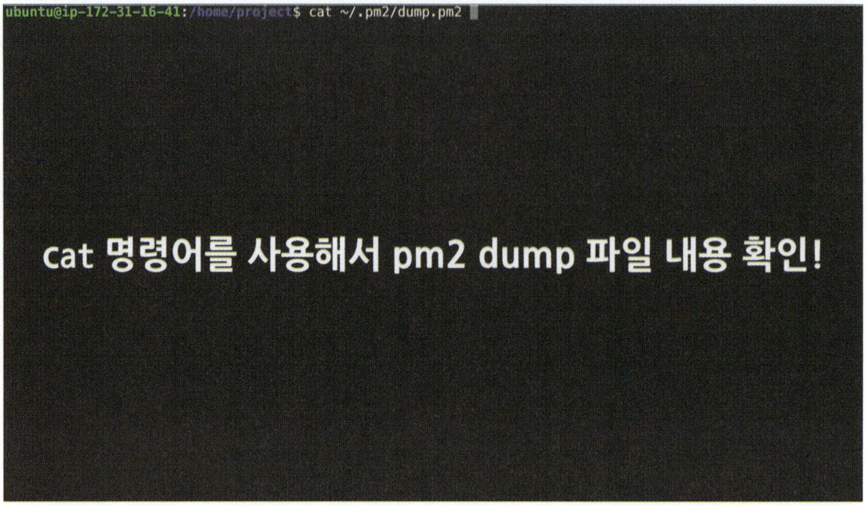

그러면 화면처럼 설정 파일 내용이 나오게 되고, 표시된 부분에 실행 경로가 잘 들어가 있는 것을 볼 수 있습니다.

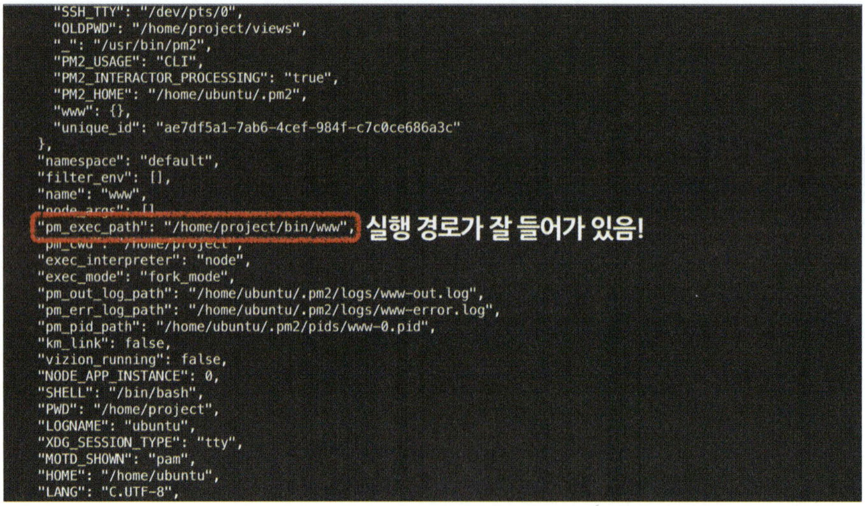

    "SSH_TTY": "/dev/pts/0",
    "OLDPWD": "/home/project/views",
    "_": "/usr/bin/pm2",
    "PM2_USAGE": "CLI",
    "PM2_INTERACTOR_PROCESSING": "true",
    "PM2_HOME": "/home/ubuntu/.pm2",
    "www": {},
    "unique_id": "ae7df5a1-7ab6-4cef-984f-c7c0ce686a3c"
},
"namespace": "default",
"filter_env": [],
"name": "www",
"node_args": [],
"pm_exec_path": "/home/project/bin/www",
"pm_cwd": "/home/project",
"exec_interpreter": "node",
"exec_mode": "fork_mode",
"pm_out_log_path": "/home/ubuntu/.pm2/logs/www-out.log",
"pm_err_log_path": "/home/ubuntu/.pm2/logs/www-error.log",
"pm_pid_path": "/home/ubuntu/.pm2/pids/www-0.pid",
"km_link": false,
"vizion_running": false,
"NODE_APP_INSTANCE": 0,
"SHELL": "/bin/bash",
"PWD": "/home/project",
"LOGNAME": "ubuntu",
"XDG_SESSION_TYPE": "tty",
"MOTD_SHOWN": "pam",
"HOME": "/home/ubuntu",
"LANG": "C.UTF-8",

이제 EC2 인스턴스를 재부팅한 이후에 애플리케이션이 자동으로 시작되는지 확인해보 겠습니다. AWS 콘솔에서 EC2 인스턴스를 선택하고 인스턴스 상태 메뉴에서 인스턴스 재부팅을 클릭합니다.

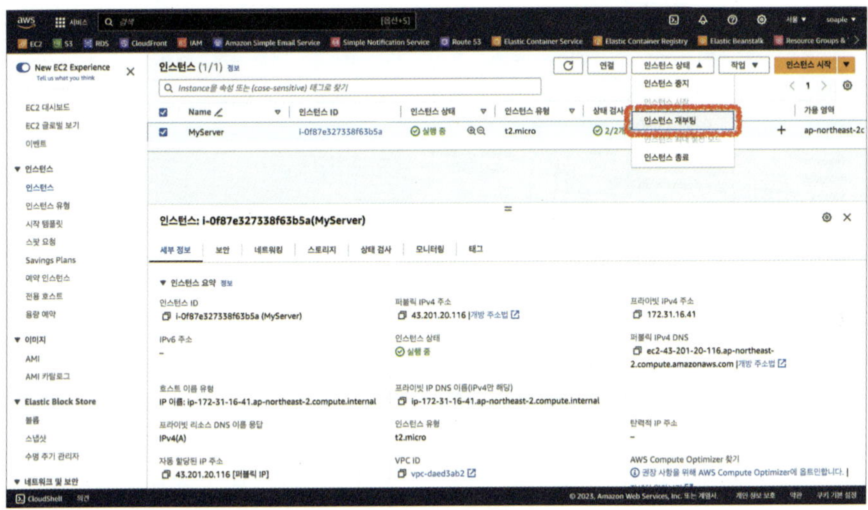

그러면 다음처럼 재부팅 확인 문구가 나오고 여기서 **재부팅**을 클릭합니다.

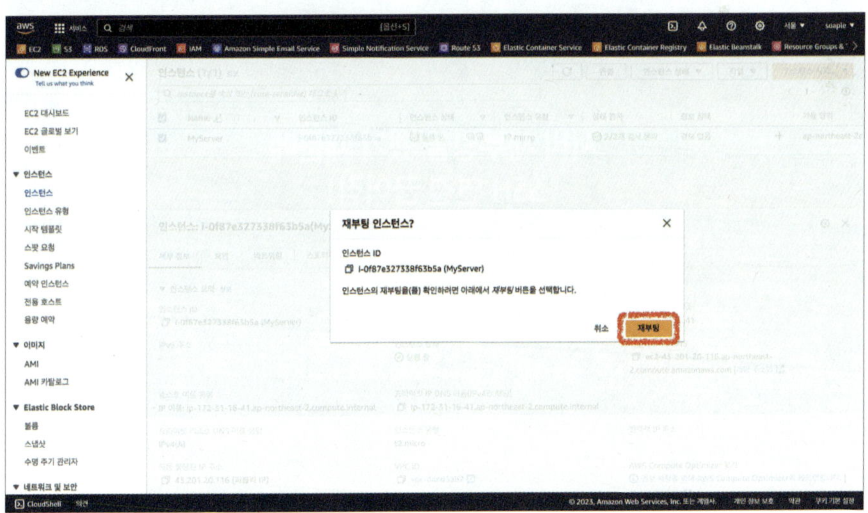

화면과 같이 EC2 인스턴스 재부팅이 완료되었습니다.

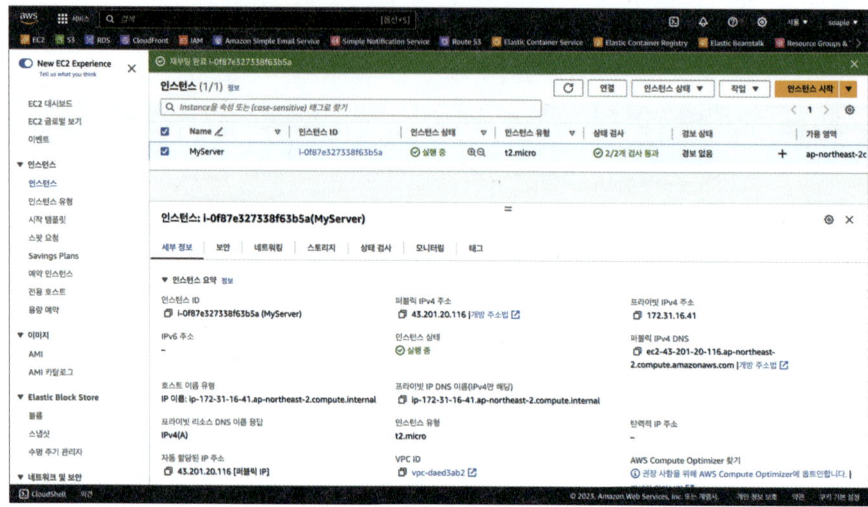

참고로 서버를 재부팅했기 때문에 SSH 연결도 끊어지는 것을 볼 수 있습니다.

서버를 재부팅한 이후에 웹사이트에 접속하여 자동으로 애플리케이션이 잘 구동되었는지 확인해보기 바랍니다.

16.17 실습 ELB Load Balancer 설정

이번 실습에서는 ELB Load Balancer를 설정해보겠습니다. 이 부분은 5장 실습 부분을 참고하여 각자 진행하기 바랍니다.

ELB Load Balancer를 생성한 이후에 브라우저에서 복사한 DNS 이름의 3000번 포트로 접속해보면 아래 화면과 같이 정상적으로 웹페이지가 나오는 것을 볼 수 있습니다.

> **NOTE**
>
> ELB Load Balancer의 리스너 포트를 3000번으로 설정했기 때문에 꼭 3000번 포트로 접속하기 바랍니다.

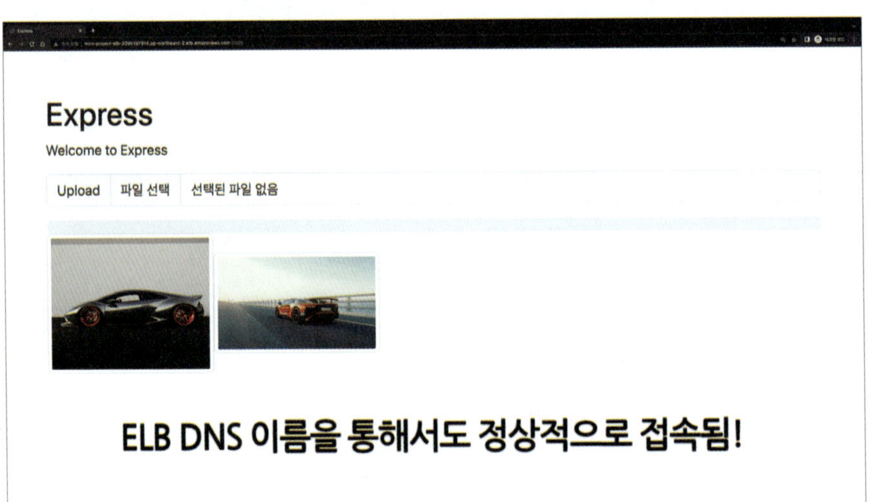

ELB DNS 이름을 통해서도 정상적으로 접속됨!

16.18 실습 AMI 생성

이번 실습에서는 AMI를 생성해보겠습니다. 이 부분은 6장 실습에서 AMI를 생성하는 부분을 참고하여 진행하기 바랍니다.

16.19 실습 Auto Scaling 설정

이번 실습에서는 Auto Scaling을 설정해보겠습니다. 이 부분은 6장 실습에서 Auto Scaling Group을 생성하고 테스트하는 부분을 참고하여 진행하기 바랍니다.

Auto Scaling을 모두 설정한 이후에 ELB의 DNS 이름의 3000번 포트로 접속해보면 아래와 같이 웹사이트가 정상적으로 나오는 것을 볼 수 있습니다.

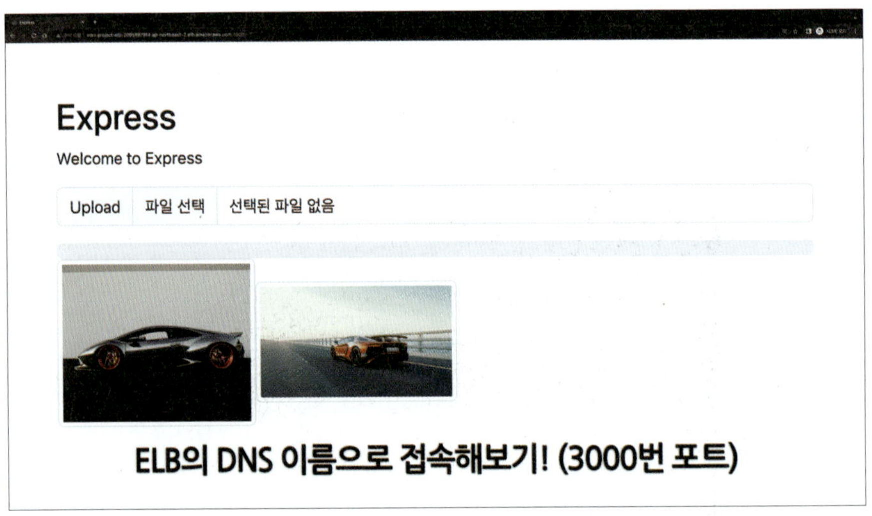

ELB의 DNS 이름으로 접속해보기! (3000번 포트)

이제 이미지를 추가로 업로드해보기 바랍니다.

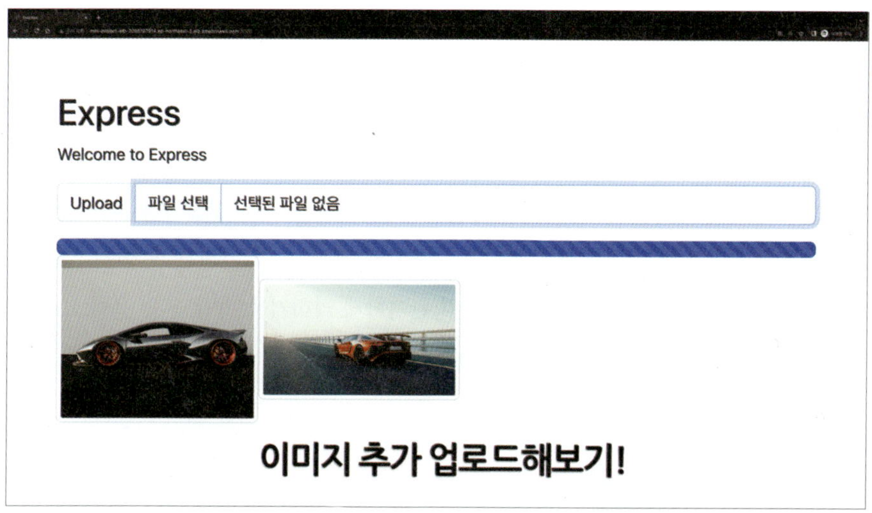

이후에 추가로 코드를 작성해서 웹사이트를 더 발전시켜보기 바랍니다. 다음 화면과 같이 단순하지만 강력한 AWS 기반의 이미지 갤러리를 만들어보았습니다.

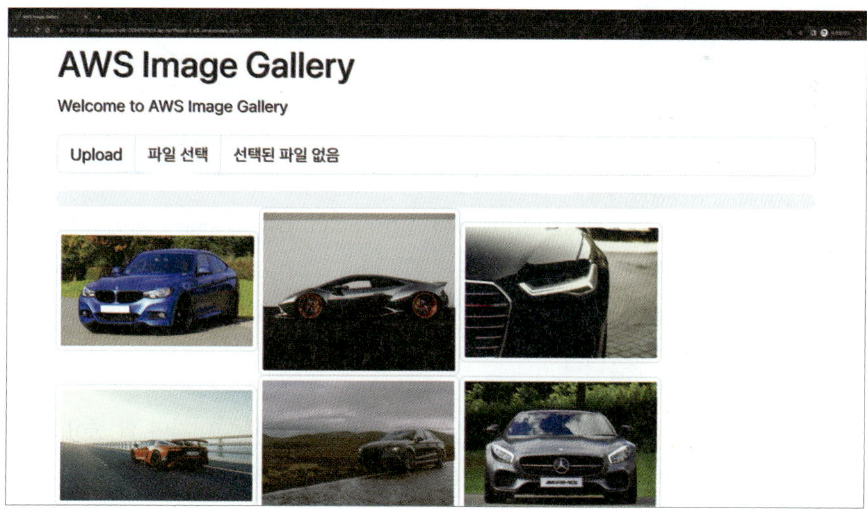

이번 장에서는 지금까지 배운 내용을 모두 종합하여 간단하지만 강력한 이미지 갤러리를 함께 만들었습니다.

기존에 개발을 하던 분들에게는 크게 어려운 부분은 없을 테지만 Vim 편집기나 코드 작성이 익숙하지 않은 분들에게는 다소 어렵게 느껴졌을 수도 있습니다. 만약 이해가 잘 되지 않는 부분은 다시 찾아보고 반복적으로 실습하면서 끝까지 완벽하게 익히기를 바랍니다. 그럼 16장에서 지금까지 만든 구조를 다시 한번 살펴보겠습니다.

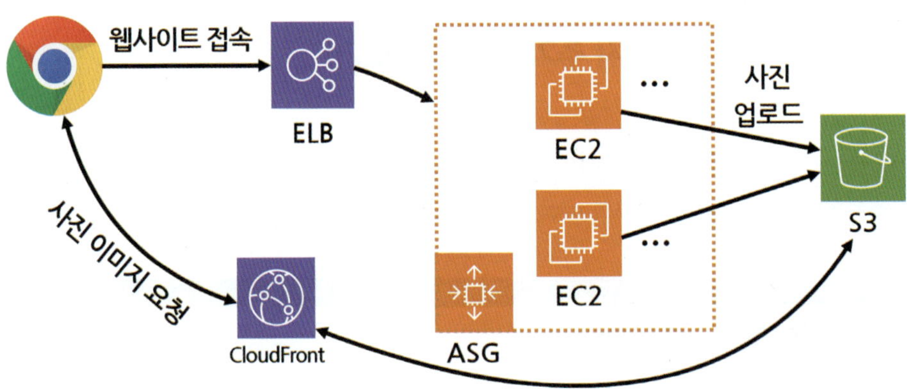

▶ 사진 공유 웹사이트의 구조

기본적으로 EC2를 통해 서비스가 제공되며, ELB와 Auto Scaling을 적용하여 대량의 트래픽이 들어와도 안정적으로 서비스를 제공할 수 있도록 했습니다. 그리고 사용자가 업로드한 사진은 모두 S3에 저장하도록 만들었으며, 전 세계로 빠르게 사진을 전달하기 위해서 CloudFront를 통해서 사진을 제공하도록 했습니다.

이것으로 미니 프로젝트가 모두 끝났습니다. 여기서 한 가지 강조하고 넘어가야 할 중요한 부분이 있는데, 바로 그동안 실습하면서 생성한 모든 리소스들을 정리해야 한다는 것입니다. 리소스들을 곧바로 정리하지 않으면 과금이 될 수 있기 때문에 실습을 마친 이후에 반드시 모든 리소스들을 정리하기 바랍니다.

미니 프로젝트를 끝으로 이 책에서 다루고자 하는 내용이 모두 끝났습니다. 이 책은 클라우드 컴퓨팅과 AWS에 처음 입문하는 분들을 위한 책이기 때문에 복잡한 아키텍처나 개념에 대해서는 다루지 않았다는 점을 참고하기 바랍니다.

만약 책이 어렵게 느껴졌거나 이해가 안 되는 부분이 있다면 이해가 될 때까지 여러 번 반복 학습을 하기 바랍니다. 또한 이 책의 내용을 완벽하게 익힌 이후에는 더 심화된 내용을 찾아서 학습하고 실제로 직접 서비스도 구현해보기 바랍니다.

앞으로 AWS 전문가가 되어 있을 독자 여러분의 모습을 기대합니다. 지금까지 소플이었습니다. 감사합니다.